摄影：李鸾汉

厦门翔安海底隧道工程技术丛书

上册　设计与施工

主　编　潘世建
副主编　黄灵强　曾　超　程正明

内 容 提 要

本丛书分上、下两册，上册包括设计篇和施工篇，下册包括机电篇和建设管理篇。丛书主要结合厦门翔安海底隧道工程难点和应对措施，对工程勘察、设计、施工、运营管理过程中的工程建设经验和创新技术进行系统地总结提炼，写作中力求真实，突出创新。

图书在版编目(CIP)数据

厦门翔安海底隧道工程技术丛书. 上册 设计与施工/潘世建主编. —北京：人民交通出版社，2011.5

ISBN 978-7-114-09184-1

Ⅰ.①厦… Ⅱ.①潘… Ⅲ.①水下隧道－隧道工程－设计－厦门市②水下隧道－隧道工程－工程施工－厦门市 Ⅳ.①U459.5

中国版本图书馆 CIP 数据核字(2011)第 107964 号

书　　名：厦门翔安海底隧道工程技术丛书 上册 设计与施工
著 作 者：潘世建
责任编辑：张征宇 赵瑞琴
出版发行：人民交通出版社
地　　址：(100011)北京市朝阳区安定门外外馆斜街 3 号
网　　址：http://www.ccpress.com.cn
销售电话：(010)59757969，59757973
总 经 销：人民交通出版社发行部
经　　销：各地新华书店
印　　刷：北京盛通印刷股份有限公司
开　　本：880×1230 1/16
印　　张：28.75
字　　数：840 千字
版　　次：2011 年 5 月第 1 版
印　　次：2011 年 5 月第 1 次印刷
书　　号：ISBN 978-7-114-09184-1
定　　价：180.00 元(上、下册)

厦门翔安海底隧道工程技术丛书
上册　设计与施工

编　委　会

顾　问：王梦恕　杨盛福

主　编：潘世建

副主编：黄灵强　曾　超　程正明

委　员　（按姓氏笔画为序）：

王明年　王学斌　甘奋明　江孔雀　朱光仪　孙振川　苏文德
吴仕书　吴生金　吴　驰　张顶立　李治国　陆采荣　李建斌
张建斌　陈　智　郭小红　郭衍敬　梁敬昆　管　磊　梁　巍
彭道富　谭忠盛

主　审：曾　超　王明年　张建斌　张顶立　李治国　陆采荣　郭小红
梁　巍　惠建永　潘建立　孙　斌　扈维孝　谭忠盛　瞿守信

序　一

厦门，美丽的海上花园城市；其独特的山海地理环境和生机勃勃的城市发展，孕育了中国内地第一条海底隧道、也是目前世界上最大断面的海底公路隧道——厦门翔安隧道。它的建成通车，打破了厦门岛与翔安区隔海相望的地理屏障，完善了厦门进出岛交通布局，大大拓展了城市发展空间，有力推进了厦门岛内外一体化和城乡一体化进程，对实现厦门科学发展新跨越，构建闽南金三角厦漳泉大都市区，加快福建跨越式发展，更好更快建设海峡西岸经济区，具有重大而深远的意义。

厦门翔安隧道是一项富有开创性意义的工程。其前期决策充分体现了科学发展的理念，它是我国跨海工程桥隧建设方案比选中，最终以隧道方案胜出的第一个项目，事实证明，翔安海底隧道是综合效益最佳、经得起历史考验的正确抉择。

厦门翔安隧道以地质条件复杂、技术难度大、施工风险高而闻名。其中穿越海底风化深槽更是国内外罕见，极具挑战性，被业内专家称之为“世界级的工程”。在缺少成熟经验借鉴的情况下，建设者们以敢为天下先的大胆创新，以头顶大海的谨小慎微，以只能一次性成功穿越的必胜信条，坚持“安全高于一切、质量同于生命、防患胜于补救、责任重于泰山”的理念，历经4年8个月的艰苦奋战和攻坚克险，于2010年4月26日胜利建成通车，取得了创优质工程和施工亡人零事故的佳绩，为我国海底隧道建设事业树立了一座不朽的丰碑。现在，建设者们本着“不断总结、不断进取”的精神，将工程建设中积累的宝贵经验和取得的创新成果编写成丛书正式出版，以期在同行之间进行交流，相互促进，这是一件对促进我国海底隧道建设事业发展极为有利的好事。

厦门翔安隧道的成功修建，堪称世界隧道建设史上的壮举，更是我国公路隧道发展的里程碑。隧道建设过程异常艰辛，建设者们以攻坚克险、永不言弃的拼搏精神，以科学求实、勇于开拓的创新精神，以戮力同心、众志成城的团结精神，以埋头苦干、艰苦奋斗的奉献精神，铸就了这一宏伟工程，为我国海底隧道建设事业的发展翻开了从无到有的崭新篇章。

厦门翔安隧道建设过程中，得到了许多国内著名专家、学者的悉心指导和帮助。在此，特别感谢中国工程院院士王梦恕先生和交通运输部原总工程师杨盛福先生，他们作为厦门翔安隧道政府工程顾问在项目前期研究论证和工程实施过程中帮助解决了许多重大技术难题。同时，也衷心感谢厦门翔安隧道的建设者们，特别是奋战在施工第一线的同志们，他们为成就这一伟大工程作出了不可磨灭的贡献。历史不会忘记这些知名和不知名的建设功臣们,他们的丰功伟绩,将如同“永不言弃”隧道工人群雕一样永远屹立在隧道洞口,将如同厦门翔安隧道工程实体一样永远镌刻在厦门的山海之间。

正如厦门翔安隧道两端通风塔建筑造型采用灯塔和帆船所蕴含的深远寓意,中国的海底隧道建设事业,正沿着厦门翔安隧道引领的方向,扬帆,起航,并将不断超越。我相信,本书一定能为我国海底隧道修建技术进步和后续工程建设提供有益的参考与借鉴。

2011年5月

序　二

厦门岛是座美丽的海湾型城市，在翔安隧道修建之前，用两座大桥和大陆相联，每当台风季节，大桥停运就变成了孤岛。厦门市委、市政府早在1997年就启动海中水文、地质勘探，准备在厦门岛东部建一座通道，做到抗震性能好，战时抗损毁能力强，不受台风、大雾影响，可全天候运行的世界级翔安海底隧道。厦门市委、市政府大胆英明的超前理念，得到了广大市民的支持和赞赏，得到了各方专家的科学评价和肯定。方案前期由工程建设经验十分丰富且项目管理水平很高的厦门路桥建设集团有限公司作为建设主体单位，代表政府进行全过程管理，整个过程是在交通运输部领导直接关心指导下进行的。2005年9月6日开工建设，2010年4月14日交工验收，2010年4月26日顺利建成通车，历时4年8个月，顺利安全、优质高效建成，标志着我国水下隧道的技术水平达到了国际领先地位。

翔安隧道是我国第一条海底隧道，是一座双向六车道的特大断面公路隧道。隧道在陆域地段要穿越软弱富水不稳定全风化地层，隧道在浅滩地段又穿越透水砂层，在深水段要多次穿越花岗岩风化深槽等不良复杂区段，是世界级规模巨大工程，是世界级技术难题，是世界级风险隧道。工程前期经过全方位的综合比选和科学论证，决定采用钻爆法开挖硬岩，用浅埋暗挖法开挖软弱围岩，用超前周边预注浆法进行开挖面超前预加固，用复合式衬砌形式作为百年隧道支护结构，整个工程采用信息化施工和动态信息化快速反馈设计。

作为具有里程碑意义的国内第一条海底隧道，建设者们紧密依靠科技攻关和技术创新去攻克十多项技术难题。建设方在施工前、施工中投入科研费用约2500万元，为精确进行水文、地质勘测，支护结构防腐蚀，防排水设计，安全施工方法，辅助工法确定等组成30多项科研专题进行现场攻关。具有强势能力的四大施工集团也紧密结合各个施工地段的地质特点、工程类型，分别投入3000万元以上的资金进行施工全过程的工艺、工序、施工组织、施工机械、非标设备研制等领域进行施工技术难点的攻关。他们用“严格纪律、严格工艺、严格管理”认真落实每项工序技术标准的实现，他们以“边研究、边试验、边施工”的科学态度，不放过每个可能危及风险、影响安全、影响工程质量的任何细小环节。他们奋战在1700多天的日日夜夜中，很少休息，很少回家，克服了一个个艰难险阻，攻克了一道道难关，历尽千辛万苦，用集体的智慧创造了一个个奇迹，赢得了绝对的安全，高质量、高速度、高效益建成了我国第一条不愧为世纪工程的海底隧道。

翔安隧道在修建过程中，涌现出许多可歌可泣的英雄诗篇，在翔安海底隧道建设者感情的天平上，祖国重于一切，他们有愧于父母，有悔于妻子，有悔于儿女，但他们无愧于祖国，无愧于人民，无愧于自己所从事的事业。

作者以科学、实事求是的态度和精神，论述了隧道建设的各个阶段、各个过程，写的是科学技术的书稿，在内容上是真实的，是丝毫没有感情成分的，该书是否有价值留给后人，是否给后人以启迪，会随着工程的不断增多和实践得出正确的回答。但我相信，这本书的内容对读者肯定是有启迪价值的。同时我也相信，书中许多珍贵的历史资料和经验，都不应成为妨碍前进的桎梏，也应力戒被成功经验所束缚而故步自封。

最后，用我过去曾说过的话来结束这个序。

历史的脚步往往是毫不留情地把千千万万人筑起的一座座里程碑抛在后面，使它们很快就变得朦胧不清，年青一代的神圣职责就是在新的跨越中去矗立更高的丰碑。不过我相信，厦门翔安海底公路隧道修建技术这座里程碑毕竟还是清晰地屹立着。

作者用最清晰的笔调在写作过程中还探索着、思考着，使我清醒的感觉到今天的隧道事业已攀登到如此的高度，在享受事业的同时，传承与创新隧道事业的责任感，自然又压在了我们每个人的肩上。

王梦恕

2011 年 5 月

前 言

厦门翔安隧道是我国大陆地区第一条海底隧道,也是当今世界上断面最大的钻爆法海底公路隧道,采用设置服务隧道的三孔隧道形式,左右为行车隧道,设双向六车道,由我国自主完成勘测、设计、施工,在我国隧道建设史上具有里程碑式的意义。修建厦门翔安隧道的构想始于20世纪80年代,随着厦门经济特区的蓬勃发展,项目建设显得日益迫切,而突飞猛进的工程建设技术进步也使得修建大规模跨海通道成为可能。由此,自1997年起全面启动项目前期工作。经过8年科学、系统的前期研究和方案论证,最后采用钻爆法海底隧道建设方案,于2005年9月6日正式开工建设。历经4年8个月的艰苦鏖战,厦门翔安隧道于2010年4月26日胜利通车,实现了创优质工程和施工亡人零事故的建设目标。

厦门翔安隧道地质条件十分复杂,需穿越陆域全强风化浅埋地层、浅滩富水砂层、海底风化深槽等不良地质段,项目建设规模大、工程经验少、技术难度高、施工风险大,尤其海底风化深槽更是被业内专家称为世界级难题。工程建设过程中,建设者们面对国内第一条海底隧道,迎难而上,大力倡导自主创新,牢牢依靠科技进步,积极研制和应用新技术、新材料、新工艺,攻克技术难关,最终成就了厦门翔安隧道这一宏伟工程。为更好地总结海底隧道工程建设经验,促进技术交流和成果推广应用,由各参建单位参与,共同编写完成了《厦门翔安海底隧道工程技术丛书》。

该丛书分上、下两册,上册包括设计篇和施工篇,下册包括机电篇和建设管理篇。丛书主要结合厦门翔安海底隧道工程难点和应对措施,对工程勘察、设计、施工、运营管理过程中的工程建设经验和创新技术进行系统地总结提炼,写作中力求真实,突出创新。

丛书是全体编审人员共同完成的作品,是单靠任何个人力量所无法取得的集体成果,也是翔安隧道全体参建单位齐心协力不懈探索凝聚出的智慧结晶,更是千百个工程一线不知名也未署名的工程技术人员和工人、农民工的默默奉献与伟大力量的真实写照。在此,感谢为厦门翔安隧道建设付出努力和心血的所有建设者,感谢关心和支持厦门翔安隧道的社会各界人士,感谢为丛书编写、审核、出版付出辛勤劳动的每一位工作人员。丛书中引用其他文献的基本理论、图表和数据也在此一并感谢原作者。

特别感谢厦门市人民政府副市长、厦门翔安隧道工程建设领导小组组长潘世建先生和中国工程院院士、厦门翔安隧道政府工程顾问王梦恕先生在百忙之中分别为本书撰写序言。

谨以此书纪念厦门翔安隧道的胜利通车，并希望能为我国海底隧道修建技术进步和后续工程建设提供有益的参考与借鉴。

由于厦门翔安隧道作为国内首条海底隧道探索工程，加之编写时间较紧和编写人员水平所限，书中难免有不全或疏漏之处，敬请有关专家和同行们予以批评指正。

编委会

2011 年 5 月

目　录

上　册

第一篇　设　计　篇

第二篇　施　工　篇

厦门翔安海底隧道工程技术丛书

上册 第一篇 设计篇

- 国内外海底隧道工程概述
- 项目背景与建设方案比选
- 工程测量与勘察
- 土建工程设计
- 景观设计

第1章　国内外海底隧道工程概述

1.1　国内外海底隧道工程建造历史与展望

1.1.1　海底隧道工程建造历史

1. 海底隧道建造历史

地球上由于海洋的存在,陆地被分割,形成不同条件下的若干区域,并造成交通障碍及文化差异。现今,世界各国生活、经济联系日益加深,这对修建海底隧道、实现各大陆陆路相通,不失为一个良好的契机。工程界认为:19世纪和20世纪是长大桥梁、高层建筑发展的时代,而21世纪将是长大隧道工程发展、大力开发利用地下空间的时代。

海底隧道的发展是从1751年提出英法海底隧道设想开始的,但限于当时技术和资金上的困难,直至1994年这一伟大的构想才得以成为现实。日本20世纪40年代(1939年动工,1944年竣工)在关门海峡修建的海底隧道是世界上最早的海峡隧道。20世纪的70年代之后,在日本、挪威、英国等国家大量的海底隧道相继建成。日本于1988年贯通了穿越津轻海峡的青函海底铁路隧道,全长53.85km。日本青函隧道与英法海峡隧道堪称20世纪最宏伟的隧道建设壮举。以青函隧道的建成为契机,世界各国横断海峡的热情迅速高涨。许多被视为"梦想"的横断海峡的宏伟计划,都呈现出一片"现实"的曙光。比如丹麦大海峡铁路隧道,全长7.9km,于1995年贯通,1996年对外运营开放。国外部分海底隧道情况见表1-1-1。

国外部分海底隧道一览　　表1-1-1

隧道	类型	建成时间(年)	长度(km)	最深点(m)	埋深(m)	修建国	断面积(m^2)	地层条件或纵坡
关门隧道1	铁路	1944	3.6	-40	最小9.5	日本	76.9	灰绿凝灰岩、花岗岩
关门隧道2	双线公路	1958	3.4	-50.1	最小20.7	日本	95	闪绿岩、玢岩角角岩
新关门隧道	铁路	1975	18.71	-50	68.5	日本	74	海底部分为玢岩、花岗闪绿岩
青函隧道	铁路	1988	53.85	-140	最大240,平均100	日本	37 109.48	安山岩、火成岩、沉积岩
Forsmark1	输水	1985	2.3	-75		瑞典	80	
Forsmark2	输水	1985	2.3	-75		瑞典	80	
(Alesund ~ Ellingsoy)	三车道公路	1987	3.49	-140	最小40	挪威	68	前寒武纪片麻岩
(Ellingsoy ~ Valderoy)	三车道公路	1987	4.17			挪威	68	前寒武纪片麻岩
Ellingsoy	公路	1987	3.5	-140		挪威	68	片麻岩
Valderoy	公路	1987	4.2	-137		挪威	68	片麻岩
Kvalsund	公路	1988	1.5	-56		挪威	43	片麻岩
Godoy	公路	1989	3.8	-153		挪威	48	片麻岩
Flekkeroy	公路	1989	2.3	-101		挪威	46	片麻岩
Hvaler	公路	1989	3.8	-120		挪威	45	片麻岩
Nappstraumen	公路	1990	1.8	-60		挪威	55	片麻岩

续上表

隧道	类型	建成时间（年）	长度（km）	最深点（m）	埋深（m）	修建国	断面积（m^2）	地层条件或纵坡
Maursundet	公路	1990	2.3	-93		挪威	43	片麻岩
Fannefjord	公路	1992	2.7	-100		挪威	43	片麻岩
Byfjord	公路	1992	5.8	-223		挪威	70	千枚岩
Mastrafjord	公路	1992	4.4	-133		挪威	70	片麻岩
Freifiord	公路	1992	5.2	-130		挪威	70/54	片麻岩
英法海峡隧道（服务隧道）	服务通道	1993	48.5	-100	21～70 平均40	英国、法国	36.17	白垩纪泥灰岩及泥灰质黏土
英法海峡隧道	铁路	1994	50.5	-100	21～70 平均40	英国、法国	95.5	白垩纪泥灰岩及泥质黏土
Tromsoysund	公路	1994	3.4	-101		挪威	2×57	闪长片麻岩
Htira	公路	1994	5.3	-267		挪威	70	片麻岩
Troll	输水	1995	3.8	-260		挪威	66	片麻岩
Tromsøysund（两孔）	公路	1994	3.5 3.386	-102		挪威		最大纵坡8.2%
Bjorøy	公路	1996	2.012	-88		挪威		最大纵坡10%
Sløverfjord	公路	1997	3.337	-120		挪威		最大纵坡8.0%
Nordkapp（Magerøysund）	公路	1999.6	6.875	-150		挪威		最大纵坡10%
Frøya	公路	2000.6.	5.305	-164		挪威		最大纵坡10%
Oslofjord	公路	2000.6	7.39	-134		挪威		最大纵坡7.0%
Ibestad	公路	2000.12.	3.396	-112		挪威		最大纵坡9.9%
Bømlafjord	公路	2000.12.	7.931	-262.5		挪威		最大纵坡8.5%
Skatestraum	公路	2002.7	1.89	-80		挪威		最大纵坡10%
Melkøy	公路	2003.11	2.3	-62		挪威		
斯多尔贝特大海峡隧道	铁路	1996	7.9	-75	平均20	丹麦	56.7	冰碛层和泥灰岩（盾构法）
东京湾横断公路隧道	公路	1998	9.1	-50	平均15	日本	151.7	软弱冲积、洪积黏性土层（盾构法）
卓戈登隧道（Drogden）	公铁两用	1999	4.05	注：沉管隧道	世界最长混凝土沉管隧道	丹麦	333.682	鄂尔森越海通道（Oresund Fixed Link）的一部分

2. 国外著名海底隧道工程简介

（1）青函隧道。日本青函隧道，为新干线铁路隧道，穿过津轻海峡，全长53.85km，海底段长23.3km，采用钻爆法施工。隧道在海面下最大埋深为240m，其中水深140m左右，隧道顶部岩层平均厚度为100m，隧道设计最大纵坡为12‰。隧道由两条主洞和一条辅助坑道组成，主洞为双线马蹄形断面，内径为9.6m，与主洞平行，间距30m处设辅助施工坑道。辅助坑道直径为5m，其目的是作为地质探洞进行地质调查、并处理主洞涌水和增开工作面，隧道建成后用作维修坑道及通风坑道。隧道共设斜井6座，竖井

2座。海底段隧道工程于1972年正式开工,1983年导坑贯通,1988年3月全线通车。

隧道通过地层主要为受到很大扰动的火山质岩和中新流沉积岩,地下水为基岩裂隙水,突然涌水与断层有关,并与海水有一定的水力联系,水压力值达2.5MPa(26kgf/cm^2)。沿线海底段有9条较大的断层,其他小断层每千米约1~3处,地质条件十分复杂。

在青函隧道施工过程中,为了防止发生海底涌水,曾经采取了几项预防措施,如水平超前钻孔、注浆加固围岩等,但涌水仍是防不胜防。这些涌水事故发生都在断层地带,虽然这些断层地带都已经过大量的注浆加固。青函隧道施工过程中主要发生了4次大的涌水,1976年5月6日在北海道一侧的辅助隧道内发生了施工期间最为严重的一次涌水,最大涌水量为70t/min,远远超过了水泵的排水能力,造成辅助隧道被淹没3015m,主隧道被淹1493m,对施工影响很大。青函隧道施工中处理涌水事故最长花了近一年的时间。

青函隧道海底段外水压力经测试达2.5MPa,如按承受全部水压力计算,则隧道衬砌相当厚,鉴于开挖前进行了注浆堵水,为经济及易于施工,隧道衬砌按不承受水压设计,采用泄水方法。根据地质条件,隧道大部分采用马蹄形断面并做仰拱(地质条件好的地段不做),全部采用H形钢和喷射混凝土支护以及70~90cm厚的C16混凝土衬砌。

青函隧道施工的另一个难点是海底段长达23.3km,且无法像山岭隧道一样多开挖竖井、斜井以增加工作面,只有从两岸向海峡中央开挖施工,因此每端都有长达10多km的独头隧道施工,其通风、运输各项作业都十分困难。

青函隧道主要技术措施如下:

①采用千米水平钻机超前钻探,预先掌握地质和可能发生涌水的情况。

②先注浆堵水,加固围岩,再行开挖;在水的处理上以堵为主、以排为辅。隧道注浆范围一般为3倍毛洞直径。正洞注浆段一般长70m,平行坑道和先进导坑一般为40m,开挖段则为60m或30m,预留10m不挖作为止水岩盘。止水岩盘的作用是防止浆液回流,保证注浆作业安全。注浆钻孔布置根据注浆范围及隧道开挖形式确定,一般呈伞形辐射状,孔数根据地质水文资料及每孔负担约3m的固结范围确定,注浆终压一般为3倍涌水压力。

③开挖爆破采用密布眼、穿浅孔、放小炮的措施,尽量减轻爆破对围岩的扰动,支护紧跟开挖作业面。

④在海底段两端斜井底部设置了庞大的排水设备。

⑤为解决海底段隧道两端长距离独头专业问题,和正洞相距30m开挖平行坑道,并每隔600m左右开挖一条横通道与正洞相通,以增加正洞施工作业面。

⑥采用电网电源和自备发电机双电源确保海底隧道施工供电安全、可靠、不间断,保障排水、照明、通风。

青函隧道的开挖持续了20年,克服了许多包括像4次大涌水淹没带来的灾难与困难,发展了多项钻爆法新技术,如图1-1-1~图1-1-3所示。其中水平超前钻探和注浆被认为是青函隧道最为成功的两项技术,十分值得借鉴。

(2)英吉利海峡隧道。英吉利海峡隧道是采用掘进机法施工的最具代表性的水底隧道。该隧道全长50.5km,海下长37km,共设有3条平行的洞室,其中两条单线铁路隧道,内径为7.6m,相距30m,中间为服务隧道,直径为4.8m。每条主洞有一单线铁路与一人行道。服务隧洞则用作通风、维修及整体安全,而在施工期间则作为超前地质预报。隧道位于海床底以下40~50m,采用11台掘进机施工,交叉转线段及横通道则采用钻爆法施工。掘进机的辅助设备车架长数百米,其昼夜不停地施工,推进速率达到每月1400m,仅用4年就使该隧道全部贯通,于1994年建成。

英吉利海峡隧道线路非直线也非水平,是根据19世纪时已标定的蓝色白垩层而定。此种岩层坚实但不太硬,又不透水,是掘进的理想地层。由古代沉积地层组成的英吉利海峡的地质状况十分稳定,无断层、无地震活动迹象、无褶皱、又无使地质情况复杂化的大断层。隧道在海面下的最大深度为90m,即在海底下40m处。

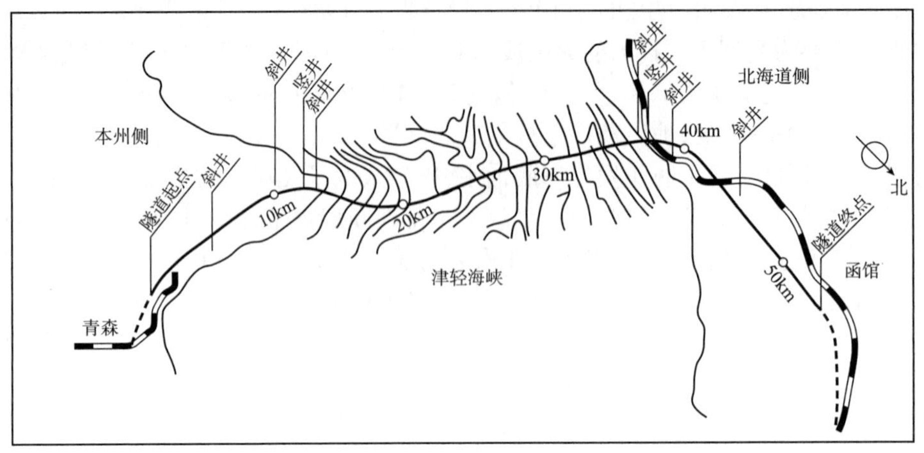

图 1-1-1　青函隧道平面

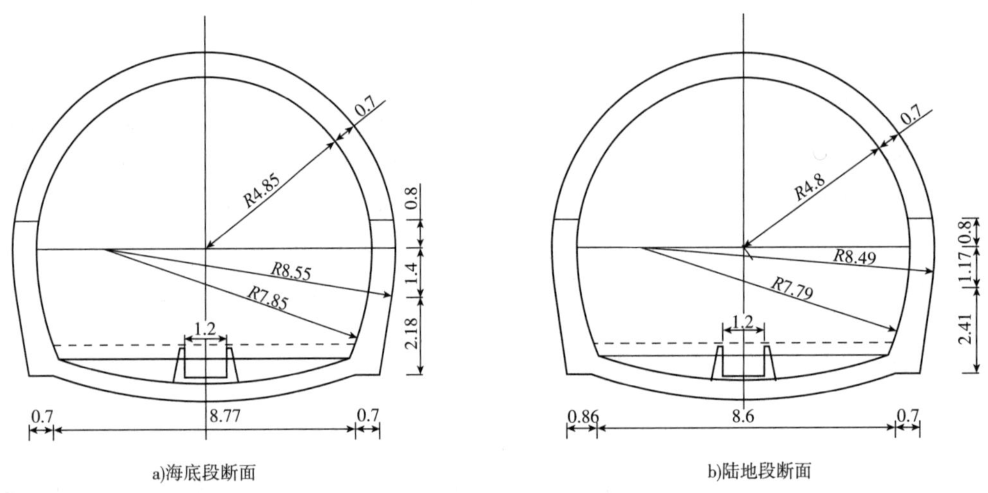

a)海底段断面　　b)陆地段断面

图 1-1-2　青函隧道横断面(尺寸单位:m)

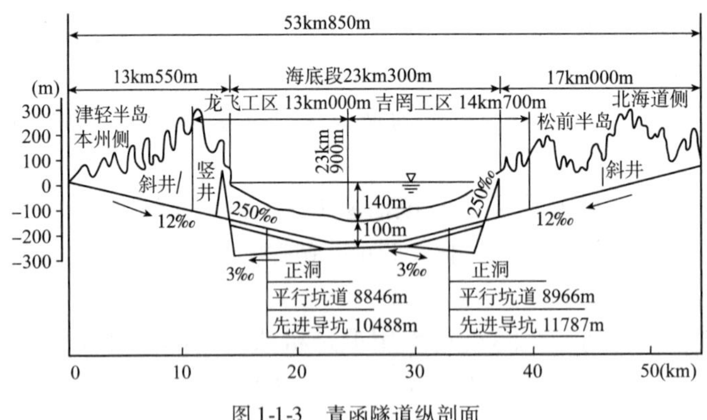

图 1-1-3　青函隧道纵剖面

英吉利海峡隧道工地是20世纪最大的工地之一。整个工程工期计划为7年,实际只4年,对如此规模的工程来说,工期是很短的。为赢得这场时间上的真正竞赛,有11台隧道掘进机同时开挖隧洞。隧道掘进机上的各班组日夜轮班不停,每一工作面有5个班组。

英吉利海峡最大水深为60m,隧道最小覆盖层厚度为21m。

(3)丹麦大海峡铁路隧道。丹麦斯多贝尔海峡铁路隧道长7.9km,盾构法施工长7.26km,盾构直径为8.782m,管片厚0.4m,海峡工程总长18km,总造价约40亿元。该工程有两个被称为“世界第一”的特点:一是大规模的排水系统用来降低大海峡下面隧道线路周围孔隙水的压力,使主隧道和横通道施工更容易、更方便。二是多阶段保护战略，以保证工程结构有100年的寿命。

两个主隧道的内径为7.7m，0.4m厚的混凝土衬砌使得隧道外径达到8.5m。衬砌必须在隧道掘进机尾部的保护下安装，隧道掘进机的有效直径为8.752m。因此，理论上的注浆厚度定为126mm。两个主隧道均长7.4km，且有29个横通道，横通道间距为250m，在发生紧急情况时可安全疏散旅客。采用美国NEPA－130消防标准作为考虑疏散途径的基础，将旅客疏散到安全地带所需的最长时间为6min。

该隧道内每隔大约20m，设置1个永久性的轨道界标板，以利于铺设永久轨道、架设架空电线的构架及供简单区域量测的其他用途。隧道采用位于每孔隧道最低处的在线上的集水坑进行排水，这个地方正常的道渣轨道用跨越隧道集水坑的混凝土轨道支承板梁取代。在正常行车运行条件下不需要隧道通风。但是对于非正常情况和紧急情况，则选用了纵向通风系统，即用80台可逆式的轴向射流风机成对安装，顺着隧道顶部送风。

该隧道早期阶段就研究了各种可能的隧道掘进方法。研究结果表明，随着最新的隧道掘进机技术和相应设备的发展，采用隧道掘进机来掘进隧道是可行的，而且是经济的。采用两种先进的土压平衡盾构式掘进机（敞开式和封闭式）比较合适；为了保证全部施工计划顺利实施，规定要采用4台隧道掘进机，主隧道管片衬砌每环用6块管片和1块键管片，衬砌环宽度为1.65m。

该隧道一开始就清楚地发现，地层中很高的孔隙水压力是面临的主要难题之一，因此在早期阶段就设想降低水压的方案。该设想的2个主要目的是：

①为了使隧道掘进机开挖隧道的轴线上的孔隙水压力降低到0.3MPa或更低，这样才能采用能让人进入隔板前方的工作室内去作业的传统的压气技术；

②为了提高土壤稳定性，同时降低横通道施工期间在那里进行局部降水的需要。

降水井分成6组布置，在海峡中央的两端各布置3组。每组包括5～8个降水井和其间有13个压力计。一般降水井沿隧道线路的布置间距为125m，即在横通道处和两横通道之间的中途，在隧道线路两侧交错开35m。

该隧道多阶段的保护策略用于预制混凝土的衬砌管片上，主要包括以下4种保护屏障：

①采用对氯化物和硫酸盐有很高抵制能力的环形注浆浆液。

②采用非常密实的高强度混凝土制造的管片，并用垫片密封接缝，以保证衬砌不漏水。

③在混凝土管片中用焊接的，并涂上环氧树脂保护层的钢筋笼架。

④可能的话，将来对焊接钢筋笼架进行阴极保护。

该隧道施工历经艰险，于1996年建成，积累了宝贵的海底隧道施工经验。

1.1.2　海底隧道工程展望

1. 国内海底隧道展望

我国香港地区于20世纪70～80年代修建了5座海底隧道，包括3座公路沉管海底隧道，2座双管掘进机（TBM）法施工的地铁轨道交通隧道。这些隧道长度都在1.5km左右，具体包括：

（1）道路交通隧道：

①香港西区海底隧道，双向三车道，沉管形式。

②香港红磡海底隧道，双向三车道，沉管形式。

③香港东区海底隧道，双向三车道，沉管形式。

（2）轨道交通隧道：

①香港地铁中环线海底隧道，双管掘进机（TBM）法隧道。

②香港地铁将军澳线海底隧道，双管掘进机（TBM）法隧道。

此外，香港地区还有数条供水和污水输送海底隧道，大部分采用TBM法施工，于20世纪90年代末完成。

截止到2005年，上海已修建了8座穿越黄浦江的水底隧道，积累了一定的水底隧道建设经验。但是，国内在海底隧道的建设方面总体上还处于起步阶段。2005 年 9 月开工的厦门翔安隧道工程是我国大陆第一座海底隧道，紧接其后开工建设的是青岛和黄岛间海底隧道，其规模与翔安隧道基本相当。

随着我国经济发展的迫切需要，对的建设需求也日益增加，目前规划中海底隧道的建设项目主要包括：

①海南琼洲海峡隧道。

②连接辽东半岛与胶州半岛的渤海湾隧道，长约 108km。

③连接香港、澳门与广州、深圳和珠海的伶仃洋跨海工程。

此外，连接中国内地与台湾的海峡海底隧道也由两岸专家、学者提出了构想。台湾海峡长约 330km，宽约 120 ~ 250km，水深约 20 ~ 160m，平均水深约 50m。台湾海峡通道目前有北线和南线方案：

①北线方案：取道台湾海峡最窄处，从福建福州附近的平潭到台湾台北附近的新竹，直线距离约 120km。

②南线方案：厦门——金门——澎湖列岛——台湾新港，全长约 210km。

根据台湾海峡工程地质条件、海底地形、海水深度，海峡隧道埋深可在 120m 左右，其中基岩厚度取 60m 左右。为了利于解决通风等问题，台湾海峡隧道宜建成铁路隧道，汽车过海峡采用列车过驳，即采用英法海峡隧道方式。

这些宏伟艰巨的工程可能采取桥隧结合的方案，但其中海底隧道将是主要组成部分。

2. 国外海底隧道展望

目前许多国家都在对跨越海峡的隧道工程进行规划和可行性研究，国外部分正在研究中的海底隧道如下：

(1)连接西班牙和摩洛哥的直布罗陀海峡隧道，海平面下 412m，总长约 60km，海底段 28km。

(2)联络意大利本土和西西里岛的墨西拿海峡隧道工程，公铁隧道，总长 17km，海底段 6km。

(3)阿拉斯加和楚科奇西伯利亚之间相隔 90km 的白令海峡通道工程，连接亚洲和美洲，水深约 54m。

(4)从日本福岗通过对马海峡到达韩国釜山的日韩隧道工程，总长约 250km，海底段约 150km。

(5)从德国到丹麦的费门海底隧道，海平面下深约 50m，长约 19km。

(6)在亚洲，连接爪哇岛和苏门答腊岛之间宽 40km、深 200m 的海峡通道。

(7)马六甲海峡通道。

(8)挪威有十几座海底隧道也在规划研究之中，其中：Ryfast 公路隧道，长 13. 5km，最深 285m；Rogfast (Boknafjorden)公路隧道，长 22. 7 ~ 24. 2km，最深 350m。此外，挪威还对一些可能实施的海底隧道进行研究，包括从挪威大陆到近海油田长 60km 的海底隧道，以及极具挑战性的长 132km、深 630m 的 Hareid 隧道。

1. 2 海底隧道工程特点与修建方法概述

1. 2. 1 海底隧道工程特点

海底隧道与陆地隧道相比，具有以下难点与特点：

(1)通过深水进行地质勘测比地面的地质勘测更困难，造价更高，而且准确性较低。所以遇到未预测到的不良地质情况(如断层、破碎带等)的风险更大。因此，在隧道施工时必须进行超前地质预报。

(2)水下隧道施工的主要困难是突然涌水，特别是断层破碎带的涌水。因此，必须加强施工期间对不良地质体和涌水点的预测，并采取针对措施提前整治。

(3)很高的孔隙水压力会降低隧道围岩的有效应力，造成较低的成拱作用，从而使地层稳定性较差。

(4)很高的渗水压力可能导致水流有高渗透性，若扰动区域与水面有渠道相通，可造成灾难性的涌水与塌方。

(5)水下隧道不能自然排水,堵水技术是关键技术。先注浆加固围岩,堵住出水点,然后再开挖。要在堵水的同时加强机械排水,以堵为主,堵抽结合。

(6)高水头造成衬砌承受较大的荷载。由于受长期较大的水压力作用,衬砌结构设计应遵循一次支护承受全部土压力,二衬只承受水压力的设计理念进行。

(7)沿海底隧道线路布置施工竖井困难很大,导致连续的单口掘进长度很长,从而对施工期间的后勤和通风有更高的要求。

(8)海水对施工设备、钢筋、混凝土及运营期机电设备都具有腐蚀作用,故海底隧道在抗腐蚀设计方面也有更高的要求。

1.2.2 海底隧道修建方法

海底隧道可分为海底段隧道和陆域段隧道。鉴于海底隧道的以上特点,目前修建海底隧道的基本方法有钻爆法、掘进机法(即 TBM 法)、盾构法和沉管法。另外,跨越海峡还可将以上几种方法混合使用,或采取桥隧联合的方法。

1. 钻爆法

钻爆法(Drilling and Blasting)是指采用传统爆破技术进行隧道开挖的施工方法,其主要工序包括钻孔、爆破、通风及岩石装运等。钻爆法通常可适用于各类岩石地层的隧道施工。采用钻爆法进行洞室开挖通常可分为全断面开挖法、台阶开挖法、导洞开挖法和分部开挖法四类。通常根据具体地质条件、洞室断面大小、支护形式、装运条件以及施工队伍与设备条件等因素综合选择合理、经济的开挖方法。

钻爆法在国外水下隧道施工中的应用很多,20 世纪 40 年代日本修建的关门海峡水下隧道,是世界最早用钻爆法修建的水下隧道,之后又用钻爆法修建了世界闻名的青函海底隧道。作为世界上最长的水下隧道,日本青函海底隧道穿过津轻海峡,全长 53.85km,海底段长 23.30km,该隧道在水平钻探,超前注浆加固地层,喷射混凝土等技术上有巨大发展,尤其在处理海底涌水技术方面,独具一格,为工程界所津津乐道。挪威已建成的约 100km 的水下隧道均采用钻爆法施工,最长一座隧道为 4.70km,最大埋深达 180m。挪威采用钻爆法修筑水下隧道的技术发展迅速,在应对海底不良地质段的施工方面,除应用注浆法之外,还针对不同地质情况和围岩条件,有的隧道可设或不设二次混凝土衬砌。

采用钻爆法修建海底隧道,必须采取有效措施预防塌方、涌水、突泥等地质灾害。海底隧道与山岭隧道最大的不同点是直接处于水下作业,险情大,一旦遭遇大塌方和涌水将十分难以处理,甚至成为工程成败关键。在海底岩层中穿越的隧道工程,勘测、定位和选线受限制很大,故其穿越断层破碎带的几率高,数量也多。海底隧道都是处于水系之下,地下水富存,断层破碎带若与其上或其附近的水系相沟通,随时都有可能给工程带来淹没、塌通、涌水或形成泥石流的危险。如日本青函隧道发生过 4 次较大塌方涌水事故,最严重的一次于 1976 年 5 月 6 日发生在北海道侧平行导坑内,由凝灰岩断层破碎带内的高压水引起,涌水量高达 70m^3/min,经修挡水墙、压浆堵水封断水源,而后又开挖迂回坑道,用了 5 个月时间才绕过了涌水段。因此,海底隧道钻爆法施工时如何安全穿越断层破碎带是施工难点与技术关键点。

钻爆法穿越断层破碎带的问题的关键是断层破碎带的支撑和加固堵水。目前国内外通常采用的方法是强行穿越法、注浆法、冷冻法和其他辅助方法。这些方法各具特色,在工程实践中为了合理地选用穿越断层破碎带的技术方法,必须综合考虑断层破碎带的规模、断层内构造岩的特色、水文地质条件、破碎带的部位等方面情况,在此基础上进行方案设计。实践证明,穿越一个较大规模的断层破碎带,有时要选用两种以上的技术方法进行组合应用。

总体上看采用钻爆施工法施工海底隧道具有以下优点:

(1)适合各种地形条件。采用钻爆法施工海底隧道,一般要求隧道大部分地段应位于岩石地层之中,特别是对于海底部分更是要求如此。由于钻爆法设计施工经验均较为成熟,可以适应不同的地质条件变化。

(2)施工对环境影响小,不影响水面通航。采用钻爆法修建海底隧道不仅是对自然环境影响最小的建设方案,而且也是对周边生产、生活影响最小的建设方案。

(3)能较好地抵御各种自然及战争灾害。钻爆法建设隧道方案不仅在运营后很少受气象条件影响，能保持连续通行，而且由于埋置深度大，在地震及战争时期具备较强的生命力。

但是也存在以下缺点：

(1)由于隧道埋置较深，隧道长度偏长。为了降低钻爆法修建海底隧道施工过程中的风险，减少辅助施工工程的费用，一般要求隧道位于岩石地层中且洞顶具有一定的岩石保护层厚度，该厚度与岩体强度、破碎程度及隧道开挖跨度有关。

(2)施工过程中风险较高。钻爆法对各种地质情况的适应性较好，但如果围岩节理裂隙发育，断层破碎带较多时，各种辅助施工处治措施的费用会急剧增加，同时施工风险也较大，可以说钻爆隧道的施工费用、工期及风险对地质的变化更为敏感。

(3)由于海底隧道工程地质勘察准确性较差，需要进行系统地超前地质预报，以保证工程安全。

对于跨海峡隧道，巨大的长度、海域中较高水压的断层破碎带对钻爆法施工是一个非常巨大的挑战，日本修建青函海底隧道整整用了20多年，可见一斑。

2. 掘进机法(TBM法)

隧道掘进机(Tunnel Boring Mechine，简称TBM)是一种将机械破岩和出渣各工序联合作业，并连续掘进的大型工程机械，参见图1-1-4。TBM通常由电动机驱动主轴旋转，对刀盘施加一定压力，使其贴近岩壁，通过刀盘上装设的盘形滚刀破碎岩石，使隧道断面一次成型。隧道掘进机有两种基本类型：部分断面掘进机和全断面掘进机。自美国罗宾斯公司1952年生产第一台TBM以来，全断面岩石掘进机的发展已超过50年。如，美国Robbins公司制造的TBM，最大直径达11.2m，机体重约300t，功率880kW。TBM已成为掘进岩石隧道最有发展潜力的机械之一。

图1-1-4　隧道掘进机(TBM)

采用TBM施工的方法称为TBM法。TBM法通常适用于中硬以下岩石的隧道掘进施工。北欧几国在硬岩中也采用全断面掘进机，但需采用优质切刀。TBM法通常具有掘进快速、经济、安全、岩层适应性好等技术特点，可精确地切割地层，超挖量一般不超过5%，不扰动地层，可提高作业面的稳定性。由于采用掘进机可获得较快的开挖速度，因此它已成为长大海底隧道建设中一种很有吸引力的施工方法。最为著名的英法海峡隧道(50.5km)就是采用TBM法(全断面隧道掘进机)修建的。我国香港地铁中环线海底隧道和地铁将军澳线海底隧道都是采用双管掘进(TBM)法施工的。

TBM法施工的关键技术有如下几个方面：

(1)掘进机的定制。应根据海底的地质条件，主要是掘进工作面前方的不良地质情况以及涌水、岩石稳定性等，还有断面形式、TBM的配套设备等因素来定制掘进机。例如，英法海峡隧道要求TBM具有硬岩掘进机与软岩盾构功能，以及管片拼装与开挖作业并进等特殊要求。

(2)超前地质钻探。由于海上深水钻探困难，在隧道施工时必须进行超前水平钻，以便更详细了解掌子面前方的地质及涌水点情况。如英法海峡隧道，超前钻孔深达100m，经常保持掌子面前方有20m的已探查地层，留有25m的覆盖层。

(3)局部降水。当地下水太大时必须进行局部降水。如丹麦大海峡隧道的降水计划，其目的是在施工过程中降低隧道轴线上的孔隙压力到0.3MPa或更低，以便进入隔板前方的工作室内作业。其他的地层改良技术，如注浆和冷冻也是其主要的辅助施工手段。

(4)测量定向。海底隧道从两岸向海底方向掘进，掘进距离长，而且一般无中间站。因此，TBM掘进过程中的测量定向的准确性十分重要。

(5)隧道衬砌。衬砌必须能抵抗地层和水的荷载以及隧道掘进机推力，但不能选用难以接受的笨重管片。利用机械手(自动安装机)来装配衬砌，要求在侵蚀性环境下具有耐久性。

TBM 法施工海底隧道具有以下优点：

(1)快速。其施工速率为常规钻爆法的 3～10 倍。它是一种集机、电、液压、传感、信息技术于一体的隧道施工成套设备，可以实现连续掘进，能同时完成破岩、出渣、支护等作业，实现了工厂化施工，掘进速度较快，效率较高。

(2)优质。用 TBM 施工，改善了作业人员的洞内劳动条件，减轻了体力劳动量，施工质量能够得到充分保证。TBM 采用滚刀进行破岩，避免了爆破作业，成洞周围岩层不会受爆破振动而破坏，洞壁完整、光滑，超挖量少。

(3)高效。由于施工速度快，缩短了工期，较大地提高了经济效益和社会效益；同时由于超挖量小，节省了大量衬砌费用。TBM 施工用人少，降低了劳动强度、降低了材料消耗。

(4)安全。避免了爆破施工可能造成的人员伤亡，事故大大减少。对围岩的扰动小，几乎不产生松弛、掉块、崩塌的危险，较安全。例如，TBM 法施工的长 49.2km 的英吉利海峡隧道事故死亡 10 人；而钻爆法施工的长度与英吉利海峡隧道相近的日本青函隧道长 53.9km 死亡达 34 人。

(5)环保。TBM 施工不用炸药爆破，施工现场环境污染小。

当然，在海底隧道中采用 TBM 法施工也有一些缺点，具体如下：

(1)地质适应性较差。TBM 对隧道的地层最为敏感，不同类型的 TBM 适用的地层也不同，如土层、软岩、硬岩等应分别采用不同类型的 TBM。在 TBM 施工的工程中，当遇到困难地层，如软弱地层、断层破碎带、岩爆、涌水、围岩变形、剥落与坍塌等，有时甚至需借助钻爆法脱困。

(2)不适宜中短距离隧道的施工。由于 TBM 体积庞大，运输移动较困难，施工准备和辅助施工的配套系统较复杂，加工制造工期长，对于短隧道和中长隧道很难发挥其优越性。国外的实践表明，当隧道长度与直径之比大于 600 时，采用 TBM 施工是比较经济的。对于跨海峡隧道来说，这方面应该是其一个优点。

(3)断面适应性较差。一般地说，较适宜采用 TBM 施工的隧道断面直径在 3～12m。对直径在 12～15m 的隧道应根据围岩情况和掘进长度、外界条件等因素综合比较。对于直径大于 15m 的岩石隧道，目前还未制造相应的 TBM。

一般认为，小于 10km 的隧道难以发挥 TBM 的优越性，而钻爆法则具有相对经济的优势。对于 10～20km 的特长隧道，可以对 TBM 法和钻爆法施工进行经济技术比较，选择适宜的施工方法。对于大于 20km 的特长隧道，则宜优先采用 TBM 法施工。因此对于长大的跨海峡海底隧道，一般优先考虑 TBM 法，只有在 TBM 法不适宜时才考虑采用钻爆法。

3. 盾构法

盾构机(Shield Mechine)是在软土、软岩和破碎含水地层中修建隧道时，进行开挖和衬砌的一种专用机械设备，如图 1-1-5 所示。盾构机的主体部分是一可移动的高强度钢套壳。在隧道掘进时，钢套壳插入土内，在永久衬砌施作之前用以支撑隧道四周的地层，以保证永久衬砌的施工而免去临时支撑。盾构外壳断面一般为圆筒形，也有按隧道实际需要作成异形断面的。

采用盾构施工的方法称为盾构法。盾构法一般限制在港湾下的浅水区和沿海地带的软土地层施工，在深堆积层等软弱的不透水黏土中最为适用。

盾构法采用现代化的生产手段，速度快、效率高，工作人员作业环境较好，安全保证程度高。但是盾构掘进机构筑的隧道断面形式和线形受限，灵活度不大，曲线半径不能太小；机件复杂，设备昂贵，建设成本中设备费用占用比率较高；对地层地质和水文情况敏感度极高，在掘进前方不良地质、严重水害和障碍物难以探明的情况下，建设风险较大；在隧道掘进中途需要更换刀具和整修刀盘，工艺复杂，操作困难；隧道洞口附近需要有较大的施工整备场地，包括预制管片的场地，代价较高。

盾构法施工的关键技术主要有如下几方面：

(1)盾构机的选择。

(2)掌子面的稳定。

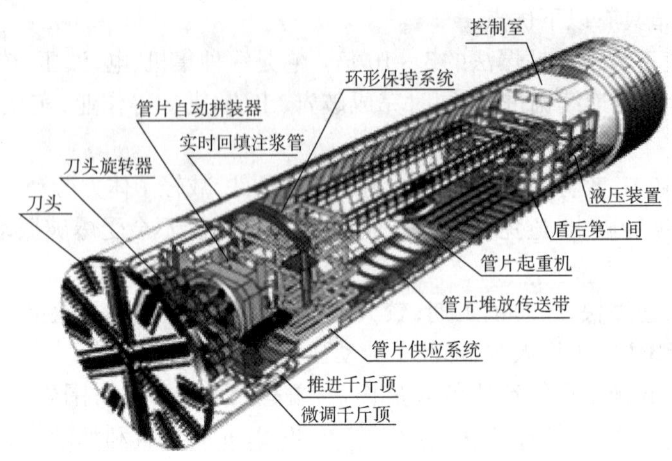

图 1-1-5　盾构机示意

(3)防水技术,包括:地层及衬砌壁后压浆防水,衬砌结构本身及其接缝的防水,内衬防水。

(4)隧道衬砌安装,初衬一般为装配式钢筋混凝土管片,二衬一般是用于补强、加强防水或装饰等目的。

(5)背衬注浆目的是防止围岩松动并提高防水性。施工时应控制好注浆压力、注浆量和注浆材料质量。

另外,水底盾构隧道与一般陆地地铁、市政管线盾构隧道相比,其自身特点有:

(1)隧道施工过程中承受较大水压力、土压力,盾构施工需克服高水压,尤其是大直径盾构推进中需克服顶底压差,保持工作面稳定,其施工难度较大。

(2)隧道出露海底后两端斜坡段类型复杂,盾构在人工岛、海堤或河堤中穿越,且存在软硬围岩的交界面,因此纵坡转换和地层突变处盾构推进难度较大。

(3)海底盾构隧道需要着重考虑隧道抗浮、管片耐久性、防水、抗渗等关键技术的设计、施工及效果评估。工程经验表明,在管片内增设混凝土衬砌对减小运营风险有好处。

(4)受航道及海(江、河)口天然口门宽度控制,水下隧道一般较长,盾构机设计需考虑长距离掘进、海底检修和海中对接等因素;隧道结构设计需充分考虑通风、照明、消防及防灾等因素。

(5)环境评价、风险性评估也是海底盾构隧道建设的突出特点。

国外盾构已有180余年的发展历史。自从1843年第一条高6.8m、宽11.4m的矩形盾构法隧道在伦敦泰晤士河建成以来,盾构法隧道的设计和施工技术得到了很大发展,出现了泥水加压式和土压平衡式盾构,衬砌由铸铁转向钢筋混凝土或钢材组成。用盾构法施工的世界著名水下隧道有东京湾横断公路隧道和丹麦大海峡隧道等。

东京湾横断公路隧道长9.1km,1998年建成通车,是目前世界上最长的海底公路隧道,也是迄今直径最大的海底盾构隧道,标志着当今盾构隧道施工最先进的技术水平。该隧道共设计3孔,每孔外径13.9m、三车道,其中2孔于1996年修建完成,第三孔留待将来施工,如图1-1-6所示。东京湾横断公路隧道位于海底平坦地层,平均覆盖厚度仅有15m左右。隧道区段主要是软弱的冲积、洪积黏性土层(N值仅在0~12)。盾构设计采用先进的自动掘进管理系统,自动测量管理系统和管片自动拼装系统。隧道由8台直径14.14m的超大型泥水式土压平衡盾构在海底地层中穿越和对接。该盾构机长13.5m、重3200t,堪称世界上最大级的盾构机械。

丹麦斯多贝尔特大海峡隧道是跨海工程的一部分,长7.9km,由2条外径8.5m的铁路隧道组成。隧道最大埋深75m,采用4台直径8.78m的混合型土压平衡盾构机施工。隧道穿越的地层为冰碛和泥灰岩,均为含水层,渗透水量大。工程中曾发生了涌水险情,采用了海底井管降水、冷冻、气压等辅助施工方法加以处理。隧道施工历经艰险,于1996年建成,积累了宝贵的海底隧道施工经验。

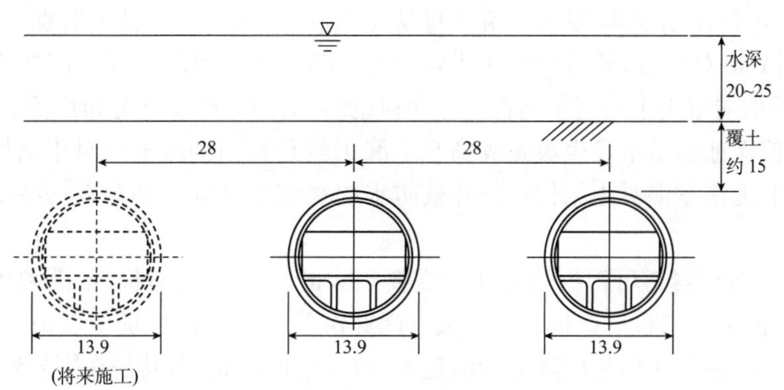

图1-1-6　日本东京湾横断公路隧道断面(盾构法)(尺寸单位:m)

4. 沉管法

沉管隧道(Immerged Tunnel)是将若干个预制管段分别浮运到海(江)面现场,并一节接一节地沉放安装到已疏浚好的水底基槽内。通常在干坞中预制管段,基槽底面和隧道底部之间的空间应事先准备好砾石垫层或在隧道下面泵送砂垫层或喷射砂垫层,必要时可采用桩基处理基槽。隧道预板上覆盖一层保护层。

沉管隧道的结构形式有钢结构和钢筋混凝土结构两大类。钢结构一般为圆形断面,钢筋混凝土一般为矩形断面。美国习惯于使用圆形的钢壳沉管,而欧洲国家则习惯于采用矩形钢筋混凝土结构,日本则两种形式的沉管隧道都有修建。此外,日本 Osaka 南港隧道和 Kobe 港口 MInatojima 隧道都采用了混凝土沉管和钢制沉管结合在一起的复合型隧道。

美国于1910年在和加拿大交界的底特律河(Detroit)修建了第一座钢壳沉管隧道。荷兰在1937～1942年在 Rotterdam 修建了第一座混凝土沉管隧道(Maas 隧道)。目前全球已建成100多座铁路或公路沉管隧道。其中丹麦于1999年建成的鄂尔森通道(Oresund Fixed Link)工程的卓戈登(Drogden)海底沉管隧道长3510m,是目前世界上最长的交通混凝土沉管隧道,也代表了欧洲沉管隧道的最新进展。我国修建沉管隧道起步较晚,已建成有广州珠江隧道、宁波甬江隧道、上海黄埔江隧道、香港维多利亚港海底沉管隧道(西区海底隧道、红磡海底隧道、东区海底隧道,都是双向三车道混凝土沉管隧道)。

沉管隧道施工主要内容包括:

(1)修建管段制作干坞。

(2)管段制作与装配。

(3)挖基槽。

(4)基础施工:主要有刮铺法、喷砂法、压砂法(砂流法),必要时也用桩基。

(5)管段拖运。

(6)管段沉放。

(7)管段联结:一般采用GINA(吉娜)橡胶接缝。

(8)回填和保护管段。

同钻爆法和盾构法修建水下隧道相比,沉管法有以下特点。

(1)地质条件。沉管隧道的基槽开挖较浅,且沉管由于受到水浮力的作用,作用于地基的荷载较小,因而对基础承载力的要求较低,对各种地质条件的适应能力较强。但基槽开挖与基础处理的施工技术非常复杂,尤其遇到坚硬的岩石时,水底爆破开挖技术要求高,且破坏了海洋生态环境。

(2)隧道埋深。沉管隧道埋深只要0.5～1.0m即可,也可为零覆盖,甚至可凸出河床面;而盾构隧道的埋深至少为1D(D为隧道洞径)以上;钻爆隧道的埋深则要求更大。因此三者相比,沉管隧道的坡降损失最小,同一隧址处,隧道的长度也最短,运营条件相对较好。

(3)防水性能。沉管的管段每节长一般超过100m,这样沉管隧道的接缝很少,并且管段是在工作条件较好的露天干坞内进行预制的，混凝土浇筑质量易于控制，管段的防水性能有保证。同时管段接头处采用GINA（吉娜）和OMEGA（Ω）两道橡胶止水带，经过工程实践验证，管段之间的连接可以做到“滴水不漏”。相比而言，盾构隧道由于采用预制管片作为衬砌结构，因此施工缝分布广泛，尽管采取紧固、密封及防水等各种措施，但保证隧道不发生渗漏或滴水不漏仍然是相当困难的。对于钻爆施工的隧道，由于施工工艺本身的限制，无论是混凝土结构还是外敷防水层在施工过程中都存在一些质量缺陷，隧道漏水是不可避免的。

（4）断面适应性。沉管隧道可根据使用功能需要确定断面大小和形状，断面利用率较高，且沉管隧道断面的增大对工程的单位工程量造价影响不大。因此沉管隧道的断面适应性最好：断面越大，沉管的优势越明显。比较而言，钻爆法修建的隧道断面越大，单位造价越高，尤其是在围岩较差时需要特别采用强支护与超前支护手段，进一步增大工程造价，而且施工难度与风险很大。同样，在水底条件下盾构法修建的隧道断面越大，需要的盾构直径越大，从而引起设备购置费用大幅上升，直接提升工程造价。另外，钻爆隧道根据施工工艺以及结构稳定的需要，一般为似马蹄形或拱形。盾构隧道受盾构机制约一般为圆形，如采用异形断面，则盾构机需要专门定购和加工，工程造价和成本将增加更多。

（5）作业环境。盾构隧道和钻爆隧道施工时，作业人员大部分作业时间在河床下面进行，其安全性和作业条件较差，不确定因素较多；而沉管隧道的主要作业是在陆上露天进行的，水面作业和水下作业周期均较短，安全可控性较好。

（6）工序衔接。沉管隧道施工时，平行作业点比盾构隧道和钻爆隧道多，如管段预制可以和基槽开挖以及岸上主体结构等工序平行作业。这样，在沉管隧道施工组织上，其时间、空间和人员的安排及工期上有较大的优越性和灵活性。而盾构隧道和钻爆隧道由于作业空间、施工工艺的限制，很多工序无法平行作业。

（7）工程量。沉管隧道与另外两种隧道形式相比，其主要缺点是基槽（呈倒梯形状）开挖的土方量大，相应的回填量也较大；另一个缺点是主体结构的圬工量较大，一般而言，比钻爆隧道衬砌结构工程造价要高出20%～30%。

（8）航运干扰。沉管隧道在基槽开挖、管片浮运、沉放和对接阶段都将对航道产生一定的影响，一些地区需要采取封航措施才能保证施工的顺利进行，而盾构隧道和钻爆隧道则对航道没有任何干扰。

沉管隧道的主要优点是：沉管覆盖层薄，含引道在内的隧道总长度较短；其对地质条件的适应性强；隧道断面利用率高；防水可靠度高；施工周期短等。从沉管隧道发展进程来看，目前沉管隧道的设计施工正向大型化方向发展。为适应城市交通发展，隧道的车道数已由最初的双车道发展到目前城市隧道通用的六车道，甚至八车道。

沉管隧道的施工也有以下限制：

（1）缓平潮必须有足够有持续时间借以沉放管段，最好潮流速小于1m/s和持续时间超过2h。

（2）底部不应软弱和不稳定到不能断续开挖基槽。

（3）工地必须合理地避免被流动的淤泥迅速地淤积，淤泥能改变基槽中水的密度并在沉放管段时影响浮力的平衡。

（4）受潜水施工作业的限制，水深一般不能超过30m。

由于跨海峡隧道一般水体较深，无论结构设计还是施工技术上均存在较大难度，因此不宜作为首选方案。

【本章主要编写人员】：张建斌　柯小华　程　勇

第 2 章　项目背景与建设方案比选

2.1　项目背景

厦门是我国东南部的一座海滨风景城市，位于东径 118°04′04″、北纬 24°26′46″，背靠漳州、泉州大陆，面对金门，与台湾、澎湖列岛隔海相望，项目地理位置如图 1-2-1 所示。由于历史的原因，厦门的经济一直在较低层次上发展。1980 年 10 月，党中央国务院决定在厦门岛北部湖里划出 2.5km^2 设立经济特区。1984 年 3 月国务院又决定把厦门经济特区的范围扩大到整个厦门岛。厦门自设立经济特区以来，经过近 20 年的艰苦创业，经济得到了迅速的发展，取得了令人瞩目的成就。特别是市场经济引入之后，厦门市的基本建设和国民经济得到突飞猛进的发展。

图 1-2-1　项目地理位置

经济的发展促进了交通的建设。当经济的发展速度超过交通事业的发展时,交通又反过来制约着经济的发展。厦门岛东西北三面隔海与翔安区、集美区、海沧区相望,南面濒海,岛内外交通联系一直是困扰厦门岛发展的难题。

1991 年建成的厦门大桥(北通道)和高集海堤,带动了厦门岛西北部的飞速发展;1999 年建成的海沧大桥(西通道),有效地促进以东渡港为主体的厦门岛环东海域的飞速发展,掀起了厦门岛的又一次建设高潮。但是,厦门岛毕竟土地存量有限,随着厦门岛内开发强度的提高,岛内可资开发的土地资源已所剩无几。为此,厦门市委、市政府早在海沧大桥建设初期,就积极谋划修建厦门东通道,开发厦门岛环西海域,拓展城市发展空间,构建海湾型城市框架,将厦门岛环东海域和环西海域连成一体,形成“城在海中、海在城中”的城市格局,确保厦门市作为东南沿海中心城市的优势地位。

通过长达 8 年的厦门翔安海底隧道工程前期研究,一致认为:修建厦门翔安海底隧道,是合理布局厦门岛进出通道及满足进出厦门岛交通需求的需要;是完善福建省、厦门市公路主骨架的需要;是促进岛内外社会经济均衡发展,推进岛内外一体化、城乡一体化进程,拓展厦门城市发展空间,构建海湾型城市框架的需要;是开发旅游资源、加快发展旅游业的需要。

2.2 建设条件概述

2.2.1 沿线自然条件

1. 地形地貌

厦门翔安隧道工程隧址位于厦门岛东北端五通码头与同安西滨下店村之间,浔江港南东出海口最狭窄处,西北为封闭的海湾,东南为海湾通向大海的出口,海域段长度 4.2km,工程区主要为陆地地貌、岸滩带地貌和海域地貌。

陆域地貌:由海蚀台地及海积平原组成,海蚀台地台面波状起伏,多为基岩残丘,高程一般在 30m 以下;海积平原呈片状分布,面积不大,高程一般为 2 ~ 5m。

岸滩带地貌:西南端五通岸属于开敞海湾淤泥质间夹基岩海岸。岸域较宽阔,岸坡为高达 10m 以上的红土台坎。东北同安岸属于淤泥质间夹台地土崖海岸。土崖主要受海浪侵蚀后退,潮滩不断扩大,岸滩宽阔,淤泥作用强。

海域地貌:海域内水深 0 ~ 29m,海底为水下浅滩。浅滩总体上向东南港湾口方向平缓倾斜,常有高低不等的岩礁分布。海底浅滩表层主要分布砂—粉砂—黏土、粉砂质泥和泥质粉砂。

2. 水文

厦门是一个天然岛港城市,海域接近内湾型,潮汐现象多样,水文条件复杂。根据“海洋局厦门海洋三所”对工程场址水文、泥沙调查的计算专题研究,其主要结论见表 1-2-1。

厦门港潮汐特征值(单位:m) 表 1-2-1

<table>
<tr><th colspan="3" rowspan="2">项 目</th><th colspan="3">潮汐特征值</th><th rowspan="2">资料年限(年)</th></tr>
<tr><th>厦门基面</th><th>85 黄海高程</th><th>出现时间(年.月.日)</th></tr>
<tr><td rowspan="7">潮位</td><td rowspan="3">高潮</td><td rowspan="2">历年最高</td><td>7.78</td><td>4.51</td><td>1933.10.20</td><td>1907 ~ 1997</td></tr>
<tr><td>7.69</td><td>4.42</td><td>1996.08.01</td><td rowspan="2">1954 ~ 1997</td></tr>
<tr><td>多年年最高均值</td><td>6.99</td><td>3.72</td><td></td></tr>
<tr><td rowspan="3">低潮</td><td rowspan="2">历年最低</td><td>-0.06</td><td>-3.33</td><td>1921.02.24</td><td>1907 ~ 1997</td></tr>
<tr><td>0.09</td><td>-3.18</td><td>1983.01.30</td><td rowspan="3">1954 ~ 1997</td></tr>
<tr><td>多年年最低均值</td><td>0.27</td><td>-3.00</td><td></td></tr>
<tr><td colspan="2">多年平均海面</td><td>3.58</td><td>0.31</td><td></td></tr>
</table>

续上表

项目			潮汐特征值			资料年限（年）
			厦门基面	85 黄海高程	出现时间（年．月．日）	
潮差	多年平均潮差		4.01			1960 ~ 1997
	历年最大潮差		6.92		1933.10.20	1907 ~ 1997
			6.87		1996.08.01	1960 ~ 1997
	涨潮	历年最大	6.87		1996.08.01	
		多年年最大均值	6.28			1960 ~ 1990
	落潮	历年最大	6.34		1974.08.19	
		多年年最大均值	5.97			
历时	平均涨潮历时		6 h 07min			1960 ~ 1982
	平均落潮历时		6 h 18min			

2.2.2 公路、港口、航空现状及规划

1. 公路

项目前期研究时厦门进出岛有高集海堤、厦门大桥、海沧大桥。其中，20 世纪 50 年代修建的厦门高集海堤宽 7.0m，仅通行少量菜篮子交通量和自行车、摩托车等非汽车交通量；厦门大桥是厦门岛第一条对外公路通道，于 1991 年建成通车，长约 6.599km，桥宽 23m，四车道，设计时速 60km/h，2001 年交通量为 34034 辆/日，折合 55362 小客车/日，已超过设计通行能力(50000 小客车/日)；海沧大桥于 1999 年底建成通车，长约 5.9km，桥宽 32m，为六车道悬索桥，设计车速 80km/h。2001 年交通量为 15418 辆(绝对数)/日，折合 24538 小客车/日。

2001 年，进出厦门岛的汽车交通量已达 49452 辆/日，折合 79900 辆小客车/日，虽然海沧大桥分担了 15418 辆/日(折合 24538 辆小客车/日)，但厦门大桥交通量仍达 34034 辆/日(折合 55362 辆小客车/日)，超过设计通行能力，仍然十分拥挤。因此，开辟厦门岛的第三个进出岛通道——东通道，已显得日益迫切。

进入 21 世纪后，厦门市提出拓展城市发展空间，构建海湾型城市框架，形成“城在海中、海在城中”的城市格局，从而确保厦门市作为东南沿海中心城市的优势地位，并明确要将厦门东部同安区发展为厦门的市域次中心城市，为此，厦门市交通委员会、厦门市公路局与交通部规划研究院共同编制完成了《厦门对外干线公路通道规划》(2002 ~ 2020 年)，提出了“一主四射一环三联”的厦门市主要对外干线公路通道规划构架，并将形成 4 个进出岛公路通道：

①厦门大桥，已建成通车。

②海沧大桥，已建成通车。

③东通道工程，东通道的建成可分流大部分同安及泉州、福州方向的进岛交通量，从而缓解厦门大桥交通压力，同时也为厦门城市向环东海域发展提供了基础设施，扩大城市用地空间。

④南通道工程，直接连接厦门岛与中银漳州开发区，避免车辆绕行。

根据《厦门对外干线公路通道规划》(2002 ~ 2020 年)，东通道工程计划于 2001 ~ 2010 年建设。南通道工程计划于 2011 ~ 2020 年进行前期工作，并指出“南通道工程跨越主航道和锚区，厦门岛岸接线困难，工程难度大，其建设有赖于厦门湾未来发展的需要和建桥隧工程技术水平的提高。”

根据前期交通量预测结果表明：2001 年进出岛交通量为 79900 辆/日(小客车，下同)。2010 年为 155281 辆/日，2020 年为 265282 辆/日，2030 年为 372538 辆/日，其中，东通道 2010 年承担 37531 辆/日、2020 年承担 64654 辆/日、2030 年承担 94550 辆/日。进出岛公路通道交通量预测结果见表 1-2-2。

进出岛公路通道交通量(单位:辆/日)　　表 1-2-2

通道	交通量	2010 年 客车	2010 年 货车	2010 年 合计	2020 年 客车	2020 年 货车	2020 年 合计	2030 年 客车	2030 年 货车	2030 年 合计
东通道	绝对数	12794	9964	22757	25073	15474	40546	39842	20879	60721
	折算数	15500	22030	37531	30385	34266	64651	48212	46338	94550
厦门大桥	绝对数	19073	13357	32430	31760	21031	52790	44080	27345	71425
	折算数	21989	28199	50188	35855	44578	80433	48748	58197	106945
海沧大桥	绝对数	25104	17787	42891	47138	30732	77870	54981	32530	87511
	折算数	28905	38657	67562	52944	67254	120198	60398	71658	132057
南通道	绝对数							13745	10843	24588
	折算数							15100	23886	38986
合计	绝对数	56971	41107	98078	103970	67236	171207	152648	91597	244245
	折算数	66394	88886	155281	119183	146099	265282	172459	200080	372538

2. 港口

由于海峡两岸关系及同安湾特殊的地理位置,厦门港东部港区的发展一直处于停滞状态。其中东部港区的刘五店港天然环境最好,但目前拥有 2000t 级油码头 1 个,1000t 级泊位 1 个和 6 个小码头(靠泊 200t 以下),港口设计年吞吐能力 75.5 万 t。鉴于历史原因,进出港船泊只能走东侧水道,进港航道基本上处于天然状况,可乘潮通航 3000t 级以下船泊。厦门市港务局鉴于东海域优越的深水岸线资源情况,分析进入刘五店港区航运线路,编制了《厦门港东部港区岸线和水陆域控制性规划》(送审稿),对东部五通港区及刘五店港区进行了规划。

(1)五通港区。其主要发展方向是海湾、海峡滚装运输和大型游轮码头基地。

规划码头岸线总长 1300m,陆域总面积 47 万 m^2,其中东通道桥位上游布置较小的客滚码头,共 4 个泊位;桥位下游布置大型游轮(7500t 级)码头泊位 2 个。

(2)刘五店港区。规划刘五店港区由东、中、西三个生产作业区和后方港口多功能发展区组成。规划码头岸线总长 4800m,北起新村西侧,东南至欧厝码头止,自北往南,港区泊位由中小泊位、通用散杂货泊位、大型集装箱泊位组成,可建设码头泊位 21 个,其中 15 个深水泊位,初步估计总吞吐能力达 3000 万 t 以上。

厦门湾港口总体布局规划。东通道工程及东部港区的规划与建设对厦门经济的发展具有可以期望的促进作用。两者建设地点均在同安湾,应考虑和谐存在,互不影响,即东通道工程不影响港区的生产,港区生产特别是船舶通过桥下通航孔不应对大桥的安全造成隐患。

3. 航空

厦门高崎国际机场于 1982 年 1 月开始修建,按照中国民航二级国际机场标准进行规划设计,总投资 8500 多万元,1983 年 10 月正式通航使用。根据设计标准,预计 1993 年客流量达 35 万人次。事实上,至 1993 年,机场年旅客吞吐量已经达 200 万人次,并开始进行二期扩建。1997 年二期扩建工程建成后,使机场成为 4E 级国际机场,年设计旅客吞吐保障能力可达 1200 万人次,设计年货邮吞吐量约 25 万 t。2007 年,厦门机场旅客吞吐量为 868.5 万人次,其中出入境旅客为 150.9 万人次,已近饱和,并开始筹划三期扩建。据悉,机场三期扩建工程将在目前二期基础上,从飞行区、空中交通管制系统、旅客航站区、货运区四方面着手,扩建工程预计持续到 2015 年。三期扩建后,机场年吞吐能力达 2500 万人次,能够满足世界最大的 F 类客机“空中客车 A380”起降。

由于厦门高崎国际机场距工程区域较近,为保障飞行安全,有严格的建筑物高度限制要求。如果采用大跨度桥梁方案，桥塔高度须在航空净空障碍物限制面以下。2003 年在机场二期工程基础上，经厦门国际航空集团有限公司计算，桥塔限制高程在 144～160m（黄海高程）。

2.3 建设方案比选

2.3.1 轴线位比选

在前期研究阶段始终贯彻“地质选线”的原则，结合各阶段的重点研究内容，遵循由总体到局部、由大到小、由远及近的选线思路进行轴线方案比选。

1. 预可阶段

预可阶段初步提出了 4 个跨海线位比较方案，第Ⅰ、Ⅱ、Ⅲ轴线方案起点均位于厦门岛下边村南侧，接城市快速干道仙岳路，终点位于大陆岸西滨村附近，接西滨至内厝城市Ⅰ级主干道（即目前的翔安大道），与福厦高速公路连接。但是受海域地质及两岸地形控制，3 条轴线方案的跨海位置和跨海角度有所不同。第Ⅳ轴线方案起点位于厦门岛钟宅附近，与城市次干道湖里大道相接，终点位于大陆岸刘五店附近，最终也需接上西滨至内厝城市Ⅰ级主干道，与福厦高速公路连接。具体走向如图 1-2-2 所示。

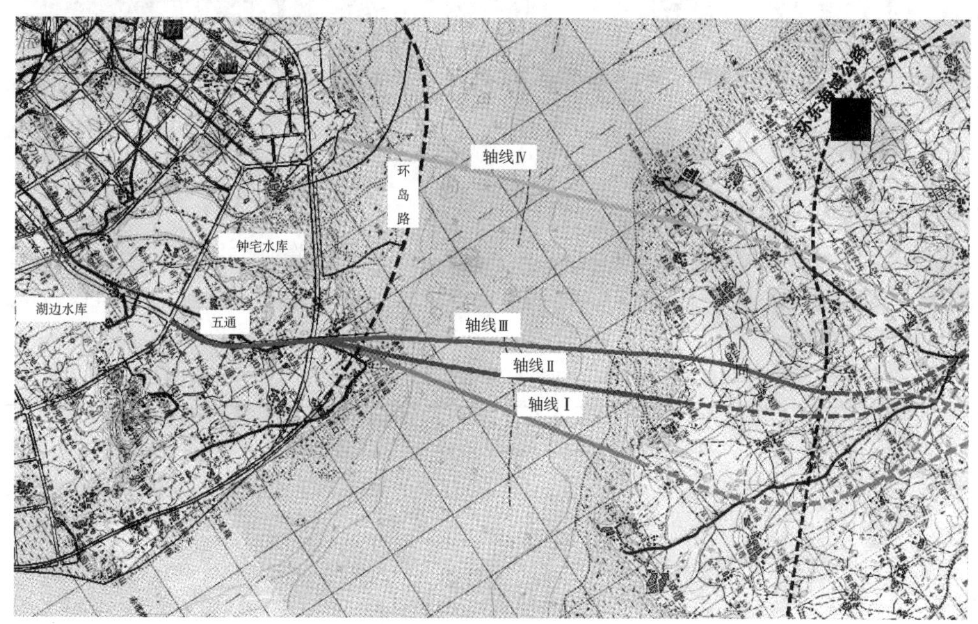

图 1-2-2 预可阶段轴线方案

综合比较，Ⅲ线位与厦门城市总体规划和路网布局较为协调；且从两岸接线、立交布置、线位的跨度等多方面因素综合考虑较为合适，因此选择Ⅲ线位作为工可研究的重点区域。

2. 工可阶段

工可路线平面设计主要是在“预可”确定的第Ⅲ轴线方案经过的海域走廊带内根据东通道初勘地质资料，结合东通道各种跨海建设方案的技术特点进行接线布置。路线布设以现行技术规范为依据，以服从厦门城市总体规划为前提。经过纸上布线和实地放线，最后选定 A、B、C 路线方案作进一步比选，3 条路线的具体走向如图 1-2-3 所示。

由于东通道海域修建隧道和桥梁从技术上讲均是可行，因此线位方案的比选实际上是隧道（钻爆隧道、沉管隧道）和桥梁工程方案的比选。

经综合比选后认为：C 线位海域地质条件较好，海底基岩覆盖层和基岩强风化带较小，强风化带和弱、微风化带顶部界面相对较浅。线位在穿越海底局部断裂带风化深槽时，风化带收缩较快，地质改善较为明显，对修建暗挖隧道有利，推荐采用 C 线位。

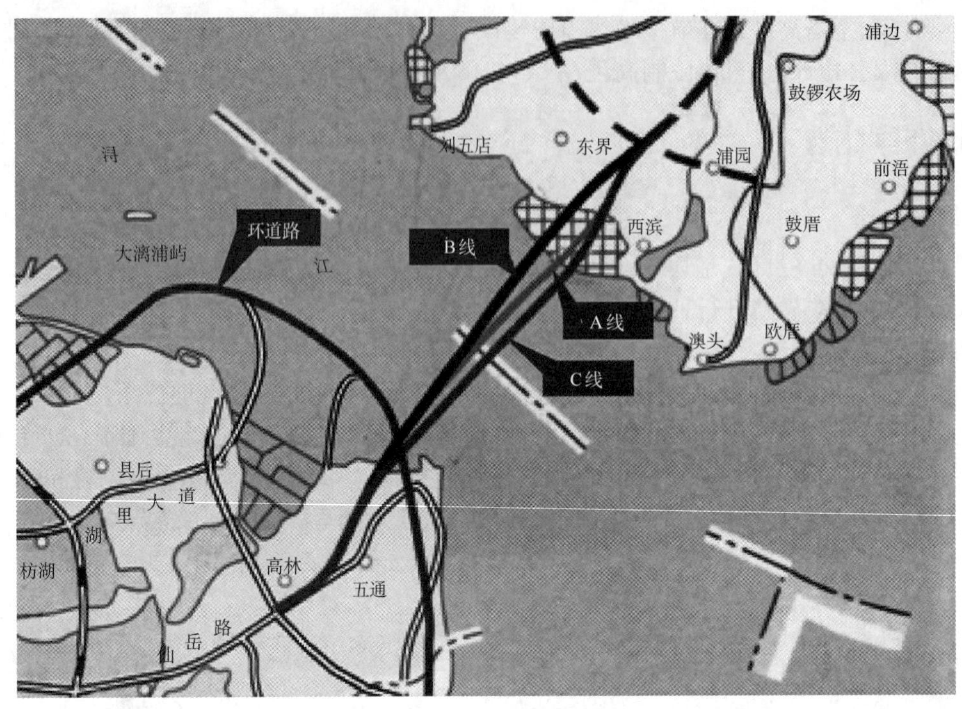

图 1-2-3　工可阶段轴线方案

2.3.2　桥梁方案与隧道方案比选(见表 1-2-3)

东通道建设,必须满足省道规划要求和厦门城市总体规划需要;跨海位置可供选择的范围较小,跨海轴线位置确定比较容易取得一致性的意见。对于其建设方案是修建隧道还是桥梁,争议较大,主要体现在以下几个方面。

桥梁与隧道比较　　表 1-2-3

比较内容	桥梁	隧道
长度(m)	5033	5900
使用功能	略好	较好
工程占地面积	大	很小
施工难易及风险	施工组织简单、风险小	施工组织简单、风险略大
地震及战争影响	大	小
景观、生态	施工期间破坏环境大	小
航运、航空	影响大	无影响
救援设施	救援等级较低	处理灵活,救援等级高
运营、维修养护费用	较低	较高
工程造价	适中	略高
方案	比较	推荐

1. 桥梁方案受气候的影响相对较大

东通道跨越东海域,海边易受气雾与大风影响,特别是当出现台风、浓雾天气时,将会极大的影响行车安全及通行能力,特殊情况可能需暂时封闭桥梁,而隧道方案基本不受影响,可以保证全天候运行。根据收集的气象资料表明:台风影响厦门地区一般为每年 5 ~ 11 月,8 月最多,1955 ~ 2001 年在厦门登陆的热带风暴台风为 30 次,影响台风 221 次,年平均 4.8 次;厦门地区年平均雾日数 27 天,年最多雾日数为 61 天(1982 年)。厦门作为一个海岛城市,翔安隧道是厦门的第三个出口通道,鉴于前两个通道均为跨海桥梁,在保证特殊天气下厦门岛与大陆的正常交通联系(1999年14号台风造成厦门大桥禁止通行)方面,隧道方案具有优势。

2. 隧道方案抗震能力与战时抗毁损能力相对较好

由于桥梁是高出地面的建筑物,作用于高大桥梁上的地震强度比地面以下要大。我国唐山大地震及日本历次地震表明,地震力对地下结构物的破坏程度及范围比桥梁轻得多。同时东通道处于台海前线,一旦爆发战争,桥梁目标明显,易招致较大破坏,而隧道方案就当前普通武器只能破坏洞口建筑,即使破坏也易于修复。因此,人防、军方明确表示着眼厦门地区海防战备需要,建议首选暗挖隧道方案。

3. 桥梁方案的运营条件相对较好

隧道在地下狭长空间通过,汽车行驶时会给人一种压抑与紧张感;隧道内空气流动性差,长期运营条件下,空气比较污浊;且隧道受意外事故特别是火灾影响,损失程度比较大。相对而言,桥梁运营的行车条件较好,即使发生交通事故等其损失也比较小。

4. 桥梁方案对港口的发展和航空的通行有一定影响

厦门东海域具有较好的深水岸线资源,可以建造大型码头泊位。为保证港口资源的可持续发展,桥梁建设方案需要较大的通航净宽、净高要求,并且桥梁一旦建成之后,对港口将来的发展建设规划具有较大影响。根据《通航海轮桥梁通航标准》(JTJ 311—97)2.0.3条(为强制性条文)要求,桥址应远离航道弯道、险滩、汇流口、渡口、港口作业区和锚地,其距离应能保证船舶安全通航。跨越海峡的安全距离为代表船型长度的4倍,按该长度计算,桥梁上下游各约1.1km范围内不能建造码头船泊。桥梁方案在施工及运营阶段还会受到船舶撞击的威胁,东通道桥梁方案防撞要求较高。同样为修建大跨度的桥梁,必须修建高大的桥梁塔,也给厦门比较狭小的航空线上增加了隐患。由于航空限高要求,桥型方案选择受到一定的限制。

5. 隧道方案对生态环境保护有利

东通道跨海场址是厦门海洋珍稀动物中华白海豚主要活动海区和文昌鱼保护区,同时东通道海域海洋生物品种多、数量大。采用桥梁方案对海域生态环境将有一定影响,而暗挖隧道方案基本上不破坏原有的自然景观、海域生态环境,有利于保护生活在浔江湾口海域的海洋珍稀物种。

6. 隧道方案的工程施工风险相对较大

根据我国的技术水平和经验,隧道、桥梁方案都是可行的。国内外跨越大江、海湾的大型桥梁的成功实践较多,经验比较丰富。相比而言,由于隧道是地下工程,特别是东通道为跨越深水的海底工程,地下构造物的施工受到地下水影响和地质变化影响较大,必须防止地质较差地段或断层破碎带海水的突然涌入,暗挖隧道具有一定的投资风险。

7. 隧道方案的运营及设备维护管理费用相对较高

隧道方案必须有一套完善的运营通风、排水、照明、防灾、监控设施,日常运营费用大于桥梁方案。

8. 隧道方案对电缆、供水等市政工程的岛内外连接有利

隧道方案可利用的空间相对较多,如隧道路面下及服务隧道都可设置为公用管沟,可有效地保证岛内外水、电、通信的跨海连接。管道通过隧道,结构上不需要增加其他投入,仅仅只需要满足管线布设要求及防护设施,且其养护和维修也相对方便。

9. 隧道方案投资费用相对较高

根据本阶段的估算,隧道方案造价高于桥梁方案约15%。

2.3.3 钻爆法、TBM法与沉管法比选

目前修建海底隧道的方法较多,如钻爆法、TBM法以及沉管法等。针对厦门翔安隧道的建设条件,何种修建方法更为合适需认真分析。

1. 暗挖钻爆法隧道与暗挖TBM法隧道比较

钻爆法施工是目前国内较为成熟的一种施工方法,适用范围较广;TBM施工方法是一种较为先进的隧道施工技术,目前应用市场正在进一步扩大。这两种施工方法的优缺点对比见表1-2-4:

钻爆暗挖法与TBM暗挖法优缺点比较　表1-2-4

项　目	优　点	缺　点
钻爆法	(1)适合各种地形条件； (2)具有较成熟的设计、施工经验； (3)隧道建成后能较好地抵御各种自然及战争灾害； (4)施工对环境影响小,施工时不影响通航； (5)施工工期短,投资省； (6)能适应隧道断面调整与变化	(1)由于埋置较深,隧道长度偏长； (2)工程地质勘察较困难,围岩地质情况的预见性较差； (3)需要超前地质探明和预报； (4)当地质条件较差时,施工过程中存在较大坍塌风险； (5)在断层破碎带存在较大透水、涌水风险
掘进机(TBM)法	(1)机械化、自动化程度高； (2)对围岩的损失小,几乎不产生松弛、掉块、崩塌的危险,较安全； (3)隧道建成后能较好的抵御各种自然及战争灾害； (4)施工对环境影响小,施工时不影响通航； (5)施工速度快,但是准备周期长,因此工期较长	(1)机械的购置、运输、安装、解体费用高,引道距离长达150m左右； (2)地质的适应性受到一定限制。对软弱围岩还有不少问题,对超过200MPa的硬岩,成本急剧增加,开挖速度也降低； (3)大断面TBM机械制造经验不足； (4)需要超前地质探明和预报； (5)国内施工经验相对不足； (6)不能适应隧道断面调整与变化

考虑厦门翔安隧道为三车道大断面隧道,进出口和海底风化槽为全强风化地层,而其余地段为坚硬的花岗岩,地层属于软弱不均匀。掘进机的选型困难,且适应性差,因此推荐钻爆法。

2. 暗挖隧道与沉管隧道比较

暗挖隧道与沉管隧道需要综合考虑地形、地质条件及对环境的影响,经济的合理性及施工难易程度等,两者的比较见表1-2-5：

沉管与暗挖隧道比较　表1-2-5

比较内容	沉管隧道	暗挖隧道
隧道长度	短	长
通航及码头	影响较大	无
地形、地质	地形较好、地质不利	地形较好、地质较好
施工难易及风险	施工组织复杂、风险大	施工组织简单、风险小
地震及战争影响	不大	小
环保	施工期间破坏环境大	小
防水	效果优	效果一般
隧道运营、救援设施	处理复杂、救援等级较低	处理灵活、救援等级高
维修养护费用	较低	较高
工程造价	很大	适中
方案	比较	推荐

考虑厦门市东部五通—刘五店港区是厦门港规划中的深水港区,是厦门市以港立市的重要资源,而沉管隧道修建必然将码头的连续性分割,影响码头的容量;且东通道的海域水深较大,潮汐频繁,潮差大,硬质岩石爆破工作量大,沉管基槽开挖相对困难,下沉时就位设备要求高。该区域又为国家珍惜保护动物中华白海豚主要活动海区,基槽开挖对海域环境影响较大。因此,工可阶段认为以钻爆法修建东通道隧道工程更为合适,工程造价节省,更有利于厦门东部海域的可持续发展。

2.4　建设方案决策

2.4.1　决策结果及依据

在厦门翔安隧道的前期研究中,中交第二公路勘察设计研究院有限公司采用大范围比选、层层推进的原则,研究的海域横向宽度达8km左右,共提出了10多条路线方案,涵盖了厦门东侧海域的方方面面,对适合于本项目的国内外各种有代表性的桥型和隧道施工工法进行了充分比选,提出了推荐的线位,并推荐以钻爆法建设。同时,厦门市政府也对以桥梁方案还是钻爆法方案建设东通道,从厦门市的可持续发展角度也进行了深入的讨论及思考。2005年2月7日,国家发改委正式批复了厦门东通道工可研究报告,明确同意采用钻爆法暗挖隧道方案。由此,桥、隧之争水落石出,以隧道胜出告终。综上,在深入方案研究比选的基础上,重点对桥梁和钻爆法隧道方案进行比选,最终方案决策的重要依据如下。

1. 保护得天独厚的港口资源

厦门市东海域五通—刘五店港区是厦门港规划中的深水港区,是厦门市以港立市的重要资源。考虑到港口资源可持续发展在厦门经济发展中的重要地位及今后五通—刘五店港区规划方案的实施,东通道建设方案应服从于厦门整体经济可持续发展的大局,保护厦门东海域得天独厚的港口资源。因此,保证东海域港区海床的稳定,保留其深水岸线和航道资源,以满足今后港口和航道建设的要求,即保证第四代至第五代全集装箱轮和5万吨级散货轮的通航,并考虑第六代全集装箱轮和十万吨级散货轮通航的可能性(水深要求16m左右),采用暗挖隧道对通航及后期码头修建不受任何影响,而采用桥梁方案码头的连续性必然被分割,影响码头的容量,故钻爆法暗挖隧道方案更为合适。

2. 保护海洋生态环境

厦门港是中华白海豚、厦门文昌鱼的主要活动海区,是国家级海洋珍稀物种自然保护区。厦门拥有的中华白海豚和文昌鱼珍贵资源,是自然恩赐的一笔不可多得的财富。中华白海豚被誉为厦门港的"镇港鱼",厦门文昌鱼是中国大陆沿海仅有的两种文昌鱼中的一种。采用桥梁方案,施工作业会使海底沉积的大量有毒物质和重金属泛起,导致整个保护区海域长时间遭受重复重度污染,将影响到中华白海豚和文昌鱼的栖息、觅食和繁殖等生理行为。另外,中华白海豚主要依靠头部的回声定位系统辨别物体的位置和方向,桥梁施工作业施工所产生的噪声,将会直接影响它的定位系统,最终导致其搁浅或死亡。而钻爆法隧道方案施工和运营期间对周围海域的海洋生态环境影响很小,因此从保护海洋生态环境、海洋珍稀物种考虑,钻爆法更合适。

3. 进出岛通道多样性建设

厦门是个海岛,现有的进出岛公路通道都是桥梁,形式单一。厦门又是台风多发地区,在台风、大雾等恶劣气候条件下,桥梁必须关闭,海路也断航,厦门将成为一座孤岛。采用隧道方案,可以保证24h全天候运营,畅通无阻,对保证厦门岛内外特殊情况下的沟通具有特殊的重要意义。因此,从进出岛通道的多样性的角度考虑,桥隧兼备是十分必要的,隧道有不可替代的功能。

4. 城市综合管线建设

厦门本岛的供水、供电、燃气、通信等城市综合管线均需跨海敷设,需修建专用跨海通道或以跨海桥梁、隧道为载体敷设。尽管从造价、运营费用上讲桥梁方案较省,但由于在隧道方案中设置了服务隧道,可以综合考虑多种市政管线的跨海域敷设,可以解决未来在厦门东部地区规划的进岛22万V双回路电缆以及1m直径的自来水管等市政管网,不仅节约投资,而且有利于综合规划和提高投资效益;而桥梁方案外挂市政管线能力十分有限,综合社会效益不如隧道方案。

5. 国防战备需要

桥梁方案战时抗打击能力较差。钻爆法海底隧道方案埋深大,隐蔽性好,战时抗毁损能力相对较好,可满足国防战备需要。

6. 保护自然景观

厦门东海域是一片美丽的海湾,两岸地势平坦,五缘湾国际帆船中心、五通滚装码头、刘五店深水港码头坐落其间,海面辽阔,波光粼粼,白帆点点,客货轮穿梭往来,自然景观浑然天成,宛如画卷,优美协调。若修建桥梁,突出海面,有如一道栅栏割断海域,与东海域自然景观较难协调,且影响通航。同时,桥位临近厦门高琦国际机场,对航空也造成一定影响。若采用隧道方案,对东海域自然景观不会造成任何不良影响;同时,两端海边通风竖井经巧妙构思,分别采用灯塔和帆船造型,既有通风、助航实用功能,又与五通古码头人文景观和翔安滨海新区建设融为一体，成为新的城市地标和景观亮点，与自然景观相辅相成。因此，从保护自然景观的角度，钻爆法暗挖隧道方案更为合适。

7. 地质条件和工程技术

从地质条件和工程技术的角度，厦门东通道修建桥梁和钻爆法隧道都是可行的。桥梁方案总造价相对较省，施工风险较低，运营维护成本较低。钻爆法隧道方案造价相对较高，施工风险相对较高，运营维护成本相对较高。虽然钻爆法隧道有一定施工风险，但以现有的技术水平和经验来看，其风险是可控的，且本工程建设可促进国内隧道修建技术的进步，具有里程碑式的开拓意义。虽然钻爆法隧道工程直接费较高，但其土地占用资源少，征地拆迁量少，带来的海洋生态和自然景观保护、港区发展、城市综合管线等综合社会效益远远高于桥梁方案。因此，就地质条件和工程技术而言，隧道方案是可行的，且具有一定竞争力。

2.4.2 决策过程

下面全面回顾一下厦门翔安海底隧道前期研究决策过程。

1994 年经厦门市人大批准的“1996～2000 年基础设施建设重点工程”中，正式把厦门市东通道项目的前期工作列入“九五”、“十五”期间实施的重点工程。

1996 年，在特区建设十五周年之际，厦门市计委在编制的“跨世纪的战略抉择”中，提出在“1996～2010 年期间建成东通道工程”。

1998 年初，在厦门市交通委员会编制的《厦门市交通运输“九五”计划及 2010 年发展规划》中明确提出了建设厦门市“三环三辐射”路网主骨架的规划。2001 年底厦门市交通委员会、厦门市公路局与交通部规划研究院共同编制完成的《厦门对外干线公路通道规划》(2002～2020 年)中，提出了“一主四射一环三联”的厦门市主要对外干线公路通道规划，东通道就是其中的“第四射”。

2000 年，福建省交通规划办公室编制的《福建省省级干线公路网规划》(2001～2020 年)中将东通道列为福建省干线公路网“八纵九横”布局方案中省纵一干线(沿海大通道)的重要组成部分。

2001 年 2 月厦门市第十一届人大四次会议通过的“厦门市国民经济和社会发展第十个五年计划纲要”中明确提出继续开展东通道和环同安湾滨海大道的前期工作，为今后厦门市东部开发建设奠定基础。

2002 年 2 月 22 日厦门“市十一届人大五次会议文件之十三”《政府工作报告》明确提出“…加快东通道和厦漳跨海大桥等项目的前期工作。”

随即，厦门市路桥建设投资有限公司(后更名为厦门路桥建设集团有限公司，简称厦门路桥)作为厦门东通道的项目业主按照国家大型工程建设程序委托相关单位进行了预可行性研究、工程可行性研究、初步设计和施工图设计 4 个阶段的前期研究。从 1998 年开始到 2005 年工程开工，历时 7 年。

1998 年 4 月，厦门路桥正式委托中交第二公路勘察设计研究院有限公司进行厦门东通道工程预可行性研究报告的编制工作。同时厦门路桥还委托相关单位针对交通、水文、气象、地质、经济环境、潮汐开发、桥梁及隧道方案等共进行了十多项科研课题的研究，对潮汐综合开发、桥、隧方案分别进行了同等深度的比较论证。预可行性研究报告 2002 年 3 月 19 日～20 日厦门市计委主持，邀请了杨盛福、王梦恕、郑皆连等 19 位国内著名桥梁、隧道专家，对预可行性研究报告进行讨论，认为设计单位编制的《东通道项目预可行性研究报告》论证充分、结论合理、可信，并提出了咨询意见，倾向于《预可报告》提出的暗挖隧道方案。2002 年 10 月由厦门市计委正式向国家计委上报项目建议书，申报项目立项；2003 年 11 月 27 日，国家发改委批复东通道项目立项。

预可阶段针对潮汐、桥、隧方案主要进行了以下科研项目，见表 1-2-6：

预可阶段科研项目 表 1-2-6

序号	课 题
1	厦门市东通道工程桥位水文勘察与水文专题计算
2	厦门潮汐综合开发工程数模分析

续上表

序号	课　　题
3	厦门市东通道通航净空尺寸论证研究
4	厦门东通道工程风、海流、波浪专项调查
5	厦门东通道潮汐综合开发方案研究
6	厦门东通道工程地形测量及海底地形测量
7	厦门市东通道工程场地地震安全性评价
8	东通道预可阶段交通量OD调查分析
9	厦门东通道桥隧址工程地质综合勘探

2002年3月,厦门路桥继续委托中交第二公路勘察设计研究院有限公司进行厦门东通道工程可行性研究报告的编制工作,重点围绕桥隧方案论证组织进行大量科研专题研究,深入研究地勘资料、细致论证东通道工程方案和线位方案,并就桥梁和隧道方案进行了同等深度的研究和比较。根据原交通部公路司要求,厦门路桥还于2003年6月在全国范围内进行了东通道主体工程隧道及桥梁方案竞赛招标工作,并根据竞赛成果对东通道工可报告成果进行了完善。2004年初向国家发改委和交通部报送东通道工可报告,经国家发改委组织专家论证,一致推荐东通道采用钻爆法施工的暗挖隧道方案,同意批复东通道工可报告,同意东通道采用钻爆法施工的暗挖隧道方案。工可阶段进行了以下科研项目,见表1-2-7:

工可阶段科研项目 表1-2-7

序号	课　　题
1	东通道工程方案设计阶段工程测量
2	东通道工可研究海水物理力学参数专项调查
3	厦门东通道工程物探
4	东通道工可阶段地质勘探
5	东通道环境影响评价
6	东通道水土保持方案编制
7	东通道工程海域使用论证
8	厦门东通道工程通航净空尺寸专题论证及船舶撞击力标准、防撞方案研究
9	厦门东通道工程桥隧区海床演变数学模型技术研究
10	东通道沉管隧道基础处理方案研究
11	暗挖隧道最小顶板厚度研究

2004年5月,采用公开招标方式,最终选定中交第二公路勘察设计研究院有限公司和重庆科学技术研究所组成的联合体承担东通道工程初步设计和施工图设计。同时由东通道工程勘察设计综合评分第二名的投标单位—中交第一公路勘察设计研究院有限公司和福建省交通规划设计院组成的联合体为设计监理单位,对设计实施全过程咨询审查。

2004年12月,中交第二公路勘察设计研究院完成东通道工程初步设计,并通过交通部审查。

2005年4月,中交第二公路勘察设计研究院完成东通道工程施工图设计,并通过国内外公开招标的方式选定了4家施工单位。

2005年4月20日,厦门市市政府正式将“东通道”命名为“翔安隧道”。

2005年8月,东通道(翔安隧道)工程正式开工。

【本章主要编写人员】: 田元进　乔春江

第3章　工程测量与勘察

3.1　海底地形图及控制网测量

3.1.1　测量区域概况

厦门翔安隧道及两岸接线工程隧址位于厦门岛东北端五通码头与翔安西滨下店村之间，浔江港南东出海口最狭窄处，西北为封闭的海湾，东南为海湾通向大海的出口。工程区主要为陆地地貌、岸滩带地貌和海域地貌。西南端五通岸属于开敞海湾淤泥质间夹基岩海岸。岸域较宽阔，岸坡为高达10m以上的红土台坎。东北翔安岸属于淤泥质间夹台地土崖海岸，岸滩宽阔。两岸间海域内水深0～29m，海底为水下浅滩。浅滩总体上向东南港湾口方向平缓倾斜，伴有高低不等的岩礁分布。海底浅滩表层主要分布砂—粉砂—黏土、粉砂质泥和泥质粉砂。海域接近内湾型，潮汐现象多样，水文条件复杂。

厦门地处欧亚大陆的东南缘，背山面海，属南亚热带海洋性季风气候，温和多雨，暖热湿润。夏无酷暑，冬无严寒。多年平均气温21℃左右。

测区范围为东经118°05′～118°14′，北纬24°27′～24°35′，即厦门岸钟宅、五通以及同安岸澳头和刘五店四点构成的区域。

3.1.2　测量工作内容

1. 项目工程测量主要任务

(1)隧道一级GPS独立平面控制网。

(2)连接线及互通工程三级GPS平面控制网。

(3)二等水准控制网线路。

(4)水下1∶1000地形图测绘。

(5)陆地1∶1000地形图测绘。

(6)隧道、竖井通风出入口1∶500工点图测绘。

(7)隧道连接线及匝道路中线放桩、中平、断面测量。

2. 项目工程测量技术特点

(1)“一网”多用。保证海底隧道及其两端连接线的正确勘测、设计与施工，兼顾隧道竣工验收测量与运营过程中的健康监测。

(2)精度要求高。平面控制测量与高程控制测量均达到二等网的精度要求。平面控制测量误差对隧道横向贯通误差的影响值不得大于60mm；高程控制测量误差对隧道高程贯通误差的影响值不得大于25mm。

(3)高新技术多。GPS(全球定位系统)静态测量技术、GPS－RTK测量技术、GPS－RTK与数字测深集成技术、数字化测图与DTM建立等。

(4)测量难度大。观测墩的制作、控制网的优化设计、GPS观测与数据处理、GPS－RTK路线三维放样与水下地形测量、二等精密水准、二等跨海水准测量。

3.1.3　测量方法及技术要求

1. 测量的设备资源配置(见表1-3-1)

仪器设备 表1-3-1

序号	设备名称	型号	标称精度	数量
1	双频GPS接收机	Leica 530	3mm + 1ppm	6台
2	全站仪	TC1800	1″	2台
3	电子水准仪	DINI12	0.3mm/km	3台
4	水准尺	3m铟钢尺		3根(2对)
5	便携式计算机	ACER		3台
6	台式计算机	ACER		2台
7	打印机	HP3325		1台
8	对讲机	好易通		10台
9	高程网平差软件	COSAWIN Windows95		1套
10	GPS网平差软件	PowerAdj Ver4.0		1套
11	GPS网平差软件	CosaGPS Ver4.0		1套
12	GPS-RTK	Leica 530	5mm + 2ppm	3台
13	SHD	13D	0~10m ±0.15m 10~20m ±0.20m >20m 水深的1.5%	1台

2. 执行技术依据

中华人民共和国行业标准《公路勘测规范》(JTJ 061—99);

中华人民共和国行业标准《公路全球定位系统(GPS)测量规范》(JTJ/T 066—98);

中华人民共和国国家标准《工程测量规范》(GB 50026—93);

中华人民共和国国家标准《1:500 1:1000 1:2000地形图航空摄影测量数字化测图规范》(GB 15967—1995);

中华人民共和国国家标准《数字测绘产品检查验收和质量评定》(GB 18316—2001);

中华人民共和国行业标准《城市测量规范》(CJJ 8—99);

中华人民共和国测绘行业标准《测绘产品检查验收规定》(CH 1002—95);

中华人民共和国测绘行业标准《测绘产品质量评定标准》(CH 1003—95);

GPS测量:采用WGS-84坐标系统;

平面控制:采用1992厦门坐标系统;

高程控制:采用1956年黄海高程系统。

3. 精度要求

(1)作业中GPS控制网精度的确定应严格按照该项目的要求进行必要的精度设计。作业中测量仪器应经过严格的检校,以保证测量成果的可靠性。

(2)一级GPS平面控制网最弱相邻点的相对点位中误差不得大于±1.0cm,最弱基线相对中误差不得大于1/120000。

(3)三级GPS平面控制网最弱相邻点的相对点位中误差不得大于±5.0cm,最弱基线相对中误差不得大于1/40000。

(4)二等高程控制网其环闭合差限差不得大于$\pm 4\sqrt{L}$mm(L为环线的路线长度,单位:km),每公里高差全中误差不得大于±2mm。

(5)1:500地形图等高距为0.5m,图上地物点位中误差小于±0.8mm。

(6)1:1000陆地上地形图等高距为1m,图上地物点位中误差小于±0.8mm。

(7)跨海水准测量垂直角观测6测回,指标差≤4",指标差互差≤4",边长观测4测回,每测回记录气象观测元素。

4. 选点、埋石与编号

（1）选点。平面控制点及高程控制点均布设在路线 50～300m 附近；GPS 平面控制网的平均点距宜控制在 350m 左右；水准点按《公路勘测规范》（JTJ 061—99）要求布设；隧道进出口各布设 3 个观测墩。

（2）埋石。标石规格为上部 200mm×200mm、下部 400mm×400mm、高 700mm 的水泥混凝土桩，桩中埋设了一根长 300mm 的 ϕ12mm 钢筋以便固定，并在桩顶露出 5mm 且刻划“十”字丝。埋设时，基坑用水泥砂浆、石块回填夯实，在上部用水泥砂浆“戴帽”固结，按照路线起、终方向顺序编号。点位能较长期保存并埋设在土质坚实或稳固的建筑物上。点位埋设后及时做好点之记录。观测墩的基坑尺寸为 1400mm×1400mm×600mm，地面尺寸为底 600mm×600mm、顶 300mm×300mm、高 1300mm 的水泥混凝土桩（如图 1-3-1、图 1-3-2 所示）。每个观测墩的基座上都设有水准测量标志。除此之外，在离测区约 1.5km 的山体上设有基岩永久性的水准测量标志 BM007。

图 1-3-1 三级 GPS 标石实物照片

图 1-3-2 观测墩实物照片

5. 测量方法及要求

（1）GPS 测量方法。本次平面控制测量采用 6 台 Leica Wild 530 增强型双频 GPS 接收机（3mm + 1ppm）进行施测，同时接收来自卫星的 L1、L2 信号进行载波观测。采用静态定位模式，其网形为双基菱状网以边连接方式构成，如图 1-3-3 所示。

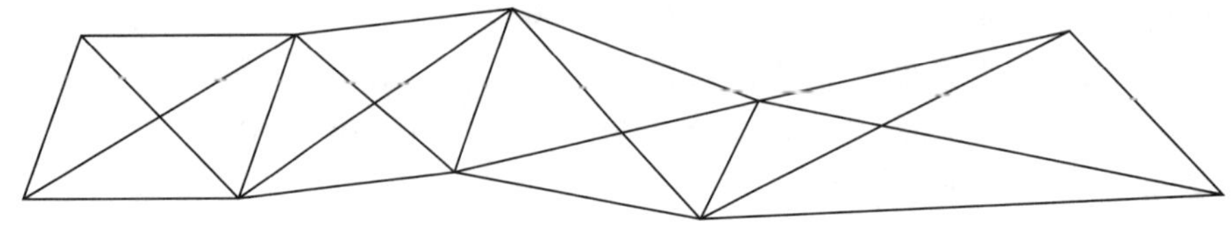
图 1-3-3 双基菱状网观测模式

三级 GPS 平面控制网在工程测区范围内共连测了 4 个国家平面控制点，经三维网无约束平差后进行了二维约束平差。

一级 GPS 独立平面控制网（如图 1-3-4 所示），其控制点 SD02 挂靠在三级 GPS 平面控制网上，依据三级 GPS 平面网内 SD02 至 SD05 的方向进行一点一方位的二维平差。

图 1-3-4 一级 GPS 独立控制网示意

(2)GPS 观测技术要求。GPS 测量基本技术要符合表 1-3-2 的规定。

GPS 测量基本技术要求　　表 1-3-2

项　　目	技术要求	
	一级 GPS 控制网	三级 GPS 控制网
卫星高度角	≥15°	
有效卫星观测总数	6	4
卫星有效观测时间	≥15min	
时段长度	90min	30min
数据采样间隔	≥15s	
图形强度因子(GDOP)	≤8	

(3)GPS 外业作业要求:

①严格遵守观测计划和调度命令,按规定的时间进行同步观测作业,测站之间密切配合。

②作业员到达点位以后,按要求架设好接收机天线,做到精确对中、严格整平,并做好仪器、天线、电源的正确连接。

③接收机开始记录数据后,作业员应经常查看测站信息及其变化情况,如发现异常情况应及时通报。

④天线高量取 2 次,取值到毫米位。

⑤作业人员要细心操作,静置和观测期间,应防止接收设备振动,更不得移动,要防止人或其他物品碰动天线或阻挡信号。

⑥观测时段结束时,应认真检查。当测量记录项目齐全,并符合要求后,方可迁站。

(4)GPS 数据内业作业要求。存储在接收机内的观测数据应每天及时传输至计算机中进行数据质量检查和其他数据预处理。对失周较多或接收质量较差时段的数据,其观测值数据剔除率应小于 10%,否则应予重测。

同步环各坐标分量及全长闭合差均满足:

$$Wx \leqslant \frac{\sqrt{n}}{5}\sigma \tag{1-3-1}$$

$$Wy \leqslant \frac{\sqrt{n}}{5}\sigma \tag{1-3-2}$$

$$Wz \leqslant \frac{\sqrt{n}}{5}\sigma \tag{1-3-3}$$

$$W = \pm\sqrt{Wx^2 + Wy^2 + Wz^2} \leqslant \frac{\sqrt{3n}}{5}\sigma \tag{1-3-4}$$

$$\sigma = \pm\sqrt{a^2 + (bd)^2} \tag{1-3-5}$$

式中:W——同步环坐标分量闭合差(mm);

n——同步环基线个数;

a、b——GPS 接收机标称精度的固定误差与比例误差;

d——环中基线的平均长度。

异步环的坐标分量及全长闭合差均满足:

$$Vx \leqslant 3\sqrt{n}\sigma \tag{1-3-6}$$

$$Vy \leqslant 3\sqrt{n}\sigma \tag{1-3-7}$$

$$Vz \leqslant 3\sqrt{n}\sigma \tag{1-3-8}$$

$$V \leqslant 3\sqrt{3n}\sigma \tag{1-3-9}$$

式中：V——异步环坐标分量闭合差(mm)；

σ——弦长标准差(mm)；

n——异步环中的边数。

(5)二等水准技术要求要符合表1-3-3的规定。

二等水准技术要求　　表1-3-3

项　　目	技 术 要 求
视线长度	≤50m
前后视距差	≤1m
前后视距累积差	≤3m
视线离地面最低高度	0.5m
内业数据取值	0.1mm

(6)二等水准测量施测要求。采用DINI12型电子水准仪、条码水准塔尺和专用尺垫，按后—前—前—后的顺序观测；水准线路按规范要求布设；外业观测数据和记事项目，必须在现场直接记录于电子手薄中；数据传输采取双人同时备份，不得修改数据代码与原始观测数据。

(7)地形图测绘。陆上地形图采用Leica TC1610全站仪采集地面数据，地形图的精度要符合表1-3-4的规定。

地形图的精度要求　　表1-3-4

图上地物点位置中误差		等高线高程
主要地物	一般地物	中误差
±0.6mm	±0.8mm	±1m

水下地形图采用GPS－RTK与测深仪联合施测，勘测船按预设航迹线匀速航行，并按1：2000比例尺成图精度要求均匀采点，获取每点三维坐标，通过瑞得数模软件建模，内插等高线成图。测点深度中误差要求见表1-3-5。

水下地形图测点深度中误差要求　　表1-3-5

水深(m)	测 深 工 具	流速(m/s)	测点深度中误差(m)
0～10	测深仪	>1	±0.15
10～20	测深仪	>0.5	±0.20
>20	测深仪		水深的1.5%

(8)中桩放样。

①GPS－RTK基准站作业要求：

a. 基准站一般选在GPS高等级点上。

b. 点位应选在交通方便的地方，以便于迁站。

c. 点位应选在一个观测时段的中间位置。

d. 点位应选在地势较高的地方，以保证电台的有效发射范围。

e. 点位周围应便于安置天线和GPS接收机，视野开阔，视场内周围障碍物的高度角应小于15°。

f. 电台发射天线装卸时，避免触及裸露电线。

g. 点位应远离大功率无线电发射源(电视台、微波站等)及高压线，以避免磁场对信号的干扰。

h. 对于设站困难地区，采用准动态(Stop and Go)测定一个点作为基准站点。

②基准站作业方法：

a. 控制器选择基站静态测量模式。

b. 输入基准站点大地坐标。

c. 电台发射观测量指标要求：卫星数≥4 颗，高度角≥10°，GDOP（图形强度因子）≤6，天线对中误差≤1mm。

③GPS - RTK 流动站作业要求：

a. 由于受电台发射距离和接收机解算速度的限制，一个基准站测段距离控制在 15km 以内，采用 2 ~ 3 台流动站观测。

b. 观测形式有两边汇合、中间分开和两台并行 3 种。在 GPS - RTK 工作中应根据实地情况采用不同的方法进行施测。

c. 流动站应避开高压线、树林、建筑物等。

④流动站的作业方法：

a. 控制器选择实时动态测量模式。

b. 静态初始化。

c. 输入桩号点大地坐标。

d. 电台接收基站观测量。

e. 放桩测量：设置方向点，根据放桩图样移动，当 Dx、Dy 均小于 0.01m 时即确定桩位，记录放样点坐标和高程。

f. 转换基准站前，与上次放样桩位检校；放桩进行中与控制点检校。

g. 指标要求：卫星数≥5 颗，高度角≥15°，GDOP（图形强度因子）≤6，静态初始化 CQ（点位精度）≤0.01m，流动观测 CQ（点位精度）≤0.03m。

⑤横断面测量：

a. 横断面测量采用水准仪—皮尺法。

b. 横断面测量应逐桩施测，其方向应与路线中线垂直，曲线路段与测点的切线垂直。

c. 横断面中的高程、距离的读数取位至 0.1m，检测限差应符合表 1-3-6 的规定。

横断面检测限差 表 1-3-6

路　　线	距　　离	高　　程
高速公路、一级公路	$\pm(L/100+0.1)$	$\pm(h/100+L/200+0.1)$
二级以下公路	$\pm(L/50+0.1)$	$\pm(h/50+L/100+0.1)$

d. 横断面施测宽度应满足路基及排水设计要求。

e. 横断面测量应反映地形、地物、地质的变化，并标注相关水位、建筑物、土石分界等位置。

f. 横断面应在现场点绘成图并即时核对，采用测记法室内点绘时，必须进行现场核对。

⑥中桩高程测量：

a. 中桩高程测量采用 DINI12 型电子水准仪进行施测，其施测方法应满足《公路勘测规范》（JTJ 061—99）要求。

b. 中桩高程测量应起闭于水准点，其允许误差为 $\pm 30\sqrt{L}$mm。

c. 中桩高程观测 1 次，读数取位至 cm。

d. 中桩高程检测限差 ±5cm。

（9）数据处理及精度评定。此次厦门翔安隧道及两岸接线工程外业控制测量项目运用了先进的测量设备，其中有 2 台 Trimble DiNi12 电子水准仪用于高精度的水准控制网测量；6 台 Leica 公司生产的双频 GPS 定位接收机，用于测量高精度的平面控制网；在水下地形图方面用到了 GPS - RTK 平面数据和测深仪测深数据合成技术，每 20m 采集一个三维数据，其精度能够满足水下地形成图（如图 1-3-5 所示）要求。

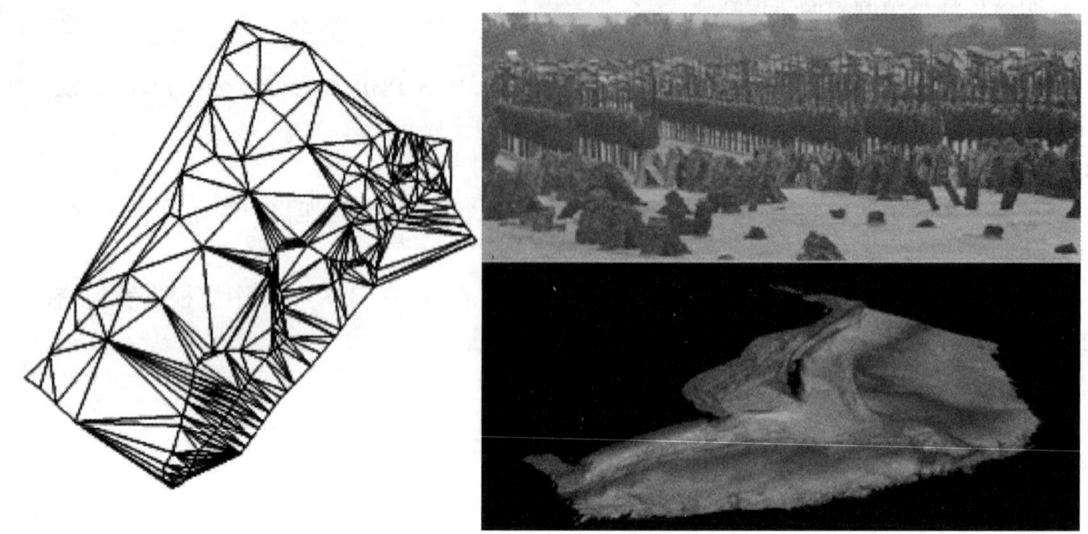

图 1-3-5 水下地形 DTM 建模

测区平面采用 1992 厦门坐标系；高程系统采用 1956 年黄海高程系。

一级 GPS 控制网、三级 GPS 控制网采用 Wild 530 增强型双频 GPS 接收机（标称精度 3mm + 1ppm）按静态相对定位模式进行施测。

GPS 观测采用 WGS－84（1984 年世界大地坐标系统）坐标系统，时间采用 UTC 协调世界时。路线 GPS 测量采用厦门坐标系统（1992）；隧道 GPS 测量采用独立坐标系统。GPS 基线采用双差固定解。GPS 控制网三维无约束平差的空间基线向量经二维向量转换后，实现 WGS－84 坐标系统与厦门坐标系统（1992）间的换算。

在路线带状范围内，建立了 31 个三级 GPS 平面控制点，国家点采用 1992 厦门坐标系，联测国家三角点 4 个，使用 3 个兼容性好的国家点分别为仙岳山、大帽山和西岩山进行了二维平差计算。三级 GPS 控制网中最弱点云顶岩（PSYDY），相对于起算点点位中误差为 ±9.6mm < ±50mm，网中最弱边为 GPS101－GPS100，边长相对中误差为 1/6.8 万 < 1/4 万，满足《公路勘测规范》（JTJ 061—99）要求。

隧道一级 GPS 独立平面控制网采用一点一方位的二维约束方法进行平差，网中相对于起算点的最弱点 GPS097，点位中误差为 ±4.2mm < ±10mm，网中最弱边 SD06－GPS101，边长相对中误差为 1/13.4 万 < 1/12 万；独立控制网贯通误差精度指标均小于 60mm，满足《公路勘测规范》（JTJ 061—99）要求。

二等水准测量采用 2 台 Trimble DiNi12 数字水准仪，该仪器每公里水准测量高差偶然中误差小于 ±0.3mm。水准尺采用 3m 2 铟瓦标尺，往返观测，整个二等水准控制网的单位全中误差为 ±1.122mm；闭合差或往返差小于 $\pm 4\sqrt{L}$mm；视线长度小于 50m，前后视较差小于 1m，前后视累积差小于 3m。水准路线总长 153.65km，连测国家点 4 个启用 2 个，分别为刘五店（LWD）和杭广南 2768（HGN）国家一等水准点，与原二等五通码头（H09）水准点相差为 15mm；采用全站仪和觇牌进行跨海水准测量，以五通码头上 GPS099 点为起算，计算得 GPS101 成果与二等水准平差结果相差仅为 8mm，更加验证了 153.65km 二等水准路线精度的可靠性，所有精度指标均满足《公路勘测规范》（JTJ 061—99）要求。

水下地形图采用 GPS－RTK 与测深仪联合实测，测深仪为无锡海鹰加科电子设备有限公司生产的 SHD－13D 型测深仪。水底测点点位平面坐标即 GPS－RTK 动态平面，精度为 ±5cm，高程坐标为 GPS－RTK 动态高程与实时测深差值，其精度满足成图要求。

3.1.4 测量成果

1. 工作量

项目完成的工作量参见表 1-3-7：

工作量完成统计 表1-3-7

<table>
<tr><th>序号</th><th>项 目</th><th>单位</th><th>工作量</th><th>备 注</th></tr>
<tr><td>1</td><td>选点、造标、埋石</td><td>点</td><td>31</td><td rowspan="13">(1)地面测量复杂程度:复杂(主要为房屋等建筑物);
(2)厦门7月份室外地面温度大于37℃,给野外数据采集带来一定困难;
(3)路线测量内容:中桩、中平、横断面;
(4)资料已提供给隧道设计室、厦门分院;
(5)初步测量内容:西滨互通、环岛路连接线、主线;
(6)跨海水准作为对153.6km二等水准路线精度的校核</td></tr>
<tr><td>2</td><td>二等水准</td><td>km</td><td>153.6</td></tr>
<tr><td>3</td><td>一级GPS测量</td><td>点</td><td>12</td></tr>
<tr><td>4</td><td>三级GPS测量</td><td>点</td><td>31</td></tr>
<tr><td>5</td><td>1∶500水下地形图实测</td><td>km^2</td><td>0.12</td></tr>
<tr><td>6</td><td>1∶500水下地形图数字化</td><td>km^2</td><td>0.12</td></tr>
<tr><td>7</td><td>1∶500陆地地形图实测(工点图)</td><td>km^2</td><td>0.4</td></tr>
<tr><td>8</td><td>1∶500陆地地形图数字化(工点图)</td><td>km^2</td><td>0.4</td></tr>
<tr><td>9</td><td>1∶1000陆地地形图实测</td><td>km^2</td><td>2.0</td></tr>
<tr><td>10</td><td>1∶1000陆地地形图数字化</td><td>km^2</td><td>2.0</td></tr>
<tr><td>11</td><td>跨海水准(海面宽度4005m)</td><td>处</td><td>2</td></tr>
<tr><td rowspan="2">12</td><td>初步测量</td><td rowspan="2">km</td><td rowspan="2">17.3</td></tr>
<tr><td>中桩、中平、横断面</td></tr>
</table>

2. 提交的成果资料

(1)厦门翔安隧道及两岸接线工程测量报告。

(2)一级GPS控制网计算资料和平面成果表。

(3)三级GPS控制网计算资料和控制点成果表。

(4)二等水准计算资料和成果表。

(5)1∶500、1∶1000地形图资料。

(6)中桩放样记录资料。

(7)中平、断面记录资料。

(8)一级GPS控制网网图、三级GPS控制网网图、水准网图。

3.2 工程地质及水文地质勘察

3.2.1 勘察流程

一、工程前期勘察

为保证项目研究的可靠性,工程前期勘察重点是进行桥(隧)址区工程地质、水文地质情况调查与勘探,基本查明影响工程安全的不良地质现象,为正确选定推荐方案提供可靠的基础资料。工程前期对隧道的调查、测绘工作内容要求及方法如下。

(1)勘察之前必须调查、收集工程区域已有的地形、地质、水文、气象、航运、水利、交通等资料,尽可能地利用卫星影像片或航测的海床两岸地形断面以及有关地质资料。在地质方面除调查收集区域地质资料外,还应注意调查收集有关坝址、桥址等大型建筑物的勘察资料和海床断面资料,通过调绘初步查明海床或水域覆盖层厚度、成分、粒径、变化规律等情况。

(2)查明隧道附近水域常水位、潮水位、水面宽、水深、流量、流速、水质、含砂量以及地下水与地表水补排关系和随季节变化规律等情况。查明隧道通过地段的含水层、隔水层分布规律,岩层厚度、岩性、结构、构造特征;所受地表水压力、方向、地下水类型、补给、径流、排泄条件等。必要时,可填绘水文地质图。查明地表水水域下面水底的地形、地貌、岩性、侵蚀与沉积特征和随季节变化的规律。

(3)查明已有港口、水利设施等情况,还应收集水利、水电方面近期或远期规划中拟建或在建项目资料。

(4)查明城建、交通设施的在建和拟建项目,做到水下隧道修建和交通、城建等大型建设项目相协调。

(5)本隧道调绘范围:在预选轴线的上、下游各长5km,两岸各宽3~5km的范围内进行,比例尺1:1000~1:2000。水下隧道的调绘重点应放在水文地质调绘工作上,应对地表水、地下水进行调绘,作出涌水量评价,提出工程方案和工程措施的意见。

(6)隧道物理勘探可采用电火花法、声脉冲轰震器、旁侧扫描声纳进行水底地形探测的地层划分。

(7)隧道钻探孔布置,一般应布置在隧道轴线两侧,尽量不要垂直轴线布设,钻探孔距隧道轴线距离视地质情况以能查明隧道通过范围的地质情况为原则。轴线附近钻探孔要做封孔工作。其钻孔深度根据钻探目的和具体情况而定,一般应钻到设计洞底高程以下2m为宜。水下隧道钻孔深度以查明对隧道有影响地层的水文、工程地质特征为原则。在隧道埋深未确定时,必须有2个以上技术性钻孔。技术性钻孔比一般性钻孔深20m以上,一般性钻孔与技术性钻孔交叉布置。当隧道埋深确定以后,钻孔深度要达到隧道底板设计高程以下10~20m。

(8)由于隧道工程地质和水文地质条件十分复杂,除按一般隧道进行钻探、观测、试验外,还应进行抽水或注水等试验,结合物探方法测定地下水的流向、流速、压力、岩土的渗透性等,并分段预测涌水量,必要时进行水文地质动态观测。

二、初步设计勘察

(一)勘察方法与手段

本阶段勘察的对象为海底暗挖隧道,该阶段应综合预可及工可阶段的地勘成果,但勘察的范围、目的、对象比工可阶段应更有针对性。所采用的勘察方法、手段有地球物理勘探、钻探、测试、抽(压)水试验,应在充分综合预可、工可勘察成果的基础上提交综合勘察报告。

本初勘阶段拟定的勘察范围是B线位、A线位、C线位所处范围,重点是推荐方案B线位范围。勘察的深度要求部分地质工作要超过初勘的深度,在钻探、测试方面要求其资料不但满足本阶段的设计要求,还应达到满足施工或指导施工的要求。通过该阶段的勘察应清楚查明推荐线位及比较线位(A、C轴线位)的工程、水文地质条件。该勘察阶段的地质工作重点是如何准确地判断软弱围岩与断层破碎带地段的分布状况,全、强、弱、微风化层的界线,岩土体的物理力学性质以及地下水的影响等。

(二)勘察测试工作量布置及要求

1. 地球物理勘探工作量

采用地震反射法,进行纵向(东北方向)、横向(东南向)网状物探。要求查清工作区域范围地层的分布、埋深、厚度以及各层面的高程。地震勘探工作量布置见表1-3-8:

地震勘探工作布置 表1-3-8

测线性质	名称	长度(m)	陆上/水上
纵向测线(4条)	B左线	6100	陆上、水上
	B右线	6100	陆上、水上
	A轴线	3610	陆上、水上
	C轴线	5010	陆上、水上
横向测线(20条)	H1	200	陆上
	H2	200	陆上
	H3	200	陆上
	H4	200	陆上
	H5	200	陆上

续上表

测线性质	名　称	长度(m)	陆上/水上
横向测线 (20条)	H6	280	水上
	H7	200	水上
	H8	200	水上
	H9	395	水上
	H10	200	水上
	H11	200	水上
	H12	487	水上
	H13	200	水上
	H14	539	水上
	H15	200	水上
	H16	604	水上
	H17	200	水上
	H18	656	水上
	H19	200	水上
	H10	700	陆上
合计(m)		27081	

2. 钻探工作量

本次勘察共布置14个钻孔,钻孔位置基本与横向物探线一一对应,工作布置见表1-3-9。

钻孔勘探工作布置　　表1-3-9

钻孔编号	孔口高程(m)	与隧道底板关系	孔底预计地层	设计孔深(m)	钻孔性质	陆上 * 水中 ~	备注
CZK1	13	下	强	35	◎⊕	*	进洞口
CZK2	10	下	弱、微	40	◎▼	*	
CZK3	12	上	弱、微	38	○	*	
CZK4	0	下	弱	45	◎▼♁	~	破碎带
CZK5	-1.5	上	微	35	○	~	竖井孔
CZK6	-8.5	上	微	44	▼♀	~	
CZK7	-17	下	微	50	◎♁	~	囊状风化带
CZK8	-19	上	微	30	○	~	
CZK9	-13	上	微	25	○	~	
CZK10	-2	下	弱、微	50	◎▼♁	~	
CZK11	0	上	微	35	▼	~	竖井孔
CZK12	1	下	微	35	◎♀	~	
CZK13	1.5	上	微	25	▼	~	
CZK14	7.2	下	微	35	◎⊕	*	出洞口

注:PS测井(▼);岩体原位应力测试(⊕);抽水试验(♁);压水试验(♀);技术孔(◎);鉴别孔(○)。

3. 测试

(1)动力触探:全风化层、残积土层、强风化层必须进行标贯试验,间距2m一次。

(2)PS测井:CZK2、CZK4、CZK6、CZK10、CZK11、CZK13这6个钻孔单孔法波速测井,围岩段弱、微风化层每1m测1次,强风化层及覆盖层每2m测1次。初拟CZK4、CZK5孔进行跨孔法测井,根据地质条件来调整孔间距。

(3)岩体原位应力测试:CZK1、CZK14进行岩体原位应力测试,测点深度应超过应力扰动影响区(即隧道直径2倍)。

(4)抽(压)水试验:CZK4、CZK7、CZK10进行分层和混合抽水试验。CZK6、CZK12进行压水试验(主要在强风化岩层中)。

4. 勘察技术补充要求

勘察除必须遵循相应勘察手段所对应的部颁规程、规范、标准外,如《公路工程地质勘察规范》(JTJ 064—98)、《岩土工程勘察规范》(GB 5002—2001)、《铁路工程物理勘探规程》(TB 10013—98)等,还应执行如下补充要求:

1)钻探:

(1)所有钻探孔的定位必须准确无误,开孔前、结孔后必须用全站仪交叉校核准确后方可开孔和移位。

(2)本次钻探孔多为综合孔,水文地质与工程地质钻探要求,应遵循相应的规范、规程。开孔孔径和终孔孔径必须符合取样、试验等要求。

(3)钻孔深度超过隧道设计底板以下的控制性钻孔,在隧道围岩部分孔底深度以上40m应进行双管金刚石钻进,准确定出围岩的RQD(岩石质量指标)值。

(4)结孔后必须进行严格封孔工作(钻孔全孔封堵),水下部分岩层(含强风化岩层)应采用水下水泥砂浆封堵,土层(含全风化层)必须采用黏性土封堵,以确保钻孔不影响将来隧道的施工。

(5)所有外业原始资料应确保原始性、原位性,如孔位测量、钻探、取样、测试、封堵钻孔必须有记录与监督;所有原始资料必须有责任人签署,并应分类归档,接受检查与验收。

(6)钻孔深度指从地面算起,海域部分从海底地面算起。

(7)所有岩(土)芯必须取出后装箱,拍照(电子照片),取代表性岩芯保留至详勘结束。

2)物理勘探:

(1)物探受外界条件影响较大,严重影响勘察精度与质量,要求在台风来临以前进行,具体操作时应选择在风平浪静的时候进行作业,以确保勘察质量。

(2)必须先作试验后再正式操作,对水上作业船的行走、检波器的定位、激发能量等必须先作试验,根据原已知地层资料和钻探资料校核后,确认其地震勘探能确保精度和勘察质量后,方可正式作业。

(3)如因水上各种因素的影响,不能到位,应及时提出,经与建设方、设计方共同商讨后才能决定是否采取移位方案。

(4)应充分利用已有的钻孔资料,采用多次覆盖系统,尤其是低速带和岩层破碎带,应采用多重相遇观测系统,其操作必须能满足资料的精度要求。

3)测试:

(1)动力触探:

①标准贯入试验,要求在全、强风化岩层中实施,试验前应根据地层的情况选择跟管钻进的深度,必须确保孔底干净后再进行试验。

②强风化岩层中,若含破碎带岩脉或石英岩块不能作标贯试验,应进行重Ⅱ试验,求得地层的密实程度、变形参数等。

(2)PS测井(P波、S波速度测井,目的是得到各地层的纵波和横波速度):

①要求测试隧道围岩的剪切波、压缩波,目的是计算隧道围岩土小应变的动弹性模量、动剪切模量和泊松比。

②评价隧道围岩体的完整性。

③计算和复核场地卓越周期。

④校核和划分场地土类型。

(3)岩体原位动力测试:

①选择在CZK1和CZK14号孔进行,分别采用孔壁应变法和孔径变形法测得岩体空间应力和平面应力。

②计算方法应符合现行国家标准《工程岩体试验方法标准》(GB/T 50266—99)的规定。

③根据围岩压力试验资料,绘制解除过程曲线,压力与应变关系曲线,计算岩石弹性参数。

(4)抽(压)水试验:

①抽水试验:

a. 所有钻探孔应进行初见水位和稳定水位的观测(水上孔要求用导管和隔水管严格隔离地表水体),岸上钻孔在勘察外业结束后3天内统一测量稳定水位。

b. 本次抽水试验采用单孔简易抽水试验,若抽水试验中发现钻孔岩层破碎,有大量地下水涌出,勘察单位应及时报告给建设方和设计单位,再考虑进行专门水文地质工作(多孔、带观测孔的抽水试验)。

c. 抽水试验采用3次降深,最大降深应超过隧道设计底板以下5~10m所需的地下水位降深的高程。

d. 所有抽水试验必须采用同一方法和仪器,精度要求读至厘米。

e. 根据抽水试验求得涌水量与时间关系曲线时,应充分考虑和有意识结合潮水位高程求得动水位与时间关系曲线。只有当水位曲线在一定范围内波动,而没有持续上升和下降时方可认为已经稳定。

f. 通过抽水试验来测求渗透系数K,单位涌水量和影响半径R。对于覆盖层较大(一般大于15m以上)或岩层较破碎的构造破碎带应结合钻探资料来考虑非稳定流抽水试验,求得隧道围岩的导压系数a,导水系数T,释放水系数S和越流系数等。

②压水试验:

a. 本次压水试验在全、强风化岩层中进行,拟定在CZK6、CZK12孔中进行。试验目的为:模拟最大潮水位情况下,强风化岩层的最大储水、释水、越流情况等。

b. 试验前应收集隧道围岩段地层岩性、潮水水位,隧道底板设计高程等数据,审定试验孔位的合理性。按照钻探资料确定岩层的渗透系数划分试验段,按需要确定试验的起始压水(可考虑低潮水位所带来的压力)、最大压力(可考虑100年一遇最大潮水位带来的压水)以及压水系数。

c. 要求及时绘制隧道底板以下5m处的压力与压入水量的关系曲线,及时计算试验段的透水率,确定P—Q曲线的类型。

d. 孔隙水压力的测定应符合《岩土工程勘察规范》(GB 50021—2001)的要求,勘察单位在钻孔完成以后,在压水试验以前应根据钻孔所反映的地质条件,分析测点的布置、测压计的安装和埋设的技术要求,先提交压水试验报告,经现场监理或设计单位审定后再执行,以确保试验数据的准确性。

e. 测试数据应及时分析整理,出现异常应及时分析原因,并采取相应措施,必要时可协同监理人员和设计单位一同现场解决。

f. 要求在全风化岩层不少于2段,强风化岩层不少于3段,分别用单栓、双栓塞进行压水试验。通过试验测出隧道围岩段的岩土层的渗透系数K和透水率q,判定岩土的透水性,评价在水位高潮时围岩的完整性、渗漏稳定性、可灌性等,达到合理评价隧道开挖时可能发生的渗漏和将可能采用注浆时的效果等目的。

5. 综合勘察报告要求

在完成给定的野外地质勘探工作后,最后提交的综合勘察地质报告必须包含如下内容:

(1)对各线位的工程水文地质条件进行评价,正确论证修建暗挖隧道的可靠性、风险性、合理性等。

(2)提交1:2000地质平面图和1:2000地质纵断面图(包括B左线和B右线的综合纵断面图和A

轴线、C 轴线物探解释地质纵断面图)。要求综合各阶段地表调绘、钻探以及物探等方面的勘察成果。

(3)对不同的岩体分段按照公路隧道围岩分类标准进行分类,并且结合实际地质情况阐明划分的条件和依据。

(4)给出不同土层、岩层的物理力学参数,具体见《公路工程地质勘察规范》(JTJ 064—98)。对于土体要求提供容重、弹性波速、内聚力、内摩擦角、空隙率、地基承载力、极限摩阻力、渗透系数等,对于岩体要求提供容重、弹性波速、内聚力、内摩擦角、岩石抗压(拉)强度、岩体抗压(拉)强度(包括残余强度)、地基承载力、极限摩阻力、渗透系数等。在报告中要求分别提供室内岩石(样)试验参数与推荐的岩体设计参数(并说明推荐取值的理由)。

(5)对断层破碎带和不良地质现象应单独进行分析提供分析结论。要求提供断层破碎带的位置、产状、破碎宽度以及影响范围,破碎带内土体的物理力学性质(含渗透系数)以及地下水状况、地下水的活动对其参数的影响等。

(6)其他应该录入的地质勘探资料。

(7)所有物理力学参数,均应针对不同的围岩、不同的地层分别给出,并且应给出各项参数的统计参数,如最大值、最小值、均值、方差等,并说明在什么情况(条件)下该参数将偏高或偏低。因此在钻孔取样时要保证取样的数量满足统计的需要。

(8)综合勘察报告中,应附工程彩照,要求用数码照片,对岩性和地质构造带等重点地质现象要求有特写镜头。

(9)地质报告要求提供电子文档文件。

6. 现场岩土工程勘察监理

本项目事关重大,要求在本次综合野外勘察过程中派至少 2 名现场监理。

(1)监理人员的要求。根据本项目的规模和勘察难度,要求建设方委托两名以上的现场勘察监理。监理人员要求是工程、水文地质毕业,并从事本职工作 10 年以上的高级工程师,身体健康,能胜任海上勘察作业。

(2)监理的主要内容为勘察点线的定位、勘察作业过程、取样、测试、试验的关键时段进行旁站。

7. 地勘工作量

工作量见表 1-3-10。

地 勘 工 作 量　　表 1-3-10

<table>
<tr><td rowspan="13">外业</td><td colspan="2">钻孔数量(孔)</td><td>15</td><td rowspan="13">室内试验</td><td colspan="2">常规物理指标试验(件)</td><td>106</td></tr>
<tr><td colspan="2">钻进进尺(m)</td><td>696.68</td><td colspan="2">直剪试验(件)</td><td>52</td></tr>
<tr><td rowspan="4">取试件</td><td>原状土样(件)</td><td>106</td><td colspan="2">固结试验(件)</td><td>50</td></tr>
<tr><td>扰动土样(件)</td><td>27</td><td colspan="2">渗透试验(件)</td><td>49</td></tr>
<tr><td>岩石试件(组)</td><td>63</td><td colspan="2">颗粒级配(件)</td><td>27</td></tr>
<tr><td>地下水(组)</td><td>6</td><td colspan="2">黏粒分析(件)</td><td>30</td></tr>
<tr><td colspan="2">标准贯入试验(次)</td><td>145</td><td colspan="2" rowspan="2">击实试验(组)</td><td rowspan="2">3</td></tr>
<tr><td colspan="2">抽水试验(孔)</td><td>3</td></tr>
<tr><td colspan="2">压水试验(孔)</td><td>2</td><td rowspan="4">岩石(组)</td><td>抗压</td><td>47</td></tr>
<tr><td colspan="2">PS 波测试(孔)</td><td>7</td><td>抗拉</td><td>9</td></tr>
<tr><td colspan="2">放射性测试(孔)</td><td>2</td><td>抗剪</td><td>7</td></tr>
<tr><td colspan="2">地震反射勘探(km)</td><td>40</td><td>放射性元素</td><td>9</td></tr>
<tr><td colspan="2">地应力测试(孔)</td><td>1</td><td colspan="2"></td><td></td></tr>
</table>

三、风化槽专题勘察

1. 勘察方法与手段

2003年3月~5月地勘单位完成了初步设计阶段地质勘察。本次勘察发现了几处大的风化槽。为进一步查清对工程影响较大的风化深槽的三维形状及分布情况，并摸清风化槽组成物质的物理力学性质和渗透性能等，对风化槽进行了专题勘察，主要解决的问题是：

(1)查明风化深槽的空间分布。

(2)查清风化槽组成物质的物理力学性质和渗透性能。

(3)从地质角度对工程实施提出建议。

主要技术手段为：以地震反射勘探为主、跨孔CT方法测定岩石剖面及波速分布图像等为辅、计算机三维处理成图的方式，查明风化深槽的空间分布情况，并以钻孔予以验证。为查清风化槽组成物质的物理力学性质和渗透性能，采用钻探、取芯、现场鉴定与原位测试、室内试验等方法。

2. 勘察测试工作量布置及要求

(1)地震反射勘探。地震反射勘探测线拟网格状布置测线，即在初勘地震反射勘探发现的3个风化槽处，纵向以20~40m的间距布置(隧道洞身及周边测线间距密、远处稍疏，充分利用初勘地震反射勘探测线)、横向以30~50m的间距布置。发现两测线间差异较大时，加密测线间距。

(2)钻探。钻孔布置在风化槽左右行隧道外侧，共布置了13个，累计进尺765.5m。所有钻孔均为控制性取样标贯试验钻孔，取样、试验间距均为2.0m。

(3)取样与测试。所有钻孔全孔段取样，按2.0m的间距采取原状样。在全、强风化层中进行标准贯入试验，测试间距2m。在ZTK1、ZTK3、ZTK5、ZTK7、ZTK9、ZTK11、ZTK13钻孔中开展声波测井，测点间隔0.25m。在ZTK1与ZTK2、ZTK7与ZTK8、ZTK10与ZTK11间开展跨孔CT测试。激发点、接收点的布置方式及密度应能满足测定岩石剖面及波速分布图象的需要。在弱微风化岩段开展钻孔彩色电视录像，连续观测。

(4)室内试验。除进行常规物理力学性测试外，计划在每个风化槽的一个钻孔中采取有代表性的样品，进行强风化槽组成物质和弱微风化岩岩体的矿物分析；选取全~强风化岩原状样的2/3的样品进行渗透系数测试。

(5)工作量见表1-3-11。

地勘工作量　　表1-3-11

<table>
<tr><td rowspan="12">外业</td><td colspan="2">钻孔数量(孔)</td><td>18</td><td rowspan="12">室内试验</td><td colspan="2">常规物理指标试验(件)</td><td>219</td></tr>
<tr><td colspan="2">钻进进尺(m)</td><td>1030.30</td><td colspan="2">直剪试验(件)</td><td>68</td></tr>
<tr><td rowspan="2">取试件</td><td>原状土样(件)</td><td>219</td><td colspan="2">固结试验(件)</td><td>44</td></tr>
<tr><td>岩石试件(组)</td><td>137</td><td colspan="2">渗透试验(件)</td><td>66</td></tr>
<tr><td colspan="2">标准贯入试验(次)</td><td>196</td><td colspan="2" rowspan="2">颗粒级配(件)</td><td rowspan="2">75</td></tr>
<tr><td colspan="2">压水试验(孔)</td><td>5</td></tr>
<tr><td colspan="2">超声波测试(孔)</td><td>7</td><td colspan="2" rowspan="2">无侧限抗压强度(件)</td><td rowspan="2">3</td></tr>
<tr><td colspan="2">跨孔CT(对)</td><td>3</td></tr>
<tr><td colspan="2">视电阻率测井(孔)</td><td>7</td><td rowspan="4">岩石(组)</td><td>抗压</td><td>100</td></tr>
<tr><td colspan="2">钻孔彩色电视(孔)</td><td>8</td><td>抗拉</td><td>12</td></tr>
<tr><td colspan="2">井温测井(孔)</td><td>6</td><td>抗剪</td><td>18</td></tr>
<tr><td colspan="2">地震反射勘探(km)</td><td>40.221</td><td>薄片鉴定</td><td>11</td></tr>
</table>

四、施工图阶段勘察

1. 勘察方法与手段

本阶段应综合预可、工可阶段及初步设计阶段的地勘成果，但勘察的范围、目的、对象比初步阶段应更有针对性。所采用的勘察方法、手段有地球物理勘探、钻探、测试、抽(压)水试验，应在充分综合预可、工可及初步设计阶段勘察成果的基础上提交综合勘察报告。

本次设计阶段拟定的勘察范围是D线位、E线位所处范围，两线位作同等深度要求。通过该阶段的勘察应清楚查明两线位的工程、水文地质条件，更加准确地定出围岩级别，对工程地质、水文地质作出比初勘更加具体、以定量指标为主的正确评价，为隧道的技术设计、施工方案的确定，提供确定、可靠的地质资料。其内容主要有3个方面：

(1)核对初勘地质资料。

(2)查明初勘未查明的地质问题。

(3)对初勘提出的重大地质问题作深入、细致的调查，为隧道区工程、水文地质条件作出正确评价。

该勘察阶段的地质工作重点是如何准确地判断软弱围岩与断层破碎带地段的分布状况，全、强、弱、微风化层的界线，岩土体的物理力学性质以及地下水的影响等，并查明除原初步设计阶段所发现的F1、F2、F3风化槽和F4风化囊外，是否有其他不良地质情况。

2. 勘察测试工作量布置及要求

(1)地球物理勘探。采用地震反射法或其他方法，进行物探。要求查清工作区域范围地层的分布、埋深、厚度以及各层面的高程，并查清工作区域范围是否存在其他风化槽或风化囊。

①纵向：分别沿D、E线位左右隧道衬砌外缘及服务隧道中线，共布置6条；两线位在进口陆地(K6+600~K7+800)和出口陆地及浅滩处(K11+200~K12+500)线位基本一致，不重复布置。在F1~F4风化囊间(K8+300~K9+300)外侧布置4条纵向测线，间距20m。

②横向沿水流方向布置，主要针对一些新发现的异常地带，应贯穿D、E线位。具体位置和测线长度根据现场确定。

(2)钻探。根据《公路工程地质勘察规范》(JTJ 064—98)要求，由于风化槽已进行了详细的勘察，其他场区地质工作相对简单。钻孔按200m一个钻孔布置，并结合物探解析情况，如有异常必须加以验证。如两孔之间地质变化很大，甚至异常，应内插加密。所布置钻孔孔深在设计底板以下，如果是弱~微风化岩层应深入3~5m，如果是全~强风化岩层应深入10m。

(3)测试。

①在翔安岸全风化层选2个工勘孔作简易抽水试验；在海域全、强风化槽、风化囊及全、强风化层深厚的地段选取10个工勘孔作压水试验(每个风化槽、风化囊及全、强风化层深厚处各选2孔)。

②在厦门、翔安岸各选1处作全、强风化岩体的原位剪切试验，现场测试全、强风化岩体的C、ϕ值及抗剪强度。

③测试全、强风化地层在常水压状态下的崩解速度，应选取亲水矿物含量不同的岩石，进行岩样、岩体试验，以获得定性或半定量的结论。

④选取不同地段、不同岩性的有代表性的岩样进行岩矿化学分析，测定不同岩性的矿物成分的百分比。

⑤所有工勘钻孔均应在残积层及全、强风化层中进行标准贯入试验，测试间距不得大于2m。

⑥在两岸各取1组地下水作水质分析。

⑦在隧道竖井的钻孔(XZK15、XZK63)作PS测井。

(4)勘察技术补充要求。本次勘察除应遵循相应的国家、部颁规程、规范、标准，以及满足初步设计勘察的补充要求外，在钻探上增加以下要求：

①1/2的钻孔为取样标贯试验孔，1/2的钻孔为标贯试验孔。在残积层及全、强风化层中，取样标贯试验孔其取原状试样、标贯试验的间隔均为1.5~2.0m。其施钻程序是：钻进——取原状试样——标贯

试验——钻进——取原状试样——标贯试验——;标贯试验孔的标贯试验间隔为1.5~2.0m。

②残积层、全、强风化层的岩芯取芯率不得小于90%,弱~微风化岩的岩芯取芯率不得小于95%。

③弱~微风化岩应采用ϕ76mm的双管单动金刚石钻进,统计RQD(岩石质量指标)。

(5)综合勘察报告要求:

①在完成给定的野外地质勘探工作后,最后提交的综合勘察地质报告必须包含内容前文已述。

②应提供的专题报告有《区域覆盖层勘察专题报告》、《暗挖隧道涌水量分析预测报告》。

(6)工作量。地勘工作量见表1-3-12:

地勘工作量 表1-3-12

外业		钻孔数量(孔)	84	室内试验		常规物理指标试验(件)	291
		E线钻进进尺(m)	3220.11			直剪试验(件)	137
		D线钻进进尺(m)	316.35			固结试验(件)	76
	取试件	原状土样(件)	318			渗透试验(件)	69
		扰动土样件	17			颗粒级配(件)	237
		岩石试件(组)	308			无侧限抗压强度(件)	5
		地下水水样组	3			膨胀性试验组	15
		标准贯入试验(次)	356			热物理试验组	10
		抽水试验孔	6			水质分析组	3
		压水试验孔	8		岩石(组)	天然密度	61
		动力触探试验次	24			抗拉强度	4
		声波测井孔	12			抗压强度	256
		地震反射勘探(km)	32			三轴压缩	1
						岩矿鉴定	3

3.2.2 隧道工程地质及水文地质勘察结果与分析

一、自然地理概况

1. 场区地形地貌

工程场址位于厦门岛东北侧,地貌单元属闽东南沿海低山丘陵—滨海平原区。

隧址区陆域为风化剥蚀型微丘地貌,两岸地势开阔平坦,主要为残丘—红土台地。丘顶高程20~35m,丘体多呈椭圆体,坡度和缓。丘间洼地高程一般5~15m,沟、塘较多。滨海局部为全新世冲海积阶地,地面高程一般为2 5m,略向海边倾斜。

海岸带为海蚀海岸及堆积海滩地貌,岸线曲折。岸坡以土质陡坎为主,坎高7~20m,部分地段坎底基岩裸露。五通岸多为侵蚀海岸,海滩多礁石,西滨岸为堆积海岸,海滩宽阔,滩面被浮泥覆盖,被辟为海产养殖场。

隧址区海域约4.2km,五通侧水下岸坡稍陡,一般水深20m,最深处25m,海底起伏,多有礁石分布;西滨侧水下岸坡平缓,一般水深15m,海底平坦,渐升至出露。

2. 水文与气象

厦门海域为正规半日潮,历年来最高潮位4.53m,最低潮位-3.30m,平均高潮位2.39m,平均低潮位-1.53m,平均潮差3.92m,最大潮差6.92m,平均海平面-0.32m(黄海高程)。潮流形式属往复型,涨潮时最大流速1.3节,流向333°;落潮时最大流速1.4节,流向137°。

场区陆域没有河流,大气降雨靠丘(岗)间沟谷排泄流入港湾或海中。区内小型水体较多,池塘遍布。

厦门地区属亚热带海洋性气候,冬无严寒,夏无酷暑,四季如春。年均气温20.8℃,极端最高气温

38.4℃,极端最低气温2.0℃。每年2~8月为雨季,年均降雨量为1143.5mm。主要风向为东北向,次为东南向,9月至次年4月为沿海大风季节,多为东北风,平均风力3~4级,最大8~9级。7~9月为台风季节,风力7~10级,最大可达12级,最大风速60m/s。

二、工程地质及水文地质

1. 区域地质概况

厦门地区所处大地构造单元为闽东中生代火山断拗带(二级构造单元)之闽东南沿海变质带(三级构造单元)。在此构造单元内,对隧址区地质构造具有控制意义的断裂构造为长乐—诏安断裂带和九龙江断裂带。

长乐—诏安断裂带位于东南沿海丘陵地带,呈北东向平行海岸线展布,北起闽江口,经长乐、惠安、泉州、厦门、诏安,向南延伸至广东南澳、惠来入海,长约450km。该断裂带由一系列近于平行、长短不一的断层组成,带宽38~58km。该断裂带上地震活动较弱,最新活动年代为晚更新世早期。

九龙江断裂带分布于厦门、漳州和南靖等地,走向北西至东西,由二到三条次级断裂组合而成,长120km以上。断裂形成于晚侏罗世,沿断裂片理化、糜棱岩化现象明显。在晚第四纪时期,该断裂某些地段有较强活动,扭断水系,断错上更新统。此外,沿断裂带也是地热异常带,发生过多次5~6.5级地震。

本次海域地震反射勘探发现数条轴向测线均有3条强风化基岩深槽,呈北西及近南北向展布,F1走向北西276°,F2走向北西304.5°,F3走向北西345.5°。经钻孔验证,强风化层深厚,部分岩芯可见密集的高角度裂隙及碎裂特征。

2. 工程地质

地质调绘和钻探揭示,勘察场区地层主要为第四系覆盖层及燕山期侵入岩两大类。

(1)第四系地层。第四系地层以侵入岩残积土为主,其次为上更新统冲洪积、以白色基调为主的黏性土(当地称白土)和黏土质砂,少量全新世冲坡积或海积砂土、黏性土、淤泥等。

各类土体特征及分布情况如下:

①填筑土(Q_4^{me}):多为杂填土,局部为素填土,结构疏密不均,主要分布于五通岸人口居住区,厚度一般不超过3m。西滨岸仅以海堤、塘埂、路堤等形式出现。

②全新世海积淤泥或(Q_4^{m}):灰色~灰黑色,含贝壳碎片,土质均匀,黏性较强,流动~流塑状,局部混少量砂;主要分布于港湾及沿海潮间带,陆域沟、塘中有少量分布。场区潮滩前缘地带此类土较厚,钻孔揭示最厚处达6m左右。

③全新世海积砂类土(Q_4^{m}):多呈灰色,局部呈浅黄色,多为中、粗砂,结构松散,成分以石英为主,分选性差。局部含较多泥质和贝壳碎片,呈淤泥混砂状(③1);主要分布于海岸边及浅海暗礁群内,厚度一般不超过7m。

④全新世亚黏土、淤泥质亚黏土及泥炭质土:场区丘间洼地表部一般均有全新世冲洪积亚黏土(Q_4^{al+pl}),颜色以黄褐色居多,洼地边缘过渡为棕红色,软塑状为主,局部流塑或硬塑状,层厚一般小于2m。滨海低凹处常有湖沼相灰色淤泥质黏土(Q_4^{l})或黑色泥炭质土(Q_4^{f})分布其下,流塑~软塑状,同安岸XZK25孔、XZK26孔及连接线段ZSK7孔、YSK16孔揭示了此类地层。分布高程在0.0~7.0m之间,泥炭层厚度一般小于1m,淤泥质黏土厚度小于3m,五通岸低洼处局部地段也可能有此类土分布。

⑤上更新世冲洪积黏性土及黏土质砂(Q_3^{al+pl}):此类土以白色为主基调,残丘边缘过渡为棕黄杂灰白色,以砂质黏性土为主,某些深度可出现细腻的黏土夹层,硬塑~半干硬状。下部往往夹密实的黏土质中粗砂透镜体(⑤1),该土层砂粒含量及粒径垂向变化大。海域中同安岸养殖场区XZK15、XZK16、ZTK18、XZK19~XZK21孔揭示的更新统冲洪积中粗砂局部含卵、砾石,最大粒径可达10cm左右,反映出山前古冲沟或古洼地的沉积特征。前者在场区丘间洼地均有所分布,揭示最大厚度近15m。同安岸揭示该类土顶界最高点为4.88m(初勘ZSK5孔),五通岸YSK15孔于高程5.72m即揭露该类土。

⑥第四纪残积层(Q^{el}):表部均为棕红色,往下过渡为棕红杂黄色、灰白色花斑状,以砂质黏土、亚黏

土居多,硬塑~半干硬状,广泛分布于残丘台地,厚度多为5~10m。(注:本次勘察以矿物风化程度、原岩结构以及标准贯入击数等综合因素作为残积土与全风化层的划分标准)

(2)基岩。场区基岩以燕山早期第二次侵入的花岗闪长岩及中粗粒黑云母花岗岩为主,海域及五通岸为花岗闪长岩分布区,同安侧潮滩及其以北地带为黑云母花岗岩分布区,其内穿插二长岩、闪长玢岩、辉绿岩(玢岩)等岩脉。岩脉以辉绿岩最为多见,多沿本场区最为发育的近南北向及北北东向高角度裂隙侵入,脉宽一般不足1m,个别部位宽达10~20m。二长岩脉多分布于F1、F4深槽,ZTK17、EXK33、EXK48钻孔也有揭示,在五通侧潮滩后缘(初勘CZK4孔附近)有所出露。总体呈北东东向展布,延伸不远,最宽处约10m,其内原生节理及密闭裂隙很发育。五通岸XZK9孔揭示了微风化的闪长岩,同安岸钻孔多处揭示了已风化为土状的细粒闪长岩,连接线(初勘ZSK11及YSK12孔)还揭示了闪长玢岩脉体。基岩按风化程度可分为全、强、弱、微4个风化带,各带特征如下(见表1-3-13):

①全风化带(W_4)。全风化花岗闪长岩(⑦1)及黑云母花岗岩(⑧1)一般呈棕黄~灰黄色,含灰白色及褐色斑点,岩体已呈砂质黏土或砂质亚黏土状;全风化辉绿岩为灰黄含黑褐色细纹,呈硬塑~半干硬黏土状;全风化闪长岩为灰黄~浅黄色,岩体呈硬塑黏土状;全风化闪长玢岩多为紫红含灰白斑点,呈硬塑~半干硬黏土状;全风化二长岩多白色,含较多高岭土,呈硬塑黏土状。全风化带的厚度主要取决于其顶部受剥蚀程度,两岸普遍较厚,一般为10~30m。海域变化很大,浅海区及五通岸潮滩区该风化带几乎被冲刷剥蚀殆尽,但构造破碎带内仍可达30m左右。

②强风化带(W_3)。花岗闪长岩(⑦2)及黑云母花岗岩(⑧2)强风化带呈棕黄~灰黄色,从上至下一般由砾质黏性土→泥质砂砾石土→酥脆岩体过渡,中下部常有大小不等的弱~微风化球状残余体。辉绿岩、闪长岩、闪长玢岩等脉岩强风化带为棕黄色,呈坚硬土~极软岩状,风化差异不及前两者明显。强风化带顶界高程一般低于-10m,厚度一般小于15m,构造破碎带内可达30m以上;在个别风化深槽内,其底界可深至-100m以下。(注:以标准贯入击数是否达到50击/30cm作为划分全、强风化带的标准)。

③弱风化带(W_2)。该风化带的主要特征是岩体被较多风化裂隙切割。风化裂隙一般追踪构造裂隙或原生节理发育,部分追踪低倾角裂隙,裂隙两侧数毫米~数厘米范围内的矿物风化成黄色,部分裂隙内充填物或胶结物已风化为泥,岩块大部仍保持原岩特征,仅边缘带变软。该风化带为强风化与微风化的过渡带,弱风化花岗闪长岩(⑦3)厚度一般不超过5m,局部追踪构造破碎带可达很深部位;弱风化黑云母花岗岩(⑧3)最厚处达30m。

④微风化带(W_1)。花岗闪长岩(⑦4)及中粗粒黑云母花岗岩(⑧4)为灰白色,后者常见暗色包体;辉绿岩脉呈灰绿色,石英岩脉呈白色,二长岩脉呈淡黄色,闪长玢岩呈灰黑色,钻孔未揭示其他脉岩新鲜岩体。上述微风化岩石均属硬质岩类,岩脉多沿高角度构造裂隙侵入,两者界面多很规则,熔融现象不明显。微风化带顶界形态主要受构造控制,岩体完整地带其顶界较平缓,构造破碎或裂隙发育带则顶界变化很大。场区基岩微风化顶面多处于0~-55m,少数风化深槽处低于-70m。

⑤微风化岩破碎带。颜色与原岩基本相同,多分布于风化槽轴线附近。岩体被3组以上构造裂隙切割,裂隙间距小于20cm。岩体被割成碎石状,岩质仍较硬,少数裂隙内存在碎屑物,一般呈高角度带状产出。

风化岩体主要地质特征一览 表1-3-13

风化带	主要地质特征	纵波速度(m/s)	
		范围	平均值
全风化	全部变色,为灰白色杂棕红色;岩石的组织结构完全破坏,呈土状或砂状;除石英颗粒外,其余矿物大部分风化蚀变为次生矿物;锤击有松软感,出现凹坑,岩心用手可捏碎	1330~1846	1722
强风化	大部分变色,为棕红色杂灰白色;只有局部岩块保持原色;岩石的组织结构大部分已被破坏;沿裂隙面含次生夹泥;除石英外,长石、云母和铁镁矿物已风化蚀变;锤击哑声,岩石变酥,易碎,用镐撬可以挖动	1918~2171	1997

续上表

风化带	主要地质特征	纵波速度(m/s)	
		范围	平均值
弱风化	岩石表面或裂隙面大部分变色,但断口仍保持新鲜岩石色泽;岩石原始组织结构清晰完整,呈块状,裂隙面风化剧烈;岩石矿物清晰;锤击声脆,开挖需用爆破	3938 ~ 4453	4100
微风化	岩石表面或裂隙面有轻微褪色;岩石组织结构无变化,保持原始完整结构,呈块状;岩石矿物清晰;锤击发音清脆,开挖需用爆破	5000 ~ 5758	5180

3. 水文地质

(1)地下水类型。根据地下水含水层所处的位置不同,场区地下水可分为陆域地下水和海域地下水两大类:

①陆域地下水。分布于陆域范围内地层中的地下水,据其赋存形式分为松散岩类孔隙水、风化基岩孔隙裂隙水、基岩裂隙水 3 种,均为潜水。其中松散岩类孔隙水赋存于第四系残积层中,风化基岩孔隙裂隙水赋存于基岩全 ~ 强风化层中,基岩裂隙水赋存于弱微风化基岩的风化裂隙及构造裂隙中。陆域地层中除可能存在的富水性好的基岩破碎带外,均为弱富水,渗透性较差,属于弱或微含水层。陆域地下水主要受大气降水的补给,就近向低洼地段排泄,总体上属于潜水,仅局部洼地(如隧道出口处)因上覆土层中含大量高岭土的黏土相对隔水层,地下水具承压性,但承压水头是变化的,干旱季节承压转为无压。

②海域地下水。主要指海域范围内地层中的地下水,据其赋存形式分为松散岩类孔隙水、风化基岩孔隙裂隙水及基岩裂隙水三种。其中松散岩类孔隙水赋存于第四系全新统海积层中,风化基岩孔隙裂隙水赋存于基岩全 ~ 强风化层中,基岩裂隙水赋存于弱微风化基岩的风化裂隙及构造裂隙中;海域地层中除海积的砂层(主要赋积在 K10 +900 以东西滨滩涂地段)及可能存在的富水性好的基岩破碎带外,总体上富水性弱,渗透性较差,为弱或微含水层;海域地下水主要受海水的垂直入渗补给。

(2)地下水动态及补、迳、排条件。

①陆域地下水。松散岩类孔隙水:地下水的动态受气候、地形的影响明显。地下水水位变化随降雨的频率,变化剧烈,且有滞后现象。随地形的变化,地下水水位变化很大,水位变幅一般在 0.33 ~ 4.0m。5 ~ 6 月水位最高,12 月至翌年 2 月最低。大气降水是地下水的主要补给源,降水垂直入渗后,由高处向低洼处迳流,所以低洼处孔隙水除受大气降水的直接入渗补给外,还受侧向迳流的补给。局部受岩性影响略具承压性。松散岩类孔隙水除蒸发、人工抽取排泄外,多排向沟溪、河流、入海,少部分入渗补给下部弱含水岩组。

全 ~ 强风化岩层孔隙裂隙水:与松散岩类孔隙水实为一层地下水,两者间并无明显隔水层存在,全 ~ 强风化岩层孔隙裂隙水直接受上部松散岩类孔隙水的下渗补给,然后又缓慢地迳流或侧向补给基岩裂隙含水岩组。

基岩裂隙水:除出露地表者可直接接受大气降水的入渗补给外,隐伏型均受其他类型地下水的入渗补给。其迳流严格受裂隙形态控制,呈层状或带状,有时互不连通,无统一水面。

②海域地下水。其动态和补、迳、排条件,均较陆域简单。3 种地下水类型之间,均无隔水层存在,可视为一个无限厚的弱含水层,因同位于海水之下,均受海水的垂直入渗补给,仅隐伏于下部的含水岩组接受上部含水岩组的入渗补给或越流补给。

根据海域钻孔抽水试验之前的地下水静止水位与潮水位同步观测结果,海域地下水静止水位变化,随潮汐的涨落而升降。其升降幅度与潮汐涨落并不完全一致,当含水层的渗透系数大时,地下水静止水位的升降几乎与潮水的涨落同步;高潮时地下水位低于潮水位 0.16m,低潮时地下水位高于潮水位 0.13m,地下水位升降滞后潮水约 20min(如 CZK10)。而当含水层的渗透系数小时,地下水位与潮水位相差较大,约 0.45 ~ 0.55m,滞后现象也明显延长,约 70min(如 CZK7)。当含水层的渗透系数更小时,两者相差更大,如 EXK5 -1,低潮时地下水位高于潮水位 0.23m,而高潮时地下水位则低于潮水位 0.19m,滞后现象约 90min。若含水层的渗透系数极小时,地下水位基本不受潮水位的影响,如 CZK4 孔。

陆域地下水与海域地下水之间存在一条过渡带。受潮汐涨落影响，当海水处于高潮时，海水向陆域迳流，补给陆域地下水；反之陆域地下水向海域排泄。XZK9（五通竖井钻孔）正处于海陆过渡带上，其地下水水头变化受潮汐影响明显：当海水淹没时，地下水随潮汐涨落而升降；当海水完全退出时，地下水缓慢下降渐趋于平稳状态。过渡带的宽窄因地而异，五通岸较窄，西滨岸较宽。

（3）地下水的侵蚀性。

①陆域地下水。陆域地下水浅部一般为中性淡水，pH 值在 6.64～7.15，但受所处环境的影响，变化较大。其矿化度和水化学类型具分带性，从远离海域到近海区矿化度由小变大，179.46mg/L～3350g/L，而在过渡带上则高达 10000mg/L 以上。水化学类型则由 HCO^3—Ca 渐变为 HCO^3 · Cl—NaCa 乃至 Cl—Na 型。深部地带呈弱酸性（如 YSK4 和 ZSK5），根据《公路工程地质勘察规范》（JTJ 064—98）附录 D 的判定，陆域地下水在Ⅲ类环境下（Ⅲ类环境系指各气候区中，混凝土弱透水层中，均不具有干湿和冻融交替作用）对混凝土，五通岸具分解类中等碳酸型及弱酸型腐蚀作用（如 YSK4）、西滨岸具分解类弱碳酸型及弱酸型腐蚀作用（如 ZSK5、XZK26）。

依据《岩土工程勘察规范》（GB 50021—2001）12.2.4、12.2.5 条判定，陆域地下水对钢筋混凝土结构中的钢筋无腐蚀性、对钢结构具弱腐蚀性。

②海域地下水。海域地下水，无论是抽水初期或抽水未期地下水的化学成分变化不大，与海水成分也极相近，均为中性碱水，水化学类型为 Cl—Na · Mg 型。按照《公路工程地质勘察规范》（JTJ 064—98）附录 D 的判定，海域地下水在Ⅲ类环境下对混凝土均具有弱结晶类、弱结晶分解复合类腐蚀作用。

依据《岩土工程勘察规范》（GB 50021—2001）12.2.4、12.2.5 条判定，海域地下水对钢筋混凝土结构中钢筋具弱腐蚀性，对钢结构具中等腐蚀性。

过渡带地下水（XZK9）对钢筋混凝土结构中的钢筋具弱腐蚀性、对钢结构具中等腐蚀性。

（4）岩土层渗透系数。岩土层的渗透性指标的确定是通过现场水文地质试验（抽水、压水）和室内试验（渗透系数、渗透破坏）获得。

将区内抽水试验、压水试验和室内渗透实验获得的全强风化岩体的渗透系数进行分级统计，除去极值，按加权平均获得均值，即为预算隧道涌水量的渗透系数见表 1-3-14：

全区渗透系数统计 表 1-3-14

工程位置		岩　性	渗透系数均值 K（$\times10^{-5}$cm/s）			渗透系数建议值 K	
			室内测试	压水试验	抽水试验	(m/d)	($\times10^{-5}$cm/s)
陆域	五通	坡残积＋全风化	6.4	—	1105.3	0.480	555.9
		全风化岩层	30.2	—	49.0	0.034	39.6
		强风化岩层	488.5	—	41.6	0.485	265.1
		弱、微风化岩层	5.0	—	239.6	0.106	122.3
	翔安	坡残积＋全风化	25.4	—	295.7	0.139	160.6
		全风化岩层	95.7	—	—	0.083	95.7
浅滩	五通	全风化岩层	47.2	—	—	0.041	47.2
		弱、微风化岩层	—	—	112.8	0.098	112.8
		微风化岩层	—	—	2.3	0.002	2.3
	翔安	海积砂层	—	—	539.9	0.467	539.9
		黏土	4.0	—	—	0.004	4.0
		全风化岩层	40.4	—	—	0.035	40.4
		强风化岩层	155.7	—	—	0.135	155.7
		弱风化岩层	—	—	99.5	0.086	99.5

续上表

工程位置		岩性	渗透系数均值 $K(\times10^{-5}cm/s)$			渗透系数建议值 K	
			室内测试	压水试验	抽水试验	(m/d)	$(\times10^{-5}cm/s)$
海域	F1	全风化岩层	29.4	13.8	8.2	0.015	17.1
		强风化岩层	30.1	12.7	—	0.019	21.4
		弱风化岩层	—	33.0	—	0.029	33.0
		微风化岩层	—	2.3	—	0.002	2.3
	F4	全风化岩层	25.2	20.5	32.4	0.018	20.5
		强风化岩层	45.7	46.2	—	0.040	46.2
		弱、微风化岩层	—	—	13.9	0.012	13.9
	F4—F2	全风化岩层	51.3	—	97.2	0.032	37.1
		强风化岩层	81.7	—	41.6	0.053	61.7
		弱风化岩层	660.0	—	—	0.570	660.0
		微风化岩层	—	—	12.7	0.011	12.7
	F2	全风化岩层	25.8	37.0	35.8	0.028	32.9
		强风化岩层	61.9	155.8	109.6	0.094	109.1
		弱风化岩层	—	189.6	195.6	0.166	192.6
		微风化岩层	—	6.3		0.087	100.8
	F3	全风化岩层	26.4	127.2	52.1	0.059	68.6
		强风化岩层	47.6	108.7		0.060	69.5
		弱风化岩层	—	12.7	133.1	0.115	133.1
		微风化岩层	—	3.4		0.059	68.3
	F3—浅滩	全风化岩层	54.2	37.0	—	0.039	45.6
		强风化岩层	91.4	141.2	—	0.100	116.3
		弱风化岩层	—	40.5	—	0.035	40.5

(5)预测涌水量。涌水量预测值见表1-3-15、表1-3-16：

陆域暗挖隧道最大涌水量(Q_{01}、Q_{02})及正常涌水量(Q_s)分段计算 表1-3-15

工程位置	分段编号	岩性	起止里程	分段长度(m)	Q_{01} (m^3/d)	Q_{02} (m^3/d)	Q_s (m^3/d)
左行隧道	2	全风化	K6+600~K7+060	460	996.3	564.2	193.7
	3	强风化	K7+060~K7+160	100	241.8	145.0	49.9
	4	弱风化	K7+160~K7+303	143	1129.8	740.6	256.7
	5	强风化	K7+303~K7+491	188	560.5	403.2	139.6
	6	微风化	K7+491~K7+746	255	287.4	229.6	78.4
	19	全风化	K12+180~K12+328	148	741.4	386.3	133.5
	20	亚黏土	K12+328~K12+410	82	254.2	127.0	43.7

续上表

工程位置	分段编号	岩性	起止里程	分段长度(m)	Q_{01} (m^3/d)	Q_{02} (m^3/d)	Q_s (m^3/d)
服务隧道	2	全风化	K6 +602 ~ K7 +110	508	832.1	669.5	230.2
	3	弱风化	K7 +110 ~ K7 +460	350	2261.9	2059.2	714.2
	4	微风化	K7 +460 ~ K7 +794	334	302.8	310.9	106.2
	17	全风化	K12 +105 ~ K12 +380	275	1753.2	1770.9	615.7
	18	亚黏土	K12 +380 ~ K12 +410	30	122.2	123.8	43.1
右行隧道	2	全风化	K6 +619 ~ K7 +210	591	1406.7	880.4	303.4
	3	弱风化	K7 +210 ~ K7 +333	123	948.2	608.0	210.7
	4	微风化	K7 +333 ~ K8 +145	812	967.3	798.3	273.1
	17	全风化	K12 +255 ~ K12 +370	115	528.4	236.8	81.6
	18	亚黏土	K12 +370 ~ K12 +410	40	109.1	37.6	12.8

海域暗挖隧道分段最大涌水量计算结果　　表 1-3-16

工程位置	分段编号	岩　性	起止里程	q_0 [$m^3/(d \cdot m)$]	Q_0 (m^3/d)
左行隧道	7	微风化	K7 +7461 ~ K8 +245	1.470	733.74
	8	强风化	K8 +245 ~ K8 +314	2.406	166.02
	9	微风化	K8 +314 ~ K8 +880	1.930	1092.50
	10	强风化	K8 +880 ~ K8 +973	6.446	599.52
	11	微风化	K8 +973 ~ K10 +660	1.498	2526.75
	12	强风化	K10 +660 ~ K10 +710	11.402	570.12
	13	微风化	K10 +710 ~ K10 +956	1.439	353.96
	14	弱、微风化	K10 +956 ~ K11 +384	3.590	1536.35
	15	强风化	K11 +384 ~ K11 +650	12.285	3267.86
	16	全风化	K11 +650 ~ K11 +800	2.812	421.77
	17	砂层	K11 +800 ~ 12 +050	36.411	9102.71
	18	全风化	K12 +050 ~ 12 +180	2.730	354.89
服务隧道	5	微风化	K7 +794 ~ K8 +290	1.404	696.21
	6	强风化	K8 +290 ~ K8 +380	2.484	223.60
	7	微风化	K8 +380 ~ K8 +922	1.815	983.89
	8	强风化	K8 +922 ~ K9 +000	6.458	503.76
	9	微风化	K9 +000 ~ K10 +614	1.630	2630.85
	10	强风化	K10 +614 ~ K10 +705	15.465	1407.33
	11	微风化	K10 +705 ~ K11 +002	7.223	2145.35
	12	强、弱风化	K11 +002 ~ K11 +058	11.874	664.97
	13	微风化	K11 +058 ~ K11 +150	6.621	609.11
	14	弱风化	K11 +150 ~ K11 +575	8.173	3473.54
	15	强风化	K11 +575 ~ K11 +680	12.356	1297.39
	16	全风化	K11 +680 ~ K12 +105	2.910	1236.79

续上表

工程位置	分段编号	岩　性	起止里程	q_0 [m^3/(d·m)]	Q_0 (m^3/d)
右行隧道	5	微风化	K8+145~K8+310	1.440	237.56
	6	强风化	K8+310~K8+450	2.500	350.00
	7	微风化	K8+450~K8+965	1.885	970.72
	8	弱风化	K8+965~K9+004	6.206	242.04
	9	微风化	K9+004~K10+630	1.845	3000.73
	10	弱风化	K10+630~K10+725	15.410	1463.96
	11	微风化	K10+725~K10+980	7.255	1849.90
	12	弱风化	K10+980~K11+095	11.749	1351.11
	13	微风化	K11+095~K11+265	6.330	1076.03
	14	弱、微风化	K11+265~K11+530	8.225	2179.85
	15	强风化	K11+530~K11+715	13.771	2547.72
	16	全风化	K11+715~K12+255	3.026	1633.91

4. 不良地质现象

(1)水土流失及岸坡坍塌。场区不良地质现象主要是海岸坍塌及红土台地水土流失现象，对本工程影响不大。

(2)砂土液化和软土振陷。海域范围内普遍沉积了全新世松散砂土及海积软土，软土层最厚处可达10m左右；海底饱和中细砂及软土在Ⅶ度地震力作用下可产生液化或振陷现象，但这两类土体对暗挖隧道无影响。两岸丘间洼地局部发育全新世软土(淤泥质亚黏土或泥炭质土)，在路堑开挖或路基填土工程中，容易引起变形破坏。

(3)深厚全~强风化层及风化槽。场区五通岸陆地南半部、西滨岸陆地及西滨侧潮间带基岩全~强风化带厚度较大；在海域几条构造破碎带处全~强风化带异常深厚，而形成风化深槽。此类全~强风化岩体强度低、自稳能力差，在极端地质条件下，存在发生渗透破坏的可能，其中全、强风化二长岩脉因高岭土矿物含量较高，具弱膨胀潜势。其他全、强风化岩不具膨胀性，但不排除局部段因高岭土矿物含量较高而具弱膨胀潜势。

(4)岩体的放射性。经孔内及岩石样本的测试并参照国家标准《建筑材料放射性核素限量》(GB 6566—2001)进行评价，钻孔和岩石样本的测试数据均未超过福建省厦门地区γ辐射照射量率(43.45~217nGy/h)。可以初步判定，测试井附近的天然放射性核素在工程规定的限量范围内。

(5)岩爆。地应力原位测试在CZK3孔附近进行，地应力测试方法为水压致裂法。根据该钻孔的钻孔岩芯情况，在该钻孔共选择了10个测段进行测试，成功获得8个测段的压裂资料。成果分析表明：隧道洞深最大水平主应力约为3.0MPa，方位为N30W~N45W，即NNW向，属于低应力区(不足抗压强度的1/20)。从应力角度对该隧道洞身段进行岩爆预测分析，认为该隧道在施工期无岩爆发生。

5. 场区岩土体物理力学参数

(1)洞口工程物理力学参数，见表1-3-17。

两岸接线场区岩土体工程特性及设计参数　　表1-3-17

地层代号	岩土名称	工程特性	标准贯入 N63.5 (击/30cm)	内摩擦角 ϕ °	内摩擦力 C_q (kPa)	容许承载力 [σ_0] (kPa)	压缩模量 E_s (MPa)
Q_4^{me}	填筑土	疏密不匀，工程特性相差悬殊	—	10.5	21.0	—	—
Q_4^{al+pl}	淤泥质黏土	低强度，高压缩性，灵敏度高	—	7	10	70	3.0
	泥炭质土		—	8	12	90	4.0
	亚黏土		9.0	9.0	23.0	140	6.0

续上表

地层代号	岩土名称	工程特性	标准贯入 N63.5（击/30cm）	内摩擦角 ϕ °	内摩擦力 C_q（kPa）	容许承载力 $[\sigma_0]$（kPa）	压缩模量 E_s（MPa）
Q_3^{al+pl}	黏性土	中等压缩性，承载力较高	15.2	18.5	36.0	200	7.0
	黏土质砂		—	30	2	300	—
Qel	砂质黏土，亚黏土	中等压缩性，承载力较高	14.2	23.0	30.0	200	7.0
W_4	全风化带	中等压缩性，承载力较高	14.5	22.0	24.0	220	9.0

（2）暗挖隧道物理力学参数，见表1-3-18。

暗挖隧道场区岩土体工程特性及设计参数建议值　　表1-3-18

地层代号	岩土名称	工程特性	容许承载力 $[\sigma_0]$（kPa）	压缩模量 E_s（MPa）	重力密度 γ（kN/m³）	动弹性模量 E_d（GPa）	动剪切模量 G_d（GPa）	静弹性模量 E（GPa）	泊松比 μ	计算摩擦角 ϕ（°）	摩擦系数（圬工与围岩）f
Q_3^{al+pl}	黏性土	中等压缩性，承载力较高	200	7.0	20	—	—	—	—	—	0.3
	黏土质砂		300	—	19	—	—	—	—	—	0.3
Q^{el}	砂质黏土，亚黏土	中等压缩性，承载力较高	200	7.0	18	—	—	—	—	—	0.3
W_4	全风化带	中等压缩性，承载力较高	220	9.0	18	0.7	0.2	0.1	0.48	25	0.3
W_3	强风化带	中等压缩性，承载力较高	300	10.0	19	2.4	0.8	1	0.46	30	0.4
W_2	弱风化带	连续性差，不均匀，抗剪、抗拉强度小	1500	—	25	33	13	25	0.29	50	0.5
W_1	微风化带	连续性好，均匀，抗剪、抗拉强度高	>4000	—	26.5	63	26	40	0.20	70	0.6
f	微风化岩破碎带	连续性较差，抗剪、抗拉强度较低	3000	—	26	35	14	25	0.28	55	0.5

6. 地震及区域稳定性

场址位于我国东南部地震活跃的东南沿海地震带内。在场址周围半径150km范围的区域内，历史上共记录到35次Ms≥4.7级地震，其中最大的地震为泉州海外1604年7.5级地震，距场址约83km，影响烈度达7度强。距场址最近的强震是1185年厦门海外6.5级地震，距场址约34km，影响烈度也是7度左右。近场区25km范围内未记录到3级以上地震，近期共发生过Ms≥1.0级微震38次，最大震级为2.4级。共遭受到6次影响烈度为6度以上地震的影响，其中有2次达到7度。据《中国地震动参数区划图》（GB 18306—2001），本场址区地震动峰值加速度为0.15g，反应谱特征周期0.40s，相当于地震基本烈度Ⅶ度。

【本章主要编写人员】：陈晓林　褚以敦　夏支埃

第4章　土建工程设计

4.1　土建工程设计概述

4.1.1　建设规模

厦门翔安隧道起点 YK5 +930.459（=ZK5 +908.939）接厦门岛内城市道路仙岳路（理论中心桩号 K4 +751），终点 K14 +671.795 接翔安区翔安大道起点（K0 +000），路线全长为 8.711km（按右线计，含短链 30.2m），主要包括厦门岸接线及五通互通、跨海隧道和翔安岸接线及西滨互通三部分。

厦门翔安隧道及两岸接线工程施工图主要分两次进行设计。第一次设计部分为 YK5 +930.459 ~ YK13 +355 段（终点为 A4 标终点，B 标起点，收费广场全宽段起点），路线长 7.425km（左线 7.431km），主要为厦门岸接线 0.629km（左线 0.631km）及五通互通、跨海隧道 6.051km（左线 6.045km）和翔安岸接线 0.740km（左线 0.755km）的土建工程；第二次设计部分为 YK13 +355 ~ K14 +671.795 段，路线长 1.287km（按右线计，含短链 30.2m，其中分离式左线长 0.542km，分离式右线长 0.540km，整体式 0.747km），主要为翔安岸接线 1.287km（左线 1.289km）及西滨互通（含服务区、收费站）、全线路面工程、交通工程和景观工程等。

4.1.2　设计原则

本工程设计，应结合海底隧道特点及城市道路的要求，尤其应注重考虑本项目的地质条件、地形条件、人文环境、自然环境等特点，针对工程建设条件和环境要求等，因地制宜，以先进的技术、合理的安排、恰当的投资来取得最好的技术、经济及环境等社会综合效益。勘察设计中需重点考虑以下几方面的问题。

（1）充分借鉴国内外已建或规划中的水底隧道的成果和经验，尤其是国外的相关工程。

（2）翔安隧道的建设，应适应沿线经济发展规划、城镇规划、路网规划及自然条件，合理布线。使本项工程既能满足沿线地区的区域交通功能，又能促进区域经济的发展；更好地满足构建海湾型城市框架的要求，提高城市综合竞争力，体现厦门旅游观光特点。

（3）在工程设计中，必须突出“以人为本、安全第一”的总体思路。要考虑对付各种突发性灾害的处置预案。以减少灾害发生的可能性以及限制灾害不利结果为出发点，确保灾害发生时各类防灾措施能及时起作用。

（4）本工程是厦门市乃至国家重大基础设施建设工程之一，设计基准期为 100 年。工程设计中，应通过多方案比选，在经济合理的前提下，保证工程适用性，更重要的是必须确保工程结构的安全性和耐久性。

（5）充分吸收厦门市市政道路建设的成功经验，认真做好两岸接线中管线的布设、路基的防护、景观要求和合理选择互通式立交的位置及形式。

（6）加强综合地勘工作，尤其是海底隧道的地质勘察，应多种方法互相验证；重视地质选线，灵活设计。

（7）注重工程的可实施性并引入动态设计的概念，设计时尽可能考虑施工的要求，并且加强施工阶段的设计服务，将施工中的动态设计看作整个设计工作的组成部分。

（8）加强科学研究，积极、谨慎地采用新技术、新材料和新工艺。

4.1.3　设计技术标准

厦门翔安隧道为高等级公路，同时兼具城市道路功能。翔安隧道两岸接线均与城市道路相连，参照《厦门市仙岳路东段（湖边水库 ~ 五石路）道路工程施工图设计》和《厦门市翔安大道（西滨 ~ 仓头立交）

一期工程施工图设计》,根据翔安隧道初步设计评审意见,本项目采用双向六车道的高等级公路设计标准,计算行车速度采用80km/h。

其他技术标准采用交通部部颁《公路工程技术标准》(JTG B001—2003)中的有关规定,考虑起终点为城市道路,具备城市道路部分功能,个别指标采用城市道路的设计标准,主要技术标准见表1-4-1。

主要技术标准 表1-4-1

项 目		单位	数 量	备 注
1		2	3	4
公路等级			高等级公路	
服务水平			二级	
计算行车速度		km/h	80	
路基宽度		m	16.25(14.25)	括号内数值为城市道路标准
路面结构			沥青混凝土	
公路平面	一般圆曲线半径	m	400	
	不设超高的圆曲线半径	m	2500(1000)	括号内数值为城市道路标准
	缓和曲线最小长度	m	70	
	平曲线最小长度	m	140	
公路纵面	最大纵坡	%	5	
	最小坡长	m	200	
	凸形竖曲线一般最小半径	m	4500	
	凹形竖曲线一般最小半径	m	3000	
	竖曲线最小长度	m	70	
汽车荷载等级			公路—Ⅰ级,按城—A级验算	
设计洪水频率			道路1/100、隧道1/300	

行车隧道建筑限界净宽:$0.5+0.25+0.5+3\times3.75+0.75+0.25=13.50$m;

行车隧道建筑限界净高:5.0m。

服务隧道上方预留检修车辆兼逃生空间3.0m(宽)×2.5m(高),下方设置供水自来管道、预留空间2.6m(宽)×2.15m(高)和22万V高压电缆、预留空间3.0m(宽)×2.15m(高)。

4.1.4 主要技术规范

《公路工程技术标准》(JTG B001—2003);

《公路隧道设计规范》(JTG D70—2004);

《公路隧道施工技术规范》(JTJ 042—94);

《锚杆喷射混凝土支护技术规范》(GB 50086—2001);

《地下工程防水技术规范》(GB 50108—2001);

《混凝土结构设计规范》(GB 50010—2002);

《海港工程混凝土结构防腐蚀技术规范》(JTJ 275—2000)。

4.1.5 水下钻爆法隧道设计的关键点

1. 重视和大力加强前期的调查研究

对于水下隧道应保证前期工作的大力投入,而前期投入恰恰是确保工程的合理性、经济性和功能性的关键环节。尤其是地质勘察,对于水下隧道,由于工程规模大、建设风险大,准确的地质情况对隧道方案将起到决定性作用,相关地质工作必须超前。原则上应安排超前的工程地质工作(工作期不少于1年)和超前的水文地质工作(不得少于1个水文年),其勘察阶段可不受设计阶段限制。例如青函海底隧道从构思到开始修建整整经历了25年(1946~1971年)。这里包括预备调查(路线选定、海上弹性波探查及深浅调查)、技术可能性调查(海上弹性波探查、声波探查、磁气探查、钻孔、潜水艇观察、注浆、开挖试验等)以及实施调查(超前钻孔前方探查、涌水分析、空中磁气探查、取样调查、地质和水文地质的精密调查、矿床采掘影响范围调查等)。

2. 合理确定隧道的纵断面和隧道埋深

隧道轴线走向方案大致确定后,在隧道纵剖面设计时对隧道上方岩体最小覆盖层厚度(即隧道最小埋深的拟选)的确定,密切关系到隧道建设的经济和安全问题。覆盖层厚度过薄,隧道施工作业面局部或整体性失稳与涌、突水患的险情将加大,在辅助工法(如注浆封堵、各种预支护及预加固等)上的投入将急剧增加。覆盖层过厚,水下隧道长度加大,作用于衬砌结构上的水头压力增大,隧道支护结构需大大加强,为施工带来不便,建设投资也相应需要增加。因此,如何确定最优的覆盖层厚度是设计、施工的关键。

3. 衬砌荷载的确定

水下隧道衬砌结构计算分析,必须考虑其具有相对稳定性的水头,这一点与山岭隧道的情况有所不同。目前,在国内外的隧道工程中,对地下水的处理方式可以分为两种类型:全封堵方式和排导方式。其中,全封堵方式由于衬砌要承受同地下水水头基本相当的水压力,因此当隧道埋置较大,地下水水头较高的隧道一般都不采用全封堵方式。排导方式是在衬砌背后设置排水盲管及透水填层,其最大优点是可以基本上不考虑衬砌的水压力荷载,从而可以使得衬砌结构经济合理,但需要考虑的问题是排导系统的防阻塞,以及地下水排放量的控制。在隧道衬砌水荷载的计算中,我国铁路、交通部门还没有制订统一的规范,大多还是参照水工隧洞设计规范和经验方法,但并不完全适用于公路水下隧道的设计。然而,作用于隧道衬砌结构上的水压力大小和不同地下水处理方式选取,则决定着水下隧道设计理念、结构形式的关键所在。

4. 综合性超前地质预测、预报技术

隧道工程地质条件具有较强多变性和不可确定性,而水底隧道施工更是一项高风险的建筑工程。因为不可能以地貌来预测海底断层等不良地质现象,海上钻探又十分困难,因此要准确探明水底地质情况并预测隧道穿越段的地质情况并非易事。为了保证水底隧道施工的安全性和减少突发灾害事故的发生,必须在水底隧道施工的过程中,对隧道开挖前方的地质条件进行经常性的综合探测,同时对数据的分析和应用必须达到信息化和动态化。日本青函海底隧洞(53.850km)成功的经验之一就是以综合手段做了大量的施工地质预报工作,确保了施工安全,保证了工期。

因此,设计阶段宜采取“长短结合,物探与钻探结合”的综合超前地质预测、预报体系,并通过分析详勘阶段隧道地质资料,针对不同地段地质情况提出相应的技术要求。

5. 断层破碎带突水、涌泥防治技术

隧道通过潮间带和断层破碎带时,上覆土层较浅,岩层软弱破碎,一旦施工扰动过大,隧道顶部高水压容易将隧道覆盖层击穿,从而发生坍塌、突水、涌泥。而水下隧道与一般山岭隧道最显著的差异就是涌水源是无限的,必须止水。因此,应对软弱地层进行预加固等防治技术的研究。从类似条件隧道的施工经验看,应重点考虑全断面注浆、帷幕注浆、径向注浆等注浆方案的实施条件、材料、参数、工艺、机具设备及效果检验和评价标准,同时设计必须给出施工预案。

6. 提高衬砌混凝土耐久性

无论是在国外还是在国内,混凝土碳化、侵蚀性介质腐蚀(来自海水、含盐地下水等)、微裂缝引起的钢筋锈蚀破坏,都是严重威胁钢筋混凝土结构耐久性的最主要、最普遍的病害。它造成的直接、间接损失之大,远远超出人们的意料。考虑水下隧道其设计基准期为100年,提高混凝土的防裂耐久性是确保混凝土安全运行的关键。只有通过原材料的严格把关,针对不同配合比进行一系列的力学、物理性能、耐久性指标的试验,才能确定一个合格的混凝土配合比。在施工期间需要加强施工工艺和养护,如果混凝土发生大规模的裂缝,甚至贯通裂缝,将是灾难性的,混凝土的抗渗、抗冻、抗碳化、抗有害离子侵蚀等一系列性能都将直线下降,甚至会威胁到结构的安全。

7. 水下长大隧道快速掘进技术及开挖方法的选择

通常水下隧道都较长,如果仅从水底隧道出入口两端向中间施工,将会作业时间长,总体进度慢;有条件的话则可在两岸陆域和海域结合部增设工作竖井或斜井，以增加施工工作面，从而缩短整个工程施工时间。

钻爆法修建水下隧道的一个重大的缺点就是施工速度难以大幅度提高。水下隧道限于不能用增设竖井或斜井的方式增加工作面，因此施工速度成为钻爆法施工与其他施工方法相比较时的一个弱点。目前两车道公路隧道在围岩条件较好时钻爆法施工速度能达到单工作面 150 ~ 250m/月，围岩地质条件较差时，每月只能掘进到几十米。因此在水下复杂地质情况下长大隧道施工时应考虑快速施工。

对于大断面的水下隧道，在软弱地层中必须采用分步开挖方法，设计应结合凿岩机械、高效率的装运机械、大容量喷射机及装、运、衬设备，提出合适的开挖步骤及工艺流程控制点，同时应加强围岩与支护结构变形受力的变形监测，并建立反馈体系，实现信息化快速施工。

4.2　路线设计

4.2.1　影响路线方案的主要因素

1. 路线起终点接线对路线方案的影响

根据厦门市城市总体规划，厦门翔安隧道起点接仙岳路，终点接翔安大道。在初步设计阶段，厦门市已对仙岳路进行了拓宽改造，对仙岳路两侧的道路红线进行了控制，仙岳路厦门翔安隧道工程起点的衔接位置距离隧道洞口仅为 0.631km。厦门岸路线摆动的余地较小。翔安大道作为翔安区的第一条东西向城市主干道，道路等级较高，已修建至林前村附近，距离翔安岸隧道洞口 2.119km，沿线分布有几处村庄。该路段需设置互通立交和收费站各 1 处，线位摆动的余地也较小。

2. 沿线主要地质灾害对路线方案的影响

根据翔安隧道地质资料显示，在翔安隧道确定的路线走廊带内，海域段南北向有 F1、F2、F3 断裂带风化深槽和 F4 号风化囊与之交叉，路线无法避开。该段地质对路线方案的影响主要表现在隧道洞身穿越断裂带风化槽的长度或者隧道施工风险的大小等方面，这些是翔安隧道初步设计和施工图设计阶段路线平纵面设计需重点考虑的问题。

3. 地方政府的意见

为了解决高压电缆和自来水管的过海问题，政府及相关部门均希望采用敷设服务隧道的三管隧道方案。翔安隧道分离式路基的左右间距需考虑服务隧道的设置空间。

4.2.2　平面线位设计与优化

1. 平面线位主要控制点

路线主要控制点：仙岳路、规划五石路、环岛路、五通军营、五通滚装码头、海底 F1、F2、F3 断裂带风化槽、F4 断裂带风化囊、海湾大道、窗东路、翔安大道及两岸接线的村镇等（如图 1-4-1 所示）。

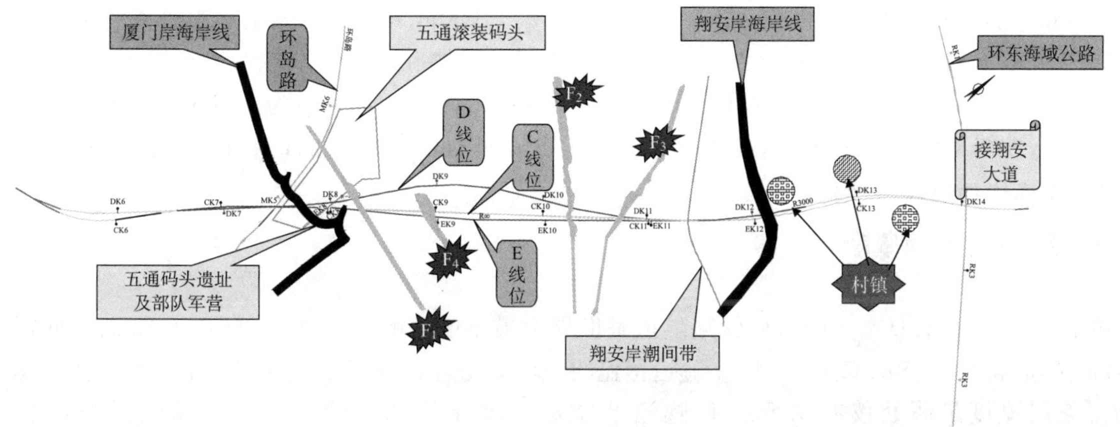

图 1-4-1　平面线位主要控制点

2. 平面线位比选及优化

初步设计阶段根据最新的海底基岩等深线图,结合海底 F1、F2、F3 断裂带风化深槽和 F4 号风化囊地质研究专题,本着经济、合理的原则,对原工可 C 线位提出了两种优化处理对策,平面线位比选如图 1-4-2 所示:

(1)E 线方案:主要是将穿越 F4 风化囊处路线局部偏移,对 C 线位的主要地质问题—F4 风化囊以穿越处理为主,基本避开了 F1 断裂带风化深槽。

(2)D 线方案:主要是采用 S 曲线对 F4 风化囊进行绕避。该方案利用了工可 B 线位的初勘成果,路线穿越 F4 风化囊的地质条件有一定改善,但是路线穿越 F1 断裂带风化深槽的问题也较为突出。

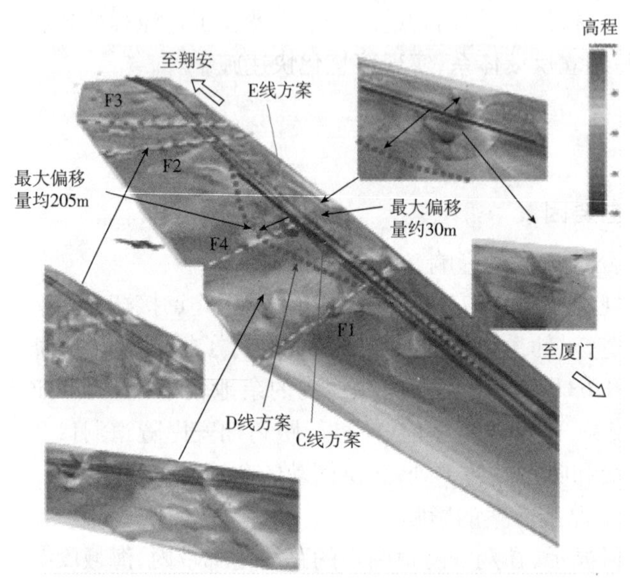

图 1-4-2 平面线位比选

根据路线所穿地质分析,D 线方案避开了 F4 风化囊,但左右线都从 F1 风化槽通过;E 线方案避开 F1 风化槽,但左线穿越了 F4 风化囊,由于 D、E 线方案在海底不良地质情况的宽度和深度相差并不明显,而 D 线方案为绕行方案,以曲线为主,线形指标相对较差,隧道长度要增加 50m 以上。综上所述,初步设计阶段推荐 E 线方案,并以 D 线方案作为比较方案。

3. 平面线位设计

施工图设计阶段结合详勘地质报告,对初步设计推荐方案(E 线)进行了再优化。具体路线走向如下:路线在厦门岛高林村南侧,从城市快速主干道仙岳路 K4 + 751 起,经高林农场、店里村北,沿下边村南侧与环岛路相交,穿五通码头以 S 曲线跨海,跨海经下店村南、肖厝村北与规划的海湾大道、窗东路相交,最后在林前村南侧接上翔安大道。其中隧道进口左线、右线、服务隧道分别采用 R_1 = 2800m、R_2 = 5000m、R_3 = 3600m 左偏圆曲线进洞,再以直线—R_1 = 7060m、R_2 = 7000m、R_3 = 7030m 右偏圆曲线—R_1 = 5000m、R_2 = 5052m、R_3 = 5026m 左偏圆曲线线形方式绕避 F1 风化深槽和 F4 风化囊后,以直线穿越海底 F2、F3 断裂带,最后以直线出隧道。以左线计路线全长为 8.695km,路线增长系数为 1.006,平均每公里转角数为 0.805,平曲线最小半径为 998m,直线最大长度为 1962.491m(隧道),平曲线占路线总长的 68.79%。

4.2.3 纵面线位设计与优化

一、最小安全顶板厚度

1. 概述

据有关资料介绍,日本关门海底铁路隧道是世界上最早的海峡隧道之一,全长 3.6km,海底段长度 1.14km,隧道高度 5.75m,海水深 14m。隧道覆盖的平均厚度为 11m,而靠海底填石和填黏土进行覆盖工程的覆盖层厚度最薄处仅有 9.5m。该隧道已经安全运行了 50 余年。日本青函公路隧道全长为 53.85km,海底部分长 23.0km,该隧道的最小覆盖层厚度为 100m,水深 140m。我国国内第一条水底隧道翔安隧道全长为6.05km，海底部分长4.5km，最小岩石覆盖厚度37.2m（包括18.2m厚强风化和19m厚弱～微风化花岗岩层）。根据目前水底隧道资料来看，有如下一些认识：

（1）最小岩石覆盖层厚度是影响水底隧道造价和安全的最重要的设计参数之一。

（2）隧道坡度决定后，最小岩石覆盖层厚度就成为决定水底隧道长度的主要因素。

（3）最小岩石覆盖层厚度越小，水底隧道越短，静水压力越低，则作用在隧道衬砌上的势能荷载也越小。相应地，覆盖层越厚，渗流通道就越长，就会降低流向隧道的渗水量。

（4）最小岩石覆盖层厚度必须足够，以便在发生意外如岩石崩落和坍塌时，不至于在隧道里出现危险，同时也可以避免水大量渗漏。

（5）选择最小岩石覆盖厚度通常主要采用工程类比法和围岩稳定性分析（即数值分析）这两种方法和途径。

（6）所有确定最小岩石覆盖厚度的方法，都是建立在详细的地质调查基础之上的。然而水底地质勘察工作的开展远比在陆地上困难的多，地质资料中的不确定因素，可能会在以后施工中造成很多意外事故。从这个意义上讲，事先很难确定一个绝对安全的最小岩石覆盖层厚度。

（7）应该认识到最小岩石覆盖厚度，并没有技术上的限制，意思是说：不会因为最小岩石覆盖厚度的问题，在技术上使水底隧道无法修建。无非是采用较高的开挖支护技术和投入较高的费用。

2. 控制顶板厚度的主要影响因素

隧道最小覆盖层厚度反映了围岩的自承与自稳能力，因此与岩体的物理力学性质密切相关。影响最小覆盖层厚度的因素主要如下。

（1）工程地质及水文地质的影响。海底段工程地质岩性、断层破碎带以及裂隙的渗透性是影响海底隧道顶板厚度的重要因素，尤其以断层破碎带的开度及填充物密实性、互连性的影响最大。在含水的岩体中开挖隧道，尤其是在有压水的作用下，与无水的岩体相比较，水会从根本上改变隧道周围的应力场和应变场，使岩体的残余黏聚力减小，岩体的弹塑性演变为弹脆性。无论是在塑性地带或弹性地带，有水隧道的收敛值都要比干燥岩体的收敛值大得多。隧道周围的有压水不仅明显地影响着应力状态和收敛值，而且还使得围岩内部塑性地带进一步扩展。这需要准确的饱和状态下的物理力学参数，以便较为真实地研究顶板厚度。

（2）水底地形影响。水底地形是控制海底隧道顶板的主要因素。要准确探明沿线水底隧道最低点。尤其是受水侵蚀、冲刷严重的地区，若遗漏最低点（即最大水深处），将产生不可估量的后果。目前，可采用折射地震测量法获得岩石表面精确位置；用声波剖面法测得水底地形图，并确定水底松散沉积物类型、分布和厚度。

（3）洞室形状和尺寸。洞室的形状和尺寸会影响围岩的应力分布，从而影响最小覆盖层厚度的大小。一般而言，圆形、椭圆形和拱形洞室的应力集中程度较小，破坏也少，岩石比较稳定，最小覆盖层厚度也就较小；而矩形和梯形洞室其最小覆盖层厚度较大，因为后者易在顶部围岩中出现较大的拉应力，并在两边转角处出现明显的应力集中。

洞室的跨度对岩石最小覆盖层厚度的影响较大。跨度越大，围岩的自稳能力就越差，相应最小覆盖层厚度也就越大。

（4）施工方法。钻眼爆破掘进施工会对隧洞围岩产生不利的扰动，从而削弱围岩的自稳能力。尤其对工程地质条件较差的岩层，常常引起围岩严重破碎，甚至产生塌方现象。采用光面爆破、预裂爆破和掘进机开挖能尽量减少对围岩的扰动。

（5）支护形式。目前采用的支护可分为两类，一类是外部支护，这种支护作用在围岩的外部，依靠支护结构的承载能力来承受围岩压力。在与岩石紧密结合或者回填密实的情况下，这种支护也能起到限制围岩变形、维持围岩稳定的作用。另一类是近代发展起来的自承支护，它是通过化学灌浆或水泥灌浆、锚杆支护、预应力锚杆支护以及喷混凝土支护等方式，加固围岩，使围岩处于稳定状态。这种支护的特点是能增强围岩的自承和自稳能力。

(6)初始地应力。初始地应力的研究还处于初期阶段。目前一般仅是根据初始地应力的主方向与洞轴走向之间的关系来评价围岩的工程地质条件。当洞轴走向与初始地应力的主方向一致或夹角较小时,岩体都比较稳定,否则岩体稳定性就较差。

3. 最小岩石覆盖厚度的确定

选择最小岩石覆盖厚度,通常主要采用工程类比分析和围岩稳定性分析(数值分析)法。

(1)挪威海峡水底隧道最小岩石覆盖厚度经验分析。挪威是世界上采用钻爆法修建海峡水底隧道最多的国家,至今已建成累计 100 多 km 的水底隧道。挪威的交通水底隧道大部分位于火成岩和变质岩等比较坚硬的岩石层内,并对水底隧道最小岩石覆盖层厚度的问题上曾经做过专门的研究。挪威的海底隧道研究学者根据挪威已建的海峡海底隧道经验,还统计出如图 1-4-3 表示的经验曲线,即分别对比较好的岩石和比较差的岩石,确定了海底隧道最小岩石覆盖与海水水深的关系曲线。

(2)国内顶水采煤经验。国内顶水采煤积累了较多的经验。顶水采煤时,要考虑安全开采上限,既要考虑安全因素,防止水淹矿井;又要考虑经济因素,避免留的煤柱过大,造成浪费。水底隧道最小埋深的确定与煤矿安全开采上限的确定有异曲同工之处,值得借鉴。

a. 基岩直接裸露时的开采上限。基岩直接裸露,水底没有冲积层时可以参见图 1-4-4。

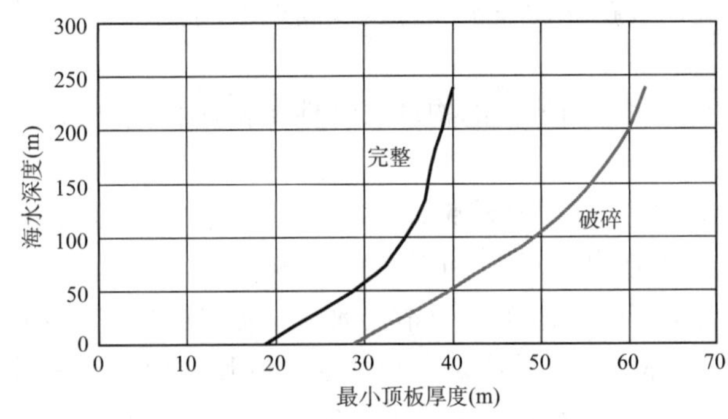

图 1-4-3 挪威海底隧道最小顶板厚度与海水深度的经验曲线

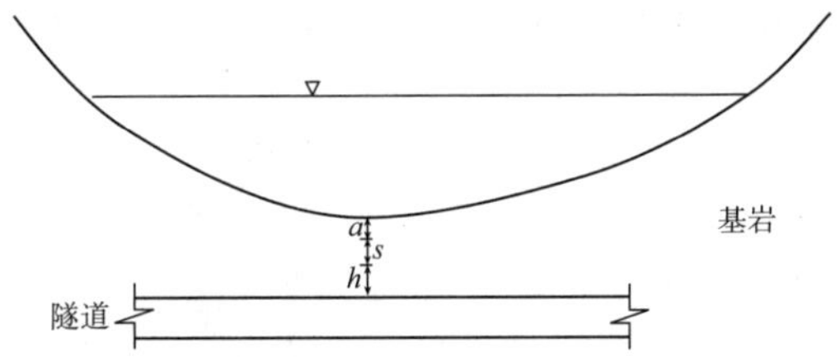

图 1-4-4 剖面示意

$$H = a + s + h \tag{1-4-1}$$

式中:H——开采上限高;

a——表面裂隙深度。基岩经验值取 10 ~ 15m;

s——保护层厚度;

h——爆破引起的扰动高度(导水裂隙带高度)。

保护层厚度 s 的确定(根据多年以来煤矿开采经验,推导出经验公式):

$$s = 1.5\frac{\sqrt{h_1 \times h_2}}{f} + c \tag{1-4-2}$$

式中:s——保护层厚度(m);

h_1——水头高度(m);

h_2——坑道宽度(m);

c——岩层强分化带厚度,一般取 5m;

f——普氏强度。

导水裂隙带高度 h 的确定:

按照岩石爆破力学:
$$h = k \cdot w \cdot \sqrt[3]{F(n)} \tag{1-4-3}$$

式中:k——地基系数;

w——单个最危险药包的最小抵抗线;

$F(n)$——相应药包爆破指数的函数。

b. 基岩顶部有沉积层时的开采上限。当沉积层为相对隔水层时，其厚度可以考虑在 s 值之内，即 $H=s+h$，保护层厚度 s 值内包括隔水层厚度。

(3)隔水岩柱经验法。隧道工程经爆破开挖扰动后，产生导水裂隙，为保证施工运营安全，留设隔水岩柱将上部水域与隧道“隔离”是必须的。根据国内相关经验及大量水下隧道实践总结，提出了如下的经验公式：

$$h_r \geqslant n\sqrt{h_t} + qh_h \tag{1-4-4}$$

式中：h_h——隔水岩柱高(m)；

n——基岩以上覆盖层厚度系数，取15～20；

h_t——隧道开挖高度(m)；

q——水深系数，取0.8～1.2。

(4)日本经验方法。日本第一条钻爆法海底铁路隧道修建距今已有60余年历史，并于1985年竣工了世界瞩目的青函海底隧道，在此方面积累了较多经验。日本经验公式：

$$H=(1/3\sim2/3)h \tag{1-4-5}$$

式中：H——海底隧道埋深(m)；

h——最大海水深(m)。

挪威经验法适用性广，对不同完整性质的岩石都给出了经验的取值临界限制，但其取值偏保守。顶水采煤经验法应用防水煤岩柱来降低突水事故的发生，应用于水下隧道有一定的适用性。隔水岩柱法与顶水采煤法有相似之处，其中导水裂隙带高度的确定是关键。日本经验公式对不同的水深差异较大。相同情况下隔水岩柱法相对于其他方法岩石覆盖层厚度偏小；顶水采煤法得到的最小岩石覆盖层厚度则处于中间位置；日本经验法平均值相对是最小的，但有可能在历史最高洪水位时会大于隔水岩柱法；挪威经验法是最安全、最保守的。

(5)数值计算。在数值计算中，可采用弹塑性有限元法、三维快速拉格朗日法、准三维弹塑性断裂损伤、三维固流耦合分析等方法，不同的方法都应考虑施工开挖顺序。

根据海底隧道的工程地质、水文地质的特点，确定计算范围，计算边界可以确定在3～5倍的开挖宽度。在确定的计算范围内将岩体和支护结构离散为仅在节点处铰接的单元体，构建三维有限元计算网格。结合工程勘察报告建议的岩体力学参数和合适的本构模型，应用弹塑性有限单元法，分部开挖和支护模拟海底隧道卸荷时荷载释放及支护过程，模拟海底隧道不同围岩级别时施工与支护顺序对围岩和衬砌结构稳定性的影响。根据围岩的破损区和支护结构的安全系数，提出合理的施工工法和结构支护参数。应用三维固流耦合弹塑性有限元法，模拟海底隧道衬砌结构在不同防排水设计方案时，衬砌结构的外水压力分布特征。应用随机有限元方法计算海底隧道顶板厚度对隧道衬砌结构的安全系数的敏感性，优化最小顶板厚度；并将三维数值仿真的研究成果与经验类比法的结果进行比较后，确定其最小顶板厚度。

综上所述，根据地质勘察报告，翔安隧道的隧道洞身穿越区域的岩层为弱风化～微风化花岗岩，参照公路隧道设计规范有关围岩分类的标准，其围岩级别可达Ⅲ～Ⅱ级。对于拟建的三车道隧道，毛洞跨度将达到15m，如果按照最不利的施工方法考虑，即矿山法施工，其洞周扰动层厚度小于4.0m。本隧道推荐采用新奥法施工，要求光面爆破、及时支护，考虑以上有利施工因素，可以大大减少对围岩的扰动破坏，根据《暗挖隧道方案最小安全顶板厚度研究》报告(中科院武汉力学研究所)，隧道洞顶岩层顶板厚度初步确定如下：海域地段洞顶岩层厚度大于15m，潮间带洞顶岩层厚度大于10m。据此确定厦门翔安隧道最低点设计高程为－69.5m。

二、隧道最大纵坡的确定

本项目海域段南北向有F1、F2、F3断裂带风化深槽和F4号风化囊，同时在靠近翔安的滩头地段还存在一处与海水连通的透水砂层，平面布设无法避免，不同纵坡的选定对施工风险及工程造价影响较大。

在初步设计阶段，设计单位从减少工程造价、降低施工风险的角度做了大量的纵坡优化工作，对隧道最大纵坡采用3%、3.5%、4.0%的几种情况进行了综合比选，最后形成以下结论。

(1)考虑到本项目定位为高等级公路，设计车速为80km/h，3%及3%以上纵坡的最大坡长有限制。在不过大增加隧道长度的情况下，通过不同坡度坡长的组合分析，本项目采用3.5%或4.0%的最大纵坡对工程地质环境改善不是很明显，相反，采用3.5%或4.0%纵坡，需在隧道内频繁变换纵坡，对行车舒适性有一定的影响。

(2)由于特定纵坡上坡路段中，大型车的车辆换算系数较大，导致当量交通量增大，使该路段成为基本路段上运行质量较差甚至最差的部分。考虑到本项目大型车较多，在初步设计阶段对路线纵面拟定了3个方案：方案一特定纵坡路段坡度—坡长为+3%/1050m，方案二特定纵坡路段坡度—坡长为+3.5%/1050m，方案三特定纵坡路段坡度—坡长为+4.0%/900m。通过对特定纵坡路段大、中型车的车辆换算系数E_{HV}进行计算，结果表明：相对于3.0%纵坡，采用3.5%纵坡，通行能力约降低6%~8%，采用4.0%纵坡，通行能力约降低11%~15%。

(3)根据运行速度理论，对于特定坡长的的载重汽车上坡地段行驶速度的降低值进行验算，结果表明：最大纵坡为3%时，载重汽车的行驶速度在洞口已接近路段容许最低车速；采用最大纵坡为3.5%时，载重汽车的行驶速度在洞口将降低5%左右；采用最大纵坡为4.0%时，载重汽车的行驶速度在洞口将降低11%左右。

考虑到本项目不可能设置爬坡车道(工程费用增加)，因此隧道内行驶速度的降低直接影响隧道的服务水平和通行能力。

同时，根据规范，本项目厦门岸右线连续下坡段，平曲线半径$R=2600$m，若纵坡采用3.5%、4%，应对平曲线超高予以加强，以保证行车安全，势必增加工程费用。

(4)根据经验：当交通流以汽油为主即以稀释CO浓度控制风量时，纵坡可适当加大；当以柴油车为主即以稀释烟雾浓度或NO_x控制风量时，则应尽可能降低纵坡；同时隧道内车速过低，NO_x排放量会增加。

计算分析表明：本项目各个时期以稀释烟尘所需风量为主要控制指标。初步估算：采用最大纵坡3.5%、4%时，左线需风量分别增加2%和5%左右，但是各段风量变得不均衡，其中上坡段增加25%，下坡段减小14%，上下段风量比为56：44；右线需风量与最大纵坡3.0%时基本相当，其中上坡段增加5%，下坡段减小10%。

因此，通过上述分析后综合权衡：厦门翔安隧道隧道最大控制纵坡采用3.0%。

三、纵面线位设计与优化

初步设计阶段，根据上述确定的海底隧道最大埋深和隧道最大纵坡，结合地质报告，以3.0%为最大控制纵坡，将厦门岸洞口定在五通村附近。在厦门岸采用了-2.86%的长坡段后接-2.479%的下坡到达海域深处，海域段采用了0.632%的上坡，在翔安岸采用了3%坡，在翔安岸采用3%-2.5%-3%的组合坡度，隧道长5.95km。

在施工设计阶段，从改善YK11+300处通风竖井的地质条件出发，对隧道纵坡进行了优化，将3%-2.5%-3%的组合坡度，优化为2.92%的长坡段(左线隧道优化为2.9%、服务隧道优化为2.91%)，平纵配合更为合理，行车较为顺畅。

以左线计，路线全长8.695km，平均每公里纵坡变更次数为0.88，最大纵坡为2.9%，最短坡长450m，最小凸形竖曲线半径为18000m，最小凹形竖曲线半径为12000m，竖曲线占路线总长的39.76%。

隧道纵断面如图1-4-5所示：

四、横断面布置

1. 设置服务隧道的理由

翔安隧道为双向六车道海底隧道，设计车速为80km/h。其设计断面大小为世界罕见，设计施工难度大且经验欠缺。结合工程需要，本工程设置了服务隧道，具有以下几点好处。

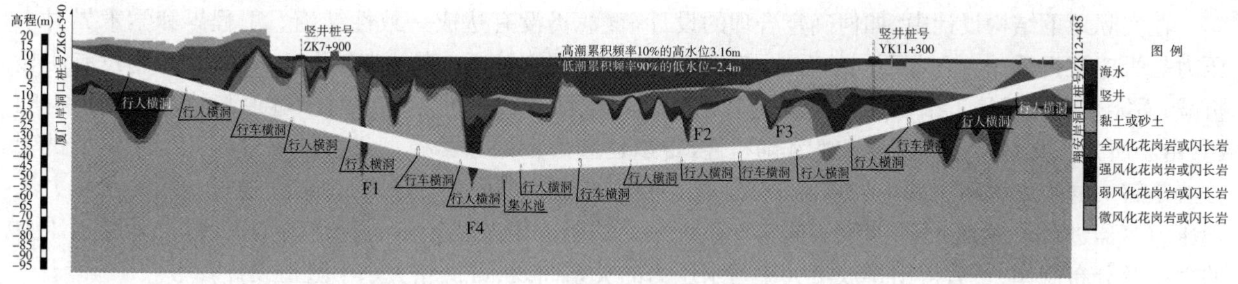

图 1-4-5　隧道纵断面设计示意

(1)服务隧道作为紧急避难通道,在隧道运营期间突发灾害时供人员的避难、逃生和救援。同时,作为检修通道,便于隧道管理人员用于日常的维护。

(2)利用服务隧道掘进可有效地超前探明地质情况,取得对局部不良地质地段处理的方法和工艺,保证主洞的掘进速度。

(3)利用服务隧道,通过设置的行车横洞,可为主隧道开辟多个工作面。同时,对于局部不良地质地段,可借助服务隧道先行处理,不影响其余地段的施工。

(4)服务隧道设置后可利用其作为检修通道,其上下空间又可作为管线通道。因此,行车主隧道断面可适当缩小。

(5)根据厦门市城市供水用电规划,厦门翔安隧道作为连通厦门岛与东侧大陆岸的过海通道,利用服务隧道还可方便布设自来水管和电力管线,解决岛内的电力缺口和岛外的用水需要。

2. 三孔隧道断面的设置间距

厦门翔安隧道采用三孔建设形式修建,两侧为行车主隧道,中间一孔为服务隧道。两相邻隧道最小净距应视围岩类别、断面尺寸、施工方法、爆破振动影响等因素确定。在初步设计阶段运用有限元,以弹塑性法分析了不同净间距下岩体屈服应力分布情况,认为净间距大于 22m 时,两隧道之间相互影响很小。因此,从减少占地、节省造价的角度出发,将厦门翔安隧道海域段主洞左右线的测设线间距调整为 52m,中间设置服务隧道。

根据隧道功能、远近期通风、养护维修及运营管理等方面要求,推荐采用设置服务隧道的三孔隧道方案,隧道横断面如图 1-4-6 所示。

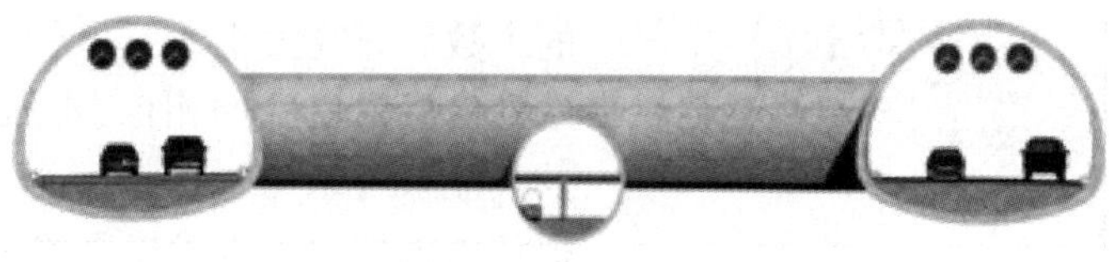

图 1-4-6　隧道横断面

4.3　结构设计

4.3.1　概述

海底隧道与陆地隧道作用荷载的不同之处在于,海底隧道除了实际覆盖层以外,还有很高的静水荷载。隧道衬砌所承担的主要荷载为围岩压力、外水压力,在衬砌设计中既可以将围岩压力和外水压力分算,也可以考虑二者的耦合作用,进行水—土合算。当衬砌材料具有一定的渗透性时,隧道衬砌和围岩结合紧密,可以认为,地下水的渗流运动是连续的,不仅存在于岩体渗流场中,同时也存在于衬砌中,可以理解为一种体积力。当衬砌不透水或渗透性极小时,它与围岩结合不紧密,地下水从围岩中渗出,体积力转化为边界力。由于现在的隧道结构多采用复合衬砌形式,初期支护和二次衬砌设置防水板,即造成二次衬砌与围岩间黏结力为零,围岩渗出或突出的地下水压力直接作用在衬砌的外表面。因此,隧道支护结构一般应考虑按照荷载—结构模型进行水—土分算。

在实际地下结构设计中，如何确定合理的设计荷载，仍没有达成一致性结论。工程界和学术界对水压力是否应该折减一直有着不同的看法，现场实测的结果也不一致，有的有较大的折减，有的则没有明显折减，而能否折减对地下结构断面选择及其结构的安全性有很大的影响。对于隧道与地下工程结构问题，由于所处水文地质条件的复杂性和随机性，难以建立确定的数学模型进行计算分析，因此，模型试验方法是解决隧道工程问题的一种重要手段。厦门翔安隧道为国内第一条海底隧道，通过专用的水压力试验压力容器进行了模型试验，研究了同排导系统相应的阻尼以及稳定水头排水的情况、衬砌承受水压力的大小及分布规律，最后得出排放量大小与水压力的关系曲线，可供相关水下隧道设计参考。

根据水压力荷载大小，综合考虑隧道涌水量的大小，即可对衬砌断面的拟订、衬砌类型的选择、衬砌结构安全性进行评价计算。

4.3.2　衬砌外水压大小模型试验

厦门翔安隧道洞口陆地及浅滩地段全～强风化层较厚，海域段隧道基本处于弱～微花岗岩岩层中，主要的不良地质为F1,F2,F3三处全～强风化深槽和F4风化囊。隧道所穿全～强风化带岩体渗透系数为10^{-4}cm/s，弱风化带岩体渗透系数为10^{-5}cm/s。

本隧道地下水和海水总水头为50～70m，结构采用全封闭和排导方式都有可能，要进行比选；水压力量值的确定是隧道设计的关键。对于衬砌水压力的计算主要存在以下一些争议的问题。

（1）对于全堵方式，到底应不应该考虑一个折减系数；特别是采用注浆加固圈后，能否减小作用在衬砌上的水压力。

（2）对于采取排导方式，衬砌上是否可以完全不考虑水压力。

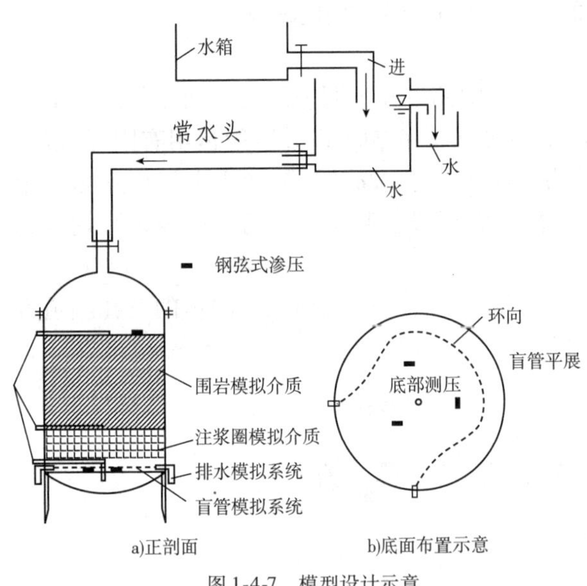

图1-4-7　模型设计示意

海底隧道具有相对稳定的水头，在试验中用恒定水位的水箱来模拟。对于全堵方案，取3种渗透系数有代表性的围岩模拟岩体介质，测试衬砌背后水压力随排水系统封堵时间的上升曲线。对于限量排放方案，根据厦门翔安隧道工程地质情况，选取模拟试验的排水系统基本设计参数为：环向盲管直径5.0cm，布置间距为10m，排水孔纵向间距的变化用底板开孔的个数和直径大小的不同来模拟。同时，试验设计考虑到地层渗透性的相似、水压力的相似、注浆圈大小及其注浆效果对衬砌背后水压力的影响。对隧道模拟范围根据地下水渗流等效原理进行平展处理，模型设计示意如图1-4-7所示。

根据相似比，从试验数据对原型隧道围岩渗透系数以及地下水排导参数对衬砌水压力的影响进行分析，见表1-4-2。

作用在衬砌上水压力折减系数　　表1-4-2

围岩渗透系数 cm/s($\times10^{-4}$)		220	20	13.2	7.6	1.78
出水口直径(cm)	$2\times\phi2$	0.958	0.684	0.594	0.408	0.064
	$2\times\phi5$	0.824	0.232	0.321	0.135	0.008
	$2\times\phi7$	0.807	0.226	0.316	0.107	0.008
	$2\times\phi10$	0.768	0.223	0.316	0.107	0.008
	$2\times\phi13$	0.782	0.220	0.316	0.107	0.008
	$2\times\phi15$	0.773	0.216	0.316	0.107	0.008
	$2\times\phi20$	0.765	0.210	0.316	0.107	0.008

通过模型试验,可以得到以下结论:

(1)若衬砌采用全封闭防水,无论是采用围岩注浆或围岩渗透性很小,都不能降低最终作用在衬砌上的水压力,在计算水压力时必须采用同地下水位相应的量值,不能折减。

(2)采用排导系统能有效卸载,根据厦门翔安隧道的情况,若:

①采用盲管 ϕ10cm,出水口直径为 2ϕ10cm,间距 <10m 或局部地段围岩渗透系数 K 大的可注浆,注浆圈厚 5m;$K<10^{-3}$cm/s,基本可以不计算水压力。

②采用 ϕ5cm 盲管排水、环向布置间距 10m,出水口 2ϕ10cm,水压力折减系数取 0.4。

4.3.3　衬砌结构力学特性数值分析

鉴于本工程的重要性,从前期准备一直到施工过程中,结合模型试验,针对隧道做了大量的分析计算。总的来说,隧道支护结构计算理论主要分为两类:荷载—结构计算模型和支护结构—围岩相互作用的连续介质模型。荷载—结构计算模型以支护结构作为承载主体,围岩对支护结构的变形起约束作用,围岩与支护结构的相互作用通过弹性支承对支护结构施加约束来体现。连续介质模型将支护结构与围岩视为一体,作为共同承载的隧道结构体系。在分析计算过程中,这两种方法都被大量采用。

荷载—结构模型是我国隧道设计规范中推荐采用的一种方法。该理论认为,所谓结构就是指衬砌结构,所谓荷载主要是指洞室开挖以后由松动岩土体的自重所产生的地层压力。在计算过程中,首先确定地层压力,然后计算衬砌结构在地层压力及其他荷载作用下的内力分布,最后根据内力组合进行衬砌结构断面设计和验算。若考虑地下水的作用,荷载—结构计算模型把问题归结为支护结构外水压力的确定。采用这种设计计算模型,计算方法简单,工作量小,具有明确的安全系数评价方法。我国铁路隧道结构设计中,大量采用的隧道衬砌标准图,就是基于这种力学计算理论而编制的,它构成了我国铁路隧道结构设计的基础。但是,采用这种方法进行计算的缺点在于,衬砌结构本身的内力和变形可以由计算得出,但是周围环境的变形只能由衬砌结构的变形间接求得,而且难以知道周围岩土体的应力状况及其稳定性。

与前面的荷载—结构模型不同,连续体模型认为地下结构周围的地层不仅能对衬砌结构产生荷载,而且其自身也能承受荷载,地下结构是否安全可靠,首先取决于周围地层的稳定状态。由此可知,衬砌结构的作用是在洞室周围地层应力重分布的过程中参与地层的变形,对地层提供必要的支承抗力,并与周围地层一起组成共同受力的整体,以保持洞室的稳定。在这种模型中,围岩和支护系统不再作为相互作用的两个方面,而是作为一个联合系统加以考虑。衬砌结构的内力和洞室周围的应力都能计算出来,在计算过程中,通过位移协调条件使地层应力与衬砌结构的内力保持平衡。按这种方法进行截面设计的特点:在验算结构的强度时,要求综合考虑地层稳定性的影响。

一、渗流分析

1. 浅滩地段渗流稳定分析

在翔安端洞口约有 1100m 处于全强风化地段,又处于地下水位以下。在陆域浅滩区施工,其不良地质问题之一为渗水。为保证隧道开挖的安全,初步设计阶段考虑于隧道施工前在隧道两侧施作降水井。施工图设计阶段根据最新的地勘资料对不同开挖步骤下,隧道的渗流进行了分析。涌水量计算如图 1-4-8 所示。

根据计算,隧道开挖涌水量在初始阶段较小,随着开挖的进行显著增加。但不论是否降水,涌水量大小都较小,且变化并不明显。

2. 海域地段渗流稳定分析

根据地质勘察报告,海域地段存在 4 个深风化槽/囊,每个的宽度(沿隧道方向)约 50 ~ 100m,海水水深约为 50m。如何安全穿越这些深风化槽/囊是整项隧道工程施工中的难点。

深风化槽/囊地段施工主要考虑将注浆止水与加固围岩结合,采用全断面(帷幕)超前预注浆技术。

由于隧道全断面处于渗透系数较大的强风化花岗岩中，注浆止水的成功与否对施工时能否安全地通过风化槽有十分重要的影响。结合施工图地勘资料，本次施工图阶段结合开挖方法采用有限元法计算海域深风化槽渗透量，以下是 F4 风化囊的计算分析图表(如图 1-4-9 ~ 图 1-4-10 所示)。

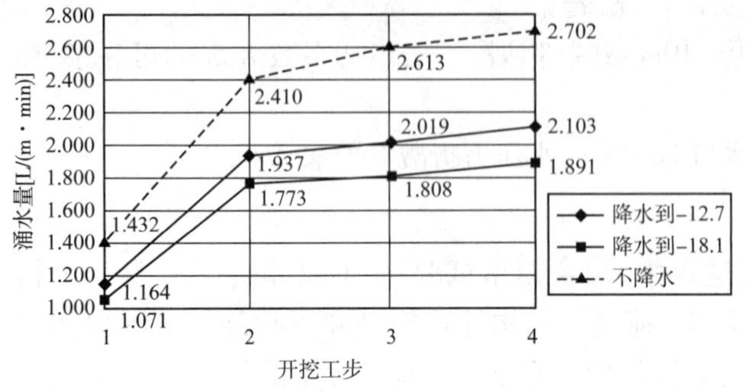

图 1-4-8 不同降水深度下隧道各施工步骤下隧道涌水量

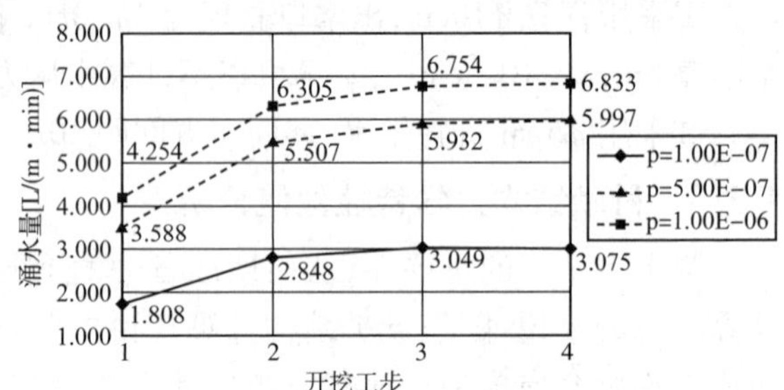

图 1-4-9 F4 风化囊各施工步骤下稳定渗流隧道涌水量

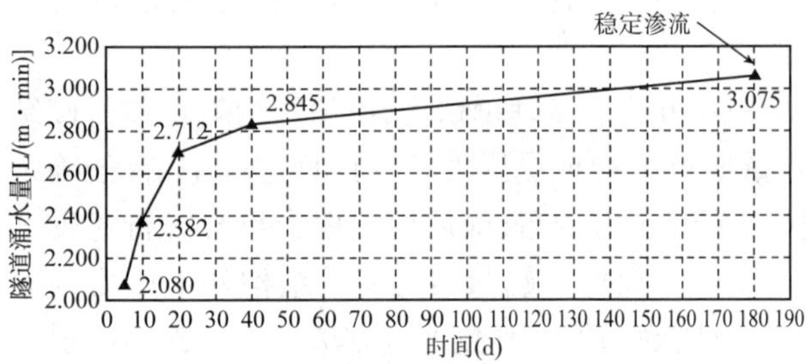

图 1-4-10 F4 风化囊隧道涌水量与时间关系图

根据平面渗流分析，在其他计算条件不变的情况下，假定预注浆区渗透系数为 1.0×10^{-7}m/s 时，施工期的稳定渗流量最后为 3.075L/(m·min)；预注浆区渗透系数为 1.0×10^{-6}m/s 时，渗流量为 6.833L/(m·min)。且一定开挖时间内隧道瞬时涌水量比稳定涌水量小，根据上表约只有 70% ~ 80%。因此，施工时建议将预注浆区的渗透系数控制在 10^{-7}m/s 量级上考虑，实际可能的渗流量约为 2 ~ 3L/(m·min)。

由于在风化深槽地段洞室开挖过程中的超前支护和初期支护非常关键。根据有限元法的计算结果，即使采取全断面注浆和超前小导管加固拱部围岩的措施，为保证开挖过程中洞身不产生过大的竖向位移，还需较大的支护荷载，表明施工过程中的初期支护非常重要。

因此，当隧道穿越海域风化深槽时，所处围岩为渗透系数较大的强风化带时，考虑洞室周围的压力水头很大，提高注浆的止水效果对于施工中控制隧道的涌水量和洞身的安全将非常重要。

二、隧道外水压力分析

1. 计算软件及参数的选取

影响衬砌外水压力不仅仅是岩石与衬砌的相对渗透性。岩体中初始渗流场，特别是人工排水及防渗措施对外水压力影响不可忽视。

衬砌的外水压力取决于隧洞围岩的水文地质条件及衬砌本身的渗透性，可按渗流场增量理论通过分析求得。对于一般性工程或初步设计阶段，也可以用外水压力修正系数法来确定。目前，有关外水压力计算的规范主要是水利水电部门编写的《水工隧洞设计规范》(SL 279—2002)的有关规定。对于海底隧道，外水压力对结构的影响巨大，是否折减以及如何折减，意义重大。本章第三节介绍了在二次衬砌设计时所进行的“海底隧道衬砌外水压大小模型试验”，以下将从数值计算角度再进一步探讨隧道外水压力的大小。

计算采用 3D – Flow 软件，该软件是由日本软脑株式会社开发，其基于水在孔隙介质中渗透的线性渗透定律，用于分析地下水在多孔介质中运动规律的科学。它适用于各向异性的渗流地层，适用于无压、承压或二者混合的水流状态；汇源项可以是点状形式或面状形式。

根据地勘报告，全、强风化岩土层的渗透系数 K 取 0.063m/d($7.3e^{-5}$cm/s)，弱、微风化岩土层渗透系数 K 取 0.061m/d($7.0e^{-5}$cm/s)，并假设注浆圈的渗透系数与隧道所处地层的渗透系数 K 相同。在分析中，隧道衬砌结构厚度为 0.6m。此外，为了分析排导方式，在注浆圈和隧道衬砌之间设置了透水垫层，并在隧道衬砌上设置排水孔。

2. 计算结果分析

(1)全封堵方式(如图 1-4-11 所示)。隧道开挖后,若隧道衬砌“完全”不透水,将在地层内部形成一个不透水的界面,根据水力学的静水压力传递原理,即可知在这种情况下衬砌将承受同初始静水压力相应的法向作用力,即 $P=\gamma h$。在全封堵情况下,地下水静水压力并不因为岩土介质的渗透性有所降低(除非降低到完全不透水)而改变其传递规律。通过 3D – Flow 软件进行分析,也得出了相同的结论。这也说明了实施地层注浆,可以降低围岩的透水性,但并不能在围岩中形成一个所谓的“承载环”来分担作用于隧道衬砌上的水压力(除非注浆圈不透水)。目前,在隧道开挖后可能围岩表面只有少量的水渗出,而一旦做成全封堵衬砌,衬砌背后的水压力仍会逐渐增大,达到同初始地下水位相应的程度。

(2)排导方式:

①单个隧道情况下。在恒定水头下,且考虑隧道衬砌排水情况下,采用 3D – Flow 软件计算分析作用于隧道衬砌上水压力的大小及分布规律,得出地下水排放量与隧道衬砌所承受水压力之间的关系曲线,以便用于指导隧道衬砌结构设计。在隧道全程共选取 2 个典型断面进行结果分析,分别是:K8 +164(溶槽,左线)、K9 +100(最低点,左线)。

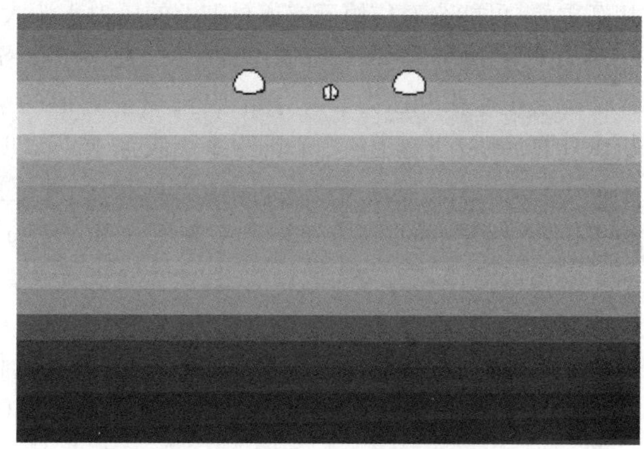
图 1-4-11 全封堵方式下压力水头分布示意

a. K8 +164 断面(左线溶槽处)。在全封堵情况下,经计算,该处隧道衬砌结构所承受的最大压力水头为 51.60m,且施工期间隧道单位长度的最大涌水量为 29.74m^3/(m · d)。当隧道衬砌设置排水孔时,且将隧道单位长度的排水量控制在 13.16m^3/(m · d)[注:最大涌水量为 29.74m^3/(m · d)],计算表明在隧道衬砌上设置排水孔可以减少衬砌的外水压力,但其排水减压的效果并不是十分明显的。当将排放量控制在 21.14m^3/(m · d)时[注:最大涌水量为 29.74m^3/(m · d)],则排水减压的效果是十分明显的。可见,地下水排放量越大,相应地,排水减压的效果越明显,具体关系曲线如图 1-4-12 所示。可以看出,随着地下水排放量的增大,则作用于衬砌结构上的最大压力水头相应减小。

b. K9 +100 断面(左线最低点处)。在全封堵情况下,隧道衬砌结构所承受的最大静水压力为 69.84m;施工期间隧道单位长度的最大涌水量为 35.81m^3/(m · d)。当在隧道衬砌上设置排水孔时,隧道排放量控制 28.46m^3/(m · d)时,排水减压效果很明显;当控制在 17.84m^3/(m · d)时,其减压效果要相差甚远。通过数值计算,K9 +100 断面地下水排放量的大小与所对应最大压力水头的关系曲线如图 1-4-13 所示。

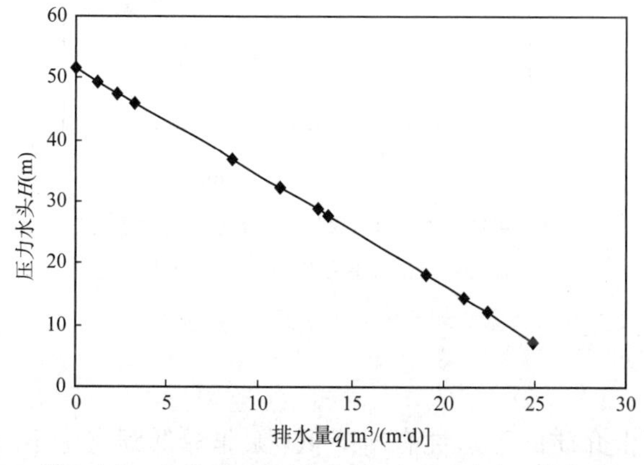

图 1-4-12 左线 K8 +164 排水量 q 与压力水头 H 的关系

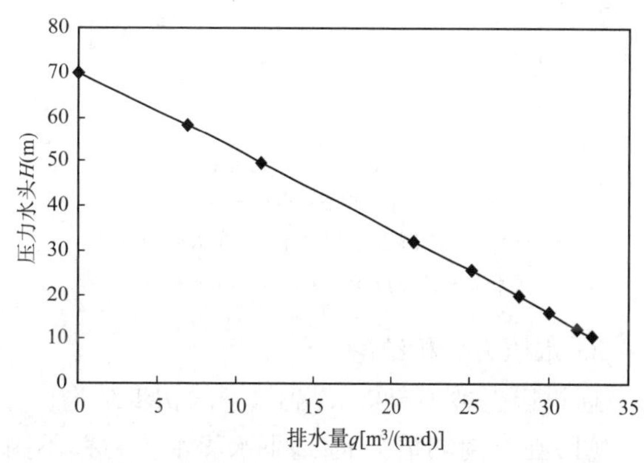

图 1-4-13 左线 K9 +100 排水量 q 与压力水头 H 的关系

通过以上计算，隧道排放量 q 与隧道衬砌上所承受的压力水头 H 之间的关系基本上呈线性，其关系可表达如下：

$$H = H_0 - k \times q \tag{1-4-6}$$

式中：H_0——未开挖隧道前的静水头(m)；

H——作用于隧道结构上的最大压力水头(m)；

q——隧道控制排放量[$m^3/(m \cdot d)$]；

k——系数(经计算，K8 +164 断面对应的 k 值为 0.55，K9 +100 断面对应的 k 值为 0.56)。

②多个隧道情况下。由于本隧道采用三孔建设，两侧设置两孔三车道隧道，并在两隧道中间修建服务隧道，隧道中心线间距约 56m。若采用排导方式来处理地下水时，则各隧道之间的渗流场会相互影响、相互重叠，可能会对作用于隧道衬砌上的压力水头大小产生影响。

为了分析隧道之间相互影响程度，以 K9 +100 横断面为例进行数值分析。首先，分析了不设服务隧道情况下全水头和压力水头分布规律，将主隧道的中心间距分别设为 40m、55m 和 70m，并进行对比分析。计算表明：当隧道的中心间距小于或等于 40m 时，两隧道之间的渗流场相互会产生影响；若中心间距大于 40m 左右，则渗流场之间相互影响很小，可以忽略不计。当设服务隧道时，通过计算，施工期间隧道单位长度最大涌水量为(33.90 +18.97 +33.90)$m^3/(m \cdot d)$。采用排导方式情况下，服务隧道的存在对主隧道的渗流场有较大的影响，且使主隧道所承受压力水头有减小的趋势。

为了分析服务隧道不同排放量对主隧道渗流场的影响，将服务隧道的排放量分别控制在 2.00$m^3/(m \cdot d)$、10.00$m^3/(m \cdot d)$ 和 17.00$m^3/(m \cdot d)$[注：服务隧道的最大涌水量为 18.97$m^3/(m \cdot d)$]，以分析服务隧道不同排放量对主隧道的渗流场的影响，同时可以得到主隧道排水量 q 与隧道衬砌所承受的最大压力水头 H 之间的关系曲线，如图 1-4-14 ~ 图 1-4-16 所示。可以看出，基本上呈线性关系，系数 k 的大小分别为 0.65、0.68 和 0.71。可见，服务隧道排放量的大小对主隧道所受的最大水头压力有影响，但随着服务隧道排放量的增大，对主隧道的影响程度相对越小。

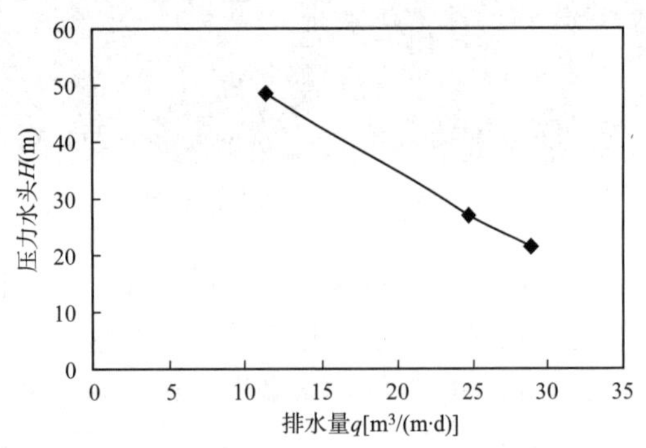

图 1-4-14 主隧道排水量与压力水头的关系一 服务隧道排放量为 2.00$m^3/(m \cdot d)$

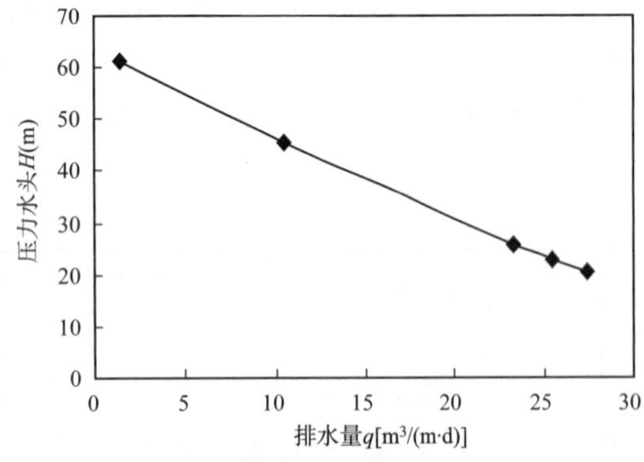

图 1-4-15 主隧道排水量与压力水头的关系二 服务隧道排放量为 10.00$m^3/(m \cdot d)$

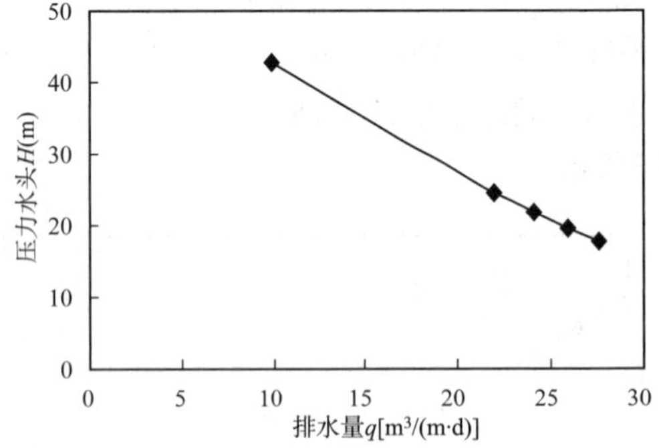

图 1-4-16 主隧道排水量与压力水头的关系三 服务隧道排放量为 17.00$m^3/(m \cdot d)$

3. 水压力分析结论

通过以上数值分析，得到以下的初步结论：

(1)在全封堵情况下，地下水静水压力并不因为岩土介质的渗透性有所降低(除非降低到完全不透水)而改变其传递规律，这一点与模型试验结论相一致。

(2)采用排导方式能有效降低水压力,模型试验也得出了相似的结论。经计算得,隧道排水量 q 与所承受的最大压力水头 H 之间的关系为:$H = H_0 - k \times q$,其中 $k = 0.55$。

(3)若考虑服务隧道的影响,系数 k 值将会变大,即作用于主隧道的压力水头会减小。为了安全起见,建议不考虑由于服务隧道的存在对主隧道渗流场的影响。

此外,对于海底隧道而言,隧道排水量 q 的大小主要是根据隧道内抽水系统的排水能力来确定。若采用排导方式,水压力折减系数应根据海底隧道控制排放量的大小来确定。在具体设计中,首先给定隧道的控制排水量 q,然后根据以下公式计算可得折减系数 β 的大小:$\beta = 1 - (k \times q)/H_0$,式中 $k = 0.55$。需要注意的是,隧道排水量 q 的单位是 $m^3/(m \cdot d)$。

三、地震反应分析

1. 隧址区地震特征及计算方法

本项目场址位于我国东南部地震活跃的东南沿海地震带内。在场址周围半径150km范围的区域内,历史上共记录到35次Ms≥4.7级地震,其中最大的地震为泉州海外1604年7.5级地震,距场址约83km,影响烈度达7度强。距场址最近的强震是1185年厦门海外6.5级地震,距场址约34km,影响烈度也是7度左右。近场区25km范围内未记录到3级以上地震,近期共发生过Ms≥1.0级微震38次,最大震级为2.4级。共遭受到6次影响烈度为6度以上地震的影响,其中有2次达到7度。据《中国地震动参数区划图》(GB 18306—2001),本场址区地震动峰值加速度为0.15g,反应谱特征周期是0.40s,相当于地震基本烈度Ⅶ度。

根据对已有震害的调查及资料分析,地下结构的损害,归纳起来有以下几点:

(1)穿越断层和破碎带的隧道和地下建筑会遭到严重破坏,靠近断层处的衬砌在与隧道轴垂直的平面内会发生较大的横向和竖向的错位。

(2)一个隧道的总体坍塌总是与横穿断层的活动有关,地面加速度小于0.5倍重力加速度时,单靠振动而引起坍塌的可能性较小。

(3)修建在松软堆积物中的地下工程比修建在坚硬岩石中的破坏大。

(4)破坏随覆盖厚度的增加而减小。

(5)结构的破坏与地面峰值加速度有关,峰值加速度取决于地震震级和震中距。

(6)衬砌厚度较大的地段损坏的百分率大于厚度较小的地段。

(7)隧道洞口是经常受到地震破坏的地段。

(8)距震源50km以外的隧道未受到损坏。

(9)在有限的资料范围内,还看不出不同的内部支护形式对破坏程度有重要影响,但施工质量未能保证,采用木支撑、回填不密实的隧道容易遭受地震破坏。

(10)在同一烈度条件下,地下结构的破坏程度远远小于地面建筑物。

隧道破坏的主要原因归纳如下:

(1)隧道结构本身的振动和摆动。

(2)断层交错。

(3)地震引起的地面破坏(例如隧道洞口部液化和塌落)。

用来分析结构动力问题的数值方法一般为有限元法、边界元法、有限差分法、有限条法、离散元法等,本项目采用有限元法进行分析。

2. 计算模型和参数

(1)计算模型(如图1-4-17所示)。取2个计算断面:①岸上1个,断面里程为K7+500;②海底1个,断面里程为K9+330。

本分析采用有限元法,计算采用在模型外边界施加各种人工透射边界解决能量向无限远辐射的波动分析方法,即利用黏—弹性边界模拟波向无穷远辐射的结构—地基土一体化计算方法。

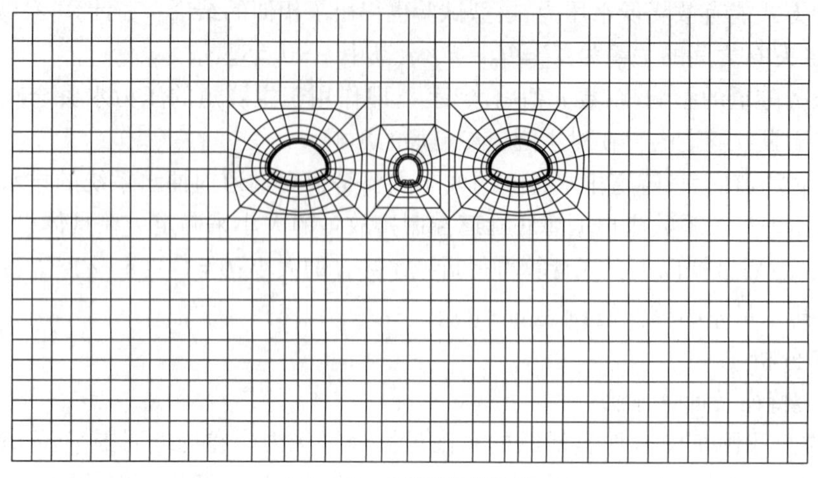

图 1-4-17　有限元计算模型

由于海水的黏性对海底土层地震反应的影响很小,即在海水与海床土耦合运动问题中,海水可以作为理想流体来处理。通过计算和理论分析可知,在海底地面运动的扰动下,海水在海底形成的一个附面层的厚度很小,从而可以附加到海底土层上去的质量很小,完全可以忽略不计。分析中对海水的处理采用的方法为:在海底土层上表面的水平方向上不附加任何部分江水质量,竖直方向上则附加上覆海水的全部质量。一般单元质量矩阵的形成质量矩阵依旧,在土层上方的与水相连的单元中需将边界上的那部分水的质量集中到相应的节点上。

(2)计算参数。根据地质勘探资料和相关文献,地层材料的物理力学参数见表 1-4-3。

地层材料物理力学参数　　表 1-4-3

材　料	弹性模量(kPa)	泊松比	容重(kN/m^3)	剪切波速(m/s)
全风化	700000	0.48	18	345
强风化	2400000	0.46	19	572
弱风化	33000000	0.29	25	2225
微风化	63000000	0.20	26.5	3180
砂质亚黏土	350000	0.33	19.7	258
淤泥混砂	45000	0.42	15.1	102
减震层	6000	0.38	10	50

(3)地震波动输入。地震波动输入采用适合于黏—弹性边界条件的波动输入方法,采用 El - centro 加速度作为输入地震动,为模拟相当于地震基本烈度Ⅶ度的效果,计算中峰值加速度调整到 0.15g,如图 1-4-18 所示。

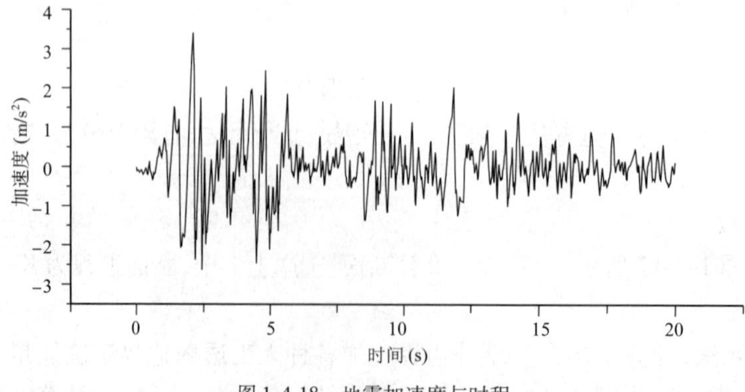

图 1-4-18　地震加速度与时程

3. 计算结果及分析

表1-4-4、表1-4-5为地震作用下在左线主隧道衬砌上产生的大主应力最大值、小主应力最大值和剪应力最大值。

ZK7 +500 主隧道应力值　　表1-4-4

代表断面 ZK7 +500		位置							
		仰拱底	左仰拱脚	左边墙底	左拱腰	拱顶	右拱腰	右边墙底	右仰拱脚
主隧道	大主应力最大值(kPa)	112.4	946.3	813.7	1520	1384	1078	1214	1499
	小主应力最大值(kPa)	-173.1	-1316	-1116	-1175	-1074	-1401	-881.1	-1082
	剪应力最大值(kPa)	68.32	578.2	421.5	512.6	299.9	486.8	473.2	651.3

ZK9 +330 主隧道应力值　　表1-4-5

代表断面 ZK9 +330		位置							
		仰拱底	左仰拱脚	左边墙底	左拱腰	拱顶	右拱腰	右边墙底	右仰拱脚
主隧道	大主应力最大值(kPa)	66.16	366.3	272.4	226.6	126.6	176.1	342.6	469
	小主应力最大值(kPa)	-74.98	-455.2	-346.1	-184.1	-103.4	-220.3	-285.4	-392.8
	剪应力最大值(kPa)	28.37	203.8	140.6	91.53	36.9	89.38	142	207.9

根据计算结果,分析表明:

(1)在地震荷载作用下,较大的内力发生在隧道的仰拱拱脚、边墙底部和拱腰处。

(2)在相当于烈度为8度的地震动作用下,对于岸上断面ZK7 +500,左侧隧道衬砌大主应力最大值、小主应力最大值和剪应力最大值分别为1.52MPa、-1.40MPa和0.578MPa;右侧隧道衬砌大主应力最大值、小主应力最大值和剪应力最大值分别为1.41MPa、-1.52MPa和0.638MPa;服务隧道衬砌大主应力最大值、小主应力最大值和剪应力最大值分别为1.13MPa、-1.136MPa和0.539MPa。对于海底断面K9 +330,左侧隧道衬砌大主应力最大值、小主应力最大值和剪应力最大值分别为0.366MPa、-0.455MPa和0.208MPa;右侧隧道衬砌大主应力最大值、小主应力最大值和剪应力最大值分别为0.376MPa、-0.450MPa和0.210MPa;服务隧道衬砌大主应力最大值、小主应力最大值和剪应力最大值分别为0.370MPa、-0.383MPa和0.172MPa。

(3)在相当于烈度为8度的地震动作用下,对于岸上断面ZK7 +500,衬砌拱顶最大位移为1.5mm;对于海底断面ZK9 +330,衬砌拱顶最大位移为0.25mm。

(4)由于隧道围岩基本为较坚硬的花岗岩,因此,在相当于烈度为7度的地震动作用下,隧道衬砌产生的应力和位移都不大。

四、二次衬砌结构计算

1. 计算模型

对二次衬砌的受力计算,分别采用了通用有限元软件ANSYS(5.7版)以及中交第二公路勘察设计研究院有限公司开发的"tunl2000"隧道结构计算软件和同济曙光岩土及地下工程设计与施工分析软件对结构进行内力分析。3种软件计算结果大致相当,并以曙光软件的计算结果作为设计依据,在计算中衬砌结构采用直梁单元,围岩弹性抗力采用均布弹簧模拟。

考虑隧道仰拱不设防水板,仰拱已与初期支护形成一个整体,因此计算将仰拱二衬与支护整体考虑。拱部、边墙外设防水板,不计二衬与支护的黏结力。计算模型如图1-4-19所示。

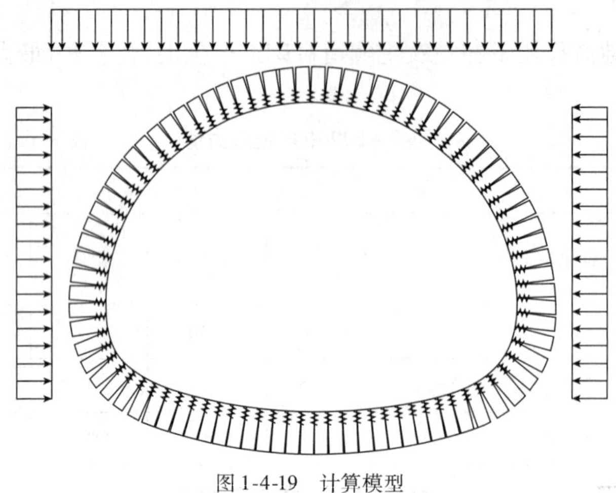

图 1-4-19　计算模型

2. 荷载及结构参数取值

隧道结构的作用应根据不同的极限状态和设计状况进行组合。一般情况可按作用的基本组合进行设计,基本组合可表达为:结构自重 + 围岩压力。

Ⅴ及Ⅳ级围岩地段的复合式衬砌按照新奥法原理应充分利用围岩的自身承载能力,将初期支护与围岩紧密结合在一起,把支护作为加固和稳定围岩的手段。衬砌分 2 次完成,利用锚杆、喷射混凝土、钢拱架、钢筋网作为初期支护手段,与围岩共同组成复合的承载结构以控制围岩的变形和松弛。在完成初期支护后,围岩的变形基本受到控制,再施作二次衬砌。因此,对于Ⅴ及Ⅳ级围岩地段结构,作用在二次衬砌上的荷载,按 70% 的围岩压力和全部静水压力考虑,剩余 30% 的围岩压力由初期支护和围岩共同组成的复合承载结构承担。

(1)土荷载。Ⅴ及Ⅳ级围岩压力按松散压力考虑,其垂直及水平匀布压力的作用标准可按隧道规范相关公式确定。围岩的物理力学参数见表 1-4-6。

岩体物理力学参数　　表 1-4-6

Ⅴ及Ⅳ级指标	弹性模量 E(GPa)	泊松比	黏聚力 C(MPa)	内摩擦角 (°)	密　度 (kg/m^3)	渗透系数 (m/d)
全风化花岗岩	0.05	0.45	0.033	23	1950	0.064
强风化花岗岩	1.0	0.35	0.2	30	2650	6.4E−4
弱、微风化花岗岩	15.0	0.25	1.0	39	2650	6.4E−6

Ⅲ ~ Ⅰ级围岩,围岩压力相对较小,作用在二次衬砌的荷载,只按全部静水压力考虑。

(2)水荷载。水荷载的取值根据设计思路,服务隧道考虑为全封闭结构,行车隧道考虑可有一定排导,但水荷载均按全水头作用考虑。

(3)地震荷载。用静力法或拟静力法,即将随时间变化的地震力或地层位移用等代的静地震荷载或静地层位移代替,然后再用静力计算模型分析地震荷载或强迫地层位移作用的结构内力。等代的静地震荷载包括:结构本身和洞顶上方土柱的惯性力以及主动侧向土压力增量。在《铁路工程抗震设计规范》(GBJ 111—87)中给出了隧道抗震设计时水平惯性力和主动侧向土压力增量的算法。

①结构的水平惯性力为

$$F_1^1 = \eta_c K_h \frac{m_1 g}{H},\ F_1^2 = \eta_c K_h \frac{m_2 g}{f} \tag{1-4-7}$$

式中:η_c——综合影响系数,规范中建议,对于岩石地基,取 0.2;

K_h——水平地震系数,8 度地区,$K_h = 0.2$;

m_1——上部衬砌质量;

H——上部衬砌的高度；

m_2——仰拱质量；

f——仰拱的矢高。

②洞顶上方土柱的水平惯性力为

$$F_2 = \eta_c K_h m_{上} g \quad (1\text{-}4\text{-}8)$$

式中：$m_{上}$——上方土柱的质量；

其余变量含义同上。

③主动侧向土压力的增量。地震时地层的内摩擦角要发生变化，由原来的 φ 值减少为 $(\beta-\phi)$，其中为 β 地震角，在 8 度地震区 $\beta=3^{\circ}$。因此，结构一侧的主动侧向土压力增量为

$$\Delta e_i = (\lambda_a - \lambda_a')q_i \quad (1\text{-}4\text{-}9)$$

式中，$\lambda_a = \tan^2\left(45^{\circ} - \frac{\varphi}{2}\right)$；$\lambda_a' = \tan^2\left(45^{\circ} - \frac{\varphi-\beta}{2}\right)$。

而结构另一侧的主动侧向土压力增量可按上述值反对称布置。

在《中国地震动参数区划图》上，翔安隧道场址位于加速度峰值为 0.15g 的区内，相当于基本烈度为Ⅶ度。根据《厦门市东通道工程场地地震安全性评价报告》(中国地震局地球物理研究所福建地震地质工程勘察院，2002 年 2 月)，50 年超越概率为 10% 的烈度峰值达 7.2 度，归为Ⅶ度，故翔安隧道工程场址的地震基本烈度评定为Ⅶ度。鉴于翔安隧道属于公路交通抗震一级工程，参照近年来类似跨海工程的经验和有关研究成果，其罕遇地震的概率水平取 100 年 3%，相应的地震基岩水平加速度峰值为 260g。

(4)二次衬砌物理力学性能。二次衬砌结构所用混凝土强度等级为 C50，钢筋混凝土的容重取为 25kN/m³。钢筋的抗拉或抗压计算强度和弹性模量分别为 260MPa 和 210GPa。根据隧道设计规范可得 C50 混凝土的弹性模量为 35.5GPa，抗压极限强度为 36.5MPa，弯曲抗压极限强度为 45.5MPa，抗拉极限强度为 3.1MPa。

3. 计算结果分析

根据《公路隧道设计规范》(JTG D70—2004)结构计算规定，当轴向力偏心矩 $e_0 \leqslant 0.20h$(此处 h 为衬砌厚度)时，系由材料抗压强度控制结构承载能力，应按照公式①进行计算；当轴向力偏心矩 $e_0 \geqslant 0.20$h 时，系由材料的抗拉强度控制结构承载能力，应按照公式②进行安全系数计算。

$$K \geqslant K_0 = \varphi\alpha R_a bh/N \quad ①$$

$$K \geqslant K_0 = 1.75 \times \varphi R_1 bh/(6e_0/h-1)/N \quad ②$$

钢筋混凝土结构安全系数为 2.0，钢筋净保护层大于 5.5cm；混凝土抗压安全系数取 2.4，混凝土抗拉安全系数取 3.6。

在不同荷载组合情况下对结构内力进行计算，并对结构安全系数进行了分析，限于篇幅，以下表 1-4-7、表 1-4-8 及图 1-4-20 仅列Ⅴ级围岩主洞的计算结果。

S5b(浅埋、拱顶静水压 0.35MPa)主洞衬砌的计算结果 表 1-4-7

位置	节点	节点厚度(cm)	轴力(kN)	弯矩(kN·m)	对称配筋(cm²)	素混凝土安全系数	
						拉	压
拱脚	3	60	3476	-627	11.00	1.4	—
	5	66	3558	-888	18.12	0.8	—
	6	70	3601	-948	15.72	0.6	—
	8	70	3628	-850	13.00	0.5	—
仰拱	21	55+25(初支)	3863	556	15.38	0.9	—
拱腰	76	55	4071	-190	10	—	2.6
拱顶	62	55	4283	304	10	—	2.6

S5d(深埋、拱顶静水压 0.65MPa)主洞衬砌的计算结果 表 1-4-8

节点号		厚度(cm)	轴力(kN)	弯矩(kN·m)	对称配筋(cm^2)	素混凝土安全系数	
						拉	压
拱脚	3	80	5805	-1521	46.97	0.5	—
	5	86	5782	-1798	40.67	0.5	—
	6	96	5754	-1792	18.2	1.2	—
	8	96	5614	-1432	18.2	1.3	—
仰拱	21	70+25(初支)	5645	1343	18.2	1.2	—
拱腰	78	70	6836	-377	21.1	—	2.0
拱顶	62	70	6552	623	34.5	—	2.1

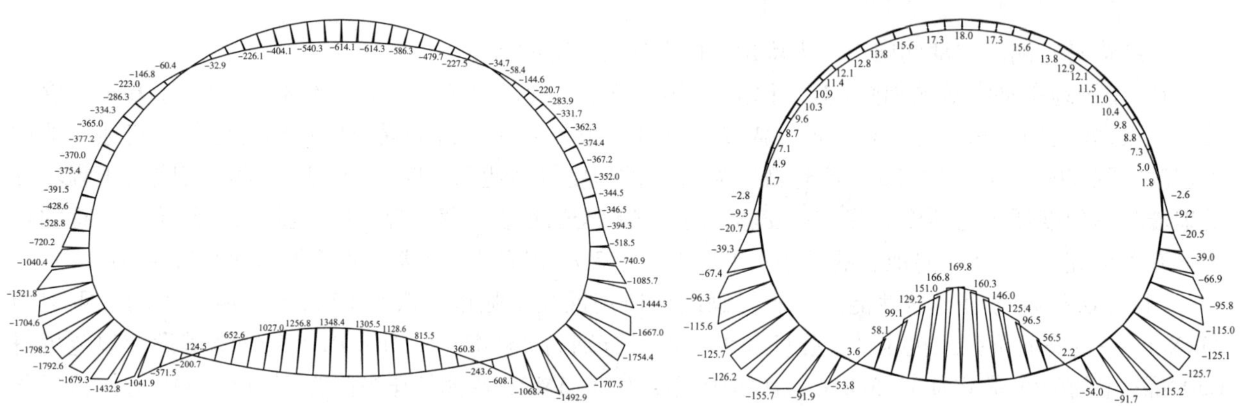

图 1-4-20 行车主洞、服务隧道深埋、拱顶水压 0.65MPa 计算弯矩

考虑海底隧道的特殊性,其裂缝宽度验算也是很重要的一项内容,按受侵蚀性物质影响的环境考虑,最大裂缝宽度以不超过 0.15mm 计。但根据计算,二次衬砌都为 $e_0/h_0 \leqslant 0.55$ 的偏心受压构件,可不验算裂缝宽度。设计时仍选取了典型受力截面进行验算,计算表明裂缝宽度都小于 0.1mm。实际浇筑混凝土时应注意温控措施。

根据大量的二次衬砌计算结果分析表明:

(1)对于Ⅱ~Ⅲ级围岩,与围岩压力和地震荷载相比,水压力的作用对衬砌结构设计起控制作用,且最不利位置出现在边墙底部。这主要由于隧道围岩为较坚硬的花岗岩,在围岩压力和地震荷载作用下,隧道衬砌所产生的应力不大。

(2)对于Ⅴ~Ⅳ级围岩,当水压力不小于 0.6MPa(以衬砌厚度为 0.6m 为例)时,水压力则起主要作用,且最不利位置出现在边墙底部,与仅承受水压力相比较,隧道拱腰处的内力也有增大的趋势。

(3)对于Ⅴ~Ⅳ类围岩,当水压力小于 0.6MPa 时,在水压力与围岩压力和地震荷载共同作用下,较大的内力发生在隧道的仰拱拱脚、边墙底部和拱腰处。特别是,当水压力较小时(如水压力取 0.4MPa 时),结构最不利位置出现在拱腰处,这一点与仅承受水压力所出现的情况截然不同。

(4)对于服务隧道而言,若取断面形式为圆形,在不同荷载组合作用下最不利位置出现在拱部,而且对结构内力的大小起控制作用的不是水压力,而是围岩压力和地震荷载。

4.3.4 净空标准及断面设计

1. 主隧道建筑限界及断面

隧道建筑限界根据相关规范及论证确定,其中隧道行车主洞建筑限界净宽为:0.75(内侧检修道)+0.5(内侧侧向宽度)+3×3.75(行车道)+0.75(外侧侧向宽度)+0.25(外侧余宽)=13.50m,行车隧道建筑限界净高为 5.0m,如图 1-4-21 所示。

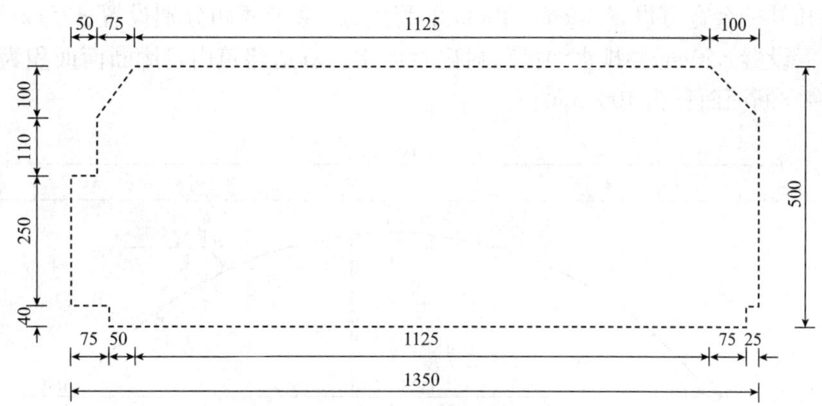

图 1-4-21　隧道行车主洞建筑限界(尺寸单位:cm)

由于外水压力的存在,水底隧道结构受力模式与普通山岭隧道将有很大区别。其断面拟订应根据外水压力大小、并与围岩压力组合下对隧道衬砌进行计算分析,从经济上考虑,以减少隧道开挖量,并在相同厚度情况下使隧道衬砌结构受力最为合理。

根据建筑限界,初步拟订了不同的衬砌内轮廓,采用有限元软件 ANSYS 进行分析计算(针对全封闭衬砌),模拟模型示意如图 1-4-22 所示。不同断面形式的结构安全度比较见表1-4-9。

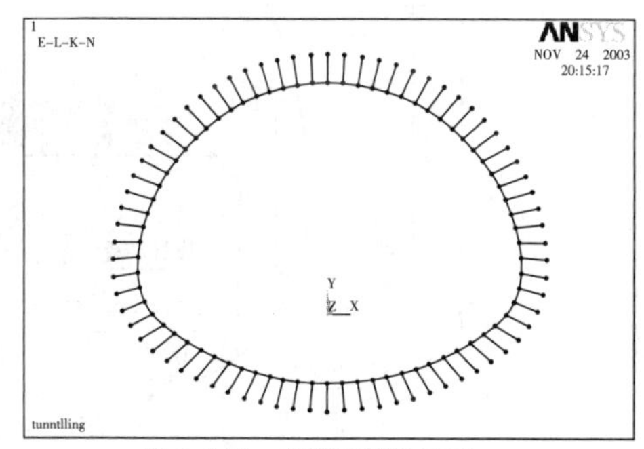

图 1-4-22　有限元模型示意

不同断面形式的结构安全度比较　　表 1-4-9

断面编号	断面面积 (m^2)	最不利位置	弯矩 (kN·m)	轴力 (MN)	偏心距 e(m)	安全系数 K
1	111.3	墙角	964.5	6.19	0.162	0.668
2	110.2	墙角	1232.9	6.55	0.188	0.400
3	109.7	墙角	1094.5	6.44	0.170	0.513
4	107.1	墙角	769.5	5.97	0.129	1.337
5	110.4	墙角	672.8	5.652	0.119	1.678
6	108.2	墙角	953.8	6.048	0.158	0.662
7	106.3	墙角	1011.3	6.261	0.162	0.600
8	106.9	墙角	1506.0	7.075	0.213	0.289
9	106.7	墙角	2422.2	7.753	0.312	0.140

注:计算中,衬砌采用 C50 素混凝土,厚度为 0.6,水压力为 0.7MPa。

从计算结构分析,隧道结构轴力变化均呈现出以压应力为其控制作用的小偏心结构的受力特点;仰拱扁平的断面形式其受力是很不合理的;墙脚处弧线所对应的半径越小,该处截面所受的弯矩值相对较大。因此选取断面形式时,有以下原则:

(1)不宜选取仰拱扁平的断面结构形式。

(2)衬砌墙角处弧线的半径不宜太小。

(3)隧道的仰拱部分与墙角部分所承受的弯矩值很大,在具体设计时最好将该处截面加厚。

隧道断面(如图 1-4-23 所示)最终采用 $R=740$cm 和 $R'=570$cm 的三心圆形式,内侧检修道下设置

55cm×80cm 管沟和外侧余宽下设置 30cm×40cm 的管沟，路缘带两侧分别设置 ϕ25cm 的预制边水沟排路面水，并在路面下设置 ϕ50cm 侧排水沟排除衬砌背后水。隧道建筑内轮廓断面面积为 122.09m^2（带仰拱），行车道以上净空断面面积为 100.5m^2。

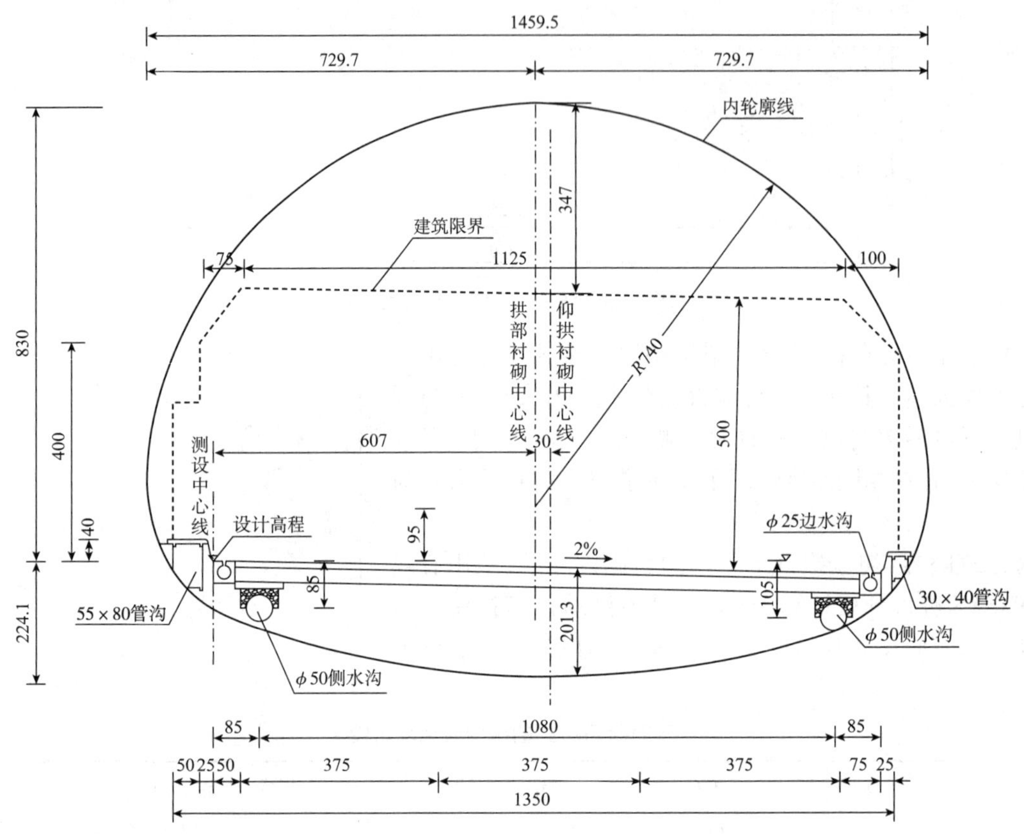

图 1-4-23　隧道行车主洞横断面（尺寸单位：cm）

2. 服务隧道建筑限界及断面

服务隧道建筑限界是根据建设方要求及保证服务隧道正常发挥其设计功能的原则，在多方案对比分析的基础上拟定的。

服务隧道作为紧急避难通道和日常维护检修通道，洞体上方预留检修车辆兼逃生空间 3.0m（宽）×2.5m（高）。根据厦门市总体规划要求隧道方案应考虑有关市政管线的布设，其中包括双回路 22 万 V 高压输电缆及 ϕ1000mm 供水管过海的要求，因此服务隧道洞体下方内设置供水自来管道预留空间 2.6m（宽）×2.15m（高）和 22 万 V 高压电缆预留空间 3.0m（宽）×2.15m（高）。在服务隧道预留限界以外的空间作为安装照明、供电、监控、通信等设施的预留空间。

针对马蹄形断面和圆形两种断面形式，根据专题研究报告以及大量计算分析表明，圆形断面形式具有极好的承担水压力的能力。因此，服务隧道断面基本采用似圆形的马蹄形断面形式，拱部及边墙半径采用 $R_1=325$cm，仰拱处为减少开挖及方便施工，采用 $R=460$cm 和 $R'=240$cm 的三心圆形式，其建筑内轮廓断面面积为 30.87m^2（如图 1-4-24 所示）。

4.3.5　主洞衬砌设计

1. 主洞衬砌结构方案

国内外的隧道工程中，对地下水的处理方式基本上可以分为两种类型：全封堵方式和排导方式。其中，我国铁路隧道设计规范和公路隧道设计规范在确定衬砌结构荷载时，前者简单地取同水头相当的静水压力作为隧道衬砌上的水压力，后者则不考虑水压力。

（1）全封堵方式：不设置衬砌背后的地下水排导系统。当然，不少隧道内仍然有排水沟以排除隧

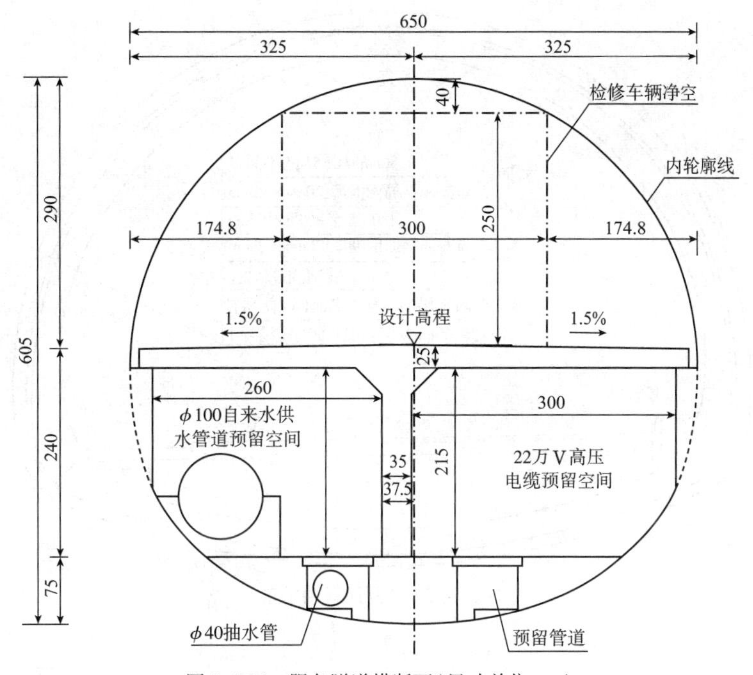

图1-4-24 服务隧道横断面(尺寸单位:cm)

道营运过程中产生的水以及因施工不良而引起的局部渗漏水,衬砌结构要承受同地下水位相应的水压力。

(2)排导方式:在衬砌背后设置包括盲管、透水填层等地下水排导系统。

两种方式相比,全封堵方式由于衬砌要承受同地下水水头基本相当的水压力,因此当隧道埋置较大,地下水水头较高的隧道一般都不采用全封堵方式。根据国外的实际工程经验,采用全封堵方式的隧道,地下水位一般小于30m,但从技术上可以将60m作为临界值。采用排导方案的最大优点是可以基本上不考虑(不是完全不考虑)衬砌的水压力荷载(但现行铁路和公路设计规范均不考虑水压力),从而可以使得隧道衬砌设计相对比较经济合理。但采用排导方案要考虑的问题是排导系统如何防止堵塞,排水的费用,以及地下水排放量的控制。

根据海底隧道衬砌外水压大小模型试验结论,设计时主洞衬砌结构方案主要从地质情况、水头高度、地下水对结构的腐蚀情况以及结构断面形式等多方面综合考虑,分为以下两大类结构方案:

(1)全封闭方案(如图1-4-25所示)。主要用于全、强风化及海底风化槽地段。由于全、强风化段基本位于两端洞口,水头高度小于40m,围岩渗透系数数量级约为10^{-5}cm/s;而风化槽地段围岩渗透系数数量级约为10^{-3}cm/s,尽管水头高度达到70m,但涌水量较大。因此,综合比较,以上两地段需要采用全封闭方案,计算时外水压力不折减。

全封闭复合衬砌按照初期支护承受全部地层荷载和水荷载,二衬衬砌仅承受后期排水系统堵塞引起的水荷载,不承受全部水压力的设计理念。静水压力按照隧道埋置深度进行调整,翔安隧道最低设计高程为-69.281m,最高潮水位4.51m,拱顶最大静水压力按0.65MPa取值。二次衬砌应采用不等厚截面形式,基础与仰拱接合附近截面加厚,可保证结构经济合理。根据计算当只考虑静水压力一种工况下,60cm厚(拱部)素混凝土二次衬砌,最大可承受0.65MPa(拱顶)静水压力。

(2)限排导方案。限制排放衬砌如图1-4-26所示,主要用于Ⅰ级围岩地段、Ⅱ级围岩(与Ⅰ级围岩相交)地段、竖井圆变方及与主洞相交地段、横洞与主洞相交地段、横洞与服务隧道相交地段。外水压力只需要按0.3倍的外水压力(并不小于0.1MPa)对二次衬砌的强度进行校核。

2. 主洞衬砌结构参数

(1)衬砌结构荷载。根据其实际地质情况、所处地段(陆域段、潮间段和深海段)及施工方法,采用不

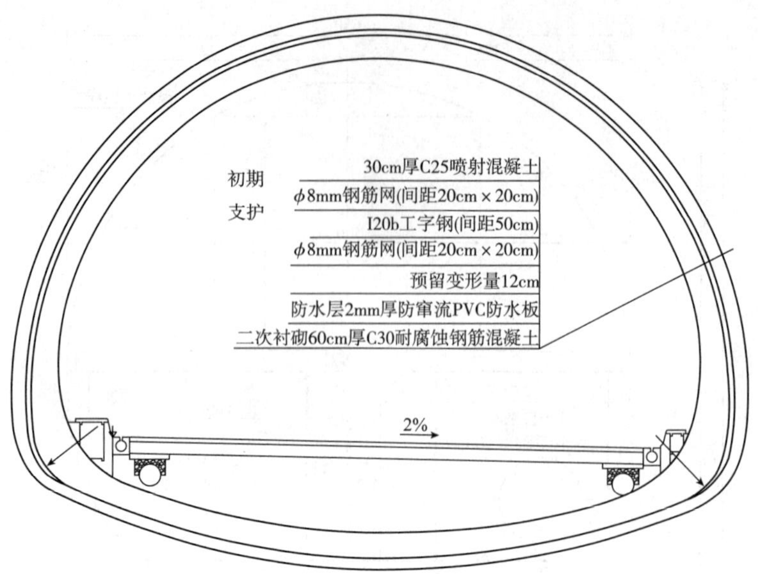

图 1-4-25　全封闭衬砌示意

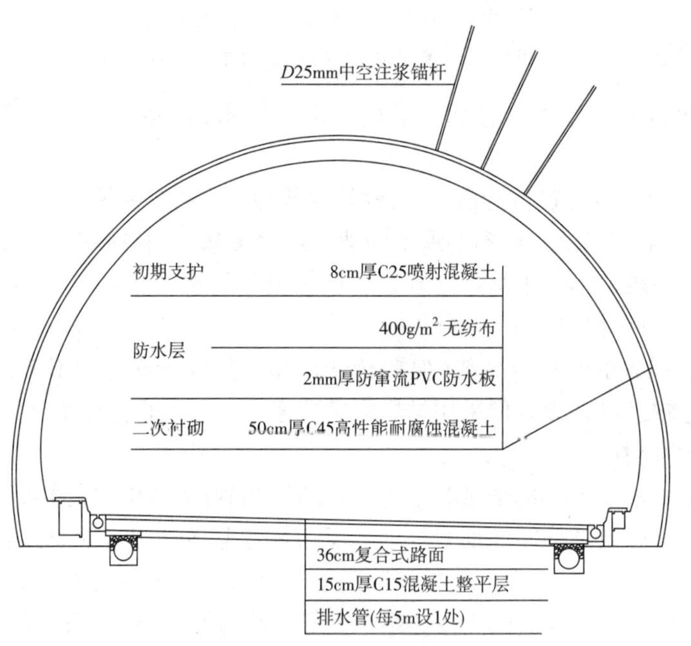

图 1-4-26　限制排放衬砌示意

同的荷载组合进行分析，并按Ⅶ度地震烈度（Ⅷ设防）及6级人防进行验算。隧道支护结构要求按设计基准期100年考虑。

①暗挖隧道初期支护主要荷载：围岩压力、结构自重、混凝土收缩徐变影响荷载、水压力（施工时静水和动水压力）、施工荷载（注浆压力、相邻隧道施工影响）、人防荷载。

②暗挖隧道二次衬砌主要荷载：围岩压力（针对Ⅴ、Ⅳ级围岩）、结构自重、混凝土收缩徐变影响荷载、水压力、地震荷载、人防荷载、其他荷载（通风设施等）。

③明洞主要荷载：结构自重、混凝土收缩徐变影响荷载、回填土压力、地震荷载、人防荷载、其他荷载（通风设施等）。

此外明洞及洞口浅埋段均应考虑温度变化对结构的影响。

（2）主洞衬砌结构参数。在衬砌参数设计过程中，首先通过广泛收集国内外水底隧道、高水压富水隧道修建的技术资料，分析本项目工程地质、水文地质、埋置深度、结构跨度及施工方法等条件，初步拟定出海底隧道的衬砌结构类型和支护参数。对初步拟定的支护参数,应用有限元综合程序对施工过程进行变形受力模拟分析,应用地下水渗流分析软件对不同防排水模式下衬砌背后水压力进行数值分析,然后采用荷载—结构分析软件对不同荷载组合作用下衬砌结构内力与强度进行详细计算。最后在综合各方面分析成果的基础上对隧道支护参数进行优化,给出合理、可靠的支护设计。

根据隧道埋深及围岩级别和静水压力的不同,主洞隧道共设计了以下衬砌:

①明洞衬砌:Sm。

②复合衬砌:S1、S2、S3、S4a、S4b、S5a、S5b、S5c、S5d。

结构参数见表1-4-10:

主洞衬砌结构支护参数 表1-4-10

衬砌类型	围岩级别	拱顶最大水压(MPa)	初期支护				二次衬砌
			锚杆	钢筋网	喷射混凝土	钢架	
Sm(明洞)		填土6m	—	—	—	—	C50钢筋混凝土80cm厚
S1	Ⅰ级海域	0.65	—	—	C25喷射混凝土厚5cm	—	厚度50cm、无仰拱C50素混凝土
S2	Ⅱ级	0.65	ϕ25mm注浆锚杆局部	—	C25喷射混凝土厚8cm	—	厚度50cm、无仰拱C50素混凝土
S3	Ⅲ级	0.65	ϕ25mm注浆锚杆 $L=3.0$m	ϕ8mm钢筋单层20cm×20cm	C25喷射混凝土厚15cm	—	厚度60cm C50素混凝土
S4a	Ⅳ级陆域	0.35	ϕ25mm注浆锚杆 $L=3.5$m+ϕ42mm锁角钢管	ϕ8mm钢筋双层20cm×20cm	C25喷射混凝土厚28cm	I20b工字钢间距50cm	厚度50cm C50钢筋混凝土
S4b	Ⅳ级海域	0.65	ϕ25mm注浆锚杆 $L=3.5$m+ϕ42mm锁角钢管	ϕ8mm钢筋双层20cm×20cm	C25喷射混凝土厚28cm	I20b工字钢间距50cm	厚度60cm C50钢筋混凝土
S5a	Ⅴ级洞口	—	ϕ42mm锁角钢管	ϕ8mm钢筋双层20cm×20cm	C25喷射混凝土厚30cm	I22b工字钢间距50cm	厚度55cm C50钢筋混凝土
S5b	Ⅴ级陆域	0.35	ϕ42mm锁角钢管	ϕ8mm钢筋双层20cm×20cm	C25喷射混凝土厚30cm	I22b工字钢间距50cm	厚度55cm C50钢筋混凝土
S5c	Ⅴ级浅滩	0.35	ϕ42mm锁角钢管	ϕ8mm钢筋双层20cm×20cm	C25喷射混凝土厚30cm	I22b工字钢间距50cm	厚度55cm C50钢筋混凝土
S5d	Ⅴ级海域	0.65	ϕ42mm锁角钢管	ϕ8mm钢筋双层20cm×20cm	C25喷射混凝土厚30cm	I22b工字钢间距50cm	厚度70cm C50钢筋混凝土

由于主洞开挖断面大,而工字钢具有支护作用发挥快,能够与喷射混凝土层和围岩共同形成承载结构的特点。对于岩体自稳能力差的软弱围岩地段设置钢支撑能够立即控制围岩的继续松弛和变形,对隧道开挖后的洞体稳定有重要意义。因此,主洞Ⅳ~Ⅴ级围岩段采用工字钢钢拱架。

对于海底隧道,在Ⅳ、Ⅴ级围岩地段,二次衬砌是主要承载结构。由于岩体风化严重,节理发育、自稳时间较短,二次衬砌按承担上部土压力覆土荷载和地下水静水压力计算。对于主洞,二次衬砌都需采用钢筋混凝土结构。对于Ⅰ~Ⅲ级深埋围岩地段虽然基本位于海域,地下水静水压力较大,但该段岩体比较稳定,岩石的抗压强度较高,围岩自身形成的承载拱的承载能力较大。同时由于围岩的弹性抗力较高,在一定程度上缓解了地下水压力对衬砌结构的不利影响。根据计算均采用素混凝土结构。

3. 衬砌支护可靠性

设计阶段将海底隧道最深风化槽截面作为研究截面，建立平面计算模型，根据施工设计要求，二次衬砌厚度拱顶处为0.7m，仰拱处为1.1m，边墙处从0.7～1.1m均匀变化。将结构划分为164个梁单元，如图1-4-27所示。

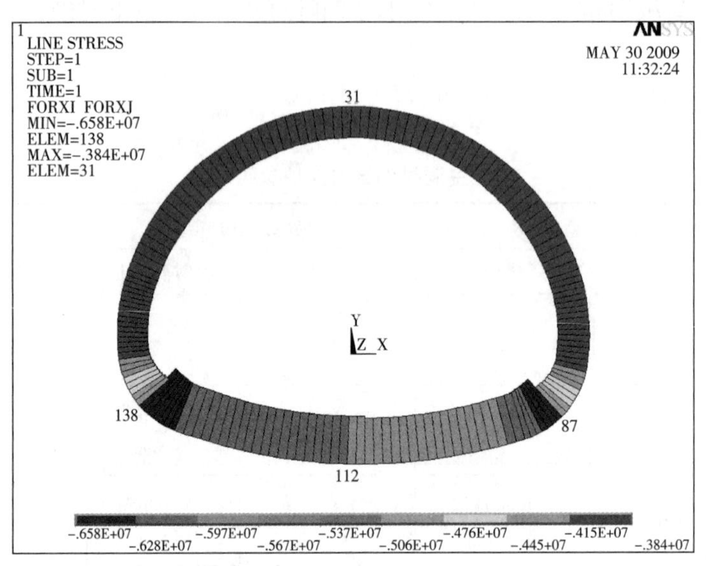

图1-4-27 荷载结构法二次衬砌模型

结合厦门跨海隧道风化槽围岩段设计实际，衬砌和围岩的5个基本随机变量的统计特征见表1-4-11。

结构可靠性计算的基本随机变量 表1-4-11

名 称	概率分布	均 值	标 准 差
二次衬砌弹模 E(GPa)	对数正态分布	35	3
围岩抗力系数 k(MPa)	正态分布	317	52
外水头高 H_w(m)	正态分布	35.0	4.2
侧压力系数 λ	正态分布	0.40	0.05
隧道覆土厚度 H_s(m)	对数正态分布	11.00	3.00

在可靠度求解时选择蒙特卡罗方法，应用拉丁超立方抽样法(LHS)随机抽样2000次，对可靠度计算按响应面法。

根据随机有限元法得到关键界面的轴力、弯矩和偏心距作为荷载结构法结构可靠性计算的响应量。隧道衬砌关键点的轴力、弯矩和偏心距的统计规律见表1-4-12。

衬砌结构可靠性计算响应量统计特征 表1-4-12

名 称		均值	标准差	偏度	最小值	最大值
单元31	轴力(kN)	3844	454.67	-0.3454	-6009	-2308
	弯矩(kN·m)	187.2	72.52	0.7788	13.67	562.1
	偏心距(m)	0.047857	0.014985	0.3522	0.0059233	0.099590
单元85	轴力(kN)	-4934	636.80	-0.4671	-8175	-2822
	弯矩(kN·m)	-2842	298.66	-0.4507	-4178	-1892
	偏心距(m)	0.5780	0.019852	0.3368	0.5089	0.6704

续上表

名　称		均值	标准差	偏度	最小值	最大值
单元 87	轴力(kN)	-6353	718.61	-0.4560	-10149	-3944
	弯矩(kN·m)	-3107	324.40	-0.4572	-4652	-2046
	偏心距(m)	0.4897	0.011861	0.3619	0.4515	0.5466
单元 112	轴力(kN)	-5965	646.11	-0.4203	-9366	-3802
	弯矩(kN·m)	2621	296.75	0.4683	1678	3947
	偏心距(m)	0.4396	0.018364	0.6679	0.3836	0.5522
单元 138	轴力(kN)	-6579	740.47	-0.4568	-10492	-4096
	弯矩(kN·m)	-3167	333.46	-0.4556	-4724	-2083
	偏心距(m)	0.4819	0.012970	0.3997	0.4399	0.5457

计算结果表明:单元 85 处截面的偏心距值最大,单元 112 处截面的负弯矩最大,单元 138 处截面的正弯矩和轴力值均为最大。分别取这 5 个截面处的轴力、弯矩和偏心距作为可靠性分析的响应量,分别对轴力、弯矩和偏心距对于随机变量的灵敏性开展分析,并以最大轴力、最大弯矩和最大偏心距的位置作为结构可靠性分析的重点。

根据响应面法得到的不同衬砌厚度时,隧道关键点结构可靠性计算结果见表 1-4-13。

不同厚度衬砌的结构可靠性计算结果　　表 1-4-13

单　元　号			衬砌厚度(cm)						
			50	55	60	65	70	75	80
轴力(kN)	85	均值	-4896	-4908	-4918	-4927	-4934	-4939	-4944
		标准差	642	644	645	647	648	649	650
		最小值	-8090	-8108	-8123	-8136	-8145	-8153	-8158
		最大值	-2639	-2643	-2646	-2649	-2650	-2651	-2651
		标准值	-6553	-6809	-7069	-7331	-7593	-7856	-8119
		失效概率(%)	1.195	0.615	0.307	0.127	0.0703	0.025	0.0106
	87	均值	-6367	-6360	-6356	-6353	-6353	-6353	-6355
		标准差	751	745	740	735	730	726	722
		最小值	-9909	-9872	-9840	-9812	-9787	-9764	-9744
		最大值	-3712	-3726	-3740	-3755	-3771	-3788	-3805
		标准值	7846	-8296	-8738	-9228	-9707	-10193	-10687
		失效概率(%)	3.546	1.21	0.315	0.0765	0.0125	0	0
	112	均值	-6137	-6090	-6047	-6005	-5965	-5928	-5892
		标准差	688	679	671	663	659	648	640
		最小值	-9188	-9095	-9009	-8931	-8856	-8785	-8718
		最大值	-3647	-3633	-3620	-3608	-3596	-3585	-3575
		标准值	-10013	-10386	-10747	-11092	-11422	-11739	-12042
		失效概率(%)	0	0	0	0	0	0	0
	138	均值	-6609	-6599	-6590	-6584	-6579	-6576	-6574
		标准差	776	770	764	758	753	747	743
		最小值	-10267	-10224	-10186	-10151	-10119	-10090	-10064
		最大值	-3867	-3880	-3893	-3907	-3922	-3937	-3953
		标准值	-8089	-8542	-9004	-9474	-9951	-10435	-10927
		失效概率(%)	3.924	1.331	0.41	0.112	0.0224	0	0

续上表

单元号			衬砌厚度(cm)						
			50	55	60	65	70	75	80
弯矩(kN·m)	85	均值	-2392	-2509	-2622	-2733	-2842	-2949	-3055
		标准差	274	282	290	298	304	311	317
		最小值	-3826	-3987	-4140	-4287	-4430	-4568	-4703
		最大值	-1448	-1532	-1616	-1699	-1781	-1864	-1946
		标准值	-3137	-3419	-3712	-4014	-4327	-4650	-4982
		失效概率(%)	0.883	0.368	0.0884	0.031	0.0204	0	0
	87	均值	-2744	-2838	-2930	-3020	-3107	-3193	-3278
		标准差	310	316	321	326	331	335	339
		最小值	-4339	-4462	-4580	-4692	-4800	-4905	-5006
		最大值	-1658	-1730	-1802	-1873	-1944	-2014	-2084
		标准值	-3286	-3603	-3935	-4280	-4639	-5012	-5400
		失效概率(%)	5.131	1.631	0.435	0.0811	0.0231	0	0
	112	均值	2184	2291	2400	2510	2621	2734	2847
		标准差	262	272	282	292	303	313	323
		最小值	1278	1350	1424	1499	1575	1652	1731
		最大值	3562	3724	3886	4050	4215	4381	4549
		标准值	3361	3688	4027	4378	4740	5113	5497
		失效概率(%)	0.0255	0.0178	0	0	0	0	0
	138	均值	-2791	-2888	-2983	-3076	-3167	-3256	-3344
		标准差	317	324	330	335	340	345	349
		最小值	-4436	-4565	-4687	-4805	4919	-5029	-5136
		最大值	-1681	-1755	-1828	-1900	-1973	-2045	-2117
		标准值	-3306	-3624	-3956	-4302	-4662	-5036	-5423
		失效概率(%)	6.345	2.023	0.589	0.125	0.0281	0	0

计算结果,按照目前的隧道主洞的70cm的设计方案,衬砌结构关键截面的轴力和弯矩在轴力和弯矩的界限值为设计值,其可靠度指标为7.20。表明风化槽隧道在目前的支护设计参数条件下,结构安全、可靠。不同衬砌厚度时隧道结构的可靠度指标β见表1-4-14。按照《公路隧道设计细则》,公路隧道结构安全等级为一级时,其目标可靠度指标为4.70,表明目前的支护设计较安全。

不同厚度衬砌的结构可靠性指标β　　表1-4-14

名　称	衬砌厚度(cm)						
	50	55	60	65	70	75	80
可靠度β	3.71	4.64	5.50	6.40	7.20	>8	>8

4.3.6　服务隧道衬砌设计

由于服务隧道断面较小,且根据布置要求,下部设置水、电通道,上面设置检修通道。采用似圆形断面布置形式,断面利用率较高,且结构受力十分有利,因此服务隧道都采用全封闭衬砌方案。

根据隧道埋深及围岩级别和静水压力的不同,服务隧道共设计了以下衬砌:

(1)明洞衬砌:SFm。

(2)复合衬砌:SF2、SF3、SF4a、SF4b、SF5a、SF5b、SF5c、SF5d。

各衬砌参数见表1-4-15:

服务隧道衬砌结构支护参数 表1-4-15

衬砌类型	围岩级别	拱顶最大水压(MPa)	初期支护				二次衬砌
			锚杆	钢筋网	喷射混凝土	钢架	
SFm(明洞)		填土10m	—	—	—	—	C50钢筋混凝土60cm厚
SF2	Ⅱ级海域	0.7	—	—	C25喷射混凝土厚5cm		厚度35cm C50素混凝土
SF3	Ⅲ级	0.7	ϕ25mm注浆锚杆 $L=2.5$m	ϕ6mm钢筋网单层20cm×20cm	C25喷射混凝土厚12cm	—	厚度35cm C50素混凝土
SF4a	Ⅳ级陆域	0.35	ϕ42mm锁角钢管	ϕ6mm钢筋网单层20cm×20cm	C25喷射混凝土厚23cm	ϕ22mm格栅间距75cm	厚度40cm C50素混凝土
SF4b	Ⅳ级海域	0.65	ϕ42mm锁角钢管	ϕ6mm钢筋网单层20cm×20cm	C25喷射混凝土厚23cm	ϕ22mm格栅间距50cm	厚度40cm C50素混凝土
SF5a	Ⅴ级洞口	—	ϕ42mm锁角钢管	ϕ6mm钢筋网单层20cm×20cm	C25喷射混凝土厚23cm	ϕ22mm格栅间距50cm	厚度40cm C50钢筋混凝土
SF5b	Ⅴ级陆域	0.35	ϕ42mm锁角钢管	ϕ6mm钢筋网单层20cm×20cm	C25喷射混凝土厚23cm	ϕ22mm格栅间距50cm	厚度40cm C50钢筋混凝土
SF5c	Ⅴ级浅滩	0.35	ϕ42mm锁角钢管	ϕ6mm钢筋网单层20cm×20cm	C25喷射混凝土厚23cm	ϕ22mm格栅间距50cm	厚度40cm C50钢筋混凝土
SF5d	Ⅴ级海域	0.65	ϕ42mm锁角钢管	ϕ8mm钢筋网单层20cm×20cm	C25喷射混凝土厚23cm	I18工钢间距50cm	厚度40cm C50钢筋混凝土

由于服务隧道开挖断面相对较小,而钢筋格栅钢架具有加工容易、安装方便、材料相对节省,且能够与喷射混凝土紧密结合的优点,有利于控制喷射混凝土的裂缝。因此服务隧道初期支护钢支撑均采用钢筋格栅钢架。由于结构断面相对较圆顺,经计算Ⅴ级围岩地段二次衬砌采用钢筋混凝土结构,Ⅳ级围岩地段二次衬砌采用素混凝土结构即可。

4.3.7 通风竖井设计

根据通风计算,厦门翔安隧道需要采用分段送排式通风,结合隧道两端的地质情况、通风要求,分别在厦门岸和翔安岸设置2处通风竖井。采用围堰筑岛方式修建,在竖井所设位置,围筑人工岛,为竖井通风机房的平台。人工岛建成后作为城市景观的一部分,供市民观光休闲,同时展示隧道的建设成果。考虑到通风塔是隧道工程特有的、唯一高耸地面的建筑物,建成后将成为厦门翔安隧道的标志,因此其建筑设计在满足竖井的功能情况下尽量考虑建筑造型,使之成为一标志性建筑物,乃至成为厦门市的标志。

厦门岸竖井和翔安岸竖井均位于浅海区域,平均水深在2~3m左右。厦门岸竖井距厦门端洞口1.31km,设置于左线隧道ZK7+900上方,对左线主洞进行送排风,同时还作为右线行车隧道在紧急情况下的排烟通道。厦门岸竖井顶面高程5.5m,井底路面设计高程为-40.12m,竖井井深约46m。翔安岸竖井距翔安端洞口1.235km,设置在右线隧道YK11+300上方,对右线行车隧道进行送排风,同时还作为左线行车隧道的紧急情况排烟通道,如图1-4-28所示。翔安岸竖井顶面高程5.5m,井底路面设计高程为

-45.947m，竖井井深约 52m。竖井断面皆为圆形，半径为 8.3m；竖井中间设风道隔板将送、排风流隔离，送风道面积为 $27.01m^2$，排风道面积为 $24.92m^2$。排烟通道断面为圆形，半径为 1.5m，排烟通道面积为 $7.07m^2$。

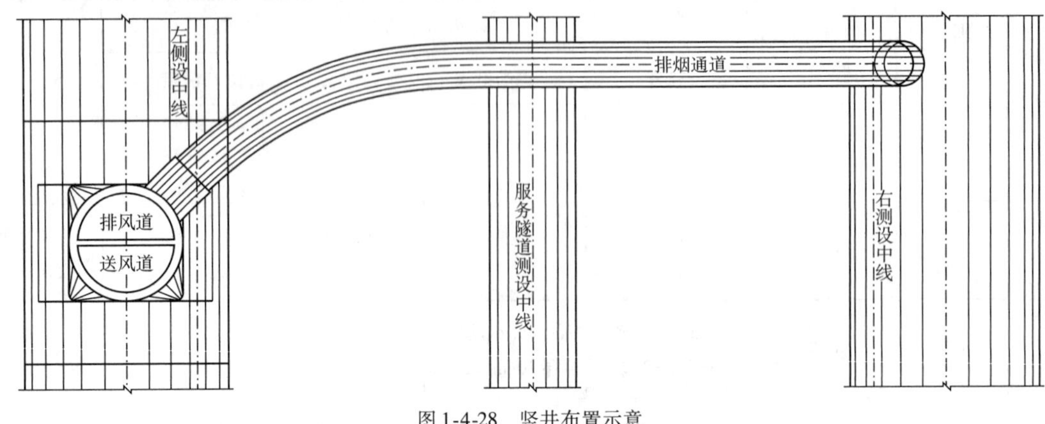

图 1-4-28 竖井布置示意

综合分析地面调查、地震勘探、钻探等成果，表明厦门岸竖井的地质条件较好，井口部可见弱风化岩石露头。该处除表层为 2m 薄层填筑土，下覆围岩均为微风化花岗闪长岩。翔安岸竖井地质条件偏差，根据附近钻孔 XZK13 揭示，表层约为 7m 的淤泥，下层约为 8m 的粗砂，其下是约 1.5m 全风化黑云母花岗岩，底层为强～弱风化黑云母花岗岩。

竖井口部结构，考虑厦门岸和翔安岸的地质情况不同，结构形式也不一样。竖井复合衬砌支护参数见表 1-4-16。

竖井复合衬砌支护参数 表 1-4-16

衬砌类型	围岩级别	初期支护				二次衬砌（C50）	备注
SSm	竖井口部	—	—	—	—	40cm 钢筋混凝土	洞口加强
SS2a	全～强风化层	φ25mm 注浆锚杆，L=3m	双层 φ6mm 钢筋网	C25 喷射混凝土厚 22cm	φ22mm 格栅钢架间距 75	40cm 钢筋混凝土	
SS2b	淤泥层砂层	—	—	C50 模注混凝土	I20b 钢架间距 75cm	40cm 钢筋混凝土	钢板桩旋喷桩
SS3	弱、微风化花岗岩	φ25mm 注浆锚杆，L=3m	φ6mm 钢筋网	C25 喷射混凝土厚 15cm	—	40cm 素混凝土	
SYF1	微风化花岗岩	φ25mm 预应力锚杆，L=4m	φ8mm 钢筋网	C25 喷射混凝土厚 15cm		70cm 钢筋混凝土	厦门岸圆变方段
SYF2	弱风化花岗岩	φ25mm 预应力锚杆，L=4m	双层 φ10mm 钢筋网	C25 喷射混凝土厚 20cm		70cm 钢筋混凝土	翔安岸圆变方段
SJ1	微风化花岗岩	φ25mm 预应力锚杆，L=4m	双层 φ8mm 钢筋网	C25 喷射混凝土厚 15cm		70cm 钢筋混凝土	厦门岸过渡段井底段
SJ2	弱、微风化花岗岩	φ25mm 预应力锚杆，L=4m	双层 φ8mm 钢筋网	C25 喷射混凝土厚 30cm	I20b 工字钢架	70cm 钢筋混凝土	翔安岸过渡段井底段

厦门岸竖井设锁口盘，其外层结构在洞口开挖后立即施作。锁口盘上方为井口方～圆型截面过渡段，施作完成后应完成人工岛填筑，以保证竖井施工过程中的安全。锁口盘内层结构（明洞）与整个竖井二次衬砌一道施作，以确保防水层的完整性。内、外层结构均采用现浇钢筋混凝土结构。

翔安岸由于地质较差,全风化层以上采用钢板桩结合高压旋喷桩形式支护(后期变更增加钻孔咬合桩进行防护,见后)。

竖井底部过渡洞室、排烟通道口部等交叉段由于周边围岩受力状态复杂,设计上对初期支护与二次衬砌均进行了加强处理。考虑结构受水压不利,该段采用排导衬砌。

4.3.8　辅助施工斜井设计

厦门海底隧道工程 A2 标,为了增加开挖工作面,加快施工速度,实现长隧短打,决定增设一处斜井措施。另从相关地质资料来看,隧道主洞在海底穿过 F1、F4 风化槽(囊)时,将要遇到的围岩极可能与斜井穿过的土石交界段围岩状况一样。在这种情况下,如果没有一套合理、可靠的施工方案,在浅埋海底冒然施工,稍有闪失,将会造成海水灌入隧道,给工程带来巨大损失,甚至造成整个海底隧道工程的失败。因此,在斜井施作全断面帷幕注浆,收集地质资料,积累经验,对于海底隧道施工也具有十分重要意义。

斜井设计全长 418m(不包括洞口棚洞),井口位置为行车右线 YK7 + 820. 618 右侧 9. 598m,地面高程为 6. 138m,纵坡 - 11. 995%,斜井向下与主洞交于 YK8 + I50(如图 1-4-29 所示)。

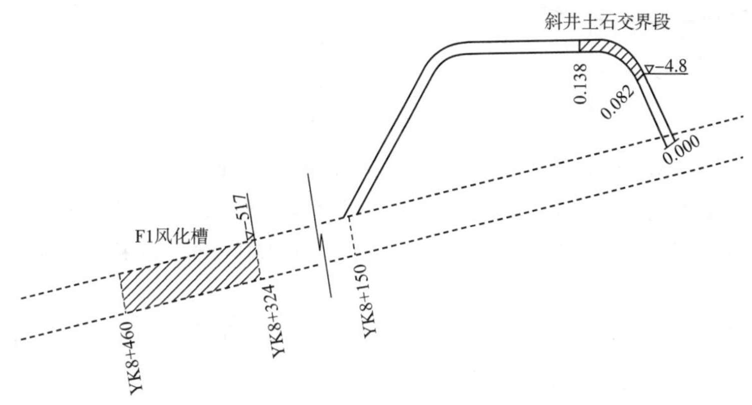

图 1-4-29　斜井施作断面

综合分析地面调查、地震勘探、钻探等成果,斜井前 95m 为全风化花岗岩,后 323m 为花岗闪长岩。

斜井 V 级围岩地段采用复合式衬砌,Ⅱ级围岩采用喷锚单层衬砌。复合衬砌由初期支护和二次衬砌组成,初期支护由 I14 工字钢、系统锚杆、钢筋网及喷射混凝土组成,二次衬砌采用 C50 素混凝土。斜井支护参数见表 1-4-17:

斜井支护参数　　表 1-4-17

围岩级别	初期支护				二次衬砌	备注
	锚杆	钢筋网	喷射混凝土	钢拱架		
V	ϕ22mm 药卷锚杆 L = 3m	ϕ8mm 钢筋网 20cm × 20cm	C25 喷射混凝土 30cm 厚	I14 工字钢间距 60cm	C50 混凝土 35cm 厚	长管棚小导管
Ⅱ	局部 ϕ22mm 药卷锚杆 L = 3m	局部 ϕ8mm 钢筋网 20cm × 20cm	C25 喷射混凝土 10cm 厚	—	C50 混凝土 30cm 厚	—

斜井穿越 V 级围岩及砂层地段,根据情况分别采用了长管棚、超前小导管和超前帷幕注浆等辅助施工措施,辅助施工措施与主洞辅助施工措施基本相同。但对于全风化花岗岩地段,掌子面围岩含水率达到 50% 左右,土体随着开挖不断从掌子面涌出,呈流塑状,无法成洞。施工期间在采取了超前小管棚注浆和拱部增加临时仰拱等措施后,仍然不能有效地控制岩体流变,结构仍发生较大变形。因此,对于该地段设计作了变更,采用浅孔全断面帷幕注浆。

(1)帷幕注浆采用每 6m 一次循环注浆,注浆孔自掌子面沿开挖方向,以斜井中轴为中心呈伞状布置。浆液扩散半径按 0. 3m 控制,钻孔深度为 6m,间距 40cm,每孔安装 2. 8m 长的孔口套管,其中打入孔内 2m,露出 0.8m,如图 1-4-30 所示。

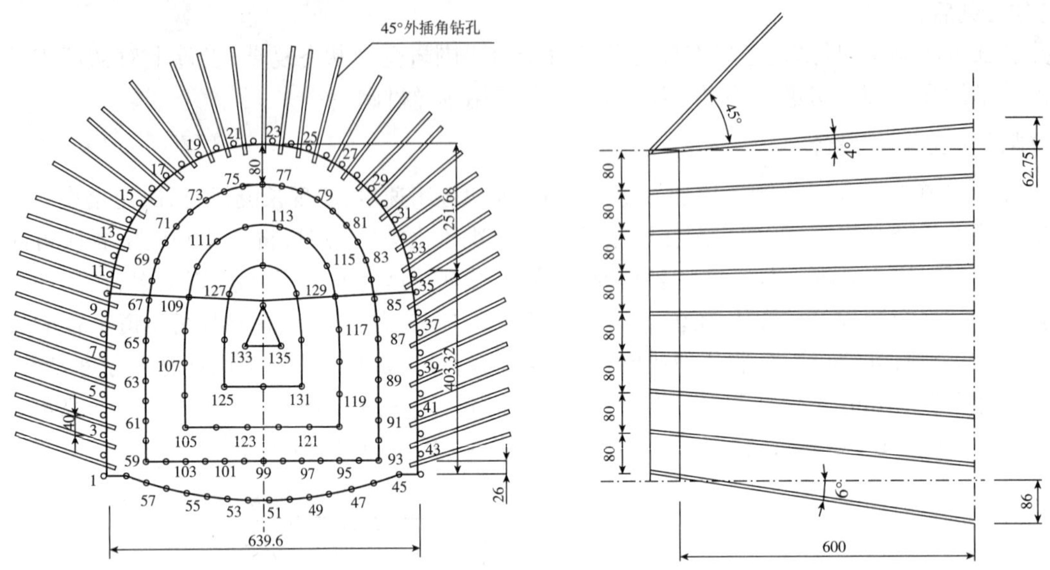

图 1-4-30 全断面帷幕注浆示意(尺寸单位:cm)

(2)止浆墙采用 60cm 厚的 C25 喷射混凝土,内挂 20cm×20cm 的 ϕ8mm 钢筋网,网片与套管焊接。

(3)各孔首先采用普通水泥－水玻璃双液浆注浆,$W/C=0.9\sim1.0$,$M/S=0.9$。待压力达到 2MPa 后采用超细水泥－水玻璃浆液注浆,如果注浆压力一直达不到 2MPa 时,仍采用普通水泥。注浆压力采用中压,按 1～2.5MPa 控制。

(4)单孔注浆结束标准:注浆过程中,压力逐渐上升,流量逐渐下降,当注浆压力达到设计终压,流量小于 5L/min,注进浆量达到设计要求,即可结束该孔注浆。

通过对斜井土石交界段进行全断面帷幕注浆,有效地隔绝了地下水,固结了软弱围岩,使隧道得以顺利、安全地通过地质不良地段,并为隧道通过海底风化槽提供了宝贵的设计、施工经验;同时提前进入本项目最长、最复杂的 F1 风化槽,为本项目按时、顺利地完成起了重要的作用。

4.3.9 横洞设计

1. 横洞布置

按照《公路隧道设计规范》(JTG D70—2004)要求,行人横洞设置间距为 250～500m,行车横洞设置间距为 500～1000m。考虑海底隧道施工的难度及风险,根据安全要求设置了 12 处行人横洞、5 处行车横洞,行车横洞之间的间距约为 1000m,行车横洞之间设置 2 处行人横洞。

设计阶段中针对横洞布置间距,采用 FASIT(专门用于隧道火灾计算机模型)程序来分析隧道在各种通风系统及火灾情况下达到乘客耐受极限所需的时间,由此评估横洞间距是否合适。

乘客的疏散时间可用下式表示:总疏散时间＝报警时间＋乘客反应时间＋疏散行动时间(包括步行至横向通道口的时间和通过横向通道口的时间)

根据以上模拟分析及风险严重程度分类,可得出结论见表 1-4-18:

安全风险评估 表 1-4-18

隧道运行条件	交通流向	疏散方法	火势	消防安全水平
正常情况	单向	横洞	任何大小	可接受
隧道维修	双向	横洞	20MW	可接受
			50MW	不希望发生
通风系统失效	单向/双向	横洞	任何大小	不希望发生

根据安全风险评估表,可认为隧道横洞间距是合适的,但应注意以下问题:

(1)当关闭一管隧道作维修时,另一管隧道变作双向车流,火灾热释放速率可能达到50MW,建议:

①加强隧道火灾报警系统,本报告保守地假设隧道火灾报警时间为3.5min。实际情况如愈早通报乘客,则乘客可以愈早开始疏散,所造成的伤害及影响将降低。

②隧道维修时段禁止大型车辆进入,尤其装载危险物品的车辆,因一般小客车无法产生如此大的火,风险可降低至可接受程度。

③减短隧道维修时间(本报告假设时间为一年450h)。

④当隧道维修时段缩短为1年10h以下,则风险可降低至可接受程度。

⑤隧道维修时段实施交通管制,减低车流量。

⑥当隧道维修时段,车流量减低至平均值的1.5%时,则风险可降低至可接受程度。

⑦或综合以上所提,如隧道维修时段缩短为1年180h,且车流量减低至平均值的4%时,则风险可降低至可接受程度。

⑧当隧道关闭其一作维修时,降低车速及使用中间线道为分界线做缓冲区,以减少车祸可能性。

(2)当通风系统失效时,建议:

①加强通风系统保养维修。

②加强隧道内工作人员(通风系统操作员)的训练,减低人为疏失的几率。

③提高通风系统设计时的安全系数,预留较多的安全空间。

(3)隧道内禁止超车,以防意外发生。

(4)隧道内设定车限并严格执行。

(5)限制大型可燃物或危险物品车辆进入,或在此种车辆进入时加强监控,及时发现事故。

(6)由风险度评估的结果证明火灾探测时间的重要性,建议使用较快的火灾探测器将乘客所需的疏散时间减低以防止悲剧发生。

(7)当探测器发现有可能火灾情况时,隧道工作人员须及时确定,并阻止后方车辆的进入。

2. 横洞衬砌设计

行人横洞净空:2.0m(宽)×2.5m(高);行车横洞净空:4.5m(宽)×5.0m(高)。横洞应尽可能设置在围岩较好地段,当实际地质情况有变化时,可适当调整横洞位置。横洞与主隧道连接处施工时,应注意施工方法,尽量减少对围岩的扰动。

由于横洞断面较小,又存在和主洞、服务隧道多次交叉,受力复杂,因此,横洞断面采用四心圆曲墙式全封闭衬砌结构。在与主洞相交处,要求设置防火门,由于受设置防火门的影响,该段衬砌断面扩大20cm。各类横洞复合式衬砌结构支护参数见表1-4-19、表1-4-20。

行车横洞复合式衬砌结构支护参数 表1 4 19

衬砌类型	围岩级别	拱顶最大水压(MPa)	初期支护				二次衬砌
SC1	Ⅵ~Ⅴ海域	0.7			C25喷射混凝土厚5cm		厚度40cm C50素混凝土
SC2	Ⅳ海域	0.4	局部ϕ22mm注浆锚杆、$L=3.0$m	ϕ8mm钢筋网单层20cm×20cm	C25喷射混凝土厚5cm		厚度40cm C50素混凝土
SC3	Ⅱ海域	0.4	ϕ25mm注浆锚杆、$L=3.0$m	ϕ8mm钢筋网单层20cm×20cm	C25喷射混凝土厚20cm	ϕ22mm格栅间距100cm	厚度40cm C50钢筋混凝土
SC4a	Ⅵ~Ⅳ海域	0.4~0.7	局部ϕ25mm注浆锚杆、$L=3.0$m	ϕ8mm钢筋网单层20cm×20cm	C25喷射混凝土厚10cm	—	厚度40cm C50钢筋混凝土
SC4b	Ⅵ~Ⅳ海域	0.4~0.7	局部ϕ25mm注浆锚杆、$L=3.0$m	ϕ8mm钢筋网单层20cm×20cm	C25喷射混凝土厚10cm	—	厚度40cm C50钢筋混凝土

续上表

衬砌类型	围岩级别	拱顶最大水压(MPa)	初期支护				二次衬砌
SC5a	Ⅱ海域交叉	0.4	ϕ25mm 注浆锚杆、L=3.0m	ϕ8mm 钢筋网单层 20cm×20cm	C25 喷射混凝土厚 20cm	ϕ22mm 格栅间距 50cm	厚度 45cm C50 钢筋混凝土
SC5b	Ⅱ海域交叉	0.4	ϕ25mm 注浆锚杆、L=3.0m	ϕ8mm 钢筋网单层 20cm×20cm	C25 喷射混凝土厚 20cm	ϕ22mm 格栅间距 50cm	厚度 40cm C50 钢筋混凝土

行人横洞复合式衬砌结构支护参数 表 1-4-20

衬砌类型	围岩级别	拱顶最大水压(MPa)	初期支护			二次衬砌
SR1	Ⅵ~Ⅴ海域	0.7	—	—	C25 喷射混凝土厚 5cm	厚度 35cmC50 素混凝土
SR2	Ⅳ海域	0.7	局部 ϕ25mm 注浆锚杆、L=2.0m	—	C25 喷射混凝土厚 5cm	厚度 35cm C50 素混凝土
SR3	Ⅱ陆域	0.4	ϕ25mm 注浆锚杆、L=2.5m	ϕ8mm 钢筋网单层 20cm×20cm	C25 喷射混凝土厚 12cm	厚度 40cm C50 钢筋混凝土
SR4	Ⅱ浅滩	0.4	ϕ25mm 注浆锚杆、L=2.5m	ϕ8mm 钢筋网单层 20cm×20cm	C25 喷射混凝土厚 12cm	厚度 40cm C50 钢筋混凝土
SR5a	Ⅵ~Ⅳ海域	0.7	局部 ϕ25mm 注浆锚杆、L=2.0m	ϕ8mm 钢筋网单层 20cm×20cm	C25 喷射混凝土厚 10cm	厚度 35cm C50 素混凝土
SR5b	Ⅵ~Ⅳ海域	0.7	局部 ϕ25mm 注浆锚杆、L=2.0m	ϕ8mm 钢筋网单层 20cm×20cm	C25 喷射混凝土厚 10cm	厚度 35cm C50 素混凝土
SR6a	Ⅱ陆域、浅滩	0.4	ϕ25mm 注浆锚杆、L=2.5m	ϕ8mm 钢筋网单层 20cm×20cm	C25 喷射混凝土厚 12cm	厚度 40cm C50 钢筋混凝土
SR6b	Ⅱ陆域	0.4	ϕ25mm 注浆锚杆、L-2.5m	ϕ8mm 钢筋网单层 20cm×20cm	C25 喷射混凝土厚 12cm	厚度 40cm C50 钢筋混凝土

3. 横洞与主洞交叉衬砌设计

(1)行车横洞与主洞、服务隧道交叉。由于行车横洞断面相对较大,且考虑水压力情况,行车横洞与主洞、服务隧道交叉原则上都设置为钢筋混凝土结构。由于主洞为三车道断面,具有足够的转弯半径,考虑海底隧道施工的风险性较大,尤其是服务隧道与行车横洞之间若采用斜角度相交,难度更大。因此,本次施工图设计将行车横洞设置为与行车隧道正交。

对于行车横洞与主洞交叉,交叉加强范围是横洞为加强衬砌 A(长 5m)及主洞 15m 范围。横洞所处地质位于Ⅰ~Ⅲ级围岩地段,交叉加强范围设置 ϕ16mm 围钢筋网;横洞所处地质位于Ⅴ级围岩地段,原主洞受力钢筋应加强,由 ϕ22mm 围岩改为 ϕ25mm。

对于行车横洞与服务隧道交叉,交叉加强范围是横洞为加强衬砌 B(长 16.5m)及服务隧道 15m 范围。横洞所处地质位于Ⅰ~Ⅲ级围岩地段,交叉加强范围设置 ϕ16mm 钢筋网;横洞所处地质位于Ⅴ级围岩地段,交叉加强范围设置 ϕ25mm 围岩钢筋网。

(2)行人横洞与主洞、服务隧道交叉。行人横洞断面相对较小,考虑水压力情况,行人横洞与主洞、服务隧道交叉原则上都设置钢筋混凝土结构。横洞与隧道采用正交。

对于行人横洞与主洞交叉,交叉加强范围为横洞加强衬砌 A(长 5m)及主洞 15m 范围。横洞所处地质位于Ⅰ~Ⅲ级围岩地段,交叉加强范围设置 ϕ16mm 钢筋网;横洞所处地质位于Ⅴ级围岩地段,主洞维持原配筋,加强衬砌 A 设置钢筋混凝土结构。

对于行人横洞与服务隧道交叉,交叉加强范围是横洞为加强衬砌 B(长 16.5m)及服务隧道 15m 范围。由于行人横洞断面基本与服务隧道顶部检修道空间平起，若横洞所处地质位于Ⅰ~Ⅲ级围岩地段，交叉加强范围设置 ϕ16mm 钢筋网；横洞所处地质位于Ⅴ级围岩地段，交叉加强范围设置 ϕ25mm 钢筋网。

4.3.10 辅助施工设计

厦门翔安海底隧道施工采用的辅助施工措施有：洞口长管棚、超前小管棚(a)、超前小管棚(b)、超前小导管、超前锚杆、全断面(帷幕)超前预注浆、井点降水和防渗地下连续墙。

1. 洞口长管棚

管棚设置于隧道进口，入土深度为40m。管棚钢管均采用 ϕ108mm×6mm 热轧无缝钢管，环向间距40cm，接头用长15cm的丝扣直接对口连接。钢管设置于衬砌拱部，管心与衬砌设计外轮廓线间距大于30cm，平行路面中线布置。要求钢管偏离设计位置的施工误差不大于10cm，沿隧道纵向同一横断面内接头数不大于50%，相邻钢管接头数至少须错开1.0m。为增强钢管的刚度，注浆完成后管内应以M30水泥砂浆填充。

为了保证钻孔方向，在明洞衬砌外设80cm(或60cm)厚C30钢架混凝土套拱，套拱纵向长2.5m(或2.0m)。钻进过程中必须用测斜仪测定钢管偏斜度，发现偏斜有可能超限应及时纠正，以免影响开挖和支护。

2. 超前小管棚(a)

其主要作为穿越陆域和预注浆后海底风化深槽地段的辅助施工措施。行车隧道超前小管棚采用10m及4m长两种形式，长短结合，每2排长导管之间设置2排短导管，形成双层小管棚超前支护。长导管采用外径38mm自进式锚杆，壁厚8mm，钢管与隧道轴线平行并以10°左右仰角打入拱部围岩，钢管环向间距60cm。短导管采用外径42mm、壁厚3.5mm热轧无缝钢管，钢管前端呈尖锥状，尾部焊上加劲箍，管壁四周钻压浆孔。钢管环向间距约40cm，外插角控制在10°左右，尾端支撑于钢架上，也可焊接于系统锚杆的尾端。服务隧道超前小管棚各项参数与行车隧道基本相同，仅长导管改为外径32mm、壁厚6mm自进式锚杆。

注浆采用纯水泥浆液，注浆参数如下：水泥浆水灰比为1∶1.5~1∶2；注浆压力为0.5~1.0MPa。

3. 超前小管棚(b)

其主要作为浅滩全、强风化花岗岩Ⅴ级围岩地段的辅助施工措施。行车隧道超前小管棚采用10m及4m长两种形式，长短结合，每2排长导管之间设置2排短导管，形成双层小管棚超前支护。长导管采用外径50mm、壁厚4mm的热轧无缝钢管，钢管与隧道轴线平行并以15°左右仰角打入拱部围岩，钢管环向间距60cm。短导管采用外径为42mm、壁厚3.5mm热轧无缝钢管，钢管前端呈尖锥状，尾部焊上加劲箍筋，管壁四周钻压浆孔。钢管环向间距约40cm，外插角控制在15°左右，尾端支撑于钢架上，也可焊接于系统锚杆的尾端。服务隧道超前小管棚各项参数与行车隧道基本相同。

注浆采用超细水泥浆液，注浆参数如下：水泥浆水灰比为1∶1~1∶1.5；注浆压力为0.5~1.5MPa。

4. 超前小导管

小导管设置于陆域和海域Ⅳ~Ⅴ级围岩地段，采用外径42mm、壁厚3.5mm，长450cm(行车隧道)或400cm(服务隧道)的热轧无缝钢管。钢管前端呈尖锥状，尾部焊接加劲箍筋，管壁钻 ϕ8mm 压浆孔。钢管环向间距约40cm，外插角控制在10°左右，尾端支撑于钢架上，也可焊接于系统锚杆的尾端，每排小导管的纵向搭接长度要求不小于1.0m。

注浆采用纯水泥浆液，注浆参数如下：水泥浆水灰比为1∶1.5~1∶2；注浆压力为0.5~1.0MPa。

5. 超前锚杆

其用于隧道内各级围岩段洞内地下水较贫乏且隧道开挖需设置超前支护措施的地段。锚杆采用20MnSiϕ22药卷锚杆，锚杆环向间距40cm，外倾角约5°~10°，施工时应根据岩体节理面产状确定锚杆的最佳方向。

6. 全断面(帷幕)超前预注浆

其用于海域Ⅴ、Ⅳ级围岩的风化深槽地段，具体设计见“第五节　特殊地段工程方案”。

7. 井点降水

隧道陆域浅滩段地下水位高，施工时极易发生涌水、透水事故。因此，隧道开挖通过前采取井点降水措施，以有效降低地下水位，保证施工顺利通过。

井点沿隧道两侧单排布设，间距15～20m，井底置于隧道底以下3～5m。一组井点管件连接完毕后，应进行试抽水，检查有无漏气、淤塞情况，出水是否正常，如有异常情况，应检修后方可使用。井点使用时，应保持连续不断抽水，并配备双电源以防断电。

8. 防渗地下连续墙

厦门翔安海底隧道翔安端浅滩段顶部穿越强透水砾砂层，施工时极易产生涌水、透水事故。因此，在隧道施工前必须对地下水进行有效的控制，并对砾砂层进行必要的加固处理，以避免安全事故的发生。

隧道在砂层影响范围内首先采用地下连续墙帷幕止水，切断地下水的通道，并通过设置疏干减压井降水使该区域满足隧道施工要求，以求从根本上消除隧道施工时砂层和其他不良土层产生突水、涌水和坍塌的安全隐患。具体设计见“4.5　特殊地段工程方案”。

4.4 防排水设计

4.4.1 概述

隧道渗漏水是个长期得不到彻底解决的困扰问题。当前，隧道的防排水设计做法是“多道设防，综合治理”的原则。但经常是层层设防、层层失效，尤其是施工缝渗漏占多数。海底隧道防排水设计直接关系到支护结构设计、施工方法及运营期排水能力的要求和经济性，如采用全封闭式防水，则必须设计为全水压衬砌。翔安海底隧道由于海底断层破碎地段与海水直接连通，该地段的施工和结构安全是修建翔安海底隧道的关键技术，同时外水压力的设计也引起了广泛关注，也使防排水问题更加突出。

厦门翔安隧道所穿越地质中陆域段多为回填土、砂土和全风化软土，地下水发育，渗水量大；其浅滩段富水砂层和海域段4个风化深槽均直接与海水连通，海水总水头为50～65m，拱顶最大静水压力为0.65MPa。防排水设计灵活地运用了“以堵为主”、“PVC分区防水”、“配置注浆管的背贴式防水带和中埋式止水带”、“特殊地段设置防水闸门”、“全断面帷幕注浆、超前预注浆、周边注浆、局部渗漏处注浆”等防水、止水措施。根据结构形式采用“全封闭”与局部“限量排导”相结合的防排水方案，主隧道在全、强风化及断层破碎带等渗水量较大的地段采用全封闭方案；在Ⅰ、Ⅱ级围岩等渗水量小的地段采用限量排导方案，允许少量渗水限量排放。服务隧道为近似圆形的小断面，全部采用全封闭衬砌方案。通过注浆堵水，加强结构的自防水功能，严格监控防水施工质量等措施构建防水体系。

4.4.2 防排水原则

采用钻爆法施工的水底隧道与山岭隧道、城市浅埋隧道在防排水方面有许多方法是相同的。但由于水是无限的，隧道位于水底岩石下，岩体内存在节理裂隙、断层破碎带、岩层接触面等渗水通道。隧道开挖后，虽然可以采用措施阻止部分渗水，但水头大、水源丰富，海水还是会渗透到支护体系中。尤其对于海底隧道，海水环境中Cl离子对衬砌结构中混凝土和钢筋有严重的腐蚀作用，严重影响结构安全耐久性和增加后期运营、维修费用，因此如何处理水的渗入是水底隧道设计关键技术问题之一。

水下隧道结构的防水设计应采用“以堵为主，限量排放，刚柔结合，多道防线，因地制宜，综合治理”的原则。

(1)应充分重视围岩的注浆堵水作用。施工期间的围岩注浆堵水作为隧道防水的第一道防线，应当摆在最重要的位置。

(2)应做好初期支护的防水。施工期间初期支护应承受全部地层压力和水压力，初期支护的防水质量要过关，在初期支护渗水严重时，不能急于作二衬，应先进行初期支护背后注浆，待渗水问题解决并经过验收合格后再进行下部工序。

(3)应设计完备的排水系统。隧道的水害是由洞内、洞外的多种因素引起的，不能靠单一的办法得到很好的解决，这就需要制订隧道的防排水原则。排导衬砌应有完备的排水系统，即应根据地层、地质条件在拱墙部位初期支护和防水层之间按一定间距布设环向导水管，在墙脚布设纵向排水盲管，并设横向导水管与中央排水沟或边沟相通，以形成完整的纵横向排水系统。排水通畅则衬砌渗漏水的几率就小。采用封堵衬砌的地段，应加强施工期间围岩的注浆堵水、加强喷射混凝土的防水，尽可能采用抗渗喷射混凝土，另外要加强二次衬砌的自防水性能，尽可能采用高性能混凝土。即便如此，由于注浆圈和初期支护耐久性至今仍不明确，且初期支护发生开裂的可能性很大，于是海水会进入初期支护和防水层背后，进而可能穿过防水板进入防水板与二衬之间引发渗漏。设计中对这部分水应考虑如何处理，计算可能的排出量，这部分量对水底隧道的排水系统有何影响，要进行排水经济性分析。但是如何保证排水系统的通畅和海水作用下的耐久性，是一个尚未解决的问题，需要进行专门研究。

(4)切实做好防水封闭点的设计施工。目前水下隧道结构的防水板在仰拱地段通常不铺设，如设全包防水，容易将水引入防水板并渗入内衬后背表面，会形成“高压水环”，反而增大了结构水荷载。因此，半包防水在防水板铺设的终点就出现了一个需要重点考虑的防水设计点，称为防水封闭点。

(5)切实提高二衬混凝土的自防水性能。由于不设全包防水层，对二衬自防水的要求就更高。因此，一定要采取切实有效的措施提高二衬混凝土的抗裂性能。

(6)注意施工缝、变形缝的防水构造。只要二衬防水混凝土质量良好，渗水一般不会从混凝土表面透出。但施工缝与变形缝成为隧道渗漏水的多发部位，两缝防水属于薄弱部位，应采用多道处理方案，并有补救措施。

4.4.3 防排水标准

水下隧道的渗水问题远比陆地隧道严重得多，处理起来也困难得多。长期渗漏水不仅损害隧道内的建筑装修和面层美观，还会造成隧道潮湿，引起金属构件锈蚀；甚至导致机电设备不能正常运转，影响行车安全；且水量较大时，会增加运行和维护费用。因此，对于水底隧道而言，结构防排水系统的合理性和可靠性是水底隧道成功的关键，也是控制运营费用的主要部分。但水底隧道防排水的设计与施工，不能千篇一律，应根据隧道的地质情况、埋深、海水深度等情况，确定防排水设计的原则，即确定是采用全封堵式、全排式还是限排式。如果采用限排式，尚需确定排放标准，然后才能进行防排水系统的设计。

1. 地下水的处治方案

水下钻爆法隧道对地下水的处治有全封闭和限量排放两种方式。通常情况下，当水头小于60m时采用全封堵方式；当水头大于60m时宜采用排导方式，并通过施作注浆圈来达到限量排放的目的。两方案的特点见表1-4-21：

防排水方案特点比较 表1-4-21

项目	全封闭	限量排放
特点	初支和二次衬砌之间设置防水板及排水管，围岩水直接流入排水沟； 渗水量需要限制，破碎围岩需要注浆加固，并应保障加固材料的耐久性。排水系统需要保障畅通	初支和二次衬砌之间设置防水板；破碎围岩需要注浆加固；防水板的施工要求高；二次衬砌受水压力高
施工难度	排水系统施工要求高，但难度不大	防水板的施工要求高
对结构的影响	当排水系统堵塞时，结构的压力会加大	会出现一定的渗漏水现象
投资	一次性投资较小，但增加运营费用	一次性投资大，但长期运营费用节省

限量排放和全封闭各有优势和缺点，而采用任何一种方案都不能完全适应环境条件。设计上根据隧址所处的地质、水压和结构耐久性要求、后期运营维修等情况，结构的防排水方案针对不同地层分别使用。对Ⅳ、Ⅴ级围岩，断层破碎带和节理密集带等富水围岩段，渗水量较大，在此地段采用全封闭方案，控制较大水量涌入隧道，减少运营费用。对于地质条件好的Ⅱ、Ⅲ级围岩地段，采用后注浆措施控制渗水

量,设计采用限量排放方案。但对于隧道防排水设计,具体位置采用的防排水方案以施工开挖检测到的渗水情况进行动态设计。

2. 国外水下隧道结构防排水标准

对于水底隧道而言,完全避免渗水是不可能的也是不必要的,主要的工作是降低渗水,达到可以接受的水平。因此,需要通过多种防水方式,尽可能地将隧道开挖断面周围的涌水或渗水封堵于结构外。但是在防排水系统设计时,却不宜采用严格意义上的全封堵的方式,一定要给水以出路。当然,给水以出路并不是无限制地排水,而是尽可能地对隧道周边地层进行注浆以减少隧道排放量。表 1-4-22 给出了国外典型水底隧道的防排水设计概况。

国外典型海底隧道结构防排水系统 表 1-4-22

国家	隧道名称	陆域长度(km)	海域长度(km)	水深(m)	岩层(m)	衬砌类型	允许排水量[m^3/(m·d)]	施工方法
日本	青函公路隧道	30.550	23.30	140	100	排导式	0.2736	设超前注浆/矿山法
	关门公路隧道	2.681	0.78	—	—	排导式	—	设超前注浆/矿山法
	新关门隧道	17.833	0.88	29	24	排导式/全封堵	—	设超前注浆/矿山法
	东京湾隧道	—	—	60	—	设引水型防水片材	—	盾构
挪威	埃林索伊-瓦乐德里伊岛隧道	4.358	3.30	100	40	排导式	0.4320	钻爆法
	Byfjord 海底隧道	5.800(海域+陆域)		最低点位于海面下-223m		排导式	进口:0.046 出口:0.258	钻爆法
	Mastrafjord 海底隧道	4.400(海域+陆域)		最低点位于海面下-132m		排导式	进口:0.072 出口:0.012	钻爆法
丹麦	斯多贝乐特大海峡隧道	7.900	75.00	20	—	排导式	0.1430	冰渍层/掘进机(D=7.7m)
英法	英法海峡隧道	49.000	—	21~70	—	排导式	—	掘进机(D=7.8m)

以上分析资料表明,海底隧道结构的防排水多采取"以堵为主,限量排放"的原则。但是隧道的允许排水量到底取多大值,从表 1-4-22 中并不能得出一个固定标准。青函隧道海底段排放量为 0.2736 m^3/(m·d),挪威海底隧道规范规定允许的渗水量为 300L/(km·min),即 0.432m^3/(m·d)。水下隧道渗水量取多大合适,需要从工程具体情况出发进行研究。

3. 水下隧道结构防排水标准的确定

对不同的水下隧道,需要根据数值计算分析确定,全隧道排水量得出后应进行排水经济性分析。

(1)软弱围岩注浆后渗水量计算。由地质情况确定不同计算段落,并根据注浆加固范围、加固效果计算确定渗水量。如厦门翔安隧道,计算所得的软弱段渗水量为 4.32m^3/(m·d)。

(2)初期支护渗水量分析。初期支护施作后,隧道的渗流量会减少,按喷射混凝土的渗透系数可达到 10^{-8}m/s 考虑。当隧道初期支护采用钢拱架时,由于钢架与喷射混凝土黏结不好,与围岩间的空隙难于用喷射混凝土紧密充填,导致钢支撑与围岩间出现空洞,围岩水流渗入空洞从而形成水囊,这对隧道防排水极为不利。因此需分别考虑隧道衬砌背后有水囊和无水囊两种工况计算各段渗水量。如厦门翔安隧道,经计算得:无水囊时初期支护渗水量 1.52m^3/(m·d),有水囊时初期支护渗水量 2.25m^3/(m·d)。

(3)软弱围岩段运营期盲管渗水量计算。应根据盲管的设置间距、管径,考虑初期支护、二衬以及注浆圈的影响。如厦门翔安隧道由计算结果可得,设置盲管后的渗流量为 0.123m^3/(m·d),占初期支护渗出水量的 4.32%。

(4)水底基岩裂隙地段渗水量计算。由地质节理裂隙发育情况,估算其渗水量情况。如厦门翔安隧道,对于海底完整的微风化岩层地段,由于岩层的完整性较好,其渗透系数为 0.012m/d;根据《铁路工程水文地质勘察规程》(TB 10049—2004),计算其裸洞正常涌水量为 0.324m³/(m · d);最终初期支护注浆堵水以及二次结构施作后出水量可按裸洞正常涌水量的 1/10 考虑。

需要指出的是,考虑水下隧道地质情况的复杂性,以及施工工艺的不确定性,通过数值分析得出的全隧道排水量,仅是个参考值,其数值偏小。在施工过程中还需要在不同施工阶段进行实测,其最终的目的是综合考虑结构的安全性和运营期间的经济性、可靠性。

4.4.4 防水体系

根据厦门翔安隧道所处的地质情况,主隧道在全、强风化、断层破碎带地段采用全封闭方案;在Ⅰ、Ⅱ级围岩地段和横洞等结构交叉地段采用排导方案,允许少量渗水限量排放,如图 1-4-31 所示。服务隧道由于断面较小,且根据布置要求,下部设置水及电通道,上面设置检修通道。采用似圆形断面布置形式,断面利用率较高,且结构受力十分有利,因此服务隧道全部采用全封闭衬砌结构方案。

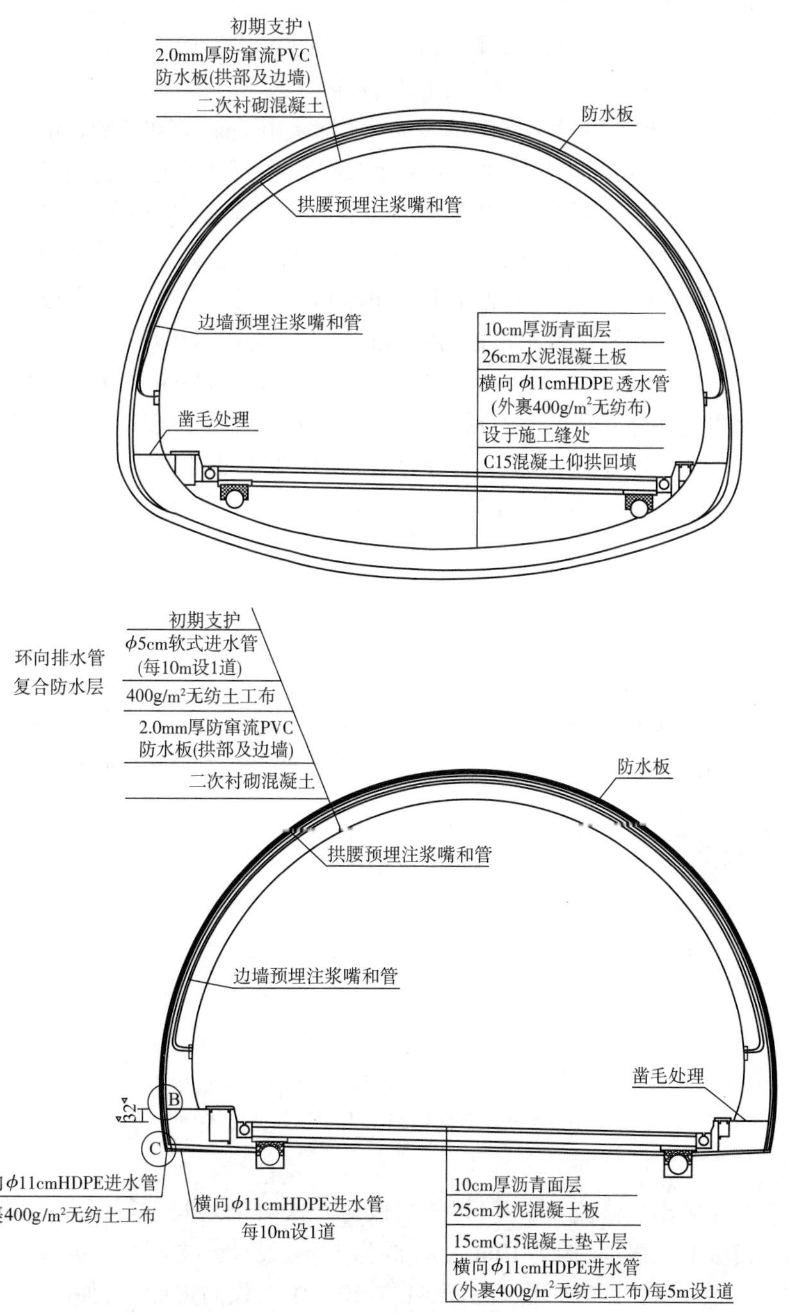

图 1-4-31 防排水系统结构断面

1. 注浆堵水

注浆的目的一是保证施工期间的安全;二是确保二次衬砌施工后,减轻运营期间的排水压力。针对翔安海底隧道,在超前地质预报分析的基础上应加强对衬砌外的围岩注浆,采用了三重注浆方式:

(1)在局部破碎地段,通过超前小导管注浆(或全断面帷幕注浆),在隧道洞室四周形成注浆堵水圈,封闭基岩中输水裂隙和涌水空间。

(2)根据超前注浆后地下水渗透量的大小,通过调整系统注浆锚杆对地层进行注浆堵水,进一步封闭地下水流经通道,减少地下水的渗入量。

(3)在施作防水板前对初期支护渗漏处进行补充注浆处理,施工期间要求初期支护达到不渗不漏才允许挂设防水板。

2. 加强结构的自防水功能

加强结构的自防水功能的措施有:

(1)初期支护防水。初期支护直接与围岩密贴在一起,直接受地下水和海水的压力和腐蚀,初期支护采用抗渗等级为P8喷射混凝土,并及时施作回填注浆。

(2)防水层。初期支护和二次衬砌之间铺设防水层;采用2mm厚的PVC防水板。防水板主要技术指标要求其拉伸强度大于16.0MPa,断裂伸长率大于250%,并适当高于有关规范的要求。

(3)二次衬砌防水。采用抗渗等级为P12的高性能双掺混凝土(掺粉煤灰和矿粉)。

(4)施工缝及沉降缝的细部防水如图1-4-32所示。具体措施为:①施工缝防水:主隧道每10m一个环向施工缝,服务洞则每12m设1个环向施工缝。主隧道和服务隧道纵向左右边墙与仰拱衔接处各一条纵向施工缝。施工缝在防水板侧设带注浆管的背贴式止水带与防水板焊接,在二衬混凝土断面中部设带注浆管的橡胶遇水膨胀止水条,在二衬混凝土表面设3.8cm深、2.5cm宽水泥基渗透结晶型防水涂料。在纵向施工缝和环向相交处是容易出现渗漏水的地方,各在4个方向1.2~1.5m范围内涂设日产P201遇水膨胀液型密封剂。②变形缝防水:在土石分界处、结构变化处设置变形缝。在靠防水板侧设带注浆管的背贴式止水带之外,在二衬混凝土中部设带注浆管的中埋式橡胶止水带,在二衬混凝土表面设不小于3cm深的聚氨酯密封胶。

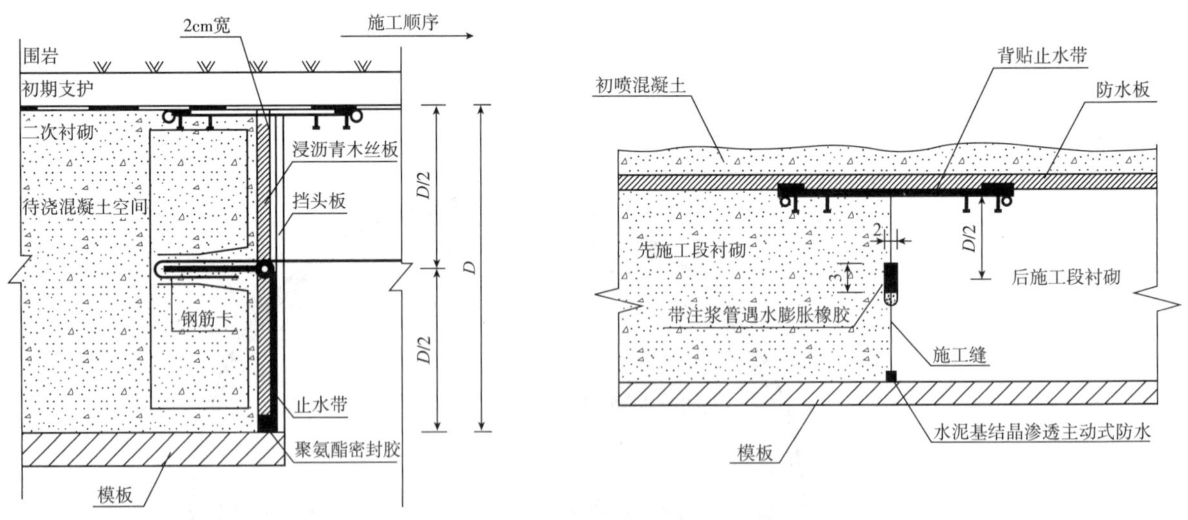

图1-4-32 沉降缝、施工缝设计(尺寸单位:cm)

3. 分区防水

为防止防水板被穿破出现渗流和窜流,将防水板与二次衬砌之间进行纵向分段隔离,降低纵向水力联系。分区防水按模板的长度(主洞为10m,服务洞为12m)设计。主洞每10m为一防水分区,在二衬施工缝处设背贴式止水带,将渗流或窜流水隔开,并在10m中间设防渗肋条,如图1-4-33、图1-4-34所示。背贴式止水带、防渗肋条均焊接在防水板上。每一防水分区在左右边墙下部设注浆管控制盘,每个控制盘带 5 根注浆管,并连接于注浆盘。要求注浆盘用胶带临时封黏于防水板上,以防浇筑二衬混凝土时砂浆堵塞注浆管。

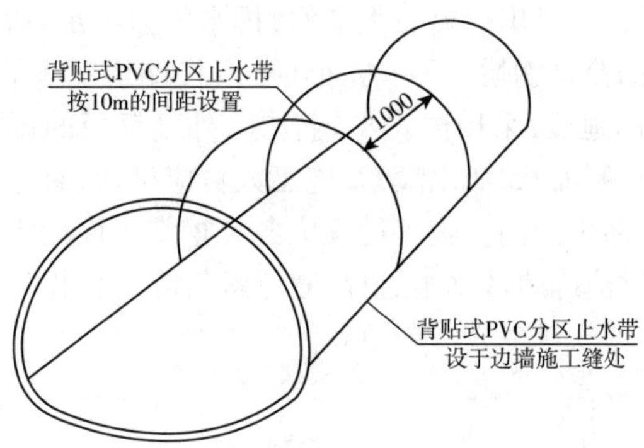

图 1-4-33 分区防水(尺寸单位:cm)

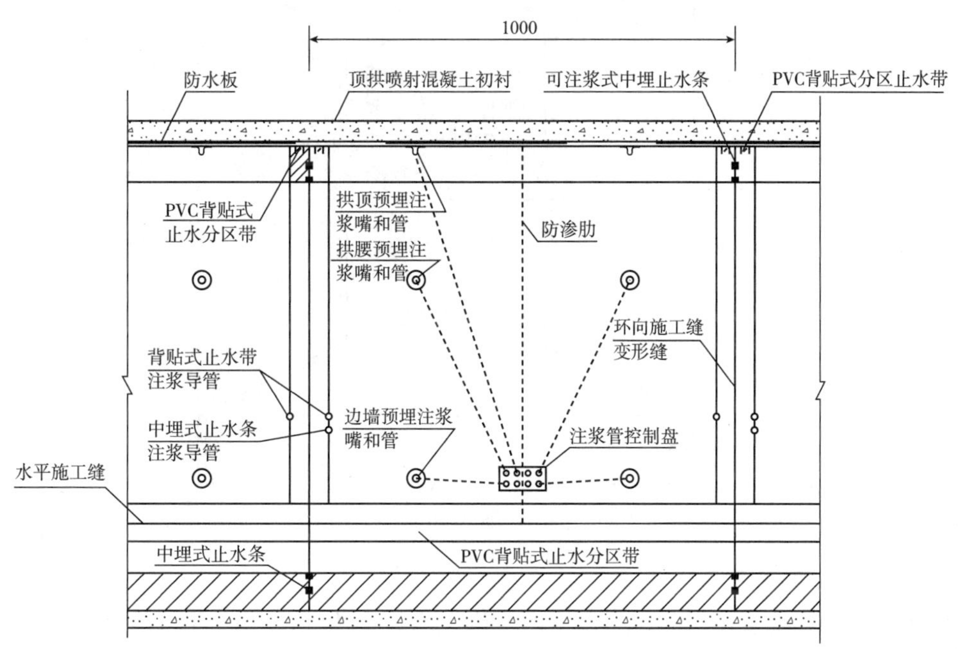

图 1-4-34 分区防水平面示意(尺寸单位:cm)

4. 防水板铺设

在施作防水板之前对初期支护有开裂渗漏的地方必须进行补充注浆,作到初支表面平顺,不允许有尖锐之物。经过断面净空量测,无超欠挖满足净空要求的情况下,再进行无纺布铺设和防水板的铺设。首先将无纺布用水泥钉和垫圈固定在初支上,按设计和规范要求纵向固定间距为 40 ~ 100cm,环向固定间距为 80cm,然后将防水板焊接在垫圈上。本隧道无纺布选用$400g/m^2$。防水板搭接长度按规范和设计要求为 10 ~ 12cm。在绑扎钢筋和浇筑二衬混凝土之前,对防水板施工进行检查。防水板在钢筋施工中受到破坏的地方要进行修补,确保防水板铺设平顺、完整,搭接符合要求,并要对搭接处进行气密性试验检测,满足要求后才能进行下道工序施工。

4.4.5 排水体系

海底隧道与山岭隧道最大的区别之一就是排水问题。由于海底隧道纵向为"V"字形坡度,不论施工期间还是运营期间,水都将沿隧道向洞内最底点汇集,因此需要完善的排水系统。

1. 施工期排水措施

施工期,首先应在洞口设置集水池及完善的排水系统,保证施工期间雨水不流入隧道内。洞内各工作面尤其是渗水量大的海底风化槽施工地段，都必须配备足够容量的排水设备，且应随着施工开挖的长度，分级排放。

对于海底风化深槽特殊地段，一旦出现突发大涌水，排水能力不足，后果是不可想象的。因此，一方面要有较好的排水措施和充足的抢险物质；另一方面还要有极端情况下的防水闸门，如图1-4-35所示。防水闸门选择在地质条件较好的地段，采用内置型钢骨架、外贴钢板的可拆卸重复利用结构，可循环使用。一旦掌子面地段发生不可控制涌水、涌泥险情，施工人员应迅速、有序撤离到安全地段，同时迅速清除防水闸门处各种障碍物，关闭防水闸门。施工过程中各开挖掌子面均需保证良好的通信联络，并有专门的报警设施。在施工中应经常演练疏散逃生过程，避免紧急情况下出现无序状态。施工期间须注意保持防水闸门的灵活性与安全性，并安排专人专班值守。

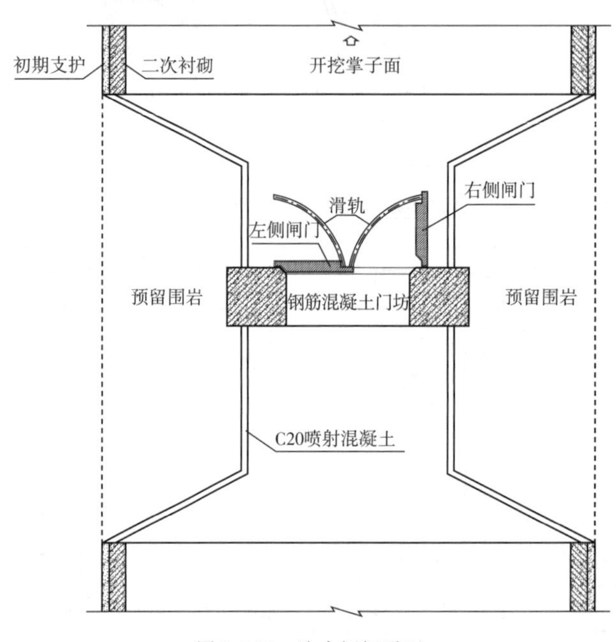

图1-4-35 防水闸门平面

2. 排导衬砌的排水系统

排导衬砌排水量的大小直接影响作用在二次衬砌上水压力大小。考虑隧道所处水文地质条件的复杂性和随机性，难以建立确定的数学模型进行计算分析，因此，设计阶段通过模型试验研究了同排导系统相应的阻尼以及稳定水头排水的情况，衬砌承受水压力的大小及分布规律，最后得出排放量大小与水压的关系曲线。该研究认为采用排导系统能有效卸载，对于围岩渗透系数较小地段，采用ϕ10cm的盲管，出水口两侧分别为ϕ10cm尺寸，环向布置间距小于10m，基本上可以不计算水压力；采用ϕ5cm盲管排水、环向布置间距10m，出水口两侧分别为ϕ10cm，水压力折减系数可取0.4。

设计时对于排导衬砌，二次衬砌水压力按折减系数0.4考虑，并要求在防水板后面加铺ϕ5cm软式透水管，环向间距10m，并将软式透水管与主洞两侧设的ϕ11cmHDPE透水管连接接入路面下的侧排水沟内。

3. 路基路面排水

本隧道在路面两侧设置ϕ25cm预制边水沟，主要为了排除隧道内壁清洗水、消防水，并在路缘带下设置ϕ40cm的内置掩埋式预制管沟，主要为了排除围岩渗水、路面渗水。

路基路面排水采用在仰拱浇筑的施工缝和沉降缝处路面下每隔5m设置横向透水管，避免可能的渗水流入路面，影响行车安全。路基下透水管采用内径11cm的HDPE双壁打孔波纹管，打孔大小3×30mm，环向范围270°。要求机械打孔，外裹一层400g/m^{2}无纺土工布，以防止砂土（混凝土）流入管内。施工时应保证透水管不被压碎和堵塞，以确保排水系统畅通。

4. 排水泵站布置

(1)排水系统。本隧道设置了3处排水泵站,即在洞口分别设置2处排雨水泵房、隧道最底处设置1处排废水(渗水)泵房。厦门端洞口通过洞顶截水沟、洞顶两匝道的路面横向截水沟将洞门以上范围的雨水拉截并流进两匝道最外侧辅道的雨水管,并最终汇入五石路雨水管函,如图1-4-36所示。

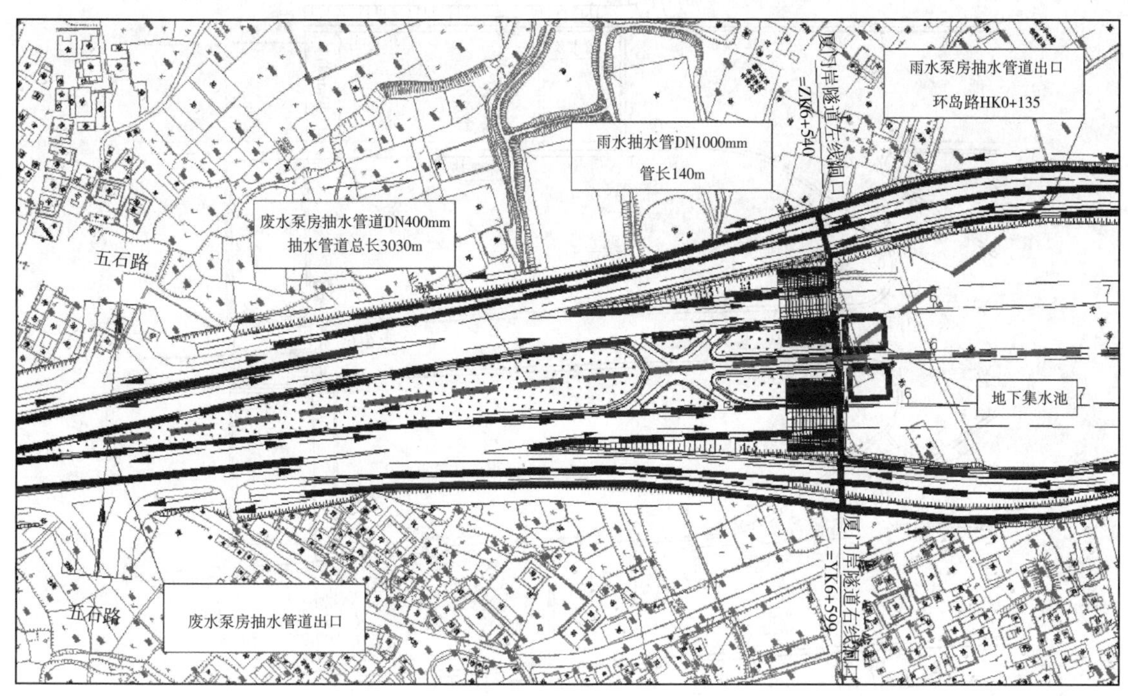

图1-4-36 厦门端洞口排水体系

翔安端洞口明洞顶回填采用反坡,即雨水不向洞门汇集。长距离的深路堑通过边坡截水沟将路面水和部分边坡水截留并流入明洞顶的排水系统,如图1-4-37所示。

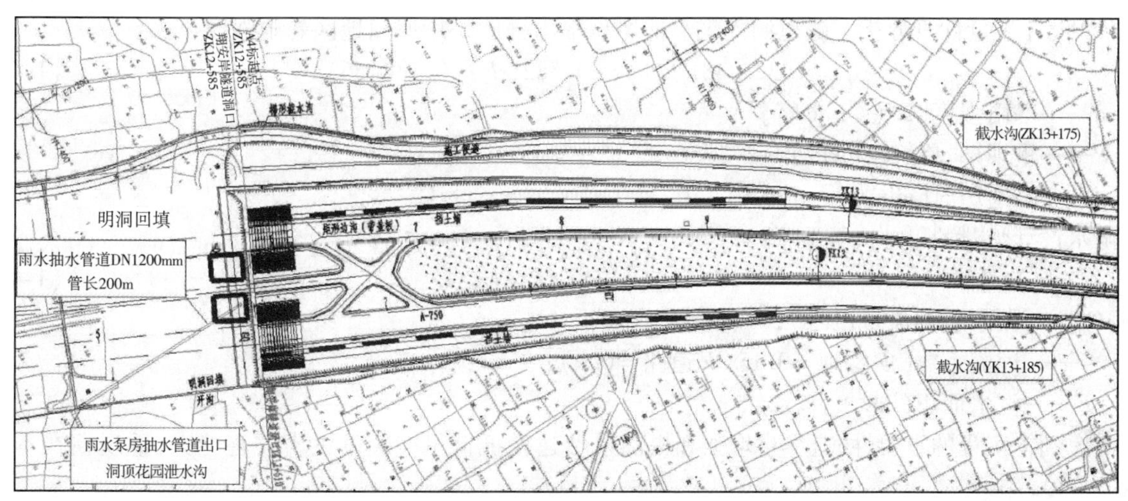

图1-4-37 翔安端洞口排水体系

两端洞口左右线均设置2道明截水沟(60cm宽)、1道暗排沟。明截水沟采用C45混凝土现浇、利用桥梁伸缩缝改造,截水沟端部均设置沉砂井,洞口截水示意如图1-4-38所示。

洞内废水(渗水)泵房位于隧道最低处。水泵出水管采用经防腐技术处理的DN400mm高承压复合防腐钢管,管道承压设计标准应≥2.5MPa。在服务隧道一侧敷设,直接引至入厦门侧岸洞口方向,并向外部延伸至五石路口经市政排水管涵汇入大海。

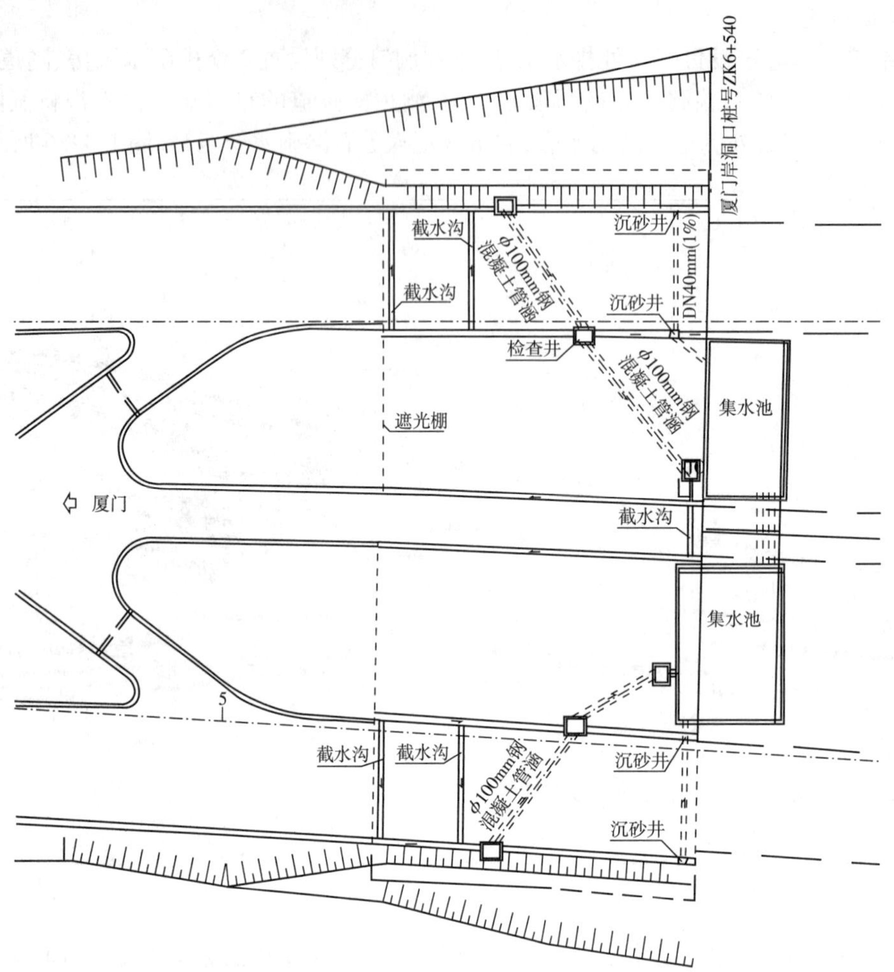

图 1-4-38 洞口截水示意

(2)设计流量计算分析。隧道洞外集水池容积暴雨强度采用厦门地区暴雨强度公式:

$$q = 1432.3481 \times (1 + 0.582\lg P)/(t + 4.56)^{0.633} \tag{1-4-10}$$

式中:q——暴雨强度[L/(s · hm²)];

P——重现期,单位年(a);

t——降雨历时(min)。

雨水设计流量 Q_R:

$$Q_R = \Psi \times q \times F \tag{1-4-11}$$

式中:Q_R——雨水设计流量(L/s);

Ψ——迳流系数(Ψ绿地 =0.15,Ψ道路 =0.9);

F——汇水面积(hm²)。

考虑到本工程的重要性,应尽量增强和提高泵站建设抵御可能突发洪涝灾害能力,重现期在本项目中取 $P=30$a。

①厦门端洞口设计流量计算分析。厦门端 ZK6 +170 ~ ZK6 +540 引道段路堑长约 370m,其中 ZK6 +170 ~ ZK6 +296 长 127m 纵坡 1.221%、ZK6 +296 ~ ZK6 +540 长 243m 纵坡 2.86%。其汇水面积约为 4.145hm²,其中绿地面积 1.06hm²,经计算,雨水设计流量 $Q_R = \Psi \times q \times F = 1791\text{L/s} = 6448\text{m}^3/\text{h}$。

雨水泵房设备主机配置的排涝、抗洪抵御能力设计配置标准为:6 台大型潜水泵(5 用 1 备)。每台水泵的流体技术性能参数设计点保证值为流量 $Q=1450\text{m}^3/\text{h}$。设计高峰负荷的排涝流量(5 台主机并投时):$Q_{系统} = 1450\text{m}^3/\text{h} \times 5 = 7250\text{m}^3/\text{h}$。该数值充分满足 $P=30$a 的设计参照基准,并达到抵御 50 年一遇的抗洪、排涝抢险能力。冗余备用(储备)1 台,可应对超出基准设计标准时,高峰排涝流量的应急抢险并投响应,即:本项目排水工程解决方案,实际系统设备集成控制可实现的最大排涝流量为:6 台主机设备同时并投运行,则 $Q_{系统MAX} = 1450m^3/h \times 6 = 8700m^3/h$。

②翔安端洞口设计流量计算分析。翔安岸 ZK13 + 180 ~ ZK12 + 585 引道段路堑长约 595m,其中 ZK13 + 180 ~ ZK13 + 120 长 50m 纵坡 1. 95%、ZK13 + 120 ~ ZK12 + 585 长 535m 纵坡 2. 9%。其汇水面积约为 5. 874hm²,其中绿地面积 2. 0hm²。

雨水泵房设备主机配置的排涝、抗洪抵御能力设计配置标准为:6 台大型潜水泵(5 用 1 备)。每台水泵的流体技术性能参数设计点保证值:流量 $Q = 1750m^3/h$。设计高峰负荷的排涝流量(5 台主机并投时):$Q_{系统} = 1750m^3/h \times 5 = 8750m^3/h$。因此,该数值充分满足 $P = 30a$ 的设计参照基准,并达到抵御 50 年一遇的抗洪排涝抢险能力。冗余备用(储备)1 台,可应对超出基准设计标准时,高峰排涝流量的应急抢险并投响应,即:本项目排水工程解决方案,实际系统设备集成控制可实现的最大排涝流量为:6 台主机设备同时并投运行,$Q_{系统MAX} = 1750m^3/h \times 6 = 10500m^3/h$。

③废水泵房设计流量计算分析。洞内废水(渗水)泵房位于隧道最低处,废水池容积按 2000m 长的 φ1000mm 供水管破裂或检修时需要存储的水容积量考虑(即 1500m³)。

隧道内废水池旁的泵房设计参数:流量 $Q = 400m^3/h$(暂定一较大值,计划土建基本结束后进行水量检测)。洞内废水排水泵站的主机设备,拟采用 3 台(两用一备)不锈钢 316L 材质(卧式)潜水泵,每台水泵的排水流量性能保证值:$Q \geq 200m^3/h$。

(3)洞口泵房及洞内泵房土建设计。为便于洞口的景观美化及管线布置,在隧道洞口左右线之间,设置地下一层、地面两层楼的洞口建筑物,纵向长度 10m。洞口建筑物采用钢筋混凝土框架结构,桩基础形式,建筑物的顶层采用回填一定厚度的覆盖土进行绿化。功能的划分如下:地下一层作为洞口雨水集水池;地面一层设置泵站、存储间;地面二层、为服务隧道轴流风机集中送风空间、检修空间(如图 1-4-39 所示)。

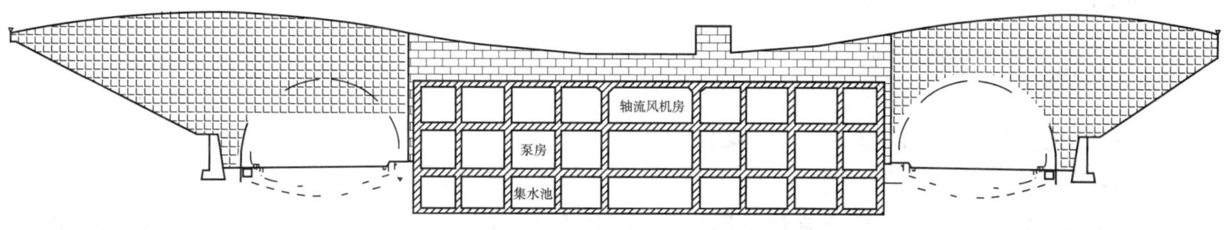

图 1-4-39 洞口建筑物示意

而在隧道海底最低高程处设一集水横通道和排水泵房如图 1-4-40 所示,其容量按服务隧道所通 φ1000mm供水管破裂(2000m 长管中水流出)或检修时需要存储的水容积量考虑(即 3000m³)。该容量也满足隧道渗水、清洁用水、消防流水等其他意外水量。

由于隧道最深处达 70 余 m,再加上供水管自身的输水压力,最不利处压力可达 1MPa,对管道本身的保护及隧道的安全运营都提出了较高的要求。因此在隧道中对该管道实施必要的技术保护措施是相当重要的。设计对 ϕ1000mm 供水管保护方案措施主要有:

①隧道两端设置总控制耐高压电动阀门,事故时可同时切断供水。

②隧道内每 1. 5km 设置一套耐高压电动蝶阀,每 0. 5km 设置一套耐高压手动蝶阀。阀门处均设置限位式伸缩器。

③管道加厚壁厚,采用 D1020mm × 14mm 钢管。管道焊接、X 探伤、防腐等采用国标中高标准。管道采用水锤模拟分析,按分析结果采取防止水锤的措施。

④管道每 0. 5km 设置 DN250mm 大口径排气阀,加强对管道的排气措施。

⑤管道在隧道内的基础采用混凝土基础,局部满包加强。

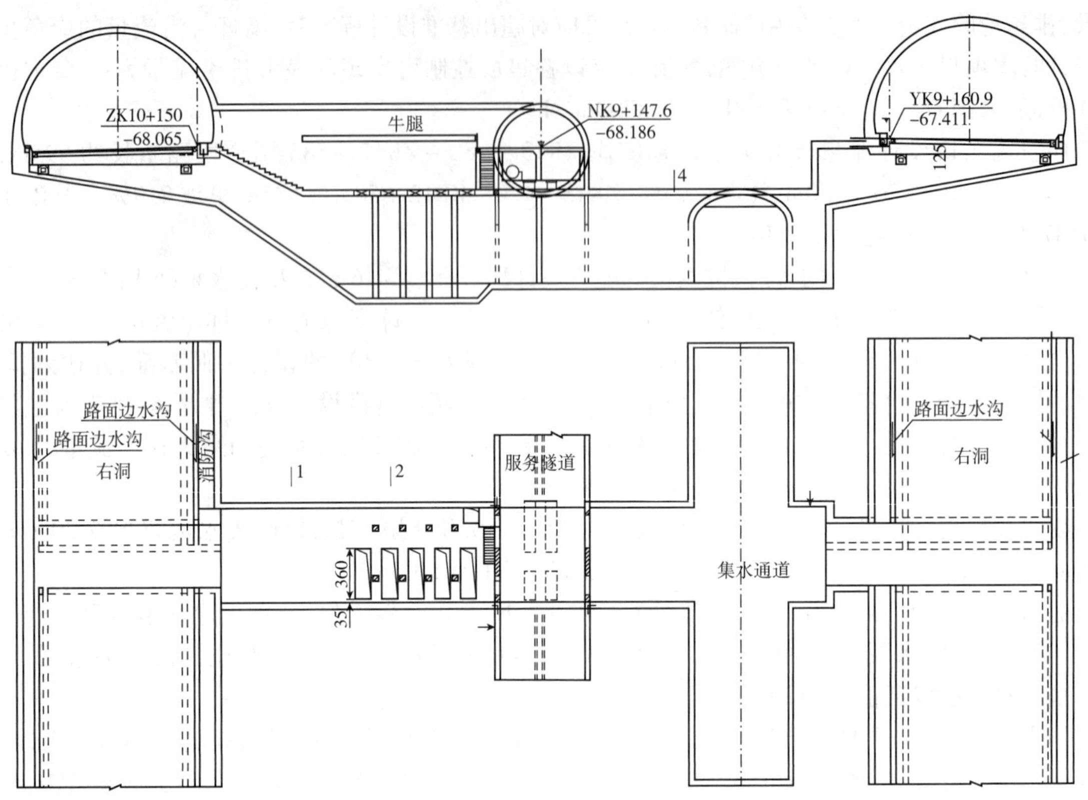

图 1-4-40　洞内排水通道及泵房

⑥隧道排水泵房应设置水位监控及报警，做好漏水预警反应预案。对异常进水量的监控要非常敏感，以争取最短时间可关闭阀门。

⑦加强值班、巡查及维护管理，确保安全。

4.5　特殊地段工程方案

4.5.1　洞口长距离富水地段 CRD 法沉降控制

1. 概述

隧道在洞口陆地及浅滩地段全强风化层较厚，其中进口穿越 600m 全强风化花岗岩，出口穿越 1000m 全强风化花岗岩，隧道埋深 4 ~ 18m。隧道所经全强风化花岗岩已风化成褐红色或灰白色颜色，状态为可塑状的残积黏性土，含云母较多，颗粒组成中粉粒含量几乎占 1/2，土含水饱和度达 94.9%。土的主要物理力学参数平均值见表 1-4-23：

残积黏性土物理力学参数　　表 1-4-23

土的物理性质		稠性限度		渗透系数	压缩性		剪切试验	
含水量（%）	饱和度（%）	液限（%）	塑限（%）	（cm/s）	系数（MPa^{-1}）	模量（MPa）	凝聚力（kPa）	摩擦角（°）
36.7	94.9	44.4	28.0	3.8×10^{-5}	0.4	6.0	43.0	17.8

进口地段及出口部分地段地下水接受雨水补给为淡水，出口大部分地段接受海水渗透补给为咸水；隧道都位于地下水位以下。实际施工时，未扰动情况下，土的地基承载能力达 200kPa 左右，但一经开挖受水的影响，其地基承载能力远远下降，部分只达到 60kPa 左右。因此，如何选择安全、快速的施工方法通过如此长距离大断面含水软弱层，是摆在设计和施工单位的一道难题。

2. 施工方法的选择和初期开挖沉降

考虑本地段地下水十分发育以及施工，设计选用 CRD 工法，如图 1-4-41 所示。CRD 工法，俗称带临时仰拱的中壁墙法，是将隧道整个断面分割成若干个开挖单元的施工方法。由于开挖后可立即施工初期支护及临时支护，使每一个开挖单元均能快速封闭成环，及时、有效地对围岩进行柔性支撑，保证整个断面由若干个稳定结构构成，使每一步施工均保持在动态平衡中，故可有效地限制围岩较大的变形。该施工方法具有台阶法及侧壁导坑法的优点，同时又具有施工进度快、工序转换灵活的特点，对控制隧道下沉及变形有很好的效果。

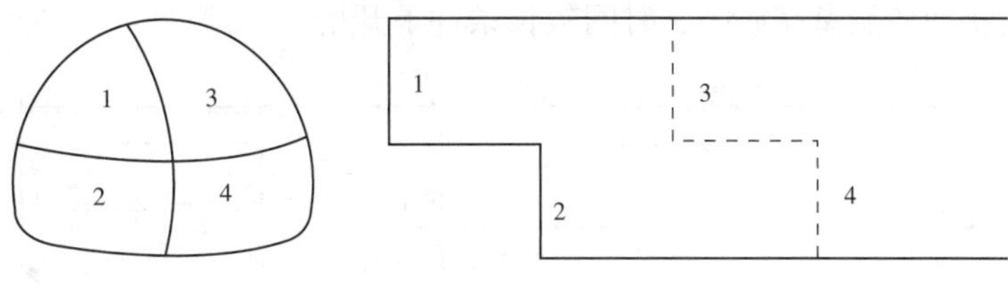

图1-4-41 CRD工法

从本隧道暗洞开挖过洞口40m管棚开始后，根据施工单位的监控量测结果见表1-4-24，围岩拱顶下沉变形较大，部分初支结构表面出现少许裂缝，少量地段拱架连接板开裂张口。

2005年12月28日监控量测日报　　表1-4-24

序号	里　　程	拱顶累计沉降量(mm)	时间(d)
1	ZK12 +444.2	401.9	22
2	ZK12 +437.1	390.0	16
3	ZK12 +431.9	84.0	7

3. CRD分布开挖结构计算

(1)计算目的及模型建立。针对本工程两端都处于长距离的超浅埋软弱含水地层，结合现场施工变形较大的实际情况，设计采用FLAC^{3D}软件进行CRD法开挖以及拆撑和施做初期支护全过程的模拟计算，以对CRD法安全、快速的施工进行理论上指导：

①分析CRD法各个导坑变形、封闭后整体沉降之间的分配比例。

②分析导坑施工工序对沉降的影响。

③提出对CRD施工变形过大的控制措施。

几何模型计算范围：在隧道纵向(y轴)取120m，隧道横向(x轴)取120m，竖直方向上取70m，计算范围满足土体开挖影响$3D \sim 5D$(D为隧道开挖宽度)。CRD工法计算模型如图1-4-42所示。

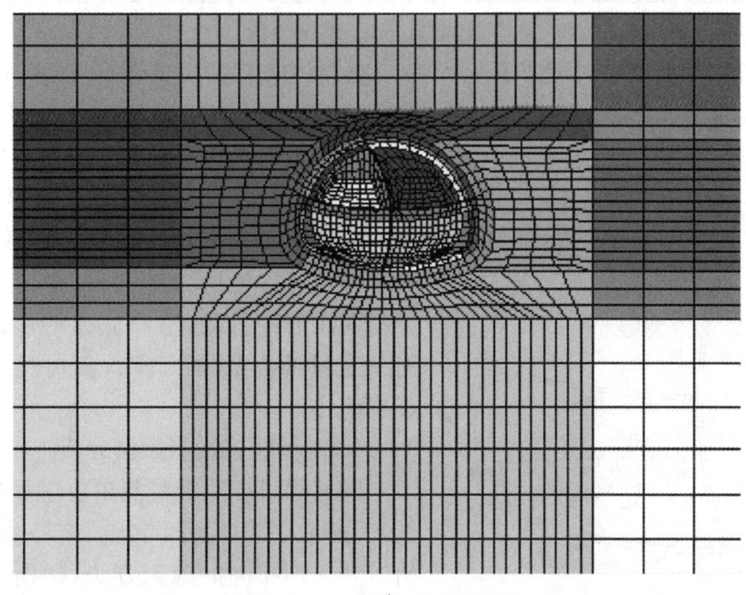

图1-4-42 CRD工法计算模型

(2)施工过程模拟。施工按实际 1→2→3→4 导坑开挖顺序,并模拟各个开挖掌子面推进为 2.5m 一步。图 1-4-43 为各导坑施工错距,核心土开挖比相应的导坑环形部分开挖滞后 5m,各洞室错开 10m 步距。计算模拟了 3 种工况:

①工况一:正常施工情况下。

②工况二:基地弱化条件下开挖。

③工况三:基地弱化和各洞室完成闭合时间较长条件下开挖。

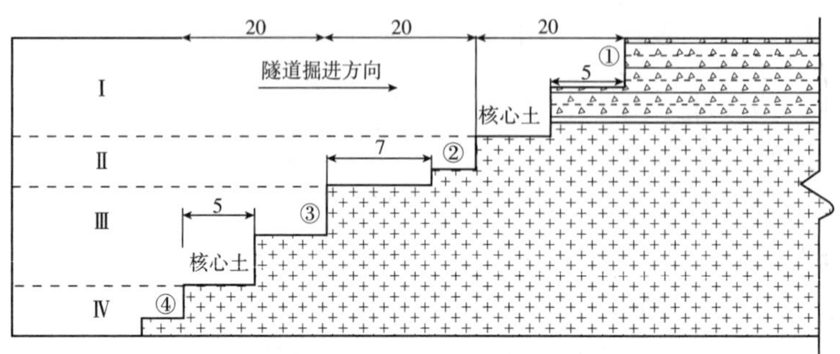

图 1-4-43　各导坑施工错距(尺寸单位:m)

(3)计算结果分析。不同施工工况拱顶沉降情况见表 1-4-25。

各种工况下的沉降情况　　表 1-4-25

工序名称	工　况　一		工　况　二		工　况　三	
	累计沉降(mm)	各洞沉降百分比(%)	累计沉降(mm)	各洞沉降百分比(%)	累计沉降(mm)	各洞沉降百分比(%)
CDR Ⅰ开挖	42	32.1	50	36.7	80	30.0
CDR Ⅱ开挖	75	25.2	81	22.8	140	22.2
CDR Ⅲ开挖	96	16.0	111	22.1	180	14.8
CDR Ⅳ开挖	119	17.6	126	11.0	229	18.1
整体沉降	—	9.1	—	7.4	—	14.9
导坑贯通	131	—	136	—	270	—

注:观测点距各导坑开挖掌子面 10m。

①从数值分析结果来看,施工中仰拱闭合早晚对拱顶沉降起到决定性作用,单个导坑未闭合时沉降值占其总沉降值 75% 以上,尽快闭合仰拱对减小拱顶下沉有很大帮助,因此开挖后应加快仰拱闭合。

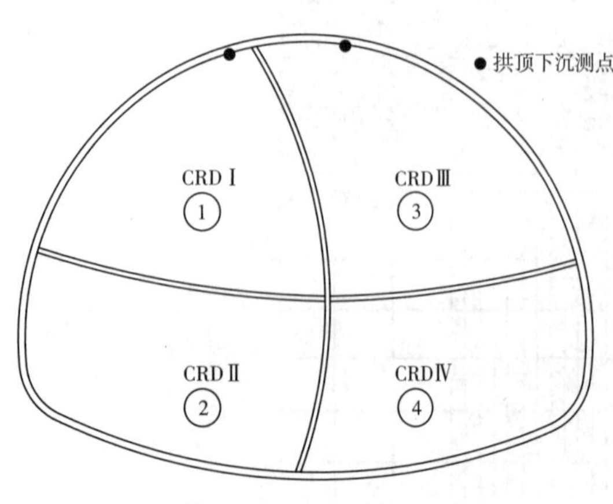

图 1-4-44　CRD 法施工工序

②不论何种工况,CRD Ⅰ开挖产生的拱顶沉降所占整体沉降的比例都是最大的,占 30% ~36.7%,因而控制 CRD Ⅰ的沉降量对减小最终拱顶沉降意义很大。

③由于本地层含水量大,初期支护全封闭后,前方开挖对围岩的扰动,造成应力的重新分配,结构整体仍有一定量的下沉,对于工况三可达到 14.9%,但一般小于 10%。

4. 现场监控量测数据分析

随着第三方监控量测单位进场后,从隧道洞口施工开始,选取了 10 个量测断面进一步进行系统的量测分析。其采用相同的施工方法、断面形式、支护方式以及相似的围岩等级、埋深。位移量测点如图 1-4-44 所示。

各部开挖对最终拱顶下沉量测影响见表1-4-26、表1-4-27。

各部开挖引起的CRDⅠ拱顶下沉量 表1-4-26

开挖部位	各部开挖引起的CRDⅠ拱顶下沉量占总沉降比(%)				总下沉值(mm)
	CRDⅠ	CRDⅡ	CRDⅢ	CRDⅣ	
断面1	46.5	13.3	26.9	13.3	262.7
断面2	50.2	30.4	13.5	5.9	245.3
断面3	52.2	27.1	10.5	10.2	297.0
断面4	69.7	10.6	10.0	9.7	297.0
断面5	51.4	25.4	7.7	15.5	409.6
断面6	55.1	20.5	14.1	10.3	643.5
断面7	59.3	19.8	10.7	10.2	475.7
断面8	48.6	23.2	13.4	14.8	418.7
断面9	44.2	22.2	18.1	15.5	214.5
断面10	54.8	28.9	9.6	6.7	501.3

各部开挖引起的CRDⅢ拱顶下沉量 表1-4-27

开挖部位	各部开挖引起的CRDⅢ拱顶下沉量占总沉降比(%)				总下沉值(mm)
	CRDⅠ	CRDⅡ	CRDⅢ	CRDⅣ	
断面1	—	—	43.8	56.2	74.9
断面2	—	—	64.4	35.6	116.6
断面3	—	—	55.1	44.9	91.1
断面4	—	—	76.1	23.9	146.1
断面5	—	—	52.3	47.7	222.3
断面6	—	—	59.1	40.9	234.5
断面7	—	—	56.8	43.2	251.2
断面8	—	—	60.7	39.3	206.7
断面9	—	—	57.5	42.5	98.4
断面10	—	—	62.3	37.7	235.5

由表1-4-26可以看到:①CRDⅠ的开挖对本部拱顶下沉的影响最大,其量值大到最终预测拱顶下沉值的45%~55%,这和理论计算有一定出入。主要是因为CRDⅠ施工难度最大,控制因素较多,如超前支护的注浆效果、施工排水的及时性、工序转换的及时性、土层的复杂性等都对沉降有很大影响。②CRDⅡ的开挖对CRDⅠ拱顶下沉的影响据第二位,其量值占最终预测拱顶下沉值的20%~30%,这和理论计算基本一致。③CRDⅢ的开挖对CRDⅠ拱顶下沉的影响占最终预测拱顶下沉值的10%~20%。④CRDⅣ的开挖对CRDⅠ拱顶下沉的影响占最终预测拱顶下沉值的10%~15%。

由表1-4-27可以看到:①CRDⅢ的开挖对本部拱顶下沉的影响最大,其量值为最终预测拱顶下沉值的55%~70%。②CRDⅣ的开挖对CRDⅢ拱顶下沉的影响占CRDⅢ最终预测拱顶下沉值的30%~45%。

根据拱顶下沉时态曲线,如图1-4-45所示,可以看到:①掌子面开挖后数据增长很快,当仰拱闭合后数据呈现明显的收敛趋势;当另一个工作面经过量测断面时,数据呈台阶式增长,而当该工作面的仰拱闭合后,数据又重新呈现收敛趋势。②根据统计资料,各个施工部的开挖对监测断面的影响主要集中在开挖面到达监测断面前5m至经过监测断面后的10m范围内,在施工过程中要对这一区段加强监测。因此,各个施工部台阶长度最好控制在3~5m,最多控制在10~15m。这样拱顶下沉量测受其他掌子面开挖的共同影响较小,有利于结构安全。

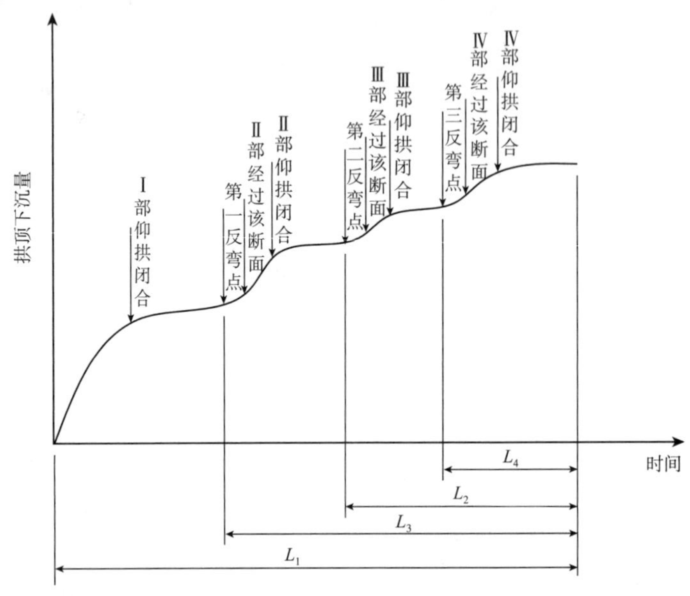

图1-4-45　各部开挖对拱顶下沉时态曲线

5. 注意事项

根据以上分析,为了控制好沉降,要求在后续实际施工过程中。除了应严格按施工工序和工艺流程的要求作业外,还提出了一些针对性措施:

(1)控制施工进尺及台阶长度。在工程超浅埋的条件下,一次施工进尺的间距越大,地面沉降瞬时值越大,且作用在结构上的荷载和内力的瞬时值也越大。另外,台阶过长,使各阶段有充分的变形积累时间,因此将导致过大的变形。但是台阶过短,会对掌子面的稳定不利,且不便安排作业工序。

(2)尽早设置临时仰拱,使支护结构成环。由于临时仰拱对抑制未闭合结构早期的下沉和水平位移起关键作用,所以各部仰拱设置的早晚及其封闭质量,将直接影响到各部结构的沉降和两侧土体的水平位移大小。因此,在条件具备时,开挖后的结构与仰拱施作最好同步进行,或者在开挖后的结构完成以后18h内封闭仰拱。

(3)管超前,严注浆,尤其需要及时对初期支护和围岩之间的空隙进行补充回填注浆。由于CRD法施工的地层多处于无胶结、土质松散、自稳性差的原状土层,所以必须对工作面进行超前注浆加固后开挖;考虑到本地段基本处于超浅埋地段,荷载均以松散荷载形式出现,开挖后围岩卸荷时间快,要求初期支护在第一时间具有一定的刚度,因此选用钢拱架较为适宜;但钢拱架背后的喷射混凝土很难充填密实,这将影响支护效果,故对于喷射混凝土与地层之间的间隙应及时注浆填充。通常是滞后工作面3m左右,在拱部左右45°处埋设注浆管,当喷好混凝土1d后即可填充,否则可能增加30~40mm的沉降量。

(4)初期支护应严格按照规范要求进行初喷,立钢架并铺设第一道钢筋网后进行复喷,挂第二道钢筋网后进行补喷。

(5)临时仰拱及中隔墙钢支撑连接部钢板加厚成2cm,并设加筋肋板,相临钢架之间的接逢必须错开,避开最大弯矩位置。钢架之间的连接也可采用夹板工艺处理,板厚不小于1cm。连接螺栓后,夹板与拱架周围要焊接牢靠。

(6)CRD法开挖时,Ⅰ、Ⅲ部上的挖掘机等重型设备作业空间应保证位于Ⅱ,Ⅳ未开挖土层上。

(7)加强施工过程动态管理。由于引起沉降的原因是多方面的,控制沉降措施也必然是多方面的,现场技术人员应时刻注意量测结果,随时发现失控点,及时采取补救措施,进行动态管理。

4.5.2 浅滩含水砂层地段处理要点

1. 概述

隧道在海域浅滩段穿越富水砂层总长约610m,是该工程施工的难点之一,也是以往海底隧道施工过程中所未曾遇到过的,没有现成的施工经验可供借鉴。富水砂层段位于海域浅滩人工围堰内,原始地貌属于潮间带海滩,为含泥质的沙滩,向海域倾斜。地层由上向下依次为第四系人工填筑层(Q_4^{me})、海相沉积层(Q_4^{mc})淤泥、冲洪积黏土(Q_3^{al+pl})、砂、下伏燕山早期($\gamma_5^{3(2)b}$)黑云母花岗岩,各主要岩土体地质特征如下:

(1)填筑土:为隧道洞口开挖的弃土,成分主要为砂质黏性土、全~强风化花岗岩,稍湿,松散,厚薄不均,下部含较多淤泥,淤泥深灰色,流塑,含贝壳碎屑及砂粒。

(2)黏土:以白色为主,局部为棕黄夹灰白色,含较多的砂粒,局部夹有细腻的黏土层,硬塑~半干硬状。

(3)粗砂:黄色为主,饱和,中密,成分以石英、长石为主,粒较均,呈透镜体状分布于黏土中,厚度为0.5~0.7m。

(4)粗砾砂:黄色为主,底部多为灰白色,饱和,密实,成分以石英、长石为主,局部含铁、锰质胶结物,往海域方向砂层底部逐渐含少量卵砾石,直径一般小于3cm,偶见4~8cm,砂层厚1.2~13.5m。

(5)全风化花岗岩:一般呈棕黄~灰黄色,含灰白色及褐色斑点,岩体呈硬塑~半干硬砂质黏土或砂质亚黏土状。

(6)强风化花岗岩:褐黄色、岩石风化严重,岩芯呈密实砾砂夹黏土状,局部夹块状,块质软,锤击易碎。

各岩土层主要物理力学指标值见表1-4-28。

各岩土层主要物理力学指标值 表1-4-28

岩土层名称	状 态	层厚(m)	标贯击数[击/(30cm)]	渗透系数($\times10^{-5}$cm/s)
填筑土	松散~密实、硬塑	1.00~8.00		
黏土	硬塑	6.75~16.50	8.0~36.0	9.4
砾砂	密实、饱和	1.20~8.45	83.6	354.0
全风化花岗岩	硬塑~半干硬塑	2.00~10.00	49.3	3.0

工程范围内砂层中的孔隙水可视为陆域地下水与海域地下水之间的过渡带,受潮汐的涨落影响,当海水处于高潮时,海水向陆域渗透,补给陆域地下水,反之陆域地下水向海域排泄。下部风化基岩孔隙裂隙水因与上部的松散岩类孔隙水之间无隔水层,可接受上部孔隙水的垂直入渗补给或越流补给,各含水岩层的地下水均具承压性。

由于砂层与海水直接连通,具有承压性,一旦发生涌水、涌砂事件将对整个工程产生灾难性的后果。设计拟采用垂直或水平高压旋喷桩对砂层进行固结处理,后根据现场试验研究结果和专家论证意见,最终确定采取在地表采用地下连续墙和疏干减压井控制地下水、在洞内采用超前预注浆固结砂层相结合的施工方案。

2. 设计方案的确定

原设计根据砂层的空间分布形态的不同,拟采用两大方案处理:对于砂层未侵入隧道开挖断面的地段,采用在隧道开挖前通过超前水平高压旋喷桩结合超前小导管注浆,如图1-4-46所示;对于砂层侵入隧道开挖断面的地段，采用满堂垂直高压旋喷桩结合超前小导管注浆形成闭合帷幕，阻止地下水和治理流沙，再采用双侧壁导坑法开挖。

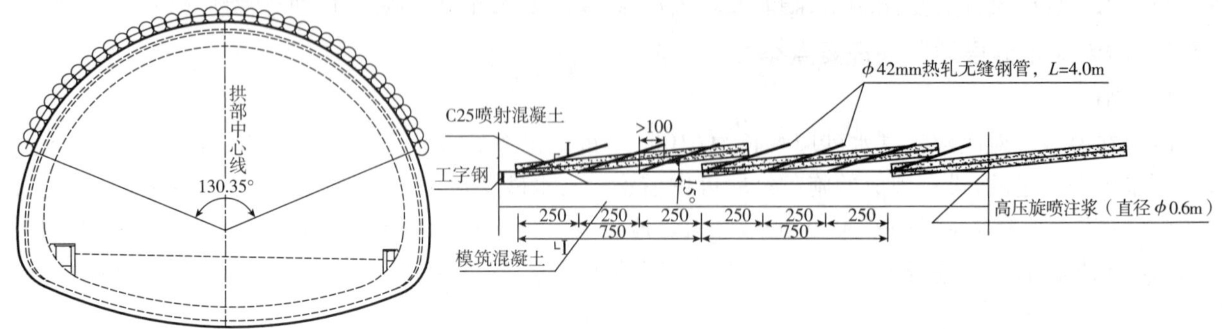

图1-4-46 水平高压旋喷桩纵、剖面（尺寸单位：cm）

通过现场反复试验，发现高压旋喷桩在动水环境下成桩效果较差，渗透系数和抗压强度均达不到设计要求。

由于双侧壁中导坑断面呈蘑菇形，最大跨度达12m，不利于控制初期支护变形，且拱部砂层在开挖施工时极易发生垮塌；另外下部断面窄，距离拱顶高，也不利于紧急情况下的抢险救援。经过专家论证一致认为，隧道安全穿越砂层主要是解决砂层承压水和提高松散砂层稳定性。经过比选，最终确定采用以下施工方案：

(1)在地表采用地下连续墙和降水井控制地下水。

(2)在洞内采用超前小导管预注浆对砂层进行固结处理。

(3)采用CRD法开挖。

3. 地下连续墙和降水井设计关键技术

首先采用帷幕止水，切断海水对砂层的补给通道，并通过降水井疏干砂层中的水，使该区域满足隧道施工要求，消除隧道施工时砂层产生突水、涌水和坍塌的安全隐患。

(1)地下连续墙设计。根据地质条件，由于砂层覆盖影响区达610m，为不影响隧道施工及确保止水效果，利用地下连续墙将整个砂层段分隔成仓，分期抽水。纵向连续墙沿左、右线行车隧道外侧15m进行布置，横向连续墙根据实际情况进行布设，本段砂层共设置3道横墙（如图1-4-47～图1-4-49所示）。

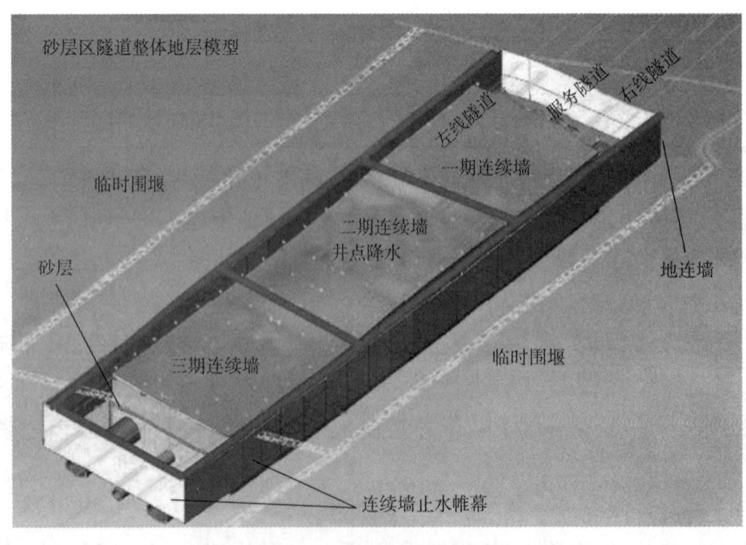

图1-4-47 地下连续墙、降水井与隧道关系一

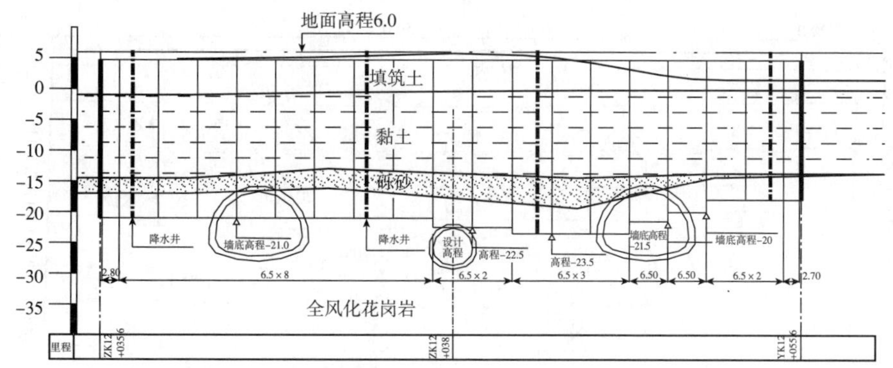

图1-4-48　地下连续墙横墙与隧道关系二(尺寸单位:m)

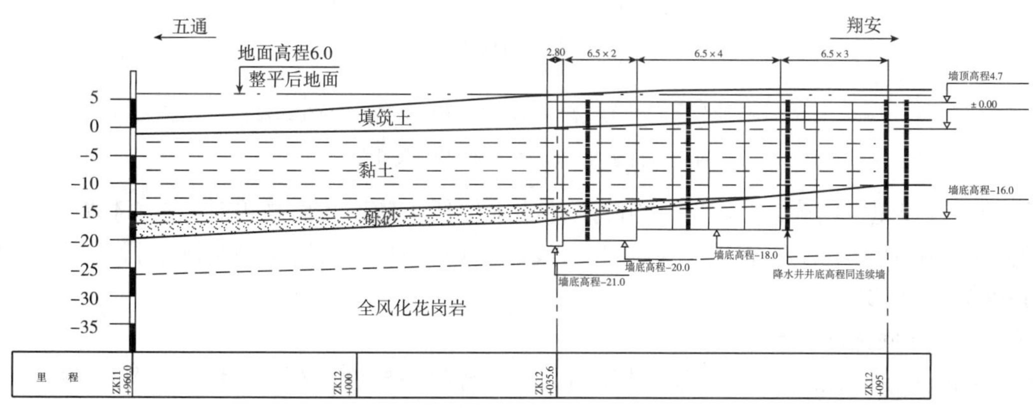

图1-4-49　地下连续纵墙与隧道关系三(尺寸单位:m)

地下连续墙导向槽采用C30钢筋混凝土浇注,导墙埋深1~2m,墙顶高出地面0.1~0.2m,导墙内净距比连续墙厚度大3~5cm;地下连续墙采用素C25水下混凝土,厚度为60cm,与导墙搭接20cm,地下连续墙垂直方向穿过砾砂层,进入全风化花岗岩层深度4.0~6.0m,防止海水从连续墙底部绕流进入帷幕区内。连续墙基本单元槽段为6.5m,拐角、T形槽段设长短边,短边长最小为一个抓斗的长度,闭合槽由周边尺寸进行适当调整。

连续墙成槽采用平行流水作业、三抓成槽工艺,同时为提高施工功效,适当采用"两钻一抓"特殊工艺成槽。在抓槽施工过程中,如遇到孤石或者其他胶结物硬块时,换用冲击钻冲碎后再用抓槽机抓取。

(2)降水井设计。疏干井采用大口径无砂混凝土管,井径600mm,井壁填充滤料采用5~10mm豆石。井纵向间距15~20m,共设置4排,分布在主洞外侧及主洞与服务隧道之间。井深根据隧道及临近的连续墙槽深设置,深井主要设置在连续墙周边,井底进入全~强风化层6.0m。浅井设置在内部,井底进入砂层底部即可。降水井具体位置及数量根据成槽揭示砂层及抽水状态进行调整。

观测井用来观测水位变化情况,检测抽水及帷幕效果。沿地下连续墙外侧设置井径为130mm的观测井(井底高程与临近地连墙底高程齐)。观测井纵向间距70m,横墙由于长度较短,在外侧设置2口;连续墙内侧可利用部分降水井作为观测井(如图1-4-50所示)。

连续墙防渗止水帷幕封闭后即可以开始大面积抽水,抽水采用智能高扬程潜水泵,既能减少抽水人员又能做到及时抽水。为防止突然停电而造成降水停止,现场要根据水泵总功率配置发电机、动力电和自备电源设置自动切换装置。由于降水井点多,面广,水泵抽出的水全部用软管接到导墙内统一排入海内。

抽水期间,每天派专人定时观测降水井并记录井水位变化情况,汇总整理后及时分析,指导施工。如发现降水井水位下降缓慢或者不下降,考虑在内侧加密降水井和采用大功率水泵抽水;如发现观测井水位下降较大,在出水量较大部位连续墙外侧区域增设一定数量的降水井,用以降低外侧水位,进而降低内

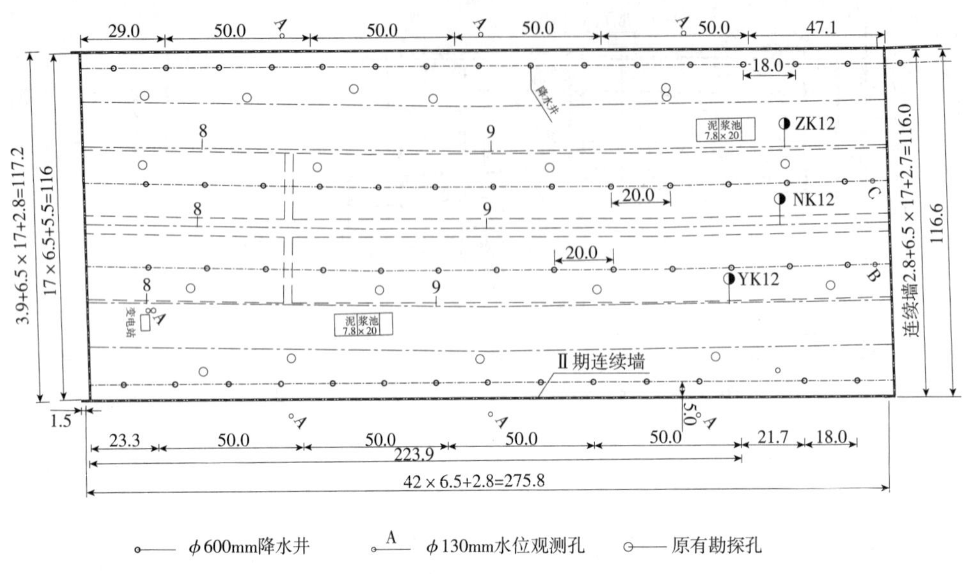

图1-4-50 降水井、观测井平面布置(尺寸单位:m)

外水头差,减少绕流量。当确认封闭区域内降水井的水位低于砂层底面高程时,隧道才能进入该分仓区进行开挖。在砂层地段开挖前,首先应对所要开挖段前20m范围内的降水井情况进行分析,了解水位的降升及可能的分布情况。

4. 洞内砂层加固关键技术

在正式穿越砂层施工前,对砂层试验段分别进行了普通小导管(材料采用水泥浆)和TSS小导管后退式注浆(材料分别采用水泥浆、水泥水玻璃双液浆、固沙剂)超前预支护试验。通过对注浆试验的注浆效果进行比较分析(见表1-4-29),确定了以下经济合理的砂层加固方案。

注浆试验对比 表1-4-29

导管类型	注浆液	配比	固结时间(min)	优点	缺点	最佳方案
普通小导管	水泥单液浆	$W:C=1:1$	480	成本低	施工时小导管进砂,注浆效果差,固结时间长,不利于施工进度	采用TSS管注水泥-水玻璃双液浆(1:1):0.2
TSS小导管后退式分段注浆	水泥单液浆	$W:C=1:1$	480	成本低,可注性好	固结时间长,不利于施工进度	
	固砂剂	$W:S=3:1$	360	颗粒细,可注性好	成本高,固结时间较长,不利于施工进度	
	水泥-水玻璃双液浆	$W:C=(1:1):0.2$	16	可注性较好,固结时间短,可提高施工进度	对现场操作要求较高	

超前小导管及掌子面临时封闭措施。根据降水井的水位、水平探孔的水量情况以及掌子面土体的稳定性等设置超前小导管。

(1)如果水平探孔出水量小(未见有股状出水)以及掌子面土体比较稳定,表明砂层下的全风化层具有较好的隔水能力,则:①砂层地段超前小导管环向采用长度为3.5m的TSS双液注浆小导管(ϕ42mm×3.5mm),搭接长度为1.5m,环向间距为20cm。非砂层地段超前小导管环向采用长度为

3.5m 普通单液注浆小导管(ϕ42mm×3.5mm),搭接长度为1.5m,环向间距30cm。②在掌子面弧形开挖面内砂层采用塑料网喷混凝土封闭,喷射厚度为8cm。掌子面砂层封闭地段超前小导管,采用3.5m长TSS注浆小导管(ϕ42mm×3.5mm),每2m一个循环,小导管按照1.0m×1.0m梅花形布置(如图1-4-51所示)。

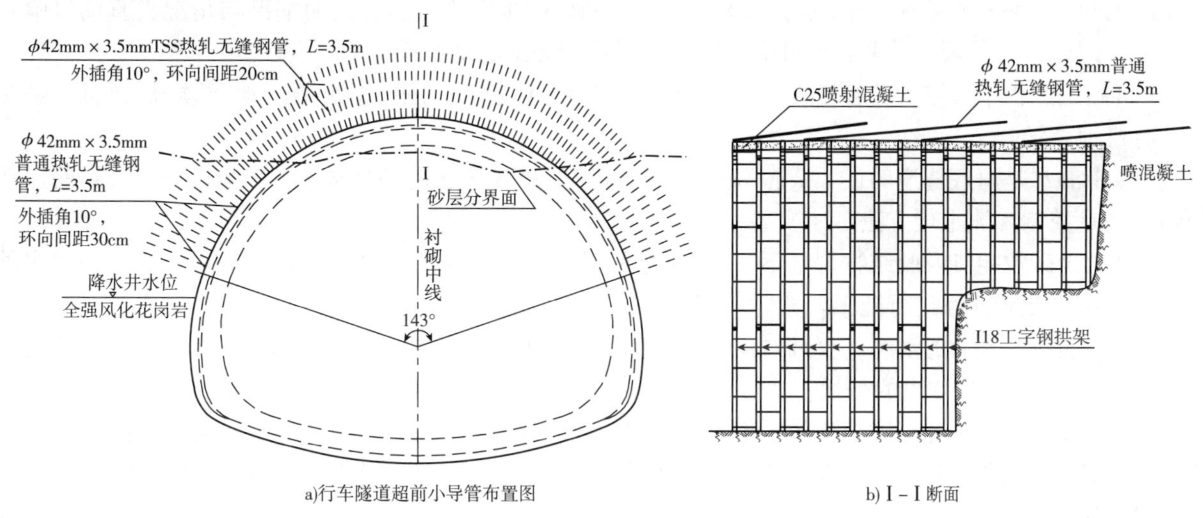

图1-4-51 行车隧道拱部超前小导管(尺寸单位:cm)

(2)如果水平探孔出水量相对较大(见有股状出水)以及掌子面出现渗水、局部崩塌呈流塑状,表明砂层下的全风化透水能力较强或砂层出现起伏下降,则:①位于水位以下地段导管采用长短结合的TSS注浆小导管,即2排3.5m长TSS注浆小导管(ϕ42mm×3.5mm)+1排8m长TSS注浆小导管(ϕ42mm×3.5mm),每排间距2m,环向间距为30cm,其余地段同①。②位于水位以下掌子面弧形开挖面砂层采用C25塑料网喷混凝土封闭,喷射厚度为10cm。其掌子面封闭地段超前小导管,采用6m长TSS注浆小导管(ϕ42mm×3.5mm),每3m一个循环,导管按照1.0m×1.0m梅花形布置,如图1-4-52所示。

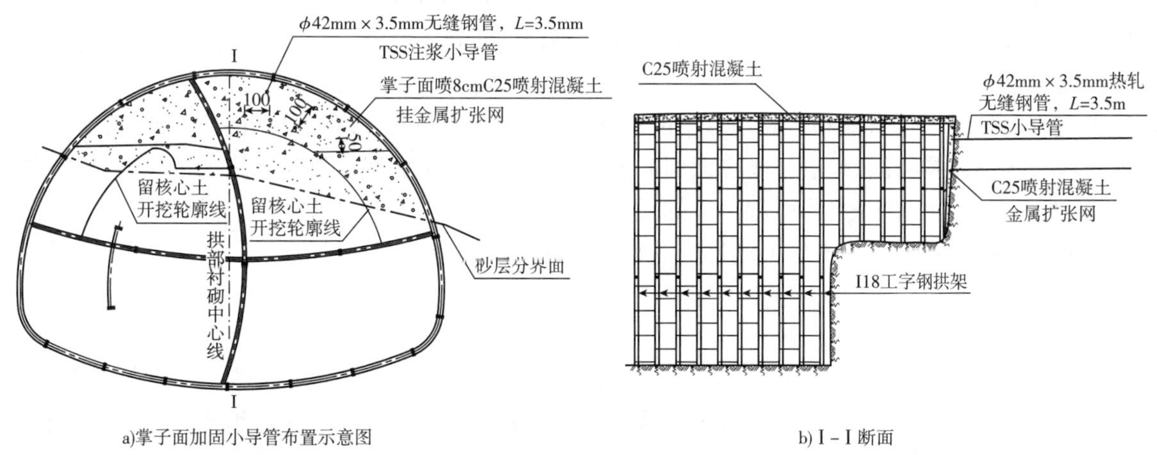

图1-4-52 掌子面加固示意(尺寸单位:cm)

(3)小导管注浆参数如下:①普通超前小导管注浆采用纯水泥浆液,注浆参数如下:水泥浆水灰比为:1~1:1.5;注浆压力为1.0~1.5MPa。②TSS超前小导管注浆采用水泥水玻璃双浆液,注浆参数如下:水泥水玻璃浆液水灰比为(1:1):0.2;注浆压力为0.5~1.0MPa。③当掌子面出现粉砂及含较多胶结物的砂层时,在采用普通水泥浆注浆效果比较差的情况下,可使用超细水泥及固沙剂代替普通水泥注浆。

5. 总结

隧道穿越富水砂层的设计实践证明,采取地下连续墙和疏干减压井对地下水进行控制,以及洞内采用小导管注浆加固砂层的技术方案穿越富水砂层是非常有效的。隧道在穿越富水砂层施工时,洞内掌子面开挖揭露的围岩除局部因砂层处于V形低洼谷底有少量渗水外,大部分较干燥。通过注浆可以固结止水,掌子面砂层注浆固结后,自稳性大大增强,每天平均开挖进尺可以保持在1.5m以上。通过对富水砂层的成功处理,可以说为今后类似海底隧道施工取得了一定的经验:

(1)加强前期地质勘察工作,由于深水海洋地质勘察的难度高、投入大,而漏勘与情况失真的风险程度增大。因此设计阶段要采取各种可能方法进行尽可能详细的地质勘探。

(2)施工过程中要进行综合地质超前预报,其本质特色是将长、中、短距离的地质预报与物探、钻探三者有机地相结合。

(3)渗涌水是海底隧道的最大威胁,施工期应随时了解掌子面前的地质和水文地质条件,超前探孔和预注浆是控制渗流最佳方法。

(4)由于砂粒粗细及胶结物含量不一,应充分利用各种浆液的优点,相互弥补其不足,综合采用多种注浆材料组成配套体系进行施工。

(5)加强应急预案的演练,充分做好各项应急准备工作和应急救援物资的储备,确保应急通道的畅通,确保紧急情况下风水电的畅通。

(6)做好初期支护补偿注浆工作。由于砂层在停止抽水后水位恢复较快,海水对初期支护钢架容易造成腐蚀,因此要严格喷混凝土工艺,确保立钢架前喷射混凝土厚度达到要求,并预埋注浆管,喷混凝土后及时注浆填充初期支护后空隙。

4.5.3 海域风化深槽全断面注浆设计要点

1. 概述

翔安隧道于2007年下半年由陆域隧道进入难度最大、最危险的海域部分。海域隧道地段存在多处风化深槽,岩体主要为全、强风化花岗岩,每处长50~140m,静水压力为0.5~0.7MPa。在海域内,左线有10处以上位于风化槽地段,其中有3处在风化槽内穿过;右线有9处以上位于风化槽地段,其中有4处在风化槽内穿过。风化槽地段围岩风化不均匀,土石交结面渗水量大,其矿物成分是由花岗闪长岩风化形成的,主要由高岭石组成,其含量为50%~77%,为长石的风化蚀变矿物,仍保留了原岩的结构。

风化槽地段施工为该隧道施工中最困难的部分,该段隧道施工过程中的衬砌、围岩及临时支护的力学特征以及施工阶段的水害防治为人们所广泛关注。海域风化槽地段施工所面临的主要问题就是水害,包括施工过程中的突涌水事故和运营过程中的渗漏水。事实上,海底隧道施工中的突涌水事故多发生在不良地质段及地层结构界面,地层过度变形引起地层开裂以及地层坍塌诱发海水涌入等。若技术设施不到位,极易发生坍塌、突水事故,将引起巨大的投资增加、工期延迟,危及人员与设备的安全;尤其是海底隧道,这种危害性会更大,甚至造成灾难性的后果。因此如何安全、稳妥地处理风化槽为本隧道能否顺利建成的关键。

2. 设计方案的确定

风化槽的处理主要解决两个问题:一是如何加固地层,使其具有足够的承载能力以保持隧道的稳定性;二是如何防止海水通过断层及软弱带进入隧道。这需要充分利用地质勘察及地质预报系统进行详细分析,取得相关的力学性质、范围及水文条件等资料,运用辅助施工措施对风化槽进行加固及对地下水进行封堵后方可进行开挖。开挖时应坚持短进尺、强支护、快封闭、勤量测的方针,严格控制爆破药量,以减少对围岩的扰动;掌子面的开挖宜多采用分步开挖方法。

国内外常用的辅助施工措施是:超前预注浆加固地层、冻结法、迂回导坑施工法等。超前预注浆法又根据加固方式、材料性能、施工工艺和加固范围的不同可衍生出其他许多方法。

(1)超前预注浆加固。预注浆法加固地层的基本原理是利用软弱、松散地层的可渗透性,用人工的方法将胶结材料注入地层,使其扩散胶凝或固化,以达到对软弱围岩、断层破碎带、含水构造体加固地层目的的辅助施工方法。

隧道围岩加固堵水注浆方法一般分为全断面超前预注浆、周边帷幕注浆、径向固结注浆等，其适用范围及优缺点见表 1-4-30。

隧道及地下工程注浆方法 表 1-4-30

序号	名 称	说 明	适用范围	优 缺 点	在本工程中应用
1	全断面帷幕预注浆	钻孔分布在开挖面内及轮廓线外一定距离，注浆形成一个整体	无排水条件工程	优点:效果好 缺点:工作量大	海底风化槽、断层破碎带
2	周边半封闭预注浆	在工作面周边布孔，浆液在开挖轮廓线外形成堵水帷幕	隧道、基坑能自然排水	优点:快速 缺点:针对性不强	一般裂隙带
3	小导管注浆	将带孔的钢花管作为注浆管，浆液通过钢管进入地层，钢管起输浆和超前锚杆作用	松散软弱岩层	优点:方便灵活 缺点:支护范围短	软弱底层开挖处
4	围截注浆	在出水口一定范围内布孔注浆，先外后内最后顶水注浆封堵涌水	集中涌水	优点:效果明显 缺点:适于局部	可用
5	充填注浆	在支护背后与地层之间存在空隙，浆液充填加固和堵水	衬砌支护背后	优点:填充密实 缺点:需要探测	可用
6	径向固结注浆	衬砌或一次支护完成后，通过注浆加固围岩，增强支护抗力，减小急剧变形和大面积淋水	隧道围岩	优点:堵水并加固效果好 缺点:作业干扰大	可用

(2)冻结法。地层冻结法是采用人工制冷来固结不稳定松散砂土地层或软岩地层，并隔断地下水的施工方法。采用盐水或液氮及冷冻技术在地层内形成临时冻土带，使其成为施工作业区的围护结构和防渗墙，以便工程能安全、顺利施工，这类辅助施工方法称为冻结法。

该类辅助施工方法的缺点是造价较高，一般仅在施工难度较大的局部地段采用。

(3)迂回导洞法。海底隧道不良地质地带施工时，由于遇到突水突泥的威胁，隧道施工进度受阻，处理困难，如果等各种条件都具备再往前施工，将会极大地影响施工进度。根据地质超前预报能够回避不良地质地带时，采用迂回导坑法施工，穿越不良地质地带，然后在两面进行夹击，处理不良地质地带，将会大大加快施工进度，保障隧道施工安全。

根据海底隧道的特点，处理方法以超前注浆为主，主要措施采用全断面(帷幕)超前预注浆配合长短结合的超前注浆小导管或超前大管棚辅助施工措施进行处理，并利用服务隧道或施工斜井采用迂回导坑两面进行夹击。

3. 全断面(帷幕)超前预注浆

(1)全断面注浆设计。全断面超前预注浆是在隧道开挖土体及周边围岩一定厚度范围内进行超前预注浆加固，形成止水帷幕以阻截地下水渗入，增强地层自稳能力，达到顺利开挖支护的目的。全断面注浆具有堵水效率高，耐时久，且兼有加固地层的作用。特别是在防水要求高或富水软弱地层隧道中，注浆几乎成为隧道围岩防水问题的必要手段。日本的青函海底隧道、我国的大瑶山隧道、南岭隧道、军都山隧道、圆梁山隧道等，都采用了全断面或帷幕注浆方式进行围岩堵水和地层加固，并取得了较多成功的经验。

风化槽全断面注浆设计布置如图 1-4-53 所示。

(2)注浆参数选择。

①注浆段长。既要考虑保证注浆质量，同时又要尽可能减少工序转换时间，利于加快施工速度，保障作业安全，根据钻注设备的能力、效率以及注浆有效范围等加以确定。一般注浆段长不要太长，实现短段长，快循环，同时亦可减少塌孔卡钻等事故，提高钻孔利用率。以前国内深孔注浆钻孔由于受到钻孔机械性能的限制，多在 20m 以内。根据目前国内外钻孔机械发展情况，地质钻机钻进 100 ~ 200m 已经很轻松，但从注浆施工角度来说，钻进 30 ~ 50m 较为方便。

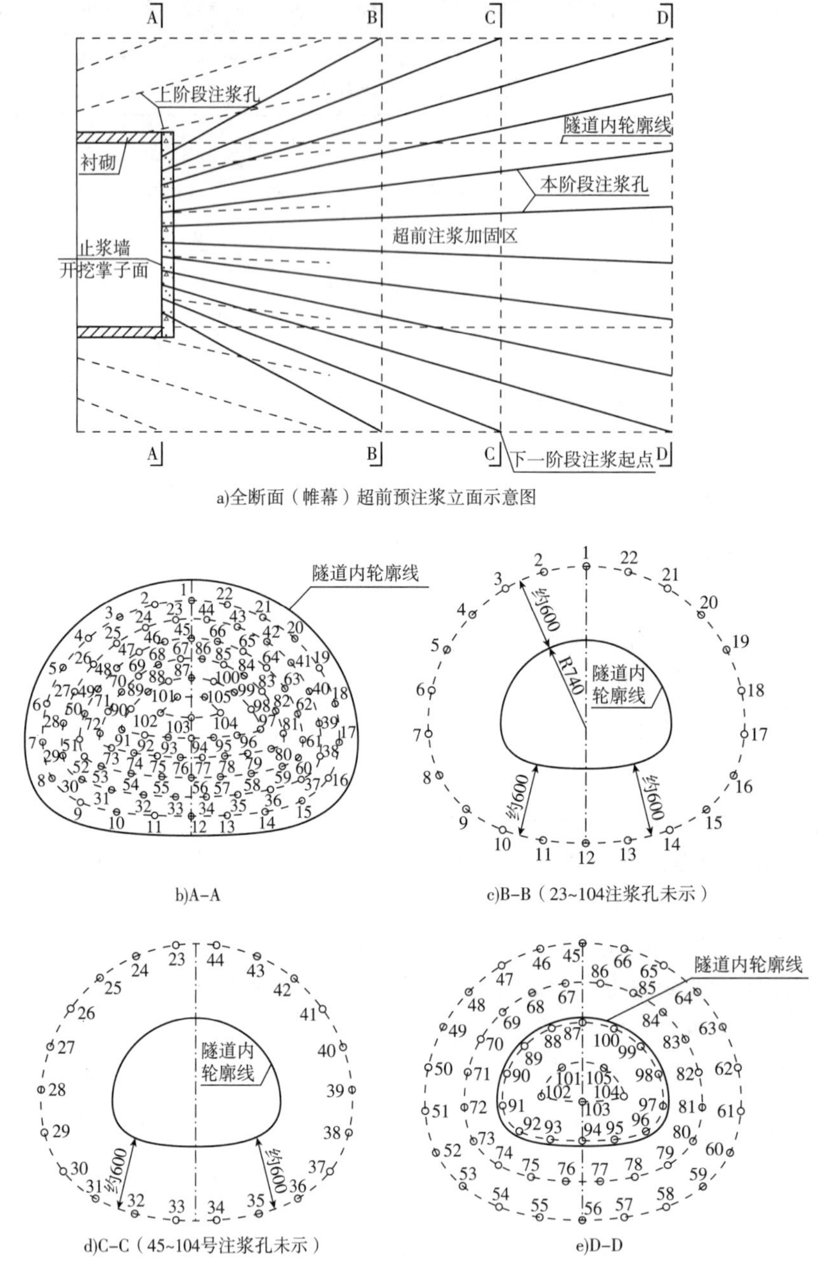

图1-4-53 全断面超前预注浆设计

大瑶山隧道用小导管注浆，注浆段长6~8m；军都山用管棚注浆，注浆段长16m；圆梁山隧道深孔帷幕注浆，钻孔长度30m；歌乐山隧道钻孔深度26~30m；南岭隧道DK1936+207处岩溶带注浆钻孔深度为35~50m。可见国内隧道工程随着科技的发展钻孔深度越来越深，日本20世纪70年代在青函隧道帷幕注浆施工中就采用50m长的注浆深度。本项目机械设备要求采用进口的具有钻孔及注浆一体式设备，因此风化槽全断面注浆采用30~40m的注浆段长较为合适。

②注浆压力是浆液在受注地层内运动的阻力所做的功。阻力来自于地下水的静水压力、裂隙壁的摩阻力、浆液本身黏着力和凝胶过程中的阻力及推动浆液前进的动力。所以说，它是每一孔及每一阶段一个变化值。从浆液流动来说，压力越大，扩散范围越大，注浆速度也高，从而可以减少钻孔数和提高作业效率，但是注浆压力过高可能会造成串浆和浆液扩散超过设计范围而造成浪费。因此注浆压力既不能过大，也不能过小。根据多数工程实例，注浆压力取静水压力的2~3倍，即

$$P=(2\sim3)P_0 \tag{1-4-12}$$

式中：P——注浆终压(MPa)；

P_0——渗透地下水压力(MPa)。

浆液在裂隙中的摩擦阻力受裂隙大小、延伸方向和其中存在的填充物有关，同时取决于浆液的密度和黏度。全断面深孔预注浆注浆压力取值为：钻孔深度小于30m时为1.5～3MPa；钻孔深度大于30m时为3～4MPa。

③浆液扩散半径是指单个注浆孔注浆时浆液在围岩中扩散的有效范围。一般对其的影响因素归纳为：浆液的浓度和凝胶时间、岩层裂隙大小、透水系数、注浆压力及压注时间等。对于具体地层，当浆液和注浆压力确定后，其有效扩散半径应该是一个稳定值。

水泥系悬浊液浆液扩散半径可按下式计算：

$$R_e = \frac{r_\omega \cdot g \cdot h \cdot r_e}{2s} + r \tag{1-4-13}$$

式中：R_e——悬浊液的渗透半径(cm)；

r_w——水的单位质量(g/cm^3)；

h——注浆压力(或水头)(cm)；

r_e——孔隙等效半径(cm)；

s——注浆材料凝胶强度(dyn/cm^2)；

r——注浆孔半径(cm)。

对于本项目风化槽高压深孔全断面注浆扩散半径设计考虑为2m，小导管及径向后注浆扩散半径设计为0.8～1m。

④注浆加固范围。注浆的目的就是通过注浆使隧道开挖轮廓线外一定厚度的围岩固结成一个封闭止水帷幕，防止地下水涌入开挖面而导致岩体失稳；同时形成一个承载结构，承载水压力和围岩压力，防止围岩松动破坏，保障施工安全。

根据预注浆加固地层可以有效地改善围岩整体结构、调整原岩应力状态、制约围岩松动变形发展的作用机理。注浆有效范围根据涌水压力、围岩应力以及隧道几何特征和施工方法等，并考虑注浆与支护共同作用加以确定。

注浆区域应根据围岩止水的有效范围进行计算。当为硬岩时，全断面预注浆一般加固范围为开挖毛洞半径的2～3倍；当为软岩时，全断面预注浆一般加固范围为开挖毛洞半径的3～5倍。军都山隧道泥石流段预注浆加固范围为5～8m，南岭隧道深孔注浆加固隧道开挖面以外4～5m，大瑶山小导管超前预注浆由于支护体系较强，加固范围在开挖轮廓线以外1～1.5m。圆梁山隧道、歌乐山隧道高压岩溶涌水地带加固范围为5～8m，日本青函隧道加固范围为10～15m。

本项目根据地质情况及工程类比，可考虑全断面超前预注浆范围为开挖轮廓线外5m，超前小导管注浆加固范围为拱部开挖轮廓线外1～1.5m。同时根据地质情况和隧道围岩变形破坏规律，对注浆加固范围进行了有限元计算。计算结果显示，在海底隧道软岩部分，注浆加固范围在开挖轮廓线外5m隧道是安全的。硬岩地段注浆的目的是为了堵水。

⑤注浆孔布置。全断面帷幕注浆孔间距L一般为注浆扩散半径R的1.5～1.75倍，即$L=(1.5\sim1.75)R$，可根据注浆加固范围、注浆扩散半径均匀布置。

厦门翔安隧道海底隧道在潮间带、断层带、海底风化槽部位经全断面注浆及辅以超前小导管补充注浆，小导管沿开挖轮廓线周边布设。小导管为ϕ42mm钢花管，长3.5m，环向间距0.4m，每循环加固3m，开挖2m。

⑥注浆速度。注浆速度根据地层渗透系数、注浆压力等因素经试验后确定。一般来说岩层裂隙带、砂砾石地层，注浆速度可为50～200L/min；砂层为30～50L/min。

⑦浆液注入量。

注浆量：
$$Q = \pi \cdot R^2 \cdot L \cdot n \cdot \alpha \cdot \beta \tag{1-4-14}$$
式中：Q——单孔注入浆材容积（m^3）；

R——浆液在地层中的扩散半径（m）；

L——注浆孔深度（m）；

n——地层空隙率；

α——地层有效充填系数（$\alpha<1$）；

β——浆液损耗系数（$\beta>1$）。

⑧注浆方式选择。注浆方式分为分段式注浆和全孔一次性注浆。注浆方法与围岩状况有关，为了使浆液能按设计方案均匀地扩散到地层中去，达到加固或堵水的目的，对其工艺方式必须加以选择，方能达到作用。其优缺点见表1-4-31。

注浆方式比较 表1-4-31

名称		施工方法	适应地层	优缺点	在本工程中的应用
分段注浆	前进式	钻孔注浆交替，钻一段注一段	岩体破碎 涌水量大	优点：效果显著 缺点：进度慢	断层带 风化槽
	后退式	无注浆管	岩体完整 用止浆塞	优点：速度快 缺点：容易漏浆	裂隙带
		有注浆管	破碎、软弱地层 大涌水量	优点：可靠性高 缺点：费用高	进出口 风化槽
全孔一次注浆		一次钻孔，由孔口注入	成孔条件好的岩层	优点：工艺简单 缺点：易产生不均匀扩散	一般地段

⑨注浆材料选择。根据翔安隧道注浆堵水要求，注浆堵水材料主要选择普通水泥－水玻璃双液浆、超细水泥－水玻璃浆材料，并进行了室内试验，主要针对注浆材料凝胶时间及强度可控性这一特点，通过对注浆材料的水灰比和缓凝剂掺量等参数进行调整，以获得现场施工所需要的配合比。

超细水泥是指水泥中的最大颗粒不大于20μm、比表面积不小于8500cm^2/g，经过特殊磨细加工的水泥。其性能稳定，析水性、流动性都比普通水泥有显著改善。浆液结石体的强度比普通水泥高很多。其具有较高的强度和较好的耐久性，对地下水和周围环境无污染，用于堵水和固结注浆都是非常好的材料，目前世界各国都在致力于研究开发和广泛应用。由于超细水泥的比表面积很大，欲配制流动性较好的浆液，用水量较大，因此往往掺入一定量的助剂来改善浆液的流动性。

对于风化槽渗透系数较小的地段应优先选用超细水泥，而对于裂隙较大地段应主要采用普通水泥浆液。

⑩注浆效果检查及结束标准。在以堵水为主要目标的注浆防水施工中，注浆效果是至关重要的，确定一套行之有效的注浆效果评价体系非常重要。在开挖过程中，隧道一旦发生预想不到的涌水，轻则淹巷和淹没施工机械设备，重则产生坍方、机毁人亡的重大事故。如果在注浆过程中预测到注浆效果，必要时就可以进行补注或加强支护，防止事故发生。

a. 单孔结束标准：注浆过程中压力逐渐上升，注浆量逐渐减少，当注浆压力达到设计终压，并持续保持10min以上；或总注浆量大于注浆量的80%以上即可结束本孔注浆。

b. 全段结束标准：设计的注浆孔全部注完成后，要对该段的注浆效果进行评价，只有经过评价认为注浆效果达到要求后，方可结束本段注浆，进行开挖。评价方法有如下几种：

a. 根据注浆量进行判断，实际的注浆量应达到设计量的80%以上，过少的注浆量很难保证地层的加固效果。

b. 钻检查孔时，浆液充填饱满，密实；检查孔出水量应小于0.25L/(m·min)；对检查孔进行注水试验，在 $P=1\text{MPa}$ 时，地层吸水量小于2~5L/(m·min)。

c. 根据后续注浆孔的钻进情况对前面注浆孔的注浆效果进行确认，一个孔注浆完成后，其邻近的孔在钻进中应能看到水泥浆，并且成孔相对容易。

d. 用TSP-202对全段的注浆效果进行检查，岩体的密实度应比注浆前有增加。

4. 具体实施步骤

(1)根据掌握的地质情况，在施工掘进到达风化深槽前约5~10m时，施作混凝土止浆墙。先采用全断面(帷幕)超前预注浆对前方30m、衬砌内轮廓线外约5m范围内进行钻孔注浆止水并加固地层。成孔注浆采用前进式结合后退式分段注浆。套管安装完成后，每钻进5~7m即开始注浆，注浆达到设计要求后开始下一阶段钻孔注浆。由于风化深槽段为较高压含水层，为避免意外伤害事故发生，在钻孔时须切实保证套管安装牢固并在钻杆前端设置孔口防突装置。注浆时采用套管柱塞方式，同时将长压注浆管插入到预定位置，提高孔底部的压注效果和压注效率。

由于全、强风化花岗岩地段注浆主要为劈裂注浆而非渗透注浆，注浆压力也不宜过高，达到设计注浆量即可停止注浆，避免过多地扰动地层。一般最高注浆压力采用2~2.5倍静水压力，初始注浆压力建议采用1.2~1.5倍静水压力；注浆时间根据浆量的注入速率进行灵活调整。注浆采取反复注入、稀浆与浓浆交替、压力控制与注入浆量控制相结合的措施，注浆压力从低到高逐渐加压。注浆孔从外向内分层施作，一方面可保证注浆质量，同时也可检查注浆效果。每环注浆孔先施工奇数编号注浆孔，然后施工偶数编号注浆孔同时作为检查孔。注浆液推荐采用普通水泥浆液。注浆前应先进行注浆现场试验，注浆参数应通过现场试验按实际情况确定与调整。待所有注浆孔施工完毕后，根据压浆孔涌水量来决定局部地段是否须补设注浆孔。

(2)全断面(帷幕)注浆完成后，采用超前管棚辅助施工措施进行超前支护、注浆止水并加固拱部围岩；同时主洞采用CRD法开挖，服务隧道采用上下台阶法进行开挖，施作初期支护。超前管棚优先采用 φ108mm的大管棚，尤其在风化槽第一循环土石结合部处，可有效地防止坍塌；洞内考虑管棚工作室的扩挖困难及风险，宜设置小管棚，采用10m及4m长两种形式，长短结合，每2排长导管之间设置2排短导管，形成双层超前支护。超前小导管施工时，钢管与隧道轴线平行并以10°仰角打入拱部围岩。钢管环向间距40cm。每打完一排钢管注浆后，开挖拱部及施作径向系统锚杆、钢筋网、喷射混凝土并架设钢拱架，初期支护完成后，在设计位置再打另一排钢管并注浆。每排长导管之间及每排短导管之间搭接长度须大于1.0m。超前小导管注浆采用纯水泥浆液。掘进10m后，及时施作二次衬砌。继续掘进到20m位置，完成二次衬砌后，施作止浆墙。重复进行4步工序，直到安全通过风化深槽。

5. 施工防灾措施

海底隧道施工中的最大威胁是掘进中的突水、突泥，一旦出现此类事故，将对人员安全和工程造成极大的损失。因此，除采用各种有效的工程措施保证施工和结构的安全以外，还应对可能出现的意外提前准备并制定应急措施，将损失减小到最小。

主要应急措施包括防水闸门、排水设备和逃生路线规划等。

(1)防水闸门。防水闸门主要设置在可能出现突发涌水的风化深槽及其他不良地质地段开挖前，应选择在地质条件较好的地段；防水闸门采用内置型钢骨架、外贴钢板的可拆卸重复利用结构，可循环使用。一旦掌子面地段发生不可控制涌水、涌泥险情，施工人员应迅速、有序撤离到安全地段，同时迅速清除防水闸门处各种障碍物，关闭防水闸门。施工过程中各开挖掌子面均需保证良好的通信联络，并有专门的报警设施。在施工中应经常演练疏散逃生过程，避免紧急情况下出现无序状态。施工期间须注意保持防水闸门的灵活性与安全性，并安排专人、专班值守。

(2)排水设施。海底隧道施工期间地下水和施工用水无法自排，特别是出现突水、突泥险情时，为防止淹没隧道内的设备、危及人员安全以及为抢险创造条件，应准备足够的抽水、排水设备。

(3)逃生路线。施工过程中，根据施工的不同位置和情况，制定出切实可行的逃生路线规划，以应付不测。紧急情况下，人员、设备有序后撤，关闭防水闸门。施工过程中除加强宣传以外，还应经常进行演练，防止出现无序状态。

4.5.4　海域砂层段竖井加固设计要点

1. 概述

厦门岸竖井和翔安岸竖井均位于浅海区域，平均水深在2～3m左右。厦门岸竖井距厦门端洞口1.31km，设置于左线隧道ZK7+900上方，对左线主洞进行送排风，同时还作为右线行车隧道在紧急情况下的排烟通道。厦门岸竖井顶面高程5.5m，井底路面设计高程-40.12m，竖井井深约46m。

翔安岸竖井距翔安端洞口1.235km，设置在右线隧道YK11+300上方，对右线行车隧道进行送排风，同时还作为左线行车隧道的紧急情况的排烟通道。翔安岸竖井顶面高程5.5m，井底路面设计高程-45.947m，竖井井深约52m。

竖井断面皆为圆形，半径为8.3m；竖井中间设风道隔板将送、排风流隔离，送风道面积27.01m^2，排风道面积24.92m^2。排烟通道断面为圆形，半径为1.5m，排烟通道面积7.07m^2。

综合分析地面调查、地震勘探、钻探等成果，表明厦门岸竖井的地质条件较好，井口部可见弱风化岩石露头，该处除表层为2m薄层填筑土，下覆围岩均为微风化花岗闪长岩。翔安岸竖井地质条件偏差，根据附近钻孔XZK13揭示，表层为7m左右的淤泥，下层为8m左右的粗砂，其下是1.5m左右全风化黑云母花岗岩，底层为强～弱风化黑云母花岗岩。厦门岸竖井由于基本处于弱微风化地层，因此采用钻爆法开挖、喷锚防护，施工较为简单，无特殊风险，但对于翔安岸竖井，由于存在大范围的砂层，如何保证施工安全防止突水现象，值得仔细研究和总结。

2. 设计方案的确定

(1)翔安岸竖井地质。翔安岸竖井工程范围内地层主要有海相沉积层(Q_4^{mc})淤泥、冲洪积(Q_3^{al+pl})粗砂、下伏基岩为燕山早期($\gamma_5^{3(2)b}$)黑云母花岗岩(如图1-4-54所示)。各地层工程地质特征如下：

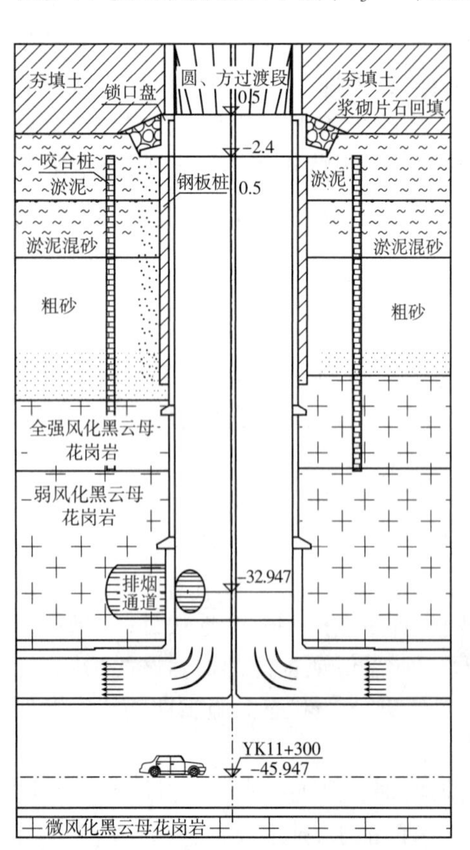

图1-4-54　翔安岸竖井地质纵面

①淤泥：深灰～灰黑色，流塑，质尚均，含少量细砂及贝壳碎屑，有腐臭味。

②淤泥混砂：深灰色，饱和，中密，砂成分主要为石英、长石，含较多淤泥质土。

③粗砂：黄色为主，局部灰白色，饱和，中密，成分以石英、长石为主，含黏粒，局部夹细砂薄层，下部局部含直径3～5cm的卵石。

④全风化黑云母花岗岩：一般呈棕黄～灰黄色，杂褐黄斑点。岩石风化严重，原岩结构、构造均已被破坏，除石英外其他矿物均已风化，岩芯呈密实中～粗砂状，含较多黏粒。

该工程地下含水层所处位置及其不同的赋存形式：翔安端竖井范围内地下水分为松散类孔隙水、风化基岩裂隙水。③层的粗砂富水性较强，渗透性好，为良好的含水层，具有承压性；全风化基岩孔隙裂隙水总体上富水性弱，渗透性较差，属于弱或微含水层。竖井区域地下水主要接受地表水及海水补给，受地形及海水压力的影响，地下水具承压性。

(2)原设计方案。翔安岸竖井设计应重点考虑两个问题：一是开挖过程中的防突水；二是支护结构的安全性。原设计在该地层开挖前采用钢板桩穿透全风化层，嵌入强风化层中，外侧以高压旋喷桩加固竖井周围地层，提高地基承载力及抗渗能力；上覆软弱地层中，结构采用两次模筑混凝土方式，在弱微风化岩层中采用喷锚防护和模筑混凝土方式。

竖井钢板桩加固从2006年3月6日开始施工，采用卢森堡进口的AZ46型钢板桩(长度为16m)及DD63A锤击滚筒式桩机(锤重8t)进行施工。由于钢板桩设计为圆形闭合结构，为确保顺利合龙，施工单位采用了特制的内部定位钢围檩进行施工，整个合龙过程较为顺利。在施工钢板桩的同时，经业主、设计和监理等有关各方同意，施工单位在竖井旁边进行了高压旋喷桩试验工作。在钢板桩施工中，部分钢板桩无法打至设计高程，期间采用了特制桩帽进行施工，但最后仍未能全部打至设计高程(-18.4m)，27根钢板桩的终底高程在-15.8~-18.4m之间。

钢板桩部分打不到设计高程的原因分析：

a. 由于钢板桩为环形咬合结构，在施工过程中不能完全确保垂直打入，使得片与片之间的摩擦力进一步增大。

b. 由于砂砾层深浅不一，厚度不一，致使钢板桩无法全部打至设计高程(受鹅卵石影响)。

2006年5月20日下午竖井由-2.4m开始向下开挖，边开挖边支护(每循环进尺1~2m)，至6月8日初期支护施工至-13.5m。6月9日开挖至-15.5m时，于凌晨和中午先后发生两次涌砂(所幸人员和机械设备撤离及时，没有造成大的损失)，竖井开挖被迫停止。

(3)第一次变更方案。涌砂发生后，业主、设计和监理等有关各方及时查看了现场，经研究决定从两方面措施保证施工安全：

①通过施作两排高压旋喷注浆形成帷幕止水。浆液配比对注浆效果有着较大的影响，为保证注浆效果，浆液配比宜浓不宜稀。原材料选择：水泥采用P. 32. SR普通硅酸盐水泥，粉状早强剂。水灰比($W:C$)：现场按$W:C=0.8:1$进行浆液配比，早强剂按照2%的质量比掺加。根据工程地质及水文地质条件，该工程主要加固地层为粗砂和淤泥层及5m左右的全强风化花岗岩，现场旋喷桩施工采用扩散半径$R=0.6$m。注浆孔布设参数按2排：孔间距为0.8~0.88m、排间距为0.8m。现场施工参数可按以下参数进行选取。水压：30~31MPa，水量：100L/min；气压：0.5~0.7MPa，风量：1.8m^3/min；水灰比：0.8:1；水泥浆压：3.5MPa；水泥浆量：85~90L/min，提升速度小于10cm/min，转速：10r/min；水泥用量：800kg/m。

②洞内注浆固结。在涌砂地段，从$H=-14$m开始沿竖井周围施工$L=4\sim6$m的ϕ42mm袖阀注浆小导管(防止注浆前砂涌进管内)。要求注浆管前端加工制作成尖锥状，并用电焊焊死。注浆管周壁均匀钻开溢浆孔，溢浆孔为台阶形，外大内小，外径为10mm，内径为6mm。在溢浆孔外侧粘贴直径为10mm的铝片，使其成为袖阀式注浆管。袖阀式注浆管具有单向性，既可保证浆液能从管中压出，又可避免砂土和泥水流入注浆管。小导管与铅垂线交角呈40°，环向间距100cm，纵向间距100cm，采用水泥水玻璃双液。

旋喷桩施工结束后进行了取芯检查。从取芯情况来看，淤泥层、淤泥混砂层和全风化层芯样胶结情况较好；但砂层芯样呈散体状或碎块状，干强度低。总体上外圈效果较内圈稍好(施工顺序是先内后外)；透水试验检测结果是渗透系数为10^{-5}cm/s级。而洞内注浆取芯情况为3.6m以上有水泥浆固结体(基本上为纯水泥浆固结成团，很少见砂粒)，3.6~6.5m基本为原状砂。

高压旋喷桩砂层段成桩效果不理想原因分析：

a. 受潮汐影响，砂层中水为流动水。内侧旋喷桩在施工过程中，水泥浆液大部分被水流带走，造成成桩困难。而水泥浆在流失过程中会慢慢沉积，起到阻断水流的作用，为外圈旋喷桩施工创造了一个水流相对静止的环境，这可能就是外圈比内圈成桩效果好的主要原因。

b. 回浆量过大，由于切割水压高达30~35MPa，引孔时旁边已完工桩由于水泥浆尚未固结，被高压水冲散带出，用多续孔跳打方式可能能避免这个问题。

TSS小导管注浆加固未能达到预计效果，原因分析如下：

a. -11.3~-15.5m为涌砂后的堆积物，松散，孔隙率大，而-15.5m以下为原状砂，故浆液只能渗透到止浆墙下3m。

b. 由于注浆采用普通水泥双液浆，没有采用超细水泥浆，水泥浆液不能渗入含承压水砂层，而是成团固结,抬高止浆墙。

c. 采取小导管一次性注浆工艺,导致浆液向松散砂层渗透,不能渗透到原始砂层中去。

d. 砂层饱含承压水,浆液不能置换承压水。

高压旋喷和井内注浆都未达到预期效果,为了确保施工安全,经有关各方研究决定暂不恢复井内开挖,必须彻底解决注浆加固和堵水问题。

(4)最终的变更方案。由于高压旋喷和注浆都无法保证施工开挖安全,指挥部邀请国内专家对翔安隧道工地给予指导。经多方讨论,提出了在竖井周围进行钻孔灌注咬合桩的施工加固方案。竖井咬合桩桩径120cm的混凝土桩,要求桩底进入中风化花岗岩0.5m,桩顶高程-2.4m,实际单桩长度根据施工过程中钻孔地质情况确定,采用泥浆护壁成孔。钻孔咬合桩的排列方式为一根素混凝土桩(A桩)与一根钢筋混凝土桩(B桩)相邻布置,A桩、B桩均采用C25水下普通混凝土,其中A桩为缓凝型混凝土。

①A桩混凝土缓凝时间的确定:在测定出单桩成桩所需时间t后,可根据下式计算A桩混凝土缓凝时间T:

$$T=3t+K \tag{1-4-15}$$

式中,K为储备时间,一般取$1.5t$。

②超缓凝混凝土配合比确定:在确定混凝土相关参数后,进行混凝土的配合比设计。由于咬合桩施工工艺的特殊性,要求超缓凝混凝土的缓凝期必须稳定,不能波动。缓凝剂的参量非常重要,应通过试配进行确认。

③咬合桩咬合厚度的确定。相邻桩之间的咬合厚度d根据桩长来选取,桩越短咬合厚度越小(但最小不宜小于100mm),桩越长咬合厚度越大,按下式进行计算:

$$d-2(k\times l+q)\geqslant 50\text{mm}(\text{即保证桩底的最小咬合厚度不小于}50\text{mm}) \tag{1-4-16}$$

式中:l——桩长;

k——桩的垂直度;

q——孔口定位误差容许值;

d——钻孔咬合桩的设计咬合厚度。

3. 总结

翔安岸竖井处于大面积的砂层地段,由于海水与砂层是直接相同的,因此施工开挖前的止水为设计的重点。从该竖井设计方案的变更及施工探索,有较多值得总结的方面:

(1)应加强施工期间的地质补勘工作,由于花岗岩地层以及砂层起伏变化不确定,应在竖井周围补充3~4个钻孔进一步确认地层岩性的分布情况,以保证支护措施准确到位。

(2)要认识受潮汐影响,砂层中水为流动水,其对注浆的影响巨大,且砂层经水长期冲刷挤密,密实度高,因此该类地层注浆方式作用有限。

(3)对于砂层地段,钢板桩施工不宜采用锤击法,砂层在过多的振动后,将使砂层之间更加紧密,宜采用静压方式压入。

(4)钻孔咬合桩为全过程可控的、质量宜保证的工程措施,应为复杂地段支护的首选方案。

4.6 超前地质预报及监控量测

4.6.1 超前地质预报

1. 概述

地下工程具有隐蔽性、复杂性和不可预见性的特征。由于工程地质勘察手段的局限性,特别是海底勘测的技术难度与高代价,决定了勘测阶段的地质资料不足,准确性不高。因此,如不在隧道施工期间进行综合性的超前地质预测、预报工作,将使得隧道施工的盲目性增大,危险性增强,甚至对掘进工作面前方即将出现的坍方及涌泥、涌水等地质灾害而毫无察觉。随着超前地质预测、预报技术的发展,可通过采取一系列有效的超前探测方法对隧道掘进工作面前方岩体的形态规模、发育程度、涌水状况、涌水压力等水文地质条件进行较准确的预测、预报,从而达到明察前方地质情况,有针对性地采取防治措施,预防地质灾害发生,确保施工安全的目的。另外,在海底隧道施工中进行综合性的超前地质预测、预报工作,还是制定合理的施工方案,确定适宜的动态投资,采取可靠支护体系的前提和基础;同时,它也为建成后的隧道安全长期运营提供可靠的理论依据。超前地质预报的重点是:

(1)隧道工作面前方岩体岩性及水文地质情况。运用多种超前地质预测、预报手段,综合判定工作面前方岩体的岩性及水文地质情况是超前地质预报的基本要求。通过超前地质预报,可以确知前方工作面一定距离范围内岩石的岩性,是软岩还是硬岩;围岩的破碎程度及富水情况,是否存在断层破碎带及软弱夹层等。

(2)工作面前方地质异常体位于隧道的详细里程及规模。判断工作面前方一定距离范围内是否存在着地质异常体为超前地质预报的主要目的。通过多种超前地质预报手段,可确知前方地质异常体位于隧道的详细里程,并且可分析出其与隧道立体相交的位置及规模,即首先接触里程及最后淡出里程。通过预测、预报工作面前方地质异常体大小及规模,可评估出其对隧道危害程度,从而为施工治理提供必要的依据,做到有的放矢,有所防、有所备,并采取有效施工对策,达到安全施工、确保隧道结构及后期运营安全的目的。

(3)隧道开挖后周围未被揭露出隐伏地质异常体的分布情况。对在开挖过程中未被揭露或小部分揭露出的地质异常体,虽然对隧道空间进行了安全支护,暂时通过了该里程段,但随着时间的推移以及地表海水运移的影响,该地质异常体有可能被扰动,从而其薄弱结构处突水、涌砂,进而影响隧道施工安全及运营安全。通过超前地质预测、预报,可探测出隧道开挖后周围空间是否存在着隐伏地质异常体,以及其规模及大小,其距隧道支护结构壁的最近距离,并通过计算,可评估出其对隧道结构的危害程度,并做出是否处理的施工对策。

2. 超前地质预测、预报手段

设计要求隧道作业施工过程中,必须采取“长短结合,物探与钻探结合”的综合超前地质预测、预报体系。主要要求的超前地质预测、预报技术有如下:

a. 长距离超前地质预测、预报:TSP、深孔钻探法等。

b. 短距离超前地质预测、预报:掘进工作面地质素描法、地质雷达、红外线超前探水、短距离钻探法等。

(1)TSP长距离超前地质预测、预报要求。

①TSP野外数据采集:

a. 根据岩层产状与隧洞轴线的关系,在左或右边墙布置炮点的位置,必要时在左、右边墙两侧布置炮点的位置。

b. 设置1排共24个炮点,炮点平均间距为1.5m,孔深平均1.5m,孔径平均42mm。两个信号接收器孔设置于隧道左、右边墙内,孔深平均2.0m,孔径45mm。第一个炮点距接收器应为20m。

c. 把两个接收器套管分别放入打好的孔中,套管与围岩必须耦合良好。

d. 把两个接收器分别放入套管内,放置时对好方向,接收信号线一端连接接收器,另一端连接记录单元。

e. 启动记录单元,在噪声检查模式下测试记录单元功能,做好噪声监视,大于60dB时不能放炮,必要时应切断干扰源。用爆炸机和试验电阻进行模拟爆破测试。

f. 设置采集参数为:采样率62.5参数,记录长度7218样点,X-Y-Z三分量接收。

g. 采用乳化炸药、瞬发电雷管制成炸药包,每个炸药包药量为60g,一发电雷管。

h. 采用木制炮棍将炸药包安放到位,起爆线一端连接雷管角线,另一端连接触发盒。在引爆前,炮孔用水充填,封住炮口。

i. 连续激发 24 炮,进行数据采集。

②TSPwin 数据处理:共 11 步。

③TSP 探测(如图 1-4-55 所示)成果:

a. 软硬岩层的分布进行围岩级别划分。

b. 断层及其影响带范围。

c. 裂隙(破碎)发育带范围。

d. 含水情况。

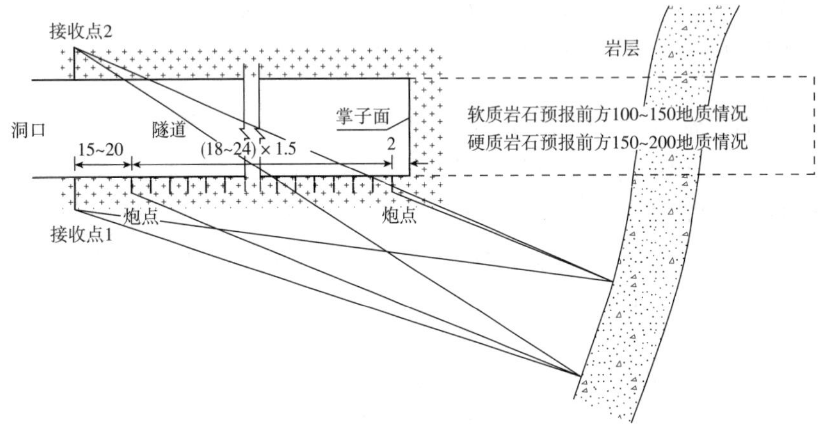

图 1-4-55 TSP 长距离超前地质预测、预报(尺寸单位:m)

(2)GPR(探地雷达)探测要求。

a. 现场探测时,可在掌子面布设"井"字形测网。当区域构造走向与隧道轴线大致平行时,应在隧道侧壁布置一些测线。采用连续观测方式。探测距离以 20m 为宜,施工方便、成本更低廉,对隧道施工无影响。

b. 用 RADANⅢ专用软件对采集的数据进行处理。

c. GPR 探测成果,结合前期勘察资料推断地质体性质,可探测围岩内的软弱结构面分布;探测岩溶、富水带分布;探测断层,断层破碎带分布里程。

(3)超前探孔(如图 1-4-56 所示)要求:

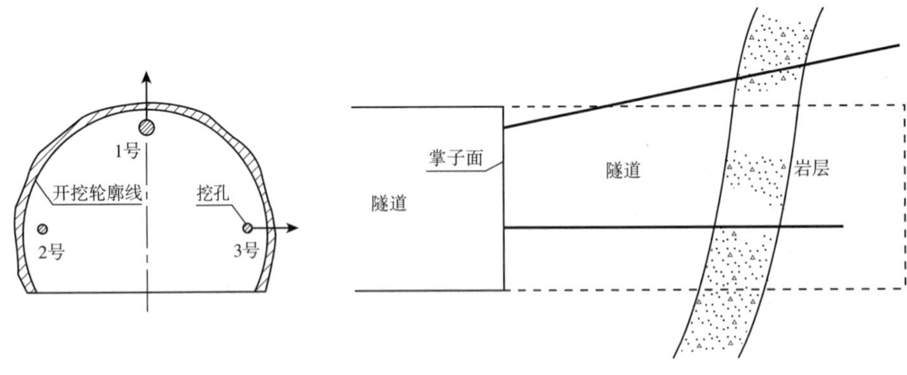

图 1-4-56 超前探孔

a. 水平探孔直径不小于 70mm,钻深达到 50 ~ 100m。

b. 钻孔误差要求其孔位精度在一定的锥形范围内,即与理论轴线的绝对误差为 2.8°,或孔深的 5%。

c. 钻孔要求取芯,如果能够达到在钻孔误差要求以内的偏差,取芯钻孔直径可以更改为 76mm;如果偏差达不到要求,则必须采用 100mm 的直径钻孔。

d. 误差测量显示如果钻孔超过了误差要求,则必须对误差孔进行注浆并重新钻孔取代,因此必须进行误差测量。

e. 钻好的孔应进行压水渗漏性试验。

f. 钻孔作业主要施工方法为机械回转钻进。利用传统的地质钻探方法，采用地质钻机，配合金刚石钻头，对所需了解地层进行环状切削，把岩芯取出供地质鉴定和编录。

3. 超前地质预测、预报实施方案

结合海底隧道地质情况，为从宏观规模上定性探测判断前方长距离（100m）的地质条件，以采用目前世界上较先进的地质预测、预报技术—TSP 地质预报技术为主；另外，为较准确地探明掘进工作面前方的水文地质条件，以采用隧道内水平地质钻机近距离（30m）钻孔探水为辅。通过长短两种预测、预报技术相互印证，从而确保海底隧道不良地质带超前预测、预报的准确度（如图 1-4-57 所示）。

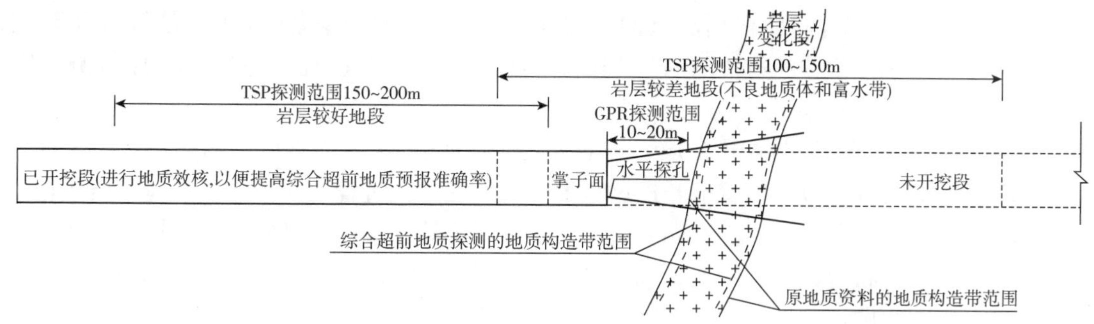

图 1-4-57 综合超前地质预报示意

两岸引线与隧道洞口陆地及浅滩部分全、强风化花岗岩，岩层较厚，海域段隧道基本处于弱、微风化花岗岩岩层，隧道主要穿越 F1、F2、F3 三处全、强风化深槽和 F4 风化囊。在明洞开挖、成洞面仰坡形成后，分别对服务隧道、左线行车主洞、右线行车主洞的进、出洞口段采用 GPR 超前地质预报，预报范围为洞口内 50m 左右，隧道洞身段全线均采用 TSP 地质超前探测。根据 TSP 探测结果，确定软硬岩层分布，并进行围岩级别的确认。确定富水带地段、风化深槽及风化囊和其他不良地质体（带）等位置范围，再采用地质雷达、水平钻探进行进一步超前探测并验证不良地质体（带）等位置、规模和岩性。及时把探测报告提交给业主和施工单位，调整支护参数和采取相应措施，保证工程安全。

考虑本隧道设置了服务隧道，因此要充分利用超前的服务隧道直接了解其洞身的地质情况、为主隧道的开挖积累经验，并且利用服务隧道对两侧主隧道实施地质预报（如图 1-4-58 所示）。主要是预报风

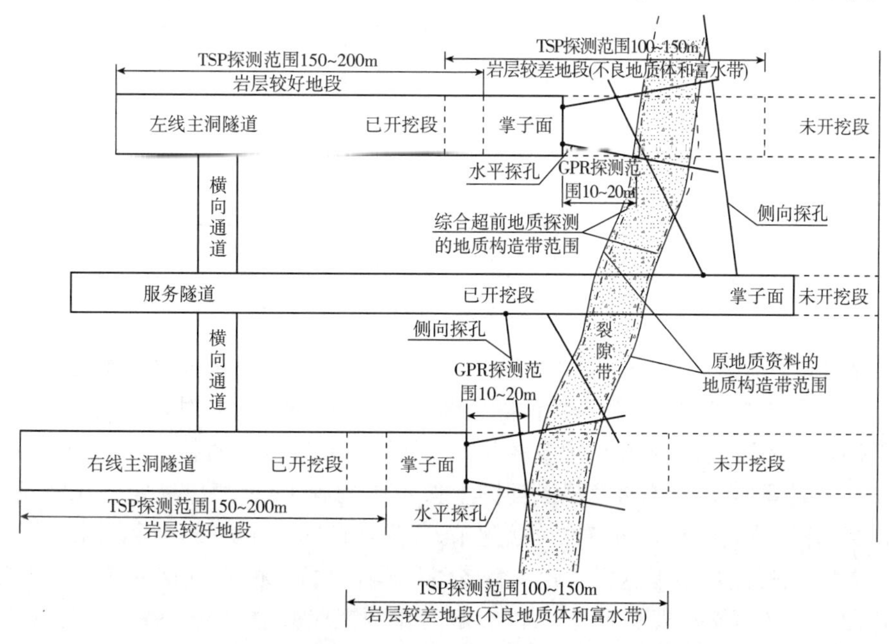

图 1-4-58 利用服务隧道对行车隧道超前地质预报平面布置示意

化槽、风化囊及其他破碎岩体向主隧道的延伸情况、里程位置和主隧道风化槽、风化囊及其他破碎岩体的破碎程度及含水情况。可采用长距离连续扫描法、多次覆盖法、垂直迭加点测法等。有必要时,当行车主洞施工接近不明地质构造带时,可利用服务隧道,设置侧向探孔,以探明各行车隧道处不明地质构造带的位置和范围,并可通过服务隧道对行车隧道进行预注浆。

4.6.2 监控量测

本项目海底隧道采用复合式衬砌结构,根据新奥法原理必须将现场监控量测项目列入施工组织设计,并在施工中认真实施。通过对隧道—围岩的受力、变形的监测,判断隧道和围岩是否稳定和安全,评定初支和二衬设计的合理性。从而指导施工,反馈设计,及时变更设计,使得设计和施工配合更紧密,节省工程造价。量测计划应根据隧道的围岩条件、支护类型和参数、施工方法以及所确定的量测目的进行编制。同时应考虑量测费用的经济性,并注意与施工的进程相适应。监控量测方案见表1-4-32,监测实施措施主要有如下:

(1)地表沉降:隧道开挖后,地层中的应力扰动区延伸至地表,围岩力学形态的变化在很大程度上反映于地表沉降,且地表沉降可以反映隧道开挖过程中围岩变形的全过程。为了解和掌握隧道浅埋段上方地层的沉降量与变化规律及其对环境的影响,必须对地表沉降情况进行严格的监测和控制。通过对预先埋设的沉降点进行观测,将每次测到的地表沉降数据进行计算、整理和收集,并根据施工的具体情况,分阶段绘出沉降曲线,对由曲线所形成的地表沉降槽进行分析处理。

(2)拱顶下沉:拱顶下沉量测值是反映隧道安全和稳定的重要数据,是围岩和支护系统力学形态变化的最直接、最明显的反映,易于实现量测信息的反馈。

(3)净空收敛:隧道开挖后,周边点的位移是围岩和支护力学形态变化的最直接、最明显的反映,净空的变化(收缩和扩张)是围岩变形最明显的体现,是监视隧道安全施工的重要手段。通过量测数据的分析与处理,确定支护结构的稳定状态。

图1-4-59中所示正常曲线,是位移的变化随时间和距掌子面距离向前推进而渐趋稳定,说明围岩处于稳定状态,支护系统是有效、可靠的;图中所示的反常曲线(图中已出现了反弯点),说明位移出现反常的急骤增长现象,表明围岩和支护已呈不稳定状态,应立即采取相应的工程技术措施。

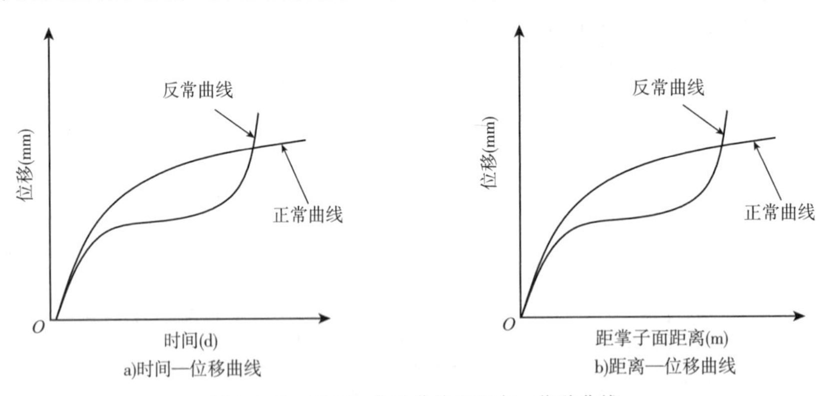

图1-4-59 时间—位移曲线和距离—位移曲线

(4)围岩压力和接触应力:了解作用于喷混凝土层与围岩之间的径向压力或作用于初支与二次衬砌之间的接触应力。把测点布设在具有代表性的隧道断面的关键部位上,并对各测点逐一进行编号。根据每次所测得的各测点频率读数,可依据压力盒的频率—压力标定曲线来直接换算出相应的压力值。根据压力值绘制压应力—时间曲线图,在隧道横断面图上按不同的施工阶段,以一定的比例把压力值点画在各压力盒分布位置,并以连线的形式将各点连接起来,成为隧道围岩压力分布形态图。

(5)钢支撑内力:通过测量施工过程中初支钢支撑结构内力情况,根据钢支撑应变值绘制钢支撑应变随时间的变化曲线。在钢支撑横断面图上,以一定的比例把应变值点画在各应变计分布位置,并以连线的形式将各点连接起来,形成钢支撑应变分布状态图。

(6)钢筋内力:了解施工过程中二衬钢筋的结构内力情况。

(7)锚杆拉拔:检查锚杆的安装质量、注浆效果和受力情况。

(8)成果应用:

①根据周边位移、拱顶下沉量测成果确定预留变形量。设计预留变形量是根据围岩级别、隧道埋深结合施工方式以及支护形式给出的。实际施工中需根据实测资料确定预留变形量,以避免预留量过大造成开挖工作量的浪费或过小初期支护侵限,不能保证二衬厚度的情况。

②根据周边位移、拱顶下沉量测成果确定最佳衬砌施作时机。衬砌和仰拱的施作,时间因素影响很大,直接关系到衬砌结构的安全。过早施作将使衬砌承受较大的围岩压力,过晚可能导致初期支护破坏。

③准确分析变形原因,有针对性地调整支护参数。通过周边位移、拱顶下沉的量测,特别是利用高精度全站仪可测出每个测点水平及垂直位移(判定位移的优势方向),有利于分析变形原因,使支护参数调整更具针对性。在监测过程中,若发现净空位移量过大或收敛速度无稳定趋势时,根据原设计思路和实际情况,对结构采取如下补强措施:增加混凝土厚度,或加长加密锚杆,或加挂更密、更粗的钢筋网;提前施作二次衬砌,通过反分析校核二次衬砌强度;提前施作仰供。在监测过程中,若发现净空位移量或收敛速度具有稳定趋势时,应据此求出隧道结构初期支护及二次衬砌上的最终荷载,以便对结构安全度作出正确的判断。

④确定支护系统稳定性,及时预报险情。

⑤应力、压力量测成果评价支护设计的安全度。若经过对各种量测数据联合反分析计算后,发现初期支护或二次衬砌结构安全系数较大,则可对下一阶段与此地质类型相近的支护参数作适当调整。

⑥根据弹性波、围岩体内位移量测确定锚杆施作长度。

监控量测方案　　表1-4-32

序号	监测项目	监测仪器	监测频率
1	地表沉降	WILD－N3精密水准仪,铟钢尺等	正常情况下:1次/2d 特殊情况下:1～2次/d
2	隧道拱顶下沉	WILD－N3精密水准仪、铟钢尺、挂尺等	
3	隧道净空收敛	数显式收敛计	
4	锚杆抗拔力	锚杆拉拔计	
5	钢支撑内力	VW－1型频率接收仪,钢筋应力计、应变计、压力盒等	
6	二衬钢筋应力		
7	围岩与接触压力		
8	地质和支护状况观察	地质罗盘及规尺等	与开挖同步

4.7 隧道耐久性设计

4.7.1 概述

近年来,随着大量重大工程的建设和对可持续化发展、环保及节约资源的要求,以提高工程耐久性为主要特征的混凝土技术受到了广泛关注。从近几年的发展动向来看,混凝土耐久性和使用寿命设计日益受到重视,国际上许多重大工程开始按照使用寿命进行设计。世界上一些重大工程设计寿命达到100年以上,如跨英吉利海峡的50km海底隧道设计使用寿命为120年,穿越北海、波罗的海大海峡、连接瑞典和丹麦的世界最长的一座悬索公路桥和一条海底铁路隧道设计使用寿命为100年,英国北海采油平台设计寿命为100年,香港青马大桥混凝土设计寿命120年,荷兰东谢尔德海闸设计寿命为250年。

厦门翔安隧道为我国的第一条海底钻爆法施工的大断面隧道,以设计基准周期按100年考虑,由于海底隧道的特殊性,要确保该重大工程达到设计使用寿命,在设计上就必须进行科学、合理的耐久性设计和采用必要的防腐蚀措施。

4.7.2　隧道支护结构环境腐蚀性评价

1. 隧道外侧腐蚀

根据海底隧道所处地理位置和地质条件,按照《公路工程地质勘察规范》(JTJ 064—98)隧道外壁应属于Ⅲ类环境。根据地质报告中厦门翔安隧道地下水水质分析结果,陆域地下水 SO_4^{2-} 含量为7.69～40.67mg/L,对混凝土无结晶类腐蚀性;pH值为5.1～6.7,侵蚀性 CO_2 为16.0～73.33mg/L,对混凝土具有弱至中等分解类腐蚀作用;$Mg^{2+}+NH_4^+$ 含量为1.54～11.60mg/L,$Cl^-+SO_4^{2-}+NO_3^-$ 含量达87.84～252.97mg/L,对混凝土无复合类腐蚀作用。海域地下水 SO_4^{2-} 含量为2 406.67～2 606.66mg/L,对混凝土具有弱结晶类腐蚀作用;pH值为6.6～7.0,侵蚀性 CO_2 为13.30～24.87mg/L,对混凝土无分解类腐蚀;$Mg^{2+}+NH_4^+$ 含量为1 111.05～1 154.34mg/L,$Cl^-+SO_4^{2-}+NO_3^-$ 含量达18 850.41～19 463.4mg/L,对混凝土具有弱复合类腐蚀性。

隧道外壁处于陆域或海域地下水中,环境条件类似水中区,评价水对钢筋混凝土的腐蚀性时按长期浸水考虑。根据《岩土工程勘察规范》(GB 50021—2001)的表6、表7,陆域地下水中 $Cl^-+SO_4^{2-}\times0.25$ 值59.30～172.11mg/L,对钢筋混凝土结构中钢筋无腐蚀性;pH值5.1～6.70,$Cl^-+SO_4^{2-}$ 含量为66.41～202.61mg/L,对钢结构具弱腐蚀性。海域地下水中 $Cl^-+SO_4^{2-}\times0.25$ 值为16953.67～17449.67mg/L,对钢筋混凝土结构中钢筋具中等以上腐蚀性;pH值6.6～7.0,$Cl^-+SO_4^{2-}$ 含量为18758.67～19371.66mg/L,对钢结构具中等腐蚀性。

根据中国土木工程学会标准《混凝土结构耐久性设计与施工指南》(CCES 01—2004)的表8,陆域地下水对钢筋混凝土的环境作用等级为轻度至中度(B～C级);海域地下水氯离子浓度约为16000mg/L,对钢筋混凝土的环境作用等级为严重的D级。

由此可见,在各标准中对于环境对混凝土、钢筋混凝土或钢结构腐蚀作用的表达虽略有不同,但可以看出,海底隧道所接触的海域地下水对隧道外侧的混凝土的腐蚀作用较轻,对钢筋混凝土及钢结构具有中等至严重的腐蚀性等级。

但值得指出的是,由于钢筋混凝土结构中钢筋的腐蚀及钢结构的腐蚀属于电化学腐蚀,腐蚀过程需要氧气的参与,而在50～70m的海底,氧气含量十分有限,钢筋混凝土结构与钢结构腐蚀较轻。特别是对于钢筋混凝土结构二次衬砌,其外围还有一次支护和高分子防水层,因此在一次支护和防水层完好情况下,环境对隧道外侧钢筋混凝土的腐蚀性等级要明显小于D级。

2. 隧道内侧腐蚀

隧道内侧结构暴露于潮湿、高温,含有高 CO_2、NO_x 和 SO_2 等侵蚀性气体以及大量的侵蚀性氯离子的环境中,频繁出入的车辆可能将海水带入,还可能由于渗漏导致地下水入侵。该腐蚀环境按接近于干湿交替的海洋环境条件考虑。

按照《公路工程地质勘察规范》(JTJ 064—98)的表3～表5,该隧道海域海水中 SO_4^{2-} 离子浓度为1730～2370mg/L,因此对与海水接触的内侧支护结构混凝土具有中等结晶类腐蚀作用,$Mg^{2+}+NH_4^+$ 含量为830～1140mg/L,$Cl^-+SO_4^{2-}+NO_3^-$ 含量达14110～19320mg/L,故对混凝土有强复合类腐蚀作用。

按照《岩土工程勘察规范》(GB 50021—2001)的表6、表7,海域水中 $Cl^-+SO_4^{2-}\times0.25$ 含量12812～17542mg/L,对钢筋混凝土中钢筋具有强腐蚀性;$Cl^-+SO_4^{2-}$ 大于50mg/L,对钢结构具有中等腐蚀性。

按照《混凝土结构耐久性设计与施工指南》(CCES 01—2004)的表8,海水中 Cl^- 含量12380～16950mg/L,故对钢筋混凝土的环境作用等级为非常严重的E级。并且隧道内高温、高湿和高含量的 CO_2、NO_x 和 SO_2 等侵蚀性气体又将加速内壁结构的腐蚀性。

依据中国土木工程学会标准《混凝土结构耐久性设计与施工指南》(CCES 01—2004)规定,对于设计使用寿命为100年,环境作用E级及以上的混凝土结构,耐久性设计除考虑选用耐久混凝土、控制裂缝、规定施工质量要求等措施外，尚应对结构进行使用阶段的定期检测与维修和采取防腐蚀附加措施，如在混凝土掺加钢筋阻锈剂、使用涂层钢筋和耐蚀钢筋或防腐蚀面层等，并且在设计中应注意后期维修措施的可实施性。

对于隧道工程而言，环境对隧道内侧的腐蚀程度显著严重于外侧，在耐久性设计时应重点考虑隧道内侧的抗腐蚀能力。

4.7.3 耐久性设计

1. 高性能二次衬砌混凝土耐久性设计

针对厦门海底隧道衬砌高性能混凝土的高耐久性要求，设计提出结构设计混凝土强度等级不小于C50。为保证施工进度要求，衬砌混凝土3d抗压强度不低于21MPa；为保证海洋环境条件下100年以上耐久性设计要求，衬砌混凝土抗渗等级为P12，90d氯离子扩散系数 $<2.0\times10^{-12}m^2/s$，并适当掺加优质掺合料，如粉煤灰复掺矿渣粉。

基于以上要求，设计前，业主和设计方委托相关科研单位对高性能混凝土的掺合料方案和配合比设计做了大量细致的工作。

通过普通混凝土的配合比试验、单掺粉煤灰的混凝土配合比试验、粉煤灰复掺矿渣粉的混凝土配合比试验、单掺矿渣粉的混凝土配合比试验、高性能混凝土的配合比试验，提出了不同掺合料方案的高性能混凝土初选配合比。对初选配合比进行了混凝土的性能试验，包括坍落度、含气量、初终凝时间、泌水率等拌合物性能试验，立方体抗压强度、轴心抗压强度、轴心抗压弹模、轴心抗拉强度、轴心抗拉弹模、极限拉伸值等物理力学性能试验，干缩变形、自生体积变形等变形性能试验，以及抗渗、抗碳化、抗氯离子渗透等耐久性试验。

通过针对厦门海底隧道的衬砌高性能混凝土试验，提出了粉煤灰复掺矿渣粉的高性能混凝土配合比，见表1-4-33。其抗渗能力大于P30，能满足P12的设计要求；快速碳化60d后的碳化深度仅为5.0mm，远低于混凝土的钢筋保护层厚度；90d龄期的相对氯离子扩散系数为 $0.96\times10^{-12}m^2/s$，能满足小于 $2\times10^{-12}m^2/s$ 的要求；通过的电量 Q 为570C，能满足小于1200C的要求。

厦门海底隧道二次衬砌混凝土初步建议配合比 表1-4-33

编号	粉煤灰(%)	矿渣粉(%)	水胶比	砂率(%)	水+水泥+粉煤灰+矿渣粉+砂+石(kg/m^3)	NF(%)	坍落度(mm)	抗压强度(MPa)	
								R_3	R_{28}
1	30	0	0.36	40	165+321+138+0+698+1047	1.8	184	27.1	51.1
2	15	30		40	168+257+70+140+700+1049	1.8	198	27.8	57.0
3	10	40		40	169+235+47+188+699+1048	1.8	199	27.0	57.7
4	0	60		40	169+188+0+282+701+1052	1.8	196	26.8	60.8

注：①试验采用提供的厦门当地工程材料，水泥为建福P.O42.5和三德P.O42.5，粉煤灰为漳州后石电厂Ⅰ级灰，矿渣粉为S95磨细矿渣粉，细骨料为厦门龙海河砂，粗骨料为厦门花岗岩二级配碎石，外加剂为21S、NF等高效减水剂。

②为保证施工进度要求，衬砌混凝土3d抗压强度不低于21。

③为保证海洋环境条件下100年以上耐久性设计要求，衬砌混凝土抗渗等级为P12，90d氯离子扩散系数 $<2.0\times10^{-12}m^2/s$，抗氯离子渗透性能<1200C。

④衬砌混凝土应根据工程施工条件进行必要的温控设计，防止温度裂缝的产生。

⑤需进行现场复核与工艺试验，检验厦门翔安隧道海底隧道实际施工条件下二次衬砌高性能混凝土材料的主要物理、力学、变形和耐久性能。

通过以上不同配合比强度结果和材料用量，从早期抗压强度、28d强度、抗拉弹模、经济性等多方面比较，并经现场试验，最终选定海底隧道二衬混凝土配合比。该二衬混凝土各种材料规格及每方用量见表1-4-34：

混凝土材料规格　　表 1-4-34

材料	水胶比	砂率	水泥	水	细集料	粗集料	减水剂	粉煤灰	矿渣粉
规格	—	—	P. Ⅱ 42.5	饮用水	M_x=2.6~2.8 中河砂	5~25mm 反击破碎石	意大利马贝—X414	1 级	S95 磨细矿渣粉
用量	0.32	41%	254	155	713	1020	3.91	78	156

该配合比 3d 抗压强度为 28.6MPa,28d 强度为 61.7MPa,28d 抗渗等级达到 S12,90d 氯离子扩散系数为 $1.2418 \times 10^{-12} m^2/s$,均满足设计要求。

2. 湿喷喷射混凝土设计

喷射混凝土必须采用湿喷工艺,除速凝剂外包括水在内的所有集料组分在送入喷射机前拌和制备完成。喷射混凝土应密实、饱满、表面平顺,其强度应达到设计要求。

湿喷混凝土抗渗能力应大于 P8,其物理力学性质见表 1-4-35:

湿喷混凝土物理力学性质　　表 1-4-35

混凝土强度等级	C25
密度	不小于 $2200kg/m^3$
1d 龄期抗压强度	不小于 5MPa
弯曲抗压强度	不小于 3.5MPa
抗拉强度	不小于 1.3MPa
弹性模量	不小于 ×104MPa
与围岩黏结强度(Ⅲ级及Ⅲ级以下围岩)	不小于 0.8MPa
与围岩黏结强度(Ⅳ级围岩)	不小于 0.5MPa

混凝土配合比与喷射混凝土强度、生产率、回弹、一次喷层厚度等密切相关,在根据强度确定水灰比后,喷射混凝土配合比设计重点应放在混凝土和易性上,保证坍落度控制在 8~15cm,并且具有良好的黏聚性。

骨料最大粒径宜为 10mm,砂率宜为 60%~70%;

减水剂 0.5% 左右(水泥用量,根据需要添加);

速凝剂 3%~5%(水泥用量,根据速凝剂品种用试验方法确定)。

施工前试验应按《锚杆喷射混凝土支护技术规范》(GB 50086—2001)的规定进行。标准试块按《锚杆喷射混凝土支护技术规范》(GB 50086—2001)附录 F 及《公路隧道施工技术规范》(JTJ 042—94)附录 D 制作并进行各种龄期的抗压强度试验。

喷射混凝土与围岩的黏结强度试验宜在现场按《锚杆喷射混凝土支护技术规范》(GB 50086—2001)附录 A 的规定进行。

施工单位应于施工前至少 28d,在监理工程师在场的情况下,为每种不同材料和配合比的喷射混凝土至少制作 3 块试验大板,并进行养护。经各种龄期养护后,试验大板按规定加工成立方体或长方体或柱形试块,送交监理工程师检查认可后,进行各龄期的抗压强度、抗弯强度、抗渗等级、弯曲韧性等试验。采用何种掺合料和配合比方案根据现场大板试验结果来确定。

3. 锚杆耐久性设计

锚杆是初期支护中很重要的一项支护材料。但围岩中不可避免存在裂缝或裂纹,随着时间的延续,上述裂缝或裂纹处就会渗漏海水,腐蚀锚杆钢材,影响锚杆强度,故必须考虑锚杆的防腐蚀处理。锚杆的防腐蚀设计分为锚杆采用耐蚀低合金材质、锚杆表面防腐蚀处理和阴极保护等三类方案。考虑到锚杆的施工工艺和该项工程的实际情况,有些防腐蚀方案显然是不切合实际的,如采用耐蚀低合金钢,从经济角度看不现实;而采用阴极保护(分散型牺牲阳极)将增加造价,更主要是减少了锚杆的有效长度。

可行的方法是在锚杆表面防腐蚀处理:具体方法有环氧粉末涂层、热浸锌(光亮型)涂层和其他有机或无机涂层等。环氧粉末涂层对钢锚杆锚固强度影响较大,可采用锚杆上另设"倒刺"的方法提高握裹力,但其造价增加较大;光亮热浸锌涂层对握裹力无明显的影响,光亮锌在灌浆料(pH≥13)中的稳定性也较好,且造价增加较少,防腐蚀性能也较好。

因此,针对厦门过海隧道工程的实际情况,本次设计要求中空注浆锚杆必须浸锌处理(光亮型热浸锌),厚度大于8μm。

4.8 隧道健康监测与诊断

结构健康监测是项新兴技术。与传统的无损检测技术不同,它是根据结构在同一位置上不同时间的测量结果的变化来识别结构的状态,因此历史数据至关重要。作为新近发展起来的仿生智能系统,它能对结构进行实时监测,及时发现结构内部损伤的位置和程度,预测结构的性能变化和剩余寿命并做出维护决定。

近年来,结构健康监测系统由于其广泛的应用潜力引起了极大的关注,已经成为一个专门的研究课题。在国际结构控制协会(IASC)和美国土木工程学会(ASCE)工程力学分会动力学委员会的联合推动下,每年都举行几次会议进行交流并总结国际结构健康监测领域的研究成果,提出需要进一步研究和亟待解决的问题,极大地推动了结构健康监测技术的发展。

健康监测系统能够监测结构性能,检测结构损伤,评价和诊断结构健康状况并做出相应的维护决策,是一种可靠、有效的监测方法。由于该系统成本较高,目前主要应用于一些造价昂贵、对可靠性要求较高的工程结构中,如桥梁、大坝、隧道、核电站、海上平台等。

隧道自动监测及分析系统在设计阶段就需要考虑。韩国首尔市的地铁隧道(整体式衬砌)在施工阶段就安装了用于地铁运营阶段的结构自动监测系统,该系统于2001年投入使用。系统内置的压力传感器能够测量土压力、孔隙水压力、混凝土和钢筋应变、隧道衬砌应变等结构力学参数,开发的二维隧道收敛测量系统能够自动测量隧道衬砌的收敛位移。这些监测数据通过网络进行传输并实时存储到中央监控中心,再通过系统中集成的隧道稳定性分析子程序,可以快速、准确地完成衬砌稳定性的分析。

目前,个别盾构隧道的问题区域也安装了隧道结构健康监测系统,对衬砌结构的受力、变形及地下水水位等问题进行实时或周期性监测,以向工程技术人员提供隧道维修保养的重要信息。

厦门翔安隧道工程与一般隧道不同,它是国内第一条海底隧道,我国还没有关于海底隧道建设方面的成功经验。该隧道多处穿越风化槽(囊)地段。在海域内,左线有10处以上位于风化槽(囊)地段,其中有3处在风化槽(囊)内穿过。右线有9处以上位于风化槽(囊)地段,其中有4处在风化槽(囊)内穿过。服务隧道有7处以上位于风化槽(囊)地段,其中有4处在风化槽(囊)内穿过。风化槽(囊)地段围岩条件较差,一般为Ⅳ、Ⅴ级围岩。另外,隧道通过地区有F1、F2、F3、F4四条断层破碎带,在隧道和竖井连接部位结构受力复杂等。由此可见,这些地段不但是隧道施工安全性评价重点,也是将来海底隧道维修养护重点。

厦门海底隧道建成运营后,为了保证其结构具有良好的功能状态,必须采用先进的监测手段,对其结构进行长期的健康监测,以便及时地掌握隧道结构状态的变化,从而判断隧道结构的可靠性,进而采取相应的控制措施,使隧道结构始终处在良好的和可控制的状态。

对海底隧道监测的目的是:通过监测特殊地段隧道结构的受力变化,来预测其未来的受力状态,从而判断隧道结构在设计基准期内的安全性。如果预测隧道结构在设计基准期内不安全,可以根据监测资料分析,提前主动采取有效的工程措施,从而保证隧道结构在设计基准期内的安全。

因此,在厦门海底隧道组织实施结构健康监测系统,并深入研究相关技术问题,不但对厦门翔安海底隧道的建设,而且对全国海底隧道建设都有非常重要的深远意义。

关于健康检查与诊断技术,详见本丛书下册“第四篇 建设管理篇”。

4.9 两岸互通立交设计

根据厦门市城市规划,翔安隧道在岛内接仙岳路与湖里区相连,在岛外接翔安大道与翔安区相接。为了充分发挥翔安隧道的社会经济效益,需在岛内厦门岸设置五通互通,在岛外翔安区设置西滨互通,分流过海交通。

4.9.1 五通互通设计

1. 设计过程

五通互通的方案设计是随着厦门翔安隧道前期工程进展而逐步深入的。在预可研究阶段,厦门岸五通侧城市土地利用规划尚未成型,互通布设主要着眼于局部交通的转换,追求互通功能的完善和与规划的协调,对影响规划实施的其他因素考虑较少。同时在预可研究阶段,由于翔安隧道主体工程在在桥隧方案选择上争议较大,五通互通的方案设计主要考虑翔安隧道与环岛路的衔接上。

2003 年,厦门市规划局对翔安隧道五通侧路网规划及土地利用进行了较大调整,对仙岳路两侧的道路功能进行了重新定位。最后确定翔安隧道厦门侧五通互通方案以利用规划路网组织交通连通地面道路为原则,强调区域路网的协调性,充分发挥岳路上的环湖里互通和金尚路互通疏解交通。翔安隧道与五石路和环岛路的连接仅作为交通疏解方案的补充,就近融入地面道路,对翔安隧道在厦门岸的转向交通流量分布进行了调整后,形成“五石路简易立交 + 环岛路三路平交”组合方案。

2. 五通互通方案简介

在仙岳路道路红线内,充分发挥仙岳路相交路网的交通疏散功能和断面特点(环湖里互通至隧道洞口段共有 3 条支路与仙岳路平交)。仙岳路的直行主车道直接接翔安隧道的左右分离式路基,仙岳路的左右侧辅道顺应翔安隧道隧道洞口路基断面的地形坡度展线,从洞口前挖方路基边坡上面绕过隧道洞口,在仙岳路的控制红线范围内从暗挖隧道上面向东与环岛路平交,连通仙岳路与环岛路。同时,在翔安隧道的南北两侧 200m 处布置 2 条平行匝道分别与五石路和环岛路平交,完成环岛路与翔安隧道翔安方向的交通转换。

方案交通组织如下:翔安隧道左右路基分别与规划的五石路平交,翔安隧道五石路交叉口至环湖里大道段,直行主车道与辅道以侧分隔带隔开,确保翔安隧道直行车流畅通,不受相交支路车流干扰;翔安隧道五石路交叉口至隧道洞口段,设置辅助车道,供车辆交织通行;环岛路上设 3 个平交口,翔安隧道以北的交叉口仅供翔安隧道翔安方向的车流上环岛路,翔安隧道以南的交叉口仅供环岛路上的车流通过翔安隧道出厦门岛到翔安,隧道上面的交叉口为典型的“T”型平交,连通厦门岛内的城市道路仙岳路和环岛路。

本方案(如图 1-4-60 所示)交通转换功能比较完善,隧道洞口线形比较舒展,断面形式富于变化,进出岛车流的交通组织设计与环岛路的景观和隧道洞口美化协调较好。其对规划路网影响较小;对规划的五通滚装码头基本没有干扰。

本立交设计的基本思路是:①五石路作为城市次干道,在先期规划中,五石路与仙岳路的辅道平交,五石路直行车流通过仙岳路中央分隔带上的开口掉头完成交通转换。作为本方案的完善措施之一,五石路后期直行交通可采用高架桥上跨翔安隧道,近期预留相应的宽度,分期实施。②五通码头的“T”型交叉口交通功能较为完善,环岛路上的另两个交叉口冲突点较少,后期可减轻五通码头的“T”型交叉口的交通压力,且交叉口位置可待规划成型后综合考虑。

该互通的连接匝道设计车速采用 40km/h,匝道最小平曲线半径为 200m。根据交通量及其分布情况,与翔安隧道平行的单行道采用双车道,与翔安隧道直行车道相接的连接匝道采用单行道(远期可改为双车道),平交口采用渠化设计。

图 1-4-60 五通互通

4.9.2 西滨互通设计

1. 设计过程

在东通道前期研究阶段，翔安区工程区域附近道路建设一片空白，现状道路等级较低，路网密度较小。2003 年 9 月 8 日与东通道相接的翔安大道破土动工，翔安大道向东与 324 国道和福厦高速公路实施了连通，沿线设置了刘五店互通和仓头互通。现今，东通道在翔安侧的纵向接线已完全贯通。

2004 年之前，东通道一直是考虑与规划的环东海域公路在西滨村附近设置互通立交。2004 年，厦门市规划局对翔安区城市道路进行了统一规划，调整后路网呈方格网分布，工程区域内形成了以窗东路、水刘线和翔安大道为骨架的四通八达的交通网。因此，设计单位在与规划部门和建设单位多方沟通后，最后提出了西滨互通设置在翔安隧道与窗东路交叉处，互通形式采用变形苜蓿叶方案。

2. 西滨互通方案简介（如图 1-4-61 所示）

互通位置选在翔安隧道与窗东路交叉处。翔安隧道上跨窗东路，马巷至西滨、刘五店至马巷两个小交通流方向布设环行左转匝道，在东渡至刘五店较大交通流方向布设左转定向匝道，左转定向匝道上跨窗东路，下穿翔安隧道。西滨至东渡方向的左转环行匝道紧靠东渡至刘五店左转定向匝道外侧布置，拉开主线左侧环行匝道的交织距离，右转匝道对称地布设在 4 个象限。整个构图重心向主交通流方向倾斜，偏向刘五店。为了减小进出口匝道对主线及被交路直行车流的干扰，对部分交通流进行了归并，互通内交通运行连续而自然，方向感较强，交通组织简单。

图 1-4-61 西滨互通

该互通的连接匝道设计车速采用40km/h,匝道最小平曲线半径为50m,匝道全部采用8.0m的单向单车匝道。

与互通终点相接的翔安大道为双向八车道。互通设计中与翔安大道相连的最外侧匝道直接汇入翔安大道的外侧车道,保持车道数的平衡;翔安大道与海湾大道的非机动车道布设在互通的外侧,顺势爬坡。

本方案互通造型较为简练,线形比较流畅;但是由于窗东路距离翔安大道起点距离较近,有200m左右的翔安大道需进行加宽。

【本章主要编写人员】:郭小红 梁 巍 李 昕 张 涛

第5章 景观设计

5.1 概述

5.1.1 隧道景观的形成与发展

近年来,随着中国城市经济实力的日益强大和文化品位的不断提升,国内对城市生态功能越来越重视。结合国外发展经验,隧道正逐渐成为经济发达地区解决交通问题的重要方式,尤其是在城市建成区。与城市高架和桥梁不同,隧道可立体化使用城市有限的土地资源,基本不占用城市地面,对周边居民环境与城市生态影响小。

艺术伴随着现代文明的发展,正快速地渗透到各行各业中,艺术与建设工程的有机结合使景观在多个领域发挥重要作用。现在人们对公路隧道、城市隧道的要求已经不仅仅局限于交通功能,还对隧道通行环境即隧道景观等要素提出了更高的需求。如何以人为中心,将环境景观与现有工程技术有机结合,已成为工程建设发展的必然趋势。

早期的隧道景观主要表现在洞口环境及洞门墙的装饰处理,随着人们对环境、生态、行驶安全舒适性和城市形象的重视,隧道景观建设内容已拓展到隧道工程的各个方面,包括隧道内外景观、绿化及生态的恢复、附属建构筑物的建筑景观等。

2003 年,上海复兴路隧道对通风塔进行了建筑设计,并在其中设置了国内第一座隧道博物馆,引起了广泛关注。之后,相继建成的南京玄武湖隧道、秦岭终南山隧道、武汉越江隧道均浓墨重彩地开展了隧道景观建设,并得到世人好评。

5.1.2 隧道景观的建设方针与设计程序

隧道景观属于现代隧道工程建设中的配套工程,景观建设应遵循“安全、舒适、和谐”的建设方针,从工程实际出发,考虑周边城市结构、自然地形环境和建筑人文特征,给予道路以内涵和深度,以更和谐、更优美的方式展现隧道的整体风貌,实现工程建设与景观形象的完美结合。

翔安隧道景观设计首先深入掌握沿线地区环境的基本资料,从周边环境现状调查入手,在工程设计的基础上,在满足隧道功能的前提下,从交通心理、美学、材质及文化角度进一步对工程展开科学性、创造性研究论证工作,把厦门翔安隧道这一特大型海峡工程建设成为质量可靠、安全舒适、外观优美的隧道工程,并达到道路本体和厦门城市的和谐统一。

5.1.3 隧道景观的空间特性

1. 隧道工程的空间形态特性

隧道工程较之通常的公路工程,有着独特的空间形态和景观要素。

首先,隧道有很好的和谐性:隧道工程利用地下空间建设快捷之路,最大限度地保全了周边的建筑景观或自然环境,城市、生态不会被交通工程所割裂。其次,隧道有强烈的对比性:隧道内外是风格迥异的两种空间,开阔与狭小、明与暗,存在强烈的对比反差。再次,隧道有典型的室内特性:隧道内空间有限,狭长的洞室空间类似建筑室内的空间尺度感,人们的感观受到限制,有一定的压迫感。

隧道也具有所有道路共同的特性,即线形特性和速度特性。

道路景观不同于通常的城市景观,所有的感知途径都是线形的,视点的移动路径是线形的,景观的表现也沿着道路的线型展开。因为道路的通行速度不同,对景观的感知也不同,其视觉、听觉、味觉甚至对风的触觉都是围绕速度展开的,因此道路景观的设计也应该是围绕速度展开的设计。研究表明,车辆行驶速度越快,驾驶员的动视力随着车速的提高越下降,如:平均静视力为1.2的驾驶员在车速为70km/h时,其视力下降为0.7。其次,车速越快,有效视野越窄,尤其是周边视线更加模糊。

2. 翔安隧道景观工程的空间尺度

翔安隧道是城市快速干道,设计时速80km/h,要求城市景观元素的空间尺度也相应增大,如何以一种适当的视觉语言来处理现代城市快速道路体系的尺度,是翔安隧道景观设计的难点和重点所在。表1-5-1、表1-5-2是一些数据,说明视觉中的速度与空间尺度的关系。

驾驶员前方视野中能清晰辨认的距离 表1-5-1

车速/(km/h)	60	80	100	120	140
前方视野中能清晰辨认的距离(m)	370	500	660	820	1000
前方视野中能清晰辨认的物体尺寸(cm)	110	150	200	250	300

不同车速下辨认路边景物的最小距离 表1-5-2

车速/(km/h)	20	40	60	80	100
最小距离(m)	1.71	3.39	5.09	6.79	8.50

依据上表,在高速通过的情况下,翔安隧道的景观表现以体块的变化为主,沿行车方向的变化单元控制在500m以上,单元内不同色彩、体量、层次的元素尺度必须大于1.5m;道路侧面的景观变化不宜琐碎繁复,所有景观的形态应带有线性特征,能在动态行驶中形成舒适的视觉感受。

5.2 隧道主体景观设计

5.2.1 翔安隧道的景观建设与设计理念

隧道工程的建设形式美和功能美除不能脱离实际环境之外,建筑与环境的协调是景观设计的主要法则。景观设计是建立在工程与环境和谐的基础上的。厦门翔安隧道的景观设计必须对厦门的历史文化、地域特点及翔安隧道所经地区进行详细的调查分析。在充分的调查后,根据其环境的特点,来开展景观设计工作,以确保厦门翔安隧道的建设工程与环境和谐,具有一定的文化内涵和地域特色。

翔安隧道位于厦门岛东北部,如图1-5-1所示。在厦门岛侧五通直接与城市快速主干道仙岳路相接,在翔安侧通过翔安大道连接324国道和沈海高速公路,建成后成为厦门本岛联系翔安直至泉州、福州方向的最为便捷的通道。隧道所经的五通片区随着五缘湾的建设,成为厦门东部城市新客厅,城市建设欣欣向荣,对岸翔安新区,将要形成新的港口、物流、工业园区,成为东部地区的重要工商和经济文化中心。

翔安隧道的建设成为联系两个新兴城区的交通和经济动脉,其景观建设及设计应具有一定的超前性,成为具有厦门城市新貌的隧道景观。设计中将翔安隧道的总体景观定位为:

(1)突出海底隧道的特色,展现大陆第一条海底隧道的风采。

(2)景观表现服从交通安全要求,营造舒适行车环境。

(3)建筑风格与厦门市"海在城中、城在海中"的海湾型城市定位相协调。

(4)经济可行,注重环保。

5.2.2 翔安隧道的景观建设内容

为便于组织建设,全面考虑翔安隧道景观建设的各个要素后,将整个景观工程分为以下5个子项分别进行设计。在分项设计中,各子项仍然是隧道景观系统工程中密不可分的内容,其设计与建设必须相互衔接和联系,最终达到整体景观的统一。

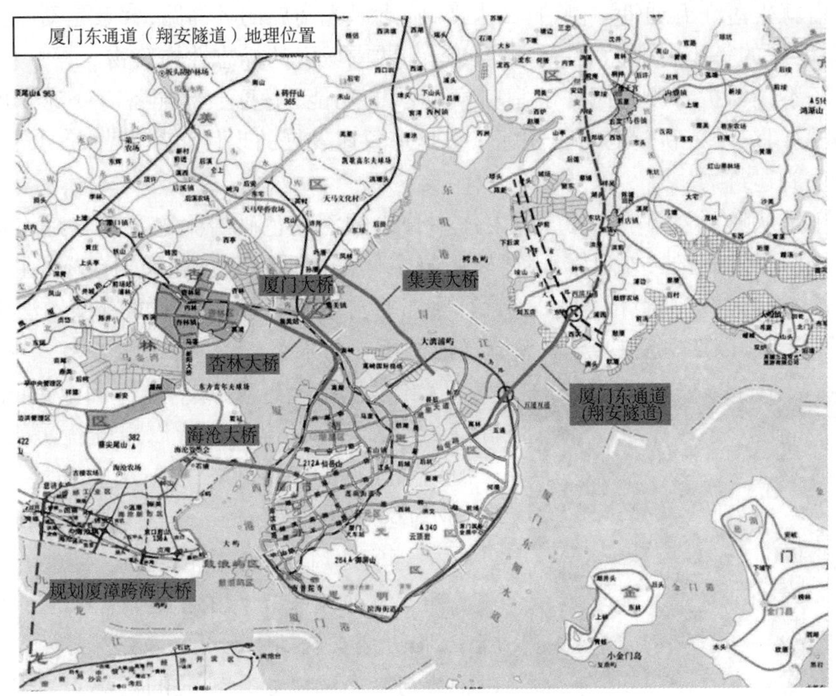

图 1-5-1　翔安隧道区位图

(1)通风塔建筑及景观工程；

(2)洞口及遮光棚建筑工程；

(3)隧道内装饰工程；

(4)雕塑艺术工程；

(5)全线绿化工程；

(6)管理区建筑及景观工程。

翔安隧道全线景观总体布置如图 1-5-2 所示。

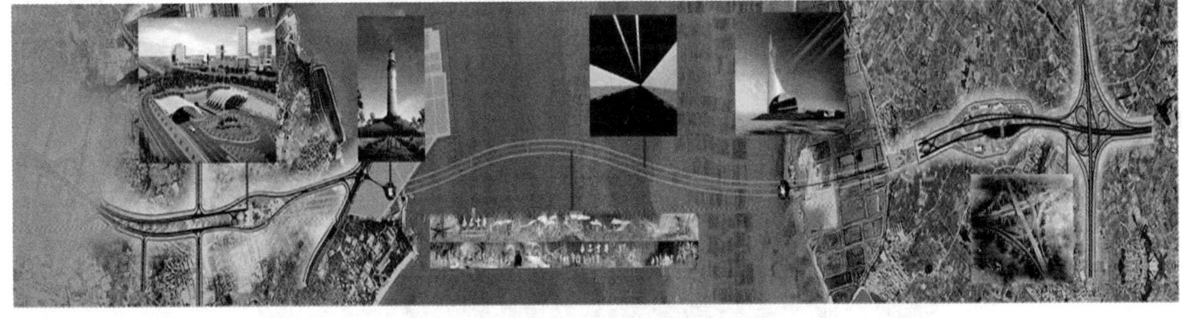

图 1-5-2　翔安隧道全线景观总体布置图

5.2.3　通风塔建筑及景观工程

通风塔是海底隧道唯一高出地面的建筑物，通过视点分析发现其有较多的景观视点，是隧道工程的形象代表。翔安隧道在五通和翔安两侧各设一座通风塔，各自根据厦门的海洋文化、城市两岸用地性质及场地特点进行建筑设计。

1. 五通通风塔——五通灯塔

五通港的历史《鹭江志》、《厦门志》均有记载：五通渡头，厦往泉大路，过刘五店，水途三十里。五通港码头，是厦门岛古码头之一。厦门本岛在修建厦门海堤前，五通与同安刘五店的航运是厦门对外联系的重要海上通道之一。

五通侧通风塔就坐落在五通港一侧，直面大海，临近风光旖旎的环岛路，背景是新建的五缘湾营运中心建筑群，是五通港区的一座新地标，也是翔安隧道和两岸城区的标志性构筑物。

五通侧通风塔不仅承担着厦门海底隧道排气通风的功能，塔身上部配备有一座10kW VTS雷达基站，并设置了服务厦门东海域新航道的航标灯。它是在急速发展的现代化都市背景中，具备多种功能，多重含义的新时期重要建筑物。

通风塔的基座是从隧顶公园中心的绿色山体中长出的深灰色砾岩。这一部分是连接海底隧道和通风塔的通风设备机房，师法自然，外观雄浑；通风塔身主体采用地产灰色花岗岩包覆，在入口或开窗细微处镶闽南特有的浅石雕，融入闽南石文化的意涵；顶部的雷达站和航标灯室的造型做法则取自鼓浪屿上万国建筑中的典型元素，以期融汇古今，联系五通港的历史与未来。

图1-5-3 五通侧通风塔——五通灯塔

无论从陆地上近观，或者从海面上远眺，五通侧通风塔高耸的轮廓将勾勒出这一片海岸的优美天际线，这座屹立于厦门岛东部的巨型灯塔，在蓝天里和星空下，都会熠熠闪光，成为这一热点区域的一个风景亮点（如图1-5-3所示）。

2. 翔安通风塔——扬帆起航

翔安侧通风塔位于由翔安新填海区绵延1km的隧顶花园中，临近翔安规划中的经济及娱乐中心，是隧顶花园的绿色轴线与沿海经济娱乐轴线的汇集点。其地理位置醒目，为百姓休闲生活的重要城市节点，与五通码头、五缘湾隔海相望，具有良好的海上景观视野。它是海底隧道在这一区域的陆地标志性建筑物，也是代表海底隧道的巨型城市雕塑，建成后将成为这一滨海新区设立的一个富有特色、线条清晰的城市坐标。

从厦门岛一侧远眺，翔安通风塔象从海平面上突现的一片巨帆，迎风展开其饱满动人的优美弧线，环绕着自海底挺拔直上的通风高塔。底层围合构筑的海底隧道通风机房则被塑造成一艘抽象的航船，流动的立体造型仿佛荡漾在一汪起伏的绿意波涛之中。

翔安侧通风塔以翔安区新的城市布局为背景，塔的奔放造型也隐喻随着海底隧道的贯通，这一片崭新的厦门新城区将扬帆起航（如图1-5-4所示）。

图1-5-4 翔安侧通风塔——扬帆

通风塔未来将与建在离塔侧不远的厦门海底隧道博物馆一起，构建出翔安新城靠厦门本岛侧的新的滨海公园；并与五通侧通风塔——五缘灯塔遥遥相对，成为海底隧道跨海两端的标志建筑，加快推进厦门构筑海湾型城市这一宏伟蓝图。

5.2.4　洞口及遮光棚建筑工程

洞口区是隧道与道路的连接点，是隧道内外的空间过渡和明暗过渡，不仅是功能上的过渡，也是心理上的转换和过渡，具有承前启后效能。景观设计针对其光过渡功能和行车心理的需求，对遮光棚造型、挡墙的装饰、绿化配置及边坡防护等进行精心的设计，力求功能与景观的完美结合。

翔安隧道的洞口 U 形槽空间宽达 80 余 m，隧道由 2 条主洞和 1 条服务隧道组成。行车主洞宽约 14.6m、高约 8.5m。隧道内外空间对比强烈，在两者之间有必要建立空间过渡带，使 80m 宽的开敞空间与 15m 的幽闭空间之间形成形态过渡。景观设计采用富有创造力和独具风格的遮光棚构筑物逐渐围合出“灰”空间，使人们在心理上得到进入隧道的暗示，在视觉感官上通过光线的渐暗自然过渡到隧道内的狭窄空间。隧道端墙与遮光棚组成的洞口建筑，形体简洁大方、色彩明快，端墙外形起伏的形态与遮光棚的“飞翼”造型和谐一致（如图 1-5-5 所示）它使高速运动状态中的人们，在远处容易获取对洞口区的景观感知。

图 1-5-5　光线过渡廊方案——飞翔之翼

5.2.5　洞内空间设计

厦门翔安隧道洞内全长 6.05km，隧道内行车时间约 8min，由于隧道内的行车环境受到各种因素的制约，行车心理也会受到不同程度的影响。为创造舒适的驾驶行车环境，展示独具特色的海底隧道文化，景观设计在结合功能与美观基础上，针对洞内的侧墙板、宣传板、设备箱外形、照明灯布置等进行综合设计。

首先，在景观理念上，从厦门这一海湾型风景城市的定位出发，计划以前所未有的奇思妙想，尽情展现海底隧道的特色。其次，综合隧道的交通功能、空间功能，洞内布置应既能满足安全、迅速、舒适的通行需要，又能取得通行、感知、空间三方面的平衡。

应用计算机三维模拟技术，建立隧道全线模型，完全按照施工尺寸再现洞内空间、设备布置后，通过动画画面模拟高速运动下驾驶者的感知。在尝试了多种侧墙板布置方式和色彩搭配、照明灯具布置方式后，结合照明灯具的照度计算结果，景观设计对洞内空间设计总结出 5 点原则性意见：①建议隧道照明将点状布置的高压钠隧道灯，改为连续均匀布置的防水支架隧道灯；②采用曲线型侧墙板，板后预留空间布置管线，侧墙板与设备箱面板平整衔接，形成连续的侧墙面；③侧墙板主色调淡雅明亮，色彩变化以横向线形为宜；④隧道顶部用深邃的黑色防火涂料，有效减少空间压抑感；⑤选用合适的材质、肌理，减少噪声。

洞内空间的景观表现主要借助侧墙板这一载体进行，分布于主洞隧道两侧墙面，自电缆沟盖板以上

3.5m高范围内。全线侧墙采用隧道专用墙板进行防护和装饰，用以增加照明效果、提高隧道使用安全性、增加洞内美观和适当减少噪声。

隧道板的选用还咨询了日本长大株式会社等国内外专家的意见，吸取以往隧道实施的经验，对材质提出更高的要求。隧道侧墙板要求具有6大功能：

(1)防火功能：隧道板必须100%不含石棉；达到国家标准A级不燃材料标准，并且在火灾情况下无有毒气体产生。

(2)安全性能：要求采用高强抗冲击的材料，龙骨系统应可靠、牢固。

(3)耐腐蚀、耐清洗：材料表面涂层铅笔硬度不低于4H，耐洗刷；所用龙骨及辅材全部由铝合金或不锈钢制成，具有优异的耐腐蚀性和耐候性。

(4)防潮耐污染：具有良好的透气性，耐污染。

(5)安装简单、拆卸方便，有不同规格尺寸的配件，满足设施预留的装配需要。

(6)光学性能良好：反射率≥70%，表面漫反射。

隧道板色彩搭配综合考虑引导性、光过渡和视觉疲劳三方面因素(如图1-5-6所示)，以海底隧道的建设特征为变化主题，增加宣传板的布置。在出入洞口的300m长度内，隧道板配合隧道照明灯的布置节奏，由浅色向深色分三段过渡至洞内环境，符合视觉心理的光过渡需求。隧道内80%以上的标准段选用上白下浅灰蓝的色彩搭配，冷色低彩度的色彩带来宁静、典雅、稳重的心理暗示。在出岛向F1风化深槽和进岛向贯通点两处，改常规隧道板为浮雕墙(如图1-5-7所示)用石雕立体再现国内第一条海底隧道建设的艰辛和振奋人心的贯通时刻，以此记录海底隧道的特征点，同时也改善行车过程的视觉疲劳。

图1-5-6 隧道内装饰效果

图1-5-7 进岛向隧道贯通点浮雕墙

经过这样的搭配和布置，翔安隧道的洞内行车观感可以说是是宁静而又充满活力的，犹如海底那片无边的水蓝中点缀的鱼群，引人遐思。

5.2.6 雕塑艺术工程

1.“永不言弃”雕塑系列

为展现翔安隧道建设期间建设者们攻坚克险和艰苦卓绝的建设场景，歌颂建设者们忘我付出和所创造的伟大业绩，在隧道五通端洞口及洞内分别设置了主题为“永不言弃”的纪念雕塑群，由1组洞口雕塑及2组洞内浮雕组成，形成隧道内外呼应，展示内容全面的主题雕塑。洞口雕塑总高12.8m，雕塑主体10.28m，雕塑以花岗岩材质手工雕刻而成。三位象征着翔安隧道广大建设者的工人，呈“V”字形环绕形成雕塑主体，人物手中各持方木、风枪、洋镐等施工器具，肌肉线条棱角分明，目光深邃无畏；三位建设者昂首挺胸、坚韧自信、永不言弃(如图1-5-8所示)。

图1-5-8 “永不言弃”洞口主雕塑

洞内浮雕共分2组。第一组位于右洞出岛方向F1风化槽处,如图1-5-9所示。该组浮雕画面以隧道开挖工序为创作主题,结合表现了建设者们艰苦作业的场景和攻坚克难永不言弃的精神面貌。第二组位于左洞进岛方向的隧道全线贯通点,如图1-5-10所示。该组浮雕展现隧道全线贯通之际,隧道两侧建设者们胜利会师的动人场景与精彩瞬间。浮雕墙单组规格为宽3.5m、长60.5m,其长度源自6.05km的翔安海底隧道总长。

图1-5-9　“永不言弃”洞内雕塑——出岛向F1风化槽段

图1-5-10　“永不言弃”洞内雕塑——进岛向贯通点

雕塑采用写实与艺术相结合的塑造手法,生动刻画出建设者征服大自然的恢弘气魄、顽强拼搏的进取精神和不屈不挠的斗志。

2.“业翔民安”雕塑

“业翔民安”的大型铜雕位于翔安隧道翔安端出口近收费站处,高13.5m、宽5m,雕塑名称以其所处的位置“翔安”两字为引申,取名“业翔民安”,寓意“业以翔至高,民以安为本”。

雕塑作品造型构思源于中华古文明的“司南”与“琮”,反映了中华民族对于天地、磁场和方向的认知,以及源远流长的华夏文明。雕塑整体造型,刚中带柔,亦静亦动,犹如城市空间中的现代图腾,令人精神振奋(如图1-5-11所示)。此雕塑在翔安端洞口的设置更融入了厦门城市基础设施建设飞速发展和岛内外一体化建设推进翔安片区发展的新内涵。

图1-5-11　“业翔民安”雕塑

5.2.7 夜景照明设计

近年来,随着我市经济的迅速发展,人民物质、精神生活水平的提高,对城市空间环境的要求也日益提高,市政工程夜间景观作为城市环境的组成部分,已成为工程建设中必不可少的部分。

翔安隧道夜景以不影响安全行车为前提,采用创新的照明手法、绿色节能的照明理念,在设计上确保照明技术的先进性和照明效果的艺术性,体现两者完美结合。夜景照明表现充分利用隧道建构筑物的结构特点,结合周边片区夜景规划,合理取舍,主次有序,使隧道工程整体光环境的营造与城市夜景相适应,实现工程与环境的协调发展(如图1-5-12~图1-5-14所示)。

图1-5-12 五通通风塔夜景效果

翔安隧道夜景表现主体为遮光棚及洞口立面、管理区建筑、通风塔建筑、收费棚等4个区域。其中遮光棚及洞口立面、五通管理区、五通通风塔三者夜景根据五缘湾片区规划导则进行设计,整体风格现代简洁、色调淡雅。翔安侧夜景重点在"扬帆"通风塔,灯光突出表现处于主导地位的两片风帆造型的构筑物,其余部分以淡蓝色灯光进行映衬,建筑层次感分明,色彩丰富,建筑内涵得以彰显。

设计采用长寿命,高效能的LED光源和电气性能好、防护等级高的优质灯具,体现保护夜环境和节能的要求,避免光污染。系统连接监控中心自动化控制网络,实现自动报警,预防夜景灯的各种故障发生。

图1-5-13 翔安通风塔夜景效果

图1-5-14 洞口夜景效果

5.3 周边景观设计

5.3.1 周边环境概述

翔安隧道全长8.69km,其中海底隧道长约6.05km,跨越海域宽约4200m。翔安隧道西连岛内的仙岳路及环岛路,东接翔安大道、海湾大道,建成后将与厦门北面的厦门大桥、集美大桥、杏林大桥,西面的海沧大桥一起构成连接大陆的路网格局,形成厦门岛经济圈。

海、陆、空汇集的交通枢纽地位使翔安隧道岛内片区成为厦门岛的"东大门"。邻近的湖边水库片区、五缘湾片区拥有湖海湾一体的生态资源和丰富人文资源,将打造成一个集会议度假、高尚住宅、体育休闲为一体,具有多层次开放空间和复合性城市功能的富有活力的城市新中心(如图1-5-15所示)。

刘五店码头是翔安境内重要的深水港区码头,距离大小金门仅5海里,是对台贸易的重要货运码头。翔安隧道与该码头直接相连,形成机场—翔安隧道—刘五店码头—金门的海空连运交通通道,构成海空、陆空、陆陆联运的立体化商贸物流网络，即将打造成为现代港口物流基地。

5.3.2　周边景观总体设计

翔安隧道作为城市快速道路，其景观直接影响城市面貌，隧道的景观形象、通行环境，成为城市居民观赏和体验的日常性视觉审美载体，乃至成为城市文化的组成。因此，其景观构成不单单是隧道、道路本身的景物景观，还包括更大范围的外延扩展。翔安隧道景观考虑周边城市结构、自然地形环境和建筑人文特征，给予道路以内涵和深度，创造具有厦门东海域特色的景观区域，达到翔安隧道本体和厦门城市的平衡和统一。

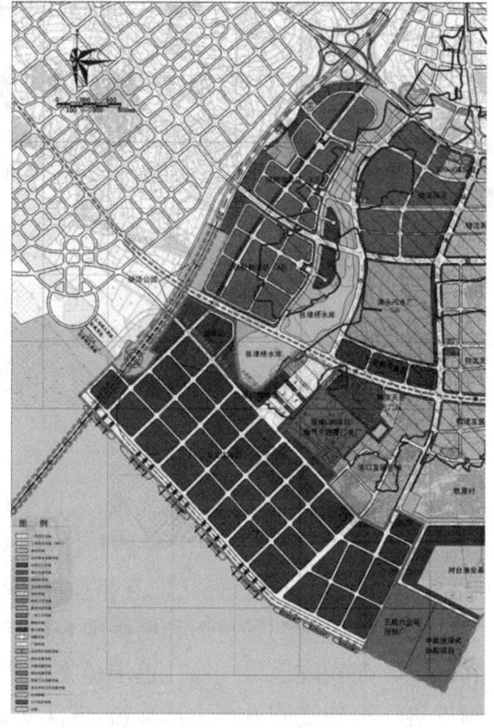

图 1-5-15　翔安区规划图示意

隧道接线道路延伸了隧道空间的景观，其与普通道路不同之处是竖向上的高程变化，形成垂直面的表现元素，能够给使用者带来特别的视觉关系和趣味，同时也传递着自身的尺度感。道路线形直接影响到道路景观空间的尺度与效果，这是形成道路空间和由此产生的景观的本体性要素。道路线形的方向性、连续性及道路断面形式、路面材料色彩、植栽、附属物等景观元素构成了这一元素的基本内涵。

在隧道洞口、道路交叉口、交通路线上的变化点、空间特征的视觉焦点（如遮光棚、通风塔、收费棚等），进行重点的景观设计，改变单一的行车环境，引导驾驶者获得必要的安全信息。节点景观的变化可以适当刺激驾驶者的视觉注意力，改善生理上的疲劳，提高驾驶者的灵敏性和反应力，营造安全、迅速、舒适的交通通行环境。道路节点构成了道路的特征性标志，也形成了区域的分界点（如图 1-5-16 所示）。

图 1-5-16　隧道洞口景观效果

设计考虑季节、气候、时间等自然现象作为变化因素，通过地被、灌木、乔木的搭配以及不同季节不同色相的变化，形成疏密有致的植物群落，达到丰富道路景观的构成要素。

5.3.3　绿化设计

翔安隧道绿化用地相对其他城市道路具有其特殊性，隧道 U 型槽和立体式的交通格局，形成高程变化丰富的绿化用地，垂直面的综合景观表现成为特色。绿化设计重点从设计风格、空间营造、视景塑造、轮廓塑造、植物配植5个方面进行综合考虑。

1. 绿化设计风格的选择

翔安隧道行驶车速快，视觉感知带有动态、线性的特征，绿化风格应力求简洁明快，加强行车方向的连贯性与统一性，通过树形、季向和色彩的配植，强调虚实对比，节奏与韵律同变化行驶速度相对应。为了达到较好的景观效果，还应考虑植物种类选择、主景和副景的选择、环境和意境的协调以及人文景观等。

绿化景观以"生态自然"为原则，根据区域内不同环境的特点，尽量尊重原有地貌和环境，避免过多的人为干涉。隧道建设改变了场址的原有生境，绿化是修复生态的重要手段，应尽量使植被恢复到自然原生的状态，容忍植物根据优胜劣汰的自然法则变化，容忍野草按自己的生存规律演替，这是既经济又美观的作法，同时也保证整个区域环境中的生态完整性。只有这样，人工环境才能与自然环境美妙地结合在一起，真正做到设计与自然结合自如。

2. 绿化空间的营造

翔安隧道的绿化以地面为主，兼以竖向空间层面，提供立体化的视点。景观对线形与绿化带采用不同的曲直元素，使其呈现出自然起伏的形态，达到车移景异、丰富多彩的景观效果，将绿化面、主体景观面、人的活动面三者立体化地互相叠加、渗透。

绿化空间指的是地形和植物围合形成的自然空间，是植物在整体空间环境中所表现出的功能、效果和影响。翔安隧道绿化设计追求植物形成的整体空间尺度，以及反映当地自然条件和地域景观特征的植物群落。植物空间处理注意疏密、虚实对比，通过"起、承、转、合"的节奏变化，分析人的行为习惯。根据道路的行车方向，循环交替，彼此连通，互为依存。

植物配植高低错落，疏密有致，空间因此而丰富（如图1-5-17所示）设计中利用植物配植来收放视线，密植的乔、灌木挡住向外看的视线，压缩空间，给人以安全感；没有高大树木的地带，视线开阔，可以远眺，平远的空间给人以空旷清爽的感受。时而密植，时而疏植，视线有收有放，空间忽大忽小，层次富于变化。对于人流活动密集的空间，绿化布置得较为精细及人工化；而在之外的空间，尽量恢复到自然原生的状态，塑造静谧的植物空间，给更多的生态群落自然过渡和演替的空间；同时在道路的尽端、转角、交叉口都采用不同的植物作为视线的收头，起到启承转折的作用，从而改变空间的导向性。

图1-5-17 仙岳路接线绿化空间的营造

3. 绿化景观天空轮廓线的塑造

天穹是一个关键的景观要素，它孕育着无穷的变化和美感。天空轮廓线的形状将直接影响到人们对于空间的范围和气氛的感受。平缓起伏的天际线在视觉上缺少空间的限制，给人以轻松缓和的感觉；而柔美多变的天际线能够限制和封闭空间，极易使人造成兴奋和恣纵的感觉。绿化景观由于其立体性、生长性和季节性等特征，对于它所构成的天空轮廓线，充满了变幻、色彩、多层次等诸多特点。

翔安隧道绿化景观对于轮廓线的塑造主要通过剔除不协调的要素和营造正面的景观要素要来提高整个场地的景观特征，强调自然形态的协调，强调自然力量的动感。以五通隧道洞口及洞顶轮廓线的营造为例，首先洞口建筑及端墙塑造的是如海浪起伏的立面形态，“飞翼”型遮光棚又将这一形态延伸、展开，在行车的视觉中心形成了飞翔的景观意向。这时，洞顶的地形和绿化超越天空成为第一背景，在天空与洞口之间增加了变化的层次；其轮廓又与洞口“飞翔”意境相协调，再次提升景观主题。

4. 绿化景观视景的塑造

视景是从一个给定的观察点所能见到的景致。视景是一幅框起来的画面，一幅变化多端的全景；视景是视觉空间的限定，它超越了场地的界限且有方向上的吸引力，同时还可以让人产生延展自由的感觉；同时，视景也是一种背景。一个好的设计一定是一个充满魅力的变化的视景。

翔安隧道绿化视景的塑造重点放在交通路线上的变化点、空间特征的视觉焦点、车速降低的节点和步行系统的边界等地段。通过植物群落的细化配植，在每一个地域，利用方向、前景、景框或空间的功能，随着人的移动而不断变幻，使人接触到精细布置、宜人尺度的景观，与大尺度的道路景观产生对比，也可以适当刺激驾驶者的视觉，提高交通安全性。

设计中注意绿化视景的节奏，不宜过多、过于琐碎。所有景点的种植均考虑观赏者的视点移动速度，以此确定视景的范围、构图方向、体量尺度、细节表现的精度。就是说，通行速度快的区域布置大尺度的视景，速度慢的区域布置小尺度的视景。最终使得全线景观在统一中有变化，在大气中有精致。

5. 植物选择及配植

翔安隧道植物选择及配植的主要考虑要素如下：

(1)原则。

①适地适树原则：考虑到翔安隧道工程横跨厦门岛和翔安两块区域，地区在自然条件、水文地貌、土壤特性等诸多方面均存在较大的差异，因此根据不同地域特点选择绿化植物品种显得十分重要。

②和谐统一原则：一个工程的绿化风格不是独立于周边环境，而是与其所在区域融为一体的。翔安隧道绿化建设考虑到沿线的自然植被环境和人工绿化风格，使工程绿化种植的植物群落环境与当地植被大环境协调一致，在总体上产生一种融合的绿化效果。

③乡土性原则：在翔安隧道绿化景观建设中以乡土树种作为绿化基调品种，在选择外来植物的时候，充分考虑植物类型与当地生态环境的融合性，力求形成自然、和谐、整体的植物群落。

④隧道主体工程安全性原则：翔安隧道作为一条海底隧道，其主体结构的安全性是整个工程的重点，因此绿化工程在建设过程中要注意树种选择和施工过程中对隧道结构的影响。根据隧道结构埋深浅的部位选择不同根系类型的植物品种，通过绿化对隧道形成保护。

⑤生态性原则：通过不同绿化植物品种的选择，利用不同的绿化配置方式，隐蔽工程暴露的构架，降低工程建设对当地生态环境的破坏，恢复环境的自然生态群落的繁衍。

⑥经济性原则：在植物选择过程中，充分考虑到植物的成活率和养护的成本，提高植物自身的适应能力，降低高维护植物的使用。

(2)具体措施。翔安隧道工程临近海滨，空气中盐分含量较高，土壤情况不同地段差异较大，同时周边环境多为发展中的城市新区和乡村，整体植物氛围和谐统一。因此在绿化设计上风格趋向于生态自然，在绿化植被上选择乡土性、抗盐碱、低维护且具有良好景观效果的植物品种；在局部通过大树孤植、植物阵列等手法突出局部绿化效果。

在进入翔安隧道的连接线道路部分，延续仙岳路的绿化风格。通过中分带上布置的密林空间和侧、边分带的绿化线形布置结合，自由出入，不按间距灵活种植，或疏或密，构成“夹景”，实现“路在林中走”的意境；同时在局部结合高大乔木组成浓密布置，形成“障景”，使人有“山重水复疑无路，柳暗花明又一村”的意境，也把视觉的焦点引向洞口。该部分的绿化植物品种主要以常绿阔叶乔木为背景，以落叶花乔木作为点缀树种和孤植树。选用的植物有小叶榕、盆架子、木棉、重阳木、刺桐、杜鹃、三角梅、鹅掌柴等。

在五通隧道洞口区域，以开花乔、灌木和开花攀援植物作为绿化种植的主景，通过不同开花季节植物品种的搭配和选择，在隧道洞口形成四季有花的热烈场景，同时应用枝叶茂密的植物柔化洞口边坡和软化隧道洞口的工程痕迹。洞口区域的植物品种有：黄花槐、大腺相思、红花洋紫荆、宫粉洋紫荆、凤凰木、炮仗花、三角梅、垂榕、海桐等。

隧道洞顶五通部分首先是一段上坡路段，这是一段富于变化的小插曲，对于不同的特殊的地形可以创造出具有不同领域感的场所。该路段内侧和外侧的空间印象和氛围有着很大的差别：进入海底隧道部分的道路犹如山和峡谷，给人以一种围合安静的感觉，而上坡的支路却像相处于丘陵之中，视野开阔，日照良好，空间开敞，极富动感。在路堑边坡的地形处理上，改变传统道路边坡刻板的工程造型，对坡线采取曲线处理，还原自然山体的真实状态；在绿化配置上，从下边坡的低矮花境逐渐随着高度的升高渐渐转化为高大乔木，如高山榕、杜英、重阳木等，使得绿化的轮廓随着道路的线型而起伏。在道路外缘的绿化部分布置夹竹桃等延展性好的大灌木，使其与道路之间模糊边界。

五通洞顶的中央区域在平面呈半桃形，在坡顶位置达到最宽。作为整个翔安隧道绿化用地最为集中的区域，设计上主要依靠构建不同的植物群落来组成整体空间，例如榕属植物群落、落叶乔木植物群落、三角梅群落、紫荆植物群落等；通过不同类型的植物元素和生态群落构成高低错落，疏密有致，空间层次丰富，生态环境多元化的"大空间"环境。

翔安隧道厦门岛内部分的连接线道路终端与环岛公路连接，在绿化设计上则从自然的常绿阔叶林渐变至自由搭配、具有海滨风情的棕榈类植物，整个过渡自然流畅，同时也起到了城市道路风格的良好界定。

翔安隧道翔安端的工程情况与五通端有着很大的差异，首先翔安洞顶陆域部分基本上填海形成，土壤贫瘠，且盐分含量极高，同时由于翔安区域地质情况较为复杂，因此隧道主体结构普遍埋深较浅。针对这些不利条件，要求绿化在植物选择和配置方式充分考虑乡土特性，在保证视觉效果的同时提高绿化植物的成活率和恢复环境的自然生机。所以绿化种植在翔安隧顶采取分区分片处理的方法：在地块外围通过布置相思植物群落、黄槿植物群落、木麻黄植物群落等遮挡海风的侵袭，降低空气中盐分含量，改善土壤结构，为内陆区域的绿化种植创造较好的条件；在场地的内部，通过榕树类植物及凤凰木、洋紫荆、重阳木、枫铃木、石栗等观赏性强的植物品种增强地块的观赏效果，辅以多层次的常绿大、小灌木的结合，以加深隧道洞口的背景印象，为翔安隧道洞口提供一个丰富的景深空间。

翔安洞口连接线与五通另一个区别就是洞口道路边坡的形态。翔安洞口道路两侧有着长达1km的高路堑边坡，因为安全防护的需要，这些边坡均采用骨架式的防护。针对这种生硬的形式，设计上采用多层次分段处理：边坡的下层是车辆视线所能近距离观赏的区域，通过绿色乔木垂榕、色彩斑斓的花灌木洋紫荆和地被植物紫花马樱丹来延续洞口的热情丰富的氛围；在中层则通过茂密的灌木和藤本植物如木豆、炮仗花、爬山虎等，为底层空间提供幕布并进一步柔化空间环境；上层绿化是通过大灌木夹竹桃和乔木刺桐搭配围合整个道路空间，为整个隧道出口提供一面绿色的帷幕。

西滨互通作为翔安隧道工程的一端，也是衔接翔安地区各个片区的序幕，其绿化布置起到承上启下的作用。考虑到高架桥梁和地面道路的不同的视觉要求，因此在互通的绿化上注重营造主景区域和线形绿化景观带。通过在道路主线两侧种植凤凰木和洋紫荆，作为道路不同走向的指示树种和区域景观主调。同时根据不同匝道桥梁所形成的不同围合空间，选择不同的植物群落，如竹类植物群落、木棉植物群落、刺桐植物群落、棕榈类植物群落，构建出一个形态丰富，具有不同方向指引性的大面积绿化空间。

总之，在翔安隧道绿化景观设计和植物选择搭配上，对于人类聚居及活动的小空间和强调精细及装饰感的地域，对植物造型进行刻意的修饰和处理，而小空间之外，尽量恢复到自然原生的状态，容忍植物根据优胜劣汰的自然法则变化，容忍野草按自己的生存规律演替。这是既经济又美观的作法，同时也保证整个区域环境中的生态完整性。只有这样，人工环境才能自如地与自然环境美妙地结合在一起，真正做到设计与自然结合。

5.3.4 管理区景观设计

收费区是人们从翔安进入隧道的第一场所，是该地区的标志性场所。在对厦门的地域特点、历史文化及厦门的经济发展等进行详细调查后,为充分体现出厦门作为海湾型风景旅游城市特色,反映厦门的经济腾飞,以及翔安隧道为我国第一座海峡隧道的地位,景观设计对收费棚、管理区建筑群从造型、色彩、夜景照明及其环境等方面进行详细的设计(如图1-5-18~图1-5-20所示)。

图1-5-18 收费棚建筑造型

图1-5-19 五通管理区建筑景观

图1-5-20 翔安管理区建筑景观

厦门翔安隧道分别于五通出口和翔安出口各设置一个管理区,项目总用地面积47877.348m^2,总建筑面积为13415.67m^2(包括245m^2地下室),绿化率均达到40%以上。

五通管理区位于五通洞口上方,基地两侧为连接环岛路旅游风景道路的接线,地理位置特殊。建筑以二层为主,局部三层,较好地控制了建筑的整体高度。从隧道入口及周边道路观察,大部分建筑体量隐藏在绿化带背后,更好地融入隧道周围的自然环境。建筑方案采用改良后的坡屋顶造型,与五缘湾的周边建筑相协调,符合五缘湾城市规划的规定。现代的造型风格体现了管理区先进、向上的精神面貌,宽敞、简洁的办公空间将翔安隧道的精神底蕴展示出来。管理区建筑根据功能区分形式,收放有致,形成尺度宜人的空间。建筑外部及内部环境设计从办公人员使用角度出发,以自然生态、恬静放松为原则,让环境景观渗入建筑内部的每一个角落。

翔安管理区位于收费广场右侧,建筑布局将主管理楼面向收费广场布置,便于管理和联系;其余建筑物根据功能需要,有序地布置于管理区内,通过环形道路联系起来。翔安管理区所处的翔安区是厦门自然生态优美、闽南乡村风情浓郁的地区,管理楼的建筑风格也以朴实简洁为主,适量使用地方建材——红砖作为外墙装饰元素,反映区域特色。

【本章主要编写人员】:郭　敏　关　毅　陈晓灵

厦门翔安海底隧道工程技术丛书

上册 第二篇 施工篇

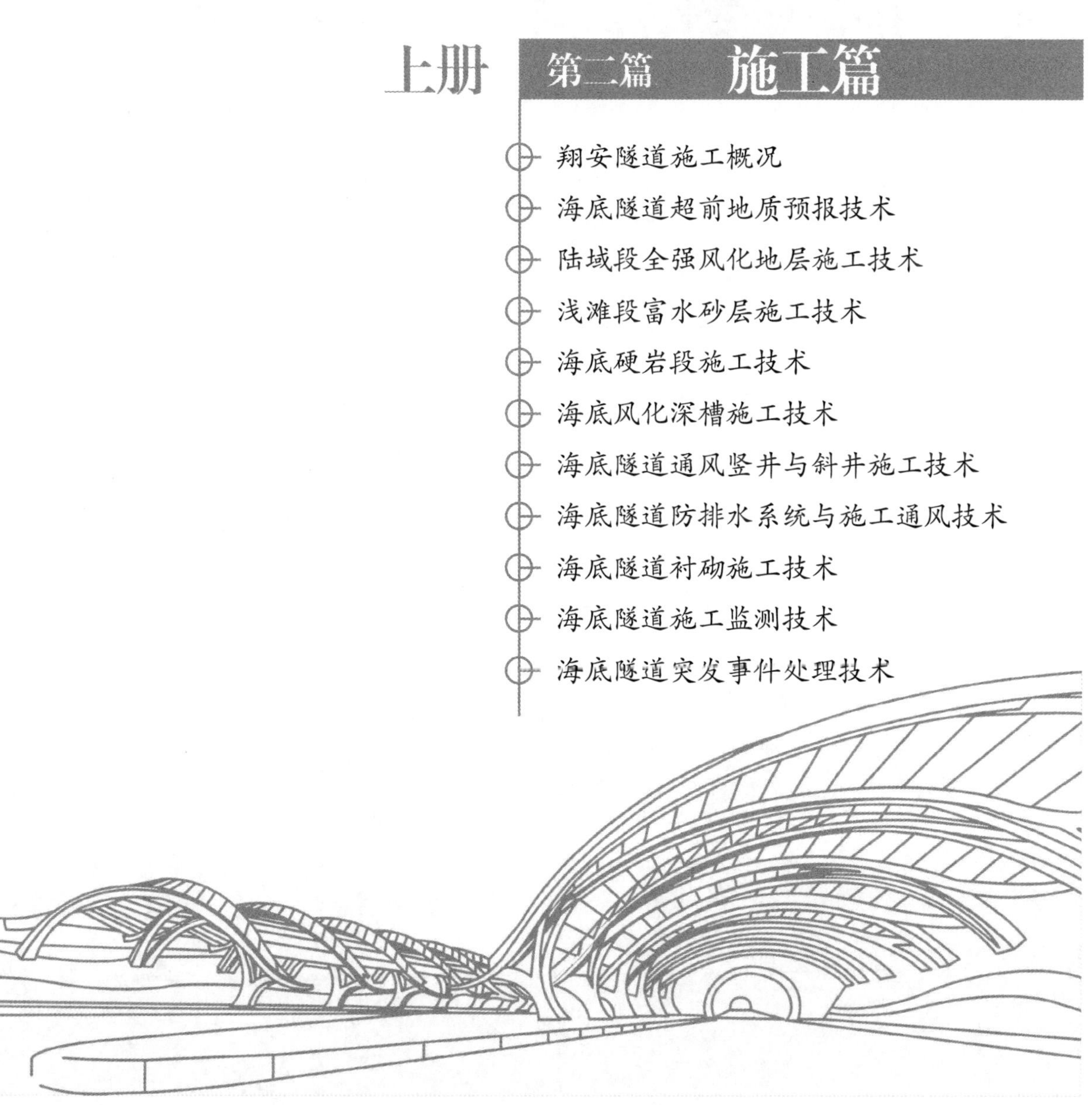

第1章　翔安隧道施工概况

1.1　工程特点及难点、重点

厦门翔安隧道是中国内地第一条海底隧道，目前国内尚无此类隧道的施工经验。该隧道施工具有如下重难点：

1. 隧道开挖断面超大

翔安隧道主洞为三车道隧道，建筑限界净宽13.5m，净高5.0m。最大开挖跨度达16.84m，最大开挖高度达12.26m，最大开挖断面积达到170m^2。

2. 陆域和浅滩段长距离穿越全强风化花岗岩浅埋段

翔安隧道在陆域和浅滩段主要穿过全强风化花岗岩地层，总长达6244m，具体见表2-1-1。地下水位高，有一定的水压。隧道埋深一般在4～42m，埋深浅。

陆域和浅滩段长距离穿越全强风化花岗岩浅埋段情况(单位：m)　　表2-1-1

隧　道	五通端		翔安端	
	长度	埋深范围	长度	埋深范围
左线隧道	989	6～27.6	1337	5.9～38.8
服务隧道	974	7～33	1160	12～42
右线隧道	905	5～30	879	4～36
合计	2868	5～33	3376	4～42

3. 在海底段穿越软弱风化囊槽

翔安隧道在海底段主要穿过F1、F2、F3全强风化深槽以及F4全强风化深囊，总长达1121m，具体见表2-1-2。隧道埋深一般在21～53.7m，水深一般在7.8～28m。

海底段穿越软弱风化囊槽情况(单位：m)　　表2-1-2

隧　道	F1		F2		F3		F4	
	长度	埋深/水深	长度	埋深/水深	长度	埋深/水深	长度	埋深/水深
左线隧道	60	27.7～48/12.8	63	38.5/18.9	49	41.5～40.3/7.8～9.4	113	33.6～38/26.2
服务隧道	92	36～53.7/18	57	44.9/18.2	94	45.9～43.6/8.3～11.1	94	40.8～45.6/25.6
右线隧道	148	21～30/8～15	50	53/20	102	50/18	199	24～27/20～22
合计	300	21～53.7/8～18	170	38.5～53/18.2～20	245	40.3～50/7.8～18	406	24～45.6/20～26.2

4. 大范围穿越过砂层

翔安隧道在翔安端穿过砂层，总长达1721.5m，具体见表2-1-3。埋深一般在距离隧道拱顶9～36.94m。

大范围穿越过砂层情况(单位:m) 表 2-1-3

隧道	长度	埋深范围
左线隧道	650	11.97～33.081
服务隧道	459	16.479～36.94
右线隧道	612.5	9～31
合计	1721.5	9～36.94

5. 支护体系耐久性要求高

翔安隧道处于海水环境中,其初期支护、二次衬砌以及防排水系统应该具有较高的耐久性,从而保证翔安隧道达到100年的使用寿命。

1.2 隧道施工安排及组织

1.2.1 参建单位及标段划分

1. 相关单位说明

翔安隧道包括两条行车主洞、一条服务隧洞及两侧的通风竖(斜)井、洞口设备房和路基匝道,土建施工分为4个标段,由两个驻地办监督施工,具体见表2-1-4:

厦门翔安隧道项目概况 表 2-1-4

项目名称	厦门东通道(翔安隧道)项目			
建设规模	公路等级	六车道高等级公路 80km/h	建设里程	全长8.659km 隧道长6.05km
建设单位	厦门路桥建设集团有限公司			
设计单位	中交第二公路勘察设计院有限公司			
监理单位	总监办	厦门翔安隧道总监理工程师办公室		
	第一驻地办	重庆中宇工程咨询监理有限公司 厦门路桥咨询监理有限公司		
	第二驻地办	铁四院(湖北)工程监理咨询有限公司		
主体工程施工单位	A1 合同段	中铁隧道集团有限公司		
	A2 合同段	中铁十八局集团有限公司		
	A3 合同段	中铁二十二局集团有限公司		
	A4 合同段	中铁一局集团有限公司		
第三方监测单位	西南交通大学			

2. 合同段划分

翔安隧道土建工程有4个合同段,即A1、A2、A3、A4合同段,划分见表2-1-5:

翔安隧道合同段划分示意 表 2-1-5

标段名称	起止桩号	里程(km)	主要内容
A1	ZK6+540～ZK10+200	3.660	主要为隧道(含左线隧道3.66km,服务隧道长3.658km,通风竖井1处)
A2	YK5+930.507～YK9+700	3.769	含隧道(含右线隧道3.141km)及五通互通(主线左线路基长0.631km、右线路基长0.628km,匝道长2.125km,辅道长0.778km,人行道长3.484km)
A3	ZK10+200～ZK12+485	2.285	主要为隧道(含左线隧道2.285km,服务隧道长2.290km)
A4	YK9+700～YK13+355	3.655	含隧道(含右线隧道2.810km,通风竖井1处)及翔安部分接线(左线路基长0.855km,右线路基长0.845km)

1.2.2　施工组织

1. 施工组织的编制原则

在翔安隧道施工过程中，始终坚持贯彻“安全高于一切、质量同于生命、防患胜于补救、责任重于泰山”的宗旨，精心组织、科学施工，并遵循如下施工原则：

(1)坚持“以人为本”的理念，以“安全第一、预防为主、综合治理”为原则。

施工组织设计的编制始终按照技术可靠、措施得力、确保安全的原则进行，特别是浅滩全强风化层、海域风化深槽等不良地质地段的隧道施工安全等。在施工过程中遵循“安全第一，预防为主”、“管生产必须管安全”的原则，坚持“以人为本”的理念，确保总体安全目标的实现。

(2)坚持科学发展观，以优质、高效为原则。

坚持科学发展观，引进先进的管理理念、施工机械设备和施工技术，进场后组织各专业技术人员围绕本工程项目开展科技攻关。

严格贯彻执行ISO9001质量体系标准，积极推广、使用“四新”技术，确保创优规划和质量目标的实现。

坚持试验先行、样板引路，选用适于本工程项目的管理方法、机械设备、施工工艺和方法等。突出工程重点、难点，坚持规范化管理、标准化作业，不断优化施工组织设计，以质量保安全，以质量创效率。

(3)方案优化的原则。科学组织、合理安排、优化施工方案是工程施工管理的行动指南。在施工组织设计编制中，对不同围岩级别的爆破掘进、不良地质条件的处理、二次模筑衬砌等关键工序进行多种施工方案的综合比选，在技术可行的前提下，择优选用。

(4)科学配置的原则。根据工程量大小及各项管理目标，在施工组织中进行科学配置，选用有丰富隧道施工经验的管理人员和专业化施工队伍，投入高效、先进的施工设备；确保流动资金的周转使用，并做到专款专用；选用优质材料，确保人、财、物、设备的科学、合理配置。

2. 施工顺序的安排

(1)总体施工顺序，如图2-1-1所示。

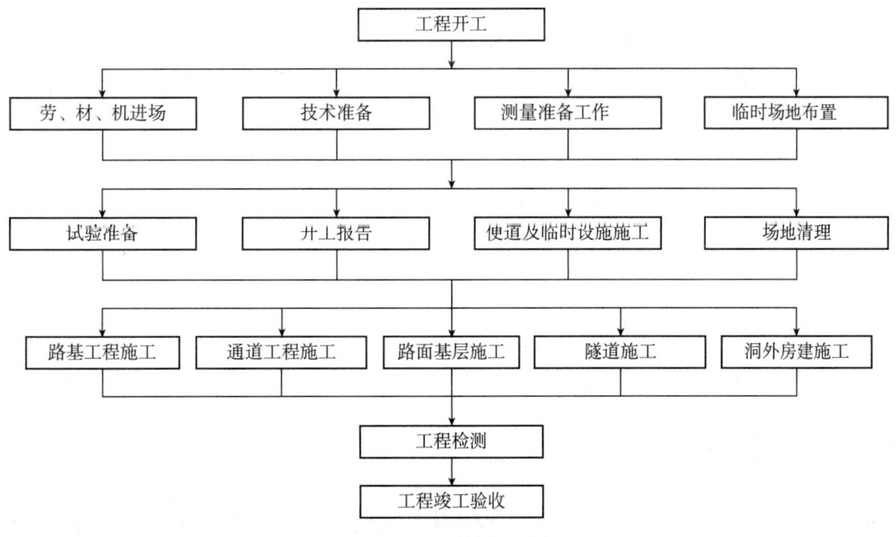

图2-1-1　总体施工顺序

(2)主洞施工顺序，如图2-1-2所示。

3. 施工理念

在海底隧道这个特殊的环境中施工，为确保施工安全和施工质量，在整个施工过程中，始终坚持“突出治水、动态施工、爱护围岩、内实外美、重视环境”的海底隧道施工5大理念。

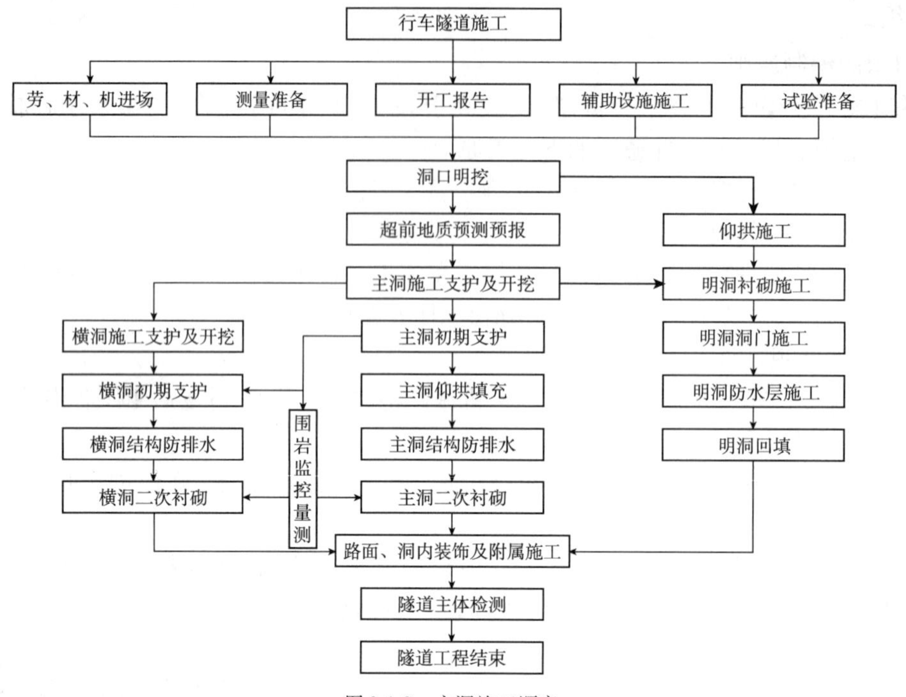

图 2-1-2 主洞施工顺序

(1)突出治水:海底隧道与山岭隧道最大的区别之处,就是洞顶上方是汪洋大海,有无穷无尽的水,在不良地质段,稍有不慎,就会带来重大灾难。因此在施工中要时刻考虑到“水”,按照防范在先的原则,采取有针对性的果断措施治“水”。

(2)动态施工:翔安隧道长度较大,沿线穿越全~强风化花岗岩、陆域土石交界段、浅滩段的富水砂层、海域段的 F1~F5 强风化深槽等地段,地质条件差异较大。施工过程中采用的各种施工方法和技术措施必须适应这些变化,施工阶段的各种决策都要在地质超前预报技术、量测技术和质量控制技术的基础上孕育产生,先预再立,遇事可成。

(3)爱护围岩:一是要千方百计减少对围岩的扰动,采用控制爆破技术或者在软弱围岩段采用机械开挖甚至人工开挖的方法来解决;二是要通过各种手段和方法,如采用预加固等辅助施工技术增强围岩的自稳支护能力。

(4)内实外美:关键是内实,内实的关键就是要做到认认真真、切切实实把“四密实”落实到每道工序和每个施工环境中去。“四密实”即混凝土本体密实,喷混凝土本体密实,喷混凝土与围岩密实、密贴,二次衬砌与初期支护密实、无空洞,这样才能满足隧道设计 100 年的基准周期要求。

(5)重视环境:一是指内部环境,即施工作业环境;二是指外部环境,即对周边环境影响,充分体现“以人为本”,人与自然和谐的理念,做好环境保护工作。

以上 5 大理念体现在施工方案、工艺和方法之中,体现在整个隧道施工过程中。

1.3 隧道开挖方法概要

隧道开挖的基本原则是保证围岩稳定或减少对围岩的扰动,在施工中坚持“先探后挖”,并将超前地质预报纳入施工工序中,不探明前方地质,坚决不开挖;同时要本着稳定掌子面、及时闭合和加固地层的原则,相互补充,择优选择开挖方法。另外,选择开挖方法还要考虑隧道断面大小及形状、围岩级别、工程地质与水文地质、隧道所处位置、支护条件、衬砌类型、工期要求、机械配备能力及经济可行性等相关因素。

通过综合分析,翔安隧道沿线Ⅴ级围岩地段采用小挖机开挖,Ⅰ~Ⅳ级围岩采用钻孔爆破掘进,进行光面爆破,以最大限度地减少对周边岩体的扰动,控制超欠挖,快速跟进初期支护,以提高初期支护和岩体的共同承载能力。其中行车隧道的开挖掘进方法见表2-1-6:

行车隧道开挖掘进方法一览

表2-1-6

围岩级别	开挖方法			掘进方式
	洞口段	陆域	海域	
Ⅴ	CRD法	双侧壁导坑法(A2标部分地段) CRD法	CRD法	挖掘机开挖
Ⅳ	—	CRD法或上下台阶法	三台阶法	挖掘机开挖辅以弱爆破
Ⅲ	—	上下台阶法	上下台阶法	钻孔爆破
Ⅱ	—	上下台阶法或预留光爆层法	上下台阶法或预留光爆层法	钻孔爆破
Ⅰ	—	—	上下台阶法或预留小导洞光爆层法	钻孔爆破

下面对表2-1-6中的各开挖工法分别进行简要的介绍。

1.3.1 CRD法

1. CRD法适用范围

在翔安隧道洞口采用40m大管棚超前支护地段、陆域Ⅳ、Ⅴ级围岩洞段、浅滩富水砂层段及海域风化深槽段,由于行车隧道开挖跨度较大,对围岩沉降变形控制严格,采用CRD法开挖。开挖的每一步都各自封闭成环,兼有台阶法和双侧壁导坑法的优点,有利于围岩稳定,保证施工安全。

2. CRD法施工工艺原理

采用CRD法预留核心土的方法,将大断面隧道分成4个相对独立的小洞室分部施工。CRD法遵循"小分部、短台阶、短循环、快封闭、勤量测、强支护"的施工原则,自上而下,分块成环,随挖随撑,及时做好初期支护;并待初期支护结构的拱顶沉降和收敛基本稳定后,自上而下拆除初期支护结构中的临时中隔壁墙及临时仰拱,再进行施工。

(1)CRD法施工工艺流程,如图2-1-3所示。

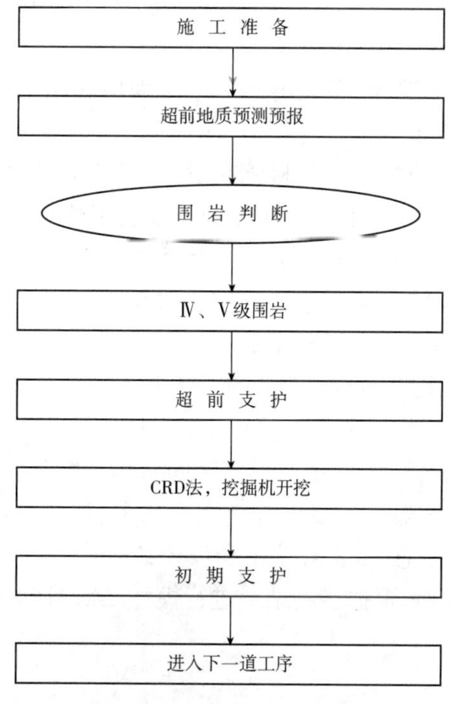

图2-1-3 CRD法施工工艺流程

(2)CRD法开挖支护步序,如图2-1-4所示。

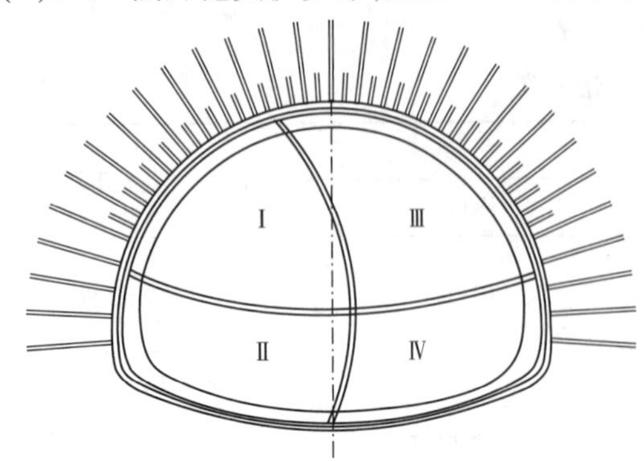

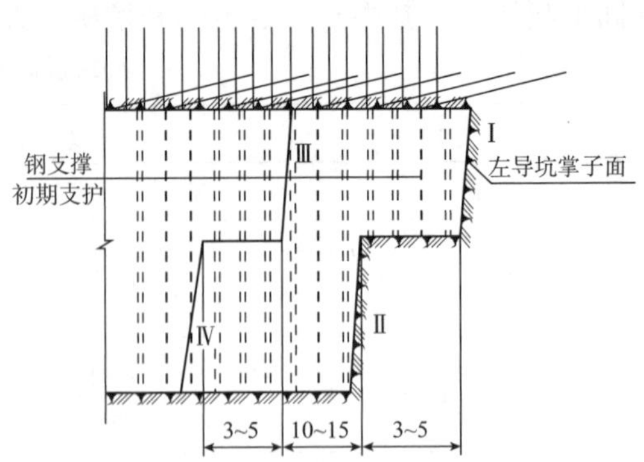

图2-1-4 CRD法开挖支护步序(尺寸单位:m)

图2-1-5 CRD工法施工现场全景

开挖支护顺序:先开挖Ⅰ部,Ⅰ部全封闭完成10~15m后开始开挖Ⅱ部,此时Ⅰ、Ⅱ部同时向前开挖,在Ⅱ部开挖支护完成10~15m后,再开挖Ⅲ部……同样的方式开始开挖Ⅳ部,这样就形成了以Ⅰ、Ⅱ、Ⅲ、Ⅳ开挖支护顺序的CRD法开挖支护局面,4部同时施作,同时前进,如图2-1-5所示。

3. CRD法施工注意事项

(1)各部施工是隧道施工中的一个重要环节,必须十分重视保护围岩,尽量减少对围岩的扰动,施工中应采用机械开挖、人工配合,少使用爆破,以减少对围岩的扰动。

(2)凡下部开挖,均应注意上部支护结构的稳定,以减少对上部围岩和支护的扰动和破坏。尤其是边墙部开挖时,必须采用两侧交错挖马口施作,避免上部断面两侧拱脚同时悬空。

(3)由于围岩松软,因此及时封闭断面是关键,要充分运用CRD法所赋予的手段,力求在最短时间内用临时仰拱封闭断面,做到"早封闭、快封闭"。

(4)各工作面要保持一个合理的距离:隧道各相邻掌子面应相距10~15m,以保证导坑开挖的稳定,各导坑内上下台阶距离以3~5m为宜。

(5)喷射混凝土紧随开挖掌子面施作。每榀钢架分拱、墙两次架成,认真加固拱脚,可采用扩大拱脚、打拱脚锚杆、加强纵向连接等方法,使上部初期支护与围岩形成完整体系;钢架的拱脚或底脚不得置于虚碴上;初期支护设计为双层钢筋网时,喷混凝土分为两次,先初喷后复喷。

(6)严格控制龙头工序Ⅰ部开挖支护质量及支护构件架设误差,Ⅰ部要提高误差标准,否则到Ⅱ、Ⅲ、Ⅳ部的开挖工艺、质量误差必然会达不到设计要求。

(7)CRD法施工的一个关键问题是拆除中壁。在这一作业施工管理中,最重要的问题是判定中壁拆除时间和中壁拆除后的安全性;要根据规范或有关规定,以中壁拆除前的拱顶下沉量、净空收敛值来定,以及中壁拆除中、中壁拆除后的拱顶下沉增量(不大于6mm)作为管理基准。

(8)Ⅰ、Ⅱ、Ⅲ、Ⅳ部开挖支护完成时,要及时分别先后在Ⅰ、Ⅲ部拱顶,Ⅱ、Ⅳ拱腰规定位置埋设监控量测点,实施监控量测并及时反馈信息,以指导施工和设计参数。

(9)完成隧道开挖及初期支护后,根据量测结果进行模注二次衬砌的浇筑。

1.3.2 双侧壁导坑法

1. 适用范围

双侧壁导坑法开挖适用于围岩较差的Ⅴ级围岩条件下的行车隧道开挖,在浅埋大跨度隧道施工时,采用双侧壁导坑法能够控制地表下沉,保持掌子面的稳定,安全可靠。翔安隧道A2标陆域浅埋暗挖部分地段采用双侧壁导坑法施工。

2. 双侧壁导坑法施工工艺原理

双侧壁导坑工法是一项边开挖边支护的施工技术。其原理是:利用2个中隔壁把整个隧道大断面分成左中右3个小断面施工,左、右导洞先行,中间断面紧跟其后;初期支护仰拱成环后,拆除两侧导洞临时支撑,形成全断面。两侧导洞皆为倒鹅蛋形,有利于控制拱顶下沉。该方法主要适用于黏性土层、砂层、砂卵层等地层。

(1)施工工艺流程,如图2-1-6所示。

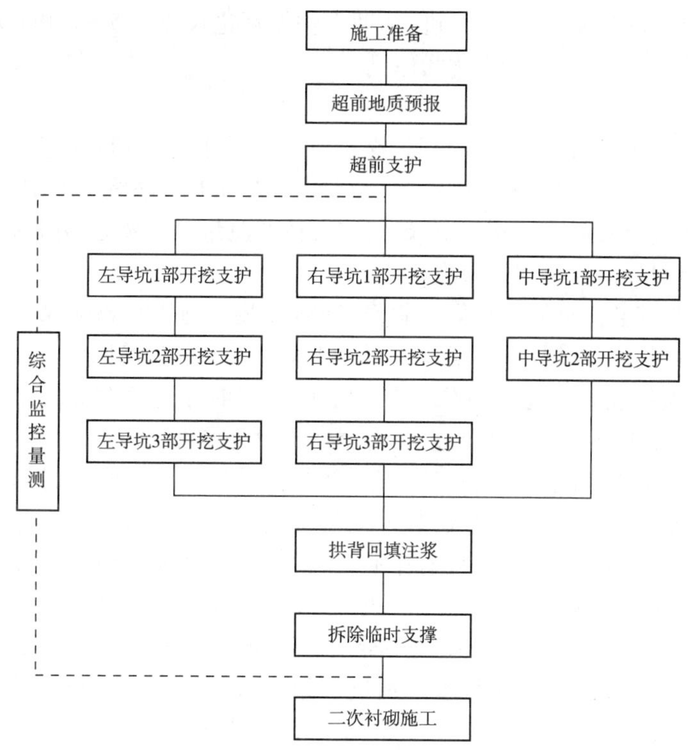

图2-1-6 双侧壁导坑法施工工艺流程

(2)开挖步序:各导洞开挖顺序(以右导洞为例)如图2-1-7所示。

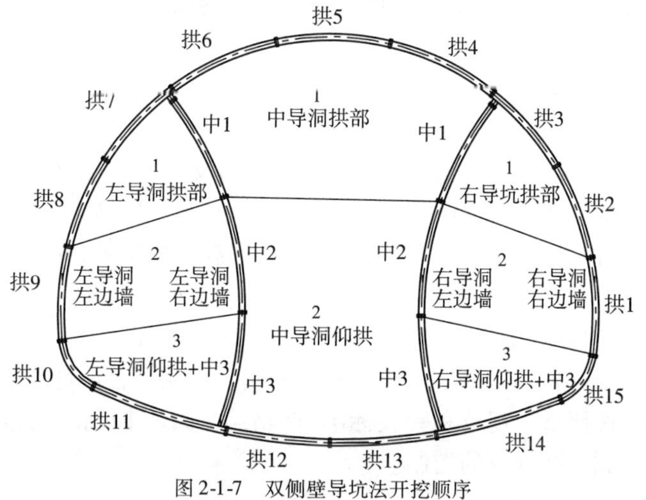

图2-1-7 双侧壁导坑法开挖顺序

第一步开挖1,安装拱2、3、中1,喷混凝土;第二步开挖2,安装拱1、中2,喷混凝土;第三步开挖3,安装拱14、15、中3,喷混凝土;在开挖过程中以小型挖机为主,配合人工修边,辅以超前小导管,减少坍塌量。

①开挖循环≤进尺1m为宜,即安装2榀拱架为一循环;拱2、3、中1与中2的开挖为一个工班,拱1与拱14、15和中3的开挖为一个工班;掘进时由开挖面向后依次开挖,形成平行作业。

②掘进时各部的间距5m为宜,开挖面与仰拱的距离≤15m。

③操作手施工中应定岗、定位、定时、定量完成作业,推行现场交接班,紧凑工序衔接。

④左右导洞的步距:左右导洞作业相对独立,调度得当则互不干扰,若有也只是作业土体的扰动是否对称,实施过程中根据监控量测的信息反馈,及时对左右导洞的步距进行调整。

⑤中导洞与两侧洞之间步距:中导洞与左右导洞之间步距以不影响左右导洞的开挖为宜,其拱部掘进应在左右导洞的仰拱封闭成环后进行。

⑥中导洞开挖:中导洞的拱部、仰拱的掘进、初期支护循环进尺以1.5~2.0m为宜,根据现场的地质情况确定;各步距以形成平行作业、减少干扰为原则。

(3)初期支护施工步序:

①初喷。在开挖完后,为有效减少围岩变形,要立即进行混凝土初喷施工,喷射厚度一般为3~5cm。

②钢拱架的制作与安装。钢拱架集中制作,现场安装。制作时要注意工字钢弯制弧度和连接板角度准确,焊接质量要求达到设计及规范的相关要求;安装要按照测量尺寸架立,并根据地质情况及围岩监控测量的结果留够预留变形量,防止出现侵限现象。

③钢筋网片的制作与安装。钢筋网片集中制作,现场安装。制作时要确保钢筋质量及加工尺寸,安装时应注意钢筋网的搭接长度及其与钢拱架之间要焊接牢固。双层钢筋网应分两次施工,第一层钢筋网施工完成后即开始进行喷射混凝土施工,达第二层钢筋网位置时停止喷射混凝土施工,进行第二层钢筋网片安装,安装完后再继续进行喷射混凝土施工,直至达到设计厚度。

④喷射混凝土施工。喷射混凝土采用潮喷工艺,严格按设计配合比配料、拌和;混合料在运输、存放过程中,严防雨淋、滴水及大块石等杂物混入,装入喷射机前过筛。喷射作业应分段、分片、自下而上、先墙后拱顺序实施,每段长度不宜超过6m。喷射作业时,喷嘴垂直受喷面做反复缓慢螺旋形运动,螺旋直径约20~30cm,同时与受喷面保持一定的距离,一般可取0.8~1.0m。若受喷面被钢筋网或格栅钢架覆盖时,可将喷头稍加倾斜,但不小于70°,以保证混凝土喷射密实,保证钢支撑背面填满混凝土,黏结良好。

喷混凝土分次施喷完成,第一层钢筋网安装后进行第一次喷射混凝土施工,待第二层钢筋网安装好后再复喷至设计厚度。后一层在前一层混凝土终凝后进行。若终凝1h后再喷射,先用风水清洗喷层面。

⑤拱背回填注浆。拱背回填注浆能有效地减少围岩变形。每个导洞仰拱封闭后要及时进行拱背回填注浆,回填注浆管不宜过长,以穿透喷射混凝土层、进入土层20cm为宜。注浆压力控制在0.6MPa以内。

⑥拆除临时支撑。初期支护全环封闭后,围岩变形已基本稳定,依据围岩量测结果(每天变形量小于0.5mm),临时支撑可拆除。

3. 双侧壁导坑法施工注意事项

(1)质量要求:

①两侧导洞施工要十分重视保护围岩,隧道左右两侧导坑交错开挖前进,严禁同时开挖;开挖后及时进行混凝土初喷,当初期支护设计为两层钢筋网时,喷射混凝土须分层施作,以使其密实。

②侧导坑施工中应按监控量测要求,埋设洞内观测点,实施监控量测,并及时反馈信息以指导施工和修改设计参数。

③钢架的拱脚或底脚不得置于虚渣上。

④钢筋的制作和安装要严格控制好尺寸,注意使钢筋网保护层符合设计要求,以确保结构的耐久性。

⑤强化质量保证体系,按照施工规范和验收标准,严格施工过程控制。质检员一天24h现场值班监督指导施工,使工程质量得到较为有效的控制。

(2)安全措施:

①做好超前地质预报工作,编制安全可行的施工组织设计方案。

②全面、及时、有效地进行监控量测工作,及时调整支护参数和施工方案,使施工时刻处于可控状态。

③拆除临时支撑时需注意判定侧壁拆除时间和侧壁拆除后的安全性；要根据规范或有关规定，以侧壁拆除前的拱顶下沉量、净空收敛值等来定，并以侧壁拆除中、侧壁拆除后的拱顶下沉增量（不大于6mm）作为管理基准。

1.3.3　台阶法

1. 适用范围

Ⅰ～Ⅳ级围岩地段，均可采用台阶法开挖。根据围岩地质情况，可采用上下台阶法或三台阶法，一般地段采用上下台阶法，如图2-1-8所示：

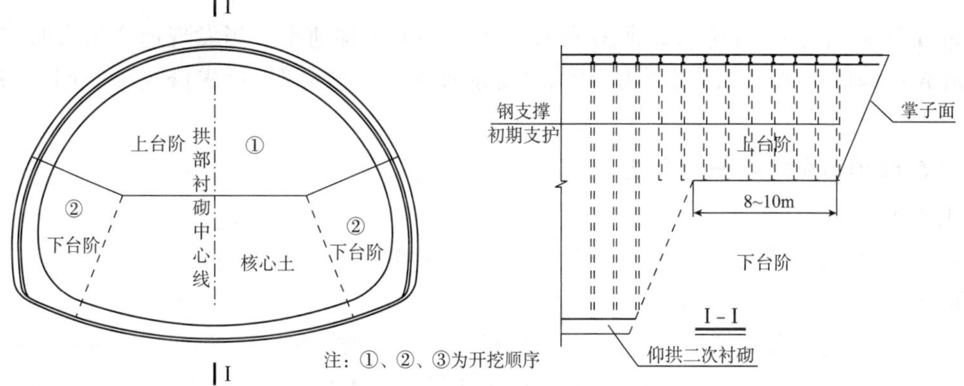

图2-1-8　主洞上下台阶法开挖示意

2. 台阶法施工工序

（1）根据设计图，施作超前支护。

（2）上台阶开挖：采用钻爆法开挖。

（3）上台阶初期支护：利用施工平台完成锚杆及喷射混凝土支护。

（4）开挖下台阶两侧边墙：Ⅳ级围岩先拉中槽，左右交错开挖，一侧初期支护达到强度后再开挖另一侧；Ⅰ～Ⅲ级围岩可直接用钻爆法开挖下台阶，一次到位。

（5）下半断面初期支护：按设计要求施作初期支护，Ⅳ级围岩要注意分侧交错开挖支护。

（6）施工仰拱：仰拱二次混凝土衬砌要求紧跟开挖面，施工时采用临时钢栈桥保证运输车辆通过。

（7）铺设防水板。

（8）混凝土二次衬砌。

在地质较差地段，如F2、F3、F4风化槽地段，采用三台阶法施工。上台阶高度控制在3m之内，预留核心土，方便施工，一旦发生险情，可迅速对其进行控制。三台阶施工基本步序同上下台阶法，如图2-1-9所示。

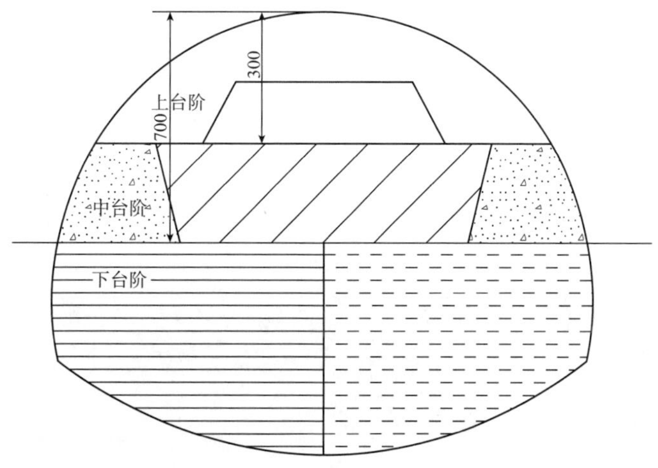

图2-1-9　三台阶法施工示意（尺寸单位：cm）

3. 施工注意事项

(1)上部断面初期支护基本稳定后,才能进行下半断面开挖,必要时应设置临时仰拱。当初期支护为钢架支撑时,要切实加固拱脚,保证拱脚位于原状土上。若拱脚所处岩石破碎及软弱时,宜加临时长钢垫板及锁脚锚杆。

(2)边墙马口跳槽开挖必须单侧落底或双侧交错落底,避免上部断面两侧拱脚同时悬空,落底长度应视围岩状况而定,一般采用1~3m,并不得大于6m。

(3)仰拱开挖前,架设临时横撑顶紧两侧墙脚,防止边墙内挤,待仰拱混凝土达到混凝土强度70%之后才能拆除。

(4)量测工作必须及时,需观察拱顶、拱脚和边墙中部的位移速率。当发现速率增大时,应立即浇筑二次衬砌,或先行构件支顶。当围岩压力极大,其变形速率难以收敛时,可先修筑临时仰拱,并考虑采用其他开挖方法。

1.3.4 导洞超前预留光爆层开挖方法

1. 适用范围

行车隧道在围岩条件较好的Ⅰ、Ⅱ级地段,采用导洞超前预留光爆层法开挖。

2. 预留光爆层法施工工艺原理

利用超前小导洞为爆破增加临空面,分两次爆破,减少对周边围岩的震动,提高周边炮痕保留率,光爆效果较好。超前导坑断面为5m×6m(宽×高),底部与行车隧道底平。导坑一般超前20m左右。扩挖时最大开挖宽度为16.44m,高为11.96m。为缩短钻孔时间,加快施工循环,要根据现场实际情况多上风钻,施工中严格按新奥法和光面爆破工法组织施工。

预留光爆层法施工顺序:

①超前导坑开挖。导坑按5m×6m开挖,底部与隧道开挖底部平齐。采用钻孔台车钻孔,一次爆破成型。

②全断面扩挖。全断面扩挖面与超前导坑保持20m左右距离,采用钻孔台架多台风动凿岩机钻孔,并进行装药联线,一次爆破成型。

③锚喷支护。Ⅰ级围岩地段初期支护为5cm厚C25喷射混凝土,Ⅱ级围岩地段初期支护为8cm厚C25喷射混凝土,Ⅲ级围岩地段锚网喷支护厚度为15cm.,初期支护要求紧跟开挖面。

④铺设防水层。

⑤浇筑衬砌混凝土。

【本章主要编写人员】:叶小兵 黄建勇 刘应亮 赵志艳 刘东昇 路军富

第2章　海底隧道超前地质预报技术

2.1　超前地质预报技术简介

综合超前地质预报技术，它包括隧道地质分析与宏观预报技术、隧道不良地质体长期超前预报技术、短期超前地质预报技术、超前钻探技术和重大施工地质灾害临近警报技术，共5部分。

2.1.1　地质分析与宏观预报技术

隧道所在地区不良地质宏观预报，是以深入的地面地质调查为基础，通过区域不良地质分析方法，宏观预报洞体施工可能遇到的不良地质类型、规模、大约位置和方向，宏观预报施工地质灾害的类型和发生的可能性。

只有在宏观预报的原则指导下，才能更准确、更有效地实施洞体不良地质体超前预报和施工地质灾害监测、判断及临近警报等后续预报工作。所以，宏观预报是施工地质灾害超前预报不可或缺的第一道工序。

1. 隧址所在地区的区域地质分析

(1)研究的资料：主要包括隧址所在地区的各种比例尺区域地质图、区域构造体系图及其说明书；至少要研究隧址所在地区在中华人民共和国构造体系图和中国及其邻近海域岩石圈动力学图中的位置及其表现的区域地质特征。

(2)分析的方法和目标：应用超前地质预报的地质理论，初步分析并宏观预报隧道隧洞所在地区的主要构造方位、力学性质和构造多期活动特征及其不同方位构造对隧道隧洞围岩稳定性的影响程度，主要地层类型(如煤系地层、灰岩、白云岩等可溶岩地层等)特征及其隧道隧洞围岩稳定性的影响程度，主要岩浆岩的类型(如侵入岩、喷出岩)特征、空间分布特征及其隧道隧洞围岩稳定性的影响程度，现今地应力特征及其与区域地壳运动的关系，等等。

2. 隧道不良地质的地质分析

(1)研究的资料：主要是隧道隧洞详细地质勘探资料或隧道隧洞地形地质平面图、地质剖面图，及深入地面地质调查所取得的第一手地质资料。

(2)分析的方法和目标：在区域地质分析的基础上，应用超前地质预报理论分析并宏观预报隧道隧洞施工可能遇到的不良地质类型、大约位置、规模和产状(特别是走向)，分析并宏观预报施工地质灾害的类型、发生的可能性和对隧道隧洞施工的影响程度。其主要包括：地层层序和特殊岩层分析，构造体系、构造形式和构造分布规律分析，地应力状态分析，岩浆岩侵入体成因、产状分析，溶洞、暗河、岩溶陷落柱和岩溶淤泥带成生条件和展布规律分析，煤系地层中的煤层、采空区和瓦斯地质分析等。

3. 隧道不良地质的地貌地质分析

(1)研究的资料：主要是隧址所在地区1:5000～1:5万地形图或隧道隧洞地形地质平面图。

(2)研究的方法和目标：在隧道隧洞不良地质的地质分析的基础上，研究隧道隧洞主要不良地质与地貌的关系，进而分析并宏观预报隧道隧洞主要不良地质，特别是断层破碎带，溶洞、暗河等岩溶不良地质大约位置、规模和产状(特别是走向)，为隧道隧洞不良地质的地质分析提供佐证。

2.1.2　长期超前预报技术

隧道施工地质灾害的发生，与不良地质体的存在和施工辅助工法不当密切相关，首先是不良地质体的存在。所以，超前预报施工地质灾害，首先要进行隧洞不良地质体的超前预报。隧道不良地质体超前地质预报依据预报距离,分为长期(长距离—下同)超前地质预报、短期(短距离—下同)超前地质预报两种预报形式和预报步骤。

长期超前地质预报的预报距离为掌子面前方100~150m以上。

对于隧道不良地质体的长期超前地质预报来说,国内外主要采用TSP(隧道地震勘探)或浅层地震仪等仪器探测方法来进行。

1. TSP和TGP

(1)简介。

TSP(Tunnel Seismic Prediction,隧道地震勘探)设备是由瑞士安伯格公司开发、生产的,是当前国内外最先进的隧道长期超前地质预报设备,也是当前超前地质预报技术中的最重要手段。它与其他超前地质预报的设备相比,最大优点是:探测距离远(可达隧道掌子面前方300~500m,有效预报距离100~150m),分辨率高(最高分辨率为1m),抗干扰能力强(基本不受干扰),影响施工很少(钻孔和测试在侧壁进行,洞内探测时间仅用45min)。

目前,TSP共开发出TSP-202和TSP-203系列(包括TSP-203、TSP-203PLUS、TSP-200—下同)两大类型。

TSP-202和TSP-203系列的最主要区别在于成果的解译手段和精度:

①TSP-202,为人工解译型,又称"专家型"。在基本解译原理的指导下,它必须在解译人员具有扎实的地质学知识和基本功的前提下,依据各种不良地质体的成因特征和标志,才能对成果图反映的不良地质体的性质、类型,位置和规模进行解译;一般地说,解译效果较好,预报的精度也较高。由于它的解译技术要求高,较适合解译水平较高的技术人员使用,所以又称为"专家型"。

②TSP-203系列,为智能解译型,又称"普及型"。它首先通过设备软件求得各种不良地质体的不同的物理参数,然后通过解译人员对各种不良地质体相对可能具有的物理参数之理解,对成果图反映的不良地质体的性质、类型,位置和规模进行解译;由于物理参数不可能完全、准确地反映不良地质体的性质、类型;所以,通常解译效果一般,预报的精度偏低。但它具有解译技术要求低的优点(类似智能型相机),所以较适合解译水平一般的技术人员使用,因此又称为"普及型"。

TGP-206属于国产的地震反射波预报设备,其探测原理完全类似TSP。

(2)TSP能解决的主要技术问题。

①预报掌子面前方的断层破碎带、软岩、岩溶陷落柱等不良地质体的性质、位置和规模。

②预报涌水量大于$5m^3/h$以上的富水地质体和老窑、老峪等采空区的存在、位置和规模。

③预报煤系地层的边界和其中的煤层、富水砂岩。

④粗略地预报围岩级别(类别)。

⑤定性地预报发生塌方、突泥突水等施工地质灾害的危险性。

(3)TSP的主要技术指标。

①探测距离一般为掌子面前方300~500m,最大可达1500m;有效预报距离为掌子面前方100~150m。

②最高分辨率为1m地质体。

③预报不良地质体位置的精度可达90%以上。

④预报不良地质体规模的精度可达85%以上。

2. 断层参数预测法

(1)简介。

这是研制的一种利用断层影响带内的特殊节理(11节理)和其集中带有规律分布的特点,经过大量断层影响带系统编录得出的经验公式(Liu Zhigang公式),超前预报隧洞断层破碎带的位置、规模的新技术。该技术的熟练应用,可以"肉眼看出100m",如图2-2-1所示。

关键技术是11节理及其集中带之始见点的鉴别和确认的能力。

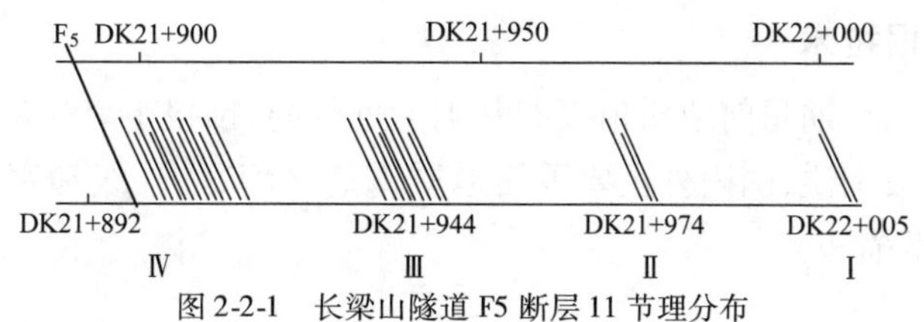

图2-2-1 长梁山隧道F5断层11节理分布

(2) Liu Zhigang 公式。

①断层上盘公式之一：

$$B\text{Ⅰ}=37.7379N-4.8501, B\text{Ⅲ}=17.5536N-2.8272, B\text{Ⅰ}-\text{Ⅲ}=20.1843N-2.0229 \quad (2\text{-}2\text{-}1)$$

②断层上盘公式之二：

$$B\text{Ⅰ}=34.9943N, B\text{Ⅲ}=16.2157N, B\text{Ⅰ}-\text{Ⅲ}=18.7786N \quad (2\text{-}2\text{-}2)$$

③断层上盘公式之三：

$$B\text{碎}:B\text{Ⅲ}:B\text{Ⅰ}-\text{Ⅲ}:B\text{Ⅰ}=0.026:0.4634:0.5366:1 \quad (2\text{-}2\text{-}3)$$

④断层下盘公式之一：

$$B\text{Ⅰ}=34.4974N-0.8071, B\text{Ⅲ}=15.8532N-1.6853, B\text{Ⅰ}-\text{Ⅲ}=18.6442N-0.8782 \quad (2\text{-}2\text{-}4)$$

⑤断层下盘公式之二：

$$B\text{Ⅰ}=34.3692N, B\text{Ⅲ}=14.8677N, B\text{Ⅰ}-\text{Ⅲ}=19.5051N \quad (2\text{-}2\text{-}5)$$

⑥断层下盘公式之三：

$$B\text{碎}:B\text{Ⅲ}:B\text{Ⅰ}-\text{Ⅲ}:B\text{Ⅰ}=0.026:0.4326:0.5674:1 \quad (2\text{-}2\text{-}6)$$

式中，BⅠ代表11节理Ⅰ带开始点到断层破碎带中线的法向距离，BⅢ代表11节理Ⅲ带开始点到断层破碎带中线的法向距离，BⅠ－Ⅲ代表11节理Ⅰ－Ⅲ带开始点之间的法向距离，B碎代表断层破碎带的法向厚度，N代表断层的地层断距。

3. 地面地质体投射法

(1)简介。这是在地表准确鉴别不良地质体的性质、位置、规模和岩体的质量及精确测量不良地质体产状的基础上，应用地面地质界面和地质体投射公式进行超前地质预报的技术。

关键技术是在地表准确鉴别不良地质体的性质、位置、规模和岩体的质量的野外工作基本功。

(2)投射公式。

①在地质纵剖面图的水平比例尺与垂直比例尺相同条件下，投射角与真倾角转化公式：

$$\tan\beta'=\tan\beta\sin\omega \quad (2\text{-}2\text{-}7)$$

②在地质纵剖面图的在水平比例尺为1:5000、垂直比例尺为1:2000条件下，投射角β''与投射角β'的转化公式：

$$\tan\beta''=\tan\beta'5000/2000$$

③地表地质体投射公式：

$$l=L-h/\sin\beta\sin\omega \quad (2\text{-}2\text{-}8)$$

式中，β代表真倾角，β'代表地质界面(包括岩层层面、断层面等)视倾角，β''代表具有不同比例尺的隧道纵剖面图中的地质界面视倾角，ω代表地质界面走向与隧道剖面方位的夹角，l代表等厚倾斜地质体在隧道剖面上的水平距，L代表等厚倾斜地质体两个地表界线与地表隧道中心线交点之间的水平距，h代表等厚倾斜地质体质体两个地表界线与地表隧道中心线交点之间的高差。

4. 综合长期超前地质预报新技术

采用两种或两种以上的长期预报的方法和技术手段，取长补短、相互验证，实施综合长期超前地质预报，就可以变物探成果的多解为单解，减少判断失误，提高预报效果。

5. 长期超前地质预报的使用范围

长期超前地质预报应用于隧道贯通前的全过程，在地质复杂标段更是十分重要。

2.1.3　短期超前地质预报技术

短期超前地质预报是在长期超前地质预报的基础上进行的，预报距离为掌子面前方 15 ~ 30m。

对于短期超前地质预报来说，国内外主要采用地质雷达探测、红外线和声波探测等仪器探测方法和掌子面编录预测法（地质素描法）。

1. 地质雷达

地质雷达属于电磁波物探技术。电磁波通过天线向地下发射，遇到不同阻抗界面时，将产生反射波和透射波。接收机利用分时采样原理和数据组合方式，把天线接收的信号转化为数字信号，主机系统再将数字信号转化为模拟信号或彩色线迹信号，并以时间剖面的形式显示出来，供解译人员分析。

2. 地质素描预测法

亦称掌子面编录预测法，属于短期超前地质预报的一种方法和技术手段。

具体还包括：岩层岩性及层位预测法和地质体延伸预测法两种具体方法。

（1）岩层岩性和层位预测法。其基本原理是：在掌子面和隧道两壁出露的岩层与地表某段岩层证为同一和确认标志层的前提下，用地表岩层的层序预报掌子面前方将要出现的岩层。

关键技术是证为同一和确认标志层。

（2）地质体延伸预测法。其基本原理是：在长期超前地质预报得出的不良地质体厚度的基础上，依据掌子面以揭露的不良地质体的产状和单壁始见的位置，经过一系列的三角函数运算，求得条带状不良地质体在隧洞掌子面前方延伸和消失的位置。

关键技术是正确的三角函数运算。

3. 不良地质前兆预测法

其基本原理是：在隧道掘进过程中，在出现断层破碎带、溶洞、暗河、岩溶陷落柱和洞穴淤泥带之前，一般都会出现各自的明显或不明显的前兆标志；这些标志的出现，常常预示前述不良地质体已经临近了。因此，不良地质前兆预测法，一方面有助于掌子面前方不良地质体的性质的鉴别，更有助于对不良地质体临近的判断。

4. 短期超前地质预报的主要技术指标

由于短期预报是在长期预报的基础上进行的，所以预报的精度一般要超过长期超前地质预报，特别是对不良地质性质的预报更是如此。

5. 短期超前地质预报技术的适用范围

短期超前地质预报技术主要适用于地质复杂标段，一般不适合在全隧道进行。

2.1.4　超前钻探技术

1. 简介

超前钻探是超前地质预报技术体系主要组成部分，占有重要的地位，具有不可或缺、不可替代的作用。特别是在岩溶隧道的超前地质预报中，更起到突出的作用。

超前钻探一般在隧道洞身长期、短期超前地质预报基础上进行，侧重长期、短期超前地质预报已经基本认定的主要不良地质区段；除非特殊情况，一般不宜全隧道连续进行。

总体上，超前钻探分为长距离（80 ~ 100m）、中距离（40 ~ 60m）和短距离（15 ~ 30m）3 种形式；分为取芯和不取芯 2 种类型。

2. 技术要求

超前钻探的布孔数量，视不良地质的性质和可能发生施工地质灾害的严重程度来决定。对于较大的断层破碎带，布置 1 孔至多 2 ~ 3 孔即可达到目的；对于溶洞、暗河或岩溶淤泥带等可能突水区段，则以布置 5 孔为宜。布孔的位置，则主要依据长期、短期超前地质预报的结论来确定。

超前钻探既对隧道洞身长期、短期超前地质预报进行验证，又为施工地质灾害临近警报提供信息。

2.1.5 施工地质灾害临近警报技术

即隧道施工地质灾害监测、判断和临近警报技术。它是在隧道所在地区不良地质宏观预报和隧道洞体不良地质体长期、短期超前预报的基础上,大多伴随超前钻探同时进行、也可以单独进行的工作,这是广义超前地质预报的第五道工序。

其主要包括:施工地质灾害的地质环境监测技术,施工地质灾害发生可能性的判断技术两个方面。

1. 施工地质灾害的地质环境监测技术

这是施工地质灾害警报技术的基础工作也是第一步的工作。

其主要包括:各种不良地质体的鉴定和区分技术,瓦斯用处和煤与瓦斯突出的地质环境监测技术,岩爆与冲击地压发生的地质环境监测技术。

(1)坍塌、塌方地质体及其鉴定与区分技术,主要包括断层破碎带、岩溶陷落柱、上部干性、湿性岩溶淤泥带和软岩夹层等坍塌、塌方不良地质体性质的鉴定和区分技术。

(2)涌泥、突泥地质体及其鉴定与区分技术,只有中部稠性、稀性岩溶淤泥带。

(3)涌水、突水地质体及其鉴定与区分技术,主要包括溶洞、暗河、下部水性岩溶淤泥带、断层破碎带和老窑、老岭等涌水、突水地质体性质的鉴定和区分技术。

(4)瓦斯涌出和煤与瓦斯突出的监测技术,主要是煤与瓦斯突出产生的基本地质条件的分析、研究和观测。

(5)岩爆与冲击地压的监测技术,主要是岩爆与冲击地压产生的基本地质条件的分析研究和观测。

2. 施工地质灾害能否发生的判断技术

这是施工地质灾害警报技术中的最为关键的技术,也是第二步的工作。

其主要包括:坍塌与塌方、涌泥与突泥、涌水与突水、瓦斯涌出和煤与瓦斯突出和岩爆与冲击地压等重大施工地质灾害发生可能性的一系列判断技术。

3. 施工地质灾害临近警报达到的技术指标

在施工单位的积极配合下(主要是共同协商不良地质施工的辅助工法),可以基本保证项目所研究和应用的地质复杂隧道不发生塌方、突泥、突水、煤与瓦斯突出和岩爆等重大施工地质灾害。

2.1.6 翔安隧道超前地质预报流程(如图 2-2-2 所示)

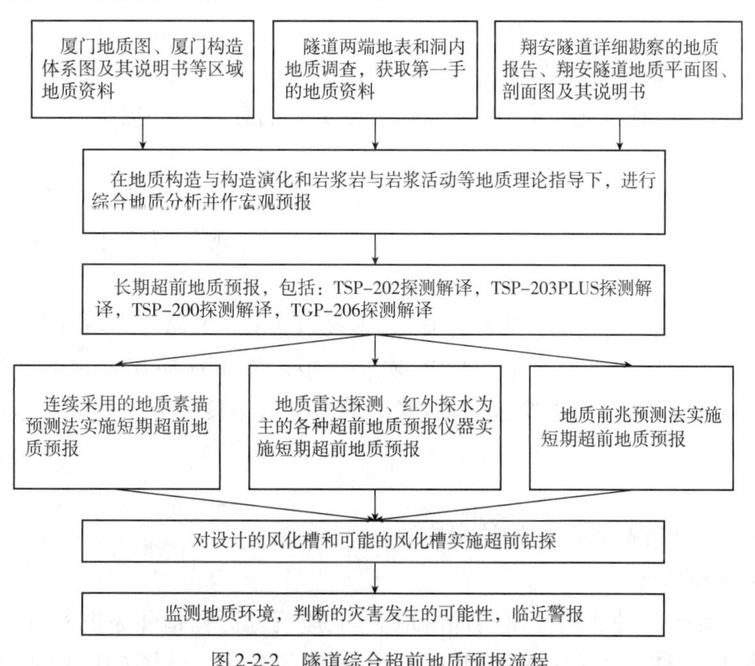

图 2-2-2 隧道综合超前地质预报流程

2.2 翔安隧道地质分析

长期超前地质预报方面，通过国内同行的大量实践，甚至对比，最好的仪器设备仍属 TSP 系列产品，其他设备仍远远无法和 TSP 相比(虽然后者仍有很多不足有待改进)。

在短期超前地质预报方面，主要是地质雷达、红外探水仪和瞬变电磁探水仪。

1. 地质分析在超前地质预报中的作用

地质分析，在隧道超前地质预报中的作用很大；从某种意义上说，缺少地质分析的隧道超前地质预报是不完整的预报，是无法提高精度的预报。具体表现在：

(1)地质分析可以减少仪器探测的盲目性。没有地质分析的仪器探测，就是盲目探测，再先进的仪器也发挥不了应有的作用。因为，在仪器探测之前，通过地质分析已经了解了隧道最主要不良地质的性质、类型，同时还了解了隧道最主要不良地质大约、可能出现的里程；仪器探测和解译就可以特别注意这样的位置，从而提高预报的准确性和实用性。

(2)地质分析是 TSP 主要探测壁(同侧壁)选择的主要依据。TSP 主要探测壁(同侧壁，炮眼布设壁—下同)的选择十分重要，它直接影响预报质量，甚至造成预报的失误。宜万铁路×××隧道突水灾害的发生，与地质预报判断失误有关，经铁道部专家检查，就发现判断失误的主要原因是 TSP 探测的主要探测壁(同侧壁)选择有误。

实践证明：TSP 主要探测壁(同侧壁)要选择隧道最主要不良地质首先遇到的隧道壁，这是选择的主要依据(特别是隧道设计的“盲区”)；其他的所谓依据都有片面性。

地质分析不但能够确定隧道的最主要的、对隧道施工影响最大的不良地质的性质、类型，还能确定它的走向。在知道走向的前提下，就可以正确地选择主要探测壁(同侧壁)。

(3)地质分析也是物探成果解译的主要依据。没有地质分析，解译的成果不能满足施工单位要求。例如，岩溶隧道的超前地质预报，如果不知道该隧道是什么性质、什么类型的岩溶，不知道它有什么特点，当然也就无法推断它在物探成果中的标志；所以，反映在成果报告中，只能预报××区段(间距常常十几米~几十米)岩溶发育，或岩溶裂隙发育，预报的成果与设计没有多大区别，甚至是设计的“翻版”，达不到预报的要求。

有了地质分析，加上恰当的解译思路，仪器探测的解译成果就可以满足施工单位的要求。例如，同样是岩溶隧道，通过地质分析的解译成果就可以预报：在××~××具体里程(间距常常只有几米)为溶洞、暗河或岩溶淤泥带，可以预报它具有什么特点、对施工影响有多大并提出应当采区什么应对措施的建议等。

隧道不良地质分析与宏观预报，是以深入的地面地质调查为基础，通过区域不良地质分析和隧道不良地质分析方法，宏观预报洞体施工可能遇到的不良地质类型、规模、大约位置和方向，宏观预报施工地质灾害的类型和发生的可能性。

只有在宏观预报的原则指导下，才能更准确、更有效地实施洞体不良体超前地质预报和施工地质灾害监测、判断及临近警报等后续预报工作。所以，宏观预报是施工地质灾害超前预报不可或缺的第一道工序。在翔安隧道所在地宏观预报主要包括：岩浆活动与隧道不良地质分析和构造演化与隧道不良地质分析。

2. 地质分析技术

针对翔安隧道的特殊情况，地质分析技术应涵盖下列内容：

(1)厦门地区区域地质分析。

①资料的来源：主要是各种比例尺厦门地区地质图、厦门地区构造体系图及其说明书；至少要研究厦门在中华人民共和国构造体系图和中国及其邻近海域岩石圈动力学图中的位置及其表现的区域地质特征。

②分析的方法:以地质力学理论为指导,粗略地分析厦门地区存在的构造体系、构造分期和构造演化。

③分析的目标:初步确定厦门地区的主要构造方位、力学性质和构造多期活动特征,以及主要岩浆岩的类型等。

(2)地质分析。

①资料的来源:详细地质勘探资料,包括隧道地质平面图、隧道地质剖面图和地质说明等。

在隧道进口、出口两端开展地面地质调查及其洞内伴随地质素描开展地质调查,并取得的第一手地质资料。调查的内容:偏重调查断层、节理,特别是节理组合、分期;适当兼顾调查花岗闪长岩分期、俘虏体及其地层时代,兼顾调查岩脉的类型、相互穿插切割关系及其与地质构造的关系。

②分析的方法:以断层破碎带方向性理论为指导,分析隧道的主要断层破碎带方位;以断层破碎带的稳定性理论为指导,分析隧道易于坍塌和塌方的断层破碎带方位;以断层破碎带导水控水理论为指导,分析隧道易于发生"漏水"进而发生涌水、突水事故的断层破碎带方位。

③分析的目标:确定隧道的主要不良地质类型、大约位置、规模和产状(特别是走向);确定翔安隧道主要风化槽产生的原因;确定发生地质灾害的类型、发生的可能性和对隧道施工的影响程度。

2.2.1 翔安隧道岩浆岩、岩浆活动分析

翔安隧道的隧址完全位于岩浆岩地区,主要是位于燕山运动晚期侵入的花岗闪长岩中。

1. 岩浆岩、岩浆活动的总体特征

通过隧道所在地区的区域地质图和洞内外的现场勘察,得知隧道所在地区的岩浆岩主要为花岗闪长岩,其次是穿插其中的少量二长玢岩岩脉和辉绿岩岩脉。

2. 地表和洞内地质调查事例

(1)岩浆岩俘虏体。在地表及洞内的大量地质调查中,发现有花岗闪长岩存在上侏罗纪火山岩(流纹岩、凝灰岩、安山岩等)俘虏体。俘虏体多呈椭圆形,颜色为灰色或紫红色,如图2-2-3、图2-2-4所示。

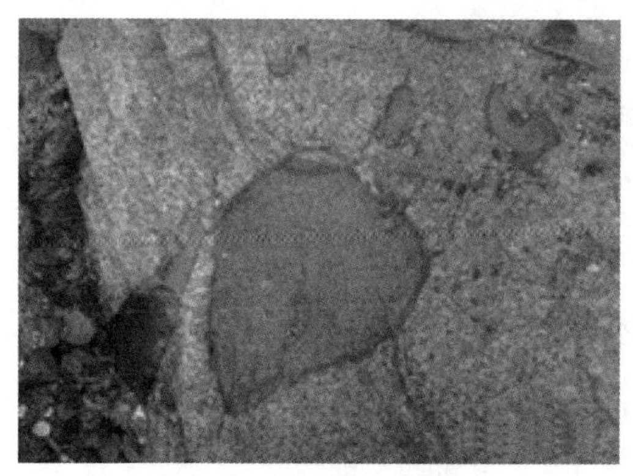

图2-2-3 地表的流纹岩俘虏体

图2-2-4 ZK11+851.5火山凝灰岩俘虏体

花岗闪长岩内的俘虏体调查事例证明:隧道所在地区花岗闪长岩侵入的地质时期是燕山运动晚期,即燕山运动第四、五幕。

(2)后期侵入的岩脉。主要数二长玢岩岩脉和辉绿岩岩脉,还有少量的闪长斑岩岩脉。其中,二长玢岩岩脉的矿物成分主要由正长石和斜长石组成;由于正长石含量的不同,颜色有肉红色、红黄色等,全、强风化后多为红色。辉绿岩岩脉的矿物成分主要由斜长石和辉石组成,此外还有少量橄榄石、角闪石;颜色多为绿色,全、强风化后多为土黄色,如图2-2-5、图2-2-6所示。

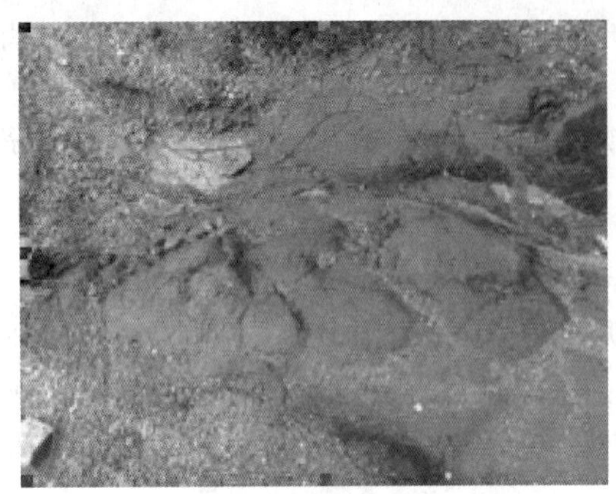

图 2-2-5　地表的辉绿岩岩脉

图 2-2-6　ZK11 +910.5 二长玢岩岩脉

3. 浆岩、岩浆活动与隧道不良地质关系

后期侵入与花岗闪长岩内部的岩脉,是隧道的主要不良地质体之一。

与花岗闪长岩相比,两种主要岩脉均缺少抗风化能力强的矿物—石英,其中二长玢岩岩脉的石英含量很少,辉绿岩岩脉基本不含石英。在以数百万年计的漫长地质时期中,在海底的强腐蚀的条件下,由于二长玢岩岩脉和辉绿岩岩脉抗风化能力弱,易于风化。所以,在有大型二长玢岩岩脉和辉绿岩岩脉,特别是大型辉绿岩岩脉分布的地段,或以岩脉群型式分布、有大量二长玢岩岩脉和辉绿岩岩脉的地段,是容易风化,易于形成风化槽的部位。

同时,上述岩脉多沿断层破碎带等岩体薄弱带侵入,所以有较多岩脉的地方,也是断层破碎带集中分布的地方。由于断层破碎带本身的抗风化能力更弱(与围岩相比),同样也易于形成风化槽。

因此,大量或大型二长玢岩岩脉和辉绿岩岩脉的出现,几乎完全可以预示海底风化槽的存在。此从一个方面,为翔安隧道的风化槽预报提供重要的判断依据。这是在翔安隧道超前地质预报中,强调对岩浆岩和岩浆活动进行地质分析的重要原因。

2.2.2　翔安隧道地质构造、构造演化分析

1. 地质构造与构造演化概述(如图 2-2-7 所示)

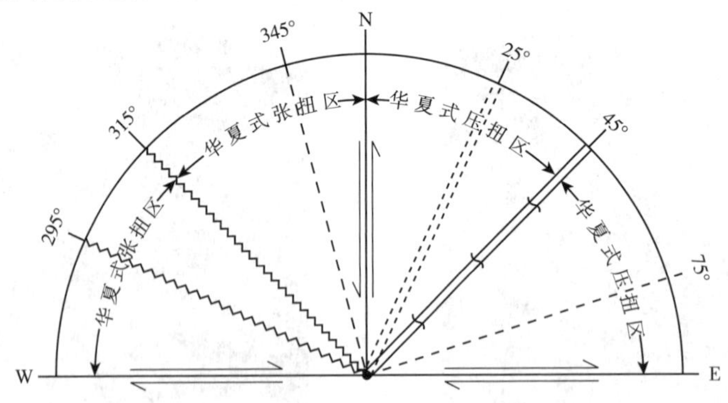

图 2-2-7　在华夏式构造应力场中的中新华夏断层

隧址所在的翔安地区,处于强烈的燕山运动晚期,侵入大面积的花岗闪长岩,并在 NW - SE 主压外力作用下,形成的主要构造体系是中新华夏系;其构造型式为压性逆断层走向 NE20° ~25°,张性正断层走向 NW290°左右,一组反扭平移断层走向 NW340°左右,另一组顺扭平移断层走向 NE70°左右。

大约在晚第四纪喜马拉雅造山运动时期,该区再次产生了一次强烈的构造运动,在 NW - SE 主压外力作用下形成的华夏式构造体系;其构造型式为压性逆断层走向 NE45°左右,张性正断层走向 NW315°左右,一组扭性反扭平移断层走向 NE5° ~ NE10°左右,另一组顺扭平移断层走向 NE80°左右。

这样,先后形成的具有不同构造应力场的构造体系,在同一地区迭加在一起。一方面,形成新的华夏

式断裂系统;另一方面,而且是更重要的方面,是先期中新华夏系的断裂系统要在后期完全不同的构造应力场条件下重新活动,以多期活动的断层破碎带出现,并表现出如下力学性质和位移方式的变化:NE20°~NE25°左右的压性逆断层→反扭斜冲的压扭性逆平移断层,NW290°左右的张性正断层→顺扭斜滑的张扭性正平移断层;NW340°左右的反扭平移断层→反扭斜滑张扭性正平移断层;NE70°左右的顺扭平移断层→顺扭斜冲平移正断层。

2. 隧道主要不良地质分析

(1)从断层破碎带自稳能力看,由最差到稍差的顺序是:

①归并复合式的NE20°~NE25°左右的断层基本经历两次挤压,在较宽的破碎带基础上宽上加宽,岩石破碎再破碎,从而成为自稳能力最差的断层破碎带→②

②归并复合式的NW290°左右的断层经历了两次张性或张扭性断层活动,一方面破碎带适度加宽,另一方面破碎带内的碎裂岩石将更加疏松,因此其自稳能力差,仅次于前者→③

③归并复合式的NW340°左右虽然经历两次张扭性活动,但均以扭性为主,所以,相对前两者,破碎带宽度较窄,破碎程度较差,自稳能力好于前两者,相对处于较差的水平→④

④然后是单一式NE45°左右的断层,它主要经历了一次以压冲为主的断层活动,断层破碎带较宽,岩石较破碎,自稳能力好于前三种归并复合式断层破碎带,总体处于较差水平→⑤

⑤单一式NW315°左右的断层,它主要经历了以张滑为主的断层活动,断层破碎带较窄,岩石较破碎、较疏松,自稳能力好于前三种归并复合式断层破碎带,也好于NE45°左右的断层破碎带,总体也处于较差水平→⑥

⑥最后是归并复合式NE70°左右断层,它主要经历两次均为扭性的断层活动,和所有其他方向的断层相比,它的断层破碎带最窄,自稳能力最好,但自稳能力总体处于稍差水平。

(2)从断层破碎带导水能力看,由最强到稍强的顺序是:归并复合式的NW290°左右的断层破碎带最强→归并复合式的NE20°~NE25°左右的断层上下盘破碎带强→归并复合式的NW340°左右断层破碎带较强→单一式NW315°左右的断层破碎带较强→单一式NE45°左右的断层上下盘断层破碎带较强→归并复合式NE70°左右断层破碎带稍强。

(3)综合分析。通过上述分析、比较看出,对翔安隧道施工安全威胁最大的断层破碎带依次是:

①归并复合式的NE20°~NE25°左右的断层破碎带(塌方+涌突水)→②

②归并复合式的NW290°左右的断层破碎带(涌突水+塌方)→③

③归并复合式的NW340°左右的断层破碎带(涌突水)。

由于隧道设计的方位大致是SW210°~SW220°(进口)——NE30°~NE40°(出口),且隧道设计要尽量避开规模较大的NE20°~NE25°左右的断层破碎带。所以,对翔安隧道施工安全威胁最大的归并复合式的NE20°~NE25°左右的断层破碎带应当排除在预报对象之外。

结论:翔安隧道超前地质预报的主要对象就是NW290°左右的断层破碎带,其次是NW340°左右的断层破碎带。

实践证明:这个结论是正确的。它突出表现在,对隧道施工威胁最大的海底风化槽就是沿着这两个走向的断层破碎带形成的,特别是前者。

显然,这个正确的结论对于TSP等仪器探测操作有重大的指导意义。依据隧道方位与隧道最主要不良地质走向的相互关系,TSP的炮眼布设边墙(同侧壁)主要应当选择左边墙。

更为重要的是,地质分析得出的结论,有助于各种物探成果的解译。

2.3　翔安隧道长期超前地质预报

针对翔安隧道的特殊情况,长期超前地质预报的手段主要采用TSP-202、TSP-203系列和TGP-206这3种仪器,应用地震反射波法进行超前地质预报。

然而,应用上述3种地震波法实施超前地质预报,特别是国内应用最普遍的TSP-203系列,不论在探测技术方面,还是在解译技术方面都存在着严重的问题,致使应用传统的方法很难提高预报的精度,甚至常常出现误报的严重后果,所以研制出了新的技术措施。

2.3.1 TSP(TGP)洞内探测技术

TSP(TGP)洞内探测,即洞内数据采集的具体方法和步骤,仪器使用说明书中已经详细写明了,只要正确按其操作方法和步骤实施即可。但是,传统的TSP(TGP)洞内探测方法存在两大技术问题:

(1)是主要探测壁(又称同侧壁)的选择问题。TSP(TGP)洞内探测的震源(炮眼)要布置在隧道侧壁上,TSP(TGP)使用说明书均提出依据地层走向来确定TSP(TGP)同侧壁,但是不科学。因为:地层走向并不一定代表地层走向,有时恰恰相反;好多隧道,或者一个隧道的某些区段全部由岩浆岩组成,不存在有沉积岩或变质岩组成的地层。

(2)是增强地震反射波信号的强度问题。

一、新的选择主要探测壁的技术

1. 主要探测壁概念

所谓TSP(TGP)的主要探测壁,又称同侧壁,实际是指TSP(TGP)探测布设炮眼的隧道壁。隧道只有两壁可以选择,但选择的正确与否,却至关重要。

由爆破激发的地震波信号分别沿不同的路径以直达波和反射波的形式到达检波器,与直达波相比反射波需要的传播时间较长。其中,检波器接收到的反射波信号的强度(能量)与反射波信号到达的距离和时间呈反比,即距离越短,时间越少,检波器接收的反射波的能量越大,信号越明显;反之,能量衰减就多,时间越少,检波器接收的反射波的能量越大,信号越明显;反之,能量衰减就多,信号也就越弱。

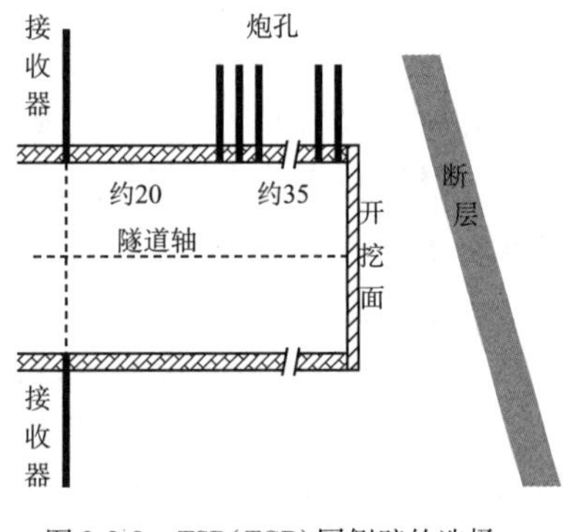

图2-2-8 TSP(TGP)同侧壁的选择(尺寸单位:m)

由图2-2-8可以看出,在最先遇到主要不良地质的隧道壁布设炮眼,即同侧壁的检波器收到的反射波距离最近、时间最短,接收的反射波信号强度大、能量高;而对侧壁则正好相反。

2. 主要探测壁的选择

(1)预报区段属于设计的“明区”。即在隧道平面(剖面)图中已经标明了预报区段存在的主要不良地质的性质和走向。在这种条件下(少数),TSP(TGP)的主要探测壁(同侧壁)的选择比较容易,即选择隐伏不良地质最先遇到的边墙。

(2)预报区段属于设计的“盲区”。如前述,在这种情况下,主要探测壁不能依据地层走向来确定,而应当依据探测区段的主要不良地质的走向来确定。但是确定隐伏的主要不良地质的走向是当前国内外多数从事超前地质预报工程技术人员难掌握的一项技术难题,为此研制出一套创新的、选择同侧壁的技术。

若隧道平面(剖面)图中没有或不能指明预报区段存在的主要不良地质的性质和走向,这种情况很常见,占大多数。TSP(TGP)的同侧壁的选择需要断层破碎带理论和岩溶地质理论作指导,应用地质分析的技术来解决。对于翔安隧道来说,采取了以下流程进行选择:

①应用超前地质预报的地质理论,特别是应用断层破碎带理论,对预报区段进行地质分析和宏观预报。

②应用地质分析技术,特别是地质构造与构造演化分析技术,确定预报区段的主要不良地质的性质和走向。

③针对主要不良地质的走向,确定不良地质最先遇到的边墙,即确定了TSP(TGP)的主要探测壁或称同侧壁。

在隧道地质条件极为复杂的条件下,特别是岩溶隧道,为了防止因主要探测壁选择出错,造成误报,在隧道两边墙均布设炮点剖面,并分别进行2次TSP(TGP)探测。

二、提高接收反射振波信号强度的技术

TSP(TGP)探测系统在洞内的采集数据,是制造厂商根据原设计时所考虑到的可能影响探测精度的各种因素(包括现场噪声、构造结构面与隧道的相对位置、采样间隔、采样数目等)而设定的。但在实际工作中,采集信号的强度却常常不同。根据现场的地质情况与岩石力学特性,采取相应的技术措施,可以提高该探测系统的反射信号强度,特别是Sh波和Sv波的强度,从而增加预报的有效距离。

后者,对于TGP-206更为重要。因为国产的TGP-206设备,由于传感器灵敏度较低,常常接收Sh波和Sv波的最大距离为掌子面前方60~70m,缩短了有效预报的距离。

1. 根据现场地质情况,确定传感器钻孔最佳的角度。

炸药包爆炸所产生的应力波,在介质中的传播形式及其能量的分配额是不同的(如图2-2-9所示):在靠近爆源3~7倍药包半径(大概相当于0.28m)的距离内,以冲击波的形式出现,占爆炸能最的60%以上;在距爆源120~150倍药包半径(大概相当于6m)的距离内,以压缩波的形式出现,占爆炸能量的30%以上;直到超过炸药包半径150倍(大概相当于6m)的距离后,才以地震波的形式出现,只占爆炸能量的10%左右。

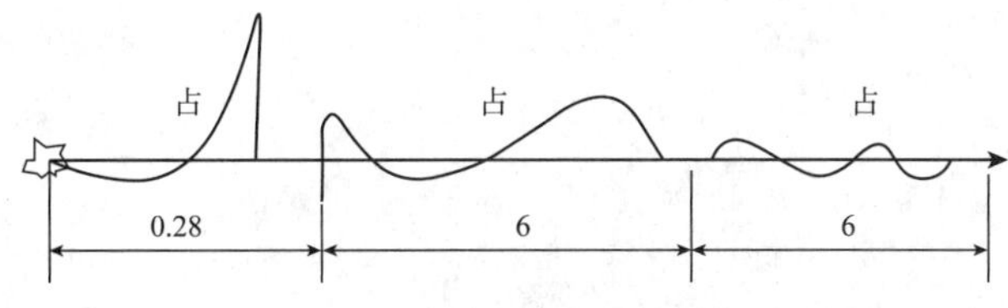

图2-2-9 振波能量分配(尺寸单位:m)

虽然地震波在介质中的传播稳定,衰减较慢,但由于6m以后本身的能量已经很小,由其所形成的反射波的能量就更微弱;同时,地震波在传播的过程中遇到诸如节理、断层、层理或不同性质岩石的交界面等结构面时,只会有其中一部分波从结构面反射回来,另一部分则透射过结构面进入第二种介质中继续向前传递。而且地震波在反射时又会再度派生成纵波和横波(如图2-2-10所示),对于形成的反射纵波(P波)来说,其入射角和反射角都等于α。而由反射波形成的横波,其反射角则为β。

从弹性力学知道:

$$\frac{\sin\alpha}{\sin\beta}=\frac{v_{\mathrm{P}}}{v_{\mathrm{S}}}=\sqrt{\frac{2(1-\delta)}{1-2\delta}} \tag{2-2-9}$$

式中:v_{p},v_{S}——纵、横波速度(m/s);

δ——泊松比。

从式(2-2-1)可知,$\frac{\sin\alpha}{\sin\beta}$总是大于1的,所以$\alpha$在任何情况下都大于$\beta$。

因此,要能有效、准确地接收到远距离传回来的这部分能量微弱的反射纵波(P波),除了传感器本身须具有极高的灵敏度外,在整个探测过程中,传感器还必须采取最佳的接收方式和展布角度才能实现。这样就必须利用构造地质学和波的传播理论,确定传感器钻孔正确的角度。

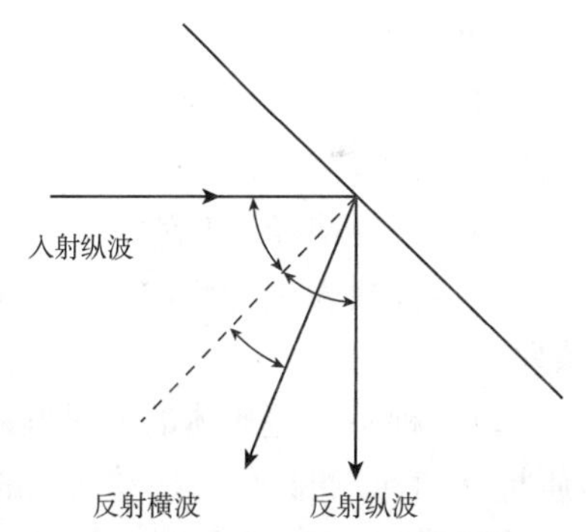

图2-2-10 入射纵波遇结构面时反射示意

由于隧道是一个巨大的地震波屏蔽洞室,因此TSP(TGP)超前预报探测系统在接收反射波时,应使传感器的延伸方向尽可能地与主要结构面的走向延伸方向平行。这样就可以最大限度地接收到所要探测的结构面的纵、横反射波,尽可能多地采集探测信息,并增加接收信号的强度,提高预报的距离和精度。

2. 根据现场的岩石力学性质,选取合适的采样参数、炸药种类和用量

要想接收较强的纵、横波(特别是横波)的反射波信号,延长系统的采样时间、选取合适的探测炸药种类和用量也很重要。

(1)扩大采样间隔,延长采样时间。为传感器收集更远距离的结构面纵、横反射波提供了充足的等待、记录时间。

(2)根据现场的岩石力学性质,选取合适的探测炸药种类和用量。采用高爆速的炸药,可以在一定的采样时间里收集更多、更远、更强的纵横反射波信号。

2.3.2 TSP-202 成果解译技术

成果图解译是 TSP-202 难度最大的技术。它一方面要求解译人员具有丰富的解译经验,另一方面也是更重要方面,要求解译人员具有丰富的地质实践经验。

TSP-202 主要成果图有:P 波能量深度偏移图、隧道平面图和剖面图。

1. P 波能量深度偏移图解译

(1)P 波能量深度偏移图的特征(如图 2-2-11 所示)。

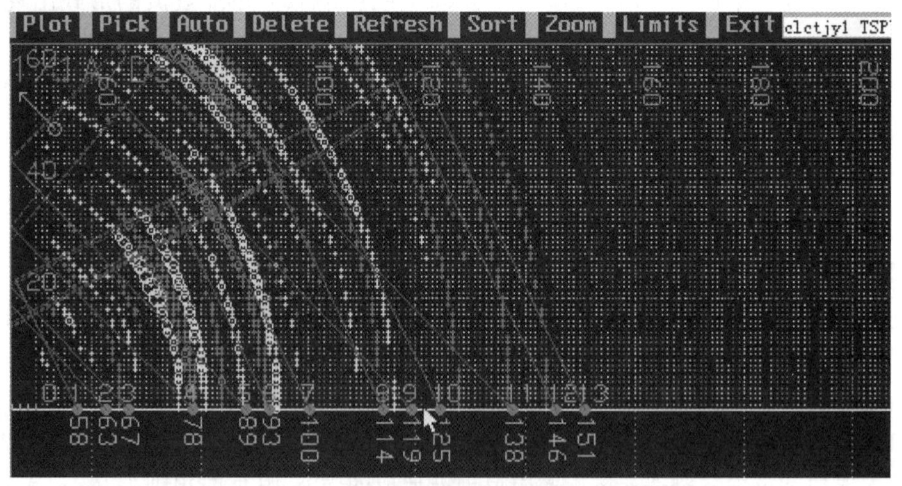

图 2-2-11 TSP-202 P 波能量深度偏移图

①能量深度偏移图主要由不同的负反射能量点环、能量点(能量值小于 100)和正反射高低能量点环、能量点组成的、大致相间分布的弧形带和无反射"黑洞"区组成。弧形带分为红色带和黄色带:红色带反映由硬岩变为软岩的界面,黄色带反映由软岩变为硬岩的界面。

②负反射能量大于 5000 为大能量点环,负反射能量等于 5000~1000 为中能量点环,负反射能量等于 1000~100 为低能量点环,负反射能量值小于 100 为负能量点;正反射能量高于 5000 为高能量点环,正反射能量等于 5000~1000 为中能量点环,正反射能量等于 1000~100 为低能量点环,正反射能量值小于 100 为正能量点。

③能量点环越大(高),表示界面越明显,软硬岩的岩石强度差别越大;反之,表示界面不明显,软硬岩的岩面强度差别亦小。

④每一个弧形带,不是绝对的弧形;而是由走向接近的、不同界面系列能量点环和能量点组成。每一个界面系列,则表现为带内由小点环到大点环,再到小点环的过程。多数点环弧形带反映 2~3 个界面(系列)。

(2)各种不良地质体的能量偏移特征:在 P 波深度偏移图上(TSP-202 主要解译图件)对隧道不良地质特征和标志的研究,是本课题的重要创新研究成果之一。

①断层破碎带:由负反射能量高红色点环带开始,逐渐降低为负反射能量较低的红色点或点环带,直至正反射能量低的黄色点或点环带之前结束的一段区域;总体表现为一个负反射能量由高到低的红色点

环带或红色点区域。

②节理:单独、孤立存在的负反射能量稍小的红色点环带。

③特殊硬岩层:表现为孤立存在,正反射能量较高、且较均匀分布的黄色点环区域。

④特殊软岩层:表现为孤立存在,负反射能量较大、且较均匀分布的红色点环区域。

⑤多水地质体(包括一般充水断层破碎带、被浸泡的软岩带等):多表现为宽度小于2m,夹杂少量的、负反射较低的红色能量点,呈规则或不规则的小型无反射"黑洞"区域。

⑥富水地质体(主要是规模很大的充水断层破碎带):表现为宽度3m以上,也夹杂少量的、负反射较低的红色能量点,呈规则或不规则形状的大型无反射"黑洞"区域。

2. 平面图和剖面图的解译

平面图可以直观地表现主要不良地质体走向、在隧道两壁的具体位置和规模(宽度);剖面图则表现主要不良地质体的倾向、倾角和主要不良地质体剖面上的顶、底的具体位置和规模(宽度)。

2.3.3 TSP-203 成果解译技术

一、传统的解译方法

厂家和研发者推荐的TSP-203系列解译方法,是按物理力学参数与二维推断分析图进行解译,目前为国内外绝大多数客户使用。

为了配合这种解译方法和解译思路,经销商还提出了解译TSP-203成果的原则,即:

(1)反射振幅越强,反射系数和波阻抗的差别越大。

(2)正反射振幅(红色)表示正的反射系数,表明坚硬岩层;负反射振幅(蓝色)表明软弱岩层。

二、新的TSP-203系列成果解译方法和解译程序

基本思路是:基本放弃应用物理力学参数与二维分析图,简单、快速地得出预报结论的技术路线;改行应用三波速度参数、三波能量参数及其剖面图,经过仔细分析才做出预报结论的技术路线。

1. 三波速度参数及其剖面分布图的应用

(1)利用P波速度对围岩破碎的敏感性,预报构造破碎带。

断层破碎带、断层群、密集节理带,特别是大、中、小断层破碎带,由于结构面发育,岩体松散、破碎或泥化而具有较差的力学性质,P波速较之两侧围岩要低得多;结合地质分析方法,能较为准确地判断掌子面前方TSP(TGP)-203探测范围内断层破碎带等构造破碎带的有无、存在位置和大约规模。

(2)利用Sh、Sv波对充水地质体的敏感性,预报充水地质体。

当岩石孔隙空间充满水时,含水岩石更容易压缩,因此P波可以通过岩石基质和孔隙中的流体来传播,但速度一般要降低;而横波只通过岩石基质而很难通过孔隙空间的流体而传播(横波速度趋于零)。所以,相对于纵波速度降低量来说,横波速度降低得更多。

利用纵波速度与横波速度的相互关系,预报多水~富水的断层破碎带、充水密集节理带、充水软岩等充水地质体,主要通过3个途径来确定:

①若v_p/v_s值突然增加,表明存在充水地质体。

②若泊松比值增大,表明可能有充水地质体。

③若纵、横波速度表现为同时降低,但横波降低幅度更大,则表明在该里程可能有水。

(3)利用P波速度划分围岩级别。

在TSP-203系列的超前地质预报的报告书中,通常要预报掌子面前方围岩的级别,以供参考。具体操作时,主要是根据P波速度分布剖面图来划分围岩级别:先按速度分布图划分围岩区段;然后,参照隧道已开挖段的P波速度与围岩级别的对应关系,再依据未开挖区段的P波速度,预报隐伏区段的围岩级别。

2. 三波能量深度偏移图和三波反射层能量图的应用

在物理学中,能量(E)与速度(v)密切相关:$E=1/2mv^2$。

(1)P 波能量深度偏移图中的红色条带,代表正反射能量,显示围岩相对完整、坚硬;而蓝色条带,代表负反射能量,显示围岩相对破碎、松软。P 波反射层能量图的红、蓝条带与其含义相同,只是更具有代表性。

所以,仔细研究 P 波能量深度偏移图和 P 波反射层能量图中的蓝色条带及其能量,就可以确定预报区段的构造破碎带类型、位置、破碎程度和规模。

(2)Sh、Sv 波能量深度偏移图中的红色条带,代表正反射能量,显示围岩相对完整、少水 ~ 无水;而蓝色条带,代表负反射能量,显示围岩相对破碎、多水 ~ 富水。同样,Sh、Sv 波反射层能量图的红、蓝条带也与 Sh、Sv 波能量深度偏移图含义相同,只是更具有代表性。

同样,仔细研究 Sh、Sv 波能量深度偏移图和 Sh、Sv 波反射层能量图中的蓝色条带及其能量,就可以确定预报区段的充水地质体类型、位置、充水程度和规模。

3. TSP－203 系列新的解译程序(如图 2-2-12 所示)

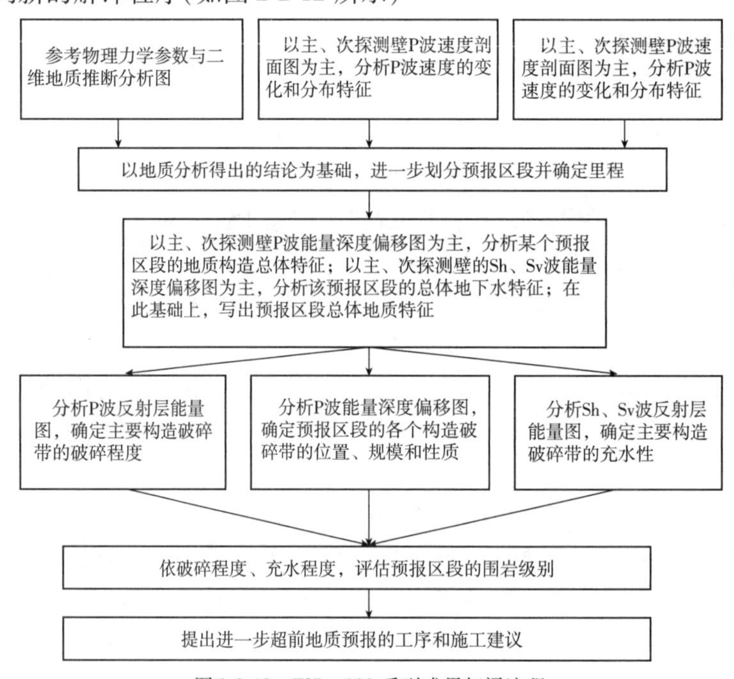

图 2-2-12 TSP－203 系列成果解译流程

2.3.4 TGP－206 成果解译技术

1. TGP－206 成果解译原则

针对翔安隧道的具体特点,对国产的 TGP－206 探测解译技术进行了应用研究。特别是 TGP－206 解译技术,进行了较为深入的研究,并总结出资料分析和解译的原则。

(1)分析解译坚持纵波(P 波)资料为主、横波(Sh、Sv)资料为辅的原则。

(2)不良地质位置的判断,坚持以纵波(P 波)资料为主、横波(Sh、Sv)资料为辅的原则。

(3)不良地质性质的判断,坚持纵波与横波相结合综合分析的原则。

(4)不良地质规模的判断,坚持同侧与对侧相结合综合分析的原则。

(5)负反射条带(蓝色 ~ 灰色)表明岩体相对破碎、软弱或全、强风化(W_4,W_3)。正反射条带(红色 ~ 橙色)表明岩体相对完整、坚硬或弱、微风化(W_2,W_1)。

(6)断层破碎带一般负反射能量大(蓝色 ~ 紫色),代表围岩破碎;两侧常常出现一对正反射能量大的条带(橙色 ~ 橙红色),代表与断层破碎带相比,是围岩完整性相对稍好的区段。即:前述橙色 ~ 橙红色条带代表相对蓝色 ~ 紫色条带是较大的正反射值。这与真实的地质现象是一致的。

(7)强负反射的纵波和强负反射的横波(深蓝),以及地震波曲线凹槽(明显衰减)区段,表征为构造破碎带既破碎又充水;弱的纵波与横波的反射,以及弱的地震波衰减,表征为岩体既完整有少水或无水。

(8)横波(Sh 波、Sv 波)反射能量明显比纵波(P 波)反射能量强,表示饱水的泥质岩石或岩溶洞穴。若为岩溶隧道,出现这种反应特征要特别注意。

(9)单纯利用预报检测资料解释地质现象存在多解性的问题,因此预报的分析解释工作要利用既有的地质勘察资料,采用地质理论综合分析推断结论。

(10)能量图中,前部反射能量值一般大于后部的能量值,直至反射能量消失。若后部的反射能量值较大,一般代表该点的反射能量确实大。

2. 工程实例

ZK11 +651 ~ ZK11 +644(7m)工程地质特征:多水,有小断层破碎带分布的强风化花岗闪长岩(W_3)围岩区段。

其主要不良地质:有 2 条多水小断层破碎带,走向 290°和 340°。前者与隧道中线呈 75°相交,始见左壁向右壁延伸;后者与隧道中线呈 60°相交,始见右壁向左壁延伸。具体位置、规模和特征是:

(1)左壁 658 ~654,右壁 651 ~647;带宽 4m,340°小断层破碎带,破碎,其中 652 ~650 右壁多水。

(2)左壁 651 ~647,右壁 647 ~644;带宽 3 ~4m,290°小断层破碎带,破碎,其中 652 ~650 右壁多水。

围岩总体评价:围岩总体破碎,多水,强风化;稳定性很差,极易塌方,估计总体为Ⅴ级围岩。

2.4 翔安隧道短期超前地质预报

针对翔安隧道的特殊情况,短期超前地质技术预报采用的主要是地质雷达、红外探水、地质素描和地质前兆预测法的综合应用和比较。

2.4.1 地质素描预测法

这是传统的短期超前地质预报方法,也是地质跟踪的重要内容之一。从隧道开挖至完全贯通,自始至终坚持应用这种简单易行的方法进行短期预报。

总体说,还是有较明显的效果。举例如下:

翔安隧道行车左洞出口 CRD Ⅰ部掌子面已开挖至 NK11 +920,掌子面上部为砂层,下面灰白色(软),上面红黄色(稍硬),中间夹杂黑色板状岩石(坚硬)。可见宽度最大 4m,长度大于 4m,连通掌子面上部,易坍塌。掌子面下部为强风化(W_{3-3})粗粒花岗闪长岩,围岩易坍塌。右侧花岗闪长岩已出现流水现象,很可能会造成地质灾害的发生。

1. 针对以上情况给出前方围岩评价及短期预报

掌子面右侧的粗粒花岗闪长岩已出现线状流水现象,很可能会造成突水塌方地质灾害的发生。

2. 施工建议

(1)做好突水塌方事故发生的应急准备,控制掘进进尺,同时做好监控量测工作。

(2)开挖下半断面时,做好防排水工作,以防基底承载力降低,引起拱顶和地表大量下沉。

(3)施工超前小导管时注意控制插入角度,以免不必要的超挖。

(4)初支的施作应迅速,特别是要及时喷混凝土。

(5)控制上下台阶的长度,同时适时施作二衬。

2.4.2 地质雷达探测解译技术

对于翔安隧道来说,地质雷达主要用于 TSP(TGP)探测报告中的重点断层破碎带、多水 ~ 富水带,特别是风化槽的补充勘探中。

地质雷达的洞内探测技术较为简单。它的最大技术难点是探测成果解译技术:主要是各类不良地质的解译标志的建立和识别,再就是如何排除洞内探测现场具有电磁性物体形成的电磁杂波对成果的干扰的问题。

1. 翔安隧道主要不良地质的地质雷达图像特征

地质雷达探测解译时，要想结合施工现场的地质情况，对隧道掌子面前方地质变化做出较准确的预报，掌握各种不良地质体在雷达图像上的特征是非常重要的。

雷达波在各类岩土介质中传播，由于岩土体的完整性、含水性和电性特征的差别，导致雷达波的波形、波幅、周期和包络线形态等有较大差别，形成不同的雷达图像特征。被探目标的界面形状、尺寸和产状也直接影响到反射波的幅值和形态。

(1)断层破碎带的图像特征。断层破碎带由于岩层发生强烈的断裂错动，致使岩体的裂隙增多、岩石破碎、风化严重、地下水发育，所以断层破碎带岩石的强度和稳定性很差。在完整岩石与断层破碎带接触界面的两侧，由于破碎带内岩石的孔隙度和含水率均比完整岩石要大，而孔隙度和含水率对介质的物理特性有较大影响，这就造成接触带两侧存在一定的电性差异，电磁波在界面附近波形幅值有所增大、反射波能量增强；有时候会出现断面波和绕射波，当其进入破碎带内后，由于破碎岩层胶结程度不同而使得波形比较杂乱。

所以，断层破碎带在雷达波剖面上的图像特征为：

①地层错段使断裂带两侧的反射波组明显不连续，同相轴错断，波形杂乱、变化大，局部界面反射强烈。

②断裂带内部破碎岩体对电磁波的能量吸收大，使反射波强度减弱。

(2)多水～富水断层破碎带的图像特征。水的相对介电常数最大为81，与围岩介质有明显的电性差异。岩体中含水量较大时，电磁波在介质中的传播速度降低，产生强反射波，有时也会产生绕射、散射现象，导致波形紊乱，频率成分由高频向低频变化。

所以，多水～富水的断层破碎带在雷达波剖面上的图像特征为：

①电磁波振幅增强，出现强反射。

②频率有变化，同相轴不连续。

如图2-2-13中的6～12m段所示。

(3)多水～富水带的图像特征。反射波振幅增强，同相轴连续，是单纯多水～富水带特征。如图2-2-14中的4～9m段。

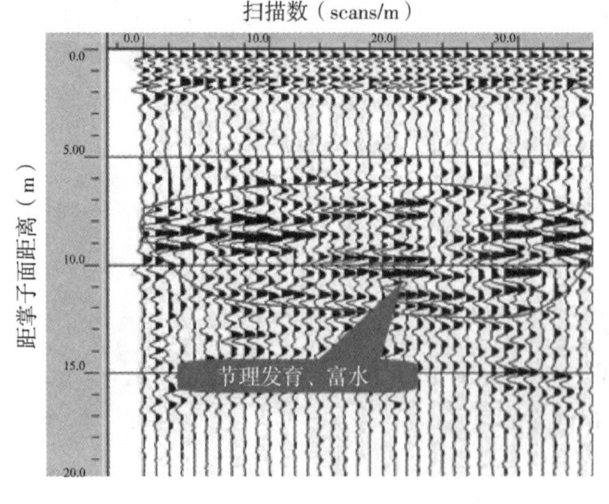

图2-2-13　多水～富水断层破碎带的雷达图像

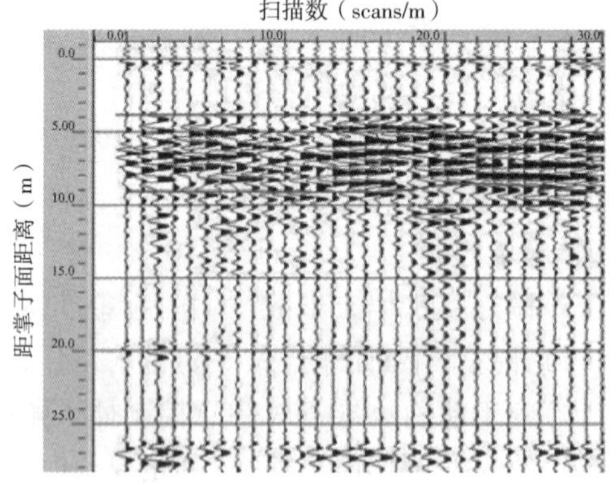

图2-2-14　多水～富水带雷达图像

(4)节理密集带的图像特征。节理密集带主要存在于断层影响带、岩脉带及软弱夹层中。由于节理中有不同成分、不均匀的充填物，所以与周边围岩存在电性差异。当雷达电磁波传播到节理表面时，会产生较强的界面反射波，同相轴的连续性反映了节理面是否平直、连续；波在节理中传播时波形杂乱、波幅变化大，可能会产生绕射、散射等现象，这些都反映出节理内充填物的不均匀。

2. 排除其他电磁杂波干扰的技术

地质雷达探测的最大弱点是：探测的成果易受洞内电灯、电线、台车、钢管等电磁物体产生的电磁波干扰。但在隧道洞内探测,这些又是不可避免的。

排除其他电磁杂波的干扰,必须认识这些杂波的特征。例如,掌子面前面的台车图像特征(如图2-2-15所示)。

3. 翔安隧道左洞出口Ⅲ部 ZK11 +848 探测事例

(1)地质分析。Ⅲ部掌子面地质情况:强风化粗粒花岗闪长岩,灰白色,右侧有宽3m的二长玢岩岩脉,走向NE25°。用地质力学理论分析,这条岩脉由走向NE25°的压性、压扭性断层形成。它在厦门地区经历的中新华夏系和华夏式构造系两次主要构造活动中,先后经历了压扭性→扭压性两次大规模的构造活动。这种断层形成的规模较小的岩脉在隧道开挖中经常遇到。

(2)测线布置和参数选取

在掌子面Ⅲ部的上部、下部各布置一条垂直于隧道走向方向的水平测线。

探测使用SIR-20型地质雷达,选用100MHz的雷达频率,采样率为512个/次,每秒采集到的扫描数为64;由于掌子面前方主要为花岗闪长岩强风化所形成的粉砂(湿),因此介电常数确定为8。

(3)成果解译

左洞出口Ⅲ部 ZK11 +848 ~ ZK11 +833(15m)的成果解译如下。

分析图2-2-16,雷达反射波同相轴连续性变差,局部反射波强度增大,为强风化花岗岩分布地区,围岩总体少水。右侧掌子面前方8m局部出现强反射,结合地质资料判断,此处围岩破碎、含水量较多,为富水带。

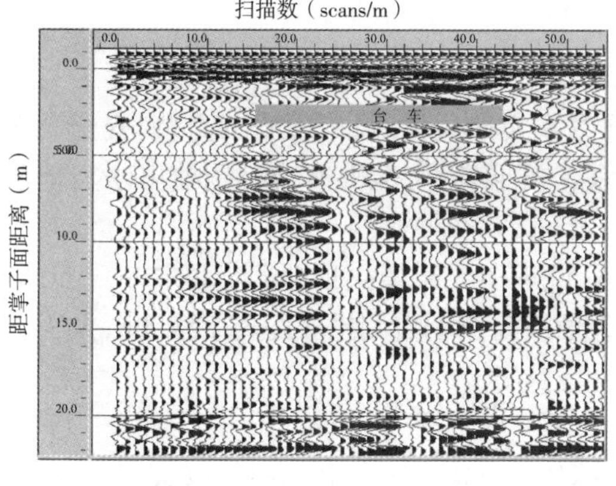

图2-2-15 台车图像特征

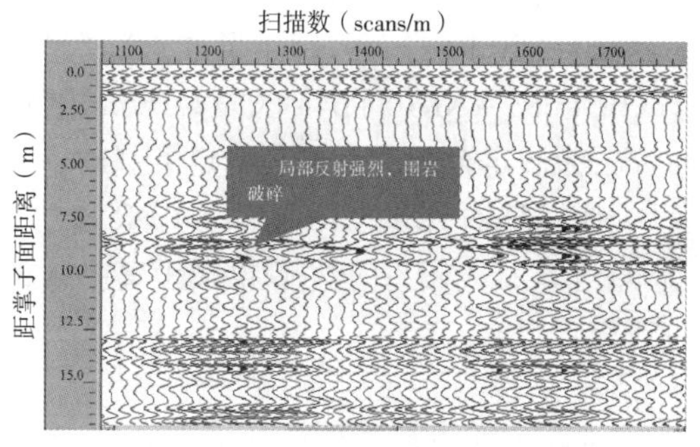

图2-2-16 Ⅲ部的雷达图像

(4)成果验证

地质雷达探测结果和TSP预报的结果相一致:探测区段内总体少水,局部富水,有围岩破碎带分布的强风化花岗岩的围岩区段。后经施工开挖验证,预报结果和实际情况基本一致。

2.4.3 红外探水技术

1. 应用概况

红外探测本质就是根据红外探测仪测出的、沿隧道轴线一定范围内的围岩场强值绘出红外探测曲线和曲线的特征,来判断正常场或异常场,从而分析判断是否存在灾害源,为施工提供有价值的地质信息。

红外探水是一种简单易行的辅助超前地质预报手段。对于翔安隧道来说,红外探水是伴随地质素描同时进行的,贯穿隧道从开挖到贯通的全过程。

2. 采用的方法

翔安隧道红外探水采用两种方法。第一种方法是在掌子面上布点,第二种方法是由掌子面向已开挖部分的边墙、拱顶和底部上布点。

第一种方法:在掌子面上布设4行探点,每行5个点。计算出每一行和每一列任意两数值间的最大差值,经过多次探测即可确定正常辐射场的安全值的范围(在翔安隧道经过多次探测安全值范围定位

10μw/cm²)。当最大差值超出正常范围时,说明前方存在灾害源。

第二种方法:在已开挖的边墙、拱顶和底部,沿隧道轴线方向布设点距为5m的4~6条测线,即拱顶1条、边墙2~4条,隧底1条。对于大断面隧道或地质较差地段应布置多条测线,测线长度通常大于60m(即每条侧线测点多于12个)。然后将所测数值绘图,以判断掌子面前方地质信息。当探测曲线起伏在安全值范围内,则说明前方不存在灾害源;当探测曲线起伏超出安全值范围,则说明前方存在灾害源。

2.5 翔安隧道超前钻探

超前钻探,特别是取芯钻探,是既直观、又准确的超前地质预报手段。特别是与施工地质灾害临近警报密切结合时,就成为最有效的隧道超前地质预报手段。然而,超前钻探的最大弊病是费钱、费力,又耽误工期,因而不宜大量使用。

针对翔安隧道的特殊情况来讲,主要是超前钻探的范围选择、钻探距离的确定、布孔和取芯要求等。

(1)钻探的范围:主要是设计的风化槽和可能是风化槽的隧道区段。

(2)钻探的距离:尽量选择中距离或长距离。

(3)布孔的数量:布孔数量,布置4~5孔即可达到目的。

(4)钻探取芯:一般都要取芯。

(5)其他:与施工地质灾害监测及临近警报紧密配合

针对翔安隧道的特点,超前钻探主要用于风化槽或者疑是风化槽的区段,其次是用于大、中型多水~富水断层破碎带分布区段。

1. 应用举例

2008年10月29日,为了准确判别NK10+683掌子面前方水文地质情况,确保施工高效、安全。对NK10+683~NK10+644区段共39m进行了全程取芯探测,取芯效果良好,能够直观判别前方水文地质状况,为制定合理施工方案奠定了基础。

使用日本引进的RPD-180CBR多功能地质钻机,1号探孔位于中线距离拱顶1m,全程取芯33m,向上仰角7°;2号孔位于左侧拱腰距离中线3m,全程取芯36m;3号探孔位于右侧拱腰距离中线3m,全程取芯39m。

2. 结论

通过对3个探孔探测结果的分析,判定NK10+669.5~NK10+660.5区段和NK10+653.5~NK10+650区段围岩较差,为全、强风化花岗闪长岩。1号探孔在NK10+650以后出水量较大,达到4.54L(m·min),探孔内水压力较大导致取芯器无法顶入。通过注浆封堵该探孔后3号孔水量由1.8L(m·min)增大到4.2L(m·min),说明该段含水量较大,补给较快,孔内水压较大。建议对NK10+673~NK10+643区段30m范围采用周边帷幕注浆,结合超前大管棚、超前小导管支护的方式通过该区段。

2.6 翔安隧道地质灾害临近警报

针对翔安隧道的特殊情况,施工地质灾害临近警报主要是对设计的风化槽和可能的风化槽可能发生坍塌、塌方和“透水”事故进行地质环境的监测,对发生可能性及时、提前判断。

1. 地质环境监测

主要伴随超前钻探,监测风化槽的风化程度,全、强风化带的宽度,监测断层破碎带的力学性质,构造岩的特征;监测断层的多期活动和复合特征;监测断层破碎带的地下水特征和参与程度;监测断层破碎带走向与隧道中线是近于平行还是大角度相交。

2. 地质灾害发生可能性判断

以断层破碎带的稳定性理论为依据,在上述监测的基础上,判断施工地质灾害发生的可能性,及时发出施工地质灾害临近警报。

针对翔安隧道的具体情况，地质灾害临近警报主要是围绕风化槽和大型断层破碎带可能发生大涌水甚至突水的事故进行的。

2.7 翔安隧道超前地质预报综合技术应用

如前述，翔安隧道的超前地质预报的技术路线，基本是实施综合超前地质预报。其中：

(1)TSP(TGP)采用全程连续探测，每次预报距离100m，相互搭接10m。

(2)地质素描和红外探水也采用全程连续操作。

(3)地质雷达探测，在TSP(TGP)探测的基础上，选择重点区段进行。

(4)超前钻探和施工地质灾害临近警报主要是在上述预报的基础上，选择风化槽和疑是风化槽的区段重点进行。

综合超前地质预报工作的开展，保证了我国第一条海底隧道，在没有发生任何重大施工地质灾害和重大伤亡事故的情况下，顺利贯通，功不可没。仅以一个例子来说明：

在A3标段服务隧道施工至NK10+726，距离设计风化槽界面(NK10+708)有18m时，为了确保安全，采取多种手段对前方水文地质情况进行了精确探测，主要手段有：

(1)TSP203超前地质预报。

(2)多功能地质钻机全程取芯探测。

(3)红外探水。

(4)地质雷达。

1. TSP超前地质预报情况

(1)NK10+740~715(25m)工程地质特征：局部多水，有小断层破碎带分布的微风化花岗闪长岩(W_1)围岩区段。

其重点不良地质：可见5条小断层破碎带。具体位置、规模和特征是：

①左壁737~735，右壁738~736；带宽2m；小断层破碎带，较破碎。

②右壁734~732，带宽2m；小断层破碎带，较破碎。

③左壁731~729，带宽2m；小断层破碎带，较破碎。

④右壁728~725，带宽3m，小断层破碎带，较破碎。

⑤右壁722~720，带宽2m；小断层破碎带，较破碎。一般多水。

围岩总体评价：围岩总体较破碎，局部多水，微风化；稳定性稍差~较差，易掉块~坍塌，估计总体为Ⅲ~Ⅳ级围岩。

(2)NK10+715~NK10+659(56m)工程地质特征：多水，有中小断层破碎带分布的弱风化~强风化花岗闪长岩(W_2~W_3)围岩区段。

其重点不良地质：可见8条明显中小断层破碎带。具体位置、规模和特征是：

①左壁715~713，右壁715~713；小断层破碎带，破碎。一般多水。

②左壁710~706，带宽4m；中型断层破碎带，较破碎。一般多水。

③左壁702~700，右壁700~698；小断层破碎带，破碎。一般多水。

④左壁694~690，带宽4m；中型断层破碎带，较破碎。

⑤左壁688~686，右壁688~686；小断层破碎带，破碎。一般多水。

⑥左壁686~684，带宽2m；小断层破碎带，破碎。

⑦左壁683~681，带宽2m；小断层破碎带，较破碎。一般多水。

⑧右壁680~678，带宽2m；小断层破碎带，破碎。

⑨左壁677~675，带宽2m；小断层破碎带，较破碎。

⑩左壁672~660，带宽12m；密集节理带，稍破碎。

⑪右壁667 ~665,带宽2m;小断层破碎带,较破碎。

围岩总体评价:围岩总体较破碎 ~ 破碎,多水;稳定性较差 ~ 差,易坍塌 ~ 塌方,估计总体为Ⅴ级围岩。

分析:掌子面前方30m之后(即NK10 +710之后)围岩较差、破碎、多水、稳定性较差,易坍塌,估计总体为Ⅴ级围岩。

2. 超前钻探情况

对F3风化深槽进行了超前钻探取芯。在掌子面NK10 +726钻孔4个。1号孔全程取芯50m,向上仰角5°,距离拱顶2m,终孔位置距离拱顶开挖限界2m。2号孔全程取芯50m,靠近左洞,距离拱顶3.5m,外插角10°。3号孔首先钻探50m,只钻孔不取芯,探明前方出水情况。4号孔靠近右侧拱脚全程取芯50m,外插角10°,探明靠近右线一侧水文地质情况以及风化槽侵入深度。

现场分析芯样,得出以下结论:

(1)NK10 +726 ~ NK10 +714段,钻进速度较慢,围岩完整性较好,节理不发育,探孔出水较少。围岩为W_1微风化黑云母花岗岩,取芯完整率较高,呈灰白色。

(2)NK10 +714 ~ NK10 +712段,钻进速度较快,节理发育,为断层破碎带,探孔出水较少。围岩为W_3强风化花岗岩,呈棕黄色。

(3)NK10 +712 ~ NK10 +704段,钻进速度较慢,围岩完整性较好,节理不发育,探孔出水较少。围岩为W_1微风化黑云母花岗岩,取芯完整率较高,呈灰白色。

(4)NK10 +704 ~ NK10 +698段,钻进速度较快,围岩完整性较差,节理发育,探孔出水量较大。围岩为W_2弱风化黑云母花岗岩,含1.5m棕黄色泥化夹层。施工中要加强帷幕注浆,防止与海水连通形成倒灌通道。

(5)NK10 +698 ~ NK10 +693段,钻进速度较快,节理发育,探孔出水量较大。围岩为W_2弱风化黑云母花岗岩。

(6)NK10 +693 ~ NK10 +686.5段,钻进速度较快,围岩完整性较差,节理发育,探孔出水量较大。围岩为W_3强风化黑云母花岗岩,含1.5m棕黄色全风化泥化夹层。施工中要加强帷幕注浆,防止与海水连通形成倒灌通道。

(7)NK10 +686.5 ~ NK10 +676段,钻进速度较快,围岩完整性较差,节理发育,探孔出水量较大。围岩为W_2弱风化花岗岩,总体呈灰白色,部分区段含辉绿岩成分。施工中要加强帷幕注浆,防止与海水连通形成倒灌通道。

3. 红外探水情况

探测区段:掌子面前方30m(NK10 +726 ~ NK10 +696段)。

探测结果:

(1)NK11 +726 ~ NK11 +705范围内少水。

(2)NK11 +704 ~ NK11 +696范围内为一般多水带;在拱顶处可能有较大的涌水,施工中应加强超前注浆加固。

4. 地质雷达探测情况

掌子面进行地质雷达超前探测、采集数据,认真分析得出以下结论:

(1)NK11 +726 ~ NK11 +706(20m)少水,微风化;稳定性好,估计为Ⅲ级围岩。

(2)NK11 +705 ~ NK11 +701(4m)多水,弱风化 ~ 强风化;稳定性差,易坍塌,估计为Ⅴ级围岩。

(3)NK11 +700 ~ NK11 +698(2m)少水,弱风化 ~ 强风化;稳定性差,易坍塌,估计为Ⅴ级围岩。

【本章主要编写人员】:刘志刚 路军富

第3章　陆域段全强风化地层施工技术

3.1　概述

3.1.1　陆域全强风化地层情况

1. 陆域全强风化段地质情况

施工过程中揭示，翔安隧道陆域段主要为第四系覆盖层及燕山期侵入岩两大类。第四系地层以侵入岩残积土为主，其次为上更新统冲洪积、以白色基调为主的黏性土和黏土质砂，间有少量全新统冲坡积或海积砂土、黏性土、淤泥等。陆域段主要为全强风化花岗闪长岩、全风化花岗闪长岩，岩土体呈黏性，饱含水。全风化花岗闪长岩，呈棕黄～灰黄色，夹灰白色及褐色斑点，岩体已呈砂质黏土或砂质亚黏土状。

陆域段地下水主要受大气降水的补给，就近向低洼地段排泄，总体上属于潜水；仅局部洼地因上覆土层中含大量高岭土的黏土相对隔水层，地下水具承压性，但承压水头是变化的，干旱季节承压转为无压。

陆域地下水的动态及补、径、排条件：①松散岩类孔隙水：地下水的动态受气候、地形的影响明显。地下水位变化随降雨的频弱，变化剧烈，且有滞后现象。随地形的变化，地下水水位变化很大，5～6月水位最高，11～2月水位最低。②全～强风化岩层孔隙裂隙水：与松散岩类孔隙水实为一层地下水，两者间并无明显隔水层存在，全～强风化岩层孔隙裂隙水直接受上部松散岩类孔隙水的下渗补给，然后又慢慢径流或侧向补给基岩裂隙含水岩组。

翔安隧道厦门岸陆域浅埋段总长6244m，埋深3～17m的浅埋段占陆域总长度的80%以上，地质为全、强风化花岗岩，是Ⅴ级围岩，属超浅埋、浅埋隧道。

2. 土石交界段地质情况

翔安隧道在土石交界面的实际开挖过程中，土质围岩绝大多数都是呈流塑性泥状，极易坍塌失稳，常伴有突泥、涌水等不良地质现象发生。这导致了在开挖中不能运用大型机械设备，只能采用小型机械配合人工开挖。施工地质如图2-3-1所示。

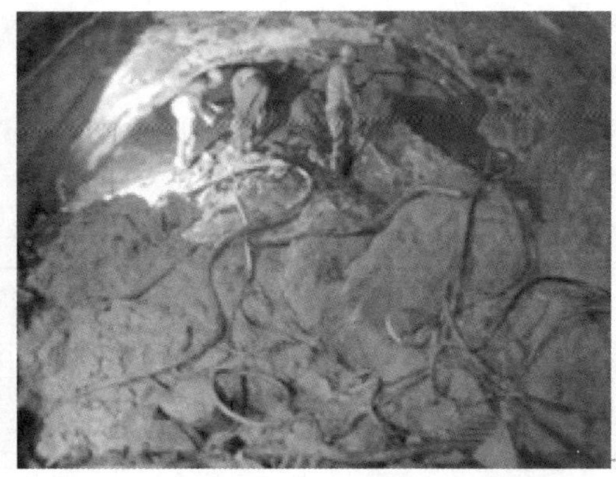

图2-3-1　行车隧道及服务隧道土石交界地质情况

3.1.2　陆域全强风化段地层施工难点

1. 陆域全强风化段施工难点

(1)陆域浅埋段施工距离长。在采用钻爆法施工的隧道中，目前还尚无这么长距离的全强风化花岗岩地层施工，现场施工中统一协调、统一管理困难。

(2)陆域浅埋段软弱富水。受地层构造影响,该段隧道穿过围岩的含水量大,且受海水直接补给,围岩软弱松散、自稳能力差,初期支护沉降变形大。

(3)设计断面大,该段设计开挖断面达到170m²。

(4)开挖施工时为反坡施工,坡度为-2.86%,掌子面易积水,围岩泡水后软化造成坍塌。

(5)陆域段埋深有限,地表易沉降且陆域段地表有民房、环岛路等构筑物,施工不当将造成严重后果。

(6)陆域段岩层间接合较差,开挖后易形成沿片理、层理间的滑坍。在伴有地下水的情况下,岩层软化成泥状,将沿开挖后的掌子面挤出而造成涌泥。

2. 土石交界段施工难点

翔安隧道陆域全强风化地带,土石交界面频繁出现,同时地下水通过地表渗流及地下径流作用,汇集到土石交界面处。这种特殊的地质条件也导致了交界面不规则、距离长、软硬交替变化、富水等地质特点。

(1)土石交界面不规则主要体现在交界面形态及产状的多样化,如有呈水平状交界面、竖直状交界面、倾斜状交界面、混杂状交界面等。

(2)土石交界段穿越距离长主要体现在交界面沿着隧道轴线方向延伸距离长。在厦门翔安隧道修建过程中,土石交界面沿隧道轴向最长的达400m之多,给施工带来极大的困难。

(3)土石交界段围岩软硬变化主要体现在隧道围岩一边为软弱围岩、另一边为硬岩,从而导致施工中同一里程段需要采用两种或多种开挖方法,工序复杂,且半软半硬的围岩地质会产生不均匀沉降。

(4)土石交界段极其富水主要是因为土石交界面多为汇水点,地下水极其发育。在地下水的影响下土质遇水即崩解塌垮,并呈流塑状堆塑。

3.2 陆域全强风化地层施工方法

考虑到软弱地层的不良地质情况,在海底隧道施工中最大保证安全的前提下,翔安海底隧道陆域全强风化地层采用CRD法和双侧壁导坑(眼镜工法)法进行隧道开挖。

3.2.1 CRD 法施工

1. CRD法施工步序优化

CRD法一般适用于围岩较差、跨度大、地表沉陷难于控制的情况。开挖过程主要考虑CRD工法中两种比较常见的开挖工序,如图2-3-2所示。工况一是先竖向开挖导洞1和导洞2,再横向开挖导洞3和导洞4;工况二是先横向开挖导洞1和导洞3,再竖向开挖导洞2和导洞4。

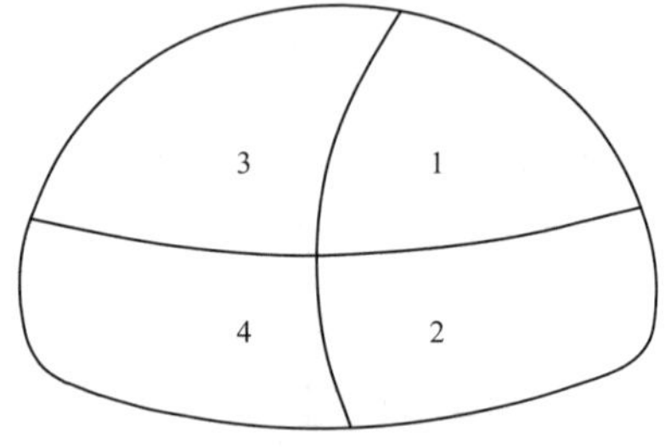

图2-3-2 CRD法工序分步设置

根据全强风化地层的实际参数,通过数值计算模拟1234和1324两种不同工序,可得其中的差异见表2-3-1。

不同工序条件下的拱顶变形 表2-3-1

工况 / ZK12+442.5	1234工序施工		1324工序施工	
	累计沉降(mm)	各洞沉降百分比(%)	累计沉降(mm)	各洞沉降百分比(%)
1号导洞开挖完毕	65.5	36	65.5	32
2号导洞开挖完毕	115.6	28	122.7	16
3号导洞开挖完毕	140.1	14	160.7	30
4号导洞开挖完毕	159.3	10	185.4	12
拆撑、二衬完毕	182.2	12	206.2	10

通过对两种施工方法的数值模拟分析可知:

(1)两种工序条件下,导洞1开挖产生的拱顶沉降所占整体沉降的比例都是最大的,大约32%~

36%,因而控制导洞1的沉降量对减小最终拱顶沉降有决定性意义

(2)工序二在施工中导洞开挖导致拱顶总体沉降量增大,从182.2mm增加至206.2mm,比较1234各导洞发现3号导洞增幅比较大,百分比由14%增加到30%。

可见从理论上数值分析,1234更有利于控制拱顶沉降。

翔安海底隧道初步设计时,CRD开挖步序为工序一。但根据实际工程特点以及现场变形实测,施工中采取的是工序二。每步错距8~12m,日进尺约0.5~1.5m。

实际施工中拱顶出现沉降较大,经过分析可能是多方面原因共同作用结果,其中各洞初期支护闭合时间是一个值得关注的原因。如果能合理控制施工步序,及时处理地基,做好超前支护和及时闭合临时仰拱等工作,一般都能把拱顶沉降控制在一个合理的范围内。

2. CRD法施工参数优化

在隧道施工中,支护对于控制沉降和围岩的失稳起着重要作用。在软弱地层中进行CRD法隧道施工,临时中隔壁的支护参数优化对于沉降的控制、施工安全有较大的意义,数值计算模拟下列4种工况来优化支护参数:

工况一:临时中隔壁采用I14工字钢CRD法施工;

工况二:临时中隔壁采用I18工字钢CRD法施工;

工况三:临时中隔壁采用I14工字钢直墙形式CRD法施工;

工况四:CRD1324开挖,临时中隔壁采用I14工字钢。

表2-3-2给出了各种工况条件下各洞室开挖引起地层变形占总沉降的百分比。

各种工况下各洞室施工沉降百分比(单位:%) 表2-3-2

开挖步骤	工况一	工况二	工况三	工况四
1号洞开挖支护	33.48	34.57	36.81	27.46
2号洞开挖支护	24.12	24.12	34.81	23.92
3号洞开挖支护	29.23	27.71	8.37	31.58
4号洞开挖支护	9.83	9.91	10.71	14.04
临时中隔壁拆除	1.81	2.1	7.8	1.68
二衬施作	1.53	1.59	1.44	1.32

由计算分析可得:

(1)临时中隔壁采用I14工字钢和I18工字钢后,由于I18工字钢刚度增大,对控制变形有一定的作用,同时临时中隔壁内力增加。在临时中隔壁拆除一步,18工字钢引起地层变形比I14工字钢大,该步引起的沉降比前后分别为1.81%、2.1%。

(2)采用直墙形式临时中隔壁,虽然施工过程中对初期支护及临时中隔壁的部分内力有减小作用,但沉降增大。尤其临时中隔壁拆除一步引起的沉降比显著增大,为7.8%。

(3)对于CRD1324导洞开挖,地层变形略微大于其他各种工况,但临时支护拆除所致的影响最小,仅为1.68%。

通过以上分析可知,选择刚度较大的初期支护有助于控制施工变形,但是在拆除临时支撑后,拱顶变形比较大。所以在施工过程中要选好合适参数的临时支护,使得该过程中的开挖变形和拆撑变形都控制在一个合理的范围之内。

3. CRD法拆撑问题研究

对于采用浅埋暗挖CRD法修建的复合式衬砌隧道结构,初期支护受力最危险的时期是为施作二衬而分段拆除初期支护的临时支撑的过程。确定的临时中隔壁拆除方案,既要保证施工过程中结构的安全,又能有利于加快二衬的施作,具有重要的研究价值。针对海底隧道具体情况,数值模拟确定了3种方案;①一次临时中隔壁拆除长度为3m;②一次临时中隔壁拆除长度为4m;③一次临时中隔壁拆除长度为

5m。分别对这3种方案进行计算,各工况计算结果见表2-3-3。

各工况拆撑计算结果(单位:cm)　　表2-3-3

拆撑工况	开挖支护完成后累计沉降	拆撑后累计沉降	拆撑引起沉降值	拆撑沉降所占百分比(%)
一次拆撑3m	22.257	23.63	1.373	5.80
一次拆撑4m	22.257	23.8	1.543	6.50
一次拆撑5m	22.257	24.9	2.643	10.60

由表2-3-3可知,当一次拆撑达到5m时相对于4m时拱顶沉降有较大增长,而从3m到4m这个过程增长不大。考虑到施工进度及简便性,一次4m的拆撑方案应该是较合理的。

3.2.2 双侧壁导坑法施工

1. 双侧壁导坑法施工的时空效应分析

地下工程的隧道开挖是一个动态的多维过程,应该充分考虑时空效应。

(1)双侧壁导坑法台阶开挖长度分析工况。针对双侧壁导坑法施工条件,对各导洞的开挖台阶的长度作了比较系统的分析。基于相关资料选定上下导坑和左右导洞的台阶错距为3~8m。分以下3种台阶长度进行开挖模拟。3种开挖错距的工况如图2-3-3~图2-3-5所示(注:图中数字为开挖步长,单位为m;带圈数字为开挖步序)。

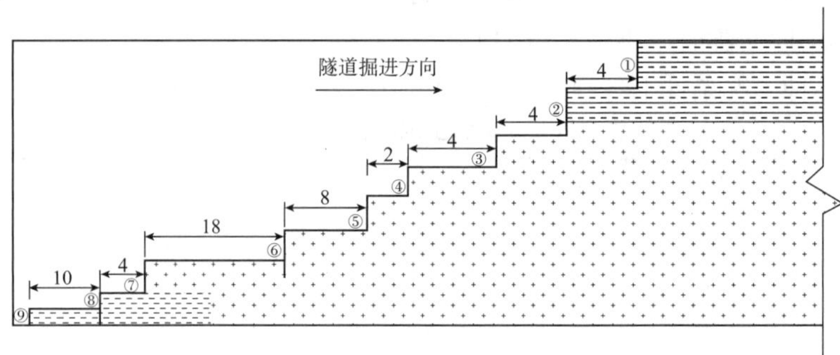

图2-3-3　工况一(尺寸单位:m)

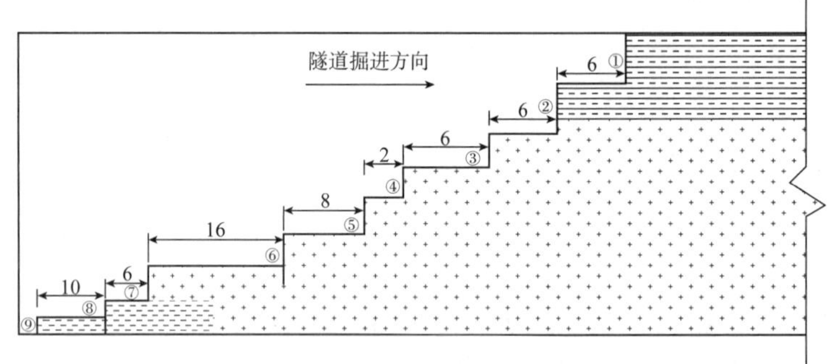

图2-3-4　工况二(尺寸单位:m)

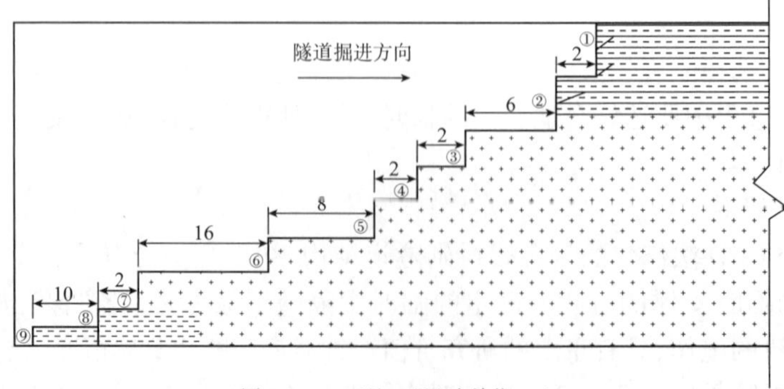

图2-3-5　工况三(尺寸单位:m)

(2)双侧壁导坑法的空间效应计算分析。通过分析3种不同的工况对开挖错距的计算结果,地表和拱顶沉降是隧道开挖中最直观的表现,分析各种工况的竖向位移云图可得各种工况下隧道的拱顶累计沉降和地表沉降。工况一的最终累计沉降:地表为79.00mm,拱顶为141.18mm;工况二的最终累计沉降:地表为84.50mm,拱顶为146.15mm;工况三的最终累计沉降:地表为75.28mm,拱顶为136.15mm。

单纯从累计沉降来看,在工程超浅埋的情况下,一次施工进尺的间距越大,地面的沉降值越大,从而产生过大的变形;台阶长度越小,地表的下沉效果越好,不仅地表下沉值减小,而且沉降槽的宽度也减小很多。

隧道开挖是一个动态的多维过程,受时间、空间以及地层参数等多因素的影响,不能单纯地只看最终累计沉降量。从计算过程来看当台阶的长度过于短小,对掌子面的稳定是不利的,同时由于台阶长度太短,空间太小,也不便于安排作业工序。

2. 双侧壁导坑法施工参数优化

在双侧壁导坑法施工中,临时竖直支撑发挥着重要作用,是控制垂直沉降的主体支护体系。通过分析弧形支撑和竖直支撑这两种临时支撑,可优化双侧壁导坑法的支护参数。

(1)两种支撑的数值模拟结果比较。弧形临时支撑数值结果如图2-3-6所示。由图2-3-6可知地表最大下沉量为7.76cm,拱顶最大下沉量为14.118cm.

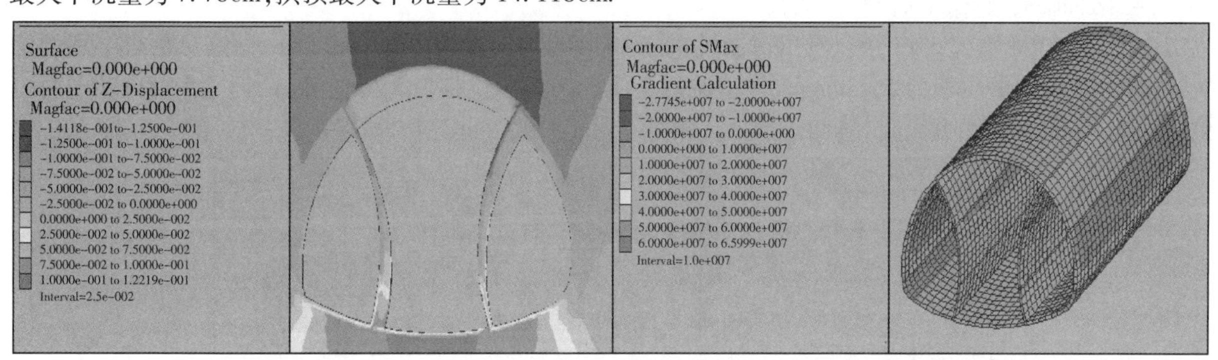

a)地层变形色谱图　　b)衬切应力图

图2-3-6 弧形临时支撑数值结果

竖直临时支撑数值分析结果如图2-3-7所示。由图2-3-7可知地表最大下沉量为7.3cm,拱顶最大下沉量为12.16cm。

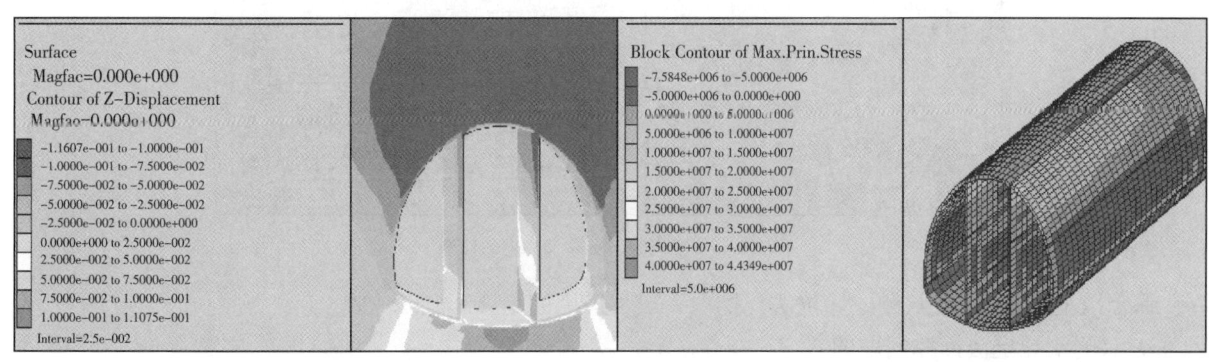

a)地层变形色谱图　　b)衬砌应力图

图2-3-7 竖直临时支撑数值结果

(2)两种临时支撑对控制沉降的比较。通过比较与分析可以看出:在整个隧道的开挖过程以及开挖支护完毕后,竖直临时支撑对控制拱顶和地表的沉降更为有利,但是弧形临时支撑在开挖的过程中,变形比较规则、对称;而竖直支撑在开挖中变形容易集中,不够平缓,不对称。拆除临时支撑后,当体系再次达到稳定平衡后,两种临时支撑的地表下沉和拱顶下沉基本趋于相同。

(3)两种临时支撑应力的计算结果的比较,如图 2-3-8 ~ 图 2-3-9 所示。

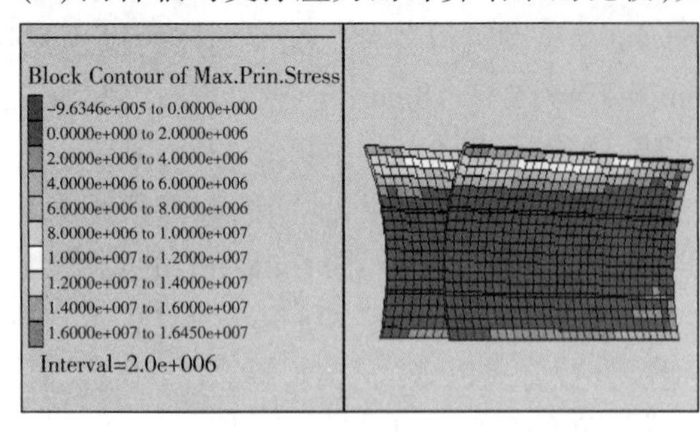

图 2-3-8　弧形临时支撑和临时支撑主应力图

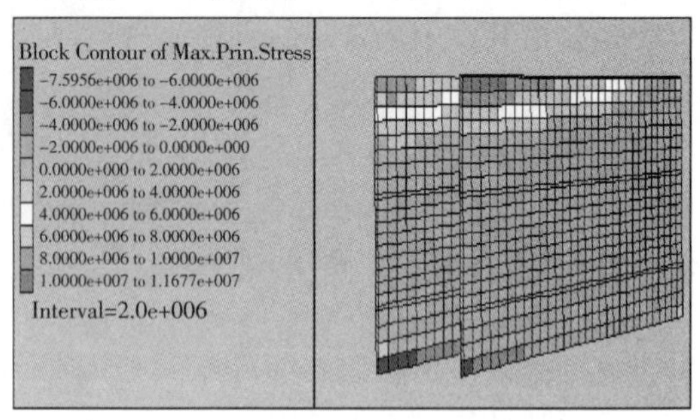

图 2-3-9　竖直临时支撑和临时支撑主应力图

通过对以上初期支护和临时支撑的计算结果分析,可以看出:两种情况下初期支护和临时支撑大部分都受压应力,拉应力主要集中在拱顶和拱脚位置,范围比较小,但应力比较集中。就两种临时支撑比较而言,弧形临时支撑,受力比较好,最大压应力为 0.96MPa;相对而言竖直临时支撑由于受中间未开挖土压力的影响,结构受力不太好,最大压应力为 7.59MPa,是弧形临时支撑的 8 倍多。

(4)两种临时支撑侧向位移的比较。

由图 2-3-10 和图 2-3-11 可以看出,弧形临时支撑沿 X 方向最大位移为 5.7cm,但这只是很个别的位置,大部分范围内的位移为 2 ~ 3cm 间;竖直临时支撑沿 X 方向位移最大为 6.81cm,但是大部分范围内的位移为 3 ~ 5cm 间。由此可见,竖向支撑抵抗侧向变形能力差,结构受力不好。

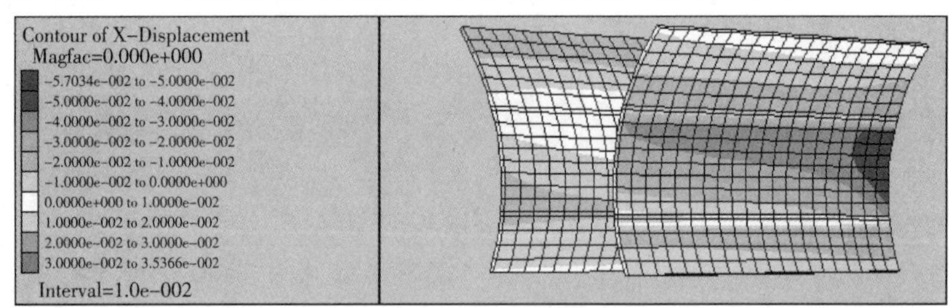

图 2-3-10　弧形临时支撑 X 方向的位移

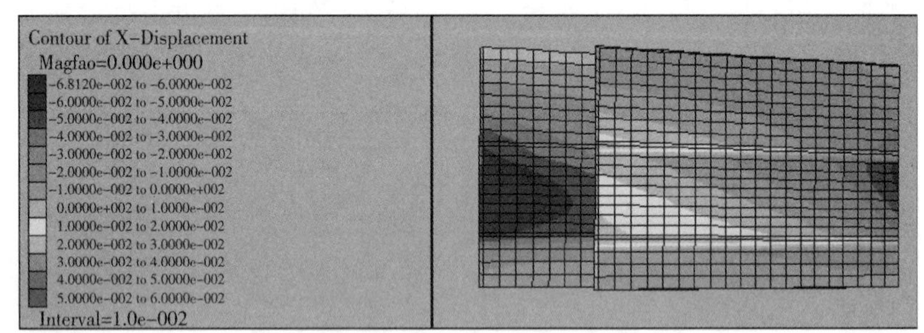

图 2-3-11　竖直临时支撑 X 方向的位移

综合以上的分析,在双侧壁导坑法开挖中一般都采用的是弧形临时支撑。

3. 双侧壁导坑法拆撑问题的研究

通过三维拆撑计算法,分别计算一次性拆除临时支撑 5m、7m、3m 的工况,确定合理的纵向拆撑长度,为工程实践提供理论指导。

计算结果如图 2-3-12 所示。在隧道内双侧洞法,建议拆除长度为 5m,拆除过程中最不利的位置为未拆除的临时支护与上部拱顶连接处,在施工中要注意对此部位的保护。

综合以上分析可得如下的结论和建议:双侧壁导坑法施工各导洞的空间上开挖的错距如图 2-3-13 所示,平面开挖顺序如图 2-3-14 所示。

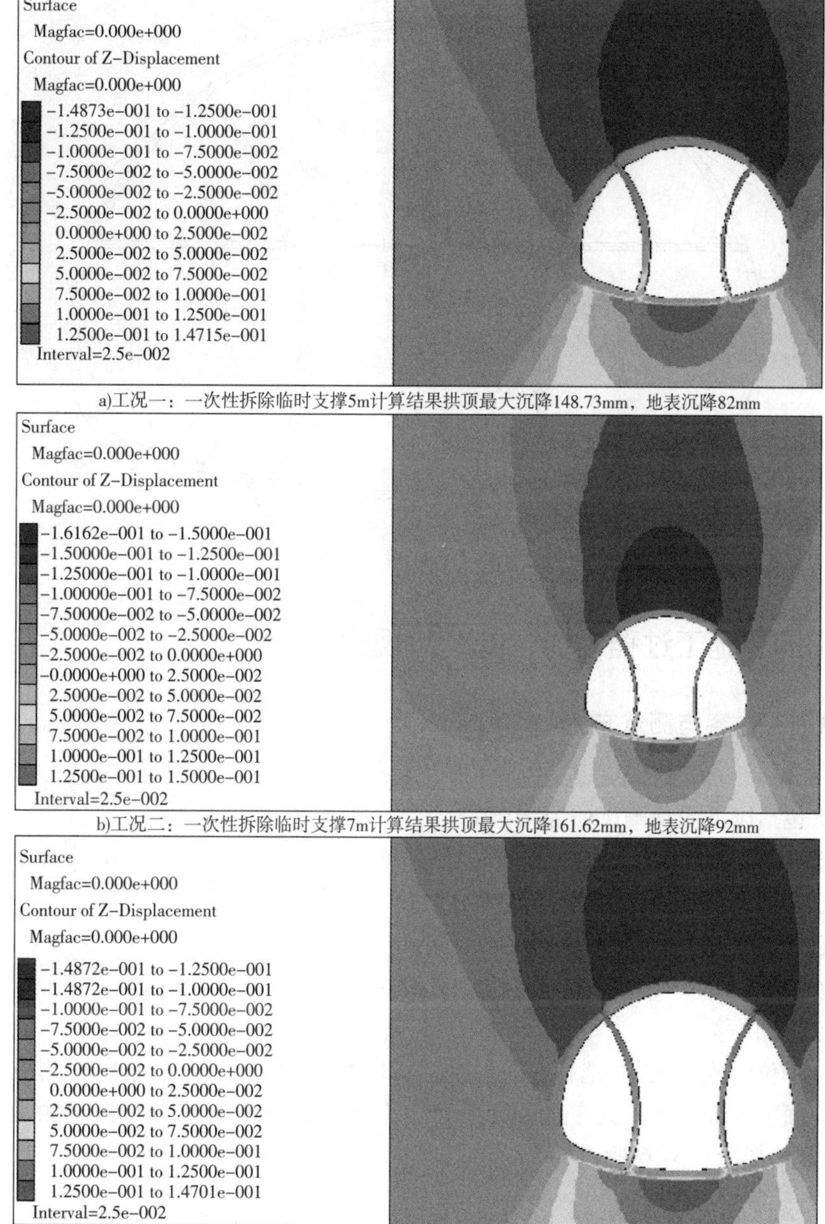

a)工况一：一次性拆除临时支撑5m计算结果拱顶最大沉降148.73mm，地表沉降82mm

b)工况二：一次性拆除临时支撑7m计算结果拱顶最大沉降161.62mm，地表沉降92mm

b)工况二：一次性拆除临时支撑3m计算结果拱顶最大沉降148.72mm，地表沉降82mm

图 2-3-12 地层变形色谱图

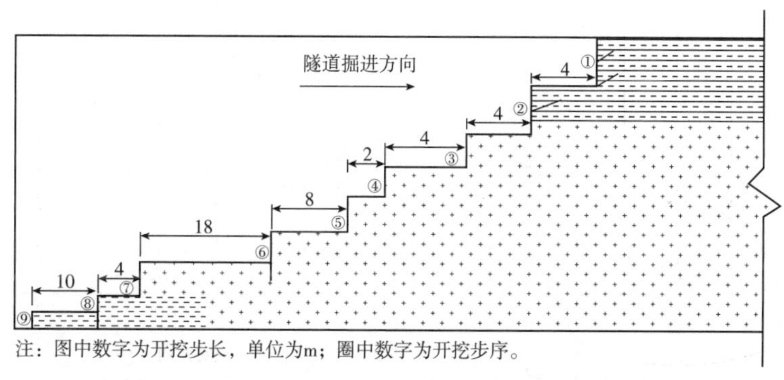

注：图中数字为开挖步长，单位为m；圈中数字为开挖步序。

图 2-3-13 空间开挖错距示意(尺寸单位:m)

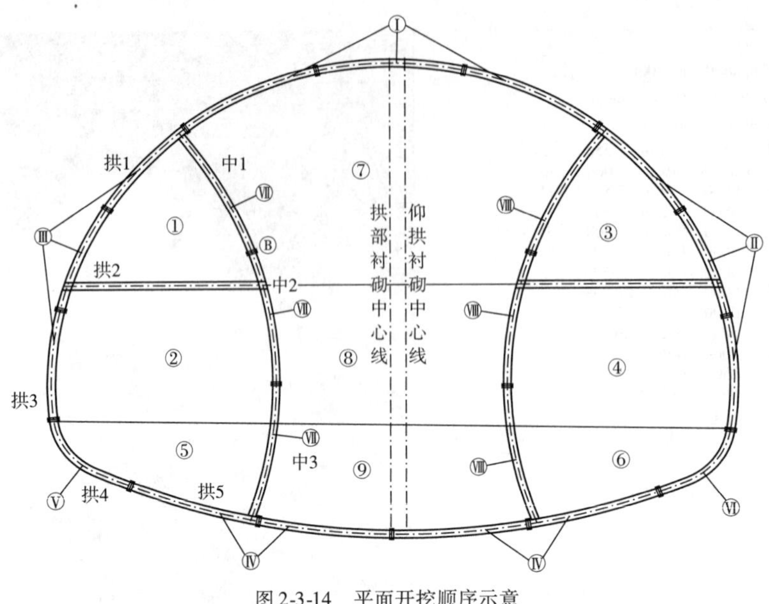

图 2-3-14 平面开挖顺序示意

3.3 全强风化地层施工过程中地层的响应规律

3.3.1 现场测试研究内容与测点布置

1. 地层变位测试

地层变位测试包括以下 5 项测试研究内容：

(1)地表(隧道)下沉。

(2)地中下沉。

(3)拱顶下沉。

(4)洞周收敛。

(5)隧道开挖水平位移。

根据现场施工单位的施工现状，选择 ZK11 + 823 和 ZK11 + 825 两个断面布置测点。所布置测点超前隧道开挖的最前面掌子面 20m。共布置了 5 个测试孔，3 个测斜孔，2 个分层沉降测量孔如图 2-3-15 所示，地层变位沉降观测如图 2-3-16 所示：

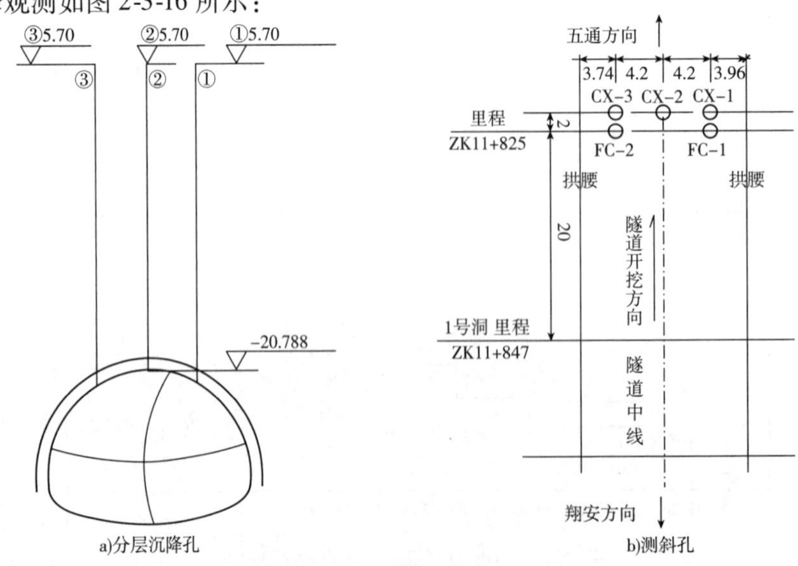

图 2-3-15 全强风化地层变位观测主断面布置(尺寸单位:m)

图 2-3-16　全强风化地层变位观测平面布置

2. 围岩应力测试

围岩应力测试包括以下几项测试研究内容：

（1）围岩与初支接触应力测试。

（2）孔隙水压力测试。

（3）初支结构内力测试。

3. 主隧道围岩与初期支护接触压力量测

安装前一定要验收读数，在埋入之前一定要读取初始读数。

方法：凿孔，清洗干净，涂 15mm 水泥砂浆于围岩表面，压实，然后用砂袋压住另一面，固定于初支上。围岩压力盒及其埋没如图 2-3-17 和图 2-3-18 所示。

图 2-3-17　围岩压力盒示意

图 2-3-18　围岩压力盒埋设示意

4. 初期支护的型钢受力的量测

将表面应变计焊接在型钢槽的里侧，测点布置如图 2-3-19 所示，钢筋计及其埋没如图 2-3-20、图 2-3-21 所示。

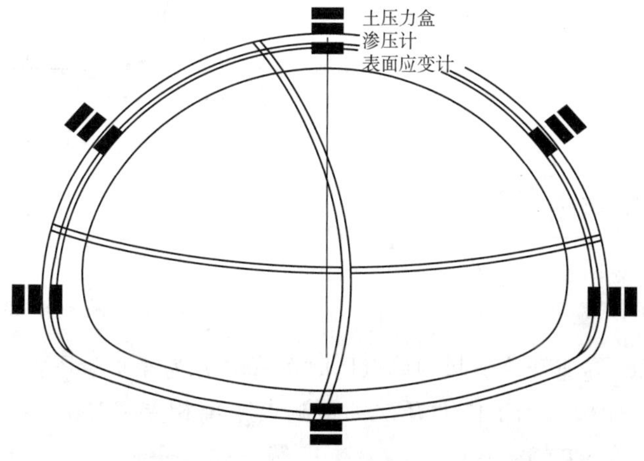

图 2-3-19　测点布置

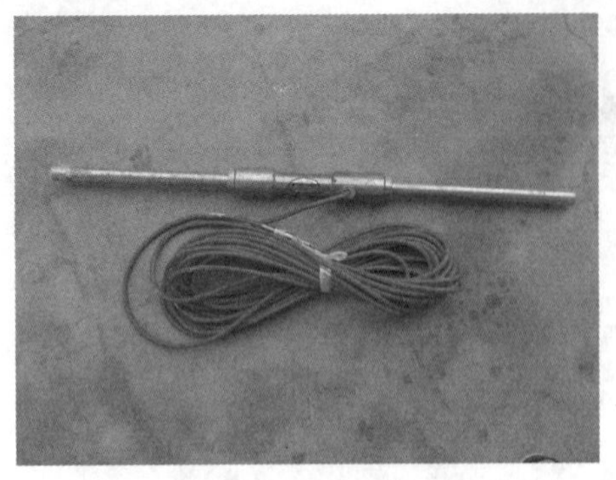
图 2-3-20　钢筋计示意

图 2-3-21　钢筋计埋设示意

5. 主隧道初期支护水压力量测(如图 2-3-22、图 2-3-23 所示)

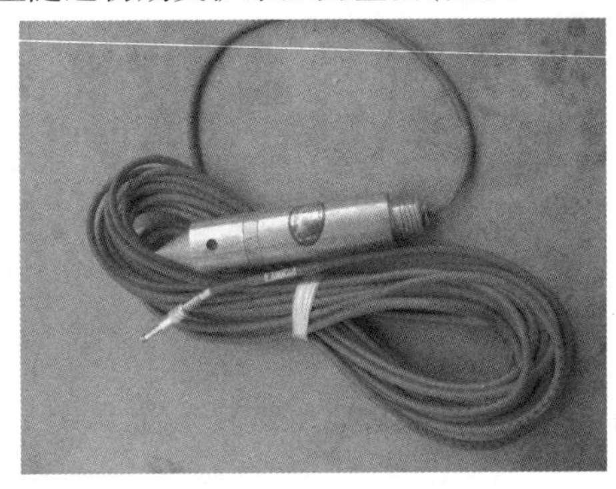
图 2-3-22　渗压计示意

图 2-3-23　渗压计埋设示意

(1)钻孔:在围岩内凿孔,通常向下的钻孔深度要低于渗压计安装高程 30cm。钻孔深 50cm,钻孔结束后,洗孔直到回流出来的水干净、清洁为止。

(2)安装前,在水压力计表面涂敷 300μm 厚度的重防腐剂,在涂敷时先将滤水石取出进行饱和。

(3)将水压计预先用砂袋进行包裹。

(4)将砂袋放入钻孔,安装到位之后用水泥砂浆进行封孔。

(5)做好位置标记,交代施工人员,以免损坏。

3.3.2　地层变位监测数据处理及分析

1. 地表下沉数据处理及分析

将地表下沉的监测数据进行处理,如图 2-3-24 ~ 图 2-3-26 所示:

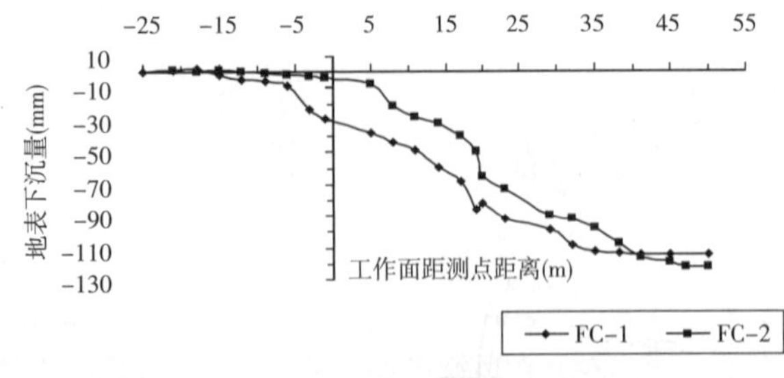

图 2-3-24　随工作面推进地表测点下沉变化曲线

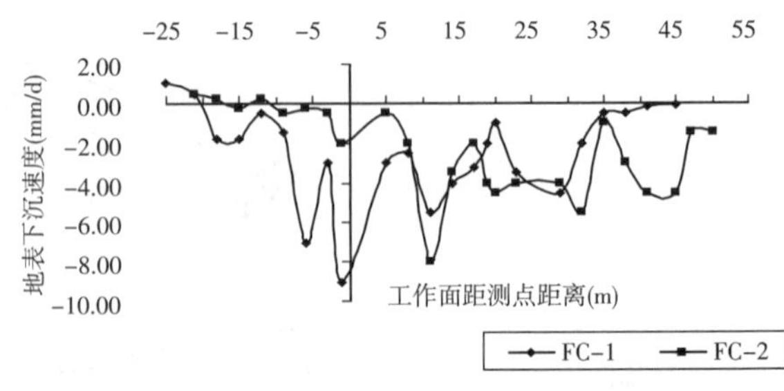

图 2-3-25　随工作面推进地表下沉速度变化曲线

由图 2-3-24 ~ 图 2-3-26,隧道开挖引起的单点历时沉降可分为 4 个阶段:

(1)超前隆起或负下沉阶段。当工作面开挖到距测点距离相差 $-1.0D$ ~ $-3.0D$ 时,开挖即对地表产生影响,沉降量约占总沉降量的 5% ~15%。

(2)急剧变形阶段。当隧道工作面在 $-1D$ ~ $3D$ 范围内时,地表变形速率增长,正加速度变化。该段

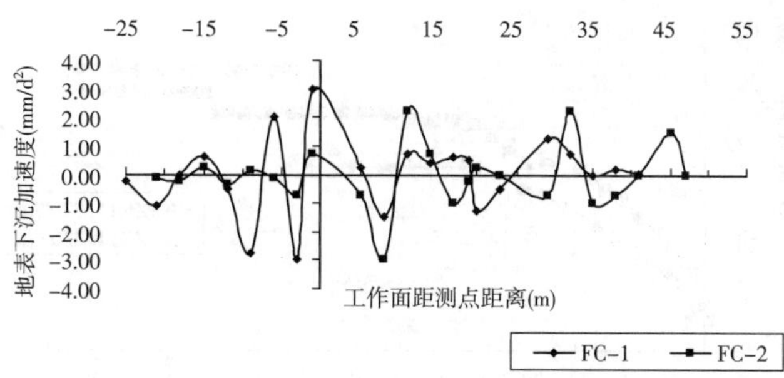

图 2-3-26 随工作面推进地表下沉加速度变化曲线

沉降量约占总沉降量的 55% ~65%。

(3)缓慢变形阶段。当隧道工作面在 $3D \sim 5D$ 范围内时,变形速率减缓,呈负加速度变化。该段沉降量约占总沉降量的 15% ~20%。

(4)稳定变形阶段。当隧道工作面超过 $5D$ 后,沉降增长缓慢,时而下沉,时而上升,呈反复状态。但其值变小,趋于稳定。该段沉降量约占总沉降量的 5% ~10%。

2. 拱顶沉降监测数据处理及分析

从图 2-3-27 ~ 图 2-3-29 拱顶下沉曲线可知,该断面拱顶下沉总体上呈现出"S"形。围岩变形趋稳前都经历了缓慢增长的阶段、快速增长的阶段、趋稳阶段。对回归曲线进行数学特性分析,可以确定出距离监测断面 0 ~ 3m 属缓慢增长阶段,约占总沉降量的 12%;在 3.0 ~ 50m 属快速增长阶段,约占总沉降量的 78%;在 50 ~ 80m 属于趋于稳定阶段,约占总沉降量的 10%。从拱顶历时沉降曲线可以看出,沉降变形历时时间较长,主要是由于断面分 4 个导坑开挖,而且所处地段围岩稳定性特别差。为了保证掌子面的稳定,各个导坑纵向间距较大,一般而言导坑纵向间距 8 ~ 12m,有时候达到了 20m。

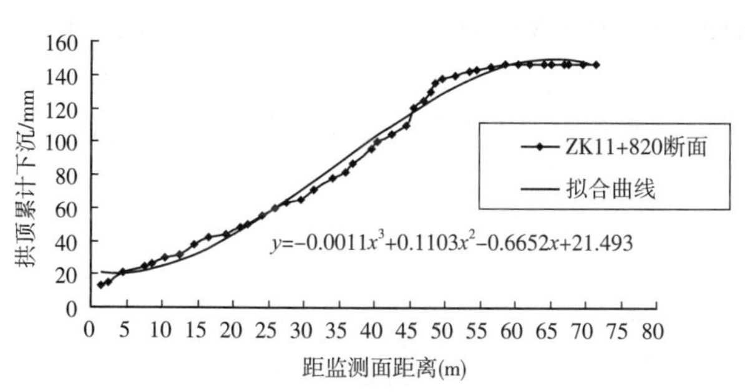

图 2-3-27 拱顶累计下沉曲线及拟合曲线

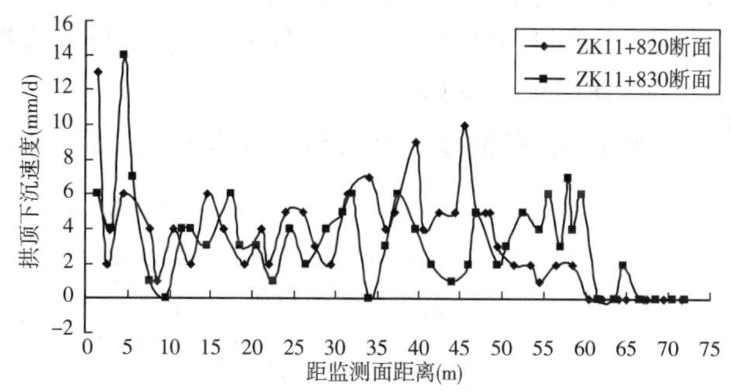

图 2-3-28 拱顶下沉速度曲线

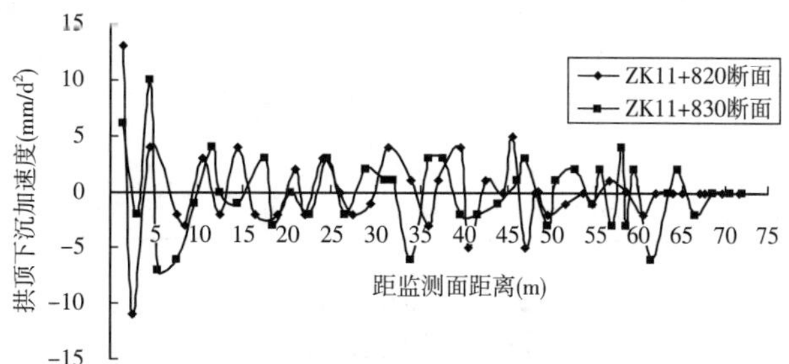

图 2-3-29 拱顶下沉加速度曲线

3. 洞周收敛监测数据处理及分析(如图 2-3-30 ~ 图 2-3-32 所示)

从图 2-3-30 ~ 图 2-3-32 周边位移累计变形曲线可以看出,厦门海底隧道此断面量测中,周边的位移变化与拱顶下沉变化相似;但在距离监测断面大约 41m 时,有一个突然增大的变化阶段,结合实际施工情况可以知道,此时隧道在进行 2 部的开挖。在距离监测断面大约 50m 左右,周边收敛趋于稳定。

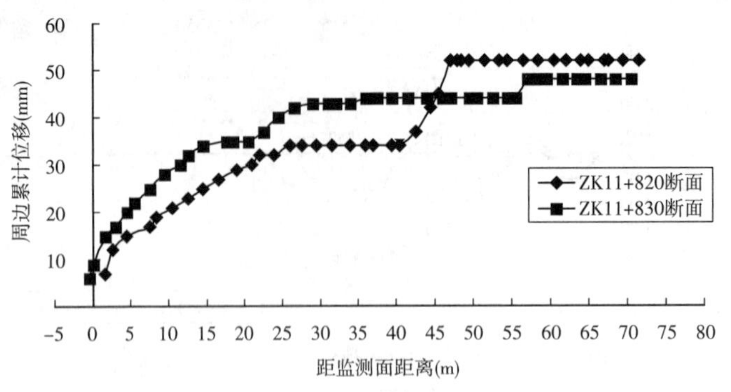

图 2-3-30 洞周收敛曲线

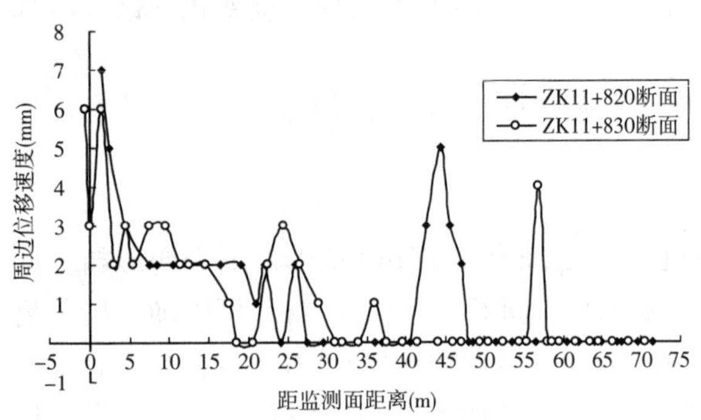

图 2-3-31 洞周收敛速度曲线

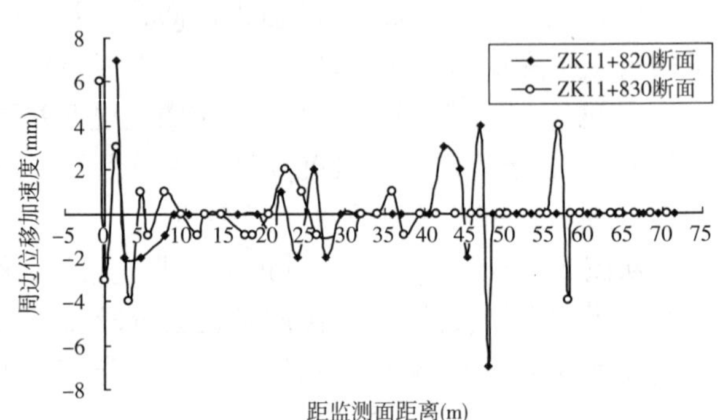

图 2-3-32 洞周收敛加速度曲线

根据《公路隧道设计规范》(JTG D70—2004)规定,在变形释放程度达到 80% 以上时,就可以进行二次衬砌。通过监测数据的回归分析,建议在距离监测断面大约 50 ~ 80m 时就可以进行二次衬砌的施作。

4. 地层水平位移监测数据处理及分析

现场量测的隧道未通过测点前以及通过后的地层纵向水平位移变化如图 2-3-33 ~ 图 2-3-35 所示。

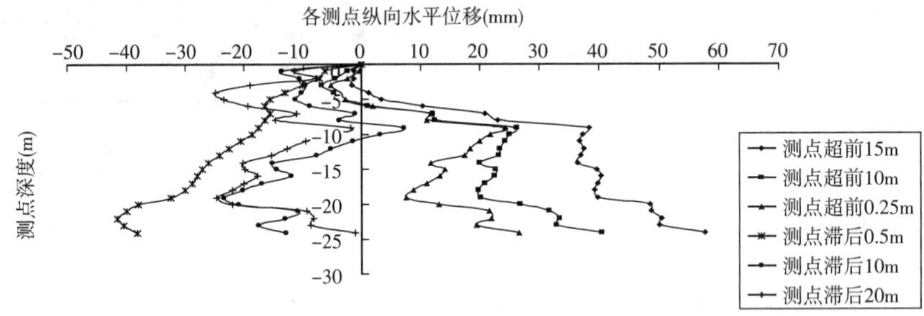

图 2-3-33 CX－1 纵向水平位移

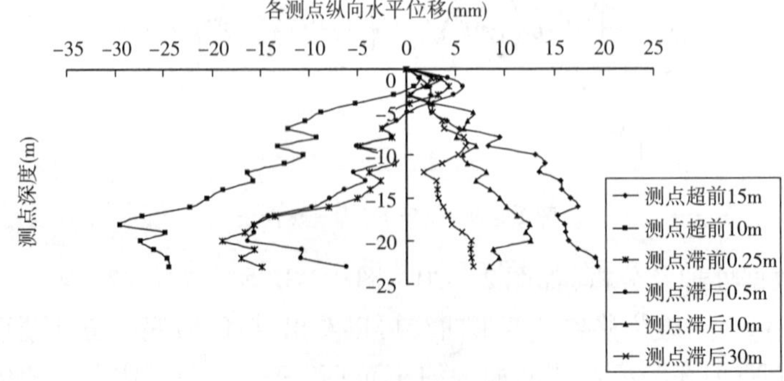

图 2-3-34 CX－2 纵向水平位移

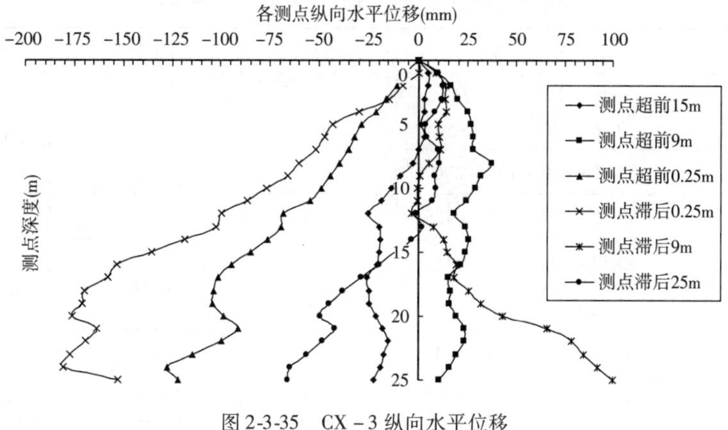

图 2-3-35　CX－3 纵向水平位移

注：图中水平位移的正号代表背离隧道内空方向，负号为朝向隧道内空方向。

由隧道水平位移观测资料可以看出：

(1)沿隧道开挖方向水平位移的超前影响距离为 10～15m，大于该距离时，地层有外移的趋势，即朝背离内空的方向移动，表明为挤压状态。

(2)在工作面接近或在主观测断面时，位移的方向都是向隧道内空方向且值较大，但一旦通过观测断面时，其位移又改变方向，只不过数值比较小。这表明工作面地层又由松弛转变为压挤趋势。

(3)沿地层深度方向，近地表及隧道处水平位移相对大，其间存在有位移减缓带，表明隧道工作面上覆地层存在一定的结构形式。

(4)CX－3 的水平位移比 CX－1 的水平位移要大，这也比较符合实际情况，应验了浅埋暗挖要遵循 18 字方针中的早封闭。CX－1 在 1 部的拱腰上方，最早开挖，也是最早封闭；而 CX－3 位于 3 部的拱腰上方，掌子面滞后 1 部 8m 左右，所以封闭时间比 1 部长很多，而导致 CX－3 的最终水平位移比 CX－1 的大了许多。所以在浅埋暗挖施工中要尽量地早封闭，各部错距不要太大，在保证各部掌子面稳定的前提下，各部错距越小越好。

3.4　陆域段全强风化异常变形原因及对策

3.4.1　异常变形原因综合分析

为便于分析，将变形异常分为 2 级，具体见表 2-3-4。

变 形 异 常 分 级　　表 2-3-4

变形异常	分级	判　　定
拱顶下沉异常	1 级	超过 2 倍预留变形量
	2 级	介于 1 倍设计预留变形量与 2 倍预留变形量之间
水平收敛	1 级	超过水平允许收敛值 2 倍
	2 级	介于 1 倍与 2 倍允许收敛值

1. 拱顶下沉异常 1 级原因分析

(1)通过施工过程中的监控量测以及现场统计可得拱顶下沉异常 1 级区段的具体里程、地质条件、开挖参数和支护参数，见表 2-3-5。

由表 2-3-5 可以知道，拱顶下沉异常 1 级区段的基底地层在五通端和翔安端分别为 W_4 和 Q^{el}，该地层力学参数很差。通过计算也发现，拱顶下沉在该地质条件下比较大，超过设计预留变形量。所以，地质条件和围岩力学参数较差是拱顶下沉异常 1 级的主要原因。

拱顶下沉异常 1 级区段开挖方法及支护参数 表 2-3-5

隧道名称		里程	基底地层	衬砌类型	预支护	开挖方法
五通	左线	ZK6 +720 ~ ZK6 +760、ZK6 +840 ~ ZK6 +955	W_4	S5b	超前小管棚	CRD
	右线	YK6 +820 ~ YK6 +890				
翔安	左线	ZK12 +429 ~ ZK12 +405	Q^{el}	S5a	长管棚	
		ZK12 +405 ~ ZK12 +345		S5b	超前小管棚	
	右线	YK12 +430 ~ YK12 +395				
	服务洞	NK12 +421 ~ NK12 +410		SF5a	长管棚	台阶法
		NK12 +410 ~ NK12 +390		SF5b	超前小管棚	

(2)表 2-3-6 列出了拱顶下沉异常 1 级区段封闭距离及封闭时间之间的关系。

拱顶下沉异常 1 级区段封闭距离及封闭时间统计 表 2-3-6

断面	Ⅰ部封闭距离/封闭时间	整体封闭距离/封闭时间	Ⅰ部/Ⅲ部拱顶下沉(mm)
ZK6 +745	7.5m/5d	54.5m/35d	305/53
YK12 +430	6m/12d	56m/86d	476/214
YK12 +417	6.5m/22d	61m/75d	644/297
YK12 +400	6m/5d	64m/66d	283/121
ZK12 +430	7m/8d	30m/91d	501/222
ZK12 +400	3.5m/36d	58m/84d	555/248
ZK12 +380	3.5m/11d	49m/55d	548/328
ZK12 +360	7m/5d	56m/75d	387/225

由表中数据可以看出,拱顶下沉异常 1 级区段的整体封闭距离和封闭时间普遍较长,在翔安端Ⅰ部封闭时间也比较长。所以,整体封闭距离和封闭时间较长是拱顶下沉异常 1 级的主要原因。建议整体封闭距离应该控制在 40m 以内,Ⅰ部临时仰拱封闭时间控制在 5d 内,而整体封闭时间应该控制在 35d 左右。

(3)表 2-3-7、表 2-3-8 列出了拱顶下沉异常 1 级区段整体下沉情况。

拱顶下沉异常 1 级区段全环封闭后的整体下沉统计(单位:mm) 表 2-3-7

断面	ZK6 +745	ZK6 +760	ZK6 +860	ZK6 +920	YK6 +820
Ⅳ部封闭时	255/45.6	224.3/59.0	331.9/142.6	373.7/331.1	223.1/119.1
最终	304.9/52.9	255.3/86.6	379/156.8	480.9/387	238.9/133.8
整体下沉	16.4%/13.8%	12.1%/31.9%	12.4%/9.1%	22.3%/14.4%	6.6%/11%
断面	YK6 +860	ZK12 +360	ZK12 +380	ZK12 +400	ZK12 +429
Ⅳ部封闭时	254.3/160	354.9/190.2	480.9/266.5	457.8/134.2	417.1/157.8
最终	403/328.5	387/224.6	548.1/327.8	554.6/235.7	503.4/223.1
整体下沉	36.9%/51.3%	8.3%/15.3%	12.3%/18.7%	17.5%/43.1%	17.1%/29.3%
断面	YK12 +400	YK12 +417	YK12 +430	NK12 +400	NK12 +421
Ⅳ部封闭时	274.4/110.8	623/256.5	444.9/196.6	124.8	240.6
最终	283.3/121.2	643.5/297.4	475.7/213.8	216.3	368.9
整体下沉	3.1%/8.6%	3.2%/13.8%	6.5%/8.0%	42.3%	34.8%

注:表中/前表示Ⅰ部拱顶下沉数据,/后表示Ⅲ部拱顶下沉数据,整体封闭后的拱顶下沉增量与最终拱顶下沉比值即为整体下沉比重。

拱顶下沉异常1级区段开挖过程中的整体下沉统计(单位:mm) 表2-3-8

断　面	ZK6 +745	ZK6 +760	ZK12 +429	YK12 +417	YK12 +430
Ⅰ/Ⅲ部下沉	173/38	121.5/	153.3/106.1	394.1/	265.8/96.4
Ⅰ/Ⅲ部斜线	-6.4/1.4	11.1/	-16.4/53.8	23.1/	59/-5.0
斜线/下沉	3.7%/3.7%	9.1%	10.7%/50.7%	5.9%/	22.2%/5.2%

①由表2-3-7可知,除翔安端右线隧道以外,其余断面拱顶下沉受整体下沉影响都在10%以上。整体下沉最大可占五通端左线隧道Ⅰ、Ⅲ部总下沉量的22.3%和33.8%;可占五通端右线隧道Ⅰ、Ⅲ部总下沉量的36.9%和51.3%;可占翔安端左线隧道Ⅰ、Ⅲ部总下沉量的17.5%和43.1%,以及服务隧道总下沉量的42.3%。所以,全环封闭后的整体下沉是1级拱顶下沉异常的主要原因之一。

②由表2-3-8可见,隧道断面的斜线变化非常小,尤其Ⅰ部斜线变化与拱顶下沉相比普遍小于10%。所以,开挖中的整体下沉也是拱顶下沉异常1级的主要原因之一。

此外在隧道开挖初期,由于施工经验的缺乏,使得进口段断面的变形比较大,这也是拱顶下沉异常1级的原因之一。

2. 拱顶下沉异常2级原因分析

通过变形异常断面及全环封闭后的整体下沉统计,可以得到拱顶下沉异常2级的主要原因包括:封闭距离和时间较长;整体下沉较大;地质条件和围岩力学参数较差。

3. 水平收敛异常原因分析

根据施工现场得到的资料可知水平收敛异常区段的基底地层均为W_4,地层的力学参数较差。通过计算发现水平收敛在该地质条件下比较大,最大约为规范的2倍。由此可知,地质条件和围岩力学参数较差是水平收敛异常的主要原因。

4. 中隔墙变形异常原因分析

(1)中隔墙变形异常区段的基底地层在五通端和翔安端分别为W_4和Q^{el},该地层力学参数很差。通过计算也发现中隔墙安全性在开挖中较小,最小安全系数仅为1.1,所以地质条件和围岩力学参数较差是中隔墙变形异常的主要原因。

(2)表2-3-9列出了中隔墙变形异常区段的封闭距离及封闭时间统计。

中隔墙变形异常区段封闭距离及封闭时间统计 表2-3-9

断　面	Ⅰ部封闭距离/封闭时间	整体封闭距离/封闭时间
YK6 +800	5m/5d	43.5m/43d
YK6 +820	4m/6d	45.5m/42d
ZK6 +715	7.5m/5d	56m/30d
ZK6 +745	7.5m/5d	54.5m/35d
ZK6 +790	7.5m/5d	39.5m/36d
YK12 +430	6m/12d	56m/86d
YK12 +417	6.5m/22d	61m/75d
YK12 +400	6m/5d	64m/66d
YK12 +386	8.5m/6d	68m/71d
ZK12 +430	7m/8d	30m/91d
ZK12 +400	3.5m/36d	58m/84d
ZK12 +380	3.5m/11d	49m/55d
ZK12 +360	7m/5d	56m/75d

由表2-3-9可以发现,中隔墙变形异常区段的封闭距离和时间关系。由此可知,封闭距离和封闭时间较长是中隔墙变形异常的主要原因。

(3)此外在隧道开挖初期,由于施工经验的缺乏,使得进口段中隔墙变形比较大,许多断面需要作第二道支护进行加固。由此可见,施工经验也是中隔墙变形异常的主要原因。

翔安隧道施工过程中各类异常变形的原因归结见表2-3-10:

海底隧道各类异常变形的原因 表2-3-10

类　别	级别	主要原因
拱顶下沉异常	1	(1)地质条件和围岩力学参数较差; (2)整体封闭距离和封闭时间较长; (3)整体下沉较大:包括全环封闭后的整体下沉和开挖过程中的整体下沉; (4)缺乏施工经验
	2	(1)整体封闭距离和封闭时间较长; (2)整体下沉较大,主要为全环封闭后的整体下沉; (3)地质条件和围岩力学参数较差
水平收敛异常	—	地质条件和围岩力学参数较差
中隔墙变形异常	—	(1)地质条件和围岩力学参数较差; (2)整体封闭距离和封闭时间较长; (3)缺乏施工经验

注:表中主要原因按影响程度排列。

3.4.2 异常变形对策

由前面分析可知,厦门海底隧道修建过程中发生的异常变形是由多种原因造成的。在处理时,需要根据具体情况,通过采取适当的工程措施对其予以控制。在异常变形比较严重的区段,常常需要同时采取多种工程措施来解决。通过现场监测数据和数值模拟,可以说明各种变更措施的作用和应用效果,从而制定适于各类异常变形的对策。

一、东通道海底隧道变更措施效果分析

1. 系统锚杆效果分析

(1)变更措施的作用。沿隧道环向一周打入锚杆,以支承和加固围岩,提高层间摩阻力,将局部失稳的岩体同稳定围岩联结起来。

(2)位移对比。变更前后的位移对比见表2-3-11,变更后Ⅰ部拱顶下沉和上部水平收敛都几乎不变,只有Ⅲ部拱顶下沉和下部水平收敛略有减小。这表明系统锚杆对减小隧道结构变形效果有限。

变更前后位移对比 表2-3-11

位移 变更前后	拱顶下沉(mm)		水平收敛(mm)			
	Ⅰ部	Ⅲ部	Ⅰ部	Ⅱ部	Ⅲ部	Ⅳ部
变更前	118.6	202.5	145.1	195.1	117.6	65.5
加系统锚杆后	118.7	197.5	144.8	188.2	117.1	50.7

(3)初期支护安全性对比。变更前后支护内力及安全系数对比见表2-3-12:

变更前后支护内力及安全系数对比(变更前/系统锚杆) 表2-3-12

位置		轴力(kN)	弯矩(kN·m)	安全系数	控制标准
初期	左拱肩	-563/-637	-38.2/-33.9	5.2/7.2	拉/压
	左拱腰	-879/-905	-27.2/-29.6	6.2/5.9	压
	左边墙	-941/-940	16.5/13.2	6.1/6.1/	压
	左墙脚	-805/-796	85.2/84.9	1.2/1.2	拉
	仰拱左中	-498/-539	-61.4/-61.6	1.4/1.5	拉
	仰拱右中	-329/-348	-0.7/-1.0	17.3/16.4	压
	右墙脚	-306/-338	-1.1/-1.0	18.7/16.9	压
	右边墙	-479/-509	24.0/23.4	9.9/9.6	压
	右拱腰	-445/-513	-23.7/-21.8	10.3/9.8	压
	右拱肩	-496/-548	55.3/53.5	1.7/2.0	拉
中隔墙	上	-929/-970	-0.4/0.0	3.3/3.1	压
	下	-1137/-1206	25.6/26.2	2.4/2.3	压
临时仰拱	左	-319/-332	2.0/1.9	9.5/9.1	压
	右	-783/-818	-0.9/0.9	3.9/3.7	压

由表中数据对比发现,采用系统锚杆加固,初期支护和中隔墙轴力略有增大,初期支护拱、墙处弯矩略有减小;而仰拱处弯矩有所增大,临时支护的弯矩也略有增大。该变更措施可以使初期支护拱部安全系数有一定提高,但不能增强临时支护的安全系数,对提高施工安全性效果不显著。

(4)现场应用效果分析。根据现场施工情况,厦门海底隧道围岩力学参数较差,受水的影响程度较大,拱部围岩难以形成塌落拱,故系统锚杆的作用在该地质情况下不能有效发挥。通过数值计算也发现,该措施在减小隧道洞周位移、塑性区面积,提高支护安全性方面,也没有明显效果。所以实际施工中,取消了设计中的系统锚杆,现场应用的变更措施中也很少采用系统锚杆加固。

2. 加强临时支护效果分析

(1)加强临时支护的作用。临时支护由I14工字钢变更为I18工字钢,喷射混凝土厚度由16cm变更为20cm。这提高了临时支护的刚度和强度。

(2)位移对比。临时支护变更前后位移对比见表2-3-13。由表可知,临时支护加强后,拱顶下沉略有减小,水平收敛变化不大。这表明若单独采用增强临时支护这一工程措施,其控制结构变形方面的效果不理想。

加强临时支护前后的位移对比 表2-3-13

变更前后 \ 位移	拱顶下沉(mm)		水平收敛(mm)			
	Ⅰ部	Ⅲ部	Ⅰ部	Ⅱ部	Ⅲ部	Ⅳ部
加强临时支护前	118.6	202.5	145.1	195.1	117.6	65.5
加强临时支护后	111.6	182	145.9	198.9	125.6	65.0

(3)初期支护安全性对比。变更前后支护内力及安全系数对比见表2-3-14。

临时支护加强前后支护内力及安全系数对比(前/后)　　表 2-3-14

位置		轴力(kN)	弯矩(kN·m)	安全系数	控制标准
初期支护	左拱肩	-563/-580	-38.2/-38.3	5.2/5.6	拉
	左拱腰	-879/-909	-27.2/-24.5	6.2/6.1	压
	左边墙	-941/-947	16.5/12.0	6.1/6.0	压
	左墙脚	-805/-799	85.2/82.5	1.2/1.2	拉
	仰拱左中	-498/-494	-61.4/-59.3	1.4/1.5	拉
	仰拱右中	-329/-276	-0.7/0.0	17.3/20.7	压
	右墙脚	-306/-293	-1.1/-1.5	18.7/19.4	压
	右边墙	-479/-457	24.0/22.7	9.9/10.4	压
	右拱腰	-445/-422	-23.7/-22.1	10.3/11.0	压
	右拱肩	-496/-423	55.3/48.1	1.7/1.9	拉
中隔墙	上	-929/-1148	-0.4/-0.9	3.3/3.3	压
	下	-1137/-1461	25.6/41.3	2.4/2.3	压
临时仰拱	左	-319/-370	2.0/2.6	9.5/10.3	压
	右	-783/-971	-0.9/-0.3	3.9/3.9	压

加强临时支护后,初期支护左侧结构轴力和安全系数略有减小,右侧结构安全系数略有增大;而临时支护内力有较大增长,安全系数也有所提高。总的来说,这种变更措施可以提高支护安全性,但提高程度有限,应该与其他变更措施共同使用。

(4)现场应用效果分析。加强临时支护,只能较小程度减小洞周位移和塑性区发展,对于提高支护结构安全性的作用也比较有限。所以实际施工中,在异常变形比较严重的区段,通常是使其与其他工程措施结合使用。

3. 锁脚锚管效果分析

(1)变更措施的作用。每榀工字钢在距离临时仰拱或仰拱 1m 高,打入 2 对共 4 根 ϕ42mm 中空注浆锁脚锚管。2 对锚杆上下间距 0.75m,锁脚锚管以 45°打入,中隔墙上的锚杆在后续开挖时拆除,这可以减小开挖中的整体下沉。

(2)位移对比。施作锁脚锚管前后的位移对比见表 2-3-15,加锁脚锚管后Ⅰ、Ⅲ部拱顶下沉分别减小 15.9% 和 17.8%,上部水平收敛略有增大,下部水平收敛减小了 12.2%。这表明采用锁脚锚管可以减小拱顶下沉和下部水平收敛。

施作锚管前后结构位移对比　　表 2-3-15

变更前后 \ 位移	拱顶下沉(mm)		水平收敛(mm)			
	Ⅰ部	Ⅲ部	Ⅰ部	Ⅱ部	Ⅲ部	Ⅳ部
变更前	118.6	202.5	145.1	195.1	117.6	65.5
加锁脚锚管后	99.8	166.5	145.4	172.3	128.5	56.6

(3)初期支护安全性对比。变更前后支护内力及安全系数对比见表 2-3-16。

施作锚管前后支护内力及安全系数对比(前/后) 表2-3-16

位置		轴力(kN)	弯矩(kN·m)	安全系数	控制标准
初期支护	左拱肩	-563/-595	-38.2/-39.9	5.2/5.2	拉
	左拱腰	-879/-953	-27.2/-28.3	6.2/5.7	压
	左边墙	-941/-893	16.5/13.0	6.1/6.4	压
	左墙脚	-805/-775	85.2/81.9	1.2/1.2	拉
	仰拱左中	-498/-468	-61.4/-56.5	1.4/1.6	拉
	仰拱右中	-329/-261	-0.7/0.5	17.3/21.8	压
	右墙脚	-306/-273	-1.1/-1.9	18.7/20.9	压
	右边墙	-479/-393	24.0/19.2	9.9/12.2	压
	右拱腰	-445/-437	-23.7/-22.0	10.3/10.8	压
	右拱肩	-496/-437	55.3/47.4	1.7/2.1	拉
中隔墙	上	-929/-924	-0.4/0.3	3.3/3.3	压
	下	-1137/-1140	25.6/22.8	2.4/2.4	压
临时仰拱	左	-319/-327	2.0/1.4	9.5/9.3	压
	右	-783/-773	-0.9/2.6	3.9/3.9	压

采用锁脚锚管,初期支护几乎各处的安全系数,尤其是两侧边墙和仰拱都要比变更前高,而中隔墙内力和安全系数变化较小。这表明,锁脚锚管可以提高初期支护的安全性。

(4)现场应用效果分析。左线隧道在ZK6+690~ZK6+710段Ⅰ部的左边墙和中隔墙各增设2排ϕ42mm注浆锁脚锚管,加固后的断面下沉曲线如图2-3-36所示。

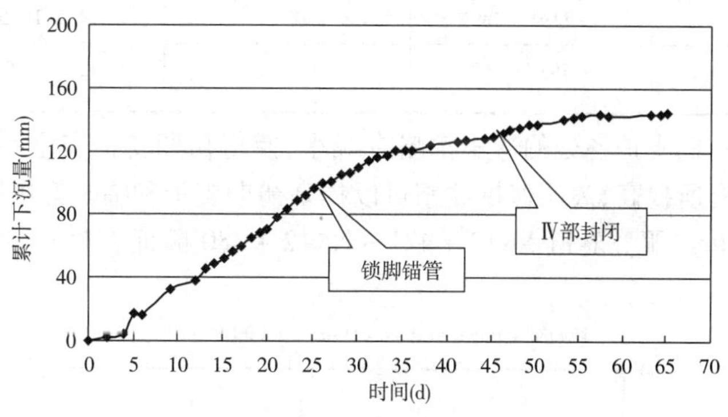

图2-3-36 ZK6+700断面CRDⅠ部拱顶下沉时程曲线

由图2-3-36可见,采用锁脚锚管后,拱顶下沉趋势开始减缓,最终该断面Ⅰ部拱顶下沉为144.8mm,而附近断面ZK6+715的Ⅰ部拱顶下沉为214.3mm。由此可见,采用锁脚锚管能有效控制断面的拱顶下沉。

4. 仰拱注浆效果分析

(1)变更措施的作用。注浆加固范围为临时仰拱或者仰拱下部部分区域。这可以加固地层,减小全环封闭后的整体下沉。

(2)位移对比。仰拱注浆前后的位移对比见表2-3-17,仰拱注浆后Ⅰ、Ⅲ部拱顶下沉分别减小16%和20.5%,而水平收敛变化较小。这表明采用仰拱注浆可以一定程度减小拱顶下沉,但对控制水平收敛效果不明显。

仰拱注浆前后位移对比 表 2-3-17

位移 / 变更前后	拱顶下沉(mm)		水平收敛(mm)			
	Ⅰ部	Ⅲ部	Ⅰ部	Ⅱ部	Ⅲ部	Ⅳ部
仰拱注浆前	118.6	202.5	145.1	195.1	117.6	65.5
仰拱注浆后	99.6	160.9	145.4	195.6	124.5	63.8

(3)初期支护安全性对比。变更前后支护内力及安全系数对比见表 2-3-18。

变更前后支护内力及安全系数对比(变更前/拱部小导管注浆) 表 2-3-18

位 置		轴力(kN)	弯矩(kN·m)	安全系数	控制标准
初期支护	左拱肩	-563/-596	-38.2/-37.9	5.2/6.4	拉
	左拱腰	-879/-915	-27.2/-26.3	6.2/6.0	压
	左边墙	-941/-960	16.5/12.8	6.1/5.9	压
	左墙脚	-805/-813	85.2/84.5	1.2/1.2	拉
	仰拱左中	-498/-509	-61.4/-59.0	1.4/1.6	拉
	仰拱右中	-329/-300	-0.7/-0.7	17.3/19.0	压
	右墙脚	-306/-291	-1.1/-1.1	18.7/19.6	压
	右边墙	-479/-458	24.0/23.6	9.9/10.2	压
	右拱腰	-445/-372	-23.7/-24.7	10.3/8.6	压
	右拱肩	-496/-428	55.3/49.8	1.7/1.8	拉
中隔墙	上	-929/-936	-0.4/0.3	3.3/3.2	压
	下	-1137/-1178	25.6/25.1	2.4/2.3	压
临时仰拱	左	-319/-289	2.0/1.3	9.5/10.5	压
	右	-783/-762	-0.9/0.5	3.9/4.0	压

采用仰拱注浆加固,初期支护各处的弯矩都略有减小,使得初期支护安全系数有所提高。临时仰拱受力有所减小,安全系数有所提高,表明仰拱注浆可以提高初期支护和临时仰拱的安全性。

(4)现场应用效果分析。服务隧道 NK12+421~NK12+380 断面在进行仰拱注浆后的拱顶下沉时程如图 2-3-37 所示。

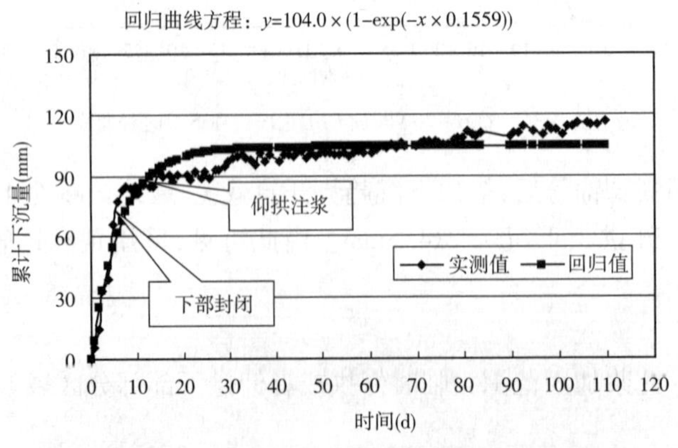

图 2-3-37 服务隧道 NK12+380 断面拱顶下沉时程曲线及回归曲线

由图 2-3-37 及表 2-3-19 可见,仰拱注浆后,拱顶下沉速度大幅度减小,表明仰拱注浆可以显著降低全环封闭后的整体下沉。

仰拱注浆效果分析 表2-3-19

断面	拱顶下沉	仰拱注浆前	仰拱注浆后
NK12 +421	增量	344.5mm	24.4mm
	平均速度	11.3mm/d	0.6mm/d
NK12 +400	增量	181mm	35.3mm
	平均速度	10.7mm/d	0.3mm/d
NK12 +380	增量	88.6mm	28.1mm
	平均速度	3.7mm/d	0.3mm/d

5. 降水(连续墙)效果分析

(1)变更措施的作用。在隧道外侧修建连续墙,防止地下水汇集隧道拱部,这可以改善地质条件,提高拱部围岩参数。

(2)位移对比。变更前后的位移对比见表2-3-20。降水(连续墙)以后,Ⅰ部、Ⅲ部拱顶下沉分别减小42.1%和55.8%,上、下部水平收敛分别减小25.8%和6.3%。这表明该措施可以很好地减小隧道结构变形。

变更前后的位移对比 表2-3-20

变更前后 \ 位移	拱顶下沉(mm)		水平收敛(mm)			
	Ⅰ部	Ⅲ部	Ⅰ部	Ⅱ部	Ⅲ部	Ⅳ部
变更前	118.6	202.5	145.1	195.1	117.6	65.5
降水(连续墙)	68.7	89.6	111.1	189.4	83.8	54.9

(3)支护安全性对比。降水前后支护内力及安全系数对比见表2-3-21。

降水前后支护内力及安全系数对比(降水前/降水后) 表2-3-21

位置		轴力(kN)	弯矩(kN·m)	安全系数	控制标准
初期支护	左拱肩	-563/-670	-38.2/-34.6	5.2/7.0	拉/压
	左拱腰	-879/-888	-27.2/-23.8	6.2/6.2	压
	左边墙	-941/-926	16.5/11.2	6.1/6.2	压
	左墙脚	-805/-789	85.2/84.5	1.2/1.2	拉
	仰拱左中	-498/-466	-61.4/-60.6	1.4/1.4	拉
	仰拱右中	-329/-270	-0.7/1.1	17.3/21.1	压
	右墙脚	-306/-256	-1.1/-0.8	18.7/22.3	压
	右边墙	-479/-368	24.0/18.4	9.9/12.8	压
	右拱腰	-445/-318	-23.7/-15.2	10.3/15.2	压
	右拱肩	-496/-347	55.3/35.7	1.7/2.9	拉
中隔墙	上	-929/-928	-0.4/0.8	3.3/3.3	压
	下	-1137/-1131	25.6/25.0	2.4/2.4	压
临时仰拱	左	-319/-226	2.0/1.3	9.5/13.4	压
	右	-783/-691	-0.9/1.7	3.9/4.4	压

采用降水(连续墙)这一工程措施后,初期支护和临时支护各处的轴力和弯矩都有不同程度的减小,结构安全系数也全面提高。其中,右拱肩轴力由496kN减小到347kN,弯矩由55.3kN·m减小到35.7kN·m,安全系数也由1.7提高到2.9。这说明该变更措施可以提高支护的安全性。

(4)现场应用效果分析。变更前后各断面封闭距离和时间统计分析见表2-3-22：

右线隧道变更前后各断面封闭距离及封闭时间统计 表2-3-22

断 面	Ⅰ部封闭距离/封闭时间	整体封闭距离/封闭时间	Ⅰ部/Ⅲ部拱顶下沉(mm)	降水(连续墙)
YK12 +430	6m/12d	56m/86d	476/214	降水前
YK12 +417	6.5m/22d	61m/75d	644/297	
YK12 +400	6m/5d	64m/66d	283/121	
YK12 +300	7m/5d	43m/53d	50/12	
YK12 +260	6m/5d	52m/37d	91/32	
YK12 +200	6m/6d	45m/34d	158/62	
YK12 +160	4m/5d	47m/35d	199/87	
YK12 +120	8.5m/6d	53m/50d	154/72	降水后
YK12 +080	8.5m/9d	42m/48d	174/41	
YK12 +040	8m/5d	50.5m/39d	61/48	

厦门海底隧道翔安端地下连续墙施作范围为：左线ZK12 +096.5 ~ ZK11 +484.33，右线YK12 +131.9 ~ YK11 +496.45。从表2-3-22可以看出，右线隧道在地下连续墙施作前后，封闭时间和封闭距离变化都不明显，各断面的拱顶下沉量在连续墙的施作后略有降低。

6. 组合方案效果分析

在异常变形较大地方，为有效控制结构变形及减小塑性区范围，常需要多种工程措施并用。表2-3-25列出了厦门海底隧道工程措施变更统计。

厦门海底隧道在施工过程中所采取的变更方案共有6种，见表2-3-23：

变更方案内容 表2-3-23

变更方案	方案内容
一	加强临时支护
二	降水(连续墙)
三	加强临时支护，锁脚锚管
四	加强临时支护，锁脚锚管，仰拱注浆
五	降水(连续墙)，加强临时支护
六	降水(连续墙)，加强临时支护，锁脚锚管

表2-3-23中前两种变更方案只采用了一种工程措施，在上述几节已经进行分析；后四种方案是两种或两种以上工程措施的组合。下面结合数值模拟和现场实测数据对后四种组合方案的施工效果进行分析。

(1)变更措施作用。组合方案三中的提高临时支护参数，可以增强临时支护的刚度和强度；而打入锁脚锚管是为了减小开挖中的整体下沉，一定程度上控制隧道结构变形。组合方案四是在方案三的基础上施作仰拱注浆，改善地质条件，加固地层，提高围岩参数。组合方案五对围岩进行降水(连续墙)，改善地质条件，提高围岩物理力学参数；同时还采用增强临时支护工程措施，提高临时支护的刚度和强度。组合方案六是在方案五的基础上再打入锁脚锚管，可以减小开挖中隧道的整体下沉，从而有效控制隧道结构变形。

(2)位移对比。采用各组合方案前后的位移情况见表2-3-24：

采用工程措施前后的结构位移 表 2-3-24

位移 变更前后	拱顶下沉(mm)		水平收敛(mm)			
	Ⅰ部	Ⅲ部	Ⅰ部	Ⅱ部	Ⅲ部	Ⅳ部
变更前	118.6	202.5	145.1	195.1	117.6	65.5
组合方案三	95.3	164.3	149.9	136.2	122.1	48.3
组合方案四	94.8	160.6	149.8	132.5	126.3	44.6
组合方案五	68.0	92.5	111.2	194.1	90.5	53.6
组合方案六	64.2	88.3	112.0	136.9	86.8	43.6

由表中所列数值模拟结果可知,采用组合方案三里所列的工程措施时,可以有效控制隧道的拱顶下沉。方案三在控制Ⅱ、Ⅳ部水平收敛方面效果也比较明显,但在控制Ⅰ、Ⅲ部的收敛变形时作用不大。

组合方案四是在方案三的基础上施作仰拱注浆。仰拱注浆对于控制隧道拱顶下沉及Ⅱ、Ⅳ部水平收敛有一定的效用,但在控制隧道上部收敛方面和方案三相似,效果都不好。

采用组合方案五中所列的各项工程措施时,可以有效减小隧道的拱顶下沉值,并能够有效地控制Ⅰ、Ⅲ部的收敛变形。如Ⅰ部的拱顶下沉降低了44.4%,Ⅲ部的拱顶下沉降低了54.3%,隧道上部结构的收敛变形降低了23%左右;但方案五在控制隧道下部结构的变形方面效果不理想。

组合方案六是在方案五的基础上再打入锁脚锚管,此工程措施可以在方案五的基础上进一步降低隧道的拱顶下沉量。方案六中打入锁脚锚管的最大好处在于它有效地控制了隧道下部结构的变形,因此认为在控制隧道结构变形方面,方案六为最佳方案。

翔安隧道变更措施见表2-3-25。

翔安隧道变更措施统计 表 2-3-25

序号	断　面	会议时间	原　因	措　施	备　注
1	ZK6+600~ZK6+681	2005.9.11	全强风化花岗岩,渗水和孤石爆破	I14换为I18,喷混凝土厚由16cm变为20cm	增强支护强度
2	A1标左线	2005.10.25	拱顶下沉大、边墙跨塌严重	(1)支护结构及时封闭成环; (2)增设锁脚锚管; (3)超前小导管注浆支护	缩短台阶、锁脚、超前小导管
3		2005.11.17		(1)小管棚改为小钢管; (2)加强降水	注浆、降水
4		2005.11.30		(1)设锁脚锚管; (2)砂浆锚杆改为锁脚钢管	锁脚
5	ZK6+667~ZK6+700 ZK6+663~ZK6+700	2005.12.24	围岩变形异常	(1)设锁脚锚管; (2)对临时仰拱底部进行注浆加固; (3)超前小管棚	锁脚锚管、临时仰拱注浆
6	ZK6+650~ZK6+667	2006.1.5	围岩变形异常	(1)Ⅰ部左边墙增设3排锁脚锚管; (2)Ⅲ部右边墙增设3排锁脚锚管	锁脚
7	ZK6+645~ZK6+685	2006.1.7	初喷混凝土脱落	临时支护进行网喷加固	加固中隔墙
8	ZK6+700~ZK6+750 NK6+723~ZK6+773	2006.1.24	全强风化花岗岩,渗水量大	ϕ42mm超前小管棚支护长度调整为2.5m/根,严格控制开挖进尺	小管棚、短台阶
9	ZK6+690~ZK6+710	2006.2.12	围岩变形异常	(1)设锁脚锚管; (2)中隔墙加挂钢筋网,喷8cm混凝土	注浆、锁脚锚管、临时支护加固
10	ZK6+701~ZK6+717	2006.2.21	拱顶下沉较大	(1)在Ⅱ部设置ϕ150mm钢管立撑8根; (2)临时仰拱钢支撑换为I18	加固临时支撑

续上表

序号	断面	会议时间	原因	措施	备注
11		2006.2.27	仰拱受水影响较大	仰拱混凝土浇筑前进行注浆堵水，加强抽排水	仰拱注浆、抽排水
12	ZK6+725~ZK6+753	2006.3.7	围岩变形较大	(1)增设注浆锁脚锚管； (2)中隔墙裂纹处加钢筋网	锁脚、加固中隔墙
13	ZK6+734~ZK6+739	2006.3.14	土体含水量高，自稳能力差	拱部打入注浆大管棚，注浆钢花管对坍腔进行注浆填充	大管棚、钢花管注浆、超前导管
14	NK6+900~ZK6+960 ZK6+900~ZK6+990	2006.3.27	穿越公路，控制变形	(1)锁脚锚杆； (2)拱部预留注浆钢花管	锁脚、拱部注浆
15	ZK6+74~ZK6+760	2006.4.2	拱顶下沉较大	在Ⅰ、Ⅲ部左、右边墙位置增设锁脚锚管	锁脚
16		2006.4.22		(1)仰拱底部注浆； (2)拱顶设预埋注浆管； (3)杜绝钢支撑落底处集水	注浆、防渗漏水、钢支撑落底
17		2006.6.1	地质条件，边墙处渗漏水	(1)取消拱部系统锚杆，设锁脚钢管； (2)延伸边墙处防水板，在底部设止水带	取消系统锚杆、锁脚、止水
18	ZK12+445	2005.12.17	整体下沉；未及时封闭仰拱	(1)施作临时仰拱延伸到Ⅰ部掌子面，初支临时封闭成环； (2)降水	封闭成环(缩短台阶)、降水
19	NK12+415~NK12+365	2006.2.9	洞口孤石、服务隧道渗水	(1)临时支撑换为I18； (2)服务隧道仰拱基底增加小导管注浆	加强临时支护、仰拱注浆
20		2006.2.23		(1)施作锁脚锚管； (2)连接板应错缝拼装	锁脚、错缝拼装
21	ZK12+405~ZK12+430	2006.2.28	沉降异常	(1)加强初期支护； (2)增加系统小导管； (3)仰拱注浆施作锁脚小导管	加强初支、系统小导管、仰拱注浆、锁脚
22	ZK12+445~ZK12+429 YK12+446、YK12+430	2006.3.8	环向裂缝较多、沉降变形大	(1)主洞系统锚管加固； (2)仰拱小导管注浆	系统锚管注浆、仰拱注浆
23	YK12+430~YK12+420 YK12+420~YK12+410	2006.3.22	裂缝，整体沉降	(1)增加仰拱注浆； (2)增加锁脚锚管	仰拱注浆、锁脚
24	ZK12+417~ZK12+405 YK12+430~YK12+420	2006.3.28	换拱，沉降大	(1)加强支护； (2)加密注浆小导管间距； (3)超挖部喷混凝土填满； (4)预埋注浆管	变更支护参数、小导管加密、提高施工质量
25		2006.4.6	环向裂缝、渗水、沉降大	(1)在围岩和喷混凝土之间注浆； (2)临时支护变更为I18； (3)仰拱增加拱底小导管注浆； (4)加强降水	注浆，临时支护加强、仰拱注浆、降水
26	ZK12+424~ZK12+445	2006.4.21	土压力大、地基承载力差	(1)封闭四部掌子面； (2)Ⅱ、Ⅳ部增设Ⅰ20b钢支撑； (3)注浆加固； (4)降水	加钢支撑、注浆、降水

续上表

序号	断面	会议时间	原因	措施	备注
27	NK12 +371 ~ NK12 +327 YK12 +418 ~ YK12 +413	2006.4.30	富水多泥地段	(1)地面加固措施,高压旋喷注浆方法加固; (2)仰拱注浆加固;	地面加固、仰拱注浆
28	YK12 +430 ~ YK12 +415	2006.5.24	沉降变形大	Ⅱ、Ⅳ部仰拱注浆,加强中隔墙	仰拱注浆、加强中隔墙
29	ZK12 +260 ~ ZK12 +170 ZK12 +405 ~ ZK12 +385	2006.6.30	围岩稳定性差、水量大,承载力小	(1)该段洞顶围岩采用高压旋喷加固处理; (2)注浆,锁脚锚管	高压旋喷加固、注浆、锁脚

(3)现场应用效果分析。

①方案三及方案四施工效果分析。断面ZK6 +680在施工过程中采用了锁脚锚管、临时仰拱注浆和加固中隔墙等工程措施,该断面CRDⅠ部的拱顶下沉曲线及各工程措施的施作时间如图2-3-38所示。

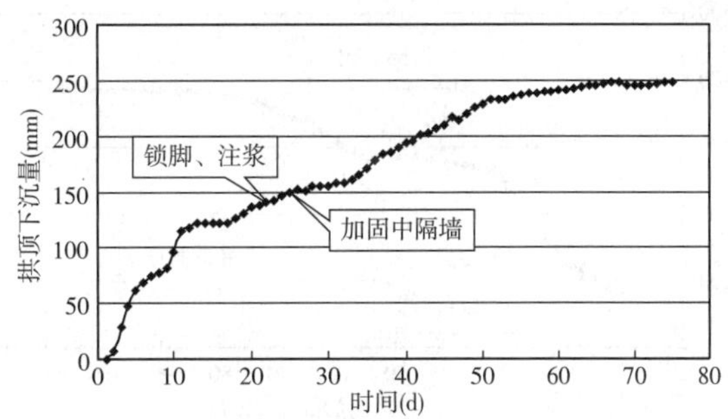

图2-3-38 ZK6 +680断面CRDⅠ部的拱顶下沉时程曲线

在采用锁脚锚管和仰拱注浆工程措施前,该断面CRDⅠ部刚刚通过,拱顶下沉增长较快,拱顶下沉达到120多mm,几天内拱顶下沉就逼近了设计预留变形量。在打入锁脚锚管及进行仰拱注浆后,提高了围岩的物理力学参数,由上图可知,拱顶下沉得到了有效控制。

②方案五及方案六施工效果分析。与用连续墙排水的断面ZK12 +030相比,断面ZK12 +130施工时没有能够充分降水,图2-3-39、图2-3-40分别为两个断面CRDⅠ及CRDⅢ部拱顶下沉时程曲线。

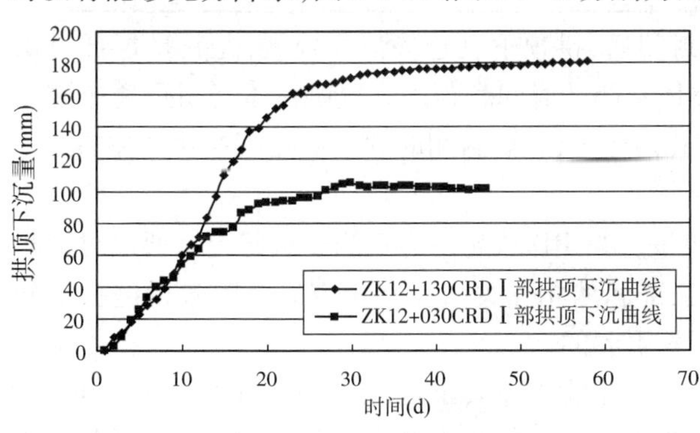

图2-3-39 两断面CRDⅠ部拱顶下沉时程曲线

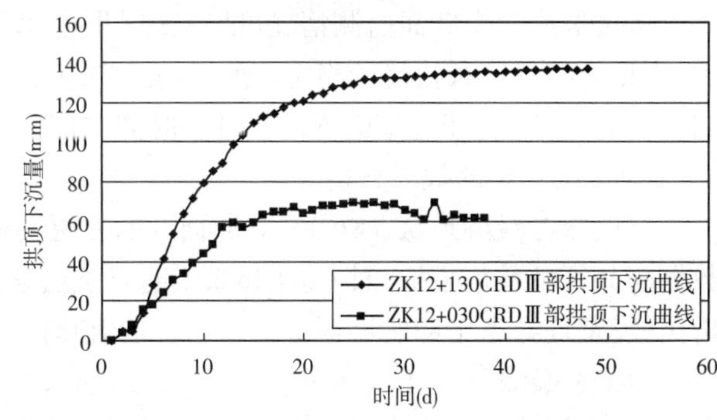

图2-3-40 两断面CRDⅢ部拱顶下沉时程曲线

对比两图中的曲线可知,采用方案五及方案六中的工程措施可以有效控制隧道结构拱顶下沉,其中CRDⅠ部的拱顶下沉量在采用降水措施后减小了约45%,CRDⅢ部的拱顶下沉量也减小了约55%。

综合前面各节数值模拟结果及本节的现场量测数据的分析认为,连续墙止水可以有效改善围岩的物理力学参数,有效降低隧道结构拱顶下沉,并明显减小了洞顶围岩塑性区范围。采用锁脚锚管和仰拱注浆可以控制隧道的整体下沉,在一定程度上减小隧道结构变形,并能够提高初期支护安全性等。

7. 封闭时间及距离调整效果分析

图 2-3-41、图 2-3-42 为左线隧道 2 个断面 CRD Ⅰ部拱顶下沉时程曲线，表 2-3-26 列出了这两个断面 CRD 法施工过程中各部拱顶下沉值。

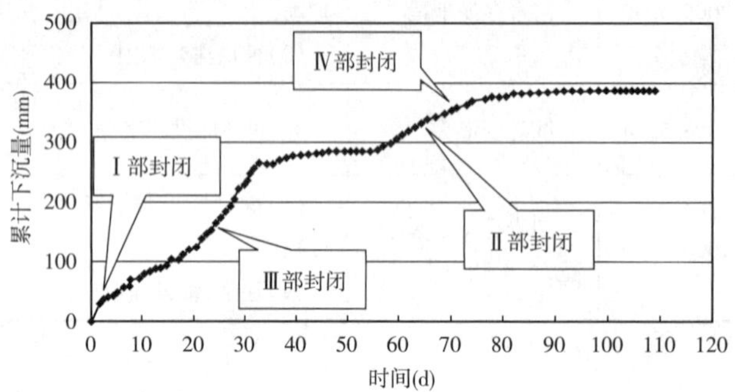

图 2-3-41 ZK6 +745 断面 CRD Ⅰ部拱顶下沉时程曲线

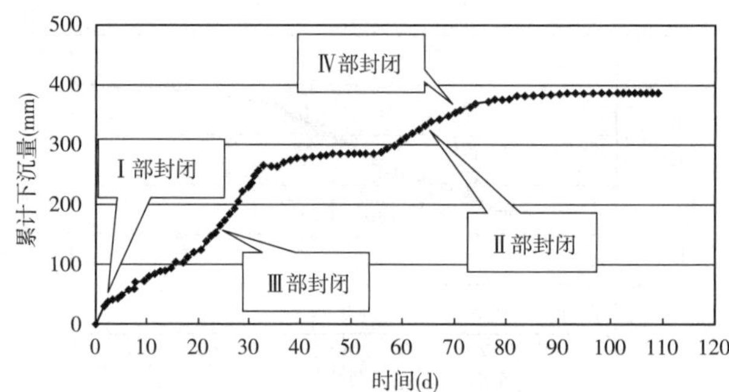

图 2-3-42 ZK12 +360 断面 CRD Ⅰ部拱顶下沉时程曲线

ZK12 +360 断面 CRD 法各部拱顶下沉值 表 2-3-26

位移 / 断面	拱顶下沉(mm)				整体封闭	
	Ⅰ部	Ⅱ部	Ⅲ部	Ⅳ部	距离(m)	时间(d)
ZK6 +745	48.0	190.4	211.1	243.5	54.5	35
ZK12 +360	41.5	168.0	333.8	354.9	56	75

从选取的 2 个断面监测情况可以发现，Ⅱ部、Ⅳ部封闭后，拱顶下沉趋势都会减缓，尤其是Ⅳ部封闭后，拱顶下沉往往很快趋于稳定。所以施工中应缩短整体封闭的时间和距离。建议整体封闭距离应该控制在 40m 以内；行车隧道断面的Ⅰ部临时仰拱应该在 5d 内封闭，整体封闭时间应该控制在 40d 左右。

8. 工法变更的效果分析

五通端右线隧道从 YK6 +900 断面开始变更开挖工法，由 CRD 法转变为双侧壁法开挖。通过对量测数据的分析及数值模拟，对 CRD 和双侧壁导坑法各施工部间的相互关系及其相应的施工效果进行了分析比较，发现各施工部的拱顶下沉量主要是由其自身开挖引起的。

(1)在 CRD 法施工时，CRD Ⅰ部开挖所引起的拱顶下沉量约为其最终预测拱顶下沉量的 40% ~ 50%；在双侧壁导坑法施工时，左导坑的拱顶下沉量的 70% ~90% 都是由其自身开挖引起的，而右导坑开挖引起的拱顶下沉量值约为其最终拱顶下沉值的 70% ~80% 左右。

(2)采用双侧壁导坑法施工时各断面的拱顶下沉量要小于采用 CRD 法，尤其是在地质条件较差的地段，双侧壁导坑法的这一优势就表现得更加明显。另外，两种开挖形式的水平收敛总趋势是不同的：Ⅰ、Ⅲ部超前 CRD 法施工时实测值先扩张后趋于稳定，而双侧壁导坑法施工时实测收敛时程曲线则先略收敛后扩张。

二、现场应用的变更措施评价

根据上面的分析，将海底隧道各种变更措施的效果列于表 2-3-27。

各种变更措施的应用效果　　表2-3-27

措　施	应用效果			
	拱顶下沉	水平收敛	塑性区	支护安全性
系统锚杆	Ⅲ部略有减小	下部略有减小	左侧边墙、右侧拱肩略有减小	拱部安全性略有提高
加强临时支护	减小6%~10%	略有增大	拱部有所减小	临时支护安全性有所提高
锁脚锚管	减小16%~18%	下部减小12.2%	拱部、右侧拱肩、左侧边墙有所减小	初支安全性有所提高
仰拱注浆	减小16%~20%	无变化	拱部有所减小	初支和临时仰拱安全性有所提高
降水(连续墙)	减小约50%	减小约30%	拱部大幅度减小	大幅度提高
组合方案	减小50%~60%	减小约35%	拱部大幅度减小	大幅度提高
调整封闭时间和距离	减小约30%	—	—	—
工法变更	拱顶下沉大幅度减小	—	—	—

综合以上分析,可以得出处理各类异常变形的对策,见表2-3-28:

海底隧道各类异常变形的对策　　表2-3-28

类别	级别	主要原因	对　策
拱顶下沉异常	1	(1)地质条件和围岩力学参数较差; (2)整体封闭距离和封闭时间较长; (3)整体下沉较大:包括全环封闭后的整体下沉和开挖过程中的整体下沉; (4)缺乏施工经验	(1)降水(连续墙); (2)调整整体封闭距离、封闭时间; (3)仰拱注浆和锁脚锚管; (4)组合方案; (5)采用双侧壁法开挖
	2	(1)整体封闭距离和封闭时间较长; (2)整体下沉较大,主要为全环封闭后的整体下沉; (3)地质条件和围岩力学参数较差	(1)调整整体封闭距离、封闭时间; (2)仰拱注浆; (3)降水(连续墙)
水平收敛异常	—	地质条件和围岩力学参数较差	降水(连续墙)
中隔墙变形异常	—	(1)地质条件和围岩力学参数较差; (2)整体封闭距离和封闭时间较长; (3)缺乏施工经验	(1)降水(连续墙); (2)调整整体封闭距离、封闭时间; (3)组合方案

注:在异常变形比较严重的地段,可采用组合方案或者变更为双侧壁法开挖,组合方案按提高围岩力学特性-增强支护强度的顺序来制定。

3.5 陆域全强风化段施工要点

3.5.1 明洞施工要点

1. 洞口截排水的处理

洞口排水布置如图2-3-43所示。利用洞口的集水池集中引排。厦门岸ZK6+400~ZK6+540引道段路堑长约140m,其汇水面积约为1.5hm^2,整个隧道进口端雨水设计流量为939.2L/s。考虑A1与A2标分配,A1标按0.6×936.2=563L/s。

$563L/s \times 3600s/h \times 1m^3/1000L = 2026.8m^3/h$;

考虑洞内排量$2026.8m^3/h + 105m^3/h + 110m^3/h = 2241.8m^3/h$

洞口与地面最大高差为10.4m,配置排量800m^3/h,扬程不小于11m的排污泵。现场需3台800m^3/h,扬程为14m的排污泵,考虑水泵的工作负荷过大易损坏等因素,增场备用2台,共计5台800m^3/h排污泵。

厦门端洞口设置3道截水沟(60cm宽)、桩号分别为:ZK6+501、ZK+513.5、ZK+538.5(1%反坡)。服务隧道设置桩号为:NK6+540.4。截水沟的排水坡度2%与路基横坡相同。而经过计算翔安端集水池处暴雨强度为397.9L/s，雨水设计流量采用1611.4L/s，翔安端集水池设计容积按1000m^3考虑。

翔安端洞口设置3道截水沟(60cm宽)、桩号分别为：ZK12+487、ZK12+511.5、ZK12+523(2%反坡)。服务隧道设置桩号为：NK12+491.50。截水沟的排水坡度2%与路基横坡同。

截水沟采用30cm厚浆砌片石砌筑、6cm厚铸铁水箅利用膨胀螺栓和混凝土连接牢固并用混凝土抹平。截水沟端部均设置沉砂井，根据水量大小有1.0m×1.0m、1.0m×2.5m、0.6m×0.6m等大小，井深有2.0m、2.39m、1.5m几种。沉砂井之间通过路基边沟铸铁管连通，排入地下室集水池。

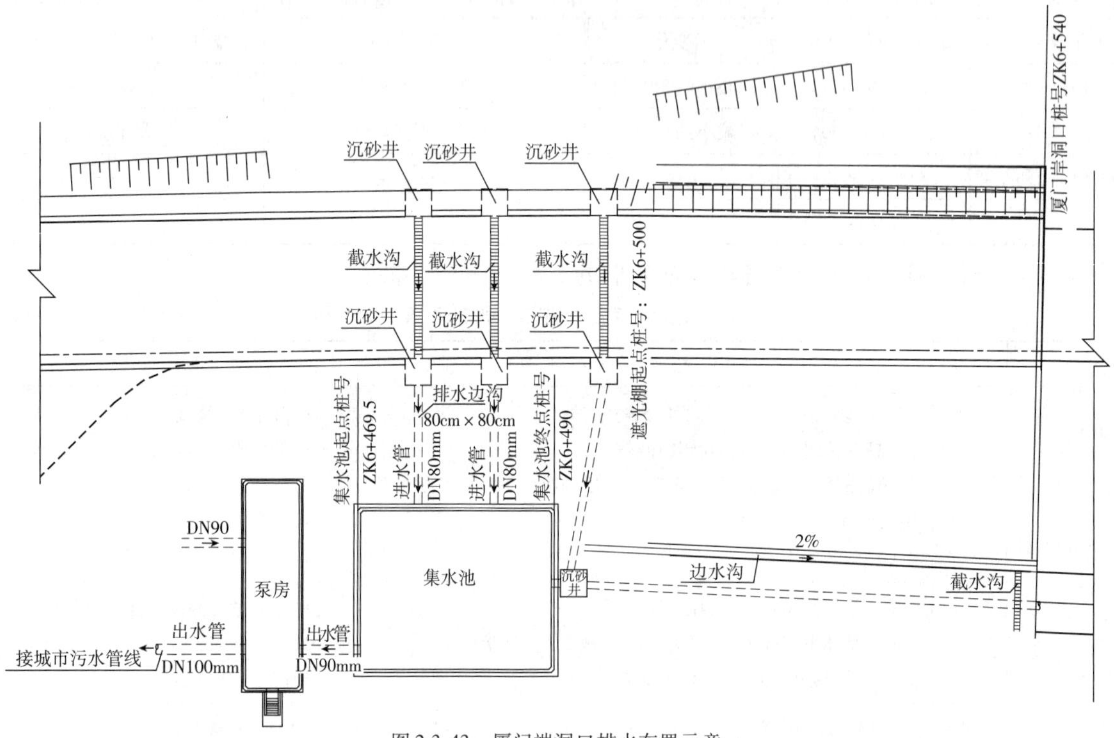

图2-3-43 厦门端洞口排水布置示意

2. 明洞段边仰坡的防护

为防止坡面风化，引起水土流失、导致边仰坡防护受到损坏，边坡采用C25喷射混凝土支护后植草绿化，仰坡为锚网喷支护。图2-3-44为厦门端隧洞口边坡喷锚和绿化护坡照片。

图2-3-44 厦门端洞口边坡喷锚和绿化护坡

边仰坡C25喷射混凝土锚网防护(如图2-3-45所示)施工要点：

(1)ϕ25mm砂浆锚杆施工。砂浆锚杆钻孔采用螺纹钻钻孔，无水钻进的方式。砂浆配合比：水泥比砂为1:1~1:2，砂浆拌和均匀，随伴随用。砂浆采用注浆方式，将注浆管插至距孔底50~100mm，随砂浆的注入慢慢匀速拔出，后将杆体插入。若孔口砂浆溢出，及时补注，锚杆安装后不得随意敲击。

(2)ϕ32mm预应力中空注浆锚杆。沿边坡搭设钻孔平台，在坡面根据设计要求定出孔位。钻孔采用螺纹钻无水钻进。安装锚杆时，每隔2m安设对中装置，对锚杆进行除油、除锈处理。在锚杆自由段，外

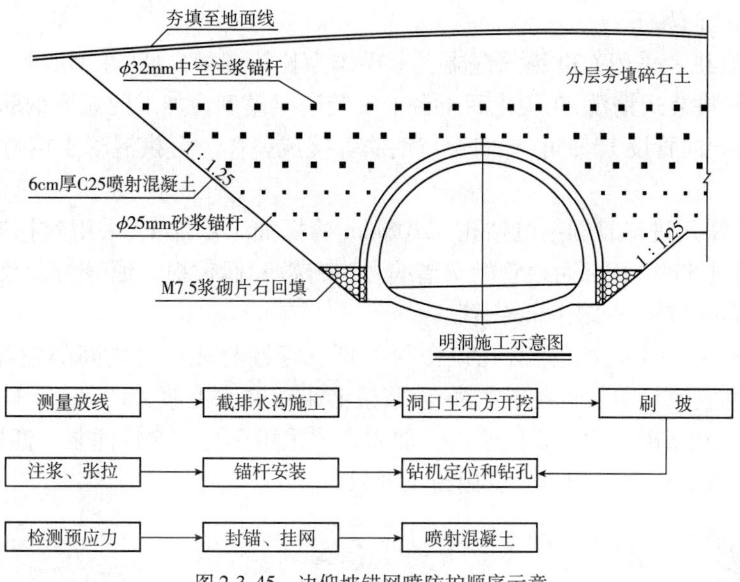

图 2-3-45 边仰坡锚网喷防护顺序示意

套 PVC 塑料管,两端用止浆器封闭,锚杆的倾角为 15°。注浆设备选用配套灌浆泵,浆液采用水泥砂浆。灰砂比为 1∶1 ~ 1∶2,水灰比为 0.38 ~ 0.45,注浆压力为 2 ~ 4MPa。砂浆强度达到 70% 时进行张拉作业,张拉前对张拉设备进行标定并编排张拉程序。先按 50kN 预张拉 1 次,然后张拉至 105 ~ 110kN,再进行锁定。张拉锁定后,切除外露的预应力筋,切口位置至外锚距离不小于 100mm。用混凝土封闭锚头。

(3)钢筋挂网施工。钢筋使用前清除污锈调直,加工成 2m × 1.2m 的网片。采用在仰坡面打入短钢筋的形式固定,使钢筋网片平整。

(4)喷射混凝土施工。喷射前清除坡面的浮石和岩渣,采用混凝土湿喷机进行,喷射时控制喷射厚度。混凝土的搅拌采用强制式搅拌机,严格按设计施工配合比。

3. 大管棚超前预支护施工

管棚支护一直是防止塌方、控制沉降的主要措施。通过长管棚注浆补充固结土体,它能增强隧道上方土体的稳定性,隔断拱顶地层位移向地面传递,提高地层的刚度和承载能力使地面沉降分布较为均匀,有利于控制地面的最大沉降值。由于洞口段处于全风化岩层中,拱顶埋深 6 ~ 8m,为确保隧道进洞施工安全,采取 ϕ108mm × 6mm 超前大管棚预先进行隧道拱顶的预支护和注浆加固,超前大管棚的设计长度为 40m,环向间距 40cm,如图 2-3-46 所示:

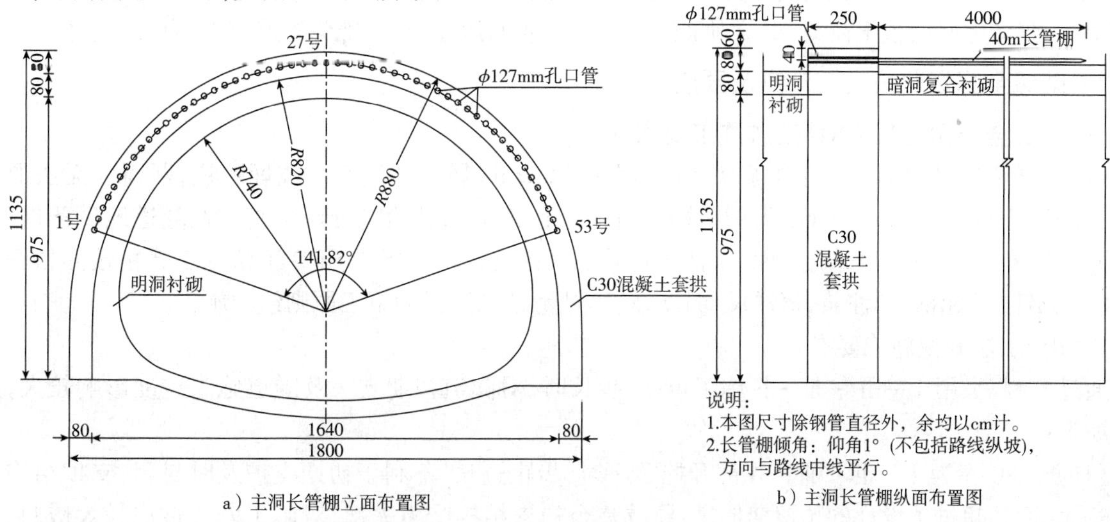

图 2-3-46 超前大管棚(尺寸单位:cm)

主要施工方法和措施如下：

(1)构筑混凝土套拱。采用C30钢筋混凝土套拱作为长管棚导向墙，在明洞外轮廓线外施做。套拱模型采用钢拱架支撑、拼装式钢模，在硬化后土台上安装套拱模型。加工两弧形钢筋用于孔口管固定，与套拱钢筋一齐安装。导向管设1°仰角，导向管与钢筋焊接成整体。套拱混凝土按衬砌混凝土标准施工，达到内实外光。

(2)钻孔、进管。采用进口管棚钻机钻孔，ϕ108mm管棚加工厂加工，采用丝扣连接。为确保同一横断面内接头数量不超过50%，相邻两根管棚交错编号为奇数和偶数根。编号为奇数的第一节管采用3m钢管，编号为偶数的第一节钢管采用6m钢管。

(3)注浆。每施作完一个孔的管棚，孔口密封处理。管棚与孔口管之间的空隙采用麻丝或棉纱填塞，管口用水泥水玻璃胶泥封闭。封孔后注浆，注浆浆液采用纯水泥浆，水灰比为1:1～1:1.5，注浆压力0.7～1.0MPa。注浆采用KBY－80/70注浆机。加固方式采用全孔一次性注浆。注浆结束标准采用定压定量相结合的原则。图2-3-47为洞口大管棚施工效果。

图2-3-47 洞口大管棚施工效果

翔安海底隧道在修建明洞、尚未回填条件下，由于隧道基底的不均匀沉降引起隧道结构出现多处环向张拉裂缝，雨季来临时裂缝渗漏水严重。最终是在主隧道明洞和服务隧道两侧墙脚处采用ϕ108mm钢管树根桩进行注浆补强，改进注浆效果，固结仰拱基础，同时树根桩本身可为结构提供一定的承载力。主隧道仰拱中央采用ϕ42mm钢管进行注浆补强，很好地控制了明洞隧道结构裂缝的发展。建议今后在修建明洞时，要考虑好回填土荷载，提前对隧道基础做必要的加固处理，避免隧道产生不均匀沉降。

3.5.2 陆域全强风化段施工难点及要点

一、陆域全强风化段CRD工法施工要点

由于行车隧道开挖净空为：净宽16.84m、净高12.26m，属于超浅埋～浅埋隧道，断面大无法形成自然拱；且全处于地下水水位以下，距海岸线特别的接近，地下水补给充分而丰富。在隧道地质条件差、开挖断面大的情况下，施工时采用CRD工法进行暗洞开挖支护。陆域段CRD工法施工严格按照新奥法原理，18字方针“管超前、严注浆、短进尺、弱爆破、快封闭、勤量测”的施工原则组织施工。

1. CRD工法开挖施工要点

通过监测，采用Ⅰ－Ⅱ－Ⅲ－Ⅳ施工步序、步长时，对隧道初期支护及隧道施工进度影响较大，主要原因如下：

(1)施工步序为Ⅰ－Ⅱ－Ⅲ－Ⅳ部开挖顺序时，步距过长，不利于初期支护及时封闭；支护结构收敛变形过大，远远超过了设计的预留变形量，导致整个初支结构受力失衡，对施工安全造成较大威胁。Ⅰ、Ⅱ部受力示意及初期支护变形如图2-3-48所示。

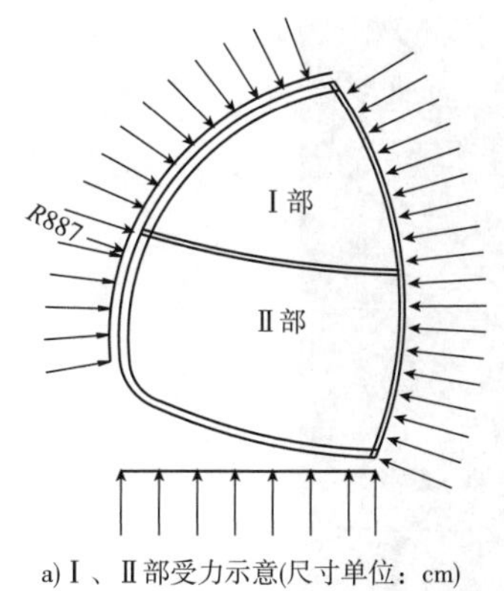

a)Ⅰ、Ⅱ部受力示意(尺寸单位：cm)　　b)初期支护变形

图2-3-48　Ⅰ、Ⅱ部受力示意及初期支护变形

(2)原设计CRD工法施工步序和步长在施工过程中,各部施工干扰大,不利于资源的统筹安排,对施工进度影响较大。分析原因,主要是由于CRD工法上台阶施工材料供应困难和上下台阶施工相互影响所致。以上台阶运送喷浆料为例,由于Ⅲ部在Ⅱ部之后,Ⅱ部开挖后临时仰拱不能行车,Ⅰ、Ⅲ部运输道路阻断,为解决该问题只得在Ⅰ、Ⅲ部同时施作投料孔。若Ⅰ、Ⅲ部联通,则不需如此繁琐。同时上台阶开挖因Ⅰ、Ⅱ部之间步长较大,出渣距离较大,对施工进度影响较大。

由于厦门翔安隧道工期十分紧张,其中全长6244m陆域全强风化浅埋段是制约工期的关键点;而且本工程引进、拥有大量先进机械设备,但限于CRD工法上台阶空间限制,机械设备利用率低下,施工进度缓慢,产值低,造成施工成本高。因此,将原设计Ⅰ-Ⅱ-Ⅲ-Ⅳ施工步序、步长10~15m调整为Ⅰ-Ⅲ-Ⅱ-Ⅳ施工步序、施工步长8~10m,调整后CRD工法施工步序如图2-3-49所示。

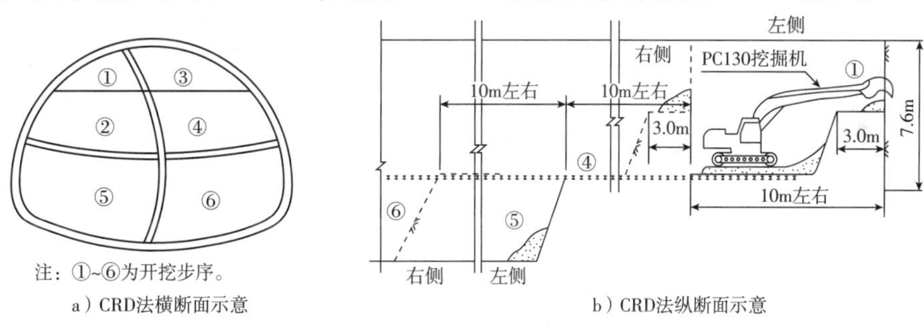

a)CRD法横断面示意　　b)CRD法纵断面示意

图2-3-49　调整后CRD工法施工步序

经长期实验和优化认为CRD工法施工考虑围岩稳定滑移面角度为45°,确定台阶长度为3~5m。CRD工法各部台阶法开挖施工图,如图2-3-50所示;CRD工法台阶法开挖现场效果,如图2-3-51所示。开挖采用左右环形预留核心土方法,将开挖断面缩小到最小。同时,预留核心土体部分能够起稳定开挖面的作用;还能够为立设工字钢拱架提供作业平台,利于初期支护的快速进行。

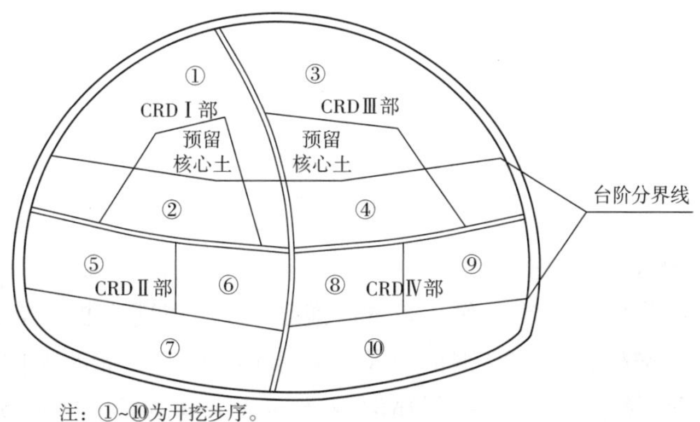

图2-3-50　CRD工法各部台阶法开挖施工图

图 2-3-51 CRD 工法台阶法开挖现场效果

调整后初期支护结构受力情况:在开挖过程中Ⅰ、Ⅲ部支护结构形成了以主拱架为主、临时支撑为偏平支柱的对称受力,结构的分布较合理,减少了结构受偏压的可能,使结构受力更合理。调整后隧道施工统筹管理,在进度方面:Ⅰ、Ⅲ部上台阶整体施工,在施工过程可统筹规划、统筹管理,既减少了机具、设备、原材料的投入,又提高了使用效率,加快了施工进度。

调整后的 CRD 工法施工步序如图 2-3-52 所示,上台阶受力如图 2-3-53 所示。

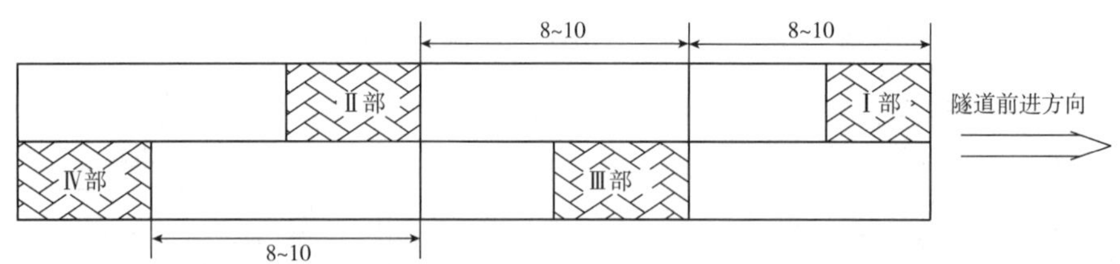

图 2-3-52 改进后的开挖步序示意(尺寸单位:m)

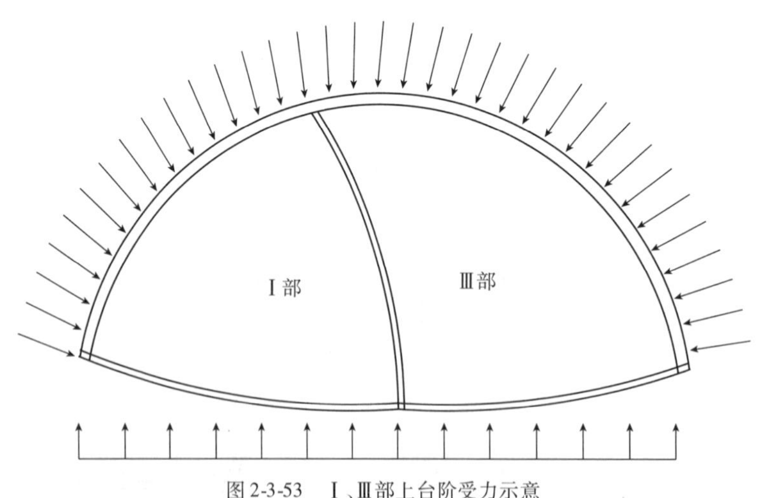

图 2-3-53 Ⅰ、Ⅲ部上台阶受力示意

2. CRD 工法初期支护施工要点

陆域段 CRD 工法施工无论采用那种施工工序和施工步长,初期支护主要施工工序流程均为开挖后初喷混凝土→系统支护(锚杆、钢筋网、钢拱架及连接钢筋)施工→辅助支护措施(超前小管棚、超前中空注浆锚杆、超前小导管、超前锚杆)。→复喷混凝土至设计厚度。图 2-3-54 为初期支护施工作业顺序。

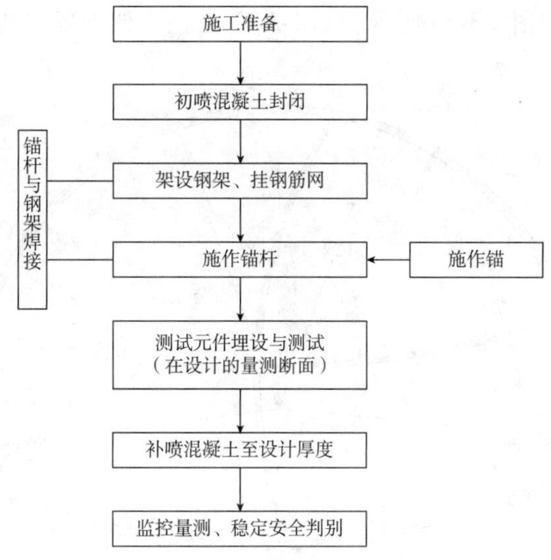

图 2-3-54 初期支护施工作业顺序

(1)钢拱架施工要点。陆域段初期支护钢拱架在支护前期永久支护为 I20b 工字钢拱架,临时支撑采用 I16 工字钢拱架,拱架间距 50cm。安装拱架施工方法如图 2-3-55 钢架施工工艺框图所示。

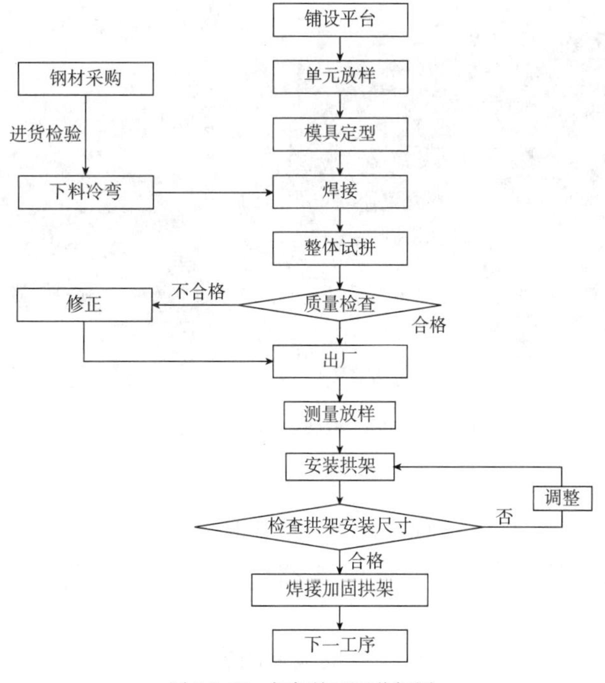

图 2-3-55 钢架施工工艺框图

①钢架加工制作要点:

a. 工字钢钢架采用弯拱机加工成形,要求尺寸正确,弧形圆顺。钢架加工后进行试拼检查,合格后标识清楚单独码放备用。

b. 拱架连接设计采用 10mm 厚 A3 钢板制作连接板,M20 普通螺栓连接。

②钢架架设施工要点如下:

a. 小断面拱架安装方法:先将拱架各节连接成两段,由两端向中间架立,连接好后再根据结构尺寸调整。

b. 大断面拱架安装:由下向上,分节根据结构尺寸调整到位,加固后再安装下一节。

c. 拱架检查合格后安装纵向连接钢筋或拉杆,在拱脚设置锁脚锚管(杆)。

CRD 工法钢支撑总装图如图 2-3-56 所示。图 2-3-57 为钢拱架现场安装施工照片。

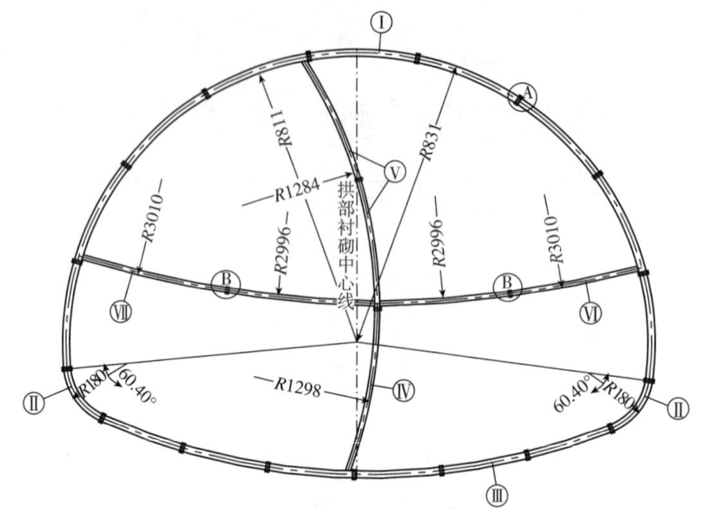

图 2-3-56　CRD 工法钢支撑总装图(尺寸单位:cm)

图 2-3-57　钢拱架现场安装施工

③钢拱架施工技术措施。

a. 钢架基脚位置预留 0. 15 ~ 0. 2m 原地基,架立钢架时挖槽就位。

b. 在钢架基脚处铺设槽钢,安装钢架,各单元栓接牢固,调整位置和高度,保证与隧洞中线垂直,并与锚杆焊接牢固。

c. 当钢架和初喷层间存在较大孔隙时,设垫块顶紧围岩。

d. 钢架安装允许偏差:横向和高程为 ±5cm。钢架平面垂直于隧洞中线,其倾斜度不大于 2°,钢架的任何部位偏离铅垂面不大于 5cm。

(2)锁脚锚管施工要点。陆域段隧道完成初喷、钢拱架立设后使用 ϕ42mm × 3. 5mm、L = 3. 0m 钢花管按照设计要求在钢拱架两侧进行拱架锁定,控制钢拱架倾倒,而且初期支护完成后锁脚锚管能够有效地控制沉降、收敛。锁脚锚管设计图及现场施工照片如图 2-3-58、图 2-3-59 所示。

①钻孔:按照要求在每榀拱架两侧采用风钻成孔,钻至设计孔深后,用吹管将碎渣吹出,注意避免塌孔。

②下管:顶管施工时,先将 ϕ42mm 钢管加工成钢花管,在钻孔内插入 ϕ42mm 钢花管,安上与纤尾形状相同的击盘。在管尾后段 30cm 处,将麻丝缠绕在管壁上成纺锥状,并用胶带缠紧。开动风钻,利用气腿凿岩机的冲击力将钢花管顶入围岩中,孔口露出喷射混凝土面 15cm,钢管顶进钻孔长度≥90% 的管

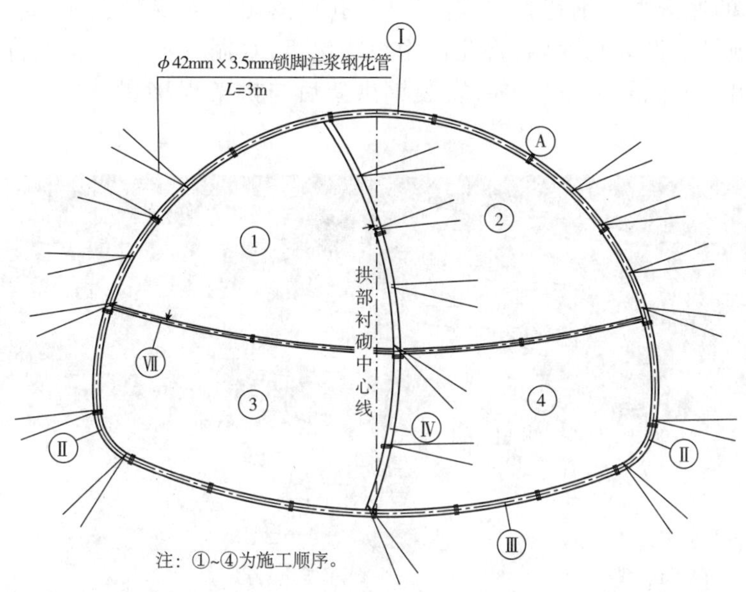

图2-3-58 锁脚锚管设计图

图2-3-59 锁脚锚管现场施工

长。顶管至设计孔深后,将孔口用织物包裹,水泥-水玻璃胶泥将钢花管与孔壁之间的缝隙封堵。孔口露出喷射混凝土面15cm,安装钢拱架后与拱架焊接在一起。

③注浆前加工连接球阀用的丝扣管、变径接头。注浆前将ϕ42mm丝口管焊接在管尾,安上球阀。小导管注浆采用KBY-50/70注浆机,水泥浆用搅拌桶拌制。止浆采用球阀止浆。注浆结束标准为:注浆压力达到1.0MPa且注浆量也达到设计时,即可停止注浆。停止时先停泵再关闭球阀,最后清洗管路。

(3)小导管超前支护施工要点。陆域段隧道在浅埋软弱富水、大跨围岩段由于围岩自稳时间短,为确保施工安全,加快施工进度,必须在开挖前对工作面前方的围岩进行超前支护,主要采用ϕ42mm×3.5mm,L=3.5m长的超前小导管进行预支护。其中两层小导管之间的搭接长度不小于1m,环向间距30cm。主要布置在Ⅰ、Ⅲ部。小导管超前支护施工要点如下:

①钻孔:为方便小导管钻孔施工,先在拱架加工过程中沿中心弧长按照环向间距30cm切割眼孔,按照设计仰角10°,采用风钻成孔。钻至设计孔深后,用吹管将碎渣吹出,注意避免塌孔。

②下管:顶管施工时,先将ϕ42mm钢管加工成钢花管,在钻孔内插入ϕ42mm钢花管,安上与纤尾形状相同的击盘,在管尾后段30cm处,将麻丝缠绕在管壁上成纺锥状,并用胶带缠紧。开动风

钻,利用气腿凿岩机的冲击力将钢花管顶入围岩中,孔口露出喷射混凝土面15cm,钢管顶进钻孔长度≮90%的管长。顶管至设计孔深后,将孔口用织物包裹,水泥-水玻璃胶泥将钢花管与孔壁之间缝隙封堵。孔口露出喷射混凝土面15cm,安装钢拱架后与拱架焊接在一起,如图2-3-60所示小导管现场施工效果。

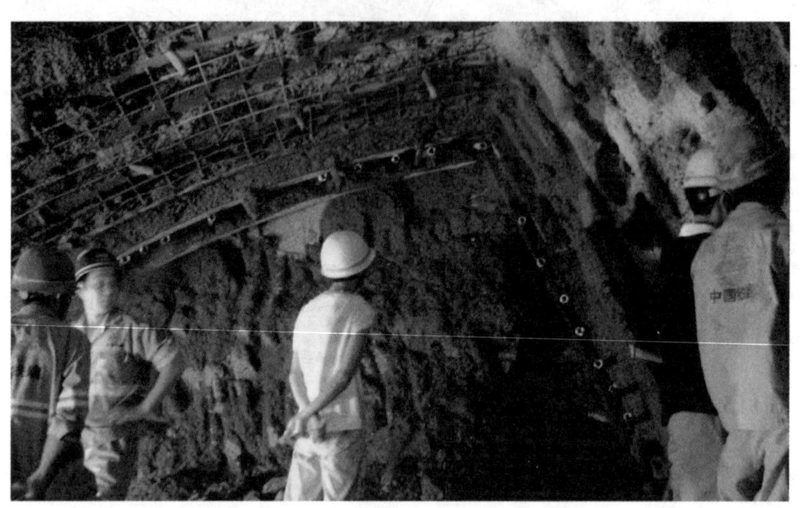

图2-3-60　小导管现场施工效果

③注浆:注浆前加工连接球阀用的丝扣管、变径接头。注浆前将ϕ42mm丝口管焊接在管尾,安上球阀。小导管注浆采用KBY—50/70注浆机,水泥浆采用搅拌桶拌制。停止时先停泵再关闭球阀,最后清洗管路。

④施工技术措施

a. 注浆开始不进行注水实验,以防淤泥遇水软化。如发生孔口漏浆,则打开球阀放出浆液或用吹管吹出,凿除凝固的胶泥,再次进行封堵。注浆机压力由小逐渐调整增大,不允许开始就用较大压力。

b. 如果注浆量达到设计而注浆压力长时间不升高、达不到1.0MPa压力,调整浆液配合比、缩短浆液凝胶时间或采用间歇式注浆。

c. 如果注浆压力达到设计而注浆量达不到设计,超过5min注不进时,认为达到终孔标准,浆液终凝以后才能拆除球阀。

d. 如果发生浆液窜孔,停止注浆,将窜浆孔安上球阀。当注浆孔达到终孔标准则认为窜浆孔也达到终孔标准。

(4)钢筋网施工要点。在陆域段采用双层钢筋网片。主洞网片钢筋采用ϕ8mm盘条,在洞外加工成@200mm×200mm的格网,洞内铺挂。钢筋使用前应清除锈蚀,在岩面喷射一层混凝土后进行铺设。采用双层钢筋网时,第二层钢筋网应在第一层钢筋网被混凝土覆盖后铺设。钢筋网应随受喷面的起伏铺设,钢筋网的混凝土保护层应不小于20mm,且应与锚杆或钎钉联结牢固,在喷射作业时不发生颤动。

(5)喷射混凝土施工要点:

①施工机具布置在无危石的安全地带。喷射前处理危石,检查开挖断面净空尺寸。在不良地质地段,设专人随时观察围岩变化情况,当受喷面有涌水、淋水、集中出水点时,先进行引排处理。

②用高压水冲洗受喷面,当受喷面遇水易泥化时,用高压风吹净岩面。

③在已有混凝土面上进行喷射时,清除剥离部分,以保证新老混凝土之间具有良好的黏结强度。新喷射的混凝土按规定洒水养护。

④喷射混凝土的回弹物不得重复利用,所有的回弹混凝土应从工作面清除。

湿喷混凝土施工工艺如图2-3-61所示：

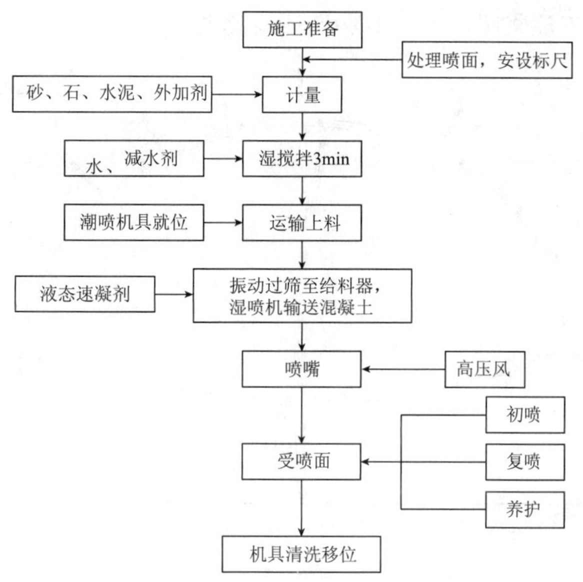

图2-3-61 初喷混凝土施工工艺框图

3. 陆域段施工中沉降控制要点

（1）支护参数及拱架加工形式的改变。陆域段采用CRD工法施工中，各部开挖都对其他部位的钢支撑和围岩土压力有影响。可以说每个部位开挖支护一次，围岩压力都要转变一次，相应的钢支撑的受力也要转变，并逐渐趋向稳定，直到CRD工法的Ⅳ部封闭成环后，方能逐渐稳定下来。也就是说在CRD四部封闭成环之前，钢支撑所受的围岩土压力是个动荷载，这对支护结构的稳定非常不利。由于前期初期支护出现多次险情，经检测原设计钢支撑I20、I14工字钢不能满足施工安全系数。经过验算和现场验证将工字钢变为I22b工字钢，临时支撑（包括竖向和横向）变为I18工字钢，连接螺栓由原来的普通M20型改为M30加强型。同时将钢拱架加工成分节不同的两种拱架，立设拱架时两种拱架交替使用，使拱架连接板相互错开80cm以上，以减少连接板处的应力集中。如图2-3-62所示CRD工法改进支护参数。

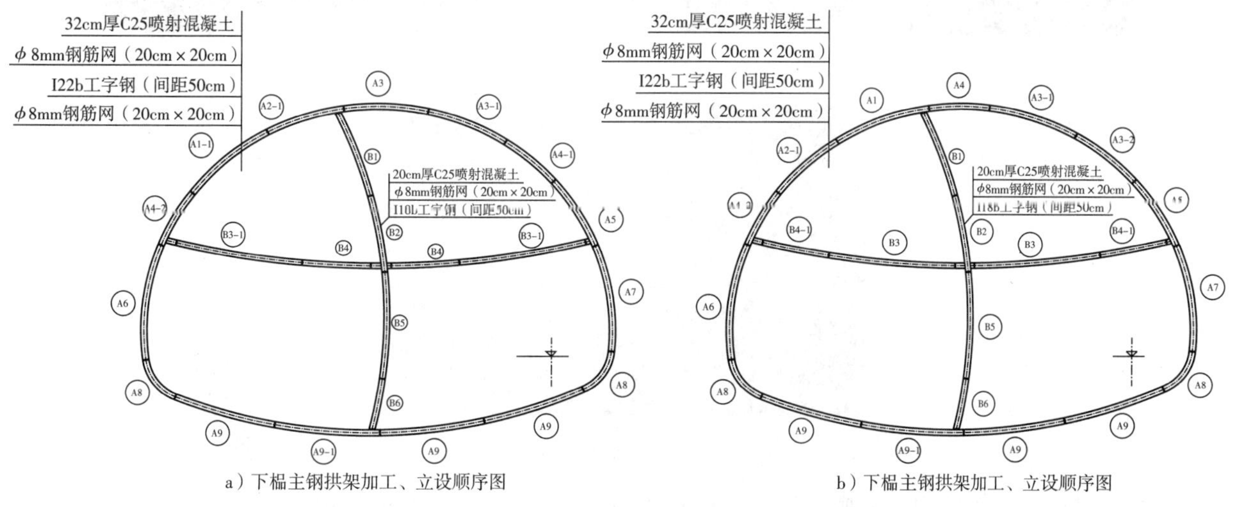

图2-3-62 CRD工法改进支护参数

（2）拱架背后回填注浆。初期支护封闭完成后，立即对初期支护背后进行回填灌浆。对初支结构背后回填灌浆可填补初支结构与围岩间的施工缝隙，减少围岩变形空间。对仰拱进行回填灌浆可提高地基承载能力，减少支护结构整体下沉。同时还可对渗水点进行堵水，防止地下水对初支结构中钢筋和钢拱架的腐蚀。注浆参数：水泥浆水灰比：1∶1.6～1∶1.8；注浆压力：仰拱0.5～1.0MPa，拱部0.3～0.5MPa。

注浆采用纯水泥浆液，施工时注浆材料及参数应根据试验注浆效果进行调整。详见图2-3-63回填注浆钢管布置、图2-3-64现场施工注浆照片及图2-3-65注浆效果。

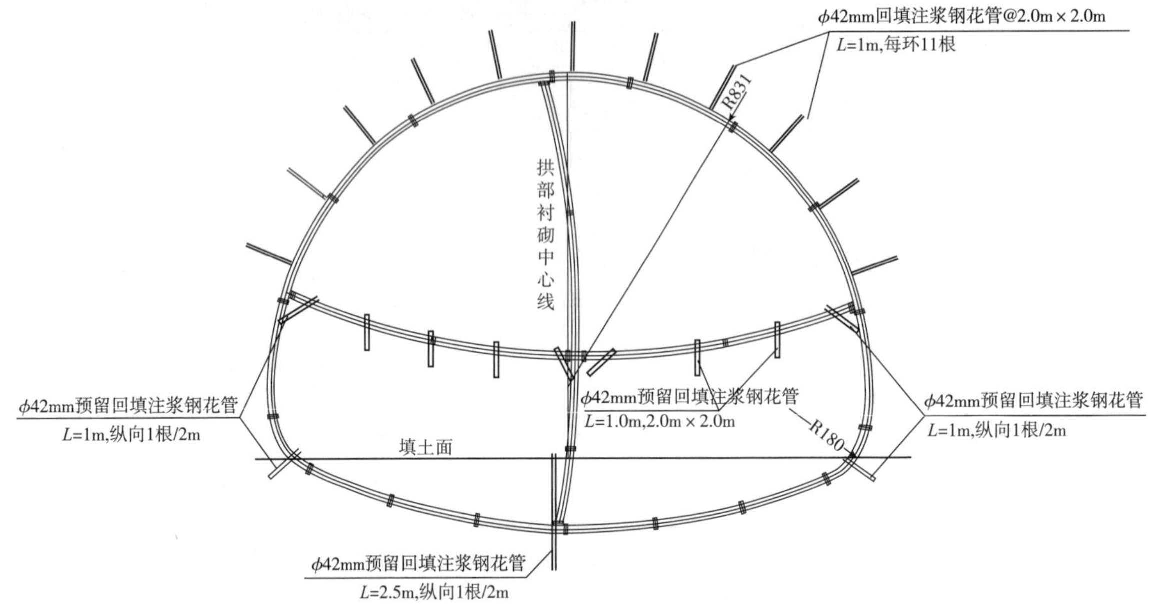

图2-3-63　回填注浆钢管布置

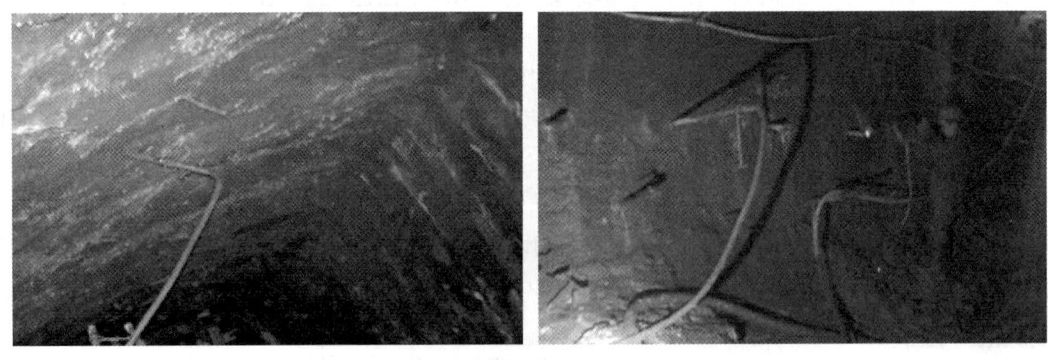

图2-3-64　现场施工注浆

图2-3-65　行车隧道补偿注浆后效果

（3）临时护拱支撑应用。陆域段隧道开挖初支过后，局部在地下水的影响下，围岩仍不能达到稳定状态，围岩压力很大，初支结构已基本处于临限破坏状态或结构已有开裂变形。在此种情况下，采用临时护拱支撑，但不喷混凝土。纵向采用22螺纹钢作连接，加强了初支结构的刚性和承载力，配合其他加固、注浆等措施，控制住了结构的继续变形，保证了结构、人员的安全及其前方工作面的交通通畅，使得隧道能继续顺利施工。该工法的应用也是翔安隧道工程中的一大创新。陆域段护拱的应用如图2-3-66所示。

图 2-3-66　CRD Ⅰ部临时护拱的应用

（4）地表注浆。地表注浆加固围岩的同时也起到堵水、改善隧道成洞条件、降低地表下沉、减轻偏压和地下水对开挖的影响的作用，如图 2-3-67 所示。

图 2-3-67　地表加固注浆

（5）真空降水和地表深井降水。在软弱富水地层中进行隧道开挖，通过采用洞内真空井点降水及地表深井降水措施，在很大程度上改善了围岩土体的含水率，降低工作面地下水位，为隧道开挖提供了一个相对较为干燥的施工条件，如图 2-3-68 所示。

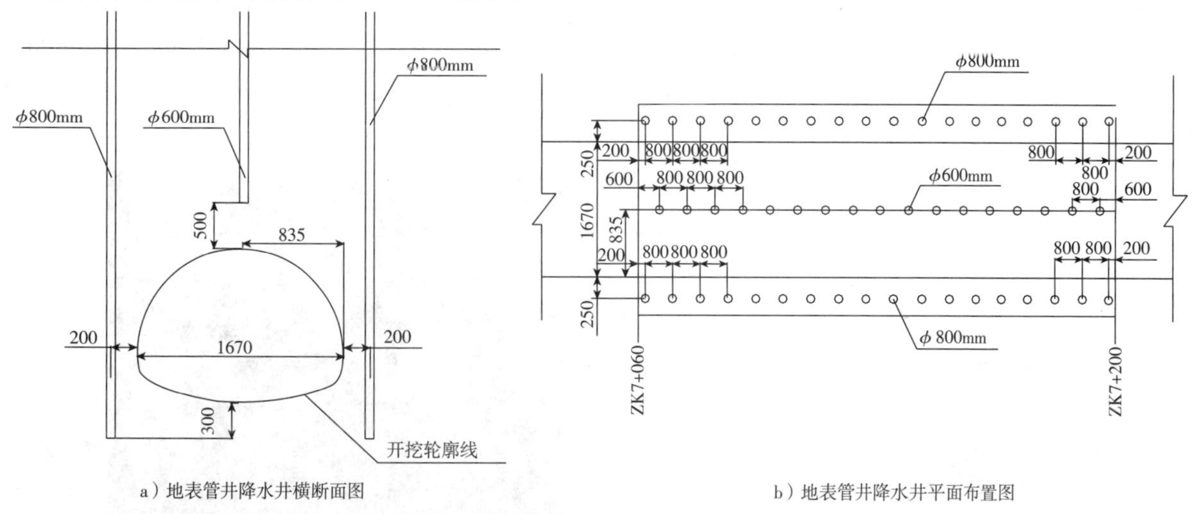

图 2-3-68　左线隧道地表深井降水布置图（尺寸单位：cm）

(6)异常变形及掌子面失稳的处理技术要点。

①锚网喷支护。

a. 锚网喷支护是靠锚杆、钢筋网和混凝土层共同工作来提高围岩的结构强度和抗变形刚度,减小围岩体侧向变形,增强围岩的整体稳定性。一般喷射混凝土厚度多为5~10cm。锚网喷支护作用的原理是锚杆(管)在围岩中的有限黏滞力,钢筋网与喷混凝土形成钢筋混凝土薄壳结构阻抗开挖临空面剥落。由于钢筋网与锚杆焊接在一起,从而使锚杆及其周围的围岩与薄壳结构形成一个支撑结构,保护开挖轮廓面的稳定性。喷射混凝土的作用机理是砂浆在高压空气作用下高速喷向受喷面,在喷层与土层间产生嵌固层效应,从而改善围岩受力条件,有效地控制侧向位移,保证作业面稳定。锚网喷支护采用直径ϕ48mm、壁厚3.5mm的钢锚管。根据工作面空间的实际情况,钢锚管长度为2~6m,间距取1.5m,垂直工作面顶进。锚管上布置孔眼。面层钢筋网为ϕ6mm@200mm×200mm,网片规格为1.5m×0.5m/片,铺满整个围岩临空面,网片之间采用焊接方式连接牢固。喷射C15混凝土,锚喷网厚度为10cm。

b. 锚网喷支护施工工艺流程是:施工准备→土方开挖(分部环形预留核心土)→修面→初喷混凝土(视坡土体情况定)→锚杆(管)制作安装→挂网、焊接→复喷混凝土→达到强度后注浆(通过钢锚管)。通过锚网喷技术,加固了已局部松动的围岩,保证了工作面的稳定;同时也保障后继工作的顺利进行。如图2-3-69所示喷锚注浆加固后的掌子面。

图2-3-69 喷锚注浆加固后的掌子面

②钢管抗滑桩。隧道陆域浅埋全强风化层段,由于地下水极其发育,局部地段土体呈流塑状,采用环形预留核心土法开挖仍不能稳定工作面。隧道开挖过程中多次发生掌子面推动核心土体整体外涌情况。为快速稳定核心土体及开挖面的稳定,采用钢管抗滑桩稳定土体的措施。钢管采用ϕ48mm、壁厚3.5mm的钢管,以群桩的形式布置。用重锤打入或风镐顶入地基稳定的土体。如图2-3-70所示抗滑桩现场施工。

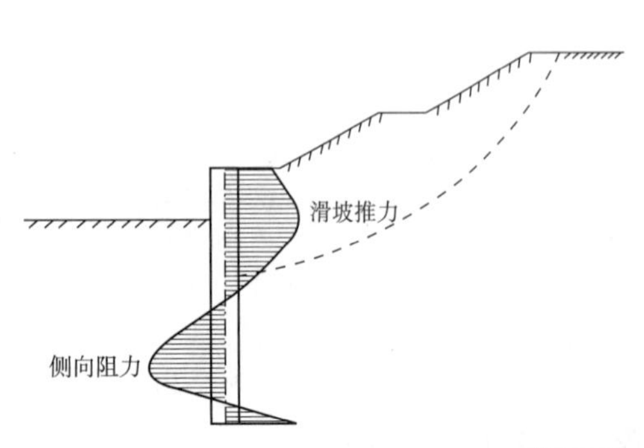

图2-3-70 抗滑桩施工

③锚网喷与钢管抗滑桩法。以上两种方法仍不能满足工作面稳定的要求时,可采用抗滑桩与锚网喷联合加固的方法。然后及时喷射素混凝土或挂设钢筋网喷射混凝土封闭开挖工作面。抗滑桩多采用 ϕ48mm×3.5mm 厚的钢管,地质情况极差下可采用更高强度的材料,如工钢之类的高强度材料。

然后通过导管注浆加固围岩及核心土体,及时地控制住险情;并且为后继的小导管周边预注浆。小导管超前预注浆为加固掌子面土体等施工措施创造了有利的条件。CRDⅠ部锚网喷配合钢管抗滑桩封闭掌子面,如图 2-3-71 所示。

图 2-3-71 CRDⅠ部锚网喷配合钢管抗滑桩封闭掌子面

4. CRD 工法临时支护拆除技术要点

(1)临时支撑拆除时机的选择。根据施工进度及施工需要,为确保二次衬砌能够及时跟进,行车隧道初期支护的临时支撑需要拆除。但是,为了施工和隧道结构安全,临时支撑必须满足以下几个条件方能进行拆除作业:

①支护拆除前必须保证拆撑段的永久支护已经封闭完成,且结构符合规范和设计要求。

②支护拆除前该拆除段沉降和收敛量测结果都满足稳定条件,沉降收敛达到稳定的标准为收敛不超过 0.2mm/d。

③支护拆除的断面里程与二次衬砌的间距不大于 50m,临时支护拆除后能尽快进行二次衬砌支护,确保隧道结构的稳定和安全。

(2)临时支撑拆除施工顺序。考虑到本工程隧道施工的组织形式,本着安全第一、质量为主的原则。结合现场施工情况,临时支护以从上到下的顺序分段进行拆除。行车隧道临时钢支撑拆除施工顺序为:布量测点→搭脚手架及布置防护安全网→凿除喷射混凝土→临时支护拆除→处理初支表面杂物→拆除位置补喷混凝土找平。

考虑到隧道跨度大、断面大,为了结构安全,每次临时支护的拆除长度控制在 5m;并在临时支护拆除后,加强隧道的监控量测。

(3)临时支撑的拆除。

①拆除内容。行车隧道临时支撑拆除内容包括:临时仰拱及中隔墙喷射混凝土的凿除,钢拱架的拆卸,锚杆、网片的切除清理等。

②布量测点。为了保证隧道在临时支撑拆除过程中和拆除以后的安全,在施工作业前应在隧道拆除地段先布量测点(布置点如图 2-3-72 所示),通过隧道支护结构变形的多少来判断隧道的安全度,进行施工指导。并在拆除过程中经常进行监控量测(至少 1 次/d),当结构每天的沉降量小于 0.2mm 时,说明结构稳定安全,可进行拆除工作。

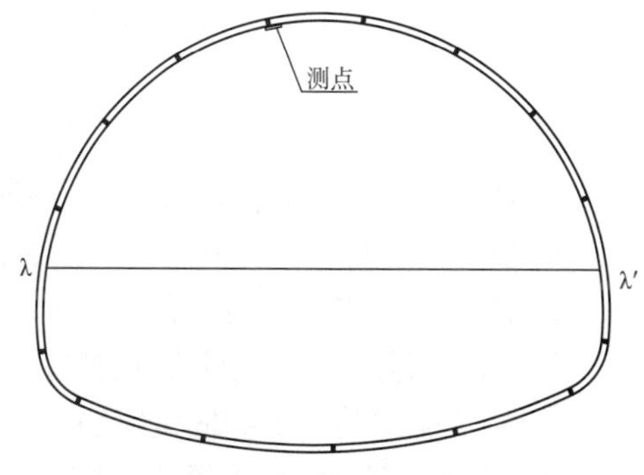

图 2-3-72 临时支护拆除量测点布设

③搭脚手架及布置防护安全网。脚手架立杆采用 ϕ42mm 钢管，立杆横距 80cm，步距 100cm，纵距 150cm；立杆与立杆采用扣件连接；连扣件采用钢管式，与钢支撑焊接牢固。钢管上铺设木板，木板厚度 5cm，木板与小横杆用铁丝连接成整体。脚手架搭设示意如图 2-3-73 所示。

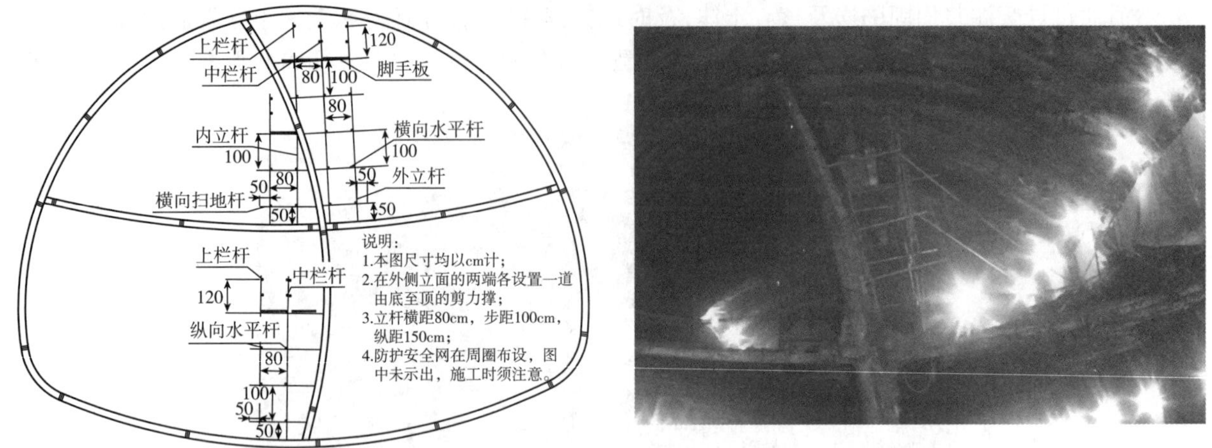

图 2-3-73 脚手架搭设示意（尺寸单位：cm）

④凿除喷射混凝土。在临时支护拆除施工中，喷射混凝土的凿除是最为困难的，而且不能产生过大的振动，尤其不能采用大型一次性爆破，避免对围岩及初期支护结构产生过大的扰动。否则，可能导致初期支护开裂，结构失稳，造成不必要的工程事故。这就需要对混凝土的凿除过程进行严格的技术控制。结合本工程特殊的地质状况及工程特点，经过长时间的总结，在凿除喷射混凝土的过程中，采用风镐和弱控制爆破的方式结合进行，对结构和围岩的扰动不会造成太大的影响。但进行弱爆破作业时，必须分部进行，每次弱爆破的范围不能超过 2m。弱控制爆破设计，如图 2-3-74 所示。

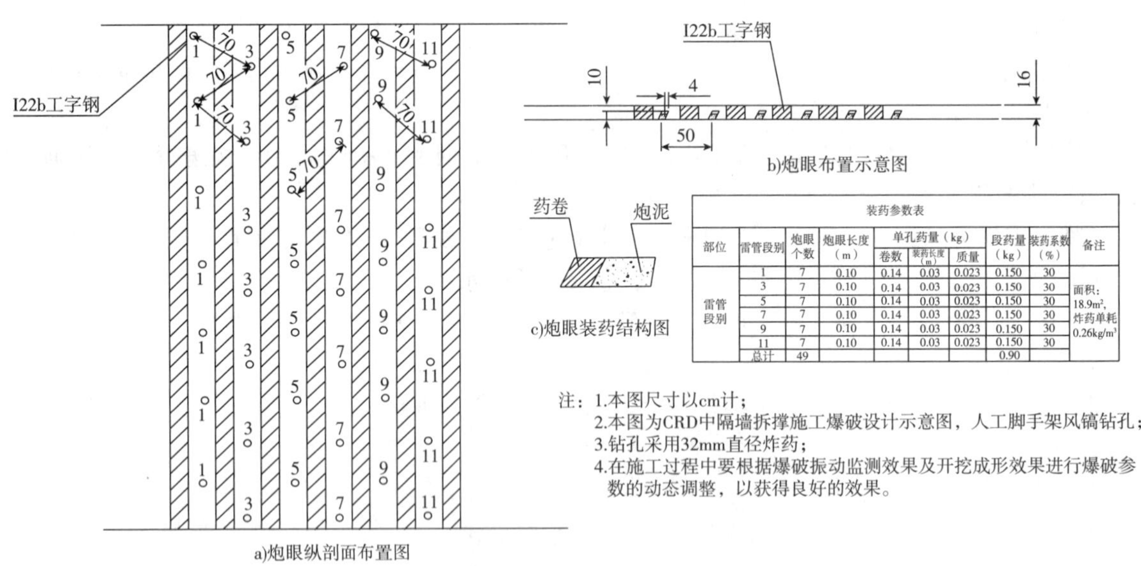

装药参数表

部位	雷管段别	炮眼个数	炮眼长度（m）	单孔药量（kg）			段药量（kg）	装药系数（%）	备注
				卷数	装药长度（m）	质量			
雷管段别	1	7	0.10	0.14	0.03	0.023	0.150	30	面积：18.9m²，炸药单耗 0.26kg/m³
	3	7	0.10	0.14	0.03	0.023	0.150	30	
	5	7	0.10	0.14	0.03	0.023	0.150	30	
	7	7	0.10	0.14	0.03	0.023	0.150	30	
	9	7	0.10	0.14	0.03	0.023	0.150	30	
	11	7	0.10	0.14	0.03	0.023	0.150	30	
	总计	49					0.90		

图 2-3-74 弱控制爆破设计（尺寸单位：cm）

⑤临时支护拆除顺序，如图 2-3-75 所示。

⑥临时支护拆除具体步骤：

a. 凿除临时支护喷射混凝土层。

b. 切割清除连接筋、网片、锚杆等。

c. 用安全绳将钢支撑固定牢固。

d. 对拆除部分的钢支撑连接板进行切割。

e. 用卷扬机将切割下的钢支撑缓缓下放至安全地点并及时运走。

⑦Ⅱ部和Ⅳ部施工协调。

为能够在临时支护拆除作业中尽量减小对隧道开挖支护的影响,施工中Ⅰ部和Ⅲ部错位拆除,尽量在Ⅱ部和Ⅳ部喷混凝土时安排对应Ⅰ部和Ⅲ部拆除作业。Ⅱ部和Ⅳ部在掌子面附近中隔墙处设行人、管路等互通。在临时仰拱拆除时,下部严禁行人行车。

⑧拆除位置补喷混凝土找平。临时支护拆除后应对拆除位置补喷混凝土找平,保证初支混凝土面圆顺平整。临时支护拆除如图2-3-76所示。

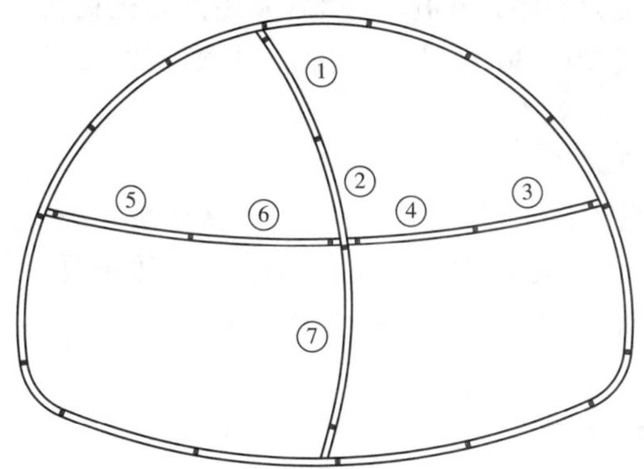

图2-3-75 临时支护拆除顺序

图2-3-76 临时支护拆除

5. 临时支护拆除施工作业要点

(1)在准备拆除内支撑时,应在拱顶埋设沉降观测点,采用全站仪进行无尺量测;在拱腰处埋设收敛点。量测条件一旦具备即量测初始数据。

(2)为保证结构的安全,一次性拆除长度不能过大。根据长期的经验总结及量测数据表明,一次拆除长度不得大于5m;且待量测没有发现明显变形后方可进行下一次拆除工作。拆除距离应根据监控量测结果进行控制。

(3)第一次内支撑拆除10m后,加强监控量测,如发现拱顶沉降、收敛变形量过大(超过3cm),要立即重新安装内支撑,对初期支护重新加固。

(4)加强对初期支护参数变化处断面的监控量测。内支撑拆除后,如果发生变形值突变,变形很大,那么必须及时将钢支撑重新恢复原样,进行加固后再拆除。

(5)中隔墙拆除过程中必须按照规范要求作好安全防护网,高空作业必须配置安全带。

(6)进行弱控制爆破时应符合工程控制爆破相关规范的要求。

(7)拱架的二次利用要求在临时支护钢拱架拆除时,尽量在连接板的位置进行切割,钢拱架不能在拆除后直接坠落,要用卷扬机进行吊放。

(8)现场设置专人指挥和专职安全员,严禁避免交叉作业。拆除过程中存在下落情况,因此临时仰拱拆除时,下部严禁行人、行车。

二、陆域全强风化段双侧壁导坑法施工要点

陆域全强风化段行车隧道双侧壁导坑法施工辅助方案:洞内采用超前长管棚、小管棚支护,注浆止水,根据监控量测结果确定拆除支撑时机。最后铺设防水板,进行二次衬砌混凝土施工。

1. 超前支护施工要点

软弱围岩地段采用超前小导管进行超前支护,如图2-3-77所示。

(1)小导管制作:注浆管采用ϕ42mm焊接钢管加工,长度3.5m,顶端焊成尖锥状,在前端2.0m范围内每间隔0.2m,错开钻设ϕ6mm溢浆孔,距末端0.2m焊一圈ϕ6mm钢筋,以利套管顶进,管尾0.1m做丝扣,和ϕ42mm球阀连接。

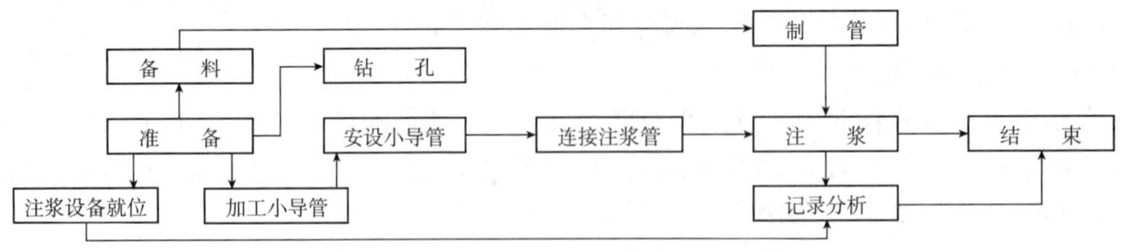

图 2-3-77 超前小导管施工工艺

(2)小导管安设:根据注浆设计图孔口位置在现场用红油漆标出注浆孔孔位,然后采用凿岩机钻孔,钻深3m后停止钻进。在注浆管中部(未开孔段)缠绕棉纱,长度20~30cm,并用风钻将其顶进钻好的注浆孔内。

(3)配制浆液:按设计要求和现场试验确定的配比配制浆液。

(4)注浆施工:注浆机具设备就位,连接注浆管路;检查设备运转正常、管路无滴露后,按注浆孔编序开机注浆。单孔注浆结束标准遵循注浆设计的要求,一个注浆孔完成后,依注浆设计的注浆顺序进行下一注浆孔的注浆,直到全部注浆孔完成注浆作业。注浆过程中做好注浆记录工作,分析注浆效果。

2. 初期支护施工要点

(1)初喷。在开挖完后,为有效减少围岩变形,要立即进行混凝土初喷施工,喷射厚度一般为3~5cm。

(2)钢拱架的制作与安装。钢拱架集中制作,现场安装。制作时要注意工字钢弯制弧度和连接板角度准确,焊接质量要求达到设计及规范相关要求;安装要按照测量尺寸架立并根据地质情况及围岩监控测量的结果留够预留变形量,防止出现侵限现象。

(3)钢筋网片的制作与安装。钢筋网片集中制作,现场安装。制作时要确保钢筋质量及加工尺寸,安装时应注意钢筋网的搭接长度及其与钢拱架之间要焊接牢固。双层钢筋网应分两次施工,第一层钢筋网施工完成后即开始进行喷射混凝土施工,达第二层钢筋网位置时停止喷混凝土施工,进行第二层钢筋网片安装,安装完后再继续进行喷射混凝土施工,直至达到设计厚度。

(4)喷射混凝土施工。喷射混凝土采用潮喷工艺,严格按设计配合比配料、拌和;混合料在运输、存放过程中,严防雨淋、滴水及大块石等杂物混入,装入喷射机前过筛。

喷射作业应分段、分片、自下而上、先墙后拱顺序实施,每段长度不宜超过6m。

喷射作业时,喷嘴垂直受喷面做反复缓慢螺旋形运动,螺旋直径约为20~30cm,同时与受喷面保持一定的距离,一般可取0.8~1.0m。若受喷面被钢筋网或格栅钢架覆盖时,可将喷头稍加倾斜,但不小于70°,以保证混凝土喷射密实,保证钢支撑背面填满混凝土,黏结良好。

喷混凝土分次施喷完成,第一层钢筋网安装后进行第一次喷射混凝土施工,待第二层钢筋网安装好后再复喷至设计厚度。后一层在前一层混凝土终凝后进行,若终凝1h后再喷射时,先用风水清洗喷层面。

(5)拱背回填注浆。拱背回填注浆能有效地减少围岩变形。每个导洞仰拱封闭后要及时进行拱背回填注浆,回填注浆管不宜过长,以穿透喷射混凝土层、进入土层20cm为宜。注浆压力控制在0.6MPa以内,浆液为单液浆。

3. 双侧壁导坑法施工注意事项

(1)导坑施工要十分重视保护围岩,要求采用挖机开挖、人工配合的方法施工。

(2)隧道左右两侧导坑交错开挖前进,严禁同时开挖。

(3)侧导结构中,初期支护作为施工支护的主要手段。当位移过大时,应注意及时加设横向木撑或钢撑。

(4)喷射混凝土要紧随掌子面施作,钢架的拱脚或底脚不得置于虚渣上。

(5)侧导坑施工中应按监控量测要求,埋设洞内观测点,实施监控量测,并及时反馈信息以指导施工和修改设计。

4. 双侧壁导坑施工中变形控制要点

(1)地表注浆采用长2.5m、ϕ42mm注浆钢花管,1.5m×1.5m呈梅花形布置,进行注浆加固。注浆参数为$W:C=1:1$,注浆压力为1~2MPa。

(2)地表低洼地段易积水处设置抽水机2台,安排专人抽水;并将低洼处注混凝土,硬化地面。用混凝土填塞裂缝,并打注浆管注浆,浇注混凝土柱,加固地表建筑物。

(3)洞内沉降、收敛变形加固措施:

①采用方木、钢管、Ⅰ14工字钢和Ⅰ18工字钢加固支撑。

②在左右洞室边墙与临时仰拱处焊接1m长Ⅰ14工字钢斜撑。

③挂网喷射混凝土加固封闭左右导洞掌子面;施工长L=3.0m的注浆管进行注浆加固,1m×1m呈梅花形布置,注浆参数为$W:C=1:1$,注浆压力为1~2MPa。

(4)为更好地控制沉降,隧道初期支护时每2m增设一环补偿注浆管,进行补偿注浆,填塞围岩与喷射混凝土之间的间隙。

(5)通过地表降水、真空降水、深井降水改善了围岩土体的含水率,降低工作面地下水位,为隧道开挖提供了一个相对较为干燥的施工条件,减少隧道初期支护沉降变形。

5. 临时支撑的拆除施工要点

拆除临时支撑时注意事项;双侧壁法施工的一个关键问题是拆除中壁。在这一作业施工管理中,最重要的问题是判定侧壁拆除时间和侧壁拆除后的安全性。要根据规范或有关规定,以侧壁拆除前的拱顶下沉量(一般一天的下沉量小于2mm)、净空收敛值来定,以及侧壁拆除中、侧壁拆除后的拱顶下沉增量(不大于6mm)作为管理基准。

三、陆域段台阶法施工要点

服务隧道Ⅴ级围岩段开挖采用人工风镐配合机械混合台阶法开挖,即机械开挖成型后,人工进行修整达到设计开挖轮廓线,必要时可采用弱爆破。根据现场施工中初期支护形成闭合的时间和上半部断面施工时开挖、支护、出渣等机械设备所需的空间大小的要求,台阶长度控制在5~7m。上台阶出渣使用挖掘机扒渣至下台阶,侧卸式装载机装渣,后用双向自卸式出渣车运至洞外。

服务隧道在陆域富水软弱围岩地段将上下台阶法优化为环形台阶开挖方法,先机械开挖上台阶左右环形部分土体,人工风镐配合修整成型后进行初期支护;然后核心部分土体不动,再将下台阶左、右边腿处机械开挖到设计轮廓线进行支护,由于土体呈流塑状,不断向临空面推涌,故下台阶核心部分土体亦先不动,且左右边腿的开挖也不能同时进行,需要错开一定距离,用以保证上台阶已支护部分的稳定;最后再进行仰拱的开挖和封闭。开挖顺序为①→②→③→④。上台阶开挖面到仰拱封闭不能超过8.0m。服务隧道Ⅴ级围岩左右环形开挖工艺示意如图2-3-78所示。

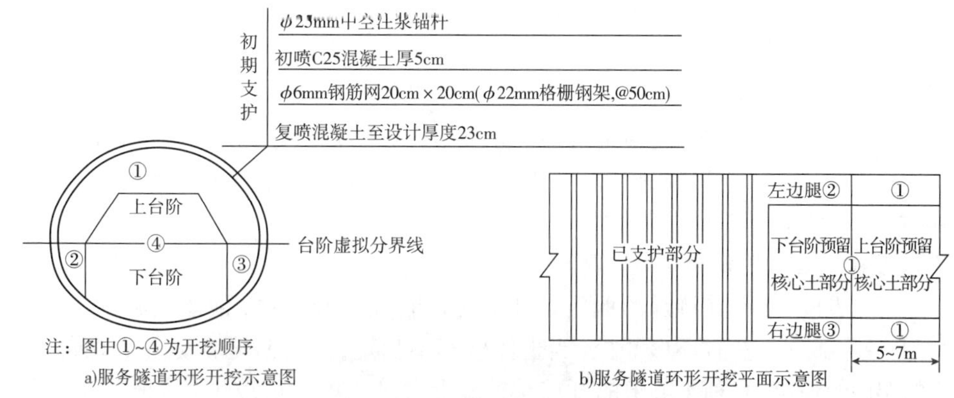

图2-3-78 服务隧道Ⅴ级围岩左右环形开挖工艺示意

服务隧道针对陆域富水软弱围岩地段,为减小开挖断面,及时进行半断面分部封闭支护,减缓沉降,以保证开挖安全、稳定的进行,采用了增设临时仰拱的方法。本工法是在台阶法的基础上,在上台阶增加了临时仰拱,以加强支护。提高上台阶初期支护的地基承载力强度,及时对上部支护进行封闭成环,加强支护的强度和稳定性。此工法实际上就是一个加长台阶法,圆形结构受力更有利结构安全。虽然较台阶法多了临时仰拱一道工序,但是运用此开挖方法,相当于减小了开挖断面,在软土地层中更有利于快速施工。在开挖时,考虑到机械化作业,保证开挖面的稳定等方面,临时仰拱上部预留空间较大。这样上台阶开挖时再分为上下两个台阶分部环形开挖。图 2-3-79 为服务隧道 V 级围岩增设临时仰拱法施工工艺示意。

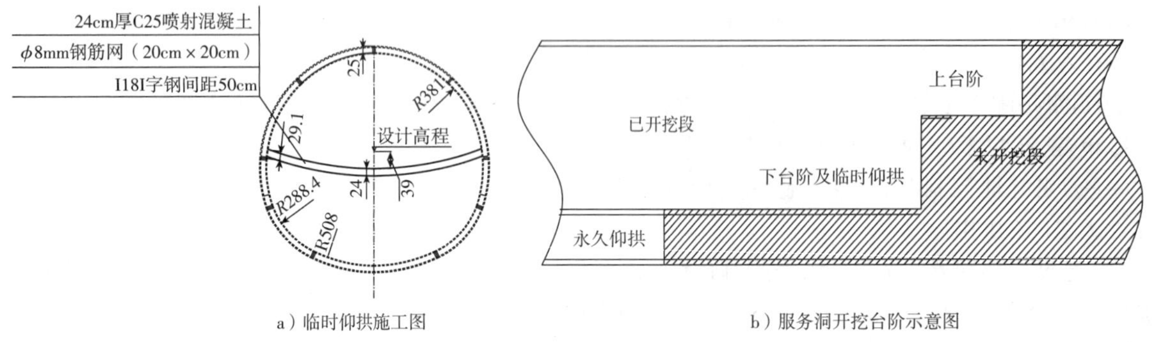

a)临时仰拱施工图　b)服务洞开挖台阶示意图

图 2-3-79　服务隧道 V 级围岩增设临时仰拱法施工工艺示意(尺寸单位:cm)

台阶法施工中应该注意以下几个问题:

(1)台阶数不宜过多,台阶长度要适当。一般以一个台阶垂直开挖到底,保持平台长 2.5 ~ 3m 为好;挖掘机能紧跟开挖面,减少扒渣距离以提高装渣运输效率。应根据 2 个条件来确定台阶长度:一是初期支护形成闭合断面的时间要求,围岩稳定性愈差,闭合时间要求愈短;二是上半部断面施工时开挖、支护、出渣等机械设备所需的空间大小的要求。

(2)当地层含水量超过了 30%,地层接近流塑状时,临时仰拱应设于上台阶大跨部位,上断面采用人工开挖;当地层含水量少于 30%,但正式仰拱开挖成型困难时,临时仰拱位置宜设于断面高度 3/4 处,上断面高度以满足斗容量为 0.28m^3小反铲挖机作业为限,位置亦不宜太低。

(3)应重视解决上下部半断面作业的相互干扰的问题。要注意作业施工组织,质量监控及安全管理。

(4)左右边墙要错开以交错落地,避免上侧同榀拱架拱脚同时悬空。

(5)钢架与围岩之间的空隙,采用混凝土楔形垫块,以保证钢架与围岩密贴,保证支护效果;钢架拱脚应置于坚实的基础上,避免置于虚渣上,使后期沉降过大。

(6)施工中应将超前地质预报做为一道工序完成,并加强监控量测,通过信息反馈,采取合理的施工方案和技术措施,以确保隧道施工的质量和安全。

(7)加强监控量测,实现信息化施工。

3.5.3 土石交界地层施工要点

针对土石交界段特殊的地质条件,施工过程中须采用合理的开挖方法及有效的辅助施工措施以保证隧道能够顺利开挖支护。土石交界处地下水极其丰富,如何堵水、治水更是施工的关键点。

一、服务隧道土石交界地层施工要点

1. 开挖方法及初支参数的选择

服务隧道土石交界段,根据其特殊的地质条件采用左右环形开挖法(预留核心土法)。即在一般台阶法的基础上,上台阶部分先左右环形开挖(当土体极其不稳定,下台阶同样分左右两部开挖),将核心土预留以保证工作面的稳定,有利于隧道的开挖支护。上台阶长度一般取 1 倍洞径,核心土部分的长度与台阶长度一致。

开挖时,先机械开挖左右环形部分土体,人工风镐配合修整成型后进行初期支护;然后核心部分土体不动,再将下台阶左、右边腿处机械开挖到设计轮廓线进行支护。由于土体呈流塑状,不断向临空面推

涌,故下台阶核心部分土体亦先不动,且左右边腿的开挖也不能同时进行,需要错开一定距离,用以保证上台阶已支护部分的稳定。最后再进行仰拱的开挖和封闭。

当存在石方爆破时,采用减振爆破技术,严格控制装药量,严格控制爆破进尺。以"密布眼,少装药,打浅孔"的原则进行爆破开挖。

初支参数的加强:

a. 在正常Ⅴ级围岩段,初支参数为 ϕ22mm 格栅钢架,50cm/每榀;ϕ6mm、20cm×20cm 单层钢筋网;28cm 厚 C25 喷射混凝土;$L=3$m,ϕ42mm×4.2mm 锁脚锚管;

b. 在土石交界段,初支参数改用Ⅰ18 工字钢拱架,50cm/每榀;ϕ6mm、20cm×20cm 单层钢筋网;23cm 厚 C25 喷射混凝土;$L=3$m,ϕ42mm×4.2mm 锁脚锚管(ϕ25mm 药卷锚杆)。

根据监控量测结果及现场实践表明,在土石交界段原有的支护参数难以满足施工需要,支护变形大,沉降及收敛都难以控制。通过初期支护的加强,支护结构能够有效地控制住沉降及收敛量,能够满足施工需要。

2. 辅助施工措施的选择

土石交界处是围岩特殊的地段,采用何种辅助施工措施,必须要有准确的工程地质及水文地质参数作为重要凭据。故采用直观、可靠的水平超前探孔是尤为必要的。根据服务隧道断面的大小,一般布置至少3个探孔(拱顶及两腰各1个),要求探孔深度穿越土石交界面,以准确了解土石交界面的距离、工程地质、水文地质等重要参数。根据水平探孔超前地质预报所获得的地质参数进行辅助施工措施的选择。

服务隧道过土石交界段采用的辅助施工措施主要有:全断面帷幕注浆加固堵水、局部注浆加固堵水、小导管周边注浆、临时护拱、临时仰拱、洞内真空降水、地表深井降水、超前大小管棚等。

在陆域段,服务隧道过土石交界时,首先进行地表降水。地表降水需在工作面开挖前一个星期完成,然后通过开挖前小导管周边注浆加固措施加固围岩,并再次堵水。在管棚超前支护下进行开挖,开挖过程中若局部出水量仍然较大,则采用洞内真空降水。开挖过后及时进行初支及回填注浆工作;亦可进行一次性全断面或局部注浆加固堵水结合超前管棚进行开挖。厦门翔安隧道服务隧道开挖中所遇土石交界面多数为倾斜面,故多数都采用前一种方法,相对于全断面注浆能够节省大量工期。开挖采用环形开挖法,并增设临时仰拱以满足开挖需要。下面对各种辅助施工工艺进行简单介绍:

(1)超前全断面帷幕注浆。服务隧道土石交界段,对于全断面的土石交界面进行一次性30m为一循环的全断面超前帷幕注浆,加固富水软弱围岩及进行帷幕止水。

①注浆参数:

a. 注浆压力的确定。全断面帷幕注浆的注浆压力取值为1.0~2.5MPa。孔口5m范围内取1.0~1.5MPa,其他位置取1.5~2.5MPa。

b. 浆液扩散半径。注浆扩散半径设计考虑为2m。

c. 注浆加固范围。注浆区域应按围岩止水的有效范围进行计算,服务隧道为开挖轮廓线外4m。

d. 注浆孔布置:详见超前预注浆设计图。

e. 注浆速度。经计算注浆速度可为5~110L/min。注浆速度还要经现场试验后才能进一步确定。

f. 浆液注入量。单位长度孔注浆量计算公式:$Q=\pi\cdot R^2\cdot n\cdot\alpha\cdot\beta$,浆液扩散半径 $R=2$m,地层空隙率 $n=0.2$,地层有效充填系数 $\alpha=0.8$,浆液损耗系数 $\beta=1.2$,计算得 $Q=2.41\text{m}^3/\text{m}$。

②注浆材料。注浆材料主要选用普通水泥浆液、普通超细水泥浆液($W:C=0.8:1\sim1:1$)和水玻璃双液浆,水泥浆:水玻璃的体积比为 $C:S=1:0.6\sim1:1$。实际施工将根据情况适当调整,确定合理、高效、经济、耐久的注浆材料。

③配套设备:

a. 钻孔设备配套。钻孔设备选择2台 MK-5 地质钻机。

b. 注浆设备配套。全断面帷幕注浆选用 PH15 和 KBY-80/70 注浆机,制浆设备自制。

④主要施工方法及技术措施。超前全断面帷幕注浆施工工艺流程如图2-3-80所示。

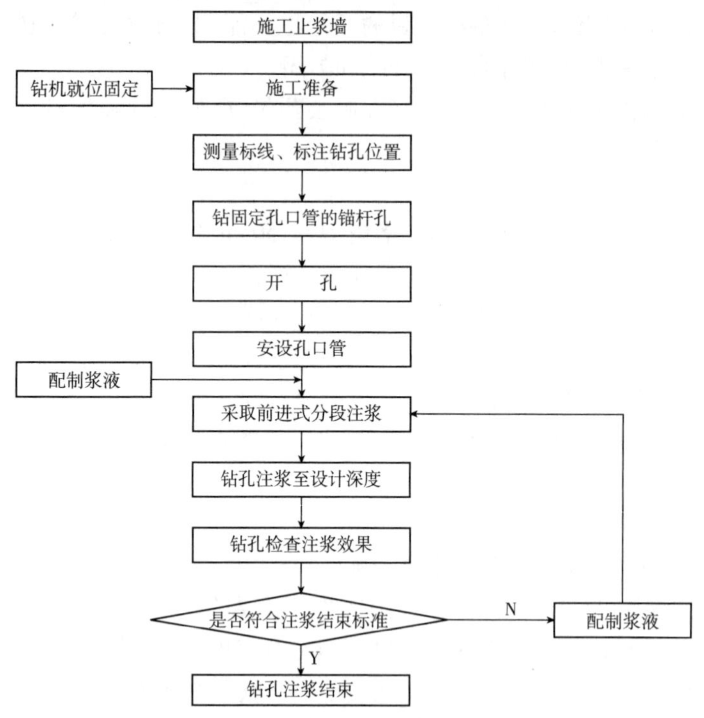

图 2-3-80　超前帷幕预注浆施工工艺流程

⑤技术要求。

a. 施工止浆墙。在服务洞临时仰拱接到掌子面后制作注浆止浆墙，止浆墙为 1.5m 厚 C25 浇筑素混凝土。止浆墙优先做成全断面一次性直立止浆墙；若临时仰拱接到掌子面有困难，则可根据实际接腿情况；若临时仰拱距掌子面 1m 内，则止浆墙可做成斜面；若距掌子面相距较远，则止浆墙分段做成台阶形式。

止浆墙制作必须与服务洞初期支护连成整体，在初期支护表面沿半径方向间距 1.5m 左右布置 ϕ22mm，$L=100$cm 的连接锚杆，锚杆外露长度 50cm。浇筑混凝土止浆墙时，锚杆埋在混凝土中，起到固定作用。

b. 施工准备。按设计在掌子面将钻孔位置用红油漆标出。将钻具对准注浆孔孔口位置，调整钻机至钻孔方向和设计一致（即偏角和立角与设计相同），固定钻机。

c. 开孔。钻机采用低压力、慢钻速，使用 ϕ120mm 钻头开孔，钻深 1.5m，退出钻杆。

d. 孔口管安装。孔口管安装采用螺栓固定法，在孔口管距法兰盘端部 30cm、60cm 处缠绕棉纱 2 道，安设 ϕ108mm 孔口管。孔内放入环氧树脂锚固剂或水泥 - 水玻璃双液浆，将孔口管顶入孔内，用螺栓固定。孔口管安装采用法兰盘球阀装置进行控制。

e. 钻孔注浆，如图 2-3-81 所示。采用前进式分段注浆，注浆孔前段孔口采用 ϕ108mm 孔，后续注浆段采用 ϕ90mm 钻头成孔。通过孔口管钻进 7m 后，停止钻孔，进行注浆施工，之后每钻进 5m，再注浆，如此循环下去，直至完成该孔的钻孔及注浆施工。

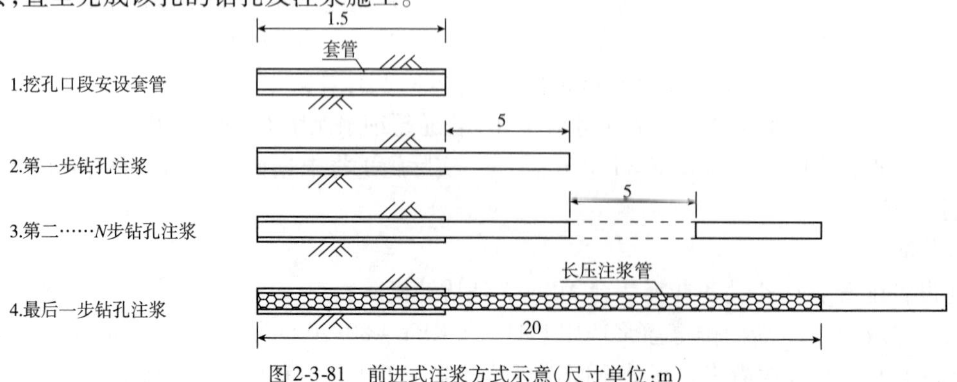

图 2-3-81　前进式注浆方式示意（尺寸单位：m）

f. 注浆效果检查。注浆效果检查采用钻检查孔法，根据注浆状况，确定检查孔位置，检查孔设置数量为总注浆孔的10%。对检查孔进行钻孔检查，测定涌水量，检查孔钻深为开挖段长度以内并预留3m。根据检查孔涌水量及取芯率和强度来决定是否须补充注浆孔。如果每孔每延m检查孔涌水量大于0.2L/min或局部孔涌水量大于3L/min时，补充钻孔注浆，再次压注直到达到设计要求为止。

全断面帷幕注浆多用于砂土、黏砂土有水、大跨度、地面不容许有较大沉陷的各类地下工程中。该方法费工、费时、费料，施工难度大，仅在特殊情况下使用。厦门翔安隧道主要用于土石交界富水软弱围岩段，根据实际的地质情况和施工阶段，或以堵水为主，或以加固地层为主。

(2)局部扇形帷幕注浆(如图2-3-82所示)。当开挖作业面出现半软半硬(斜向土石交界面)土层时，即可考虑采用局部扇形帷幕注浆工艺。详细注浆设计参数同全断面帷幕注浆。该工艺需使用专用潜孔钻机进行较深钻孔，孔径一般大于60mm，并采用前进式或后退式等复杂注浆工艺。

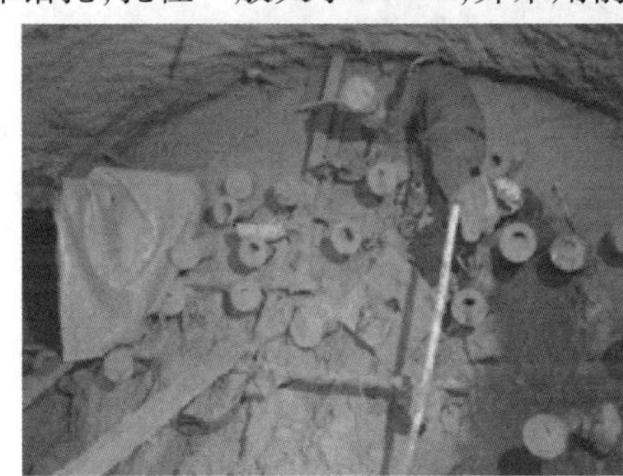

图2-3-82 帷幕注浆及注浆后的开挖效果

局部扇形帷幕注浆主要用于服务隧道左右两侧土石分界段，只在土质部位进行局部注浆堵水，以利于开挖支护。

(3)小导管周边注浆(如图2-3-83所示)。根据实际条件，可采用单层或双层超前小导管进行注浆。当条件所限只能施作单层超前小导管时可将该环的钢花管按奇偶数编号，奇数号以大角度(35°~45°)打入围岩，偶数号以小角度(10°~15°)打入围岩。为提高注浆效果可采用孔内单止浆塞或双止浆塞分段后退式注浆工艺，加固后开挖长度应控制比小导管长度少1m，并作为下一循环注浆的止浆墙。

图2-3-83 小导管周边注浆及注浆效果

隧道小导管周边注浆是在开挖面前方沿隧道开挖轮廓线外钻孔导管注浆，起稳定开挖面和止水作用。同时，小导管还起到超前管棚支护作用。

本工程小导管注浆辅助工法富含水流塑地层，行车隧道和服务隧道陆域富水流塑地层，风化深槽施工，土石交界段等都应用到了小导管注浆工法。因其灵活多变的工艺工法，所以应优先考虑。

(4)超前管棚预支护(如图2-3-84所示)。根据地层密实性、自稳时间和含水量情况，灵活选择大小管棚或超前小导管进行超前预支护。翔安隧道陆域土质段全长采取了小导管或小管棚超前预支护措施。当围岩基本能自稳时，通常采用ϕ42mm超前注浆小导管，$L=3\sim4$m，环向间距30~40cm，排距2.0m；或采用ϕ42mm超前小管棚，$L=3\sim4$m，环向间距20~30cm，排距1.0m；同一剖面至少有3层小导管。当围岩自稳时间较短,局部坍塌严重或对拱顶沉降有较严格要求时,则采取超前大管棚预支护。根据岩体强度选择 ϕ89 ~ ϕ127mm 不同壁厚的大管棚,大管棚施作长度在 15 ~ 40m 之间。外插角度大小设计取决于是单一循环还是多循环施工大管棚。当一次性施做大管棚时,则外插角应与隧道坡度平行或接近平行,适当考虑一定的钻孔下挠度即可;当连续多循环施作大管棚时,外插角应适当增加到满足尾部施作管棚工作室空间需要。

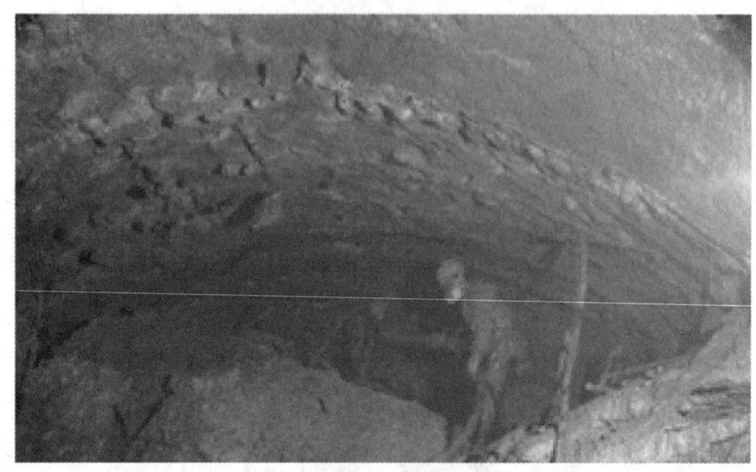

图 2-3-84 超前小管棚支护效果

当围岩自稳时间较短,必须采用先超前支护,后开挖的施工方法。本工程在土石交界段Ⅴ级围岩隧道开挖段设置超前小管棚预支护措施。超前锚杆或小导管一端支在未开挖的围岩上,另一端支在已立设的钢拱架上,起到两端有支点的梁的作用,使开挖临空面得到一个持力体,既稳定了临空的岩土体,也保证了施工人员、设备的安全。

大管棚超前支护作为地下工程的辅助施工工法,是为了在恶劣和特殊情况下安全开挖,预先提供增强地层承载力的临时支护方法。开挖施工时,辅助使用该施工方法,对于防坍塌和限沉效果较好。但钻孔的精度难以控制,施工工艺也较复杂,速度慢,造价高,只在特殊地段、通过长度不长的不良地层或不稳定地层处的洞门开挖时采用。

本工程大管棚的应用主要用于洞门开挖、陆域富水软弱围岩、土石交界段、风化深槽处及穿越环岛路的施工等。

(5)临时仰拱应用。厦门翔安隧道,特别是服务隧道陆域过土石交界段,采用台阶法开挖。围岩富水流变、土体强度低,整体承载力不够,为能够有效控制上断面的初支结构和围岩的变形,采用增设临时仰拱辅助施工措施。这样可以缩短支护的闭合时间,提高施工的安全度,有效地抑制结构及地表的沉降。

临时仰拱参数选定本着与主拱架相匹配的原则,采用 I14 工钢,工钢钢架矢跨比采用 1/8 ~ 1/10,间距 50cm,单层 ϕ6mm 钢筋网,相邻钢架采用 ϕ22mmU 形连接螺纹钢筋连接一体,喷 C25 混凝土 22cm 厚。临时仰拱设置位置根据地质情况而定,当地层含水量超过了 30%,地层接近流塑状时,临时仰拱应设于上台阶大跨部位,上断面采用人工开挖;当地层含水量少于 30%,但正式仰拱开挖成型困难时,临时仰拱位置宜设于断面高度 3/4 处。

翔安隧道,特别是服务隧道陆域过土石交界段,采用台阶法开挖。围岩富水流变、土体强度低,整体承载力不够,为能够有效控制上断面的初支结构和围岩的变形,采用增设临时仰拱辅助施工措施。这样可以缩短支护的闭合时间,提高施工的安全度,有效地抑制结构及地表的沉降。

(6)洞内轻型真空井点降水。洞内轻型井点降水多用于渗透性较好的富水地层或受作业空间限制的地下工程施工。这种方法是通过降低工作面地下水位,在干燥或少水条件下施工。

该工法由集水管路和真空射流泵组成轻型井点降水系统,翔安隧道真空射流泵采用 JSJ60 型,集水管路由 ϕ127mm 钢管总管和 ϕ42mm 钢花管井点管和软式透明弹簧软管组成,一台射流泵最多可 30 个井点管,布设距离长达60~90m,正常情况下视地层含水量情况和作业空间大小,一般带6~10根井点降水管,井点管布置间距以2~3m为宜,距离支护结构50cm左右,当井点管长度大于4m以上时,可分节下管,通过丝口连接,为保证真空降水效果井点管下端的滤管加工和各环节的密封至关重要。施工中根据实际地层情况亦可考虑在上台阶两侧拱脚处设5~10m的超前井点降水管,一定程度上能实现短距离超前降水。

(7)地表深井降水。服务隧道土石交界处由于地下水极其发育,且围岩渗透系数较小,单纯的采用洞内真空井点降水,不能够满足降水需要。通过全方位考虑,增设了地表深井降水措施,实践证明,通过结合洞内轻型井点降水,能够满足施工降水需要。降水井需在工作面开挖前1个星期满足降水需要。工作面开挖过后10m,及时将深井用水泥砂浆回填密实。

本工程中深井降水多用于渗透性较好的土石交界段富水地层施工,通过地表向下打深井降水,降低工作面地下水位,在干燥或少水条件下施工。对于渗水量大、基坑挖深范围大、施工周期长的建筑工程,深井管井降水又是其他施工降水所无法替代的。

(8)拱背补偿(回填)注浆填充地层。对于土质围岩采用锚网喷+拱架支护结构体系施工段,为及时有效地控制地层变形翔安隧道各家单位均严格执行了初支背后回填灌浆工艺,主要参数:ϕ42mm钢花管,长70~100cm,纵、环向间距2.0m。在拱架安装过程中同时预埋好,主要设于拱部和仰拱部位,待各部封闭成环后立即安排进行注浆。

本工程土石交界段由于地质条件差,初支背后经常留有空隙或坍塌空洞等,初支过后用浆液回填灌满,使地层与支护结构紧密整合,以加强围岩的稳定性。

二、行车隧道土石交界段施工要点

行车隧道过土石交界处的施工原理与服务洞一致,只是开挖方法由于断面大小而异。行车隧道由于开挖断面大、跨度大,遇到土石交界面时,开挖难度更大;初期支护参数更难以满足支护要求。借助服务隧道土石交界施工经验,行车隧道在过土石交界时,采用CRD工法或双侧壁导坑法开挖,辅以全断面帷幕注浆、井点降水及超前管棚、回填注浆等辅助施工措施,以保证能够安全、快速、顺利地通过土石交界段,满足正常施工进度的需要。

1. 开挖方法及支护参数的选择

行车隧道过土石交界处根据断面大小及施工要求,开挖方法选用安全性高,对沉降控制稳定的四部CRD工法或双侧壁导坑法。

(1)CRD工法。CRD工法开挖按Ⅰ、Ⅲ、Ⅱ、Ⅳ的顺序开挖,开挖土石交界时,Ⅰ、Ⅲ部先行通过,等其沉降稳定后,再开挖Ⅱ、Ⅳ部。每部开挖依然在台阶法基础上采用左右环形开挖,预留核心土体,每部下台阶先开挖边脚,再接仰拱。

初期支护参数为:永久支护采用Ⅰ22b@50cm工字钢支撑作为主拱架,ϕ8mm双层钢筋网,30cm厚C25喷射混凝土。临时支护采用Ⅰ20b@50cm工字钢作为主拱架,ϕ8mm单层钢筋网,22cm厚C25喷射混凝土。

开挖采用小型挖掘机进行,人工风镐配合修整成形,必要时进行弱爆破,防止对岩体造成大的扰动。

(2)双侧壁导坑法。双侧壁导坑法开挖每部依然采用台阶法将各部断面继续缩小,两侧先行,后开挖中间部位。侧壁导坑的开挖尺寸,宽度取4~4.2m,高度取6.5m左右为宜。分上、下两层开挖,这样既不需要工作平台,人工架设格栅支撑也比较方便;上、下层错开长度为4~6m,两侧导坑也前后错开8~10m,每次掘进进度0.5~1.0m为宜,以减少对整个围岩的扰动。

双侧壁导坑微台阶法开挖,左右导坑错开8~15m同步进行,中部错开侧壁导坑10~15m,采用台阶法开挖。

双侧壁导坑上台阶用挖掘机扒渣至下台阶,下部台阶采用装载机装运渣,开挖进尺0.5~1.0m;双侧壁导坑中部采用PC120挖掘机扒渣至下台阶,下部台阶采用WA380装载机装渣。沃尔沃A25C交接式卡车运渣至弃渣场。

初期支护参数为:永久支护采用Ⅰ22b@50cm工字钢支撑作为主拱架,ϕ8mm双层钢筋网,32cm厚C25喷射混凝土。临时支护采用Ⅰ20b@50cm工字钢作为主拱架,ϕ8mm单层钢筋网,22cm厚C25喷射混凝土。

开挖采用小型挖掘机进行,人工风镐配合修整成形,必要时进行弱爆破,防止对岩体造成大的扰动。

2. 行车隧道过土石交界段辅助施工措施

(1)地表深井降水。翔安隧道针对富含水流塑地层土石交界段进行地表深井降水。采用井管降水方案,井管采用D=200mm的硬质PVC管或D=400mm无砂混凝土滤管,成孔ϕ400~ϕ800mm,分别采用X100轻型地质钻机和重型钻机成井。井管采用PVC管方案时则需对井管和井壁之间充填滤料,滤料根据建设部《建筑基坑支护技术规程》(JGJ 120—99)要求采用中粗砂。降水井设计方案如图2-3-85所示。

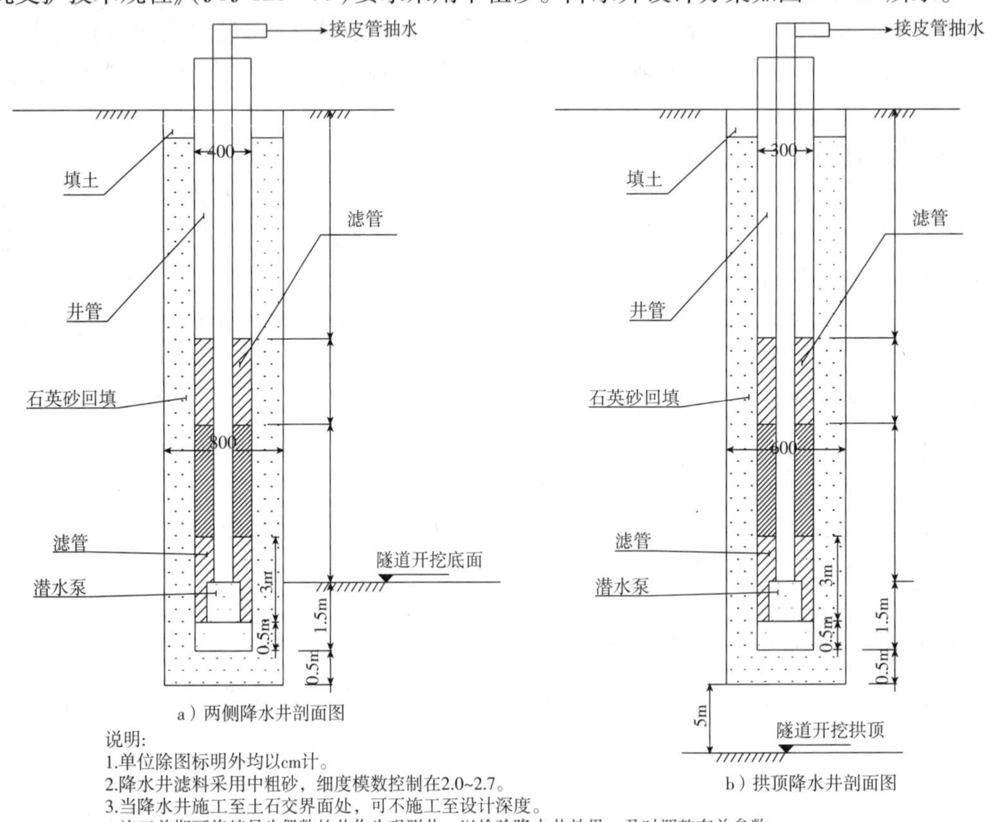

图2-3-85　地表深井降水施工设计图(尺寸单位:cm)

①降水时间。提前隧道开挖到此里程1个月时间设人开始降水,并做降水记录。

②水位观测。降水过程中轮流选取1~2口井停止抽水,作为观测井(必要时设专门的水位观察孔)。停抽过程中每天对水位进行测量,及时分析数据,以指导隧道开挖。

③水井施工工艺流程:测量定位→钻机就位→钻孔→终孔后冲孔→下井管→砾砂反滤层回填→止水封孔→洗井→下泵试抽水→降水运行。

降水运行时将水排至场地四周的排水沟内,通过排水沟将水排入指定地点。

④当开挖面通过井点里程10m后,需对降水井点及时进行回填封堵。

(2)大管棚施工。厦门东通道(翔安隧道)进入土石交界段后,土层结构主要为强风化花岗岩。土体稳定性差,渗水、坍塌均比较严重,为更好地控制变形,故采用非开挖夯管法施工,ϕ127mm管棚进行拱部加固。大管棚施工主要有气动夯管锤及地质钻机两种施工方法。夯管锤主要特点是需要作业空间较小,主要用于CRD工法各部小空间施工;地质钻机法施工灵活、方便,但需要作业空间较大。现以行车隧道段土石交界面CRD工法夯管锤大管棚施工法及行车隧道过环岛路地质钻机大管棚施工法为例加以说明。

①气动夯管锤大管棚施工法(如图2-3-86、图2-3-87所示)。厦门东通道根据现场施工情况,从Ⅰ部ZK7+102和Ⅲ部ZK7+090开始进入土石交界段,土层结构主要为强风化花岗岩,土体稳定性差,渗水、坍塌均比较严重,为更好地控制变形,采用非开挖夯管法φ127mm管棚施工进行拱部加固。采用TT145、TT190夯管锤进行施作,夯管锤参数见表2-3-29。

夯管锤参数 表2-3-29

名称 / 参数	气动夯管锤	工作压力(MPa)	冲击频率(次/min)	最大冲击力(t)
德国	TT145型	0.6~0.7	100	80
德国	TT190型	0.6~0.7	90	100

单根φ127mm管棚施工步骤:夯进前准备、测量定位→夯管锤固定及支架安装→第一根夯进→后续钢管联结及跟管夯进→清孔。大管棚参数见表2-3-30。

大管棚主要参数 表2-3-30

项目编号	技术参数	施工标准及技术要求
1	管棚设计长度	25m
2	管材标准	管径为φ127mm热轧无缝钢管,壁厚8mm
3	布设范围	隧道Ⅰ、Ⅲ部轮廓线外300mm
4	环间搭接	环与环之间纵向搭接不小于5m
5	管棚与结构关系	钢管中心超出结构外轮廓尺寸线300mm
6	管棚坡度	仰角1%(不含隧道纵坡)
7	方向	与中线平行
8	布设间距	300mm
9	管节长度	2~4m
10	施工误差	左右偏差≤20cm,上下偏差≤30cm
11	接头错缝要求	接头错开距离≥1.0m,同一断面接头数量≤50%
12	管节联结方式	焊接

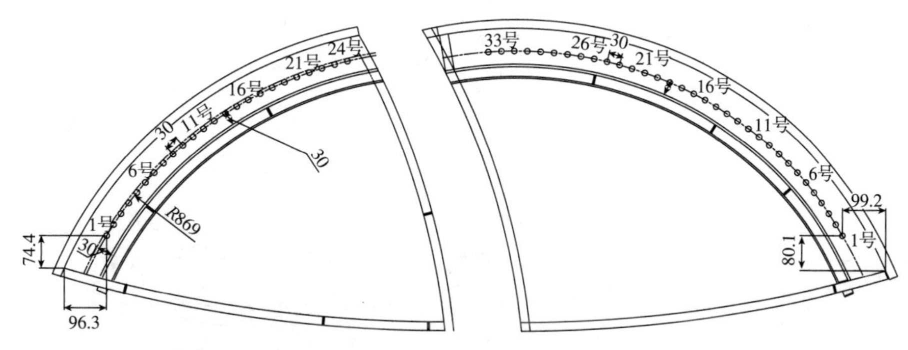

说明:
1.本图尺寸均以cm计;
2.φ127mm大管棚Ⅰ部一环24根,Ⅲ部一环33根。

图2-3-86 CRD工法Ⅰ、Ⅲ部夯管法施工超前大管棚布置(尺寸单位:cm)

②地质钻机大管棚施工法。行车隧道过环道路段地质围岩极为软弱，尤其是拱部，岩体稀泥状强风化花岗闪长岩，地层含水量丰富，导致围岩压力较大。为了能保证顺利通过此石土交界面，并能够保证沉降不破坏环岛路，还需要在拱腰以上沿开挖轮廓线外施作超前大管棚，以提高围岩结构整体受力能力，保证开挖施工结构安全。大管棚采用 $L=30\text{m}$、$\phi=108\text{mm}$、$\delta=6\text{mm}$ 无缝钢管，节长为 2.5～3.5m，中间丝扣连接。管棚沿隧道开挖轮廓线布设，管棚环向间距 30cm，外插角 5°，在管棚上钻设 ϕ8mm 溢浆孔，梅花形布孔，最先装入的一节管棚前端做成尖锥形，以利于下管。

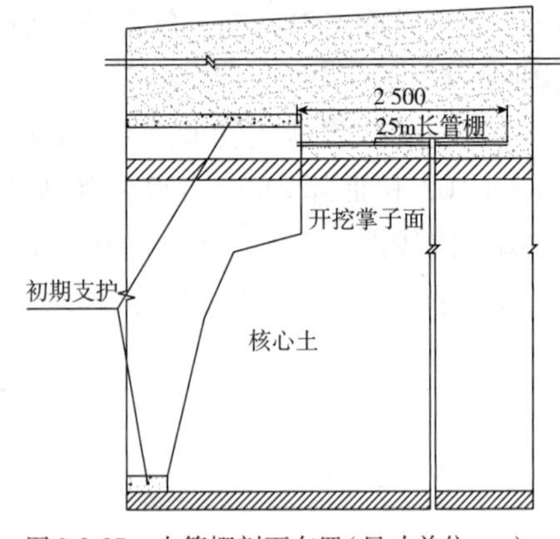

图 2-3-87　大管棚剖面布置（尺寸单位：cm）

用地质钻机钻设 ϕ127mm 钻孔，到设计深度后退出钻杆，安设 ϕ108mm 大管棚。管棚布设完成后，对管棚进行全孔一次性注浆，注浆材料为水泥单液浆，浆液配比为 $W:C=1:1\sim1:1.5$，注浆终压 0.7～1.0MPa。大管棚设计参数见表 2-3-31。

大管棚设计参数　表 2-3-31

序号	参数名称	参数值	备注
1	管棚长度	30m	
2	管棚规格	$\phi=108\text{mm}$、$\delta=6\text{mm}$	管棚上钻 ϕ8mm 溢浆孔
3	每节长度	2.5～3.5m	
4	环向间距	30cm	
5	管棚个数	72 根	
6	注浆终压	0.7～1.0MPa	

行车隧道过环道路段长管棚扩挖工作室高 1m，长 7.5m（如图 2-3-88、图 2-3-89 所示）。

长管棚施工钻孔易弯曲，应每隔 5m 检查一次，弯曲趋势加大时，应加以修正。防止钻孔弯曲的措施有：钻孔前使钻孔准确定位；准确测定标准拱架和钻孔位置；钻进过程中防止钢管剧烈晃动；注意钻进过程中对扭矩、油压、回转等参数的控制。

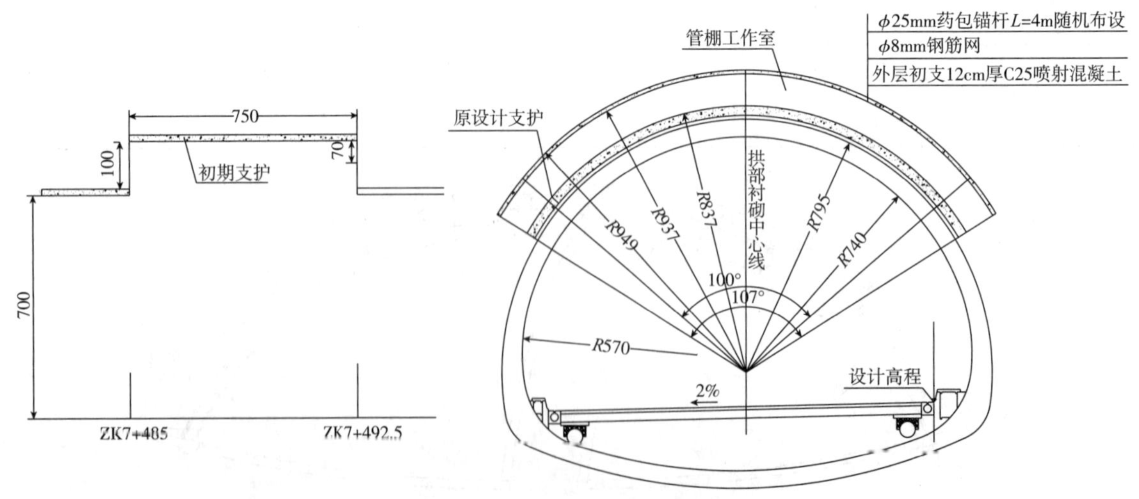

a)主洞长管棚工作室开挖初支剖面图　b)主洞长管棚工作室开挖初支护图

图 2-3-88　陆域过环岛路段长管棚工作室设计图（尺寸单位：cm）

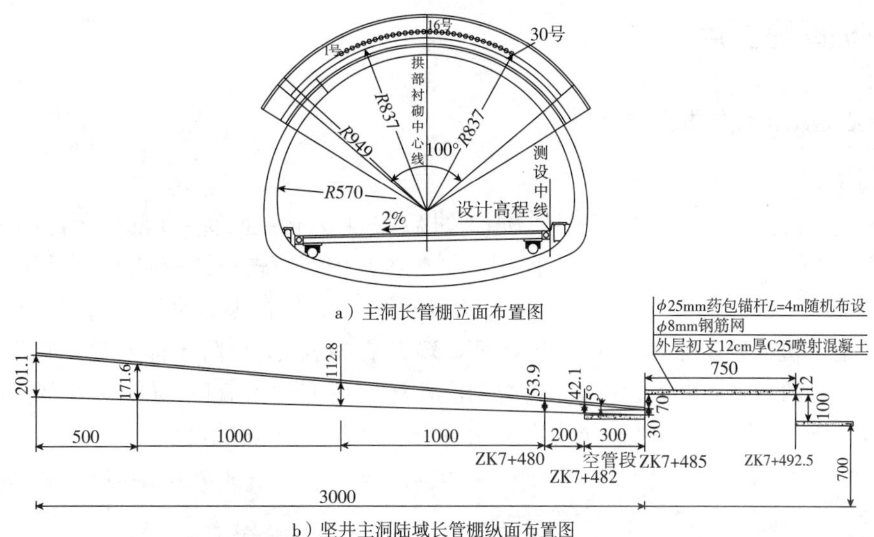

图2-3-89　陆域过环岛路段长管棚设计图（尺寸单位：cm）

行车隧道和服务隧道洞门开挖、陆域富水软弱围岩特别是土石交界段、陆域软弱围岩穿越环岛路和海域风化深槽的开挖通过长管棚配合超前小导管，小导管周边注浆、全断面注浆等辅助施工措施安全、顺利地通过。施工中，长管棚施工的一些参数得到了修正，改善了施工工艺。解决了隧道开挖中的最大的几个难点处的开挖和支护。

（3）拱背回填注浆。行车隧道和服务隧道开挖支护施工过程中，对于土质围岩采用锚网喷＋拱架支护结构体系施工。为能够及时、有效地控制地层变形，均严格执行了初支背后回填灌浆工艺。ϕ42mm钢花管，长70～100cm，纵、环向间距2.0m，在拱架安装过程中同时预埋好。注浆钢花管末端必须顶在岩面上，前端焊接在钢拱架上，外露长度20cm；主要布设于拱部和仰拱部位，待各部封闭成环后立即安排进行回填注浆（如图2-3-90所示）。以单液浆为主终压0.5MPa，根据初支渗漏情况决定是否注双液浆。单液浆采用P·O32.5水泥，水灰比0.7～1.0，注浆压力1.0～2.5MPa。当采用双液浆时，$C-S$双液浆参数为：水泥浆与水玻璃（模数2.2～2.7，玻美度30～35Be′）按体积比1∶1混合。

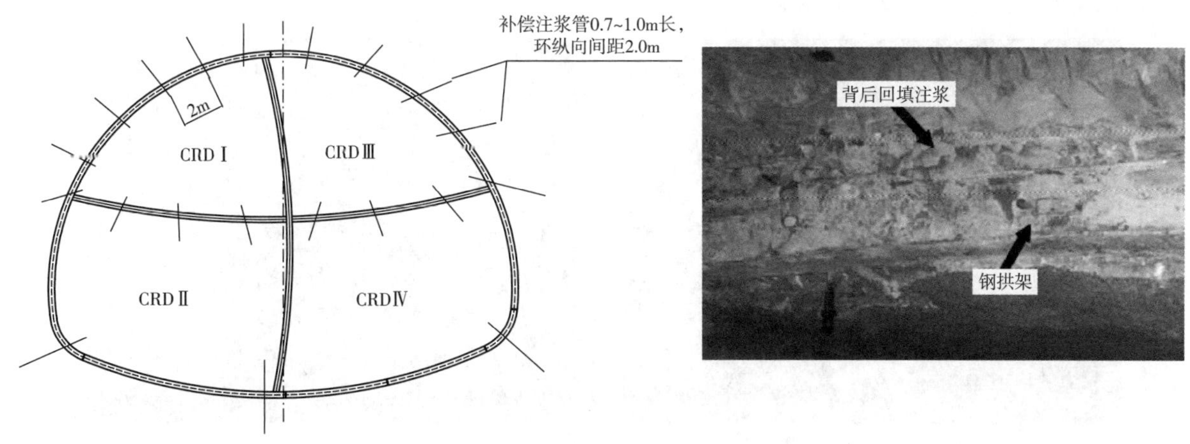

图2-3-90　行车隧道补偿注浆管布设图及补偿注浆效果

（4）其他辅助施工措施。行车隧道过土石交界处辅助施工措施还包括超前小管棚、小导管周边注浆、全断面帷幕注浆等。其施工原理及施工工艺与服务隧道过土石交界、陆域段施工及风化深槽处的辅助施工方法一致，这里不做赘述。

3.6　施工机械配置要点

3.6.1　CRD 工法施工机械的配置要点

1. 出渣设备配置

行车隧道采用四部 CRD 工法进行开挖支护，改进后按照Ⅰ部→Ⅲ部→Ⅱ部→Ⅳ部的施工工序进行。开挖断面总面积为 170m^2，平均每个断面大小约 40m^2。各开挖断面较小，特别是针对Ⅰ部、Ⅲ部由于开挖断面尺寸小，临时仰拱又不能够承受过大的载重，所以开挖时选用体积较小的小型挖掘机，人工风镐配合进行开挖修整成型。机械开挖采用特定的小型 MX337 挖掘机，将上台阶土体开挖并扒渣至下台阶。本工程不断改进出渣方法，最后采用皮带输送机将洞渣传送至后方的出渣口，导卸至Ⅱ部（Ⅳ部）出渣口下方的自卸车出渣车，然后直接一次性运至指定的洞渣场（如图 2-3-91 所示）。

图 2-3-91　CRD 工法Ⅰ、Ⅲ部开挖出渣现场施工

Ⅱ部、Ⅳ部开挖断面相对较大，无临时仰拱的束缚，开挖出渣可以直接采用较大型机械。Ⅱ部、Ⅳ部开挖选用 GRADALL（XL－4200）直臂挖机（或 PC200 中型挖掘机）配合人工风镐施工。由于该机配备液压伸缩臂可进行 240°旋转，所以在缩短开挖时间的同时还减少了人工风镐的工作量。Ⅱ部、Ⅳ部下台阶开挖时选用 PC120 小松挖掘机和 PC200 挖掘机。Ⅱ部、Ⅳ部的出碴相对较容易，洞渣直接由挖掘机装到出渣车上运到弃渣场（如图 2-3-92 所示）。

图 2-3-92　CRD 工法Ⅱ、Ⅳ部开挖出碴现场施工

2. 喷浆设备配置

CRD 工法初期支护作业主要是拱架的立设及喷混凝土作业。左线行车隧道钢支撑的立设采用人工作业。Ⅴ级围岩初期支护需要喷射 32cm 厚的混凝土。由于湿喷、混合喷射对喷射机械要求高，机械清洗和故障处理较麻烦；而且湿喷技术对喷射材料的要求很高，即对砂和米石的要求特别

高，且容易堵管，施工操作不方便。另外，由于围岩软弱富水，封闭时间太长，造成了一定的安全隐患。干喷除了喷射混凝土强度比其他方式喷射混凝土强度较低外，水灰比也不容易控制，混凝土的匀质性、强度稳定性也比较差而且容易产生较大的粉尘，回弹量大。综合考虑干喷、潮喷、湿喷和混合喷的优缺点，再选用湿喷和潮喷进行现场试验对比，最后选用回弹量小、粉尘少、机械清洗和故障处理容易的潮喷。喷浆机选 PZ－6T 及 PZ－5C 型。由于喷浆料运输车不能将喷浆料直接送至Ⅰ部、Ⅲ部，如果通过机械把喷浆料从Ⅱ部、Ⅳ部提升至Ⅰ部、Ⅲ部，工序太烦琐而且时间较长。本工程通过在掌子面后方垂直向地表打投料口来解决喷浆料的运输问题，喷浆料运输车将喷浆料运至地表的投料口，通过投料口将喷浆料传送到隧道内的自卸翻斗车上，再运到喷浆作业面，既方便又快捷（如图 2-3-93 所示）。Ⅱ部、Ⅳ部喷混凝土作业时，可通过运输车直接将混凝土运至喷混凝土作业面进行支护作业。

图 2-3-93　喷混凝土作业及混凝土投料口

3. 通风设备

厦门翔安隧道左洞陆域段采用 CRD 工法施工。为保证工人的作业环境，采用 CRD 法 4 个部位分别一次性送风技术。通风设备选用山西侯马 SDF－NO12.5 型通风机，通风量最大可达到 2912m^3/min。通风机置于洞口清新空气处，共 2 台，分别将新鲜空气输送至Ⅰ、Ⅱ部及Ⅲ、Ⅳ部，保证 CRD 工法 4 个断面的空气清洁度，提高工人的工作效率（如图 2-3-94 所示）。

图 2-3-94　CRD 工法施工通风设备

4. CRD 工法排水设备及技术选型（见表 2-3-32、表 2-3-33）

对于本隧道施工时造成影响的水，首先为大气降水造成的地表水，二是地表水渗流，三是开挖面用水、混凝土养护用水、清洗施工机械及文明施工等洞内作业产生的水。

地表水主要在洞口设置截排水沟、集水池等防排措施。洞内排水主要通过积水池用机械逐级抽至污水处理池，经净化后再排至市政排水系统。

陆域段 CRD 工法施工主要机械设备 表 2-3-32

序号	机械名称	规格型号	额定功率(kW)或容量(m^3)或吨位(t)	厂牌及出厂时间	小计	进场日期(年.月)
1						
1.1	皮带机	YK-7.5			2	2005.9
1.2	风镐	PPS8		天水 2005	20	2005.9
1.3	侧卸式装载机	CAT966G	3.5m^3	卡特彼勒 2005	1	2005.9
1.4	侧卸式装载机	WA380	3m^3	小松 2004	1	2005.9
1.5	液压挖掘机	PC-200	0.8m^3	小松 2005	2	2005.10
1.6	液压挖掘机	XL-4200	0.9m^3	格瑞道 2005	1	2005.9
1.7	挖掘机	PC60	0.28m^3	小松 2000	2	2005.10
1.8	双向自卸汽车	A25C	13.5m	沃尔沃 2001	13	2005.10
2						
2.1	管棚钻机	KP3500	60kW	瑞典 2003	4	2005.9
2.2	地质水平钻机	MK-5	40kW	西安 2000	4	2005.9
2.3	注浆机	PH15	15kW	法国法基 2005	2	2005.8
2.4	注浆机	KBY-80/70 中国	7.5kW	柏乡机械 2005	5	2005.9
2.5	搅拌机	JS500	750L	华中建筑 2005	1	2005.8
2.6	配料机	PLB1200	6000L	华中建筑 2005	1	2005.8
2.7	混凝土湿喷机	AL-285	11kW	瑞典 2003	1	2005.9
2.8	混凝土湿喷机	TK500	7.5kW	岩锋 2005	3	2005.9
2.9	混凝土喷射机械手	AL-305	11kW	瑞典 2005	1	2005.9
3						
3.1	卸料斗	自制	2m^3		3	2006.2
3.2	卷扬机	2JK-5	5t	太原 2001	2	2006.2
4	通风排水及其他设备					
4.1	电动空压机	XP825E	25m^3	英格索兰 2003	2	2005.9
4.2	电动空压机	L-20/7	20m^3	江西 2003	6	2005.9
4.3	发电机	250GF	250kW	康明斯 2003	2	2005.10
4.4	通风机	SDF-NO12.5	840~2912m^3/min	候马 2005	2	2005.11
4.5	射流风机	SSF-NO10	1572.8m^3/min	候马 2005	4	2006.6
4.6	抽水机	D46-30×5	80m^3/h	三台水泵 2001	13	2005.10
4.7	潜水泵	WQ100-18-5.5	5.5kW	台州创历 2005	3	2005.10
4.8	排污泵	150QW180-30	180m^3/h	上海人民 2005	3	2005.8
4.9	潜水排污泵	WQ250-22-30	250m^3/h	三台水泵 2001	10	2005.10

行车隧道 CRD 法开挖施工设备配套数量(一个掌子面) 表 2-3-33

序号	名 称	规 格	单位	数量
1	挖掘机	PC130(或 PC120)	台	4
2	装载机	WA380	台	2
3	自卸汽车	2629K	台	12
4	湿喷机	AL-285	台	8
5	混凝土搅拌车	MR45-H	台	3

3.6.2 双侧壁导坑法施工机械的配置要点

(1)开挖采用3部小挖掘机,左中右各1部,并且上部开挖同时,下部挖机可同时组织出渣。洞内交通采用无轨方式出渣,减少人员的投入,增加机械化程度。

(2)导洞通风:导洞的通风以压入式为主,应兼顾掘进和拆除,把影响降到最小。通风采用将风筒挂在拱顶,可用三通形式进行。左导洞采用小风机独立通风,通风口距掌子面的距离应控制在10~15m。

(3)在洞内设置排水沟、截水沟将水汇集到一处,及时地用水泵抽走,保证掌子面、拱脚无积水。

3.6.3 辅助工法施工机械配置

1. 钻孔设备配套

钻孔设备选择2台MK-5地质钻机。

2. 注浆设备设备配套

全断面帷幕注浆选用PH15和KBY-80/70注浆机,制浆设备自制。

【本章主要编写人员】:房建华 梁海青 罗 丹 李德祺 曾佳亮 胡文涛 黄明琪 魏英华 陈兆勇 张顶立

第4章　浅滩段富水砂层施工技术

4.1　概述

厦门翔安隧道出口端在海域浅滩段有约600多米长富水砂层，是该工程施工的难点之一，如图2-4-1～图2-4-5所示。其中右线隧道有205m(YK12+120～11+945、YK11+684～11+714附近)、左线隧道有196m(ZK11+854～ZK12+050)的砂层直接侵入隧道开挖作业面，侵入砂层厚度0～6m不等，其他未侵入段隧道拱顶为全风化花岗岩。

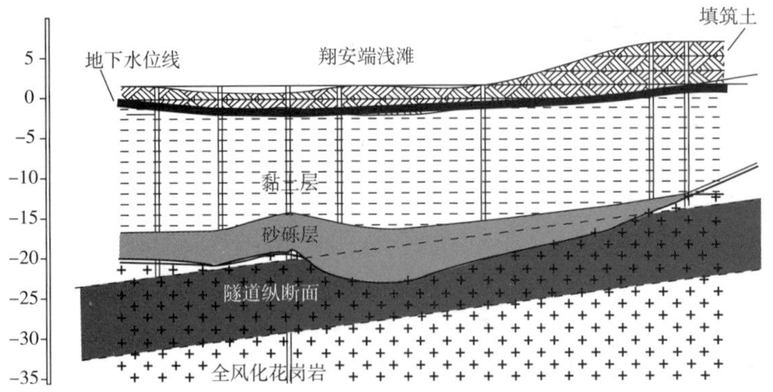

图2-4-1　浅滩段富水砂层位置纵断面

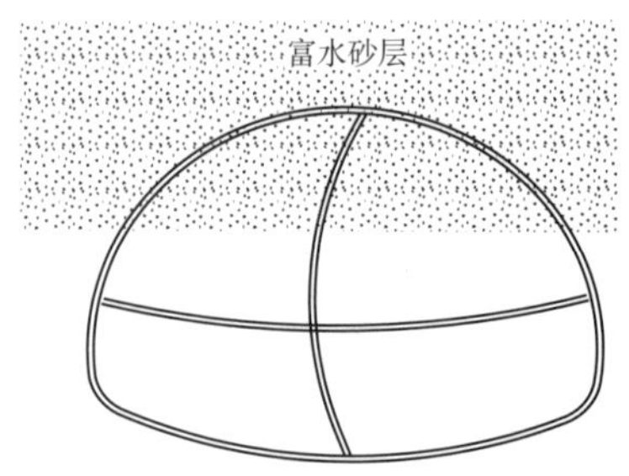

图2-4-2　富水砂层与隧道开挖限界关系示意

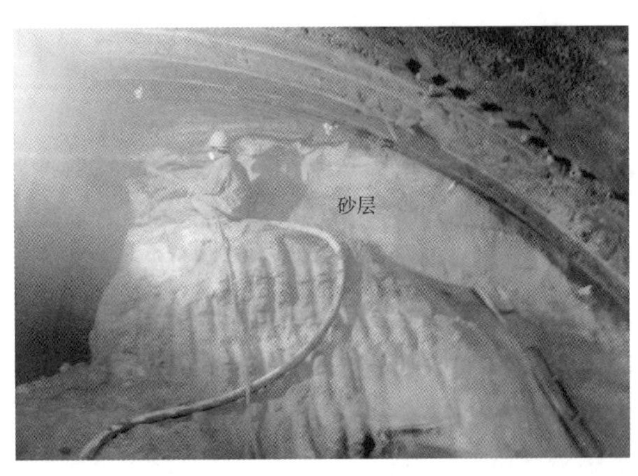

图2-4-3　砂层进入隧道开挖限界

图2-4-4　浅滩砂层段原始地貌

富水砂层段位于海域浅滩人工围堰内，原始地貌属于潮间带海滩，为含泥质的沙滩，向海域倾斜。地层由上向下依次为第四系人工填筑层(Q^{4me})、海相沉积层(Q^{4mc})淤泥、冲洪积(Q^{3al+pl})黏土、砂、下伏燕山早期($\gamma^{53(2)b}$)黑云母花岗岩，各主要岩土体地质特征如下：

(1)填筑土：为隧道洞口开挖的弃土，成分主要为砂质黏性土、全～强风化花岗岩，稍湿，松散，厚薄不均，下部含较多淤泥，淤泥深灰色，流塑，含贝壳碎屑及砂粒。

(2)黏土：以白色为主，局部为棕黄夹灰白色，含较多的砂粒，局部夹有细腻的黏土层，硬塑～半干硬状。

(3)粗砂：黄色为主，饱和，中密，成分以石英、长石为主，粒较均，呈透镜体状分布于黏土中，厚度为0.5～0.7m。

(4)粗砾砂:黄色为主,底部多为灰白色,饱和,密实,成分以石英、长石为主,局部含铁、锰质胶结物,往海域方向砂层底部逐渐含少量卵砾石,直径一般小于3cm,偶见4~8cm,砂层厚为1.2~13.5m。

(5)全风化花岗岩:一般呈棕黄~灰黄色,含灰白色及褐色斑点,岩体呈硬塑~半干硬砂质黏土或砂质亚黏土状。

(6)强风化花岗岩:褐黄色、岩石风化严重,岩芯呈密实砾砂夹黏土状,局部夹块状,块质软,锤击易碎。

图2-4-5 侵入隧道开挖断面内的砂层

各岩土层主要物理力学指标平均值见表2-4-1:

各岩土层主要物理力学指标平均值 表2-4-1

岩土名称	状态	层厚(m)	标贯击数(击/30cm)	渗透系数 10^{-5}cm/s
填筑土	松散-密实、硬塑	1.0~8.0		
黏土	硬塑	6.75~16.50	8~36.0	9.4
砾砂	密实、饱和	1.20~8.45	83.6	354
全风化花岗岩	硬塑-半干硬塑	2.0~10.0	49.3	3.0

根据地下水含水层所处位置及其不同的赋存形式,富水砂层段地下水主要为松散岩孔隙水及砂层承压水。粗(砾)砂富水性强,渗透性好,为良好的含水层和透水层,具有承压性;全风化基岩孔隙裂隙水总体上富水性弱,渗透性较差,属于弱或微含水层。浅滩段地下水主要接受陆地地下水及海水补给,受地形及海水压力的影响,地下水具承压性。

富水砂层段砂层中的孔隙水可视为陆域地下水与海域地下水之间的过渡带。受潮汐涨落的影响,当海水处于高潮时,海水向陆域渗透,补给陆域地下水,反之陆域地下水向海域排泄。下部风化基岩孔隙裂隙水因与上部的松散岩类孔隙水之间无隔水层,可接受上部孔隙水的垂直入渗补给或越流补给。

由于隧道拱顶覆盖砂层,拱部局部穿越砂层,由于砂层与海水直接连通,具有承压性,全风化层易产生渗透破坏,富水砂层段隧道开挖施工一旦发生突水涌砂将对整个工程产生灾难性的后果。

4.2 施工方案比选

4.2.1 高压旋喷桩加固地层施工方案

为解决顶板涌水和坍塌问题,施工图原设计对隧道顶板砂层采用地表高压旋喷桩进行喷浆加固处理,以降低其渗透性,提高整体强度。右线隧道富水砂层段原设计洞内采用水平高压旋喷咬合桩加固砂层及止水。

为了研究高压旋喷桩在海域砂层地质下的可行性,同时为取得高压旋喷桩的各种施工参数,利用围堰的有利条件在地表进行高压旋喷桩试验,通过试桩确定在该地层进行高压旋喷桩的各种参数(如水压、浆压、水泥用量、水灰比、桩间距等),然后进行相关取芯及抽水试验,要求桩体渗透系数:$K \leqslant 10^{-6}$cm/s,强度对应的标准贯入度试验不小于60击。

1. 试验参数

此次试验采用三重高压旋喷,单续孔连续施工。试验分三段进行,钻孔深度为26m,主要加固地层中的全部砾砂层和2m厚的全风化层，旋喷长度为5～7m。试验桩主要参数见表2-4-2，现场实际试验参数见表2-4-3。

试验桩主要参数　　表2-4-2

	一　区	二　区	三　区
水泥用量	800kg/m	700kg/m	600kg/m
提升速度	7cm/min，5cm/min	7cm/min，5cm/min	5cm/min
共用参数	水压：32MPa	水量：100L/min	气压：0.6MPa
	气量：1.8m^3/min	水灰比：0.8	浆压：2～2.5MPa

实际试验参数（一区）　　表2-4-3(a)

桩　号	1号	2号	3号	4号	5号	6号	7号
桩长(m)	5	5	7	5	7	7	5
浆压(MPa)	2.5	2.5	2.5～3	2.5	2～2.5	2～2.5	2
提升速度(cm/min)	7	7	7	7	5	5	5
水泥用量(kg/m)	800	800	814	800	800	800	800

实际试验参数（二区）　　表2-4-3(b)

桩　号	1号(8号)	2号(9号)	3号(10号)	4号(11号)	5号(12号)	6号(13号)	7号(14号)
桩长(m)	5	7	7	5	7	7	5
浆压(MPa)	2	2～2.5	2～2.5	2	2～2.5	2～2.5	2
提升速度(cm/min)	5	5	5	5	7	7	7
水泥用量(kg/m)	700	714	700	720	700	700	700

实际试验参数（三区）　　表2-4-3(c)

桩　号	1号(15号)	2号(16号)	3号(17号)	4号(18号)
桩长(m)	5	7	7	5
浆压(MPa)	2	2～2.5	2～2.5	2
提升速度(cm/min)	5	5	5	5
水泥用量(kg/m)	610	614	615	600

2. 试验桩钻芯取样分析

试验桩施工完毕后，选取特殊位置进行取芯试验，位置如图2-4-6所示。

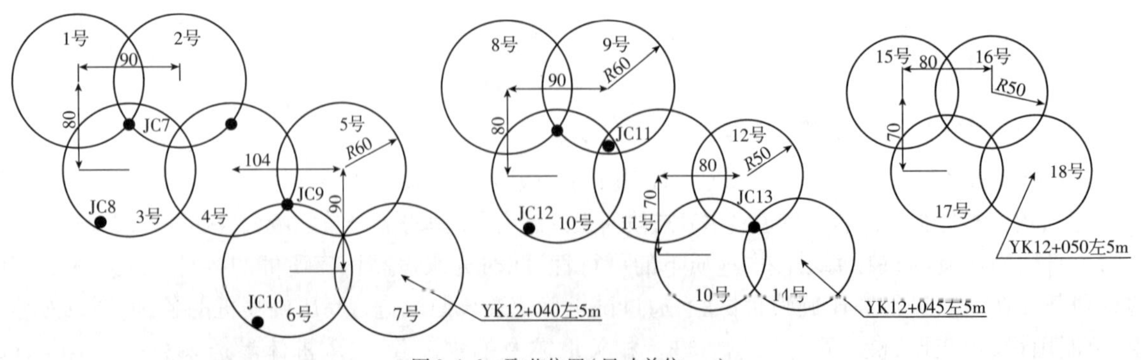

图2-4-6　取芯位置（尺寸单位：cm）

(1)芯样描述

①JC7，如图2-4-7所示：桩身长18.20～24.00m，芯样长5.80m，成分主要由水泥浆及中粗砂组成。

芯状呈散体状，局部呈短柱状，断面较粗糙，断面吻合一般或较差，未见夹泥，干强度高，干。标准贯入试验修正击数大于60击。桩身的渗透系数为1.2×10^{-4}cm/s。

图2-4-7 JC7芯样

②JC8，如图2-4-8所示：桩身长17.20~24.1m，芯样长6.90m，呈灰色、浅灰色，成分主要由水泥浆及中粗砂组成，芯状呈松散状，主要表现为中粗砂，表面粗糙，断面吻合差，仅见少量水泥浆，夹泥很多，湿。取芯范围内未见桩体。

图2-4-8 JC8芯样

③JC9，如图2-4-9所示：桩身长17.7~24.3m，芯样长6.7m，成分主要由水泥浆及中粗砂组成。20.4~21.9m段芯状呈长柱状，其余芯状呈碎块状，断面较粗糙，断面吻合一般，未见夹泥，干强度高，干。标准贯入试验修正击数大于60击。桩身的渗透系数为4.5×10^{-5}cm/s。

图2-4-9 JC9芯样

④JC10，如图 2-4-10 所示：桩身长 17. 9 ~ 24. 40m，芯样长 6. 50m，呈灰色、浅灰色，成分主要为水泥浆及中粗砂组成。芯状呈松散状，主要表现为中粗砂，表面粗糙，断面吻合差，仅见少量水泥浆，夹泥很多，湿。取芯范围内未见桩体。

图 2-4-10 JC10 芯样

⑤JC11，如图 2-4-11 所示：桩身长 19. 2 ~ 24. 70m，芯样长 5. 50m，呈灰色、浅灰色，成分主要为水泥浆及中粗砂组成。芯状呈松散状，主要表现为中粗砂，表面粗糙，断面吻合差，仅见少量水泥浆，夹泥严重，湿。取芯范围内未见桩体。

图 2-4-11 JC11 芯样

⑥JC12，如图 2-4-12 所示：桩身长 18. 9 ~ 24. 3m，芯样长 5. 4m，呈灰色、浅灰色，成分主要为水泥浆及中粗砂组成。20. 4 ~ 23. 5m 段芯状呈松散状或碎块状，表面粗糙，断面吻合差，未见夹泥；19. 5 ~ 20. 4m、23. 5 ~ 24. 3m 段主要表现为砂层，芯状呈松散状，表面粗糙，断面吻合差，见少量水泥浆，夹泥很多，湿。

图 2-4-12 JC12 芯样

⑦JC13,如图2-4-13所示:桩身长17.2~24.10m,芯样长6.90m,呈灰色、浅灰色,成分主要为水泥浆及中粗砂组成。芯状呈松散状,主要表现为中粗砂,表面粗糙,断面吻合差,仅见少量水泥浆,夹泥很多,湿。

图2-4-13　JC13芯样

(2)检测总体评价。

①标贯试验:本次在JC7、JC9孔进行的标准贯入试验击数均大于60击,符合要求。

②渗透系数:据JC7和JC9孔所作的注水试验,桩身的渗透系数分别为1.2×10^{-4}cm/s、4.5×10^{-5}cm/s,均大于1×10^{-6}cm/s,不符合要求。

根据JC8、JC10、JC11孔所取芯样情况,说明试验选择桩距的排距偏大。

从取芯情况来看,本次试验未达到既定的目标,但可以得出以下两点结论:

a. 从JC7、JC9芯样可以看出,全风化层的加固效果要比砂层的加固效果好。

b. JC7和JC9芯样明显好于JC12和JC13芯样,这说明水泥用量越大,桩体的胶结效果越好。

3. 试验结果

从旋喷桩取芯检测的结果来看,标准贯入均达到要求,渗透系数均未达到要求,说明旋喷桩已经达到加固地层的作用,但堵水效果还不明显,分析原因如下:

(1)被加固砂层的孔隙率较大,且含水饱和,选用2~2.5MPa的注浆压力,可能会使水泥浆液渗透扩散范围加大,导致预定加固范围内的水泥浆量减少,与砂层胶结不充分。

(2)砂层中的水受潮汐影响具有流动性。水泥浆在未凝固之前很有可能被砂层中的流动水带走,造成桩体水泥浆含量减少。

(3)采用单序连续孔施工,在引孔和旋喷时均发现已经注浆的相邻孔有水泥浆液返出,这有可能是高压水置换相邻孔的水泥浆液,造成相邻孔桩体的水泥浆量减少。

(4)由于试验桩本身数量有限,没有形成群桩效应,防水效果自然不够理想,故桩体的渗透系数偏大,不符合要求。如果大面积展开施工,预计渗透系数有所减小,防水效果有所改善。

(5)旋喷机的高压出水口与喷浆口间距为45cm(高压出水口在上),按照提升速度5cm/min计算,喷浆至高压水切割位置需要9min。由于砂层的自稳性差,在喷浆开始时可能该段已经坍孔,造成旋喷半径减小和胶结效果不好。

4. 改进措施

(1)将三重管改为二重管。将原机械的高压水喷口堵塞,原水泥浆喷口不变,将高压风出口改为水玻璃出口,使水泥浆喷出压力达到20MPa,水玻璃喷出压力达到1~2MPa。改进后经过现场试验,可以满足设计要求。

(2)将单液浆改为双液浆。在浆液中按水泥浆体积比1:0.2加入水玻璃,试验室理论凝结时间为8min20s。采用双液浆旋喷,经现场观察返出浆液可以在2min内凝结。

5. 对比试验分析（如图 2-4-14 所示）

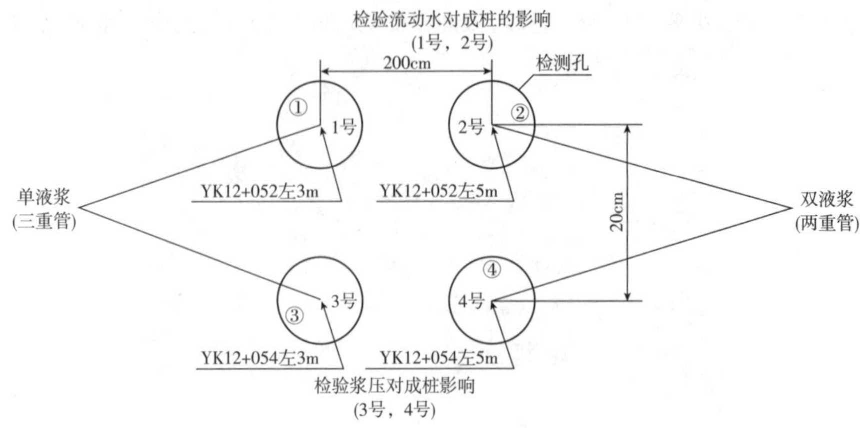

图 2-4-14 对比试验分析

（1）试验参数，见表 2-4-4。

高压旋喷桩试桩参数 表 2-4-4

桩　号	1 号	2 号	3 号	4 号
水压（MPa）	30		30	
气压（MPa）	0.6	0.6	0.6	0.6
水灰比	0.8∶1	0.8∶1	0.8∶1	0.8∶1
水泥浆压（MPa）	2～2.5	20	1	20
平均水泥浆（L/min）	57	57	57	57
提升速度（cm/min）	5	5	5	5
主轴转速（r/min）	10	10	10	10
水泥用量（kg/m）	800	800	800	800
水玻璃用量（L/m）		92		184
水玻璃压力（MPa）		1		2

（2）采用双液浆旋喷，经现场观察返出浆液可以在 2min 内凝结。注水试验得出各桩渗透系数分别为：$K_1=5.4\times10^{-4}$cm/s、$K_2=1.6\times10^{-5}$cm/s、$K_3=4.3\times10^{-5}$cm/s、$K_4=2\times10^{-6}$cm/s，均达到设计要求。

6. 高压旋喷桩试桩试验结果分析

根据现场试验情况来看，揭示了静压注浆和高压旋喷注浆的地质适应性问题。试验地层主要有 4 套，即粉质黏性土、粗砂、砾砂、全风化花岗岩。在粉质黏性土和全风化花岗岩地层中，由于地层渗透系数小（为 10^{-5}cm/s 数量级以下），采用高压旋喷施工效果较好。但对于粗砂和砾砂地层，由于地层渗透系数较大，为 10^{-3}cm/s 数量级以上，在这种地层中旋喷效果不好，成桩质量受动水影响明显。虽然在试验中通过将三重管改为二重管旋喷桩、水泥浆液改为水泥水玻璃双液浆使得高压旋喷桩在粗砂和砾砂地层试桩成功，但是施工控制的难度较大，施工质量具有不稳定性，故在现场施工中放弃此方案。

4.2.2 地下连续墙与井点降水方案

由于砂层覆盖影响区达 610m，为保证隧道安全施工及确保止水效果，首先采用帷幕止水，切断海水对砂层的补给通道，并通过降水井疏干砂层中的水，使该区域满足隧道施工要求，消除隧道施工时砂层产生突水、涌水和坍塌的安全隐患。由于隧道经过的海域浅滩段已经被围堰及洞渣回填，因此可利用地下连续墙将整个砂层段分隔成仓，设置降水井分期抽水。纵向连续墙沿左、右线行车隧道外侧 15m 进行布置，横向连续墙根据实际情况进行布设，本段砂层共设置 3 道横墙（如图 2-4-15 所示）。

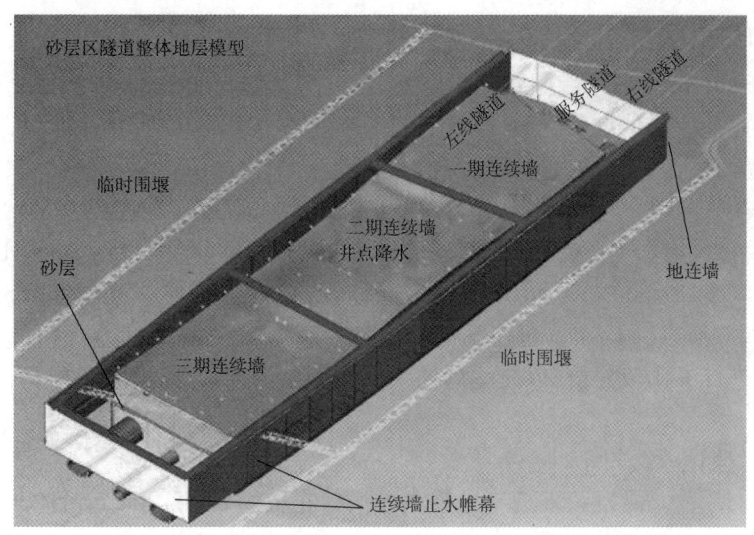

图 2-4-15　地下连续墙布设

1. 地下连续墙

根据地质条件,设计封闭的地下连续墙结构,隔绝隧道与周边的水力联系。地下连续墙厚 60cm,槽段设置以 6.5m 为基本槽段,拐角设“丁”字形构造,墙身混凝土强度等级为 C25 素混凝土。地下连墙墙顶搭接导墙 20cm,墙顶绝对高程为 4.7m,墙底高程为 -12 ~ -22.8m,进入全风化层 4 ~5m。3 ~4 个槽段变化一个高程。连续墙本阶段长 238.6m,考虑以后衔接,四角各预留导墙 1.5m,即导墙长 244.6m。

2. 降水井

在地下连续墙内侧、隧道两侧设置 ϕ60cm 降水群井,降水井井底高程与邻近连续墙底高程一致,通过降水,使原隧道承压水基本疏干。

疏干井采用大口径无砂混凝土管,井径 600mm,井壁填充滤料采用 5 ~10mm 豆石。井纵向间距为 15 ~20m,共设置 4 排,分布在主洞外侧及主洞与服务隧道之间(如图 2-4-16 所示)。井深根据隧道及临近的连续墙槽深设置,深井主要设置在连续墙周边,井底进入全 ~ 强风化层 6.0m。浅井设置在内部,井底进入砂层底部即可,降水井具体位置及数量根据成槽揭示砂层及抽水状态进行调整。

观测井用来观测水位变化情况,检测抽水及帷幕效果。沿地下连续墙外侧设置井径为 130mm 的观测井(井底高程与临近地连墙底高程齐),观测井纵向间距为 70m,横墙由于长度较短,在外侧设置 2 口;连续墙内侧可利用部分降水井作为观测井。

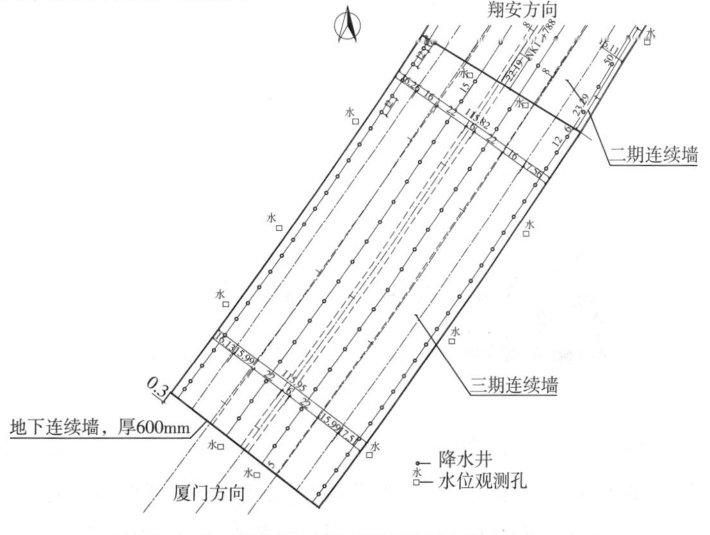

图 2-4-16　降水井、观测井平面布置(尺寸单位:m)

4.2.3 隧道超前加固技术方案

根据工程地质条件，本工程注浆主要以加固注浆为主。通过进行超前注浆，固结砂层，提高砂层的黏结力和内摩擦角，并提高砂层的自稳能力，防止开挖过程中砂层坍塌。在部分地段，若降水效果不理想，注浆起到堵水和加固两重作用。通过进行超前注浆，挤走砂层中的游离水，降低砂层的渗透能力，防止开挖过程中发生涌砂灾害；同时也达到加固砂层作用，防止开挖过程中砂层坍塌。

由于深孔超前注浆 + 小导管支护方案无法满足隧道施工进度要求，从现场施工状况和工程实际出发，放弃该设计支护方案，改为在砂层段分别先后进行普通小导管（水泥浆）和 TSS 小导管后退式注浆（水泥浆、水泥水玻璃双液浆、固沙剂）超前预支护作为隧道施工辅助措施进行相关的试验研究，并对几项试验的注浆效果，进行了比较分析，以能达到注浆加固地层为前提，选择最为经济而且合理可行的施工方案进行超前支护。

1. 普通小导管注浆试验（如图 2-4-17 所示）

在掌子面打设完普通小导管后，发现小导管内被泥砂充填约 80～100cm，对注浆效果影响很大，故此方案放弃。

图 2-4-17 普通小导管注单液浆效果

2. TSS 小导管 + 水泥浆注浆试验（如图 2-4-18 所示）

水泥浆水灰比为 1∶1。本次试验在注浆过程中，发现水泥浆浆液可注性较好，但固结时间较长，在水量较大位置，效果不佳，不能较好的堵水，对涌水的防治不利，且施工循环时间较长，故此方案放弃。

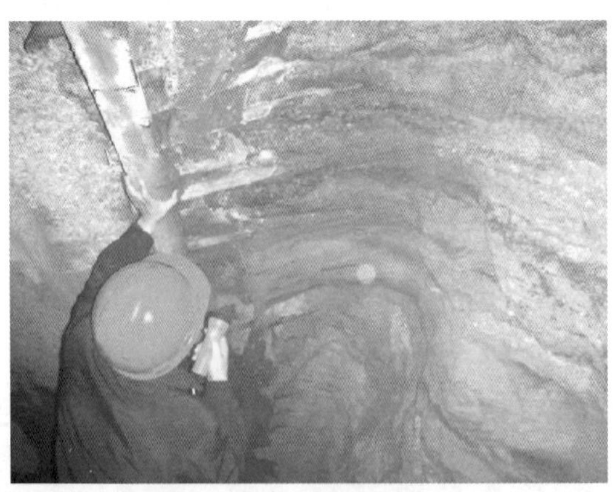

图 2-4-18 TSS 小导管注单液浆效果

3. TSS 小导管 + 固砂剂注浆试验（如图 2-4-19 所示）

本次试验结果表明，固砂剂浆液的扩散半径及加固砂层的效果均能满足施工要求，但固结时间长达 6h，且固砂剂每吨成本高达 3150 元，不利于施工进度，且成本较高，故此方案放弃。

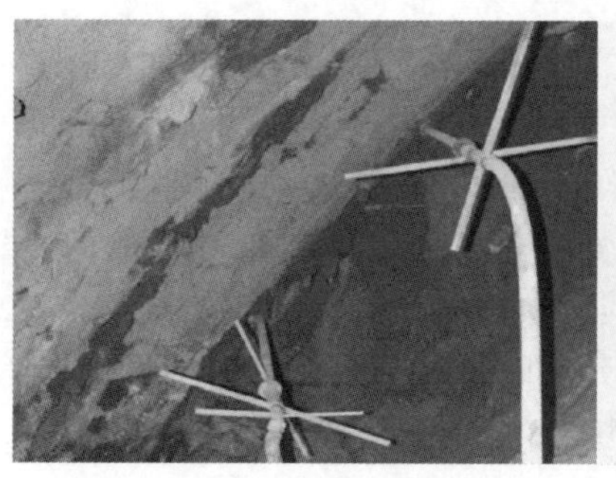

图2-4-19　TSS小导管注浆及固砂剂固结效果

4. TSS小导管+水泥水玻璃双液浆注浆试验(如图2-4-20所示)

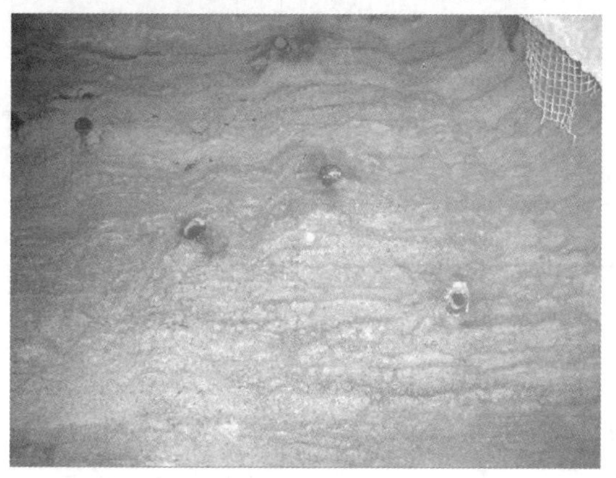

图2-4-20　TSS小导管注双液浆效果

水泥水玻璃双液浆比例为(1∶1)∶0.2,本次试验效果较好,双液浆不但可注性较好,还能达到一定的止水效果,而且固结时间快(3min胶凝),能满足快速施工要求,对沉降控制有利,而且水泥水玻璃双液浆的成本较固砂剂低,故此方案可行。

5. 试验结论分析(见表2-4-5)

注浆试验对比　　表2-4-5

小导管	普通小导管注浆	TSS管后退式分段注浆		
注浆液	水泥单液浆	水泥单液浆	固砂剂	水泥-水玻璃双液浆
配比	$W:C=1:1$	$W:C=1:1$	$W:S=3:1$	$W:C=(1:1):0.2$
固结时间	8h	8h	6h	16min
优点	成本低	成本低,可注性好	颗粒细,可注性好	可注性较好,固结时间短,提高施工进度
缺点	打入时小导管进砂,注浆效果差,固结时间长,不利于施工进度	固结时间长,不利于施工进度	成本高,固结时间较长,不利于施工进度	对现场操作要求较高
最佳方案	采用TSS管注水泥水玻璃双液浆(1∶1)∶0.2			

经技术、经济比较,选用TSS小导管后退式注水泥-水玻璃双液浆进行超前预注浆加固。

4.3　施工技术

通过对施工技术方案试验研究结果的分析,现场决定采用在洞外采取地下连续墙和降水井对地下水进行控制、在洞内采用TSS小导管注浆加固的技术方案穿越隧道浅滩砂层地段。

4.3.1 地下连续墙施工

1. 连续墙施工参数

地下连续墙导向槽采用 C30 钢筋混凝土浇筑，导墙埋深 1～2m，墙顶高出地面 0.1～0.2m，导墙内净距比连续墙厚度大 3～5cm；地下连续墙采用素 C25 水下混凝土，厚度为 60cm，与导墙搭接 20cm，地下连续墙垂直方向穿过砾砂层，深度进入全风化花岗岩层 4.0～6.0m（如图 2-4-21、图 2-4-22 所示），防止海水从连续墙底部绕流进入帷幕区内。连续墙基本单元槽段为 6.5m，拐角、T 形槽段设长短边，短边长最小为一个抓斗的长度，闭合槽由周边尺寸进行适当调整。

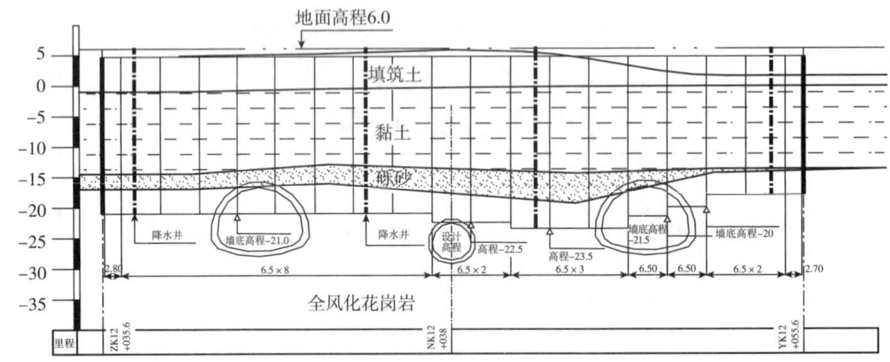

图 2-4-21 地下横向连续墙断面（尺寸单位：m）

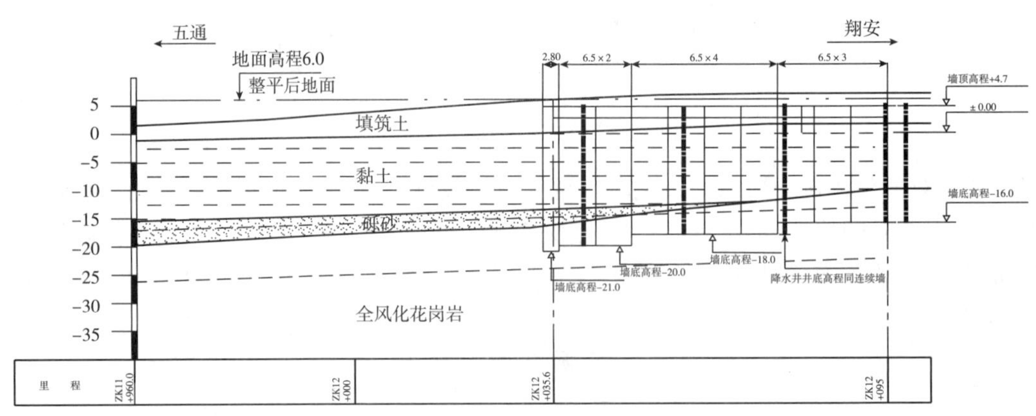

图 2-4-22 地下连续墙纵向断面（尺寸单位：m）

2. 连续墙施工准备

（1）挖槽工艺的选取。根据常规方法采用平行流水作业，同时为提高施工效率，采用“两钻一抓”和回转式多头钻机施工槽段特殊工艺成槽。“两钻一抓”即在每个抓斗槽段的两端各预先施工一个直径与墙身厚度相等的孔，两孔中心间距控制在抓斗最大张开范围内。成槽施工时采用抓斗机将两孔中部土方挖出，“引孔”起成槽导向作用，同时产生临空面，易于槽段开挖。回转式多头钻机是以回转的钻头切削土体进行挖掘，钻出的土渣随循环的泥浆排出地面。

（2）单元槽段的划分。单元槽段的划分主要取决为单元槽段的宽度、连续墙的平面几何尺寸。单元槽段的长度主要受开挖槽壁的稳定性控制，同时还取决于地面荷载、槽段深度、单位时间内混凝土的供应能力、施工现场泥浆池的容积和施工设备的能力，如液压抓斗机的每铲开槽长度等。单元槽段的宽度大小直接影响连续墙成槽的质量及施工效率。

单元槽段（m）=4h 内混凝土的最大供应量（m^3）/［墙宽（m）×墙深（m）］

Ⅰ期、Ⅱ期的槽段平均深度为 25m、30m，而Ⅲ期的最大设计深度达 38m，4h 内混凝土的实际最大供应量 120m^3。为符合施工规范要求和保证施工进度，Ⅰ期、Ⅱ期槽段长度基本取 6.5m，Ⅲ期槽段长度取 6m。

3. 连续墙施工工艺步骤及技术措施

(1)工艺流程:场地平整→测量放线→钢筋混凝土导墙施工与养护→槽段划分→泥浆制备→钻设导孔→冲抓成槽→浇筑混凝土→泥浆循环→弃土倒运。

(2)导墙制作:导墙施工地下连续墙挖槽前的临时性结构物,对挖槽具有很重要的作用。它在施工中的主要作用有:储备泥浆、导向作用;承受荷载(拔管)和成槽抓斗的冲击力;槽段开挖中承担挡土墙作用;可以标记槽段划分,施工测量高程的基准。

现场施工中自然地面1.5~5m范围均为新填土,土质松散,为保证导墙和槽口土体的稳定,并能具备承担连续墙施工过程中的相应荷载,导墙截面设计为"┐ ┌"形整体式钢筋混凝土结构,同时为防止导墙坍塌及变形,成槽机下面及浇筑混凝土槽段位置铺设厚钢板。如图2-4-23所示为T形槽段。

图2-4-23 T形槽段

导墙配筋采用双向双层螺纹 ϕ12mm@200mm 钢筋,外模板采用厚度120mm的砖模(间隔3m设置240mm砖垛),内模采用钢模板,现场浇筑,混凝土强度等级为C30。墙在混凝土强度达到设计强度的80%以后(即2~3d后)拆模。同时在内墙侧面分二层支撑75mm×75mm方木,以防止导墙向内挤压,方木水平间距为1.5m,上下间距为0.9m。导墙外侧回填土应尽量采用黏土回填密实,否则现场施工时存在由于地表水从导墙背后渗入,而引起槽壁坍塌的危险。导墙结构图和导墙施工照片如图2-4-24、图2-4-25所示。现场施工中导墙虽然为临时工程,但它的质量好坏对连续墙的顺利施工起着重要作用,所以现场对导墙的施工质量一定要严格控制。

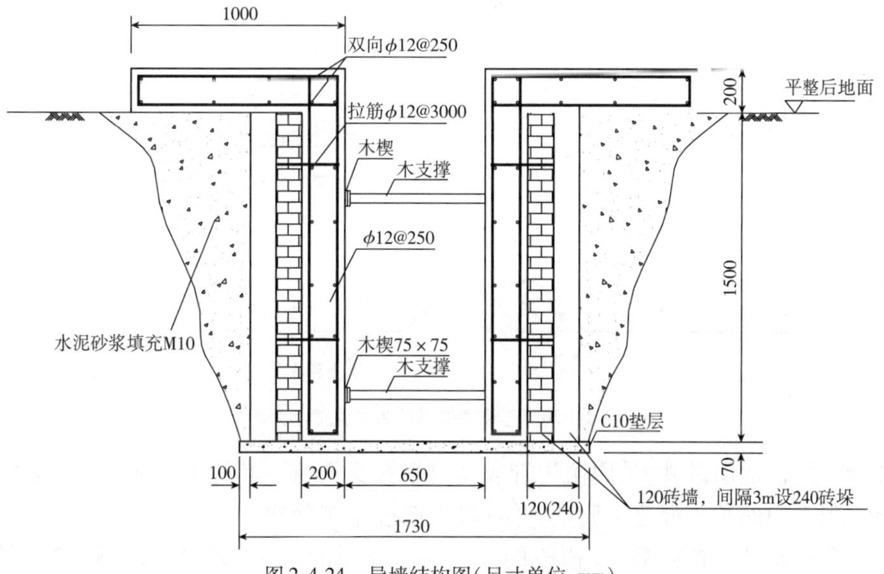

图2-4-24 导墙结构图(尺寸单位:mm)

图 2-4-25 导墙施工

(3)泥浆护壁。

①泥浆作用:护壁、携渣、冷却机具和润滑的作用(多头钻机施工)。

②泥浆制作方法如下。

调配泥浆:购买膨润土,掺加一定比例的 CMC 溶液进行试验,保证现场施工时一定时间内泥浆不会发生泥浆离析现象。现场施工时泥浆如发生离析现象,分成清水和下部含有膨润土的固体颗粒,因清水无法起到护壁的作用,故容易发生坍壁的现象。

自制泥浆:在导槽内加入清水,冲击钻机和多头钻机施工中将清水与泥土拌和,边冲孔或成槽边产生泥浆,但产生的泥浆使用时要经过沉淀过滤处理,保证含砂率符合要求(见表 2-4-6)。

③泥浆拌制要点:泥浆搅拌严格按照操作规程和配合比要求进行。

在成槽施工中,泥浆会受到各种因素的影响而降低质量,为确保护壁效果及混凝土质量,应对槽段被置换后的泥浆进行测试,对不符合要求的泥浆进行处理,直至各项指标符合要求后方可使用。

严格控制泥浆的液位不低于导墙顶面以下 30cm,及时补浆,以防塌方。

施工泥浆性能及指标 表 2-4-6

项 次	项 目	单 位	新 泥 浆	废 弃 泥 浆	检 验 方 法
1	密度	g/cm^3	1.04 ~ 1.15	>1.3	泥浆密度秤
2	黏度	s	25 ~ 35	>50	500mL/700mL 漏斗法
3	含砂率	%	—	>7	含砂量测定器
4	pH 值	—	7 ~ 9	>10	pH 试纸

(4)地下连续墙接头施工,其步骤如图 2-4-26 所示。

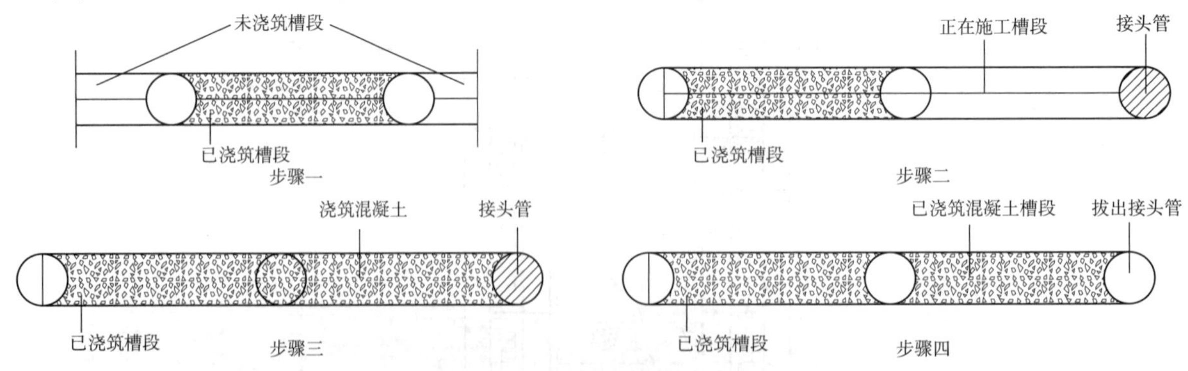

图 2-4-26 连续墙槽段接头管施工过程

根据工程特点,结合地层条件,采用接头管或锁口管接头构造。其施工方便、工艺成熟;刷壁易行,易清除墙侧壁泥浆,利于确保接头混凝土质量;并且施工槽段施工简捷。

施工时,待一个单元槽段挖好后,在槽段的端部用吊车垂直放入 ϕ580mm 的锁口管接头,浇筑混凝土，然后待混凝土强度达到0.05～0.20MPa时（一般在混凝土浇筑后3～5h），开始用吊车配合液压顶架提开锁口管，上拔速度应与混凝土浇筑速度、混凝土强度增长速度相适应，一般为2～4m/h，并应在混凝土浇筑终凝前8h内将接头管全部拔出。接头管拔出后，单元槽段的端部就形成半圆形，继续施工时即形成两相邻单元墙段咬合式半圆形接头。连续墙槽段接头管施工如图2-4-27所示。

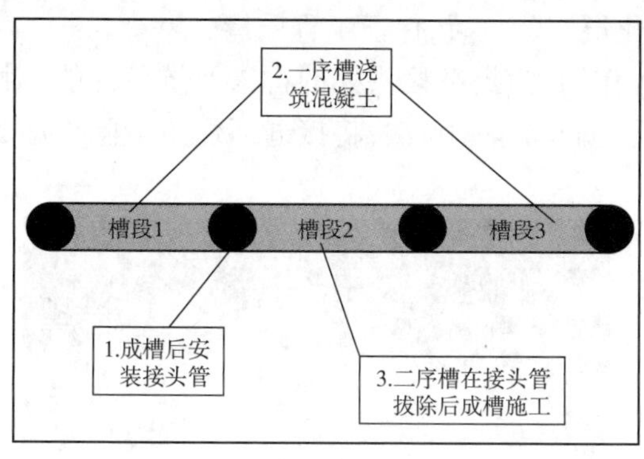

图2-4-27 连续墙槽段接头管施工

（5）成槽施工准备：

①槽段放样：根据设计图纸槽段划分图和控制点及水准点在导墙上精确定位出地墙分段标记线，并根据接头实际尺寸在导墙上标出接头位置。

②引孔：采用“两钻一抓”工艺，引孔设备采用Φ600mm冲击钻机，成孔过程采用泥浆护壁；成孔过程中控制卷扬机升降速度，减少钻头（冲锤）对孔壁的冲刷及产生负压，影响孔壁稳定。钻机施工中必须严格控制成孔垂直度及孔位，垂直度偏差小于1/150，孔位偏差小于50mm，孔径偏差小于50mm。导孔施工时应临时加强邻近设备区域的导墙支撑。

③施工槽段：成槽机就位要求成槽机履带与导墙轴线平行，履带下铺设不小于10mm厚钢板，增加履带与地面的接触面积，成槽顺序根据每个槽段的尺寸、导孔的数量及挖槽的幅数和次序进行。

（6）槽段施工（如图2-4-28、图2-4-29所示）：

①挖土成槽：成槽前向导墙内注入护壁泥浆，根据施工经验，液面越高所需的泥浆比重越小，槽壁失稳的可能性越小，即泥浆液面一定要高出地下水位一定的高度。由于施工地段经前期勘察地下水位在-2.22～1.36m，所以成槽时泥浆面控制在导墙顶面以下300mm即可（导墙顶高程为5.5～6.0m之间）。成槽过程中，抓斗入槽、出槽时应慢速、稳当，在穿越不稳定层时，应特别注意。如发现翻泡、大量流失或地面下降等，不得盲目掘进，待查明原因后再行施工。在抓土时槽段两侧采用土坝围堵导墙，使该导墙内泥浆不受污染，抓出的土根据现场情况晾晒、铺开。

图2-4-28 成槽机施工

②垂直度及槽深控测：成槽过程中，利用成槽机上的仪器随时观测成槽垂直度，发现偏差及时纠正。槽深采用标定好的测绳测量，每幅根据其宽度测 2 ~ 3 点，同时根据导墙实际高程控制挖槽的深度，以保证地墙的设计深度。

③判断地层情况：由于要求连续墙深入全风化层 4 ~ 5m，因地质勘探太粗，现场地质情况有所变化，须对每一抓抓出的土样进行检查，确定每个槽段全风化层实际位置，保证工程质量。

④接头管位置刷壁：本工程连续墙兼有挡土、隔水作用，为提高接头处的抗渗及抗剪性能，对连续墙与接头接合处，用外型与接头相吻合的接头刷，上下反复刷动 5 ~ 10 次，将接缝面泥皮清除干净，确保相邻槽段连接良好，混凝土浇筑后密实、不渗漏。

图 2-4-29　接头刷及施工

⑤清底：成槽完毕，清底时间在浇筑混凝土之前，现场施工采用的是沉淀法清底。由于现场成槽机成槽后需下接头管，利用这段时间让泥浆中的土渣沉淀，然后采用撩抓法清底。

⑥连续墙成槽质量标准。

槽段倾斜度：≤1/150；槽底沉渣厚度≤300mm；

混凝土浇筑前槽底泥浆密度：≤1.25g/cm^3；墙顶中心线允许偏差：±30mm；

槽段长度允许偏差：±50mm；槽段厚度允许偏差：±10mm。

(7)混凝土浇筑。

①浇筑步骤：

a. 采用导管法浇筑水下混凝土，如图 2-4-30 所示。混凝土导管选用 $D=250$mm 的圆形快速接头型，浇筑混凝土前必须办完所必须的隐蔽工程验收单和导管气密性试验。

图 2-4-30　现场浇筑水下混凝土

b. 用导管提升机或吊车将导管吊入槽段规定位置。混凝土浇筑前应测试其的坍落度，并做好试块。

c. 混凝土设计强度等级为 C25，混凝土的坍落度为 18 ~ 22cm，混凝土中的粗集料粒径控制在 5 ~

25mm 范围内，初凝时间≥5h。

②浇筑技术控制：

a. 检查导管的安装长度，导管底部距离槽底高程约 50cm，导管埋入混凝土深度保持在 2～6m。

b. 导管开管应保证初灌量。一般每根导管应备有 1 车 $6m^3$ 混凝土量。为保证混凝土在导管内的流动性，防止出现混凝土夹泥的现象，槽段混凝土面应均匀上升且连续浇筑，浇筑上升速度不小于 2m/h，两根导管间的混凝土面高差不宜大于 50cm。

c. 在混凝土浇筑时，不得将路面洒落的混凝土扫入槽内，污染泥浆。混凝土顶面高程设置在导墙底高程以上 0.2m 处。

d. 导管间距要求控制在 3～4m，与端部距离控制在 2m 内。

③混凝土防绕流质量控制。混凝土绕流现象产生原因主要是槽壁土体塌方，混凝土通过槽壁塌方处穿绕到混凝土接头管另一侧，达到一定强度后，导致相邻槽段成槽困难。拟采用以下措施预防及纠正混凝土绕流现象：

a. 采用性能优良的护壁泥浆，以减少槽壁土塌方，减少混凝土绕流的可能性。

b. 对可能处出现水泥浆绕流现象的槽段，在混凝土未达到设计强度前对该槽段施工，用冲击锤，边冲边抓，确保成槽顺利进行。

4.3.2　深井降水施工

1. 工艺流程

井点放线→钻机就位→冲击钻孔→孔内循环→下放滤管→管壁投放滤料→洗井→安装潜水泵和供电设备→铺设排水干管→试抽→降水运行

2. 疏干降水井施工参数

疏干降水井采用大口径无砂混凝土管（如图 2-4-31 所示），井径为 600mm，井壁填充滤料采用 5～10mm 豆石。井纵向间距为 15～20m，共设置 4 排，分布在主洞外侧及主洞与服务隧道之间。井深根据隧道及邻近的连续墙槽深设置，深井主要设置在连续墙周边，井底进入全～强风化层 6.0m。浅井设置在内部，井底进入砂层底部即可。降水井具体位置及数量根据成槽揭示砂层及抽水状态进行调整。

图 2-4-31　降水井无砂混凝土管施工

连续墙防渗止水帷幕封闭后即可以开始大面积抽水，抽水采用智能高扬程潜水泵，既能减少抽水人员又能做到及时抽水。为防止突然停电而造成降水停止，现场要根据水泵总功率配置发电机、动力电和自备电源并设置自动切换装置。

由于降水井点多、面广，水泵抽出的水全部用软管接到导墙内统一排入海内。

3. 观测井

观测井用来观测水位变化情况，检测抽水及帷幕效果。沿地下连续墙外侧设置井径为 130mm 的观测井（井底高程与邻近地连墙底高程齐），观察井纵向间距为 70m，横墙由于长度较短，在外侧设置 2 口；连续墙内侧可利用部分降水井作为观测井。

4. 降水井抽水观测

(1)抽水期间,每天派专人定时观测降水井并记录井水位变化情况,汇总整理后及时分析,指导施工。如发现降水井水位下降缓慢或者不下降,考虑在内侧加密降水井和采用大功率水泵抽水;如发现观测井水位下降较大,在出水量较大部位连续墙外侧区域增设一定数量的降水井,用以降低外侧水位,进而降低内外水头差,减少绕流量。

(2)当确认封闭区域内降水井的水位低于砂层底面高程时,隧道才能进入该分仓区进行开挖。在砂层地段开挖前,首先应对所要开挖段前20m范围内的降水井情况进行分析,了解水位的降升及可能的分布情况,以及是否要补充降水井等。

5. 降水效果

从开挖的情况看,除局部因砂层处于V形低洼谷底有少量渗水外,大部分较干燥。

4.3.3 洞内砂层TSS小导管超前预注浆加固技术

1. TSS小导管施工工艺流程(如图2-4-32所示)

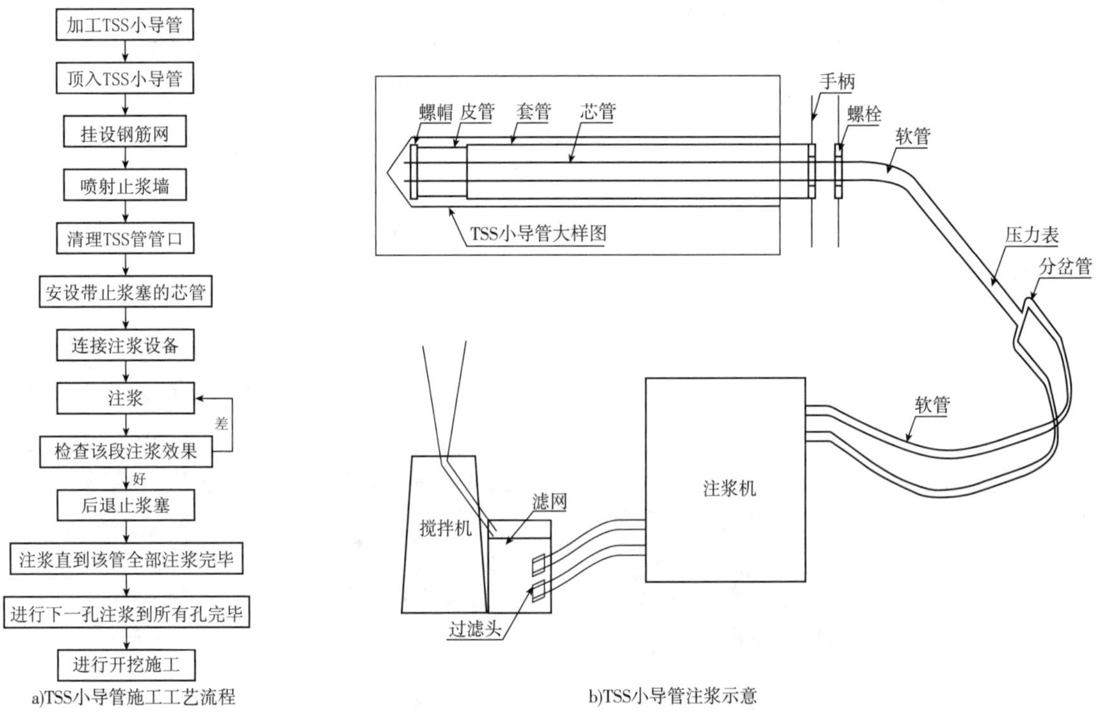

图2-4-32 TSS小导管施工工艺流程及注浆示意

2. TSS小导管加工

TSS小导管加工采用长度为3.5m,ϕ42mm×3.5mm无缝钢管,其中10cm尖头,要求尖头全封闭。端部预留50cm不钻孔,管的中部2.9m长度打设孔,每个孔纵向间距30cm,铣孔直径10mm,溢浆孔直径6mm,铣孔和溢浆孔为同心圆。台阶高度2mm,异型刀处理,保证孔内无毛刺,溢浆孔外用直径10mm塑料贴片(厚度2mm),加工好后在现场贴片(如图2-4-33所示)。

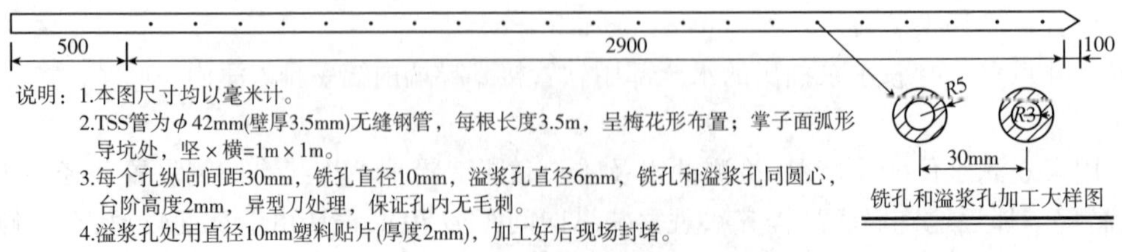

图2-4-33 TSS小导管加工(尺寸单位:mm)

3. TSS 小导管打设和注浆

将 TSS 管加工好后，采用 502 胶将溢浆孔用膜片封闭。贴膜片时要注意将 502 胶涂刷均匀，膜片粘贴牢固，防止 TSS 管顶进过程中膜片脱落，管内进砂，影响芯管的推进。然后再用 YT28 风钻将 TSS 管顶入。在顶进过程中应注意外插角的控制(5°～10°)，并要求相邻管的外插尽可能保持一致。在顶进过程中要防止 TSS 管发生弯曲，影响芯管的推进。

TSS 顶进完毕后，在拱部和掌子面进行挂网喷混凝土封闭掌子面，喷层厚度为 10cm，确保掌子面在注浆过程中的稳定，防止开裂，影响注浆效果。

掌子面封闭完成后将 TSS 管口的混凝土清除干净，并用高压风清理管内杂物，插入芯管连接注浆设备，进行注浆。注浆时分段长度为 50cm。

4. TSS 小导管注浆施工过程注意事项

封闭掌子面必须封闭密实，且必须确保封闭厚度。

严格控制注浆配合比，施工时配合比一旦选定，必须严格控制，防止因配合比随意改变影响注浆效果，或发生堵管现象。

注浆前先注清水将 TSS 管溢浆孔膜片打开，打开后连续注浆，防止因砂倒灌进入 TSS 管内，影响注浆。

5. 超前小导管及掌子面临时封闭措施

根据降水井的水位、水平探孔的水量情况以及掌子面土体的稳定性等设置超前小导管：

(1)如果水平探孔出水量小(未见有股状出水)以及掌子面土体比较稳定，表明砂层下的全风化层具有较好的隔水能力，则采用如下参数：

①砂层地段超前小导管环向采用长度为 3.5m 的 TSS 双液注浆小导管(ϕ42mm×3.5mm)，搭接长度为 1.5m，环向间距为 20cm。非砂层地段超前小导管环向采用长度为 3.5m 普通单液注浆小导管(ϕ42mm×3.5mm)，搭接长度为 1.5m，环向间距 30cm(如图 2-4-34、图 2-4-35 所示)。

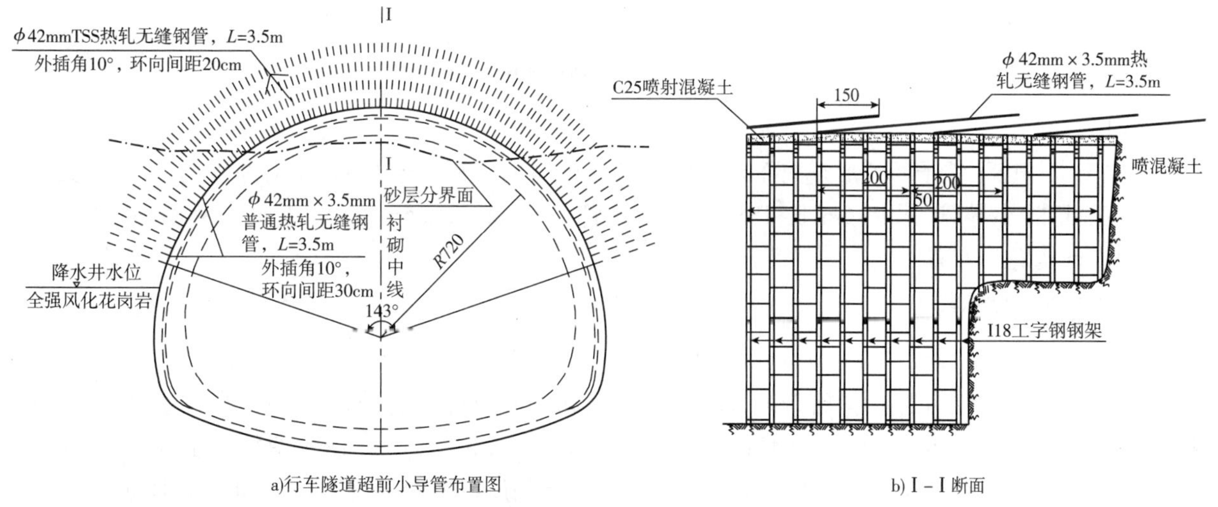

图 2-4-34 行车隧道拱部超前小导管(尺寸单位：mm)

②在掌子面弧形开挖面内砂层采用塑料网喷混凝土封闭，喷射厚度为 8cm。掌子面砂层封闭地段超前小导管，采用 3.5m 长 TSS 注浆小导管(ϕ42mm×3.5mm)，每 2m 一个循环，小导管按照 1.0m×1.0m 梅花形布置(如图 2-4-36 所示)。

(2)如果水平探孔出水量相对较大(见有股状出水)以及掌子面出现渗水、局部崩塌呈流塑状，表明砂层下的全风化透水能力较强或砂层出现起伏下降，则：

①位于水位以下地段导管采用长短结合的 TSS 注浆小导管，即 2 排 3.5m 长 TSS 注浆小导管(ϕ42mm×3.5mm)+1 排 8m 长注浆小导管(ϕ42mm×3.5mmTSS)，每排间距 2m，环向间距为 30cm，其余

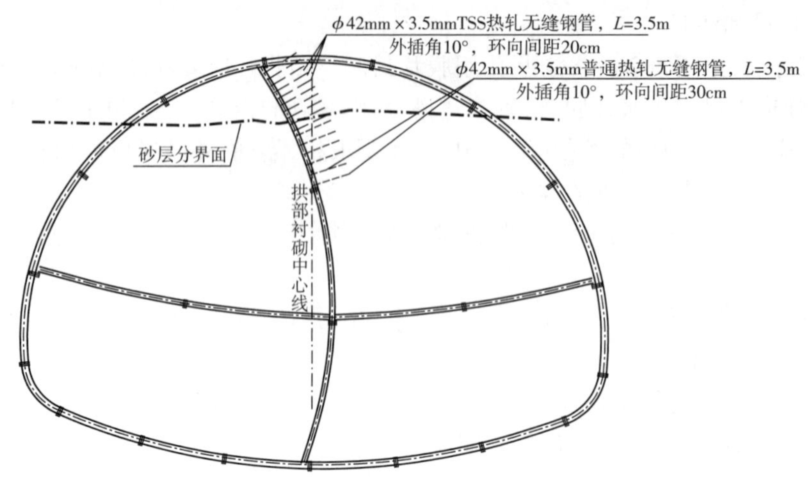

图 2-4-35 行车隧道中隔墙超前小导管

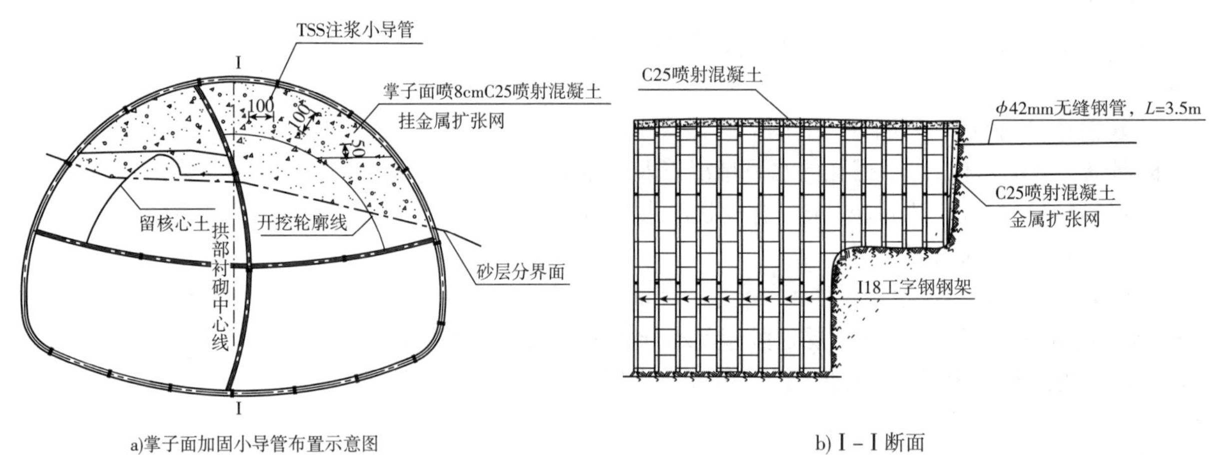

a)掌子面加固小导管布置示意图

b) I－I 断面

图 2-4-36 掌子面加固示意

地段同(1)。

②位于水位以下掌子面弧形开挖面砂层采用 C25 塑料网喷混凝土封闭，喷射厚度为 10cm。其掌子面封闭地段超前小导管，采用 6m 长 TSS 注浆小导管(ϕ42mm×3.5mm)，每 3m 一个循环，导管按照 1.0m×1.0m 梅花形布置。

4.3.4 开挖和初期支护

1. 开挖

由于双侧壁法中导坑断面呈蘑菇形，最大跨度达 12m，拱部砂层在开挖施工时更易发生坍塌；且下部断面狭窄，距离拱顶高，也不利于紧急情况下的抢险救援。因此采用 CRD 法预留核心土施工，开挖采用 PC78 挖机配合人工进行，并采用预留核心土开挖。核心土高度以方便架设钢拱架和挂设钢筋网为宜，挖掘机开挖时预留 10cm 进行人工清理，严格控制循环进尺，每次进尺 50cm。

开挖前必须有连续的超前水平钻孔进行超前地质预报，超前水平钻孔的每次探孔深度不得小于 10m，且搭接长度不得小于 3m。

2. 初期支护

(1)初期支护采用工字钢加网喷混凝土进行联合支护的方式进行初期支护。

(2)开挖完成后，检查断面并对欠挖部分进行处理，及时进行混凝土的初喷，以尽早封闭开挖面，确保施工安全。混凝土初喷厚度不小于 4cm，且不大于 6cm。为了保证初喷厚度，可根据现场施工情况在拱顶挂设金属网。

(3)初喷完毕后进行钢支撑的架设。该段永久支护钢支撑采用 I20b 工字钢,临时支护钢支撑采用 I18 工字钢。钢支撑纵向连接采用 ϕ22mm 螺纹钢筋连接,连接钢筋环向间距为 100cm。

(4)钢支撑施工完毕后进行钢筋网的安设,钢筋网采用 ϕ8mm 双层钢筋网,网格尺寸为 20cm × 20cm。双层钢筋网贴钢支撑内外弧进行布设,钢筋网必须和工字钢焊接牢固。

(5)安设钢拱架,每榀钢架分拱、墙两次架成,钢架的拱脚或脚底不得置于虚渣上。若是虚渣则先夯实,用混凝土找平并支垫槽钢或方木(50cm × 30cm × 10cm),然后再架设钢拱架。

(6)钢筋网施工完毕后进行复喷,复喷厚度为 24cm。

(7)由于砂层较松散,自稳能力差,锁脚锚管要紧随钢拱架施作,砂层段锁脚小导管布置如图 2-4-37 所示。

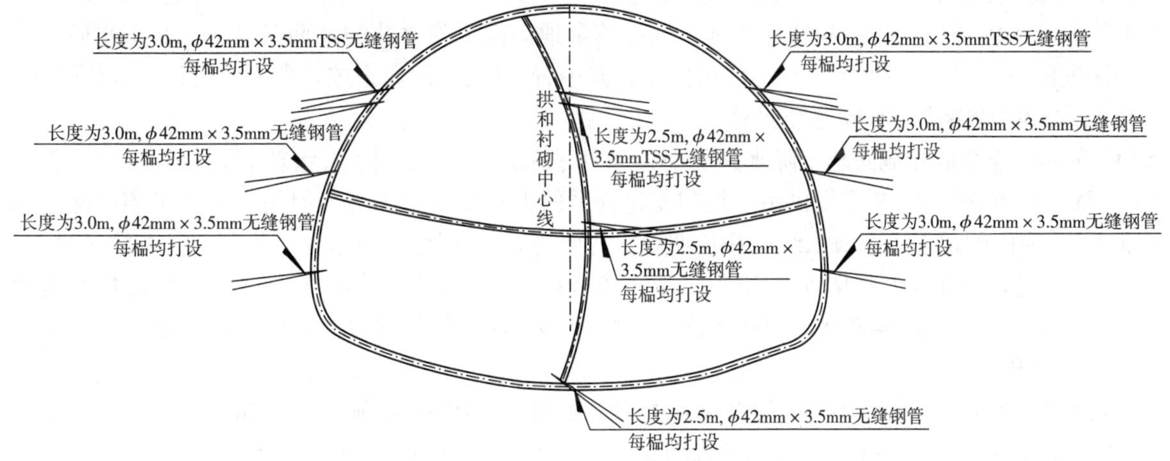

图 2-4-37　锁脚小导管加固示意

(8)临时仰拱距掌子面距离要严格控制,一般为 3 ~ 5m。

(9)系统锚杆施工:系统锚杆直径 25mm、长 4m,每延米施工 8 根。其中Ⅱ部 4 根,Ⅳ部 4 根,环向间距 100cm(纵) × 75cm(环),梅花形布置(如图 2-4-38 所示)。锚孔直径 42mm,锚孔钻完后用气清孔。在合格的锚孔中插入且装好锚头,安装止浆塞、垫板、螺母。注浆时应注意将锚孔中的气体排出。注浆时应确保浆液注满孔体,水灰比控制在 0.45 ~ 0.5:1,注浆压力控制在 0.3 ~ 0.8MPa。锚杆施工应满足抗拔力试验要求,要求锚杆抗拔力大于 100kN。

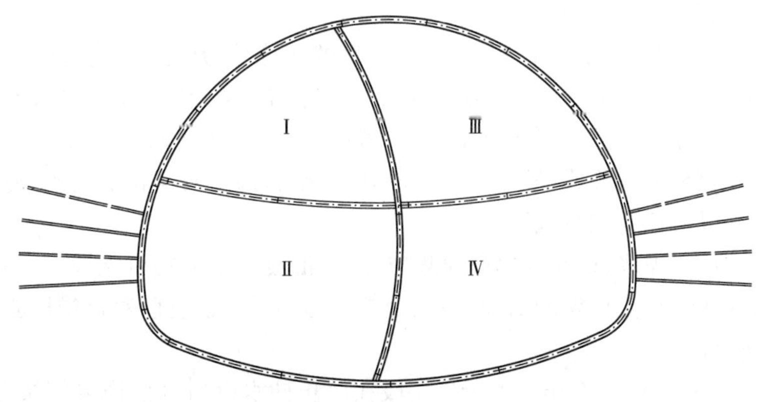

图 2-4-38　系统锚杆布置示意

3. 补偿注浆施工

砂层段初期支护施工完毕后要及时对初期支护进行补偿注浆施工。注浆管采用 ϕ42mm 热轧无缝钢管,钢管长度为 70cm,纵环向间距为 2m × 2m。有渗漏水部位可根据实际情况进行加密,确保注浆完成后不渗不漏。

注浆材料采用普通水泥单液浆水灰比 0.8:1 ~ 1:1,注浆压力控制在 1.0 ~ 1.5MPa。当单孔进浆量小于10L/min时可结束该孔注浆。若有渗水,加密注浆管继续注浆,在渗漏水严重部位需要反复多次注浆,注浆结束后要求初期支护达到不渗不漏。

4.3.5 经验总结

1. 富水砂层段施工效果评价

(1)地下连续墙加疏干降水井方案及施工基本保证了开挖初支施工中无水或少水的环境中作业。由于砂层底部的高程有高有低,凸凹不平,而地下连续墙的墙底高程平顺划一,造成墙底未全部植入砂层下面的隔水层中。因而在此部位出现墙底地下水绕流即墙外的海水绕流进墙内,致使降水井很难抽干井中之水,造成砂层局部有海水、地下水渗流。

(2)海底隧道通过海域潮间带的富水砂层采用地下连续墙和地面疏干降水井底特定的必要条件:一是人工筑成堵土围堰(人工岛)构成施工地下连续墙和地面疏干降水井的地面条件。二是富水砂层有一层足够深度的隔水层,致使地下连续墙底可以植入其中,使其内外的原来连通的海水可以被墙体隔开。

2. 富水砂层段隧道防水问题经验总结

(1)在地下连续墙和地面疏干降水井的前提条件下采用双液浆(水泥、水玻璃)超前小导管、初支背后50cm深度的补偿注浆,基本提供了开挖初支过程中的无水和少水环境。但是当停止了墙内疏干降水井的抽排后,墙内的地下水中海水绕流和长期雨水的渗透后,砂层中地下水又会恢复到原有的状况。

(2)施工过程中注双液浆堵水加固砂层,取得了较好的施工效果。但由于在一定的期限内水玻璃中的碳酸钙很快被海水变成棉絮状的胶状物逐步被排出,必然堵塞了永久排水系统,使得地下水对洞室二衬的水压逐步升高。

实践证明,在洞外采取地下连续墙和降水井对地下水进行控制,在洞内采用超前小导管注浆加固的技术方案穿越富水砂层是可行的。在实际施工过程中,掌子面开挖揭露的围岩除局部因砂层处于V形低洼谷底有少量渗水外,大部分都比较干燥,通过注浆可以达到固结的目的,自稳性大大增强,每天平均的开挖进尺可以保持在1.5m以上。

通过对富水砂层的成功治理,为今后类似地下工程的施工积累了一定的经验,主要归纳有以下几点:

(1)施工过程中要坚持进行综合超前地质预报,长短结合,物探与钻探结合。

(2)突水、涌泥、涌砂是海底隧道施工的最大威胁,施工过程中要准确掌握掌子面前方的地质情况,严格按照"管超前,严注浆,短进尺,强支护,早封闭,勤量测"18字方针进行施工,是降低施工风险的有效手段。

(3)由于砂粒的粗细程度和胶结物含量不一,应充分利用各种浆液的优点,相互弥补其不足,综合采用多种注浆材料组成配套体系进行施工。

(4)充分做好各项应急救援准备工作,加强应急预案的演练,提升应急救援能力。

(5)三期连续墙在停止抽水后都不同程度出现水位恢复的现象,说明地下水从连续墙混凝土发生绕流。混凝土绕流现象产生原因主要是槽壁土体塌方,混凝土通过槽壁塌方处穿绕到混凝土接头管另一侧,达到一定强度后,导致相邻槽段成槽困难。拟采用以下措施预防及纠正混凝土绕流现象,今后类似工程施工可采取以下措施以避免或减少绕流:

①采用性能优良的护壁泥浆,以减少槽壁土塌方,减少混凝土绕流的可能性。

②对可能处出现水泥浆绕流现象的槽段,在混凝土未达到设计强度前对该槽段施工,用冲击锤,边冲边抓,确保成槽顺利进行。

(6)做好初期支护的补偿注浆工作。由于砂层段在停止抽水以后水位恢复较快,海水对初期支护钢拱架容易造成腐蚀,因此在喷射混凝土施工过程中要预埋注浆管,并尽早进行补偿注浆。

4.4 施工机械

浅滩段富水砂层需要进行三期地下连续墙隔断海水施工,为洞内穿越富水砂层创造施工条件,其机械设备置见表2-4-7,或槽机作业如图2-4-39所示。

富水砂层地下连续墙施工机械 表2-4-7

序 号	名 称	规格及型号	单 位	数 量
1	液压成槽机	BS650	台	2
2	冲击钻机	37kW	台	4
3	电焊机	30kW	台	3
4	装载机	ZL50	台	1
5	泥浆泵	7.5kW	台	4
6	泥浆搅拌机	30kW	套	2
7	空压机	36kW	台	2

图2-4-39 BS650成槽机作业示意

【本章主要编写人员】:唐和青 刘 源 王 标 何小龙 严金秀 李治军 陈 斌 曾佳亮

第5章　海底硬岩段施工技术

在海底隧道开挖施工中存在爆破开挖岩石与保护围岩使其所受影响降到最低点的矛盾。钻爆法施工会由于爆破振动对隧道围岩产生扰动，当隧道围岩受到爆破扰动时，在隧道周边会产生一定厚度的围岩松弛圈，使得围岩的抗渗性及支撑能力大大降低。海底隧道需要通过几个断层破碎带，如果所采用的爆破方案和爆破参数不合理，可能造成大量海水涌入隧道，造成灾难性后果，特别是在①隧道拱顶遇到自地表（海底）贯穿裂隙或断层破碎带；②土石交界段中遇到个别孤石时，过量的爆破振动就会成为产生较大灾变的主要因素。

海底隧道爆破施工难度大、要求高，爆破施工方案的好坏就显得尤为重要。因此，对于钻爆法施工的海（水）底隧道，要进行控制爆破，即采用光爆层光爆技术或预裂爆破技术，以减少围岩松弛圈的厚度；采用减振爆破技术，以保护隧道围岩结构的稳定性。同时隧道开挖时进行爆破振动监测，及时反馈信息，调整爆破参数，减轻爆破振动效应，从而确保隧道施工安全。

5.1　控制爆破设计原则

由于海底隧道复杂的地质条件和周围环境，普通的山岭隧道采用的控制爆破技术不能满足振动控制要求，施工中必须加强爆破减振措施。主要遵循以下几点原则：

1. 采用得当的开挖方法

根据不同的围岩级别，采用不同的开挖方法。Ⅰ、Ⅱ级围岩地段，采用正台阶法和中导洞法开挖。中导洞超前，为扩挖断面提供较大的临空面，这样可将爆破振动减小约50%。

2. 选择合理的掏槽方式

合理的掏槽方式可为辅助眼爆破创造良好的临空面，具有可以降低辅助眼爆破时的爆破振动强度等优点，但一般情况下掏槽眼的地振动强度要比其他部位炮眼爆破振动大。借鉴其他隧道爆破施工的经验和国外海底隧道长期施工的总结经验，采用楔形掏槽，以减小爆破振动强度。

3. 限制一次爆破时的炸药总药量

一次爆破时的最大炸药量与爆破振动的强度成正比，一次爆破药量越大，在相同的条件下，爆破质点振动速度越大，因而限制一次爆破时的最大用药量可控制质点振动速度。

4. 利用微差爆破技术，降低爆破振动速度

微差起爆，就是将爆破的总药量，分组以毫秒级的时间间隔进行顺序爆破，即完全符合爆破机理的微分原理，对减弱爆破地震效应有很大作用。大量的试验研究表明，在总装药量及其他条件相同的情况下，微差起爆的振动强度要比齐发爆破降低1/3～2/3，其降振率计算公式为

$$\delta = (v - v_1)/V = 1 - \eta^{2/3} \tag{2-5-1}$$

式中：δ——降振率（%）；

v——齐发爆破质点振动速度（cm/s）；

v_1——微差爆破质点振动速度（cm/s）；

η——齐发爆破总药量与微差爆破最大一段装药量之比。

5. 选择适当的单位炸药消耗量

过大的单位炸药消耗量，会使爆破振动与空气波都增大，并引起岩石过度地抛掷；相反，过小的单位炸药消耗量，也会由于延迟和减小从自由面反射回来的拉伸波效应，从而使爆破振动增大。最优的单位

炸药消耗量,必须通过现场爆破试验来确定与选用。

6. 选择适当的装药结构

装药结构对爆破地震效应有明显的影响,装药越分散,地震效应越小。采用不耦合装药结构,利用空气柱间隔装药的方式来达到不耦合装药的目的,该方法对改善破碎粒度、减少飞石有较好的效果。

5.2 爆破方案及爆破参数的选择

在整个隧道施工作业中,爆破开挖方案的好坏对隧道爆破开挖速度起着决定性的作用。同时,爆破效果的好坏直接影响后期装岩运输和衬砌支护的速度和成本。钻眼爆破开挖应达到以下要求:断面形状和尺寸符合设计要求;石渣块度大小适中,便于装岩和运输工作;掘进速度快,钻孔工作量小,炸药消耗量最省;有较好的爆破效果,表面平整,超欠挖量符合设计要求,对围岩的损伤破坏小。为了做到既降低爆破对围岩的损伤,又能实现较大的进尺,在隧道开挖爆破中采用光面爆破技术。

厦门翔安海底隧道的围岩主要为花岗闪长岩、黑云母花岗岩或闪长岩,分全风化带(岩体完整性差)、强风化带(岩体完整性差)、弱风化带(岩体完整性较好)、破碎微风化带(岩体完整性尚好)和微风化带(岩体完整性好)。根据大量隧道爆破的经验数据,通过类比法,得出不同爆破方法对不同围岩的破坏深度为:

①在全风化带(岩体完整性差)、强风化带(岩体完整性差)中,光面爆破、普通爆破引起的围岩破坏深度,大约分别为:0.87m、1.45m。

②在弱风化带(岩体完整性较好)、破碎微风化带(岩体完整性尚好)和微风化带(岩体完整性好)中,光面爆破、普通爆破引起的围岩破坏深度,大约分别为:0.4~0.6m、1.0~1.2m。

爆破方法对围岩稳定性有很大影响,研究结果表明,爆破影响总厚度与岩性有关,与爆破方法有关。在坚硬完整的岩层中与在软弱破碎的岩层中爆破,前者爆破影响范围小得多。无论在坚硬完整的岩层中,还是在软弱破碎的岩层中,光面爆破对围岩破坏最轻,而普通爆破法最严重,有时其围岩破坏总厚度甚至达到控制爆破的2~3倍。

由于厦门翔安隧道围岩地质复杂多变,爆破开挖关键是必须控制开挖爆破对围岩的损伤和爆破产生的震动大小,保持施工中围岩稳定安全。结合翔安海底隧道围岩地质条件和光面爆破控制技术特点,提出以下主要控制措施:

①控制单段药量及爆破规模以达到控制原点振速的目的。

②掏槽区尽量位于底部,加大掏槽区爆源距地表的距离。周边光爆孔按设计间距布置,并在施工中视效果将循环进尺进行调整,少装药,短进尺,多循环。

③最大齐爆药量的控制。根据以往工程经验,最大振动主要是掏槽过程中产生的,因此最大齐爆药量控制掏槽眼的齐爆药量即可。

④个别地段为减小对拱部围岩的振动破坏作用,在拱部钻密排眼,以达到降低振动的目的。

针对工程对海洋生态环境的保护及减少爆破振动对围岩的影响,海底隧道爆破开挖时在软弱破碎围岩段宜采用台阶分部法或CRD法开挖,在较完整硬岩段采用风钻人工钻爆,分上下断面开挖支护。出渣运输采用机械配套。

5.2.1 隧道开挖光面爆破参数计算

1. 光面爆破原理

光面爆破是通过正确选择爆破参数和合理的施工方法,达到爆后壁面平整规则、轮廓线符合设计要求的一种控制爆破技术。光面爆破的破岩机理是一个十分复杂的问题,目前仍在探索之中。尽管在理论上还不甚成熟,但在定性分析方面已有共识。一般认为,炸药起爆时,对岩体产生两种效应;一是爆炸应力波作用,二是爆炸气体膨胀做功所起的作用。光面爆破是周边眼同时起爆,各炮眼的冲击波向其四周作径向传播,相邻炮眼的冲击相遇,则产生应力波的叠加,并产生切向拉力,拉力的最大值发生在相邻炮眼中心连线的中点。当岩体的极限抗拉强度小于此拉力时，岩体便被拉裂，在炮眼中心连线上形成裂缝，随后爆炸气体的膨胀使裂缝进一步扩展，形成平整的爆裂面，成缝机理如图2-5-1所示。

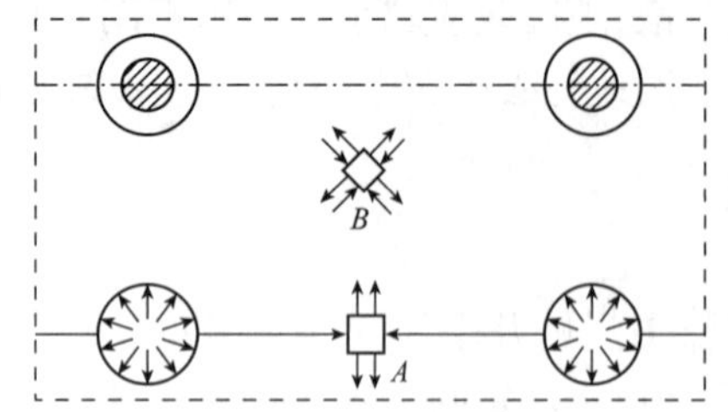

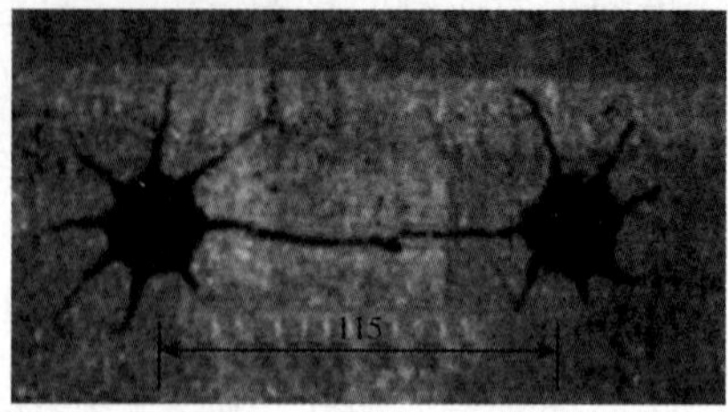

图2-5-1 光面爆破成缝机理示意

要使光面爆破取得良好效果，一般需掌握以下技术要点：

①根据围岩特点，合理选定周边眼的间距和最小抵抗线，并尽最大努力提高钻眼质量。

②严格控制周边眼的装药量，尽可能将药量沿眼长均匀分布。

③周边眼宜使用小直径药卷和低猛度、低爆速的炸药。为满足装药结构要求，可借助导爆索（传爆线）来实现空气间隔不耦合装药。

④采用毫秒微差有序起爆。安排好起爆顺序，使光面爆破具有良好的临空面。

⑤周边孔直径一般不大于ϕ42mm。

2. 光面爆破参数的选取

光面爆破的成功与否主要取决于爆破参数的确定。其主要参数包括：不耦合系数（D_c）、周边炮眼的间距（E）、最小抵抗线（W）、线装药密度（q）等。影响光面爆破参数选择的因素很多，主要有岩体的爆破性能、炸药品种、一次爆破的断面大小、断面形状、钻孔直径、起爆顺序等。其中影响最大的是地质条件。

光面爆破参数的选择，通常是采取简单的计算并结合工程类比加以确定，在初步确定后，一般都要在现场爆破实践中加以修正改善。这里分别对坚硬岩体和注浆复合体的光面爆破开挖参数进行计算，岩体物理力学参数取值见表2-5-1。隧道开挖爆破炸药是2号岩石乳化炸药，炸药参数见表2-5-2。

岩体计算参数 表2-5-1

围岩级别	密度（kg/m^3）	杨氏模量 E（GPa）	泊松比 υ	内摩擦角 φ（°）	内聚力 C（MPa）	抗压强度 R_c（MPa）
坚硬岩体	2700	7	0.25	45	4.5	100
注浆体	2200	1.6	0.30	32	0.3	20

炸药参数值（2号岩石乳化炸药） 表2-5-2

药卷密度（g/cm^3）	爆速（m/s）	猛度（mm）	殉爆距离（cm）	药卷直径（mm）
1.1	3600	17～21	5～9	32、35

3. 光面爆破参数的计算

（1）不耦合系数D_c。根据爆破有关理论，装药不耦合系数D_c计算公式如下：

$$D_c = \frac{d_b}{d_c} \geqslant \left[\frac{n\rho_0 D_H^2}{8K_b\sigma_c}\right]^{\frac{1}{6}} \tag{2-5-2}$$

式中：d_b——炮孔直径；

d_c——药卷直径；

ρ_0——炸药的密度（g/cm^3）；

D_H——炸药爆速（m/s）；

K_b——岩石抗压强度增大系数，计算时一般取10；

σ_c——岩石单轴抗压强度。

①对于比较坚硬的花岗岩，取 $\sigma_c = 100\text{MPa}$。在本设计中，考虑采用 2 号岩石乳化炸药，取药卷密度 $\rho_0 = 1.1\text{g/cm}^3$，爆速 $D_H = 3600\text{m/s}$，$n = 10$。则根据式(2-5-2)，计算如下：

$$D_{c1} \geqslant \left[\frac{n\rho_0 D_H^2}{8K_b\sigma_c}\right]^{\frac{1}{6}} = \left[\frac{10 \times 1.1 \times 3600^2}{8 \times 10 \times 100 \times 10 \times 10^3}\right]^{\frac{1}{6}} = 1.10$$

②对于注浆加固体，取 $\sigma_c = 20\text{MPa}$。在本设计中，考虑采用 2 号岩石乳化炸药，取药卷密度 $\rho_0 = 1.1\text{g/cm}^3$，爆速 $D_H = 3600\text{m/s}$，$n = 8$，则根据式(2-5-2)，计算如下：

$$D_{c2} \geqslant \left[\frac{n\rho_0 D_H^2}{8K_b\sigma_c}\right]^{\frac{1}{6}} = \left[\frac{8 \times 1.1 \times 3600^2}{8 \times 10 \times 20 \times 10 \times 10^3}\right]^{\frac{1}{6}} = 1.39$$

根据经验，隧道光面爆破采用的不耦合系数为 1.25～2.0。因此，对于比较坚硬的花岗岩，现场采用的炮孔直径为 42mm，周边眼装药直径为 32mm，装药不耦合系数为 1.31，大于计算值 1.10。对于注浆加固体，现场采用的炮孔直径为 42mm，周边眼装药直径为 25mm，装药不耦合系数为 1.68，大于计算值 1.39。

(2)每米炮眼线装药密度。根据爆破有关理论，每米装药长度计算公式如下：

$$l_l = \frac{l_c}{l_b} \leqslant \frac{8k_b\sigma_C}{n\rho_0 D_H^2}\left(\frac{d_b}{d_c}\right)^6 \tag{2-5-3}$$

式中：l_l——每米装药长度；

l_c——装药长度；

l_b——炮眼长度；

其他参数意义同式(2-5-2)。

①对于坚硬岩体周边眼，每米炮眼装药长度为

$$l_{l1} = \frac{l_{c1}}{l_{b1}} \leqslant \frac{8 \times 10 \times 100 \times 10 \times 10 \times 9.8}{10 \times 1.1 \times 3600^2}\left(\frac{42}{32}\right)^6 = 0.2838\text{m} = 28.38\text{cm}$$

坚硬岩体的周边眼的线装药密度 q_1 为

$$q_1 = \frac{\pi \times 3.2^2}{4} \times 1.1 \times 28.38 = 251\text{g}$$

②对于注浆加固体周边眼，每米炮眼装药长度为

$$l_{l2} = \frac{l_{c2}}{l_{b2}} \leqslant \frac{8 \times 10 \times 20 \times 10 \times 10 \times 9.8}{8 \times 1.1 \times 3600^2}\left(\frac{42}{25}\right)^6 = 0.3091\text{m} = 30.91\text{cm}$$

注浆加固体周边眼的线装药密度 q_2 为

$$q_2 = \frac{\pi \times 2.5^2}{4} \times 1.1 \times 30.91 = 167\text{g}$$

(3)周边炮眼间距 E。根据爆破有关理论，周边炮眼间距 E 计算公式如下：

$$E = d_b\left(\frac{2bP_2}{S_T}\right)^{\frac{1}{\beta}} \tag{2-5-4}$$

式中：d_b——炮孔直径；

P_2——在不耦合装药的条件下，炸药爆炸在炮孔壁上产生的冲击压力：$p_2 = \frac{\rho_0 D_H^2}{8}\left(\frac{d_c}{d_b}\right)^6\left(\frac{l_c}{l_b}\right) \times n$；

b——切向应力和径向应力的比值，$b = \frac{\mu}{1-\mu}$，式中 μ 为泊松比；

S_T——岩石单轴抗拉强度；根据经验，岩石单轴抗拉和单轴抗压强度近似关系为：$S_T = \frac{1}{12} \times \sigma_c$；

β——应力波衰减指值，$\beta = 2 - \frac{\mu}{1-\mu}$，式中 μ 为泊松比；

其他参数意义同式(2-5-2)。

①对于坚硬岩体周边眼间距计算如下：

取 $\mu = 0.25$，则 $b = 0.33$，$\beta = 1.67$

$$p_{21} = \frac{\rho_0 D_H^2}{8}\left(\frac{d_c}{d_b}\right)^6\left(\frac{l_c}{l_b}\right)\times n = \frac{1.1\times 3600^2}{8\times 10\times 9.8}\times\left(\frac{32}{42}\right)^6\times 0.2838\times 10 = 10094.81\text{kg/cm}^2$$

根据爆破成缝理论，有

$$p_{21} \leqslant k_b \times \sigma_c$$

因此实际取

$$p_{21} = k_b \times \sigma_c = 10\times 100\times 10 = 10000\text{kg/cm}^2$$

$$S_{T1} = \frac{1}{12}\times\sigma_c = \frac{1000}{12} = 83.33\text{kg/cm}^2$$

根据式(2-5-4)可计算出周边眼间距 E_1：

$$E_1 = 4.2\times\left(\frac{2\times 0.33\times 10000}{83.33}\right)^{\frac{1}{1.67}} = 58\text{cm}$$

②对于注浆加固体周边眼间距计算如下：

取 $\mu = 0.30$，则 $b = 0.42$，$\beta = 1.58$

$$p_{22} = \frac{\rho_0 D_H^2}{8}\left(\frac{d_c}{d_b}\right)^6\left(\frac{l_c}{l_b}\right)\times n = \frac{1.1\times 3600^2}{8\times 10\times 9.8}\times\left(\frac{25}{42}\right)^6\times 0.3091\times 10 = 2499.91\text{kg/cm}^2$$

根据爆破成缝理论，有

$$p_{22} \leqslant k_b \times \sigma_c = 10\times 20\times 10 = 2000\text{kg/cm}^2$$

因此实际取

$$p_{22} = 2000\text{kg/cm}^2$$

$$S_{T2} = \frac{1}{12}\times\sigma_c = \frac{200}{12} = 16.67\text{kg/cm}^2$$

根据式(2-5-4)可计算出周边眼间距 E_2：

$$E_2 = 4.2\times\left(\frac{2\times 0.42\times 2000}{16.67}\right)^{\frac{1}{1.58}} = 78\text{cm}$$

(4)最小抵抗线 W。采用豪柔公式计算最小抵抗线，豪柔公式如下：

$$W = \frac{q_b}{c\times E\times l} \tag{2-5-5}$$

式中：q_b——单个炮眼内的装药量；

l——炮眼长度；

E——炮眼间距；

c——爆破系数，相当于单位体积耗药量，可按表 2-5-3 取值：

台阶爆破的单位体积耗药量　　表 2-5-3

岩石坚固性系数 f	2～3	4	5～6	8	10	15	20
爆破系数 c(kg/m³)	0.39	0.45	0.50	0.56	0.62～0.68	0.73	0.79

①硬岩段最小抵抗线的计算：

硬岩段采用全断面爆破，炮眼长度为 $l_1 = 3.0\text{m}$，有关参数选择和计算如下：

岩石坚固性系数 $f_1 = 100\times 10/100 = 10$，查表 2-5-3 可值知 $c_1 = 0.62\text{m}$

$$q_{b1} = q_1 \times l_1 = 0.251 \times 3.0 = 0.753\text{kg}$$

$$W_1 = \frac{q_{b1}}{c_1 \times E_1 \times l_1} = \frac{0.753}{0.62 \times 0.58 \times 3.0} = 0.70\text{m} = 70\text{cm}$$

②注浆加固体最小抵抗线的计算：

软岩段采用上半断面爆破，炮眼长度为 $l_2 = 1.0\text{m}$，有关参数选择和计算如下：

岩石坚固性系数 $f_2 = 20 \times 10/100 = 2$，查表2-5-3可值知 $c_2 = 0.39\text{m}$

$$q_{b2} = q_2 \times l_2 = 0.167 \times 1.0 = 0.167\text{kg}$$

$$W_2 = \frac{q_{b2}}{c_2 \times E_2 \times l_2} = \frac{0.167}{0.39 \times 0.7 \times 1.0} = 0.61\text{m} = 61\text{cm}$$

光面爆破的设计参数受工程特点、地质条件、炮眼布置、钻眼精度、炸药种类、装药结构、起爆顺序和雷管时差、环境条件等的影响，而且这些因素又都是相互影响的。目前，岩石爆破理论还不成熟，理论计算公式与实际还有一定的差距。实际工作中，须参照规范和经验初步选定一些爆破参数，再通过现场试验进行修正，然后在施工实践中进一步优化有关爆破参数，才能获得较为满意的爆破效果。

5.2.2 隧道开挖爆破炮眼布置

1. 基本原则

隧道内布置炮眼时，必须保证获得良好的爆破效果，并考虑钻眼的效率。在开挖面上除出现土石分层、围岩类别不同、节理异常等特殊情况外，应按实际需要布置炮眼，一般应按下述原则布置炮眼：

(1)先布置掏槽眼，其次是周边眼，最后是辅助眼。掏槽眼一般应布置在开挖面中央偏下部位，其深度应比其他眼深15～20cm。底部炮眼深度一般与掏槽眼相同。为爆出平整的开挖面，除掏槽和底部炮眼外，所有掘进眼眼底应落在同一平面上。

(2)周边眼应严格按照设计位置布置。断面拐角处应布置炮眼。为满足机械钻眼需要和减少超欠挖，周边眼设计位置应考虑0.03～0.05的外插斜率。并应使前后两排炮眼的衔接台阶高度(即锯齿形的齿高)最小为佳。此高度一般要求为10cm左右，最大也不应大于15cm。

(3)辅助眼的布置主要是解决炮眼间距和最小抵抗线的问题，这可以由施工经验决定，一般抵抗线 W 约为炮眼间距的0.6～0.8，并在整个断面上均匀排列。

(4)岩层层理明显时，炮眼方向应尽量垂直于层理面。如节理发育，炮眼应尽量避开节理，以防卡钻和影响爆破效果。

2. 布置方式

(1)炮眼直径。炮眼直径对凿岩生产率、炮眼数目、单位耗药量和洞壁的平整程度均有影响。加大炮眼直径以及相应装药量可使炸药能量相对集中，爆炸效果得以改善。但炮眼直径过大将导致凿岩速度显著下降，并影响岩体破碎质量、洞壁平整程度和围岩稳定性。因此，必须根据岩性、凿岩设备和工具、炸药性能等综合分析，合理选用孔径。一般隧道的炮眼直径在32～50mm之间。本次海底隧道爆破开挖炮眼直径为42mm。

(2)炮眼深度。炮眼深度是指炮眼底至开挖面的垂直距离。合适的炮眼深度有助于提高掘进速度和炮眼利用率。随着凿岩、装渣运输设备的改进，目前普遍存在加长炮眼深度以减少作业循环次数的趋势。一般根据下列因素确定炮眼深度：

①围岩的稳定性，避免过大的超欠挖。

②岩机的允许钻眼长度、操作技术条件和钻眼技术水平。

③进循环安排，保证充分利用作业时间。

确定炮眼度的常用方法有3种。一种是采用斜眼掏槽时，炮眼深度受开挖面大小的影响，炮眼过深，周边岩体的夹制作用较大，故炮眼深度不宜过大。一般最大炮眼深度 L 取断面宽度(或高度) B 的0.5～0.7倍，即 $L = (0.5 \sim 0.7)B$。围岩条件差时，根据实际情况值相应降低。海底隧道服务洞和主洞断面宽度分别为6.4m和7.13m，因此确定炮眼深度为3.2m。由于注浆段围岩是复合岩体，为减轻爆破振动采用台阶开挖和CRD方法开挖，因此炮眼深度为1.8m。

(3)装药量的计算及分配。眼装药量的多少，是影响爆破效果的重要因素。药量不足，会出现炸不开、炮眼利用率低和石渣块过大；药量过多，则会破坏围岩稳定，崩坏支撑和机械设备，使抛渣过散，对装渣不利，且增加了洞内有害气体，相应地增加了排烟时间和供风量等。合理的药量应根据所使用的炸药的性能和质量、地质条件、开挖断面尺寸、临空面数目、炮眼直径和深度及爆破的质量要求来确定。目前多采取先用体积公式计算出一个循环的总用药量，然后按各种类型炮眼的爆破特性进行分配，再在爆破实践中加以检验和修正，直到取得良好的爆破效果为止的方法。计算总用药量 Q 的公式为

$$Q = qV \tag{2-5-6}$$

式中：Q——个爆破循环的总用药量(kg)；

q——爆破每立方米岩体所需炸药的消耗量(kg/m^3)，见表2-5-3；

V——一个循环进尺所爆落的岩体总体积，$V = IS$；

I——计划循环进尺(m)；

S——开挖面积(m^2)。

总的炸药量应分配到各个炮孔中去，由于各炮眼的作用及受到岩体夹制情况不同，装药数量亦不同。

(4)延期起爆间隔时间。模型试验和实际爆破表明：周边眼同时起爆时，贯穿裂缝平整，爆破形成的壁面就比较平整。根据有关实测资料：在围岩中开挖爆破，振动频率比较低，一般均在100Hz以下；振动持续时间，纵向、横向振动持续时间大时，可达到200ms左右，垂向可达到100ms左右。为避免振动强度的叠加作用，雷管最好跳段使用、特别是第1～5段的低段雷管。为尽量避免振动波形的叠加，段间隔时差应考虑控制在100ms左右。起爆时差随炮眼深度的不同而不同，炮眼愈深，起爆时差应愈大。理想的起爆时差应该是先爆破的岩体应力作用还没有完全消失，且岩体刚开始断裂移动时，后发爆破立即起爆。这种状态下，既为后发爆破的岩体创造了自由面，又能造成应力叠加，发挥毫秒爆破的优势。

(5)起爆网路。由于起爆器材的类型不同，起爆方法各异。目前工程爆破使用最广泛的起爆方法，通常分为非电力起爆和电力起爆两大类。隧道大都采用复合起爆网路。下面主要介绍复合起爆网路，周边眼采用导爆索连接，其他炮眼一般采用导爆管雷管并-并联，最后由电雷管引爆。

(6)装药结构。它装药在炮孔内的安置方式(如图2-5-2所示)，也是影响爆破效果的重要因素。在一定的岩石和炸药条件下，采用合理的装药结构可以增加用于破碎或抛掷岩石的爆炸能量，提高炸药能量的有效利用率，降低装药量，减小爆破对围岩的振动。根据隧道选用炸药和围岩条件确定周边孔合理的装药结构，周边眼一般采用不耦合装药结构，其他眼可采用耦合装药。

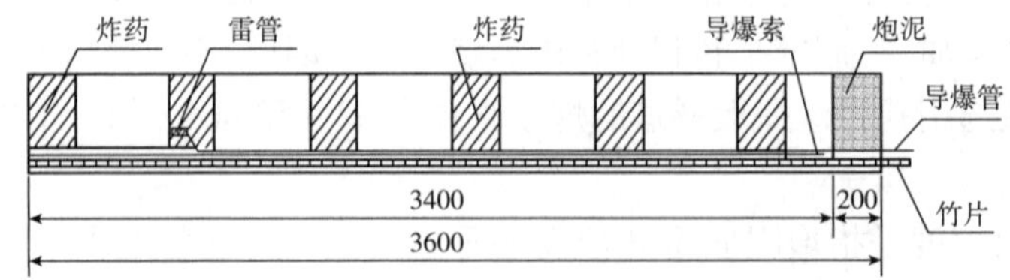

图2-5-2 周边眼装药结构示意(尺寸单位：cm)

(7)掏槽孔布置。为能保证海底隧道施工安全、保护海洋生态环境，又能保证钻爆法施工速度，需采用合理的掏槽方式、炮眼布置和装药控制。针对坚硬的花岗闪长岩类，根据理论、实验研究和反复的现场试验及爆破监测，采用复式锥形掏槽方式效果好，即从上、左、右三个方向掏槽，其优点是掏槽面积大、夹制力小、成功率高；掏槽眼分布稀疏，可减少炮孔数量和雷管、炸药数量。当掏槽区渣块较大时，可在掏槽区中心布一同孔径的空眼，可装一节炸药，用来控制渣块大小。如图2-5-3所示掏槽眼采用连续装药，为达到减振效果分为1、3、5跳段式装药。

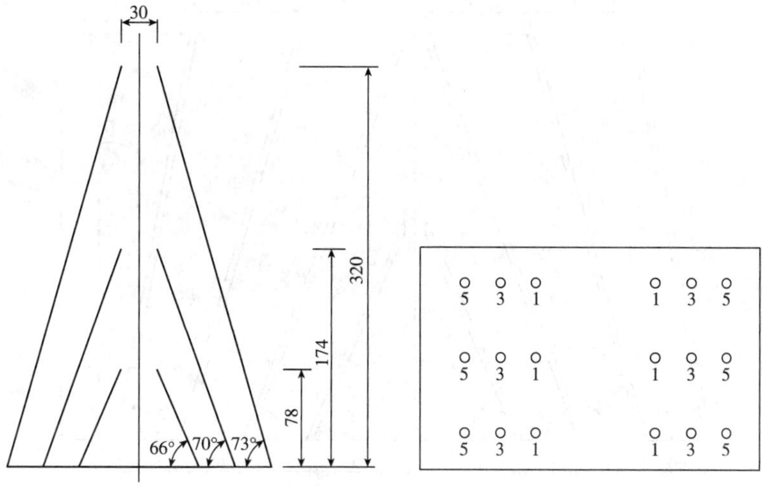

图 2-5-3 斜眼掏槽炮眼布置形式与起爆顺序示意(尺寸单位:cm)

5.2.3 隧道开挖爆破参数设计

厦门翔安海底隧道地质条件比较复杂,且隧道穿越海域是国家白海豚保护区。为了保证施工安全及保护海洋生态环境,爆破设计需采用控制爆破技术,并进行爆破振动监测,选择合理的爆破方案和爆破参数,施工中必须严格控制一次爆破总装药量、单段最大起爆药量,雷管起爆时差等。由于隧道岩体强度高,完整性好,因此夹制力比较大。根据理论分析和计算,隧道硬岩和注浆体采用钻爆法开挖,Ⅰ、Ⅱ级围岩均按光面爆破设计,采用2号岩石乳化炸药。周边眼内利用导爆索和竹片进行间隔装药,其他炮眼进行连续装药,非电毫秒雷管塑料导爆管网络起爆。

1. 硬岩段主洞全断面开挖爆破设计

全断面爆破地段隧道除仰拱外,开挖断面面积为126m^2,围岩为中、微风化花岗岩,石质坚硬,完整性好,属于Ⅰ、Ⅱ级围岩。该地层钻孔直径为42mm,深度3.6~3.8m,预计循环进尺为3.5m,炸药采用2号岩石乳化炸药,周边眼采用的炸药规格为φ32mm×200mm×180g,其他炮眼采用的炸药规格为φ42mm×200mm×300g,掏槽方式采用楔形掏槽,掏槽眼和扩槽眼钻孔深度为2.0~3.8m,起爆方式采用非电毫秒雷管微差爆破,爆破设计如图2-5-4、图2-5-5所示,装药参数见表2-5-4。

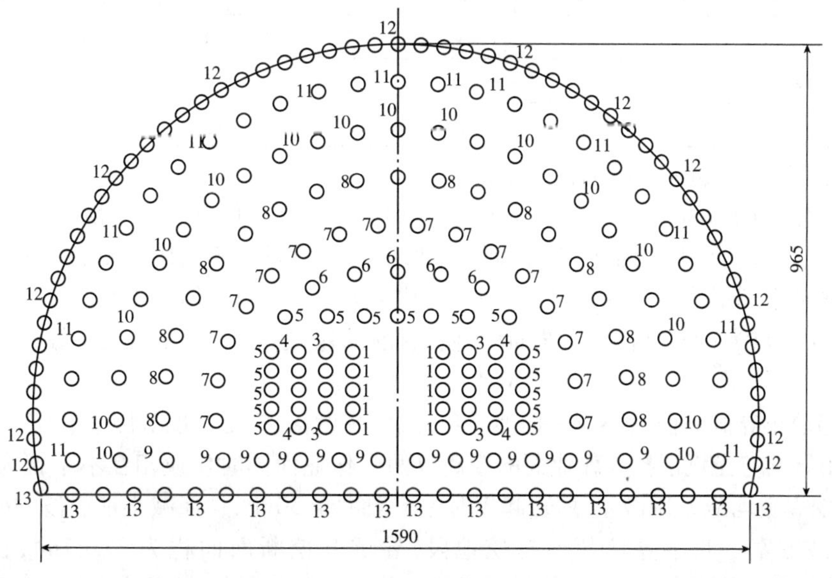

注:1~13表示起爆雷管段数。

图 2-5-4 主隧道硬岩段全断面爆破炮孔布置示意(尺寸单位:cm)

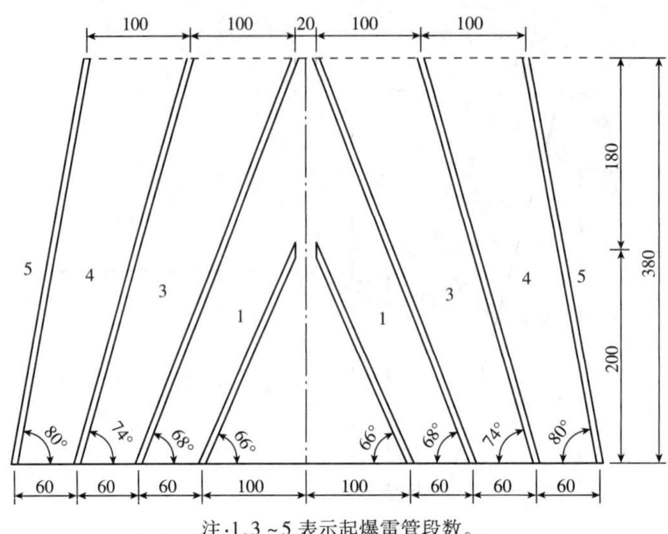

注:1、3~5 表示起爆雷管段数。

图 2-5-5 主隧道硬岩段斜眼掏槽示意(尺寸单位:cm)

主隧道硬岩段全断面爆破装药参数 表 2-5-4

序号	炮眼名称	眼深(m)	眼数(个)	药卷数(条)	装药长度(m)	单孔药量(kg)	线装药密度(kg/m)	合计装药量(kg)	装药结构
1	掏槽眼	2.2	10	10	2.0	3.0	1.36	30.0	集中
2	掏槽眼	4.0	10	18	3.6	5.4	1.35	54.0	集中
3	掏槽眼	4.0	10	16	3.2	4.8	1.20	48.0	集中
4	掏槽眼	4.0	17	14	2.8	4.2	1.05	71.4	集中
5	掘进眼	3.6	5	10	2.0	3.0	0.83	15.0	集中
6	掘进眼	3.6	16	10	2.0	3.0	0.83	48.0	集中
7	掘进眼	3.6	19	10	2.0	3.0	0.83	57.0	集中
8	掘进眼	3.6	12	10	2.0	3.0	0.83	36.0	集中
9	掘进眼	3.6	25	9	1.8	2.7	0.75	67.5	集中
10	内圈眼	3.6	29	8	1.6	2.4	0.66	69.6	集中
11	周边眼	3.6	55	6	1.2	1.08	0.30	59.4	间隔
12	底板眼	3.6	24	9	1.8	2.7	0.75	64.8	集中
13	总 计		232	预计循环进尺 3.5m,单位消药量 1.41kg/m^3				620.7	

2. 硬岩段主隧道导坑超前和后部扩挖爆破

厦门翔安海底隧道上方海域中有需要保护的白海豚、文昌鱼等稀有海洋生物,在开挖施工中,爆破振动过大易对这些生物产生影响。因此,在环境保护要求较高的区段,不宜用全断面爆破,宜采用预留光爆层法爆破,以在隧道中部形成较大的临空面,进一步减小爆破振动对环境的影响。

预留光爆层法特点为:安全可靠,工艺简单,便于操作;爆破振动小,爆破效果好;单位岩石炸药消耗量相对较少。

施工要点:超前小导洞断面大小应根据地质条件、机械设备、施工进度等因素选用,一般为5m(宽)×6m(高)。超前小导洞与光爆层扩大作业面的距离以两个作业面同时作业相互不干扰为宜,一般为15~20m。导坑和扩挖爆破均应采用微差爆破,起爆时差一般大于50ms,从而减小地震波的叠加作用。

(1)导坑爆破方案。对于导坑超前扩挖地段,导坑开挖断面面积为32.67m^2,扩挖断面面积为93.33m^2,开挖断面面积合计为126m^2。仰拱单独开挖爆破,围岩为中、微风化花岗岩,石质坚硬,完整性好,属于Ⅰ、Ⅱ级围岩。钻孔深度3.6~3.8m,预计循环进尺为3.5m,周边眼采用炸药2号岩石乳化炸药，炸药规格 φ32mm×200mm×180g，其他炮眼采用的炸药规格为 φ42mm×200mm×300g，导坑爆破掏槽方式采用直眼掏槽，起爆方式采用非电毫秒雷管微差爆破，导坑爆破设计如图 2-5-6、图 2-5-7 所示，导坑装药参数见表 2-5-5，导坑扩大爆破设计如图 2-5-8 所示，装药参数见表 2-5-6。

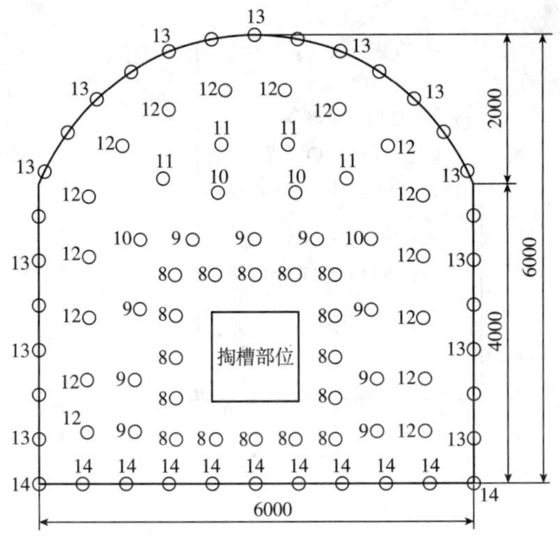

注:1～14 表示起爆雷管段数。

图 2-5-6 导坑开挖爆破炮孔布置示意(尺寸单位:mm)

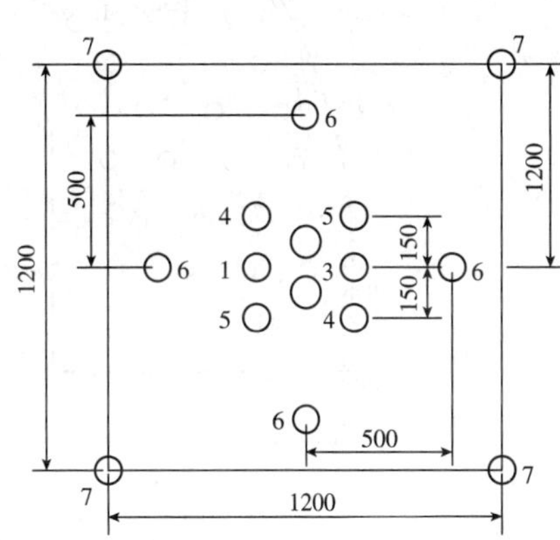

注:1、3～7 表示起爆雷管段数。

图 2-5-7 导坑爆破直眼掏槽示意(尺寸单位:mm)

硬岩段导坑开挖爆破装药参数表 表 2-5-5

序号	炮眼名称	眼深(m)	眼数(个)	药卷数(条)	装药长度(m)	单孔药量(kg)	线装药密度(kg/m)	合计装药量(kg)	装药结构
1	掏槽眼	3.8	6	16	3.2	4.8	1.26	28.8	集中
2	扩槽眼	3.8	4	15	3.0	4.5	1.18	18.0	集中
3	扩槽眼	3.8	4	15	2.0	4.5	1.18	18.0	集中
4	掘进眼	3.6	16	8	1.6	2.4	0.67	38.4	集中
5	掘进眼	3.6	9	8	1.6	2.4	0.67	21.6	集中
6	掘进眼	3.6	8	8	1.6	2.4	0.67	19.2	集中
7	内圈眼	3.6	16	7	1.4	2.1	0.58	33.6	集中
8	周边眼	3.6	25	6	1.2	1.08	0.30	27.0	间隔
9	底板眼	3.6	11	10	2.0	3.0	0.83	33.0	集中
10	总 计		99	设计单位消药量 2.08kg/m^3				237.6	

(2)导坑扩大爆破方案

导坑扩挖爆破装药参数 表 2-5-6

序号	炮眼名称	眼深(m)	眼数(个)	药卷数(条)	装药长度(m)	单孔药量(kg)	线装药密度(kg/m)	合计装药量(kg)	装药结构
1	掘进眼	3.5	10	10	2.0	3.0	0.83	30.0	集中
2	掘进眼	3.5	21	8	1.6	2.4	0.67	50.4	集中
3	掘进眼	3.5	25	8	1.6	2.4	0.67	60.0	集中
4	内圈眼	3.5	29	7	1.4	2.1	0.58	60.9	集中
5	周边眼	3.5	55	6	1.2	1.08	0.30	59.4	间隔
6	底板眼	3.5	14	10	2.0	3.0	0.83	42.0	集中
7	总计		154	设计单位消药量 0.93kg/m^3				302.7	

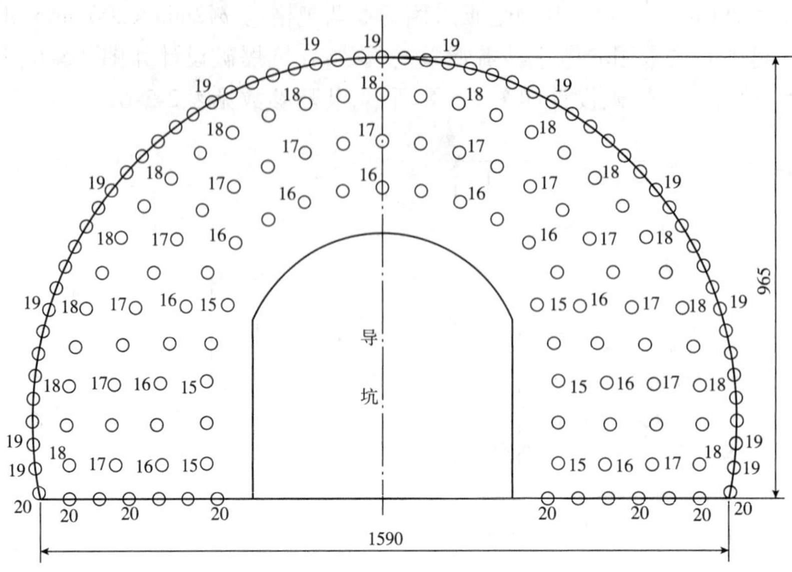

注:1~20 表示起爆雷管段数。

图 2-5-8 导坑扩挖爆破炮眼布置示意(尺寸单位:cm)

3. 海底Ⅳ、Ⅴ级围岩爆破方案

对于全、强风化花岗岩和海底风化槽(囊)段注浆加固体,一般属于Ⅳ、Ⅴ级围岩,围岩破碎,含水量大,稳定性差,一旦措施不当,容易发生塌方和涌水突泥,造成灾难性后果。因此,一般应将大断面化成小断面开挖和支护,可根据地质情况选择台阶法、CRD 法或双侧壁导坑法开挖,并及时施作支护结构,确保围岩稳定。实际施工中一般应采取人工配合机械开挖,如局部开挖困难,可采用控制爆破技术以减小爆破对围岩的扰动和破坏,保护围岩的自承能力,防止塌方和涌水突泥。

爆破参数一般为:钻眼直径为 42mm,循环进尺为 1.0~2.0m,掏槽方式一般采用中空直眼掏槽,起爆方式为非电毫秒雷管微差起爆。

4. 控制爆破的技术措施

(1)进行技术培训,爆破人员应严格持证上岗。

(2)必须使用合格的爆破器材,严格按有关规程、规定作业。

(3)合理选择开挖断面和循环进尺,尽量减小一次爆破规模。

(4)合理进行爆破设计和参数选择,严格控制总装药量和单段最大起爆药量,合理选择爆破时差和起爆方式,并作好现场技术交底。

(5)严格控制开孔误差,提高钻眼精度,减少由于周边眼外插角过大而引起的超挖。

(6)周边眼应选用低爆速、低猛度和小直径药卷,宜采用不耦合和连续装药结构。

(7)应采用微差爆破,选择合理的起爆顺序,选择精度比较高的雷管,减小爆破振动。

(8)提高装药质量,严格按爆破设计要求装药和堵塞,减少有害气体和飞石。

(9)作好爆破振动监测和爆破效果检查,根据振动监测结果和爆破效果,及时调整爆破方案和优化爆破参数,实现信息化施工,确保施工和环境安全。

5.3 爆破开挖围岩松动圈现场测试

钻爆法施工过程中,爆破振动对隧道围岩产生不同程度的扰动。当隧道围岩受到爆破扰动时,在隧道周边产生一定厚度的应力松弛圈,使得隧道围岩的自承能力及抗渗性大大降低,特别是当隧道拱顶一定范围内存在软弱围岩和断层破碎带时,海底隧道施工有可能诱发涌水、突泥淹没隧道。因此,对于钻爆法施工的海(水)底隧道,要进行控制爆破,以减少松弛圈的厚度。

5.3.1 松动圈的形成过程及特性

假设在隧道开挖周边有一岩体单元1,如图2-5-9所示,洞室开挖前处于三向原岩应力状态。开挖后,在岩体中开挖洞室不可避免地破坏了原岩体的应力平衡状态,水平应力解除,单元1变成两向受力状态。洞室周边的径向应力消失、切向应力剧增,围岩应力将经历重分布过程,单元强度发生下降;二是由于应力的转移,所开挖的空间周边附近应力集中,使单元上受力增加。如果单元所受力超过其强度,单元1发生破坏,应力向岩体深部转移。这样单元2面临单元1相似的情况,有一点不同的是单元2的水平应力$N2$,由于单元1的存在将不为零,但数值很小,所以单元2的强度略高。如果这时单元2上作用的应力仍大于其强度,则单元2又将发生破坏,使应力再次向深部转移。单元破坏应力转移,其应力集中程度有所减弱,而径向应力有所增加,围岩破坏范围不断扩大,直至围岩应力小于或等于岩体强度,破坏才停止。最后到单元n时,其单元上所受应力小于其三向应力极限强度,则单元只产生弹塑性变形而不发生破坏。这样的变形结果,使得在单元1至单元$(n-1)$之间的岩体处于破坏状态;而从单元n开始向外,岩体处于弹塑性变形的原岩完好状态。

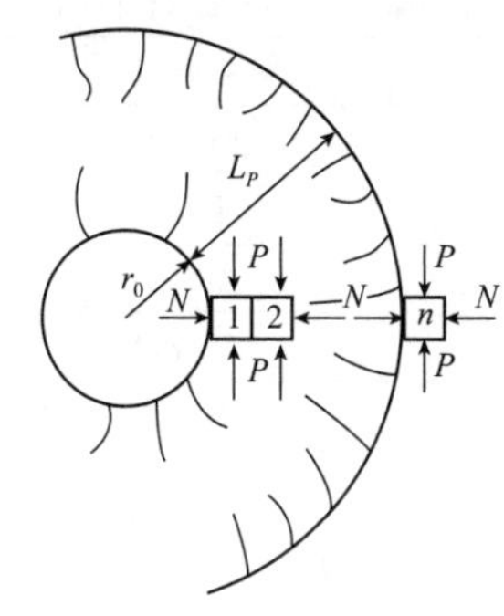

图2-5-9 隧道围岩的物理状态

这种情况同样发生于所开挖空间的各个方向,所以在这个空间的周围形成了一个破裂区,通常为一定厚度环状的圈,这个圈一般被称为塑性松动圈。对于塑性岩体,在破裂区外应力接近岩体的强度,但小于岩体强度,围岩处于塑性状态;再往外应力低于岩体的塑性屈服应力围岩处于弹性状态,形成了一般所说岩体中的4个区:弹性区、破裂膨胀剧烈区、破裂膨胀稳定区和塑性区。

大量的现场和实验室研究表明,松动圈具有以下性质:

(1)隧道开挖后,周边客观存在着的物理状态,其对应于岩体全应变曲线峰后阶段的岩体状态。只有当围岩强度大于围岩应力时,隧道周边不产生松动区,此时称松动圈为零。

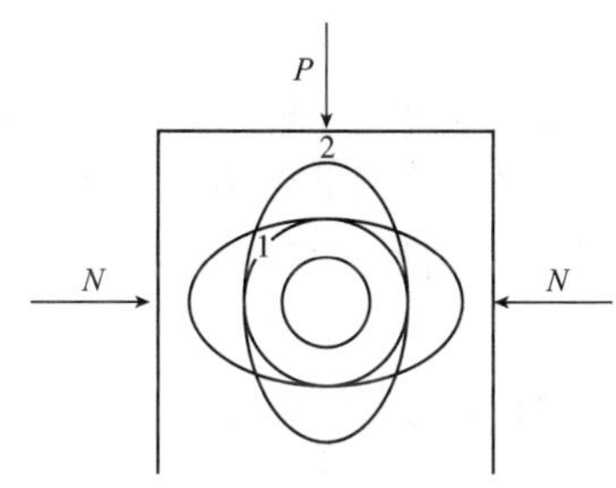

图2-5-10 围岩松动圈形状与应力关系

(2)同一围岩的隧道中,岩体应力愈大,松动圈也愈大;同一应力条件下,岩体强度愈低,松动圈也愈大。

(3)围岩松动圈具有一定的形状:根据试验,当围岩各向同性时,如果垂直应力P与水平应力N相等,则为圆形,如图2-5-10中圆曲线1;否则为椭圆形,且椭圆的长轴与主应力方向垂直,即当$P<N$时,如图中椭圆2,当$P>N$时,如图中椭圆3。若围岩非各向同性,则在岩体强度低的层位将产生较大的松动圈。

(4)围岩松动圈的形成有时间性。由于围岩调整及其重新分布,以及岩体具有长时强度的特性,围岩松动圈的形成有一时间过程。隧道收敛量测表明,松动圈发展的时间与隧道收敛变形在时间上一致。

(5)围岩松动圈对支护的影响大,而支护对松动圈的尺寸影响不大。当$L_P \geq 1.5$m时,刚性支护很难维护,说明松动圈越大,收敛变形越大,支护越困难。另一方面,在同一隧道中不同的支护形式下,支护对松动圈尺寸影响不大。

5.3.2 爆破开挖后隧道围岩松动圈测试

围岩松动圈是围岩应力超过岩体强度之后而在隧道周边形成的破裂带,其物理状态表现为破裂缝的增加及岩体应力水平的降低。松动圈测试就是检测隧道开挖后新的破裂缝及其分布范围。围岩中有新破裂缝与没有破裂缝的界面位置就是松动圈的边界。基于松动圈测试的检测原理,相应的测试方法有渗流法、深基点位移计量测方法、地震声学和超声测井方法等。本工程采用的是超声测井探测方法。

利用超声波在岩石中传播时,其波速及振幅会随着岩石的破坏程度而发生变化的特性,用单孔一发双收的方法测试爆破开挖后隧道围岩的松动破坏范围大小。本方法测试工程量小,方法简单,测试结果可靠。

一、超声测井探测法工作原理

超声波在岩体中的传播速度与裂隙程度及岩体受力状态有关，岩体整体性好，弹性波速度高，岩体裂隙发育，弹性波速度低。表 2-5-7 是常见岩层破坏前后岩体弹性波速度值。

常见介质中声波传播速度（单位：m/s） 表 2-5-7

介质材料	整岩体声波速度	裂岩体声波速度
粗砂岩	5000～5500	4500～4800
细粉砂岩	4500～5200	3500～4200
泥　岩	3500～4100	2600～3000
煤　层	2500～2800	1700～2400
石灰岩	5000～5600	4500～4800
空　气	340	
水	1430	

松动圈内围岩产生了较多新的破裂缝，其声波速度相对于深部未松动破坏岩石而言要低。超声波探测方法是通过岩石钻孔（ϕ41～ϕ45mm）测出声波纵波速度在围岩钻孔中的分布变化：波速（v）-孔深（L）曲线（如图 2-5-11 所示），并判定围岩松动圈厚度。纵波速度是通过测定钻孔中一定距离（探头长度）围岩的声波传播时间计算出来的。超声波测井探测法测试时需要注水耦合。

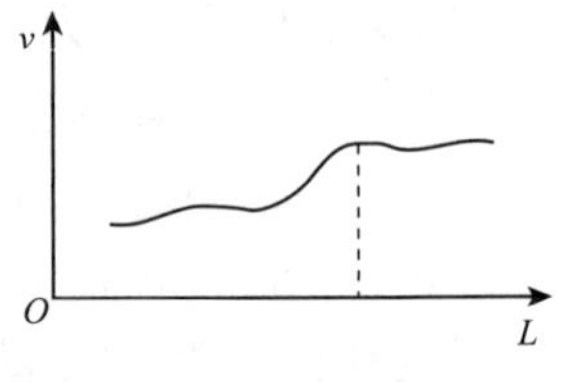

图 2-5-11 波速-孔深曲线

二、翔安海底隧道松动圈测试

结合本次测试的实际情况选择了隧道的 A1 标 F4 风化槽。

1. 测试位置

这次测试的地点里程为 ZK8＋890～ZK8＋910。

2. 测试隧道的地质情况简述

ZK8＋886～893 段以弱风化花岗岩为主，岩石强度较高，完整性较好，地下水发育一般，局部有少量裂隙水。ZK8＋893～904 段以强风化花岗岩为主，裂隙发育，完整性较差，风化基岩裂隙水非常发育。ZK8＋904～928 段为全风化花岗岩，局部为强风化，岩体呈砂质黏性土状，遇水易崩解，自稳性差，开挖易坍塌。

3. 测试方法

（1）测点布置（如图 2-5-12 所示）。在确定具体的测点位置时，详细考查测点隧道围岩及支护层的状况。测试位置的选定主要考虑以下因素：

①支护层不能出现明显的破坏，最好能结合隧道岩层的编录图，以便测试结果具有代表性。

②测点周围的支护层要平整，便于打测试孔。

③测点周围要有接风点。

④测点周围要有地方取水。

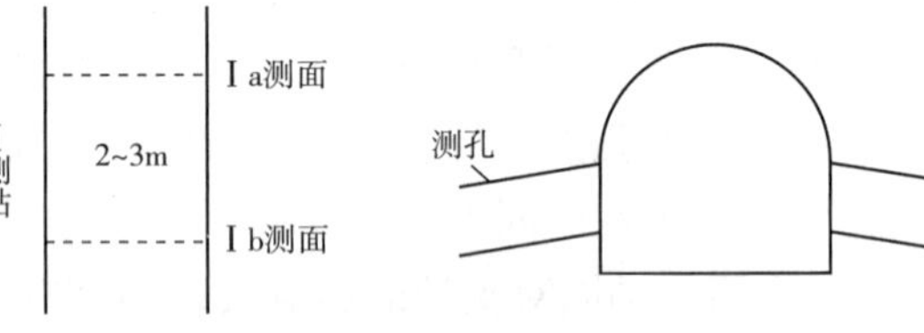

图 2-5-12 松动圈测站布设示意

⑤测点还要选择在能方便摆设仪器且不影响生产的地段。

（2）打测试孔。根据测试孔的长度，选择合适的测试钻杆。本次测试预测隧道的松动圈在 4m 以内，故选择 2 根 2m 的钻杆。钻头直径的选定要考虑测试探头的直径，一般钻头的直径要比测试探头的直径大 5mm 左右。打测试孔基本上和打炮眼孔一样，只是要保证测孔向下略有倾斜，一般向下倾斜 2°～5°，以便在实际测试时，能向测孔中注水。在测孔打到底后，要反复抽拉钻杆，以便将测孔中的碎石和石粉排到孔外。最好能采用湿式打眼，这样可以使测孔保持清洁，以便在实际测试时，不会出现卡坏测试探头的现象。测孔打好后放置一天左右的时间，保证测孔在测试之前不会塌孔。

（3）测试准备工作。在正式测试之前，要认真地检查测孔，保证先期打出的测孔没有塌孔发生。检查方法一般用一根笔直的钢筋在孔中反复抽来，没有卡阻现象。然后向孔中注水，直到水溢出孔口。如果水在孔中消失的较快,可反复注入,以便水能沁满测孔周围的空隙。使测孔中有水存在是保证探头和岩壁之间的耦合,以便探头发射的声波能顺利传递到岩层之中。

具体原理是:根据声波波速随着岩体破碎程度的增加而降低的性质,可测出距表面不同深度处岩体波速值,绘制 v(声速)-L(孔深)图形,从而由 v 的急剧变化点得出围岩松动圈范围。

方法如图2-5-13所示:在测孔内布置一发双收(FSS)传感器,发射传感器为F,接收传感器分别为s1和s2。

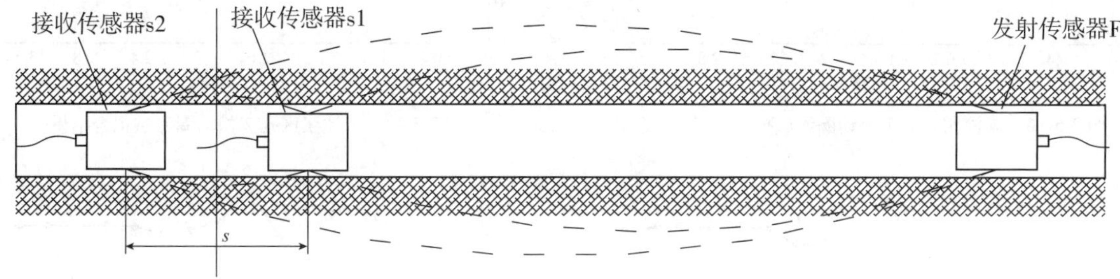

图2-5-13 一发双收测试法

声波在距离为 s 的岩体中,其中点的传播速度 v 大致可用下式来计算:

$$v = \frac{s}{t_2 - t_1} \tag{2-5-7}$$

式中:s——s1到s2之间的距离(m);

t_2,t_1——F到s1和s2的声波传播时间(s)。

在此测孔内,再将此传感器回拉20cm,按同样方法可得出岩体内另一点的声波传播速度。测出 n 个点后,通过绘 v-L 图形,可分析判断出此孔的松动圈位置。

4. 测试结果

本次测试选择在注浆开挖区和非注浆开挖区的隧道两旁各打一个测试孔,孔深为3.5m,孔的位置在隧道的腰线附近,要求测孔基本上和隧道壁垂直,但为了测试方便,应略向下倾斜,要求测孔向下倾斜2°~5°。以利于测试之前向孔中注水,保证水不外流。水在测试过程中起到超声传感器与岩石的耦合作用,保证由发射传感器发出的声波传入岩石,并由接收传感器接受。测试之前先将测试仪器调整到合适的测试状态,确定合适的测试参数。本次测试采用的是单孔一发双收的测试方式。选用RS-ST01C非金属声波测试仪和一发双收探头,如图2-5-14和图2-5-15所示。

图2-5-14 一发双收探头照片

图2-5-15 RS-ST01C非金属声波测试仪照片

向孔中放置探头时,一定要小心轻放。先将探头缓缓放入测试孔中,然后用一根细杆顶住探头尾部,慢慢向孔底输送,直到探头到达孔的底部。在向孔底推送探头的过程中,如果阻力过大,切不可用力,要向外缓拉探头,反复推送。若仍有阻力,可将探头从孔中全部取出,再行检查。在每个孔的测试过程中,固定仪器的增益与衰减,测试开始后逐渐向外拉出测试探头,每隔200mm读数,其中未注浆开挖区测得孔1和孔2;注浆区测得孔1和孔2。具体测试结果如图2-5-16~图2-5-19所示。

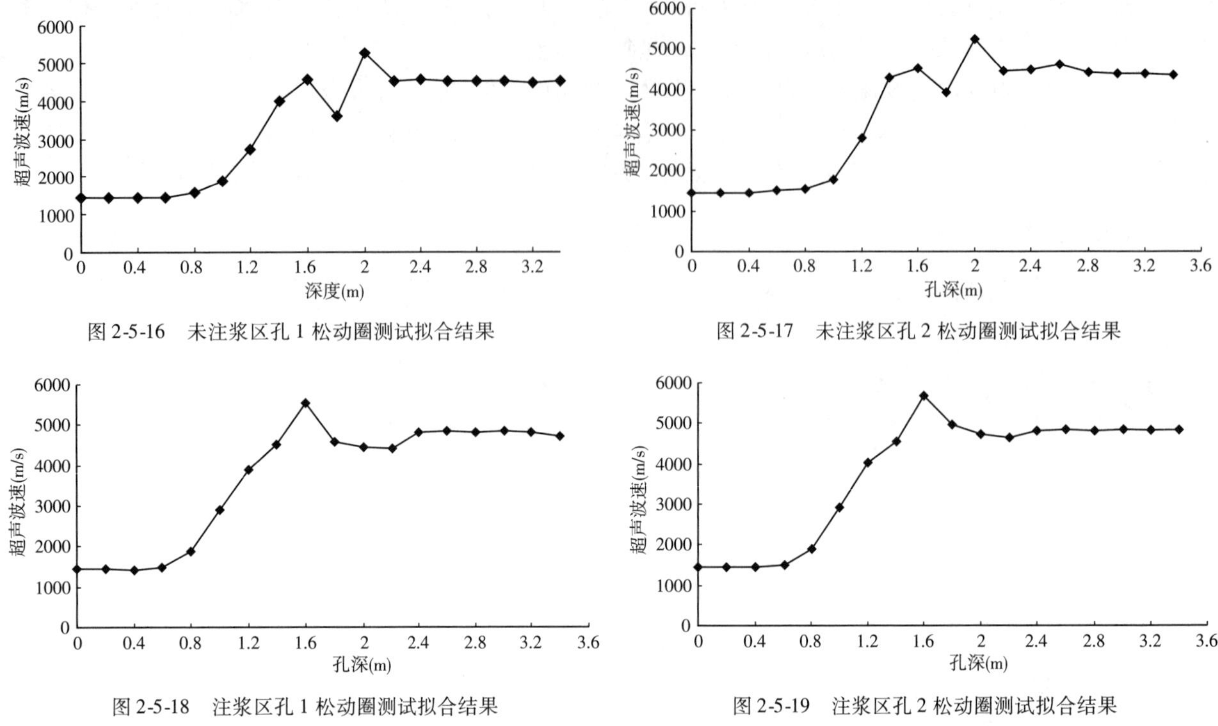

图 2-5-16　未注浆区孔 1 松动圈测试拟合结果

图 2-5-17　未注浆区孔 2 松动圈测试拟合结果

图 2-5-18　注浆区孔 1 松动圈测试拟合结果

图 2-5-19　注浆区孔 2 松动圈测试拟合结果

5. 松动圈的划定

一般情况下，岩体被开挖之后，隧道围岩会形成 3 个典型的区域。一是隧道周边附近，由于开挖在一定范围内而形成应力集中，外加放炮震动、风化等因素的影响，表现为岩石中的裂隙增多贯通，岩石破坏比较严重，该区域称为应力集中破碎带。在此范围内，岩石的声波速度和振幅很低甚至没有。二是应力重新分布区，在此区域内应力升高，裂隙压密，其声波特性表现为声波速度略有升高，振幅增大。三是原岩应力区，声波速度和振幅表现为正常状态，在同一种岩石中，其变化一般不会太大。我们所测试的是隧道围岩的破碎区，主要根据测试数据在孔深—声速坐标系中绘出波速随测孔深度变化曲线，可以判定出围岩的松动范围。

围岩的破碎区和原岩应力区之间的分界线有时并不会像理论描述的一样，十分清晰。实际上破碎区和原岩应力区之间往往是一个渐变过程。反映到波速随孔深的变化曲线上，也有一个渐变的过程。如何根据实际测试的结果确定出松动圈的范围，还要结合工程经验。一般情况下，如果声波速度随深度的变化比较陡峭，并出现平台，那么以平台的起始点作为松动范围；如果变化过程较为平缓，一般将松动范围定在曲线上升段的中间。

6. 测试结果分析

风化槽 F4 处松动圈厚度，注浆区开挖后约 1.4 ~ 1.6m，未注浆区开挖后为 1.6m 左右，说明隧道处于稳定状态，也说明爆破开挖支护方案是行之有效的。

测试过程及测试结果都表明，即使是在松动圈内，围岩的碎胀现象也不十分明显，在喷层和锚杆的共同作用下，仍具有一定的自稳和支撑能力，是隧道今后保持稳定的重要基础。地质情况反映，本地段的地质活动和地应力均不十分突出，所以隧道能够稳定，松动圈也不会再扩大很多。

5.4　注浆加固体的爆破机理和控制爆破技术

5.4.1　注浆加固后岩体爆破作用分析

根据岩石爆破理论，炸药在无限大的岩体中爆炸时，在岩石内部将产生爆炸冲击波作用下的粉碎区（近区）、爆炸应力波和爆生气体作用下的裂隙区（中区）以及爆炸地震波的弹性振动区（远区）。由于在爆破近区，岩石被强烈压缩破碎，且作用范围小，而爆破远区是弹性振动区，可不考虑岩体的破坏问题，因此对爆破作用效应的研究重点是在爆破中区岩体内应力波的传播规律。翔安海底隧道A4标段处于风化槽带，其注浆加固后形成注浆胶结体和溶洞充填物的复合岩体，在复合岩体中进行爆破主要是控制隧道周边不出现裂纹，并成型良好，此外应控制注浆加固圈和溶洞体接触面的爆破振动速度，重点应为注浆胶结体和溶洞充填物接触面上的质点振动速度，防止注浆加固体发生破坏，造成隧道涌水、突泥。

1. 炮孔壁上的冲击压力分析

(1)孔壁初始压力的计算。在钻孔耦合装药爆炸条件下，爆炸产生的应力波大小的计算公式可近似地计算出爆炸应力波大小在围岩介质中的传播。在耦合装药条件下炸药与孔壁完全接触，认为岩体中的爆炸冲击波是炸药爆轰波的透射波。按下列公式计算孔壁压力：

$$p = K'P_2 \tag{2-5-8}$$

式中，K'为压力透射系数；P_2为炸药爆轰压力(MPa)。

其中

$$K' = \frac{2\rho_0 C_p}{\rho_0 C_p + \rho_e C_z} \tag{2-5-9}$$

$$P_2 = \frac{\rho_e C_z{}^2}{K+1} \tag{2-5-10}$$

式中，ρ_0为岩体密度(kg/m^3)；C_p为岩体纵波速度(m/s)；ρ_e为炸药密度(kg/m^3)；C_e为炸药爆速(m/s)；$\rho_0 C_p$为岩体波阻抗；$\rho_e C_z$为炸药波阻抗；K为爆轰产物的等熵指数。

所以

$$p = \left(\frac{2\rho_0 C_p}{\rho_0 C_p + \rho_e C_z}\right)\frac{\rho_e C_z{}^2}{K+1} \tag{2-5-11}$$

上式为耦合装药的情况。如果在不耦合装药条件下，装药与孔壁之间有空气间隙，炸药爆炸后首先在空气间隙产生空气冲击波，然后此空气冲击波冲撞孔壁而产生孔壁压力。则孔壁某点空气冲击波的传播速度v_k，可按下式预先计算：

$$v_k = \frac{v_{\max}}{(l/r_0)^{2/3}} \tag{2-5-12}$$

式中，$v_{\max}$为爆轰产物的最大扩散速度(m/s)；l为装药中心至计算点处的距离(mm)；r_0为装药半径(mm)；l/r_0为至装药中心的相对距离。

爆轰产物的最大扩散速度$v_{\max}$(单位：m/s)可按下式计算：

$$v_{\max} = (3\bar{q}-1)[2Q/(\bar{q}^2-1)]^{1/2} \tag{2-5-13}$$

式中，$\bar{q}$为空气间隙内平均绝热指数($q=1.17\sim1.15$)；W为炸药的爆炸功，$W-CQ_v$(J)；其中C为热功当量，Q_v为爆热(kJ/kg)；

空气冲击波碰撞孔壁之前的入射压力为

$$p_\lambda = \frac{2}{\bar{q}+1}\rho C_z \tag{2-5-14}$$

式中，ρ为空气密度，$\rho=1.05$kg/m^3。

空气冲击波碰撞孔壁时，孔壁上的压力为

$$p = np_\lambda \tag{2-5-15}$$

式中，n为因碰撞使压力增大的系数，它取决于入射波的压力，随压力的增大而增大。则不耦合装药时，孔壁压力为

$$p = \left(\frac{2np}{\bar{q}+1}\right)\frac{(3\bar{q}-1)[2Q/(\bar{q}-1)]^{1/2}}{(l/r_0)^{2/3}} \tag{2-5-16}$$

炸药在岩体中爆破首先产生爆炸冲击波，冲击波衰减之后形成应力波。

(2)岩体爆破损伤断裂过程。岩体爆破损伤断裂过程包含有爆炸应力波的动作用和爆生气体的准静态作用两个阶段。由于岩体对动态和静态加载的响应有较大的差别,因此其损伤断裂机理也有所不同,而且爆生气体对岩体的损伤断裂作用在爆破近区和中远区又不相同。在爆破近区气体可能要渗入岩体内部的裂纹中,裂纹的扩展以气体驱动下的模式扩展,而在爆破中远区的微裂纹扩展是在气体膨胀的压力场和原岩应力作用下发生的。

当一定量炸药在岩体中爆炸瞬间,产生几千度的高温和几万兆帕的高压,形成每秒数千米的爆炸冲击波,最靠近装药的岩石在此冲击波和高温高压爆生气体的作用下,产生很高的径向和切向压应力,这样大的压应力远远大于岩石的动态抗压强度。装药空间岩壁受到强烈压缩而形成一个空腔(即扩大的爆腔),周围岩石产生粉碎性破坏,形成压碎区(或粉碎区)。可见,压碎区岩石主要受冲击波压缩作用破坏,压碎区的范围即为岩石中爆炸冲击波的冲击压缩作用范围。压碎区内冲击波衰减很快,因而压碎区的半径较小,通常只有2~3倍的装药半径,破坏范围虽然不大,但破碎程度大,能量消耗多。由于冲击波能量的大量消耗,压碎区外,冲击波衰变为压缩应力波,并继续沿径向在岩石中传播。当应力波的径向压应力值低于岩石的抗压强度时,岩石不会被压坏,但仍能引起岩石质点的径向位移。由于岩石受到径向压应力的同时在切线方向上受到拉应力,而岩石是脆性介质,其抗拉强度很低。因此,当切向拉应力值大于岩石的抗拉强度时,岩石即被拉断,由此产生了与压碎区相通的径向裂隙。继应力波之后,爆生气体充满爆腔,以准静压力的形式作用在空腔壁上和冲入由应力波形成的径向裂隙中,在此高温、高压、爆生气体的膨胀、挤压及气楔作用下径向裂隙继续扩展和延伸。裂隙尖端处气体压力造成的应力集中也起到了加速裂隙扩展的作用。受冲击波、应力波的强烈压缩作用,岩石内积蓄了一部分弹性变形能。当压碎区形成、径向裂隙展开、爆腔内爆生气体压力下降到一定程度时,原先积蓄的这部分能量就会释放出来,并转变为卸载波向爆源中心传播,产生了与压应力波方向相反的向心拉应力波,使岩石质点产生向心运动,当此拉伸应力波的拉应力值大于岩石的抗拉强度时,岩石就会被拉断,形成了爆腔周围岩石中的环状裂隙。径向裂隙和环状裂隙的交错生成,形成了压碎区外的破裂区,破裂区内径向裂隙起主导作用。岩石的爆破破坏主要靠的就是破裂区。在破裂区外,应力波已大大衰减,并渐趋于具有周期性的正弦波,此时应力值已不能造成岩石的破坏,只能引起岩石质点做弹性振动,形成地震波,在裂隙区外为弹性振动区,岩体不产生任何破坏和损伤,只产生弹性振动。

在应力波作用下岩体的破碎过程,主要由两方面决定:一是应力波产生的最大应力;二是应力波的比冲量和比能。当岩体在压应力波作用下发生破碎滞后的时间非常小时,决定岩体破碎主要因素是应力的大小。当应力波在岩体中传播时,不仅各点的应力不同,而且各点的应力也随时间发生发展变化。岩体内产生的应力,不仅是空间坐标的函数,而且也是时间的函数。

因此,岩体爆破损伤断裂的过程可分以下两个阶段:第一阶段为爆炸应力波作用下岩体的损伤断裂阶段。该阶段在爆破近区产生宏观裂纹,在爆破中区使微裂纹激活并扩展;第二阶段为爆生气体的准静态作用阶段,该阶段在近区为爆生气体驱动下的裂纹扩展区,中远区为爆生气体压力作用下的微裂纹扩展区。

2. 爆炸应力波作用下注浆复合岩体的破坏机理

(1)复合岩体断裂机理。注浆复合岩体劈裂注浆的浆脉与岩层的接触面为薄弱环节,在爆炸应力波的作用下有可能产生裂缝。假设注浆复合岩体炮孔周围有一条初始裂缝,在爆破应力波作用下,裂缝可能发生扩展,其受力状态可看成无限大平板上有长度为$2a$的垂直穿透型裂缝,在裂缝上下表面受均布应力σ的作用,如图2-5-20所示,其应力强度因子为

$$K_{\mathrm{I}} = \sigma\sqrt{\pi a} \tag{2-5-17}$$

$$K_{\mathrm{II}} = K_{\mathrm{III}} = 0 \tag{2-5-18}$$

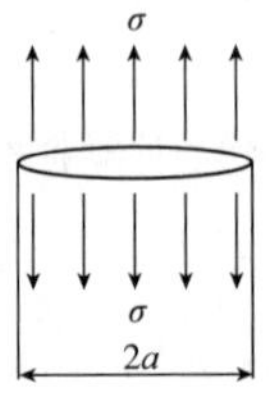

式中:K_{I}——Ⅰ型裂缝的断裂因子;

K_{II}——Ⅱ型裂缝的断裂因子;

K_{III}——Ⅲ型裂缝的断裂因子;

σ σ $2a$

图2-5-20 圆孔边上有裂纹的无限大平板

σ——无限大平板的周边应力；

a——裂缝长度的 1/2。

(2)注浆复合岩体裂纹断裂判据。复合岩体在爆炸载荷作用下，岩石往往表现为强脆性，不但因动载发生变形，裂纹扩展，以致于破碎，而且要产生结构面之间的滑移。因此要全面地反映破坏情况须从两方面情况考虑：一方面是复合岩体的结构面的破坏，另一方面是岩石的破坏。由于浆液和岩石的胶结面为薄弱环节，但总的破坏形式为胶结面受拉开裂为主。为了研究问题方便，可采用Ⅰ型裂缝的断裂判据，即

$$K_{\mathrm{I}} = K_{\mathrm{I}C} \tag{2-5-19}$$

式中：K_{I}——Ⅰ型裂纹应力强度因子；

$K_{\mathrm{I}C}$——Ⅰ型裂纹断裂韧度。

(3)复合岩体界面的断裂韧度 $K_{\mathrm{I}C}$。国内外断裂韧度 $K_{\mathrm{I}C}$的测试方法较多，主要有：①三点(或四点)弯曲梁法；②紧凑拉伸试件法；③直接拉伸试件法；④其他方法：如双悬臂梁试件法、双扭转试件法、立方体劈裂试件法等。

复合岩体作为一种多相介质组成的复合材料，可视为由硬化水泥浆体、岩体及他们的界面组成的复合材料，对于复合岩体的断裂破坏，需研究不同介质界面上的断裂韧度。一些研究者采用紧凑拉伸试件(图 2-5-21)和改进的紧凑拉伸试件(图 2-5-22)模拟集料、浆体及界面，通过单向拉伸，测定他们各自的断裂韧度。改进的紧凑拉伸试件是一种不对称试件，其尺寸应保证两部分具有相同的柔度，用这种试件可保证在界面上发生开裂。通过试验，测出了浆体、集料、界面的断裂韧度 $K_{\mathrm{I}C}$，见表 2-5-8，从表中看出界面的断裂韧度小于集料和浆体的断裂韧度，劈裂注浆形成界面是复合岩体断裂破坏的薄弱环节。

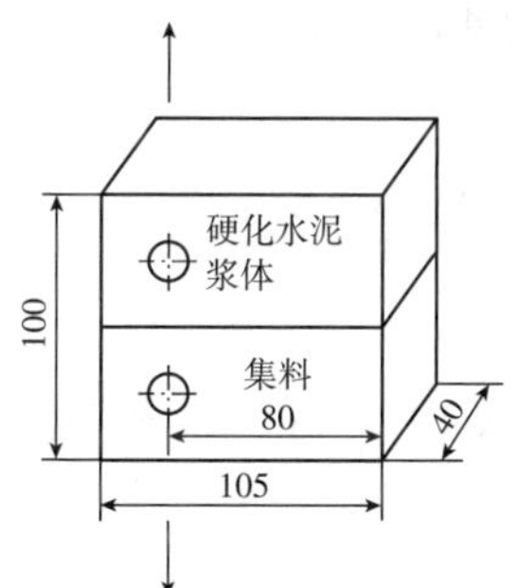

图 2-5-21　紧凑拉伸试件测试裂韧度(尺寸单位：mm)

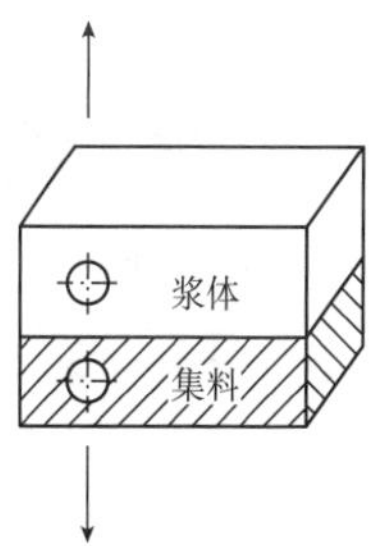

图 2-5-22　改进的紧凑拉伸试件试断裂韧度

水泥浆体、岩石及界面断裂韧度测试结果　　表 2-5-8

成　分	$K_{\mathrm{I}C}$(MN/m$^{3/2}$)
界面：硬化水泥浆体 + 石灰石	0.16 ± 0.04
硬化水泥浆体 + 石英	0.21 ± 0.04
集料：石灰石	0.70 ~ 1.0
大理石	1.9
石英	3.4
硬化水泥浆体水灰比：$W:C = 0.30$	0.40
$W:C = 0.36$	0.35
$W:C = 0.40$	0.31

为了分析爆炸应力波对注浆复合岩体的破坏作用，假设炮孔壁上的裂纹长度 $a = 0.001$m，分析在炸药爆轰冲击压力作用下，裂缝能否发展。

孔壁的作用力为爆轰波的冲击压力，并假设冲击增压用来粉碎岩石，因此不考虑冲击增压作用，裂缝表面上的作用力按切向应力考虑，根据式(2-5-17)，假定沿炮眼全长装药，根据 KK. 安德列耶夫和 A. ф 别辽耶夫的研究成果，并考虑不耦合空气间隔装药对爆炸应力播的衰减，炸药爆炸作用在炮孔壁上的压

力为：

$$p_2 = \frac{\rho_0 D_H^2}{8}\left(\frac{d_c}{d_b}\right)^6 \times n \tag{2-5-20}$$

式中：p_2——为在不耦合装药的条件下，炸药爆炸在炮孔壁上产生的冲击压力；

D_H——炸药爆速（m/s）；

d_c——药卷直径；

d_b——炮孔直径；

ρ_0——炸药的密度（g/cm^3）；

n——冲击压力增大倍数，取值范围为 8～11；

代入有关参数可得到下列计算结果：

$$p_2 = \frac{\rho_0 D_H^2}{8}\left(\frac{d_c}{d_b}\right)^6 \times n = \frac{1.1 \times 3600^2}{8 \times 10 \times 9.8} \times \left(\frac{32}{42}\right)^6 \times 10 = 35570.15\text{kg/cm}^2 = 3.55 \times 10^9\text{N/m}^2。$$

裂缝表面上的压力炮孔周边的切向应力，具体数值如下：

根据有关资料，在爆炸应力波作用下，炮孔裂缝周边应力的经验计算公式为

$$\sigma = \left(\frac{r}{r+a}\right)^2 \times p_2 \tag{2-5-21}$$

式中：r——炮孔半径；

a——裂缝长度；

p_2——为在不耦合装药的条件下，炸药爆炸在炮孔壁上产生的冲击压力。

将有关数据代入公式可知

$$\sigma = \left(\frac{0.021}{0.021 + 0.001}\right)^2 \times 3.55 \times 10^9 = 3.23 \times 10^9\text{N/m}^2$$

根据式(2-5-17)可计算出：

$$K_{\text{I}} = \sigma\sqrt{\pi a} = 3.23 \times 10^9 \times \sqrt{3.14 \times 0.001} = 1.81 \times 10^8\text{N/m}^{\frac{3}{3}} = 181\text{MN/m}^{\frac{3}{2}}。$$

根据表 2-5-8 可知：$K_{\text{I}C} = 0.16\text{MN/m}^{\frac{3}{2}}$

由此可看出：

$$K_{\text{I}} > K_{\text{I}C} \tag{2-5-22}$$

因此在爆破应力波作用下炮眼周围的裂缝将向远处发展。由于厦门翔安海底隧道经过风化槽，必须提前对围岩注浆，因此研究爆破对注浆体围岩的损伤，使损伤达到最小标准，是必要的。由于注浆体是由围岩加固圈土体与胶结体接触面组成，属于节理岩体。不同介质在爆炸载荷作用下，不但因动载发生变形，裂纹扩展，以致于破碎，而且要产生结构面之间的滑移。这就是说，对于注浆复合岩体，爆破后，裂缝沿胶结面发展的可能性很大，因此在布置钻孔时，应尽量避免钻孔直接钻在胶结面上，从而防止超挖。

3. 爆炸应力波作用下注浆复合岩体的剪切破坏

岩体结构面对爆破作用的影响体现在两个方面，一是结构面强度的影响，二是结构面对应力波传递的影响。两者既是独立的，又是相互制约的。结构面强度对应力波传播的影响主要与应力波强度有关。当应力波强度很小时，结构面强度对应力波的传递不存在影响，这时只有结构面介质的耦合程度对应力波传递存在影响。在实验条件下，对弹性波速的测试可知，垂直结构面方向的弹性波波速与平行结构面方向的弹性波波速相差很小。由结构面强度的实验结果可知，结构面的抗剪强度很小，相对于爆炸应力波的抗剪强度可忽略不计。由于结构面抗剪强度较小，从而影响应力波遇到结构面后的传播方式，改变了爆炸应力波的分布状态，产生了特定的断裂形式。在图 2-5-23 中，$x=0$ 的平面代表结构面，设有一纵波倾斜入射，在介质 a 中产生反射纵波和反射横波，同时在介质 b 中有透射纵波和透射横波。由于结构面的抗剪强度$|\tau|\approx 0$。因此介质 a 和 b 在分界面除垂直入射 A 点以外，其他点均为倾斜入射，斜入射的

应力波使结构面发生滑动。

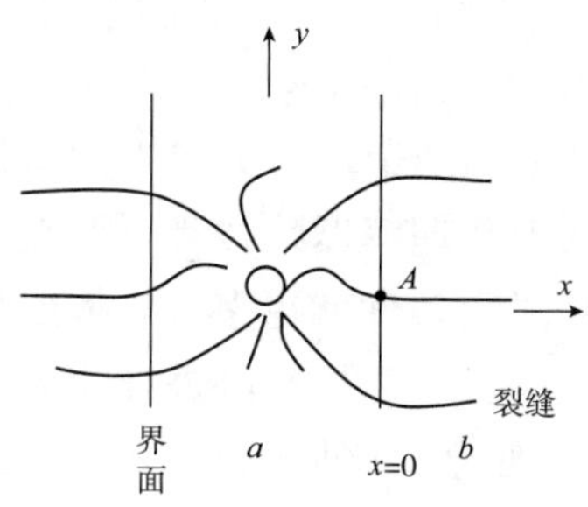

图 2-5-23 爆炸裂缝遇结构面改变

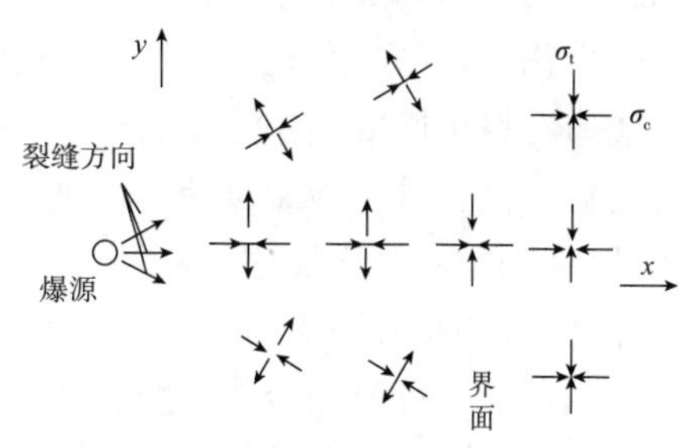

图 2-5-24 爆炸应力分布图

在分界面处,有 $\tau_{xy}|_{x=0}=0$,因此介质 b 中,主应力的方向发生了变化。爆炸应力波遇结构面以前,径向和环向是主应力方向,径向受压,环向受拉,如图 2-5-24 所示。遇结构面后,x、y 方向成为主方向,x 方向受压,y 方向受拉。岩石抗拉强度远小于抗压强度和抗剪强度,爆炸裂缝一般是垂直拉应力方向发展的。因此,爆炸裂缝自孔壁出发,遇结构面以前是径向发展的,遇结构面后,裂缝在 y 方向发展。因为结构面除 A 点将产生滑动,因此径向裂缝遇结构面以后终止。

要全面地反映爆破开挖对围岩的破坏情况须从两方面情况考虑,一方面是胶结面的破坏,另一方面是岩石的破坏。但总的破坏形式为剪切滑移和受拉开裂两种主要形式。将其剪切性能看作弹塑性,屈服准则服从摩尔—库仑定律,剪切力达到某一最大值时,则结构面发生剪切滑移。

破坏条件可表示为

破坏前 $$\tau = |t_{max}| - C - (-\sigma_n)\tan\phi < 0 \tag{2-5-23}$$

破坏后 $$\tau = |t_{max}| = 0 \tag{2-5-24}$$

式中:τ 为所受剪应力值;τ_{max} 为最大剪应力值;C 为凝聚力;ϕ 为内摩擦角;σ_n 法向压应力。

受拉破坏可采用 Von Mises 屈服准则,即弹性应变能达到一定值,材料就屈服,开始产生塑性变形。

5.4.2 爆破对围岩的损伤破坏控制措施及标准

1. 爆破对围岩注浆体的损伤破坏控制标准

由理论分析知,在爆破作用中区有两种作用使围岩产生损伤:一是在爆炸应力波作用下使微裂纹激活并扩展;二是在爆生气体压力场作用下微裂纹的二次扩展。以上只是从理论研究上将爆破作用中区的围岩损伤分为两个阶段,实际上由于爆炸作用是在很短的时间内完成的,爆炸应力波和爆生气体两种作用是无法明确区分开的,由岩石动力学知识可知,岩石的强度随加载应变率的提高而提高,在此为了保证工程的安全,假设围岩是在准静态作用下产生损伤破坏的,采用准脆性材料微裂纹扩展条件式对围岩损伤进行控制,即

$$\sigma = \sigma_c = \sqrt{\pi/4a_0}K_{IC} \tag{2-5-25}$$

式中:σ_c——微裂纹发生扩展的临界应力;

K_{IC}——断裂韧性;

a_0——微裂纹的初始半径。

a_0 可根据围岩裂隙发育情况取值;岩石中的应力 σ 可根据下式进行计算:

$$\sigma = \rho C v \tag{2-5-26}$$

式中:ρ——岩石密度;

C——岩石中纵波波速;

v——岩石质点振速,可由现场测试振速回归公式计算得到。

由式(2-5-25)、(2-5-26)就可以对围岩的损伤进行控制计算。根据现场的实际情况,可按式(2-5-25)和(2-5-26)分别计算其最大安全振动速度。

2. 爆破对围岩的损伤破坏控制措施

一方面加强周边控制爆破的减振,降低单段最大起爆药量,同时减轻爆破对围岩的损伤;要减轻爆破对围岩注浆体的损伤,另一方面增加注浆材料与围岩的固结,提高整体注浆强度。

由于海底隧道在风化槽带是先注浆后开挖,因此,在此种条件下的隧道爆破开挖对围岩体的损伤相当于爆炸应力波在不同介质中传播时的变化规律。从理论上去认识和理解爆炸过程需要在许多的假设条件下才能实现,特别是在爆炸加载这种复杂动态加载条件下,其限制条件就更多。岩体爆炸损伤断裂过程除了受岩体性质影响外,还受到爆炸参数的影响,爆炸参数的改变会直接影响爆炸应力波及爆生气体的作用强度。因此应进行节理岩体爆炸损伤破坏实验研究,一方面研究节理岩体在不同装药条件下的变形和破坏规律,揭示节理岩体中爆炸能量的衰减规律,另一方面通过爆破后岩体的损伤破坏研究,揭示节理岩体的变形破坏规律。

还因为爆炸对岩石的破坏和损伤作用体现在爆炸应力波的动作用和爆生气体的准静态作用两个方面,这两者的作用强度直接影响爆破对岩石的损伤程度,因此,需要采用不同的爆破条件来模拟爆炸应力波和爆生气体的作用强度,从而研究它们对岩石爆破损伤程度的影响。通过分层装药、不耦合装药等装药方式起爆试验后的效果对比,可得出:

(1)随着不耦合系数 K 值的增大,岩石的损伤作用减弱、岩石的质量和完整性提高,这与根据 RQD 指标(岩石质量指标)的分析结果完全一致;且岩石强度、弹模和声速随 K 值的变化规律是一致的,但岩石强度和弹模对 K 值变化的响应比声速敏感。

(2)装药结构对围岩的完整程度有较大的影响。其影响规律为:随着不耦合系数的增加,围岩力学性能参数和稳定性指标提高,炸药爆炸对围岩稳定性的影响减小。

(3)对于层状岩体的爆炸,从岩石爆炸损伤断裂机理出发,耦合装药和分层装药爆炸时,岩石内部的应变波较大,但不耦合装药峰值小、作用时间长,减小了对孔壁的破坏。

5.5 爆破对二次衬砌影响分析

隧道施工中二次衬砌到掌子面距离的控制是一个比较复杂的问题,各地的隧道施工也都没有统一的要求。隧道爆破时,会存在爆破振动对衬砌混凝土的影响问题。考虑到隧道开挖与衬砌并行施工过程中,爆源距离衬砌混凝土较近,此时混凝土基础面上爆炸应力波的主体一般为体波。因此,分析体波(P 波)作用下的新浇筑衬砌混凝土的安全振动速度,因此利用应力波(P 波)在混凝土与基岩结合面处的透、反射规律来研究结合面处的应力状态,以结合面的抗拉强度作为破坏判据,从而分析衬砌混凝土的极限振动速度。

质点振速法是实际工程中最常用的控制标准,该法 20 世纪 60 年代起普遍作为地面建筑物的安全判据,作为地下建筑物的判据是一种沿用。因为爆破对隧道的破坏作用主要由应力波在岩体产生反射和绕射所致,而应力大小则与质点振速成正比,所以人们普遍认为岩石隧洞的破坏与质点速度直接相关。

在我国,一般通过试验监测,利用萨道夫斯基经验公式,回归得到与最大单响药量和爆心距相关的振速经验公式,见式(2-5-28):

$$v = K\left(\frac{Q^{1/3}}{R}\right)^{\alpha} \tag{2-5-28}$$

式中,v 为质点峰值振动速度(cm/s);Q 为最大单响药量(kg);R 为爆心距(m);K 和 α 为与场地、装药等有关的参数。若已知 K 和 α,则可根据实际采用的 Q 及 R 来确定质点峰值振动速度。

我国隧道和水电建设部门在考虑地下洞室的爆破振动安全时,一般按下列标准考虑:与岩体结合为一体的钢筋混凝土衬砌隧洞,振速 $v \leqslant 50 \sim 100$cm/s;基岩或地下岩壁(中等岩石),振速 $v \leqslant 25 \sim 50$cm/s;不衬砌的地下洞室和离壁式衬套结构,振速 $v \leqslant 10$cm/s。我国《爆破安全规程》(GB 6722—2003)[66]规定水工隧道的安全允许振速为 7 ~ 15cm/s,交通隧道的安全允许振速为 10 ~ 20cm/s,矿山巷道的安全允许振速为 15 ~ 30cm/s。

翔安海底隧道爆破振动安全允许距离 R 为

$$R = \left(\frac{K}{V}\right)^{\frac{1}{\alpha}} \cdot Q^{\frac{1}{3}} \tag{2-5-29}$$

式中:K,α——与地质有关的系数和衰减指数。按中硬岩(Ⅲ级)取值,$K = 200$、$\alpha = 1.6$;

Q——炸药量。按进尺 3.0m 计算,每 m^3 石方需(Ⅲ级)0.84kg,断面面积为 $51.78m^2$,$51.78m^2 \times 3.0 \times 0.84 \approx 130kg$。单段最大药量按 25kg,实际上是 20kg 左右;

v——保护对象(二次衬砌)所在地质点振动安全允许速度。根据我国爆破安全规程规定,新浇大体积混凝土龄期在初凝 3d 范围内取,本隧道取 2.0cm/s。

$$R = \left(\frac{K}{V}\right)^{\frac{1}{\alpha}} \cdot Q^{\frac{1}{3}} = \left(\frac{200}{2.0}\right)^{\frac{1}{1.6}} \times 25^{\frac{1}{3}} = 51.64m$$

因此,通过爆破振动分析,可确定,在中硬岩体中爆破对二次衬砌的影响安全距离为 50m,在注浆岩体中爆破对二次衬砌的影响安全距离为 80m。

5.6 爆破对海洋生物影响监测

为了解海底隧道爆破对地面和海洋等周围环境的影响,对厦门翔安隧道爆破进行监测,监测分为地面监测和海洋监测两部分。

5.6.1 服务隧道地面爆破监测

厦门翔安减振爆破科研小组对 A1 标竖井服务洞爆破进行了爆破振动测试。对爆破振动测试结果进行分析如下:

在 A1 标竖井服务洞海域方向工作面爆破时,对上方地表进行了爆破振动测试,此时的钻爆设计如图 2-5-25 所示,实际装药参数见表 2-5-9。爆破综合技术参数指标见表 2-5-10。其中,对爆破振动影响较大的因素为所分装的雷管段别及单段装药量。

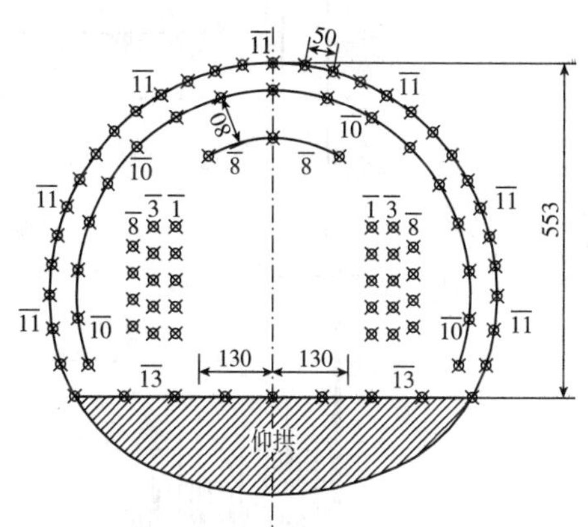

图 2-5-25 竖井服务洞海域方向工作面实际钻爆炮眼布置(尺寸单位:cm)

竖井服务洞海域方向工作面实际爆破综合技术参数指标 表 2-5-9

爆破断面(m^2)	总装药量(kg)	各段分装药量(kg)						最大单段药量(kg)	钻孔数量(个)
		1	3	8	10	11	13		
35	108.54	18	16.2	15.84	21.42	20.88	16.2	21.42	86
爆破进尺(m)		钻孔延米(m)		炮眼密度(个/m^2)		雷管单耗(个/m^3)		炸药单耗(kg/m^3)	装药箱数
2.3		162.9		2.46		0.91		1.35	4.52

竖井服务洞海域方向工作面实际钻爆装药参数 表 2-5-10

炮眼名称	段号	眼深(m)	眼数	炸药类型(kg/条)	单孔条数(条)	单孔药量(kg)	单段药量(kg)	装药长度(m)	装药结构
掏槽眼	1	3.3	10	0.18	10	1.8	18	2	集中
扩槽眼	3	3	10	0.18	9	1.62	16.2	1.8	集中
掘进眼	8	2.7	11	0.18	8	1.44	15.84	1.6	集中
内圈眼	10	2.7	17	0.18	7	1.26	21.42	1.4	集中
周边眼	11	2.7	29	0.18	4	0.72	20.88	0.8	集中
底板眼	13	2.7	9	0.18	10	1.8	6.2	2	集中

A1 标竖井服务洞海域方向工作面爆破时最大单段药量达到了 21.42kg,为 10 段装药。工作面爆破

平均炸药单耗为 1.15kg/m^3,实际装药箱数达到了 4.5 箱。爆破断面为 35m^2,实际爆破进尺为 2.3m。

(1)测试结果分析。由图 2-5-26b)爆破振动波形可知,测得 CH2 通道本次地表最大水平爆破振速达到了 0.49cm/s。最大振速出现在 0.88ms 时刻,即第 1 段装药起爆时(1 段起爆延时为 0~0.05s)。结合所实施的钻爆图,可知第 1 段装药引起了最大的爆破振动。

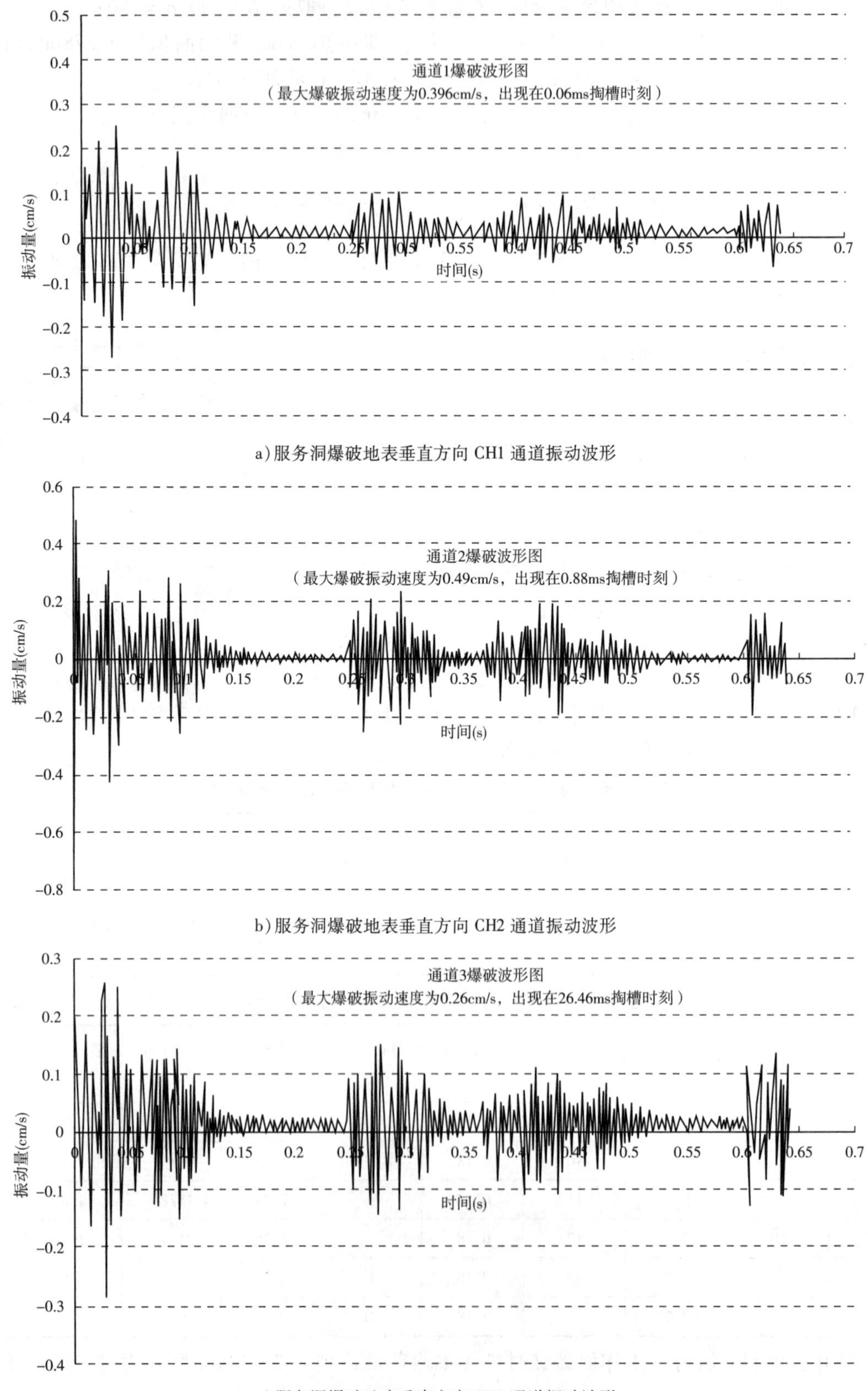

a)服务洞爆破地表垂直方向 CH1 通道振动波形

b)服务洞爆破地表垂直方向 CH2 通道振动波形

c)服务洞爆破地表垂直方向 CH3 通道振动波形

图 2-5-26 服务洞爆破地表垂直方向各通道振动波形

这一规律亦反映在图 2-5-26a) CH1 测点垂直振动波形上,CH1 测点所测得最大振速达到了 0.4 cm/s。最大振速出现在 0.06ms 时刻,同样是第 1 段装药起爆时段。与 CH2 号测点(位置)相比,只是最大爆破振速出现的时刻更早。CH1、CH2 测点所测得的最大爆破振速较相接近,这是由于两传感器布置位置相接近所至。

CH3 号亦是垂直振动测点,其是 CH1 号通道的补充,只是其较 CH1 离爆源更远,故其最大振动值更小。

根据本次测试结果知:与服务洞爆破工作面几何中心相距近 75m 的地表基岩最大垂直振速不到 0.5cm/s,且最大振速均出现在爆破工作面掏槽孔起爆时刻。无论是服务洞还是主洞施工,爆破引起该建筑物的地表最大垂直振速不应超出 3cm/s。根据我国《爆破安全规程》(GB 6722—2003)中对各类建(构)筑物所允许的安全振动速度,认为此次爆破施工不对周围建筑造成破坏性影响。

(2)爆破振动安全标准和判据。我国《爆破安全规程》(GB 6722—2003)中对各类建(构)筑物所允许的安全振动速度作了如下的规定:

①土窑洞、土坯房、毛石房屋为 1cm/s。

②一般砖房、非抗震的大型砌块建筑物为 2 ~ 3cm/s。

③钢筋混凝土框架房屋为 5cm/s。

④水工隧洞为 10cm/s。

⑤交通隧洞为 15cm/s。

据此规定,认为宜将哨所定位于一般砖房、非抗震的大型砌块建筑物,其最大允许安全振速为 2 ~ 3cm/s。

即无论是服务洞还是主洞施工,爆破引起该建筑物的地表最大垂直振速不应超出 3cm/s。

(3)振动波分析。分析两个不同方向上的振动波形图可发现:

①1 段装药起爆出现在 0s 时刻,3 段装药起爆出现在 0.05s 时刻。该两段波基本相连,使得其振动强度(出现较大振动值的时刻)明显要多于其他不相连的各段波。本次最大爆破振速亦出现在 1 段波时刻。按照国标控制的毫秒微差起爆延时标准,该批次 1、3 段毫秒雷管微差质量基本上达到要求,符合国家家质量标准。

本次爆破没有使用 5、7 段毫秒微差雷管,反映在波形图上是 0.12s、0.2s 时刻均没有出现振动波,这与实际施工中相符的。

本次爆破中使用了 8 段毫秒微差雷管,反映在波形图上其出现在 0.25s 时刻,符合其毫秒微差起爆延时标准。由于 8 段毫秒微差雷管与 3 段毫秒微差雷管起爆时间相差近 0.2s,该两段波基本上完全分开,波形未产生叠加现象。8 段波振动强度低。

本次爆破施工中还使用了 10 段毫秒微差雷管,反映在波形图上其出现在 0.38s 时刻,亦符合其毫秒微差起爆延时标准。由于与 8 段毫秒微差雷管起爆时刻相距较远,两段波形未产生叠加现象,振动强度低。

爆破施工中使用了 11 段毫秒微差雷管,反映在波形图上其出现在 0.46s 时刻,亦符合其毫秒微差起爆延时标准。由于与 10 段毫秒微差雷管起爆时刻相距较近,两段波形基本上相连。但即使如此,由于掏槽孔已为其创造出了一定的临空面(10 段、11 段分别为内圈眼、周边眼装药),尽管该二单段段装药量分别为本次爆破第一、第二大装药量,但该二段装药所产生的振动强度要远低于 1、3 段装药。表明只要将内圈眼、周边眼药量控制在一定有范围内(可比掏槽眼多 30% ~40% 的药量,其产生的振动量仍比掏槽眼要小,用回归公式推算最大单段药量时仍以掏槽眼药量为标准。

本次爆破底板眼使用了 13 段装药,其出现时刻为 0.6s,符合其毫秒微差起爆延时标准。由于跳段使用,其未与 11 段波产生叠加现象,波振动强度低。

总之,可由爆破振动波推测爆破工作面上毫秒微差雷管使用段别,并评估各段装药爆破振动效果。

由于 1 段、3 段毫秒微差雷管间距时间短,并且置于掏槽区,装药量亦较大,使得该二段装药振动波容易叠加而在此段时间出现最大振速,且较大振速持续时间长、频率高,对地表建筑物的振动影响亦最大。

还可得出：由于具有临空面，掘进眼、内圈眼、周边眼段装药量可一定量超出掏槽眼而不至于产生最大振动。

故服务洞过部队哨所时，如果爆破装药振动过大，将首先需要控制掏槽眼装药量，或尽量改善掏槽时岩石的夹制作用，才能得到较好的减振效果。在主掏槽眼前方增加一对小掏槽，可为主掏槽眼爆破创造一定的临空面。此办法已被实践证明是行之有效的。

测试还反映出：在相同的装药的情况下，振动波基本上分开的爆破震动较小，这亦是在施工中一再强调毫秒雷管一定要间隔跳段使用的主要原因。

(4)信息反馈。在不改变钻爆图式的情况，随着测试次数增多，推测出服务洞过哨所地表垂直振速有可能超过国标允许振速(2～3cm/s)时，将对目前所采用的钻爆图式进行调整。

根据经验，首先可采用小掏槽技术实施减振爆破：即在主掏槽眼前加钻2～3对小掏槽眼，小掏槽眼眼深可控制在1.5m以下；装1段毫秒管起爆，后方主掏槽眼装3段，再依次对其他眼进行隔段装药。

(5)结论

①由于地表爆破震动测点距服务洞工作面较远(72m)。本次测得的地表垂直振速较小，最大振速还不到0.5cm/s，表明服务洞爆破对相距更远的部队哨所影响更小。服务洞最少在至NK8＋060前可以按原钻爆图式进行快速施工。

②要较准确预测服务洞接近或通过哨所时爆破振动量的大小，至少还得进行不少于10次的地表振动测试，才能回归出较合适的参数进行最大段(掏槽)装药量控制。

③服务洞在接近哨所时，如果爆破振速超过国家允许标准3cm/s，则首先应在不改变钻爆图式的基础上，在主掏槽眼前布置2对小掏槽眼并分装不同段别，以改变岩石对主掏槽眼的夹制作用，达到减振动效果。如果爆破振速仍超标，则应将钻眼深度控制在2m以内，以控制掏槽眼装药量及减少爆破规模。

④对振动波分析可知，由于掏槽眼已创造出新的临空面，掘进眼、内圈眼、周边眼可超出掏槽眼一定比例装药而不会产生较大的地表振动。

⑤施工中应强调跳段使用毫秒微差雷管。

5.6.2 海底隧道爆破水下噪声监测

为确保海底隧道施工与海洋环境的和谐发展，结合翔安海底隧道施工进度的具体情况，厦门大学海洋与环境学院水下噪声监测课题组分别于2006年10月、2007年2月、2008年1月、2008年5月、2008年8月、2008年9月和2008年10月在厦门翔安海底隧道施工爆破现场对海底爆破产生的水下爆破冲击波进行了10次的海上现场监测。

1. 水下爆破冲击波水声监测系统组成

为获取施工海域海底爆破所产生的爆破冲击波及水下噪声强度，需要进行海上现场测量。由于海域中的声信道是一种极其复杂的随机时－空－频变信道，水下爆破是一种瞬态非平稳的随机过程，因此需要采用快速、实时的测量系统。构建的水下爆破水声监测系统方框图如图2-5-27所示：

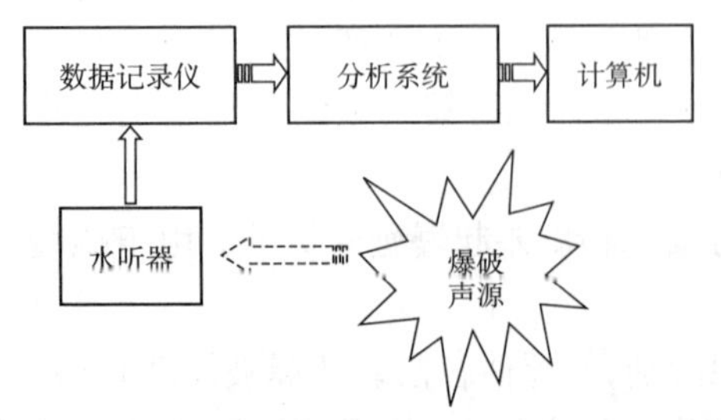

图2-5-27 水下爆破冲击波水声监测系统组成示意

监测所用的主要仪器包括：

①水听器：采用无方向性球形标准水听器(B&K 8105)，其频率范围在＋2～－10dB内起伏的范围为0.1Hz～120kHz，所能承受的最大静压力为10^7Pa(100atm；1000m海深)，耐压性能良好，因此完全可以用来测量水下爆破冲击波的峰值压力。

②测量放大器：采用丹麦B&K公司生产的2636测量放大器对接收到的爆破冲击波信号进行放大或衰减，使输出信号的幅度能满足高速数字磁带记录仪的动态范围。B&K 2636测量放大器的频率响应为1Hz～200kHz，测量幅度范围10μV到30V，增益可调，动态范围大，可达130dB。

③多通道高精度数据记录仪：采用日本 Sony SIR－1000 系列高速宽带数字化模拟信号记录仪。宽带记录：4 通道，通道带宽 160kHz；大动态范围：可达 70～90dB；速度变换范围大，幅频特性好；计算机接口等。

④信号分析系统：B&K PULSE 多分析系统由便携式多功能分析仪与一系列 PULSE 应用软件组成。PULSE 多分析系统中的分析平台具有开放性、模块化、测量功能可增减等特点，既可在实验室使用，也适合于海上测量。

2. 翔安海底隧道爆破监测

（1）监测点布置。本项目共进行 10 次监测，监测点平面布置如图 2-5-28。每次监测在海面布设 1～3 艘监测船，其中监测船 1 位于起爆点正上方，监测船 2、3 距监测船 1 为 200～1000m 不等。

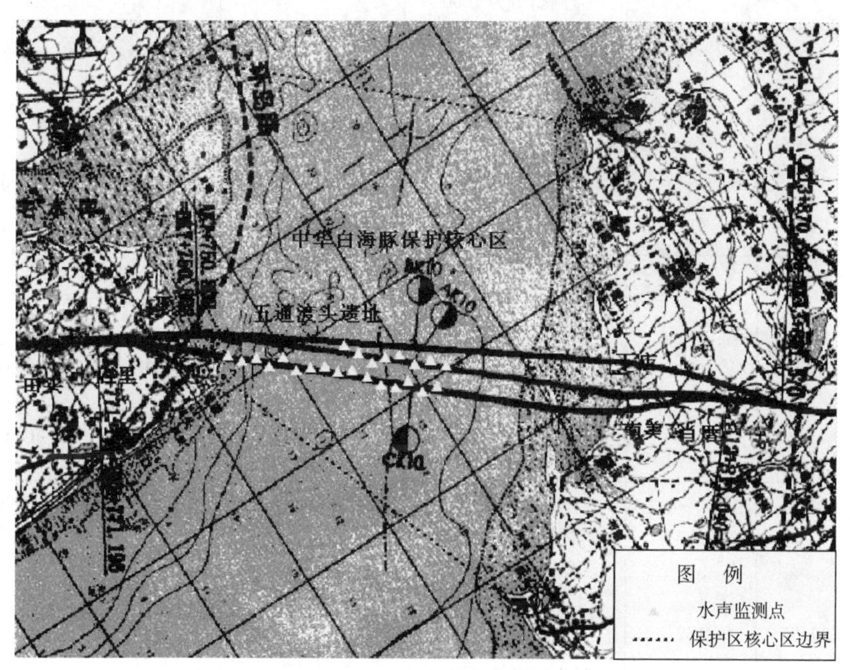

图 2-5-28 海底爆破水下噪声监测点布置

（2）监测结果统计分析。监测结果汇总见表 2-5-11。

监 测 结 果 汇 总 表 2-5-11

日 期	爆破时间	药量（kg）	距离（m）	水听器深（m）	正压峰值（kPa）	负压峰值（kPa）	声压级（dB re 1uPa）
2006.10.30	13:24:40	192	海底爆点正上方，水深3	水听器深1.5	15.7	－16.3	203.9
2007.02.03	12:24:41	216	海底爆点正上方，水深5	水听器1深3.5	33.9	－27.4	210.6
				水听器2深1.5	33.6	－27.2	210.5
2008.01.08	13:47:37	100	监测船1海底爆点正上方，水深15	水听器1深6	18.5	－14.8	205.3
				水听器2深6	18.3	－14.7	205.2
				水听器3深8	37.9	－28.8	211.5
			监测船2距监测船1为200，水深16	水听器深9	3.09	－2.9	189.7
			监测船3距监测船1为1000，水深16	水听器深9	1.08	－0.789	180.6

续上表

日　期	爆破时间	药量（kg）	距离（m）	水听器深（m）	正压峰值（kPa）	负压峰值（kPa）	声压级（dB re 1uPa）
2008.05.30	12:26:15	120	监测船1海底爆点正上方，水深12	水听器1深5	1.75	-2.20	184.9
				水听器2深10	15.6	-13.3	203.9
			监测船2距监测船1为500	水听器深10	4.63	-3.75	193.3
			监测船3距监测船1为1000	水听器深10	0.358	-0.232	171.1
2008.08.02	17:35:08	68	监测船1海底爆点正上方，水深12	水听器深10	4.27	-4.78	192.6
			监测船2距监测船1为300	水听器2深5	1.51	-2.00	183.6
				水听器3深5	1.46	-1.96	183.3
				水听器深10	1.48	-1.76	183.4
2008.09.10	11:18:55	132	监测船1海底爆点正上方，水深13	水听器1深5	0.594	-0.530	175.5
				水听器2深5	0.589	-0.525	175.4
				水听器3深10	0.592	-0.516	175.4
			监测船2距监测船1为300	水听器深10	0.611	-0.653	175.7
2008.09.11	13:29:05	132	监测船1海底爆点正上方，水深12	水听器1深5	0.615	-0.968	175.8
				水听器2深5	0.612	-0.963	175.7
				水听器3深10	1.93	-1.77	185.7
			监测船2距监测船1为200	水听器深10	2.32	-1.60	187.3
			监测船3距监测船1为400	水听器深10	2.19	-1.72	186.8
2008.10.30	12:24:15	120	监测船1海底爆点正上方，水深15	水听器深10	1.33	-1.28	182.5
			监测船2距监测船1为200	水听器深10	1.37	-1.24	182.7
			监测船3距监测船1为400	水听器1深5	0.388	-0.489	171.8
				水听器2深5	0.386	-0.485	171.7
				水听器深10	0.819	-0.859	178.3
2008.10.31	10:57:21	120	监测船1海底爆点正上方，水深15	水听器深10	1.49	-1.39	183.5
			监测船2距监测船1为200	水听器深10	0.923	-0.858	179.3
			监测船3距监测船1为400	水听器1深5	0.784	-0.911	177.9
				水听器2深5	0.78	-0.907	177.8
				水听器3深10	0.973	-1.21	179.8

续上表

日 期	爆破时间	药量(kg)	距离(m)	水听器深(m)	正压峰值(kPa)	负压峰值(kPa)	声压级(dB re 1uPa)
2009.01.12	16:59:35	68	监测船1距爆点500,水深12	水听器深2	0.337	-0.379	170.6
			监测船2距监测船1为300	水听器1深2	0.117	-0.0457	161.4
				水听器2深2	0.12	-0.0444	161.6
				水听器3深2	0.188	-0.071	165.5

图2-5-29为监测到的隧道爆破冲击波声压峰值分布。由图中可见,隧道爆破在水中所产生的冲击波声压峰值较小,主要集中在5kPa,最大测到的声压峰值为38kPa。图2-5-30为在1000m距离范围内的声压峰值随距离的变化关系。由图可见,距离超过200m时,声压峰值已大为下降。

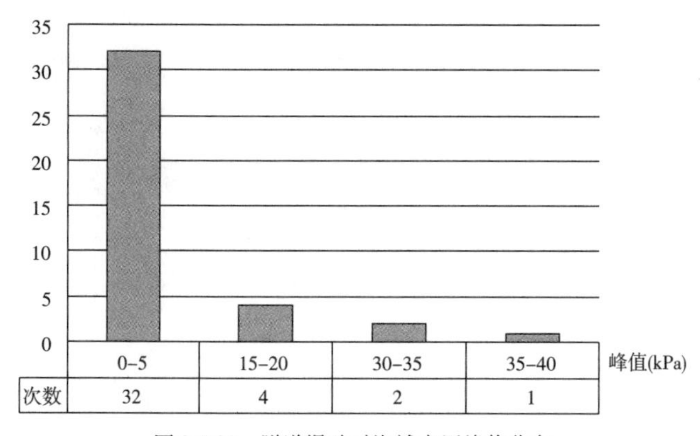

图2-5-29 隧道爆破时海域声压峰值分布

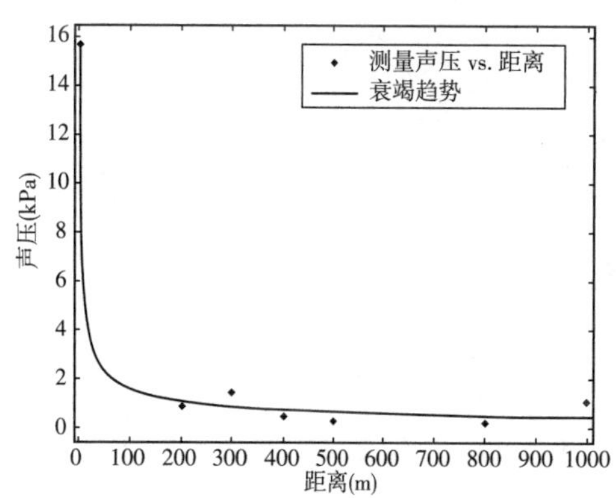

图2-5-30 爆破声压峰值随距离的变化关系

一般认为,爆破时所产生的过高压和超低压交替所产生的振动,是导致海洋生物死亡的主要因素。水下爆破对海洋生物的损伤距离范围可分为两个区域:近距直接毁灭区和远距破坏区。在近距离毁灭区,几乎所有的海洋生物体都将由于受爆破冲击波的挤压作用而受损;而在远距离破坏区,认为是由于冲击波到达海面时因空气介质的反射而造成的负脉冲反射波对海洋生物体的撕拉所造成,负脉冲会使海洋生物体因组织器官引入大量气泡而致伤亡。

国外的研究资料表明:浅海海域撞击式桩基施工的声压级在194dB re 1uPa左右,400m距离处(声压级134dB re 1uPa)网箱中的鲑鱼并未出现生理致伤或明显行为模式改变;美国国家海洋渔业机构(NMFS)颁布的鲸类最大可承受声压标准180dB rc 1uPa,但其针对的是连续的强噪声环境),Malme et al.的研究表明,在164dB re 1uPa的声压下,10%的灰鲸表现躲避行为,170dB re 1uPa和180dB re 1uPa声压下躲避率则分别为50%和90%。此结果与NMFS确定的鲸类180dB re 1uPa安全门限相吻合。

由于本工程施工不是连续爆破,而是间隔周期较长的(如6h或数天)的一次脉冲式爆破。因此参考潜水员在水下爆破时的最低声压阈值0.3~1kgf/cm^2(相当于30kPa~100kPa,209.5~220dB)要求,同时也参照John A. Lewis的研究结果:同等药量下水下爆破对人类的安全要求距离比对海豚还要更远,即水下爆破时对人类声压阈值要求更低的原则来判断本工程对该海域中华白海豚的影响,从而进行进一步分析。

由监测结果可知,虽然在海底爆破的正上方水下冲击波的最大声压峰值强度可达近38kPa,但随着离爆点水平距离的增大,在200m后测到的声压峰值已为3kPa左右,衰减了近10倍;在1000m处测得的声压峰值为1kPa。从水深的垂直方向分布上看,随着离海底距离的增加,当从水深8m测到的冲击波声压峰值强度37.9kPa上升到水深6m时,最大声压峰值也减小了近2倍强度为18.4kPa。因此,在所实施的爆破药量下,海底爆破产生的水下冲击波强度在海底爆破水域的正上方会对该点的中华白海豚带来某些影响，但随着离爆破中心点距离的增加，在200m以外的海域，声压峰值已不超过3kPa，峰值声压级为189dB re 1uPa，已不会对该海域的中华白海豚产生影响。在第二阶段所实施的海底隧道爆破施工水下噪声监测中，海底爆破水域的正上方所测到的水下冲击波峰值声压最大值为15.6kPa，对应的峰值声压级为203.9dB re 1uPa；在200m后测到的声压峰值已为4.63kPa左右；在1000m处测得的声压峰值为0.36kPa，平均峰值声压为1.86kPa，平均峰值声压级为181.1 dB re 1uPa，因此不会对该海域的中华白海豚活动产生影响。

【本章主要编写人员】：李治国　方俊波　惠建永　房建华　梁海青
罗　丹　李德祺　许肖梅　路军富

第6章　海底风化深槽施工技术

6.1　概述

厦门翔安海底隧道工程风化深槽段施工是整个工程风险最大、难度最高的地段，风化深槽施工的成败直接决定着本工程的成败。

1. 海底风化深槽施工难点及特点

风化深槽段围岩破碎，为全～强风化带，岩体强度低，自稳能力差，且其位于海底，水压大；在极端地质条件下存在发生渗透破坏的可能，施工难度极大，并由于头顶无限海水，施工风险极大，故能否安全通过海底风化深槽，是本工程施工成败的关键，所以穿越海底风化深槽是本工程首要的重点和难点。海底风化深槽施工具有以下特点和难点：

（1）翔安隧道是国内第一条大断面海底隧道；海底风化深槽施工国内没有施工先例，国外也无类似工程经验可借鉴，被业内专家称为世界级难题。

（2）虽然前期设计勘察对风化深槽做了大量地质预报工作，但实际施工中对风化深槽的边界位置、大小规模、地质状况、涌水多少等情况都不是十分确切；而这些都是风化槽施工的关键参数，确定这些关键参数就必须对风化深槽进行详细的地质探查。

（3）风化深槽段围岩破碎，为全～强风化带，岩体强度低，自稳能力差，且其位于海底，水压大；并由于地下水很有可能通过围岩裂隙与海水连通，受无限海水补给，施工风险极大，稍有不慎就有可能造成海水倒灌，形成灾难性后果。如何对风化深槽段围岩进行超前加固成为风化深槽施工的关键。

（4）风化深槽开挖过程中如何防止沉降变形引起裂缝贯穿到海底的渗透破坏和掌子面塌方；采取怎样有效控制沉降的措施，防止贯通裂隙裂缝的产生，也是风化深槽施工的重要环节。

（5）如何防止海水的长期侵蚀也是海底隧道一大特点和难点。

2. 海底风化深槽施工总体思路

考虑风化深槽特殊的岩土水文地质，施工期间主要是防止其坍塌和突涌水。要安全通过风化深槽，要对隧道穿越风化深槽段进行预注浆堵水，加固围岩。快支护、早成环，直至通过风化深槽；开挖以人工和小型机械为主，必要时弱爆破，严防对围岩产生大的扰动。开挖过程中严格按设计，要求做好超前管棚支护和注浆加固。其施工工艺流程如图2-6-1所示。总体施工原则为：

（1）系统做好超前地质预报工作，重点准确探明深槽前后土石交界面位置及走向。

（2）做好帷幕注浆预加固工作。

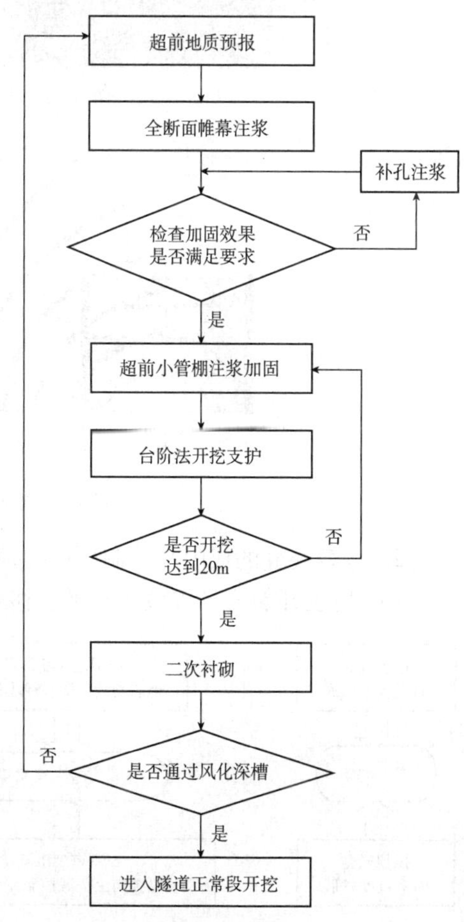

图2-6-1　海底风化深槽段施工工艺流程

(3)采用 CRD 法或多台阶法开挖,支护适当加强。

(4)做好应急抢险救援预案工作。

6.2　风化深槽段地层变形控制基准

6.2.1　地表开裂变形

1. 地表开裂的空间分布

(1)从超前到掌子面通过监测断面,地表裂缝在水平面上的投影近似为不断推进的椭圆。

(2)地表裂缝扩展方向近似为位移场的梯度方向;地表裂缝的法线方向近似为位移矢量场的方向。

(3)地表裂缝的分布、长度、密度、开裂宽度对应于掌子面与监测断面的空间相互位置,且与围岩岩性、地表岩性、植被、建筑、施工工法、开挖部、辅助工法等密切相关。

(4)地表裂缝的扩展过程为:超前起裂→裂缝在地层开挖扰动下逐渐加深→同时拱顶的松弛、塑性破坏向地表逐渐扩展,最后在地中的某点,裂缝与松弛区贯通,形成严重危险的贯穿型裂缝(如图 2-6-2、图 2-6-3 所示)。

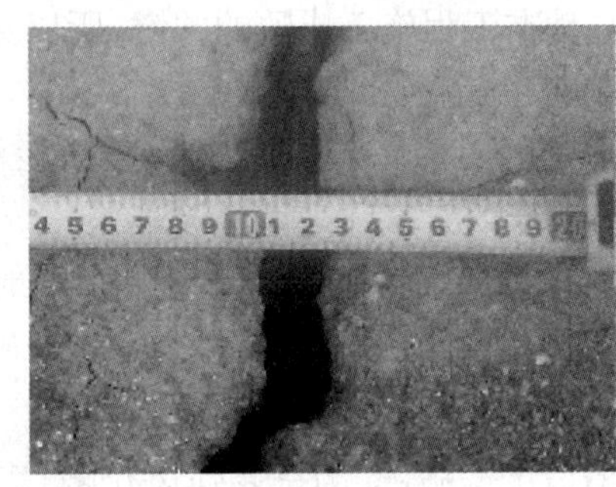

图 2-6-2　地表裂缝照片(左 CRD)及空间分布(右双侧壁)

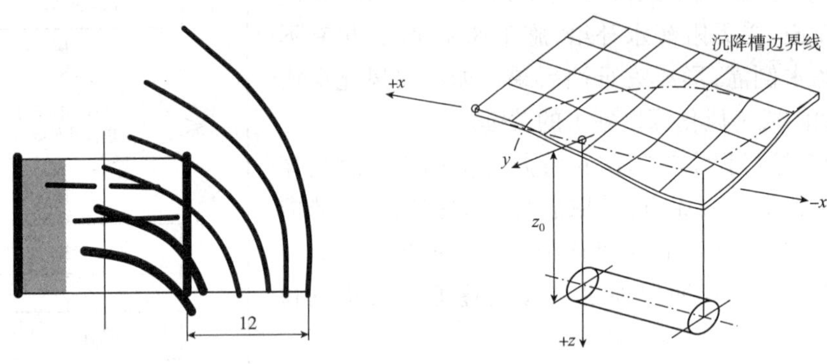

图 2-6-3　地表裂缝草绘(左)及空间分布(右)(尺寸单位:m)

2. 地表裂缝的成因与控制(如图 2-6-4 所示)

(1)地表开裂变形等效于水平位移或竖直沉降位移,且存在近似于线性的内在相关性。

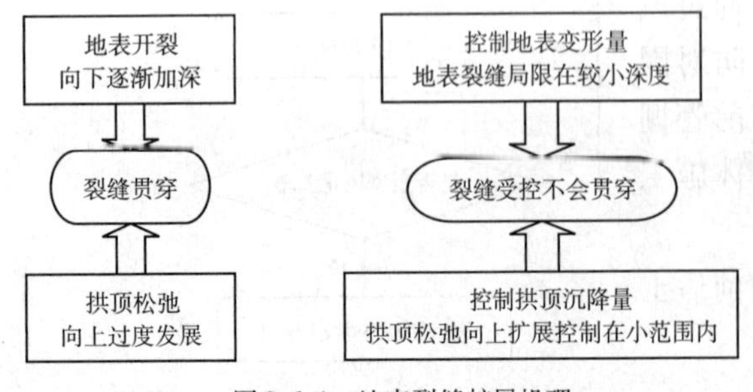

图 2-6-4　地表裂缝扩展机理

(2)地表裂缝扩展方向与位移场方向存在对应性。

(3)不考虑初始起裂的因素,地表开裂宽度值即是水平位移矢量值。

(4)控制地表开裂等效于控制地层变形,由于地层裂缝与地层变形的对应性,将地表、拱顶位移控制在安全范围内,地表开裂也自然限制在较小的安全范围内。

(5)从裂缝的成因看,由于软弱土体的抗拉极限近似为零,所以土体产生拉裂的几率很高,但其危害程度相对较小;而如果土体发生剪切滑移,则裂缝极有可能贯穿,剪切滑动裂缝、错台的危害在海底隧道中是灾难性的。

3. CRD 法与双侧壁法施工地层变形规律

(1)陆域段地层变形时间历程曲线,如图 2-6-5、图 2-6-6 所示。

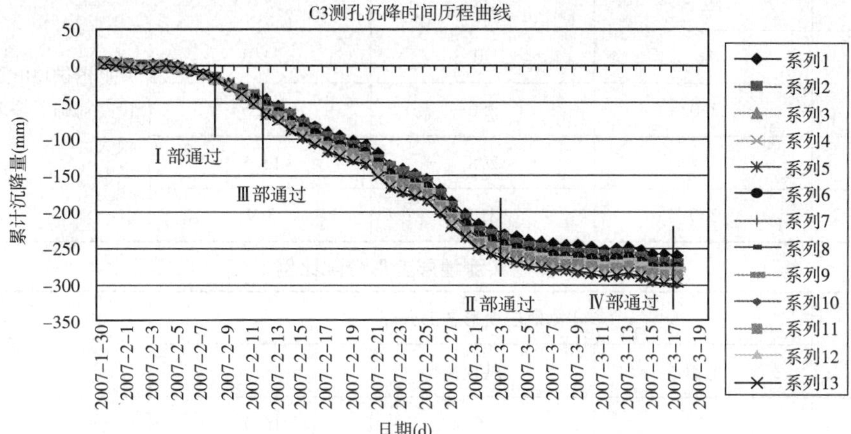

图 2-6-5 实测 CRD 各部通过时的地层变形

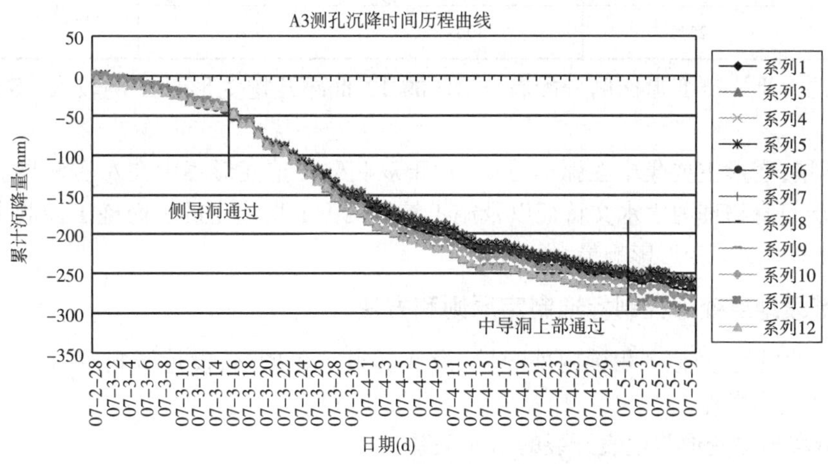

图 2-6-6 实测双侧壁各部通过时的地层变形

从陆域段地层变形实测历程曲线看,不管 CRD 还是双侧壁,其变形发展过程非常类似,即存在超前-加速-缓慢-稳定这样一个过程,且每个变形阶段都与开挖过程相一致。并且两者最终的沉降变形量值也相近,但都偏大,需要有关方面予以重视。

(2)陆域段地层变形各阶段的变形分配比例(如图 2-6-7 所示、见表 2-6-1 及表 2-6-2)。

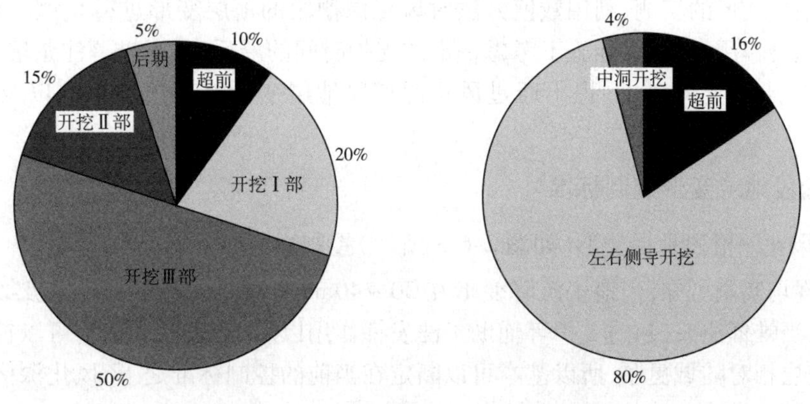

图 2-6-7 实测地层变形分配(CRD 对比双侧壁)

CRD 实测地层变形分配比例 表 2-6-1

开挖部	实测地层变形各部分配			备注
	地表	拱顶	%	
超前	16.5	24	7.7	洞内拱顶由于监测滞后，测点布设在衬砌上等多种因素，变形损失很大
Ⅰ	56	90	21.3	
Ⅲ	230	256	53.5	
Ⅱ	254	298	13.5	
Ⅳ	260	310	3.9	

双侧壁实测地层变形分配比例 表 2-6-2

开挖部	实测地层变形各部分配			备注
	地表	拱顶	%	
超前	50	50	16.7	由于双侧壁侧导落后中洞 50m 左右，弧形中导开挖引起的变形量相对较小
左右侧导	249	291	80.3	
中洞	251	300	3.0	

从陆域段地层变形实测变形比例分配看，CRD 的Ⅰ、Ⅲ部开挖变形量比例较大；双侧壁左右侧导开挖变形比例较大。

对于 CRD 开挖，变形主要集中在弧形Ⅲ部；对于双侧壁开挖变形集中在左右侧导。总体上讲，地层变形主要是由地层自身物理力学水文特征以及施工控制两方面所决定的。而施工控制中的支护时机、封闭时间、辅助工法等对地层变形影响最大。

6.2.2 风化深槽段地层变形控制标准制定原则和方法

(1)参考相关的规范、类似工程国内外经验、海底隧道工程勘察、设计资料等，以风化深槽段围岩物理、力学、水力性质为出发点。

(2)参照陆域段地层变形与地表开裂的对应关系。

(3)参照陆域段地层变形与开挖进尺之间的关系，即实测位移变形各部分配关系。

(4)洞内、洞外拱顶变形实测相互关系。

(5)理论分析结合考虑流固耦合影响的数值模拟计算。

(6)针对 CRD 和双侧壁各自工法的特点和施工过程。

(7)考虑帷幕注浆、超前小管棚等辅助工法的影响。

通过陆域段地层变形的实测，利用数值方法对风化深槽段的地层变形进行预测。预测的方法是：考虑高水头的流固耦合作用；根据实际施工考虑一定的支护时间的滞后；考虑帷幕注浆堵水加固效果；考虑超前小管棚支护影响；在此基础上，提出通过风化深槽段地层变形安全控制标准以及分部的变形分配指标。

6.2.3 风化深槽段地层变形控制标准

1. CRD 通过风化深槽段地层变形（如图 2-6-8 所示）控制标准

通过陆域段现场实测可知，当地表沉降变形在 30 ~ 40mm 以上，地表开始产生极细微的裂缝。从上面计算可以看出，当帷幕注浆、超前支护等辅助工法发挥作用以后，地表变形最终可以控制。在海域风化深槽段，地层覆盖层相对陆域更厚，所以基本可以断定在当前的控制标准之下，风化深槽段地表不会产生裂缝。

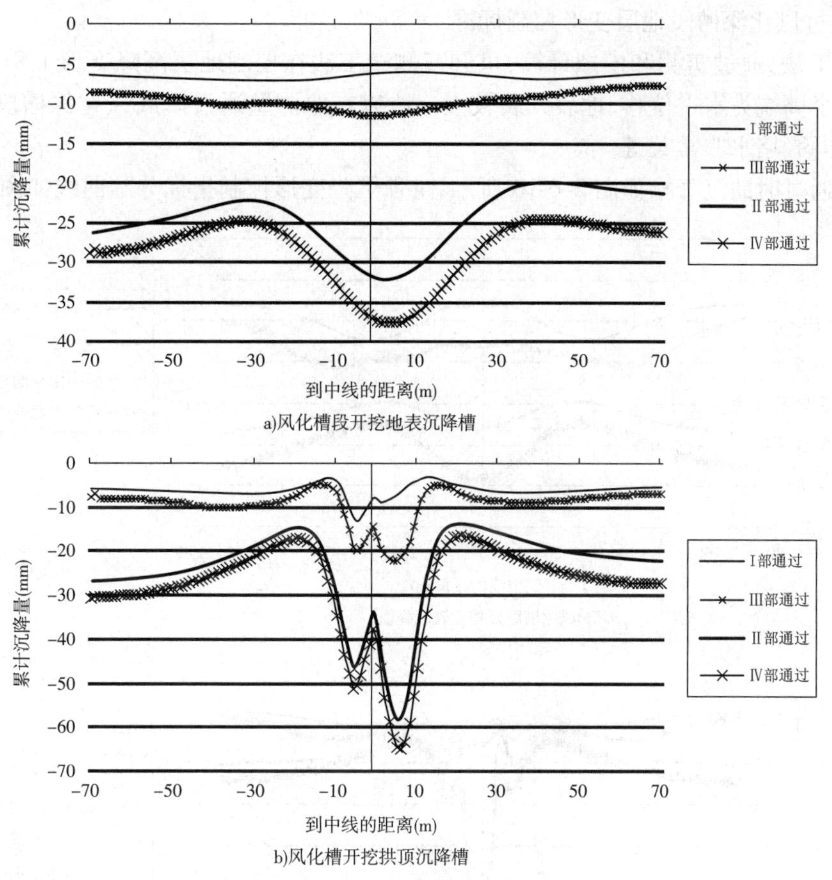

a)风化槽段开挖地表沉降槽

b)风化槽开挖拱顶沉降槽

图 2-6-8　CRD 各部通过时的地表、拱顶沉降槽

根据变形分配原理和开挖过程的模拟计算，各分部变形控制指标见表 2-6-3，地层变形控制指标分配曲线如图 2-6-9 所示：

CRD 各部通过地层变形控制指标　　表 2-6-3

开挖部	地层变形控制指标			备注
	地表	拱顶	%	
超前	7.3	13.1	18.7	地层变形控制指标的制定综合考虑了地表裂缝的控制 洞内拱顶变形的控制指标与施工方法、监测实施有密切关系，该指标假定测前损失、不密贴损失、变形速率损失
Ⅰ	11.5	22.0	12.8	
Ⅲ	32.2	58.2	51.6	
Ⅱ	37.7	65.1	9.9	
Ⅳ	40	70	7.0	

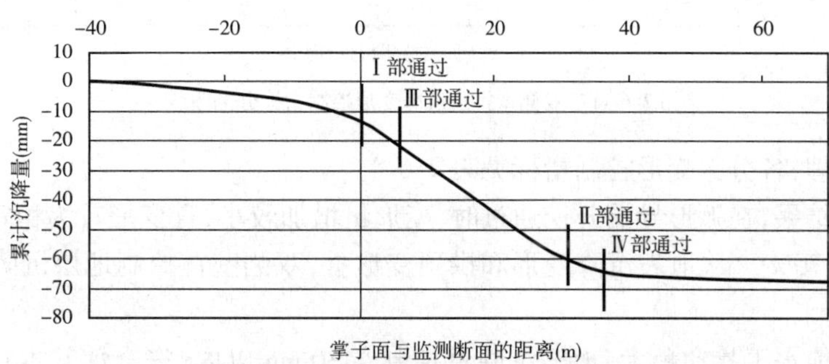

图 2-6-9　CRD 通过风化深槽段地层变形控制指标分配曲线

2. 双侧壁通过风化深槽段地层变形控制标准

对于双侧壁工法，通过实测和模拟计算，可知双侧壁工法在控制地层沉降变形上稍优于 CRD 工法，但其较突出的一个弊端为水平位移、地表开裂较大。所以在双侧壁通过海底风化深槽段时，为规避这一风险，帷幕注浆加固、堵水非常关键。

双侧壁各部通过时的沉降槽如图 2-6-10 所示，拱顶沉降变形控制指标分配曲线如图 2-6-11 所示。

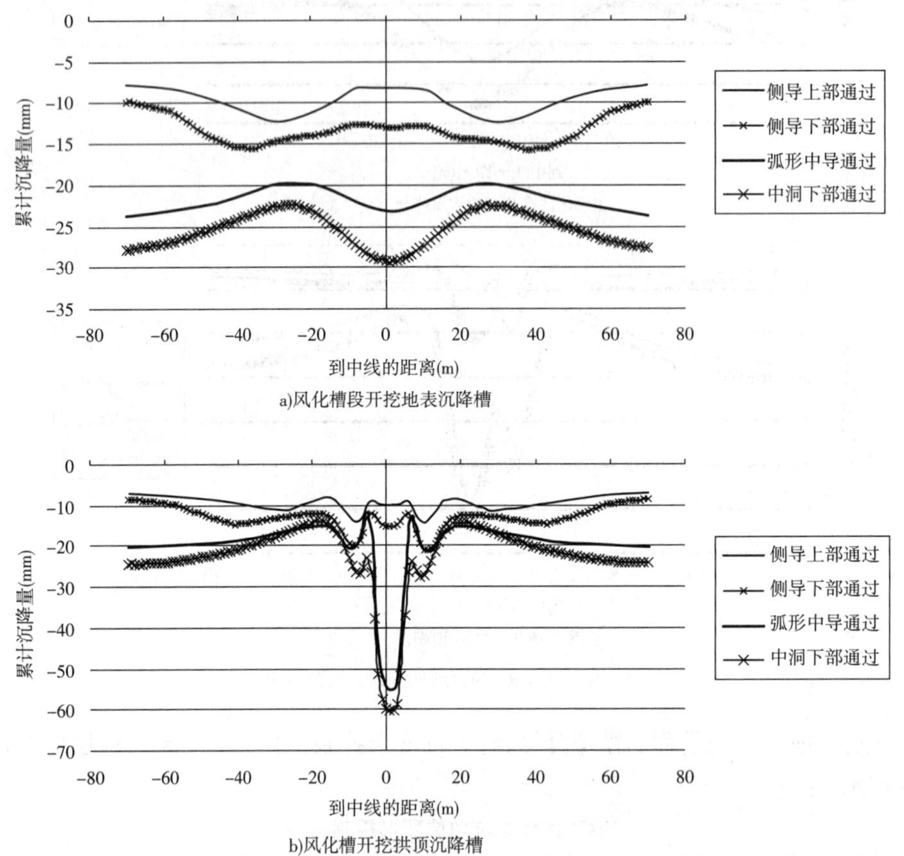

a)风化槽段开挖地表沉降槽

b)风化槽开挖拱顶沉降槽

图 2-6-10 双侧壁各部通过时的地层沉降槽

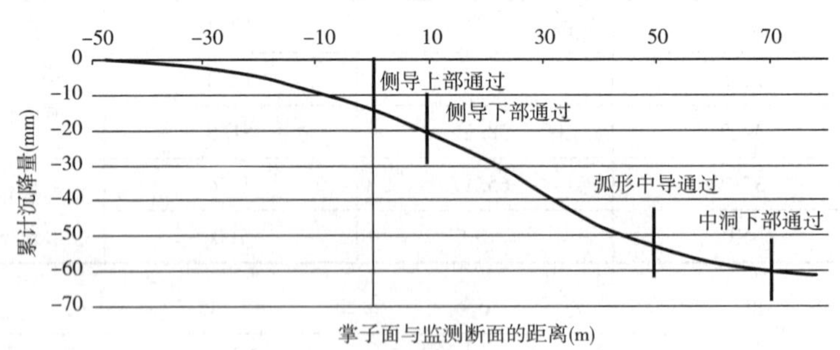

图 2-6-11 双侧壁拱顶沉降变形控制指标分配曲线

根据变形分配原理，各分部变形控制指标见表 2-6-4。

对应于变形监测结果，在弧形导洞开挖通过时，变形量增加较小，且变形较为稳定。即认为左右侧导开挖引起的变形约占 70%。从地表沉降变形和拱顶变形看，双侧壁在控制地层沉降变形上稍优于 CRD 工法。

对于双侧壁的超前水平扰动稍大，地表沉降量控制在 30mm 以内，安全性基本良好。建议对于双侧壁增加临时横撑或斜撑，以增强侧导的横向刚度，对地表扰动可以进一步有效地减小。

双侧壁各部通过地层变形控制指标　　表2-6-4

开挖部		地层变形控制指标			备注
		地表	拱顶	%	
超前		12.3	14.3	22.0	实际双侧壁施工过程为：侧导分4部开挖，各部错距5m；中导分2部开挖，错距20m；左右侧导与中导错距50m
侧导	上	15.7	22.1	10.4	
	下	23.8	55.2	52.6	
中洞通过	上	29.4	60.2	7.7	
	下	30	65	7.3	

3. 服务洞通过风化深槽段地层变形（如图2-6-12所示）控制标准

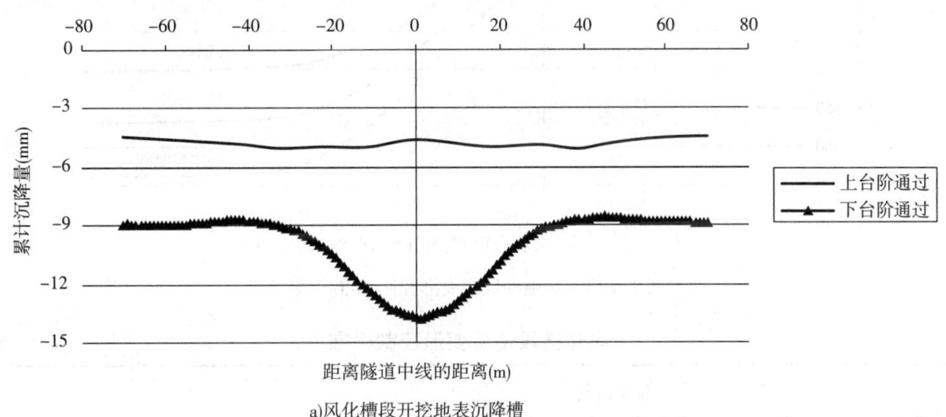

a)风化槽段开挖地表沉降槽

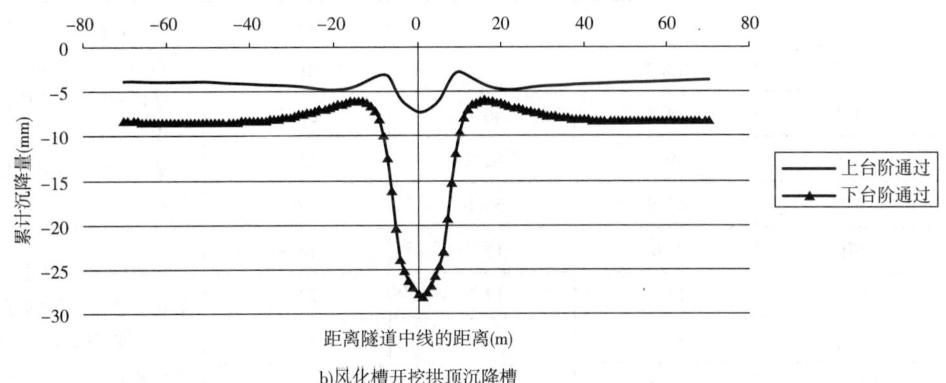

b)风化槽开挖拱顶沉降槽

图2-6-12　服务洞上下台阶通过时地层变形沉降槽

计算结果反映出，服务地层变形主要集中在上台阶开挖以后，约占到变形70%，下台阶封闭以后，地层变形趋于稳定。服务洞各部地层变形控制指标见表2-6-5。

服务洞各部通过地层变形控制指标　　表2-6-5

开挖部		地层变形控制指标			备注
		地表	拱顶	%	
服务洞	超前	5.1	7.4	24.7	服务洞超前主洞约100m
	上台阶	13.8	28.1	69.0	
	下台阶	15	30	6.3	

6.2.4　风化深槽段地层变形实施性控制标准

海底隧道通过风化深槽段时，各项监测的重要性是不言而喻。特别是超前地质预报，地层洞内变形、受力以及孔隙水压、涌水量等。对于地层变形安全风险控制，准确、及时的地层变形监测数据是前提。当变形达到不同的管理级别时，采取相应的控制技术措施，从而实现监测信息反馈与动态施工过程管理、控制的有机结合，实现地层变形、安全状态的预知与受控，确保海底隧道工程的顺利实施（如图2-6-13所示）。海底隧道管理标准和控制基准，见表2-6-6。

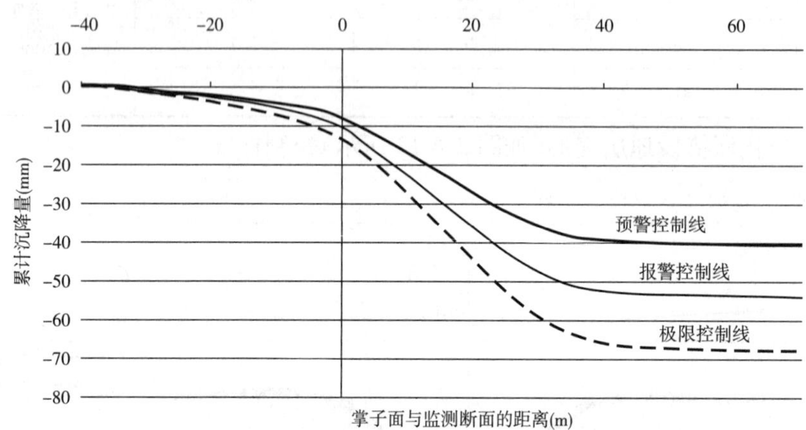

图2-6-13　实施性地层变形控制标准界线

过风化槽段地层变形控制标准　　表2-6-6

施工工法		施工开挖过程地层变形控制			备　注
		Ⅰ（预警值）	Ⅱ（报警值）	Ⅲ（极限值）	
CRD	超前	7.9	10.5	13.1	CRDⅢ部开挖产生的变形比例最大，需要重点控制；建议同时对CRD衬砌结构受力予以监测；宜采用变形量、变形速率双控指标
	Ⅰ部	13.2	17.6	22.0	
	Ⅲ部	34.9	46.6	58.2	
	Ⅱ部	39.1	52.1	65.1	
	Ⅳ部	42.0	56.0	70	
双侧壁	超前	8.6	11.4	14.3	双侧壁左右侧导开挖产生的变形比例较大，需要重点控制；建议适当增强双侧壁侧导横向支撑刚度，以利于控制地层水平变形
	侧上	13.3	17.7	22.1	
	侧下	33.1	44.2	55.2	
	弧形导洞	36.1	48.2	60.2	
	中洞下	39.0	52.0	65	
服务洞	超前	4.4	5.9	7.4	建议服务洞过风化深槽时，对超前地质、控制标准等进行检验、完善
	上	16.9	22.5	28.1	
	下	18.0	24.0	30	

6.3　注浆堵水施工技术

6.3.1　注浆堵水方案的选择

海底风化深槽地段岩体风化严重，软弱破碎、节理和裂隙发育，强度低，含水量大，无自稳能力或自稳能力差，开挖时容易发生涌水、突泥和坍塌，因此注浆加固和堵水是保证施工安全和质量的重要手段，也是工程成败的关键。常用的超前预注浆方案有全断面注浆、上半断面注浆、周边帷幕注浆、周边小导管和大管棚注浆等;开挖后注浆一般分为径向注浆、回填注浆等。径向注浆一般用来回填初期支护背后的空洞,并对距离开挖轮廓线外一定范围内的围岩进一步加固和补强,抑制变形,封堵地下水;回填注浆一般主要用来回填二次衬砌背后的空洞。

影响注浆方案选择的因素也很多,主要有地质条件、隧道埋深、设计要求、施工方法、机械设备等。不同的地质条件和设计要求应选择不同的注浆方案,其中地质条件对注浆堵水方案影响最大,这里重点进行研究和探讨。在地质条件方面主要考虑开挖面稳定情况、水压力、涌水量、泥砂含量等。根据类似工程经验并结合前期试验结果,注浆方案的选择见表2-6-7,注浆方案的施工参数及工艺见表2-6-8。

注浆方案的选择 表2-6-7

适用条件 / 注浆方案	地层情况	探孔最大出水量 (m^3/h)	水压力 (MPa)	水中泥沙含量 (kg/m^3)
全断面超前预注浆	整个断面无法自稳	≥20	≥0.3	≥100
周边帷幕注浆	周边土体无法自稳	≥10	≥0.2	≥10
小导管/大管棚注浆	周边土体自稳能力差	≥5	≥0.1	≥1
局部和补充注浆	局部稳定性差或水量大	>1	>0.05	≥0.1
径向注浆	初期支护后变形大或出水量不满足设计要求			

注浆方案的施工参数及工艺 表2-6-8

优缺点 / 注浆方案	加固长度 (m)	加固范围 (m)	注浆压力 (MPa)	扩散半径 (m)	施工工艺
全断面超前预注浆	20~50	3~8	3~6	1.5~3	分段注浆
周边帷幕注浆	10~30	3~5	3~4	1~2	分段注浆
小导管或大管棚注浆	3~5 30~50	1~3	1~3	0.5~1	分段或全孔一次性
局部和补充注浆	10~20	3~5	2~4	1~2	全孔一次性
径向注浆	3~5		1~2	0.5~1	分段或全孔一次性

对于海底段风化深槽主要选择了4种方法:全断面超前预注浆、周边帷幕注浆、小导管或大管棚注浆、局部和补充注浆。

6.3.2 注浆材料的选择和试验

1. 水泥和水玻璃主要成分和性能

根据现场情况,主要选择了普通水泥单液浆(普硅42.5)、超细水泥单液浆(MC-20)、超细水泥灌浆料(MFC-GM8000)、硫铝酸盐超细水泥(HSC)、普通水泥-水玻璃浆、超细水泥-水玻璃浆等6种材料进行对比试验,以选择和确定比较理想的注浆材料。4种水泥的主要成分和配比见表2-6-9,水玻璃的性能见表2-6-10。

4种水泥的主要成分和性能 表2-6-9

成分和性能 / 水泥型号	主要成分	比表面积(g/cm^3)	中位粒径 D_{50}(μm)	最大粒径 D_{90}(μm)
P·O42.5 普通硅酸盐水泥	硅酸盐水泥熟料、石膏、活性和非活性混合材料等	≥3000	≤40	≤80
MFC-GM8000 超细水泥	SiO_2、AL_2O_3、Fe_2O_3、CaO、MgO、SO_3等	≥8500	≤2	≤20

续上表

成分和性能 / 水泥型号	主要成分	比表面积(g/cm^3)	中位粒径 D_{50}(μm)	最大粒径 D_{90}(μm)
MC-20 超细水泥		≥8640	≤5.59	≤18.18
HSC 硫铝酸盐超细水泥	硫铝硅酸盐水泥熟料、石膏、活性和非活性混合材料等	≥8000	≤4.0	≤20

水玻璃的性能　表 2-6-10

性能 / 材料	主要成分	密度(g/cm^3)	模　数	波美度(Be)	Fe(%)	水不溶物(%)
水玻璃	SiO_2　N_2O	1.261～1.45	2.2～3.4	30～45	≤0.05	≤0.4

2. 注浆材料性能试验

单液水泥浆的配比和结石体的主要性能见表 2-6-11，不同拌制和养护条件下的浆料性能室内试验结果见表 2-6-12，不同配比浆材强度室内试验结果见表 2-6-13。

单液水泥浆的配比和结石体的主要性能　表 2-6-11

性能 / 水灰比	黏度(s)	密度(g/cm^3)	凝胶时间(h-min)		结石率(%)	抗压强度(MPa)			
			初凝	终凝		3d	7d	14d	28d
0.5∶1	139	1.86	7-41	16-36	99	4.14	6.46	15.3	22.0
0.75∶1	33	1.62	10-47	20-33	97	2.43	2.60	5.54	11.27
1∶1	18	1.49	15-56	25-27	85	2.00	2.40	2.42	8.90
1.5∶1	17	1.37	16-52	35-47	67	2.04	2.33	1.78	2.22
2∶1	16	1.30	17-07	48-15	56	1.66	2.56	2.10	2.80

不同拌制和养护的浆材性能试验结果　表 2-6-12

浆液	材料种类	水灰比 W∶C	胶凝时间	初凝(min)	终凝(min)	流动度(mm)	结石率(%)	抗折强度(MPa)			抗压强度(MPa)		
								1d	3d	28d	1d	3d	28d
单液浆	MC-20	淡水拌制 W∶C=1∶1 海水养护		637	689	257	81	0.5	2.8	7.8	1.4	8.0	19.9
	HSC			52	88	221	100	1.6	1.5	1.4	5.0	5.0	6.6
	MFC			409	591	204	99	1.4	3.3	5.0	4.1	7.5	12.4
	普硅 32.5			416	604	280	78	1.6	3.4	8.6	5.0	11.5	25.1
	MC-20	海水拌制 W∶C=1∶1，海水养护		450	495	298	88	1.3	4.1	7.8	4.0	11.7	15.2
	HSC			66	98	257	100	1.7	1.5	1.4	6.3	7.2	5.6
	MFC			346	435	199	99	0.8	1.8	3.7	3.7	7.5	10.7
	普硅 32.5			498	522	296	83	1.2	3.3	5.4	3.9	9.8	18.7
双液浆(水泥浆和水玻璃体积比比为 1∶1)	MC-20	淡水拌制 W∶C=1∶1，海水养护	70S					0.3	1.5	1.6	5.8	9.2	9.6
	HSC		110S					0.3	0.5	1.0	1.6	1.7	4.3
	MFC		45S					0.6	0.0	1.2	7.0	7.4	9.2
	普硅 32.5		105S					0.3	0.2	2.0	0.4	1.4	7.8
	MC-20	海水拌制 W∶C=1∶1 海水养护	65S					0.1	1.5	2.2	2.7	9.8	11.2
	HSC		110S					0.5	0.4	0.8	0.9	2.8	5.8
	MFC		40S					0.5	0.0	0.4	4.0	8.1	10.0
	普硅 32.5		75S					0.2	0.9	2.6	0.4	4.5	7.9

不同配比浆材的强度测试结果　　　　表2-6-13

材料名称＼项目	水灰比 水泥-水玻璃	强度（MPa）1d	3d	7d	28d	3个月	半年	1年	备注
MC－20超细水泥浆	0.6		17.3	34.8	51.4	53.1	53.1	52.6	拌制和养护条件:淡水拌制,淡水养护
	1.0		2.8	6.3	11.6	11.6	11.1	11.8	
	1.5		2.4	3.8	8.4	8.5	3.3	5.6	
MC－20超细水泥＋水玻璃	1.25/1∶0.6	3.4	3.8	4.6	5.3	4.7	10.6	10.0	
	1.0/1∶0.6	7.6	9.9	10.2	9.9	9.0	9.0	9.0	
	1.0/1∶1	3.8	4.4	11.0	17.3	17.6	13.0	12.6	
HSC硫铝酸盐超细水泥	0.6	24.7	30.9	31.3	39.9	40.1	48.4	53.8	
	0.7	18.3	23.9	24.8	30.2	30.8	53.0	53.6	
	1.0	8.0	14.0	18.0	20.0	21.0	21.0	21.0	
	1.2	6.5	9.5	9.6	16.0	16.5	16.6	16.7	
普通水泥32.5＋水玻璃	0.6/1∶1	4.9	6.4	6.9	9.0	9.9	3.7		
	0.8/1∶1	4.2	5.7	7.9	8.0	8.7	4.5		
	1.0/1∶1	2.8	3.4	3.6	6.1	6.5	2.1		

海水腐蚀性较强,为了选择耐久性好的注浆材料,对材料的耐久性进行了室内试验研究,试验结果见表2-6-14。

几种材料的耐久性试验结果　　　　表2-6-14

材料名称＼项目	配合比	抗冻融循环	抗干湿循环	耐酸性试验
MC－20超细水泥	$W/C=1.0$	D_{20}合格	合格	合格
超细水泥＋水玻璃	$W/C\leqslant1.0,C:S=1:1$	D_{20}合格	合格	合格
超细水泥＋水玻璃	$W/C>1.0,C:S=1:1$	D_{20}不合格	不合格	合格
HSC硫铝酸盐超细水泥	$W/C\leqslant1.0$	D_{20}合格	合格	合格
MC－20超细水泥	$W/C=1.0$	D_{20}合格	合格	合格
普通水泥＋水玻璃	$W/C\geqslant1.0,C:S=1:1$	D_{20}不合格	不合格	合格

3. 水灰比及水泥-玻璃体积比对浆液强度的影响

水泥浆与水玻璃进行化学反应,有一个适宜配比,在此配比下反应充分,不同水灰比和水玻璃浓度配置的浆液固结后的抗压强度变化试验结果如图2-6-14所示。3条曲线代表了水玻璃波美度在(30～45)之间,在不同水灰比下的综合曲线之趋势。试验条件:水泥为P·O42.5普通硅酸盐水泥,测试温度为23～23.5°C。

从图2-6-14中可以看出,在相同的水灰比条件下,水泥—水玻璃的体积比为0.3～0.8时,强度较高。在水泥浆—水玻璃配比一定的条件下,水灰比越小,固结体强度越高。此外在水灰比一定的条件下,水泥标号越高,结实体强度越高,水玻璃的波美度越大,结实体的强度也越高。

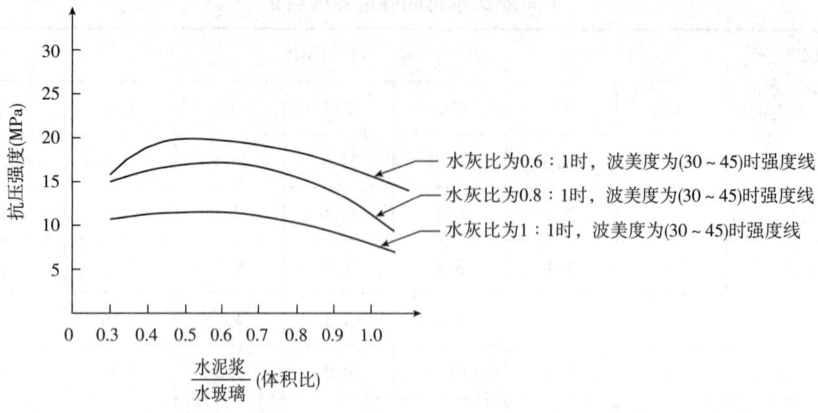

图 2-6-14　水泥浆与水玻璃浆体积比对浆液 28d 抗压强度影响

从以上材料性能和试验结果看：普通水泥颗粒直径大，比表面积小，配置的浆液凝胶时间长、固结体强度较高、耐久性好、价格较低；普通水泥-水玻璃双液浆凝胶时间很短、固结体强度低、耐久性差、价格较高；MFC-GM8000、MC-20、HSC 浆超细水泥单液浆，采用超细水泥或特种材料水泥加入一定量的水配置，水泥颗粒直径小，比表面积大，配置的浆液凝较时间较长，固结体强度较高，耐久性好，但价格昂贵。因此，现场注浆时，应根据不同地质条件和注浆目的选用合适的注浆材料。

6.3.3　不同地层注浆材料的选择

根据以上注浆材料配比试验结果，从强度、凝胶时间、结石率、流动度、耐久性、经济性等指标对比分析，同时考虑价格因素，不同类型注浆材料的优缺点及适用条件见表 2-6-15，海底隧道不同地层注浆材料选择方法见表 2-6-16。

不同类型注浆材料优缺点和适用条件　　表 2-6-15

材料名称	优　点	缺　点	适用条件
普通水泥单液浆	(1)可渗透注入 0.5mm 的裂隙和平均粒径 1mm 以上的砂子； (2)凝胶时间长，能够进行大量注浆和远距离扩散； (3)胶结体具有较高的抗压、抗剪强度； (4)材料来源丰富，价格较低	(1)凝胶时间不易调节，初凝时间长，抗分散性能差，易被地下水稀释，因而不宜在水压高、流速大的条件下采用； (2)粒径大，在致密的黏土中及微小裂隙条件下渗透困难； (3)浆液结实率低，容易收缩	适用于节理、裂隙破碎岩层及中粗砂、砂砾石地层，水量小、流速低等条件下堵水和加固
超细水泥 MC－20 和 MFC－GM8000 单液浆	(1)可注性强，渗透注浆时能注入宽度大于 0.05mm 的裂缝和细砂层中； (2)固结体的强度较高，能得到好的注浆加固效果； (3)颗粒粒径小，可注性强	(1)终凝时间较长，受地下水稀释影响，对其凝胶性能会产生影响，因而在水压高、流速大条件下会有一定的浆液损失； (2)水灰比大时，浆液略有收缩； (3)价格较高	适宜于各种地层的注浆加固，特别对于致密的粉细砂层、黏土地层等空隙率较小的地层
超细型 HSC 浆	(1)具有较好的抗分散性，能有效地控制注浆区域，适宜在高水压、流速大的条件下注浆； (2)早强、高强、流动度大、抗分散，结实率高； (3)具有微膨胀性	(1)浆液的抗分散性能受水灰比影响较大； (2)浆液强度受海水影响较大； (3)采用海水拌和与海水养护时，强度较低； (4)价格较高	适宜于各种地层的注浆加固，特别适用于水量大、水压高、地下水流速大的地层
普通水泥-水玻璃双液浆	(1)可渗透注入裂隙为 0.2mm 以上的岩体或平均粒径为 0.5mm 以上的砂层，可注性较好； (2)凝胶时间短且容易控制，具有早强的特点； (3)浆液配制容易，使用方便	(1)胶结体后期强度较低，耐久性差，受水长期浸泡容易分解；对地层长期堵水和加固有不利影响； (2)工艺比较复杂，易堵管； (3)具有弱腐蚀性	适用于临时堵水、加固围岩和控制浆液扩散范围以及止浆墙渗漏时快速封堵

海底隧道不同地层条件下注浆材料选择　表2-6-16

地层岩石性	钻孔涌水量 $Q(m^3/h)$	水压力 $P(MPa)$	主要注浆材料
全风化花岗岩	$Q \geq 20$	$P \geq 0.2$	普通水泥浆、HSC浆、普通水泥-水玻璃浆
	$10 \leq Q < 20$	$0.1 \leq P < 0.2$	MFC浆、普通水泥-水玻璃浆
	$Q < 10$	$P < 0.1$	MFC浆、超细水泥-水玻璃浆
强风化花岗岩	$Q \geq 20$	$P \geq 0.2$	普通水泥浆、HSC浆、普通水泥-水玻璃浆
	$10 \leq Q < 20$	$0.1 \leq P < 0.2$	普通水泥浆、MFC浆、超细水泥-水玻璃浆
	$Q < 10$	$P < 0.1$	MFC浆、超细水泥-水玻璃浆
中、微风化花岗岩	$Q \geq 10$	$P \geq 0.1$	MFC浆、超细水泥-水玻璃浆
	$Q < 10$	$P < 0.1$	MC-20浆、超细水泥-水玻璃浆

6.3.4　超前预注浆参数研究

注浆参数主要包括注浆加固范围、注浆压力、注浆量、浆液配比及凝胶时间、浆液扩散半径、注浆速度等。

1. 注浆加固范围的确定

注浆加固范围确定时，主要应考虑将地层承载能力和堵水率提高到何种程度，此外要考虑工程成本和工期要求，主要通过计算并结合有关经验确定。

(1)经验确定法。根据山岭隧道和海底、水底隧道的施工经验，假设隧道直径为D，在一般富水的节理、裂隙地层，注浆加固范围为隧道开挖轮廓线外$(0.5\sim1.0)D$确定。在高压富水区个岩溶特别发育地区，注浆加固范围为隧道开挖轮廓线外$(1.0\sim2.0)D$倍确定，日本青函隧道注浆时考虑到海底涌水的危险及地层的不良原因，注浆加固范围设计为隧道开挖轮廓线外$(0.5\sim1.0)D$。随着注浆新材料的不断开发及性能的改进，注浆技术的不断进步，注浆质量不断提高，因此，超前预注浆和径向注浆的注浆加固范围都有缩小的趋势，考虑到海底隧道地质条件、施工的难度及工程成本，从偏于安全考虑，主洞和服务隧道超前预注浆加固范围应为开挖轮廓线外$(0.5\sim1.0)D$。如按主隧道宽度按12m，服务隧道宽度按7.0m考虑，主洞加固范围应为6.0m左右，服务隧道加固范围应为3.5m左右。

(2)通过力学分析确定注浆加固圈厚度。采用厚壁圆桶的弹性力学析解方法进行检算，将隧道看成厚墙圆桶，其外部作用有水压力P_1和土压力P_2，隧道半径为r_0，注浆加固圈半径为r_1。水压力和土压力均匀作用于注浆加固圈周围，忽略重力影响，按厚壁圆桶的弹性力学轴对称问题进行分析，距离隧道圆心某一距离处的r处的应力表达式如下：

$$\sigma_r = \frac{r_0^2 r_1^2}{r_1^2 - r_0^2}\frac{P}{r^2} - \frac{P r_1^2}{r_1^2 - r_0^2} \tag{2-6-1}$$

$$\sigma_\varphi = -\frac{r_0^2 r_1^2}{r_1^2 - r_0^2}\frac{P}{r^2} - \frac{P r_1^2}{r_1^2 - r_0^2} \tag{2-6-2}$$

$$\tau_{r\varphi} = 0$$

式中，P为外荷载；r_0为隧道半径；r_1为注浆加固圈半径；σ_r为径向应力；σ_φ为切向应力；$\sigma_{r\varphi}$为剪应力。

可假定注浆加固圈半径，计算出σ_r、σ_φ、$\sigma_{r\varphi}$。通过室内和现场试验，测试出注浆加固体的物理和力学指标，可通过强度理论或变形理论检验注浆加固体厚度是否满足要求。

室内试验及现场试验表明，采用单液水泥系浆液，如果水灰比小于1:1，则注浆胶结体28d的抗压强度一般大于15MPa。由于风化槽的水压力和土压力较小，经计算分析，主洞5m和服务隧道4m的加固范围能够满足隧道稳定的要求。

(3)通过隧道允许的排水量估算注浆加固圈厚度。假定隧道围岩为各向同性均匀连续介质，隧道为圆形，其开挖半径为r_0，注浆加固圈外半径r_1，注浆加固圈厚度为δ。如果忽略初期支护的作用，假定隧道注浆加固圈外的水压力为P_1，隧道内的水量是在外水压P_1的作用下，通过围岩进入排水盲管渗入隧道的，假定注浆加固圈外表面水压力为零，则根据达西定律，每延米隧道的渗水量Q的简单估算公式如下：

$$Q=\frac{2\pi r_0\eta kP_1}{\delta} \tag{2-6-3}$$

式中，Q为渗水量；P为注浆加固圈外水压力；k为注浆加固圈渗透系数；r_0为隧道半径；δ为注浆加固圈厚度；η为渗漏率，一般为0.001~0.002。

以服务隧道为例，如隧道半径为3.5m，考虑水压力的衰减，注浆加固圈外的水压力取0.3MPa，隧道加固圈厚度为4.0m，注浆加固圈的渗透系数为$k=1\times10^{-5}$m/s，渗漏率为0.001，则每延米隧道的总渗水量为1.65×10^{-6}m/s。

因此，理论计算计算和经验表明，对于厦门翔安海底隧道，主洞注浆加固范围为开挖轮廓线外6m，服务隧道注浆加固范围为开挖轮廓线外5m比较合理。

2. 注浆压力和浆液扩散半径

注浆压力主要和隧道埋深、水压力及地层岩性、结构和构造、注浆材料等因素有关，一般根据经验和室内试验选用，并经过现场试验确定。对于可注性差、水压力高、节理裂隙不发育、空隙率小的地层，注浆压力应选大值，扩散半径应选小值；对于可注性好、水压力小、节理裂隙发育、空隙率大的地层，注浆压力应选小值，扩散半径应选大值。

(1)全风化花岗岩。全风花岗岩地层主要由砂黏土组成，地层致密、空隙率小，可注性差，浆液主要以挤密和劈裂方式向地层中扩散，因此需要较高的注浆压力，其注浆压力一般为(单位：MPa)：

$$P_{注}=P_{土}+(1.0\sim2.0) \tag{2-6-4}$$

对于浅埋隧道，土压力一般为上覆土柱产生的压力。海底隧道几个风化槽的埋深一般为30~50m，在隧道位置的最大土压力为0.6~1.0MPa，因此注浆压力最大控制在3.0MPa左右比较合适。根据类似工程的经验，在此注浆压力下，全风化岩层中浆液扩散半径一般为1~2m。

经过现场试验，注浆终压为2~4MPa，浆液扩散半径R一般为1~2m。

(2)强风化花岗岩。强风化花岗岩地层主要由软弱破碎的花岗岩岩块组成，节理裂隙发育、空隙率大，可注性好，地层和海水连同性强，水压力高，浆液主要以渗透充填的方式向地层中扩散，因此需要较低的注浆压力，其注浆压力一般为(单位：MPa)：

$$P_{注}=P_{水}+(1.0\sim2.0) \tag{2-6-5}$$

在隧道位置实测最大水压力为0.5MPa，因此注浆压力最大控制在2.5MPa左右比较合适。根据类似工程的经验，在此注浆压力下，强风化岩层中浆液扩散半径一般2~3m。

经过现场试验，注浆终压为2~3MPa，浆液扩散半径R一般为2~2.5m。

3. 注浆孔终孔间距

(1)注浆孔终孔间距。根据注浆加固交圈理论，注浆后应能形成严密的注浆帷幕。在注浆终孔断面上，根据注浆扩散半径进行注浆设计时，不应有注浆盲区存在，同时注浆孔尽量均匀布置，并且有利于钻孔。这样，在进行注浆设计时，多排孔的情况下，一般进行梅花形布孔，以获得较佳的注浆加固体厚度，减少注浆盲区，注浆孔布置如图2-6-15所示。

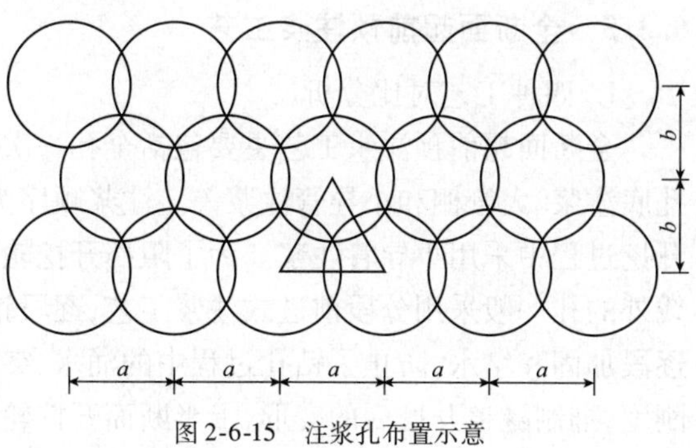

图2-6-15 注浆孔布置示意

注浆孔终孔行距 a 和排距 b 应满足下式要求：

$$a \leqslant \sqrt{3}R \quad (2\text{-}6\text{-}6)$$

$$b \leqslant 3R/2 \quad (2\text{-}6\text{-}7)$$

式中：a——注浆孔终孔间距(m)；

b——注浆孔终孔排距(m)；

R——浆液扩散半径(m)。

(2)注浆段长度。注浆段长度一般应综合考虑地质条件，如钻机的工作效率、注浆加固圈厚度、余留止浆墙厚度、注浆效果等。根据工程类比，结合厦门海底隧道的地质条件、注浆方案及钻孔、注浆机械设备配置，在进行超前预注浆施工时，注浆段长度 L 选择为20～40m。

4. 注浆量及注浆速度

(1)全风化花岗岩注浆的注浆量及注浆速度。全风化花岗岩以挤密和劈裂注浆为主，主要包括挤密注浆量和劈裂注浆量。在劈裂注浆过程中，如将长度、宽度、高度相近的浆脉称为同一级浆脉，则单孔单段的注浆量计算公式如下：

$$Q = (1+\beta)\left[\pi r_1^2 L\alpha + \sum_{i-i}^{n}\delta_i B_i H_i L_i + \sum_{j=1}^{m}\xi_j B_j H_j L_j + \cdots\right] \quad (2\text{-}6\text{-}8)$$

式中：Q——单孔单段注浆量(m^3)；

r_1——注浆孔扩大后半径(m)；

L——注浆段(m)；

β——浆液损失率，一般取0.1～0.2；

α——浆液填充率；与挤密区形状有关，一般取0.8～1.0；

n、m——一级浆脉、二级浆脉的条数；

B_i、B_j——一级、二级浆脉的宽度(m)；

H_i、H_j——一级、二级浆脉的高度(m)；

L_i、L_j——一级、二级浆脉的长度(m)；

δ_i、ξ_j——一级、二级浆脉的形状系数，一般取0.9～1.1。

全风化花岗岩地层注浆为了达到较好的注浆效果，应进行低压慢注，注浆速度应控制在5～30L/min；注浆结束时，注浆速度应小于5L/min。

(2)强风化花岗岩注浆的注浆量及注浆速度。强风化花岗岩注浆以渗透填充注浆为主，注浆量主要与地层的空隙率有关，其单孔单段注浆量如下：

$$Q = \pi R^2 L n\alpha(1+\beta) \quad (2\text{-}6\text{-}9)$$

式中：Q——单孔单段注浆量(m^3)；

R——浆液扩散半径(m)；

L——浆液填充的注浆段长(m)；

n——地层裂隙度或空隙率；

α——浆液填充率，一般取0.8～1.0；

β——浆液损失率，一般取0.1～0.2。

强风化花岗岩中的注浆速度，前期注浆速度应控制在30～50L/min，后期注浆速度应控制在5～30L/min；注浆结束时，注浆速度应小于5L/min。

6.3.5　全断面超前预注浆工艺

1. 四种工艺对比分析

全断面超前预注浆工艺主要包括全孔一次性注浆、分段前进式注浆、孔口止浆钻杆后退式注浆、钢管孔底注浆、大管棚和小导管注浆等。注浆顺序为先外圈，后内圈，最后在隧道周边采用大管棚注浆加固，开挖过程中采用小导管注浆。为了阻挡开挖轮廓线外的海水进入开挖面，控制浆液扩散范围，开挖轮廓线外的孔一般采用分段前进式注浆工艺，逐段钻孔，一旦涌水量超过标准，立即停止钻孔，进行注浆，这样逐段加固和堵水，防止了钻孔过程中的涌水、突泥。为了改善周边孔底注浆效果，提高周边土体的强度和刚度，抑制隧道开挖后的变形，上半断面开挖轮廓线外的第一圈在完成分段前进式注浆后，再采用钢管孔底注浆进行加固。开挖轮廓线外的孔注浆完成后，开挖轮廓线内的钻孔水主要来自开挖面前方，涌水量已经大大减小，钻头可以一次性钻到孔底。为了改善孔底注浆质量，在注浆段底部形成质量较高的止水帷幕，形成"水平桶状止水效应"。开挖轮廓线内的孔一般采用孔口止浆钻杆后退式注浆工艺，浆液从钻杆中进入，经过钻头排出。从孔底开始注浆，减少了重复钻孔工作量，实现了钻注一体化，注浆效率和注浆质量大大提高。对于成孔条件较好的补孔，可采用全孔一次性注浆工艺。全孔一次性注浆工艺如图2-6-16所示，分段前进式注浆工艺如图2-6-17所示。

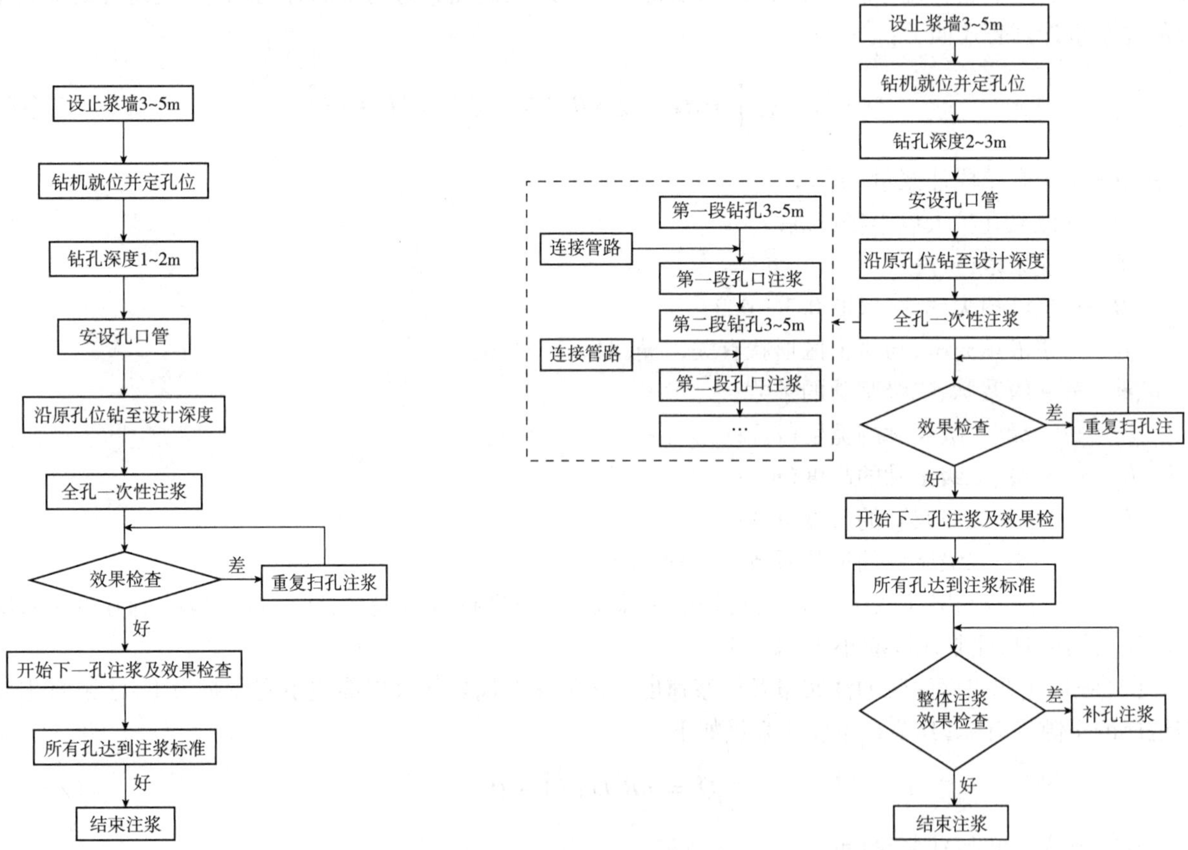

图2-6-16　全孔一次性注浆工艺流程

图2-6-17　分段前进式注浆工艺流程

孔口止浆钻杆后退式注浆工艺如图2-6-18所示。钻杆后退式注浆需在孔口安装止浆塞，防止注浆压力升高时，浆液从孔口流出。钢管孔底注浆工艺及安装如图2-6-19、图2-6-20所示。钢管采用无花孔的钢管制作，端部带有堵头，防止安装过程中泥砂进入。注浆时在高压力作用下冲开堵头，浆液进入地层，并从孔底返向孔口，从而在隧道周边形成环形水泥钢管柱，产成承载拱效应，以提高围岩的承载能力。大管棚和小导管采用钢花管制作，注浆工艺均为全孔一次性注浆。几种工艺优缺点对比见表2-6-17。

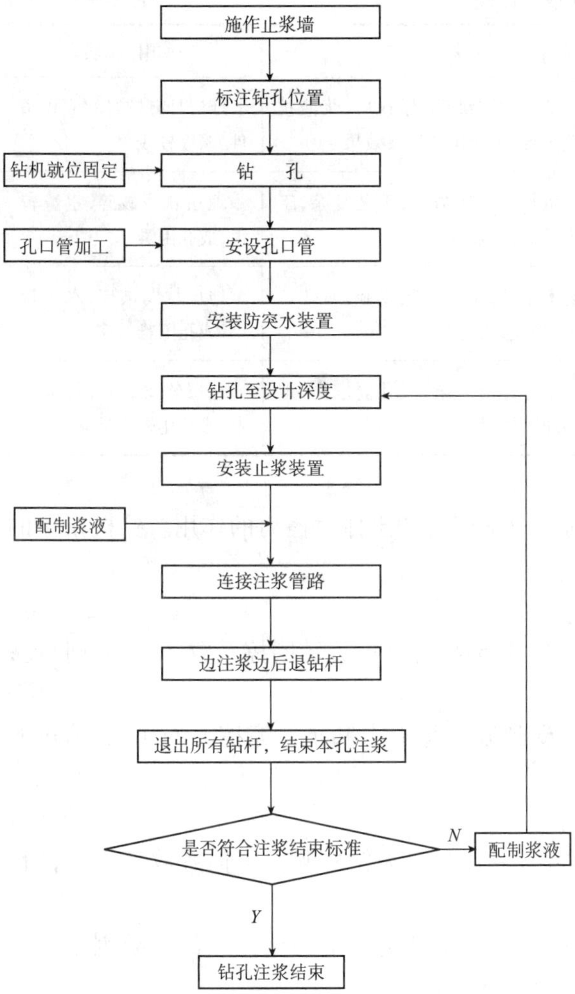

施作止浆墙
↓
标注钻孔位置
↓
钻机就位固定 → 钻　孔
↓
孔口管加工 → 安设孔口管
↓
安装防突水装置
↓
钻孔至设计深度
↓
安装止浆装置
↓
配制浆液 →
↓
连接注浆管路
↓
边注浆边后退钻杆
↓
退出所有钻杆，结束本孔注浆
↓
是否符合注浆结束标准 —N→ 配制浆液 → 钻孔至设计深度
↓ Y
钻孔注浆结束

图 2-6-18　孔口止浆钻杆后退式注浆工艺流程

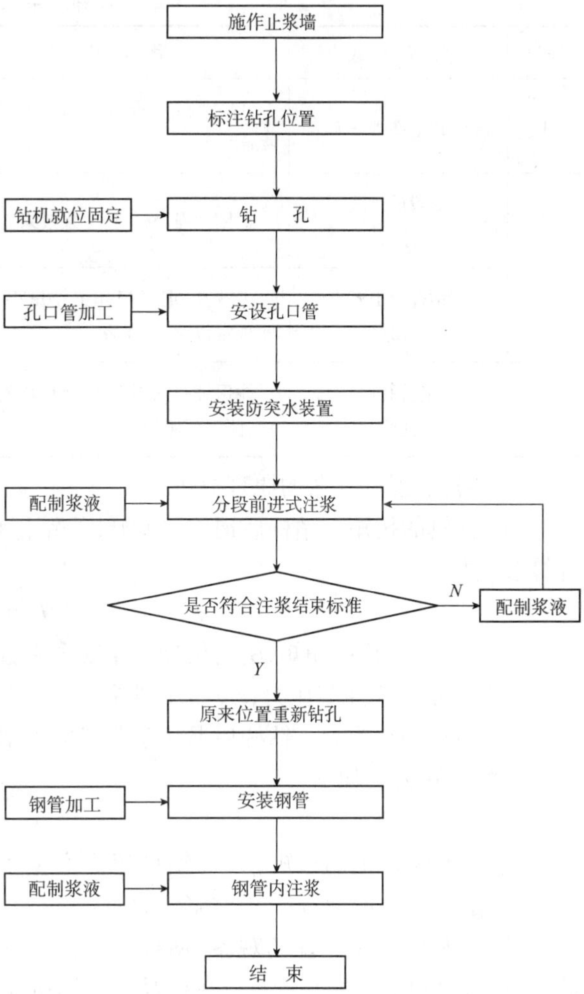

施作止浆墙
↓
标注钻孔位置
↓
钻机就位固定 → 钻　孔
↓
孔口管加工 → 安设孔口管
↓
安装防突水装置
↓
配制浆液 → 分段前进式注浆
↓
是否符合注浆结束标准 —N→ 配制浆液 → 分段前进式注浆
↓ Y
原来位置重新钻孔
↓
钢管加工 → 安装钢管
↓
配制浆液 → 钢管内注浆
↓
结　束

图 2-6-19　钢管孔底注浆工艺流程

图 2-6-20　钢管现场安装

几种注浆工艺的优缺点比较　　表 2-6-17

序号	注浆方式	优　点	缺　点	适用地层
1	全孔一次性注浆	工艺简单，操作方便，施工效率高	地层软弱破碎、塌孔后，浆液扩散困难，难以保证注浆效果	地层具有较好的成孔条件，深度较浅
2	分段前进式注浆	适用性强，易保证注浆效果	重复扫孔次数多，工艺复杂，工作量大，工效低	地层软弱破碎，水量较大，成孔困难
3	钻杆后退式注浆	工效高，重复扫孔工作量小，能实现定位、控制注浆	易卡钻杆，工艺比较复杂，对孔口密封要求较高	地层软弱破碎，水量较小，成孔困难
4	钢管孔底注浆	能保证孔底及钻孔全长均有浆液，能起到棚架作用	工艺比较复杂，成孔要求高，地层加固作用强	地层软弱破碎，基本无水，成孔比较容易

2. 钻杆后退式注浆的原理分析

（1）钻机的扭矩。钻杆后退注浆旋转时，钻杆将受到浆液粘聚力和土体摩擦力的作用。钻机扭矩的计算公式如下：

$$T = \beta_1 f_1 lcpr \tag{2-6-10}$$

式中，T 为钻机的扭矩；β_1 为钻杆扭矩安全系数，取 1.2 ~ 1.5；f_1 为钻杆旋转磨擦系数；l 为钻杆长度；c 为钻杆周长；p 为注浆压力；r 为钻杆半径。

（2）钻机的起拔力。钻杆后退注浆起拔时，钻杆同样受到浆液黏聚力和土体摩擦力的作用，钻机的起拔力的计算公式如下：

$$N = \beta_2 f_2 lcp \tag{2-6-11}$$

式中，N 为钻机的扭矩；β_2 为钻杆扭矩安全系数，取 1.1 ~ 1.3；f_2 为钻杆起拔磨擦系数；l 为钻杆长度；c 为钻杆周长，$c = 2\pi r$；p 为注浆压力。

（3）钻机的功率。现场观察，钻杆被浆液抱住不能转动导致卡钻是影响注浆效果的主要因素。因此，应根据钻机的扭矩来计算钻机的功率。钻机功率计算公式如下：

$$G = Tn/9549 \tag{2-6-12}$$

式中，G 为钻机的功率（kW）；T 为钻机的扭矩（N·m）；n 为钻机的转速（r/min）。

（4）施工工艺。钻杆后退式注浆工艺原理如图 2-6-21 所示，具体施工步骤为：

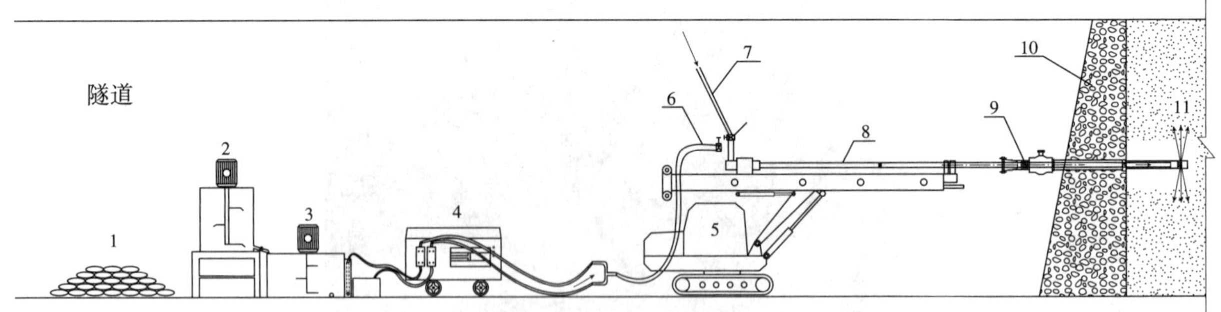

图 2-6-21　钻杆后退式注浆装置

1-水泥；2-搅拌机；3-储浆桶；4-注浆泵；5-钻机；6-供浆管；7-供水管；8-钻杆；9-止浆系统；10-止浆墙；11-浆液；

①先将高压防水球阀和止浆套筒安装于孔口管上。

②通过止浆套筒及高压防水球阀，开始采用潜孔锤钻孔。钻至设计孔深后，退出钻杆，更换钻头，沿原钻孔方向，边加水，边旋转，边进钻，直至钻至距孔底 50cm 处，再加水加风冲洗 1 ~ 2 遍，冲洗孔内泥沙。

③在孔口位置，将钻杆卸开，把止浆塞和注浆压盖通过钻杆连接于孔口管上。将止浆塞推入止浆套筒中，套上压盖并连好螺栓，保证止浆塞内外壁与钻杆外壁、止浆套筒内壁紧密结合，起到止浆作用。

④在钻机分水器处关闭风水管路，打开注浆阀。

⑤所有的连接件都已连接完全后开始注浆。注浆时注意观察止浆套筒上的排渣阀，当排渣阀内有浆液流出时，关闭排渣阀，继续注浆。注浆过程中要低速转动钻杆，防止钻杆被注浆过程中顶出的碎石块或凝结的水泥块卡住，退不出钻杆。应注意钻杆扭矩变化及动力头的抖动程度。若注浆压力和注浆量达到设计要求，均匀后退钻杆，后退3~4m时，可停止钻进，卸掉孔外多余钻杆。连接后剩余钻杆，继续均匀后退钻杆注浆。如此循环，直至钻杆后退至设计孔口位置。

⑥一般情况下，最大注浆压力应控制在4MPa以内。当压力达到3MPa以上时，则应停止注浆。压入少量清水后，保证钻杆内无水泥浆，退出钻杆一定距离，再开始注浆。如果止浆塞损坏，应及时更换。

⑦在拆卸钻杆之前，必须先泄压，再卸钻杆，防止高压浆液喷射伤人。

6.3.6　孔口管的施工方法及工艺开发

1. 孔口管锚固方法及受力分析

(1)孔口管施工参数及锚固方法。为了防止钻孔注浆过程中涌水、突泥，确保钻注安全和改善注浆效果，在钻孔的孔口一般需安装比钻孔直径稍大的孔口管。在孔口管上安装高压闸阀，一旦出现高压涌水，可立即退出孔口管，关闭高压闸阀。根据类似工程的经验并结合厦门翔安隧道的钻孔条件，孔口管选用外径为108mm、内径为96mm，壁厚6mm的无缝钢管。

现场试验过程中，孔口管外缠绕麻丝。锚固方法主要有，水泥－水玻璃双液浆锚固，加速凝剂的单液水泥浆锚固，HSC浆锚固，树脂锚固。孔口管与钻孔锚固及受力状况如图2-6-22所示。现场试验时，孔口管的锚固长度有1.0m、1.5m、2.0m、2.5m、3.0m。

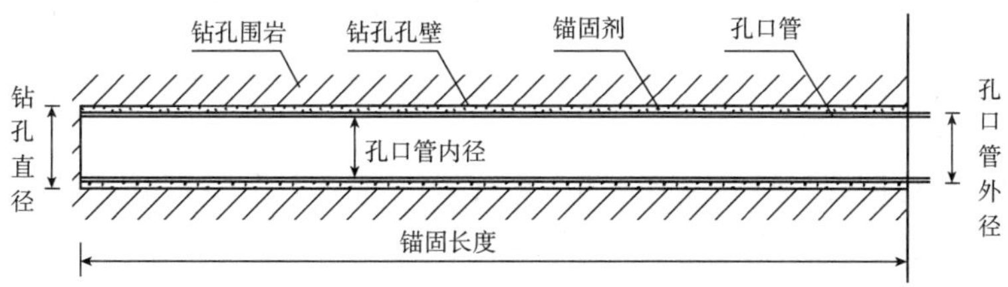

图2-6-22　孔口管锚固及受力状况

(2)拉拔试验时孔口管破坏形式及受力状态。孔口管与孔壁的固结关系类似于全长锚固锚杆的粘固作用。孔口管与围岩的粘锚能力常用拉拔试验来确定，影响黏锚能力的因素异常复杂，包括锚固类型，岩体性质、岩体荷载、黏结剂性质、接触面形状等。目前国内外对于锚固体与锚固剂之间的剪应力的分布与传递机理的研究还不成熟，需进一步研究。

孔口管的破坏可能有4种形式，分别为孔口管中的钢管受拉破坏，孔口管与锚固剂的黏结面上发生剪切破坏，锚固剂发生剪切破坏，锚固剂和围岩的接触面发生剪切破坏，孔壁附近的软弱围岩发生破坏。由于孔口管锚固在混凝土止浆墙中，因钻孔壁凹凸不平，锚固剂和混凝土结合比较牢固。此外，孔口管强度很高，锚固剂本身强度也较高，其破坏的可能性不大。而孔口管外壁比较光滑，与锚固剂之间的结合力最差，因此孔口管和锚固剂的结合面最可能发生剪切破坏。圆梁山隧道高压注浆孔口管的破坏过程也证明了这一点。

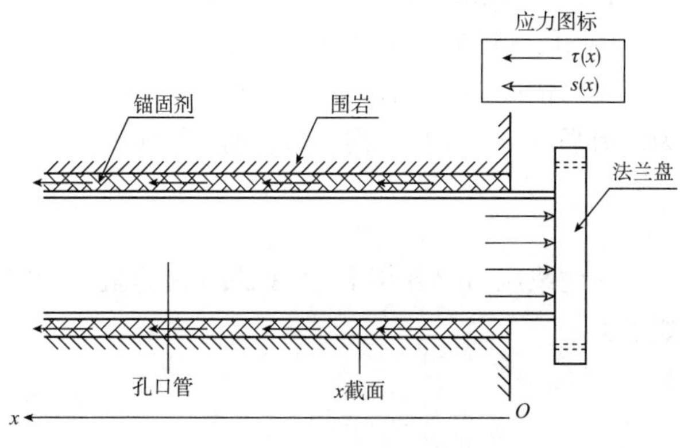

图2-6-23　孔口管受力分布

孔口管的抗拔能力主要取决于锚固剂和管壁的抗剪力。假设接触面剪应力和孔口管与孔壁之间的相对位移成正比，如图2-6-23所示。则有：

$$\tau(x) = Ks(x) = K\int_0^x \varepsilon(x)\mathrm{d}x \tag{2-6-13}$$

式中：$s(x)$——x 点处孔口管与钻孔壁之间的相对位移(m)；

$\tau(x)$——x 点处黏结剂作用于孔口管表面的剪切力(MPa)；

K——$K=\dfrac{K_1K_2}{K_1+K_2}$；$K_1$ 为黏结剂的剪切刚度(MPa)，K_2 为孔口管的剪切刚度(MPa)；

$\varepsilon(x)$——x 点处孔口管的拉应变。

在临界状态下，孔口管受的轴力与剪应力应该是平衡的，则轴力计算公式如下：

$$F(x) = \int_0^x \tau(x)\pi D\mathrm{d}x$$

假设孔口管的轴向应变是由轴力引起的，则

$$\varepsilon(x) = \frac{4F(x)}{E\pi(D^2 - D_0^2)} \tag{2-6-14}$$

式中：$F(x)$——x 点处孔口管的轴力(N)；

E——孔口管的弹性模量(MPa)；

D——孔口管的外径(m)；

D_0——孔口管的内径(m)。

联立式(2-6-13)、式(2-6-14)求解，则可得

$$\tau(x) = ce^{-\frac{x}{D}\sqrt{8K/E}} \tag{2-6-15}$$

式中，c 为积分常数。可见，孔口管上的剪应力分布为指数曲线。具体边界条件为

①当 $x=0$ 时，$\tau(0)=c$；

②当 $x=l$ 时，$\tau(l)=ce^{-\frac{x}{D}\sqrt{8K/E}}$。

假设$[\tau]$为锚固剂和孔口管之间的抗剪强度，当 $\tau(x)=[\tau]$时，黏结剂开始破坏。当 $\tau(x)$与 x 轴的积分面积最大时，拉拔力达到最大，拉拔试验可以结束。

(3)孔口管最大抗拔力的计算。孔口锚固接触面剪应力达到抗剪强度$[\tau]$时，孔口管的抗拔力达到最大。考虑到锚固剂的残余强度，最大抗拔力 $F_{\max}$ 为

$$F_{\max} = \alpha\int_0^{\frac{1}{2}}\pi D\tau(x)\mathrm{d}x = \alpha\pi D^2\ \sqrt{E/8K}[\tau](1 - e^{-\frac{l}{D}\sqrt{8K/E}}) \tag{2-6-16}$$

式中：α——残余黏结剪应力系数，通常取 1.5。

从式(2-6-16)中可以看出，随着接触面抗剪强度增大，孔口管长度直径增加增大，锚固力增大。因此为了提高孔口管锚固的安全，一方面应选用合适的锚固剂和锚固方法，提高锚固剂和混凝土接触面抗剪强度；另一方面应选用长度和直径合适的孔口管。

(4)孔口管锚固受力分析。孔口管和锚固剂接触面抗剪强度的大小，影响因素较多，参考有关文献，锚固体与锚固剂接触面的抗剪强度一般不大于锚固体抗压强度的 1/4。为了计算方便，取平均剪应力 τ_0 为抗剪强度$[\tau]$的 1/2，则孔口管的平均抗拔力为：

$$F_0 = \pi Dl\tau_0 = \frac{1}{2}\pi Dl[\tau] \tag{2-6-17}$$

在注浆压力 P 作用下，由于法兰盘的阻挡，孔口管浆全断面受注浆压力的作用。孔口管的受力 F_1 如下：

$$F_1 = \frac{1}{4}\pi D^2P \tag{2-6-18}$$

孔口管的安全系数 f 如下：

$$f = \frac{F_0}{F_1} = \frac{2l[\tau]}{DP} \tag{2-6-19}$$

不同锚固剂的抗压强度和平均剪切应力见表2-6-18。当注浆压力 $P = 10\text{MPa}$ 时,孔口管锚固长度为 $l = 1.4\text{m}$。孔口管外直径 $D = 108\text{mm}$ 时,根据公式以上两个公式可计算出不同锚固方式及孔口管长度的平均抗拔力及安全系数,见表2-6-19。

不同锚固剂的抗压强度和平均剪切应力 表2-6-18

锚固剂 强度指标	32.5R水泥浆加早强剂 $W:C=0.35:1$	HSC浆 $W:C=0.37:1$	树脂锚固
2h抗压强度(MPa)	0.5	7.5	10
平均剪应力(MPa)	0.05	0.75	1.0

不同锚固方式及孔口管长度的平均抗拔力 表2-6-19

锚固剂 孔口管长度	32.5R水泥浆加早强剂 $W:C=0.35:1$	HSC浆 $W:C=0.37:1$	树脂锚固
$L=1.0\text{m}$	$F_1=8.48\text{kN}$ $f=0.08$	$F_1=67.84\text{kN}$ $f=1.2$	$F_1=169.6\text{kN}$ $F=1.6$
$L=1.5\text{m}$	$F_1=12.72\text{kN}$ $f=0.13$	$F_1=101.76\text{kN}$ $f=2.0$	$F_1=254.4\text{kN}$ $f=2.6$
$L=2.0\text{m}$	$F_1=16.96\text{kN}$ $f=0.16$	$F_1=135.68\text{kN}$ $f=2.4$	$F_1=339.2\text{kN}$ $f=3.2$
$L=2.5\text{m}$	$F_1=21.2\text{kN}$ $f=0.2$	$F_1=169.6\text{kN}$ $f=3.0$	$F_1=424.0\text{kN}$ $f=4.0$

从表2-6-19中可知,当采用水泥浆锚固,在2h之后开始注浆时,孔口管的抗拔力达不到要求,而采用HSC浆和树脂锚固均可满足要求。现场采用长1.0m、外径为108mm的孔口管进行拉拔试验,锚固剂为金锚牌树脂锚固剂。采用锚杆拉力计进行拉拔,其抗拔力大于160kN。现场分别采用水泥浆+外加剂和HSC浆浆长度1.5m,外径为108mm的孔口管锚固在混凝土止浆墙上,2h后进行压水试验。当水压力达到1.5MPa时,采用32.5R水泥浆+外加剂锚固的孔口管发生剪切破坏和渗漏水,孔口管向外推出。而采用HSC浆锚固的孔口管,达到10MPa时未发生破坏,也未出现渗漏水;达到12MPa时未发生破坏,但出现了少量的渗漏水,注浆开始,被水泥-水玻璃浆自动封堵。采用说明理论计算结果和试验结果比较吻和。

实际注浆过程中,考虑到树脂价格较贵,而且对钻孔的质量要求较高,因此孔口管采用HSC浆进行锚固,取得了较好的效果。

2. 孔口管施工工艺

(1)孔口管采用无缝钢管加工,孔口管长度1.5~2.5m,外径为108mm,内径为96mm,壁厚为6mm外端焊接法兰盘,法兰盘直径为230mm,厚度为10mm,法兰盘上钻有8个螺栓孔,准备与高压球阀相连。

(2)将孔口管一端填塞10cm混凝土,标号C20。

(3)将孔口管缠上麻丝,以增加锚固力。

(4)采用钻机钻孔,钻孔直径为130mm;钻孔长度1~2m,钻孔中填入HSC浆液,水灰比为0.4:1,充填长度为钻孔长度的1/3左右,即30~60cm。在HSC浆初凝以前,采用钻机将孔口管顶入。在顶入过程中,HSC浆通过挤压进入管壁和孔壁之之间的空隙。孔口管安装方法如图2-6-24所示。

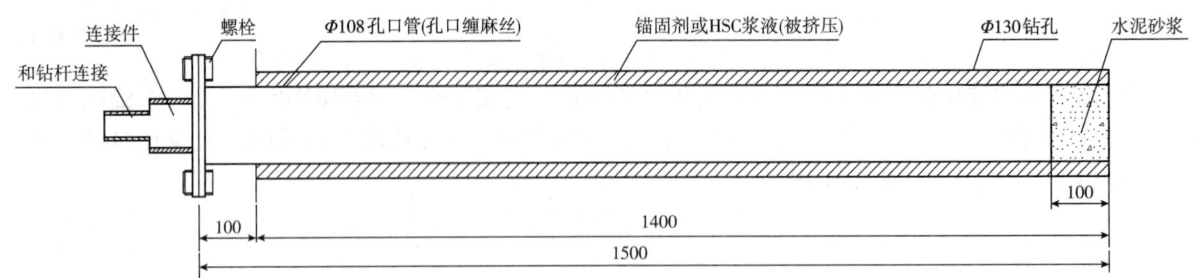

图2-6-24 孔口管安装示意(尺寸单位:mm)

6.3.7 注浆效果检验和评价标准研究

注浆效果的检验和评定主要是评价地层加固和堵水情况,为隧道开挖和支护方法的选取提供依据。注浆效果的检验和评价方法主要包括分析法、钻孔检查法、取样测试法,此外还有弹性波法(包括声波、地震波或电磁波法等)。分析法主要分析注浆过程的压力和进浆速度、反算地层孔隙率、计算地层堵水率等;钻孔测试法主要测定钻孔的取芯率,并利用检查孔进行涌水量、压水试验及渗透系数测定等,取样检查法主要测试固结体力学指标。

1. 分析法

(1)注浆 $P\text{-}V\text{-}t$ 和 $P\text{-}Q\text{-}t$ 曲线分析。在注浆施工过程中,通过对注浆记录的有关数据进行整理,分析每个孔段的注浆压力、注浆速度和注浆量,以及串浆情况,找出可能出现的薄弱部位。根据注浆过程注浆压力、注浆速度、注浆量的变化,绘制注浆施工过程中的 $P\text{-}V\text{-}t$ 和 $P\text{-}Q\text{-}t$ 曲线,可判断注浆效果。

全风化花岗岩石地层十分致密,孔隙率小,主要以挤密和劈裂注浆为主,随着注浆时间增长,注浆压力反复变化,注浆速度和注浆量也反复变化,主要由于地层被反复挤密和劈开,并对裂缝进行填充。地层被劈裂以前,浆液流动受到的阻力较大,注浆压力较大,注浆量较小,注浆速度也较小。当地层被劈开后,浆液流动阻力突然变小,注浆压力迅速下降,但注浆量和注浆速度随之上升。当注浆压力达到注浆终压时,注浆速度应达到或接近于零。

全风化花岗岩石地层比较破碎,节理和裂隙发育,主要以渗透充填注浆为主。一般情况下,随着注浆时间增长,注浆压力持续升高,注浆量和注浆速度逐渐降低。有时,由于地层不均匀的原因,注浆压力、注浆量和进浆速度也会上下波动,但波动次数很少。

(2)地层孔隙率变化。主要在开始注浆以前通过试验测试地层的空隙率 n_1。注浆后,测试出地层的孔隙率 n_2,然后对比 n_1 和 n_2,从而分析注浆前后地层孔隙率的变化。注浆前后地层孔隙率的变化率为:

$$\psi = \frac{n_1 - n_2}{n_1} \times 100\% \tag{2-6-20}$$

式中:ψ——地层孔隙率变化率;

n_1——地层注浆前的孔隙率;

n_2——地层注浆后的孔隙率。

(3)注浆施工前后涌水量对比分析。分析注浆前后隧道每米平均涌水量变化情况,计算地层的堵水率。经注浆后,注浆段涌水量明显减小时,说明注浆堵水效果是很明显,堵水率比较高。计算公式如下:

$$\eta = \frac{Q_1 - Q_2}{Q_1} \times 100\% \tag{2-6-21}$$

式中:η——堵水率;

Q_1——隧道注浆前的涌水量(L);

Q_2——隧道注浆后的涌水量(L)。

根据国内外隧道及地下工程的施工经验,隧道经过全断面超前预注浆后,地层的堵水率应达到85%以上。

2. 钻孔检查法

根据注浆状况，注浆后在掌子面上钻设检查孔进行注浆效果检查，检查孔数量应为注浆孔数量5%～10%。对注浆效果进行直接检查，对于可能存在薄弱环节的注浆部位，可重点进行检查。检查孔位置主要根据注浆加固范围和注浆过程分析确定。一般情况下，隧道开挖面内和开挖轮廓线外均应检查。对隧道开挖轮廓线外注浆效果进行检查时，检查孔终孔位置一般应位于注浆加固圈1/2厚度处，检查孔深度应比注浆加固段长度短1～2m。

(1)取芯检查。通过地质钻机，在掌子面上钻取岩芯，通过取芯率和岩芯中浆液的充填和胶结情况来判断注浆加固效果。为了使胶结体达到一定强度后进行取芯，取芯检查应在注浆结束24h之后进行。根据国内有关地质钻探部门的经验，土层取芯率可达100%，岩石风化残积土、强风化半岩半土取芯率可达80%～90%，破碎岩及软质岩取芯率可达65%，完整岩石取芯率可达80%以上。因此，可以认为当取芯率小于65%时，地层注浆效果较差；当取芯率大于80%时，注浆效果也较好。

(2)检查孔涌水量测定。在掌子面钻直径为100mm左右的检查孔，长度为L，测定钻孔单位时间、单位长度的涌水量：

$$q = \frac{Q}{L \times t} \tag{2-6-22}$$

式中：q——钻孔单位时间和单位长度的涌水量[L/(m·min)]；

Q——钻孔总涌水量(L)；

L——钻孔总长(m)；

t——测试时间(min)。

检查孔的涌水量小于0.2L/(m·min)时，可以认为注浆效果较好。但当注浆地层为高压、富水粉细砂时，一般要求检查孔无水、无砂。

3. 压水试验

(1)压水试验方法。压水试验是将检查孔钻到一定深度后，对地层进行压水，测试地层的单位吸水量，此外可估算地层的渗透系数，压水方法如图2-6-25所示。具体过程为“试验段清水钻进—冲孔—下卡栓塞—管路试验—正式压水(压力P、时间t及流量Q)—情况分析—松塞提管”。压水试验成果主要用单位吸水量表示。

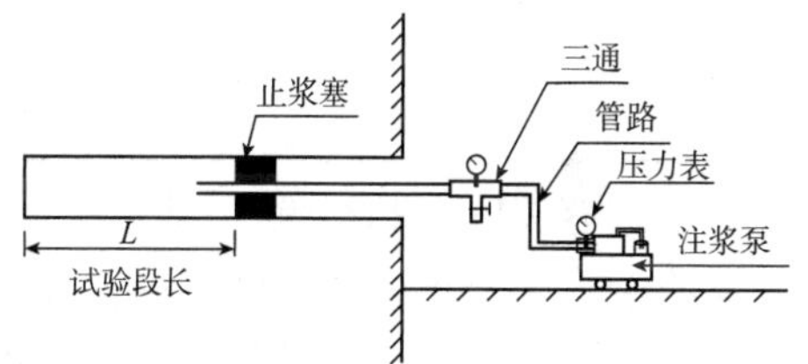

图2-6-25 压水试验示意

(2)单位吸水量ω计算。单位吸水量ω是指该试验每分钟的压水量与段长和压力乘积之比，其计算公式如下：

$$\omega = \frac{Q}{L \times P} \tag{2-6-23}$$

式中：ω——单位吸水量[L/(m^2·min)]；

Q——钻孔压水的稳定流量(L/min)；压力流量稳定标准是：在稳定的压力下，每3～5min测读一次压入流量。连续4次读数中最大值与最小值之差小于最终值的10%，或最大值与最小值之差小于1L/min时，本阶段试验即可结束，取最终值作为计算值；

L——试段长度(m)；

P——该试段压水时所加的总压力。如果注浆压力超过1MPa，一般应大于1MPa，计算时，应换算成水头高度100m。

根据水电部门的经验，大坝防渗墙的透水率应小于1lu，换算成单位吸水量为0.01L/(m^2·min)。

(3)根据单位吸水量ω近似求出渗透系数k。

①试验段远离含水层。根据《工程地质手册》(常士骠主编)，当试验段底部距离隔水层的厚度大于试验段长度时，按下式近似计算岩(土)层渗透系数k：

$$k = 0.527\omega\lg\frac{0.66L}{r} \tag{2-6-24}$$

式中　ω——单位吸水量[L/(m^2·min)]；

k——地层渗透系数(m/s)；

L——试验段长度(m)；

r——钻孔半径(或虑水管半径)(m)。

②试验段接近含水层。根据《工程地质手册》(常士骠主编)，当试验段底部距下伏隔水层顶板之距离小于试验段长度时，按下式近似计算 k：

$$k = 0.527\omega\lg\frac{1.32L}{r} \tag{2-6-25}$$

根据有关资料和经验，一般情况下，注浆后，当地层的渗透系数小于 1×10^{-4}时，地层的透水性将变差，稳定性将提高。大坝防渗墙的渗透系数一般为 10^{-6}数量级，因此可以认为，地层注浆后，当地层的渗透系数 $k=1\times10^{-4}\sim1\times10^{-6}$cm/s 时，可以认为注浆效果较好，达到了堵水的目的，注浆加固圈具有较好的抗渗作用。

(4)单位吸水量与岩石裂隙性的关系。根据《工程地质手册》(常士骠主编)，单位吸水量 ω 与岩石裂隙系数的关系见表 2-6-20。

单位吸水量与岩石裂隙系数的关系　　表 2-6-20

单位吸水量[L/(m^2·min)]	裂隙系数	岩体评价
<0.001	<0.2	最完整
0.001~0.01	0.2~0.4	完整
0.01~0.1	0.4~0.6	节理较发育
0.1~0.5	0.6~0.8	节理裂隙发育
>0.5	>0.8	破碎岩体

根据有关资料和经验，一般情况下，注浆后，当地层的单位吸水量小于 0.01 时，地层的裂隙系数或孔隙率将会大大减小，完整性将提高。因此可以认为，注浆后，当地层的单位吸水量 $\omega\leqslant0.01$L/(m^2·min)时，可以认为注浆效果很好，达到了堵水和加固的目的。

4. 取样检查法

(1)开挖面观察。主要根据开挖面稳定性、浆脉数量、土体含水量、涌水量、围岩稳定性和变形情况等来判断注浆效果，如胶结体比较连续和均匀、浆脉数量较多、开挖面基本无水或涌水量很小、土体具有自稳能力，可从整体上判断注浆加固效果较好。

(2)胶结体物理、力学指标测试。胶结体的物理、力学指标测试主要是通过钻孔取样和开挖取样，在试验室内制成标准试件，测试被注体的密度、含水量、抗压、抗折、抗拉强度，以及内聚力和内摩擦角、弹性摸量、泊松比等物理、力学指标。根据测试结构判断被注地层的加固情况。

5. 弹性波探测方法

弹性波法探测主要是基于向岩土体中辐射一定频率的弹性波，并研究其传播特征，进而判断岩土体工程地质特性的一种物探方法，它包括声波、地震波、电磁波等。弹性波探测的范围可根据测试的要求选择合适的探测频率，根据发射源强度、频率、测试方法不同，测试范围从数米到数百米，弹性波传播过程遵循惠更斯—菲涅尔原理和费马原理。

理论研究和实践证明，弹性波或电磁波在岩土体中的传播速度、幅度、频率等参数和岩体的结构、构造以及岩石(土)组分、性质、密度、含水量、完整程度、弹性模量、电阻率、介电常数等因素有关。一般情况下，注浆加固体范围不大，且与注浆加固范围之外的破碎岩体物理和力学差异较大，因此可采用弹性波或电磁波法探测注浆加固情况。但这些物探方法不太直观，且受洞内环境条件、测试方法及判译水平影响较大,因此很少采用;建议条件允许时,可选择性地采用。

6. 注浆效果综合评价标准

通过对地层特性和注浆效果检验方法的分析,特制订了注浆效果评价标准,见表2-6-21。

注浆效果评价标准 表2-6-21

标准 \ 项目	单位涌水量 [L/(m^2·min)]	探孔涌水量 [L/(m·min)]	胶结体强度 (MPa)	堵水率 (%)	取芯率 (%)	综合评价	级别
评价指标	$\omega \geq 0.10$	$q \geq 10.0$	$P < 10$	$\eta < 60$	$\xi < 65$	较差	Ⅰ
	$0.05 \leq \omega < 0.1$	$1.0 \leq q < 10.0$	$10 \leq P < 20$	$60 \leq \eta < 80$	$65 \leq \xi < 80$	一般	Ⅱ
	$0.01 \leq \omega < 0.05$	$0.2 \leq q < 1.0$	$20 \leq P < 30$	$80 \leq \eta < 90$	$80 \leq \xi < 90$	较好	Ⅲ
	$\omega < 0.01$	$q < 0.2$	$P \geq 30$	$\eta \geq 90$	$\xi \geq 90$	很好	Ⅳ

如果注浆后,表2-6-21中5个条件同时具备4个,则可评定为相应等级。如表2-6-21中4个条件不同时具备,则应根据实际情况评定注浆效果,并研究确定是否采用局部、补充注浆等措施。

6.3.8 钻孔注浆设备配套

厦门海底隧道风化深槽采取“以堵为主、限量排放”的原则。由于海底隧道共通过5个风化深槽,因此钻孔数量多、钻孔和注浆工作量大、交叉作业、相互干扰、地质条件复杂、设备损耗大,因而要求钻孔注浆机械配套要系列化、多样化、自动化、高效化。为此,现场共进行了两种设备配置试验。第一方案为小型钻机配作业台架+注浆机组,第二方案为大型履带多功能钻机+注浆机组。主洞和服务隧道钻注设备配置见表2-6-22,钻注设备性能见表2-6-23。

主洞和服务隧道钻注设备配置 表2-6-22

	设备配套方案	钻 机	注 浆 泵	搅拌机组	作业台架
主洞	1	ZDY1900S 钻机 4台	PH15 1台 KBY-50/70 4台	2个	1个
	2	C6 多功能钻机 2台	PH15 1台 KBY-50/70 4台	2个	
服务隧道	1	ZDY1900S 钻机 2台	PH15 1台 KBY-50/70 2台	1个	1个
	2	C6 多功能钻机 1台	PH15 1台 KBY-50/70 2台	1个	

钻孔注浆机械设备配套 表2-6-23

序号	机械名称	型 号	单位	数量	主要性能参数	备 注
1	国产地质钻机	ZDY1900S	台	6	额定功率:38kW 最大扭矩:1900N·m 给进能力:46kN 起拔力:46kN	没有底盘
2	进口地质钻机	CASAGRANDEC6	台	2	额定功率:93kW 最大扭矩:13550N·m 给进能力:35kN 起拔力:63.5kN	底盘带有履带
3	双液注浆泵	KBY50/70	台	6	额定功率:12kW 最大压力:7MPa 最大流量:50L/min	可进行单液和双液注浆

续上表

序号	机械名称	型号	单位	数量	主要性能参数	备注
4	单液注浆泵	PH15	台	2	额定功率:18.5kW 最大压力:10MPa 最大流量:80L/min	可进行单液和双液注浆
5	高速水泥浆搅拌机	HSKYS-1	台	3	最大容量:300L 转速:1200r/min	
6	低速水泥浆搅拌机	LSKYS-2	台	3	最大容量:300L 转速:100~300r/min	

现场试验表明,在正常情况下,对于主洞 170m^2 的开挖断面,如果钻孔 220 个左右,注浆加固长度为 30m,加固范围为开挖轮廓线外 5m 及整个开挖面。采用第一方案完成整个钻孔注浆工作需要时间 3~4 个月,采用第二方案完成整个钻孔注浆工作需要时间 1~2 个月。对于服务隧道,如果钻孔 120 个左右,注浆加固长度为 30m,加固范围为开挖轮廓线外 4m 及整个开挖面。采用第一方案完成整个钻孔注浆工作需要时间 2~4 个月,采用第二方案完成整个钻孔注浆工作需要时间 1 个月左右。

第一方案慢的主要原因是:钻机需要搭设专门作业台架,改变孔位时,需要人工移动钻机和定位,速度慢;钻机自重小,单台钻机功率小,钻进速度慢,钻机效率低,在软弱破碎地层中钻孔,钻进能力差,钻孔速度只有多功能钻机的 1/3 左右。

第二方案快的主要原因是:钻机带有履带和自动定位系统,移动和定位速度快;钻机高度大,下半断面钻注完成后,在开挖面附近垫上石渣,即可开始上半断面钻孔,不需要钻机需要搭设专门作业台架;钻机功率和扭矩大,自重大,钻进效率高,在软弱破碎地层中钻孔,钻进能力强,钻孔速度是普通钻机 3 倍左右;同时对于大断面隧道可以两台钻机平行作业。

因此采用大型液压履带钻机和大流量注浆泵进行钻注平行作业和一体化作业是提高钻孔注浆工效的重要模式,值得推广和应用,钻孔机械配套如图 2-6-26 所示。

a)小型液压钻机钻孔

b)大型履带液压钻机钻注一体

c)两台大型液压钻机平行作业

d)钻孔和注浆平行作业

图 2-6-26 钻孔注浆施工机械配套

6.4　大管棚施工技术

1. 管棚工作室

大管棚施工是一种精度较高的施工工艺，其应用较多的是在进洞洞口超前加固施工，而在洞内施工的工程较少。洞内较之洞外施工大管棚最大的区别在于洞内空间狭小，而且大管棚支护是在开挖轮廓线外进行支护，所以在洞内施工大管棚必须对洞室进行扩挖，即施工管棚工作室。

风化深槽的管棚工作室施工有2种：第一种是在进入风化深槽前对已开挖岩石段进行扩挖；第二种是进入风化深槽内部后在开挖过程中直接对作业面进行扩挖。扩挖洞室支护情况如图2-6-27所示。

2. 大管棚设计

大管棚采用$L=25\text{m}$、$\phi=108\text{mm}$、$\delta=6\text{mm}$的无缝钢管，节长为2.5～3.5m，中间丝扣连接。管棚在隧道拱腰以上，沿开挖轮廓线布设，管棚环向间距30cm，共计35根，外插角5°。在每50cm管棚上钻设ϕ8mm溢浆孔4个，外加贴片加工成TSS管，梅花形布孔。最先装入的一节管棚前端做成尖锥形，以利于下管。

用地质钻机钻设ϕ135mm钻孔，安装ϕ130mm、长度为2m的导向管，然后从导向管中钻ϕ120mm钻孔，到设计深度后退出钻杆，安设ϕ108mm大管棚。管棚布设完成后，对管棚进行全孔一次性注浆，注浆材料为超细水泥单液浆，浆液配比为$W:C=(0.6\sim0.8):1$，注浆终压2～3MPa。

3. 大管棚施工工艺

大管棚施工工艺流程如图2-6-28所示。

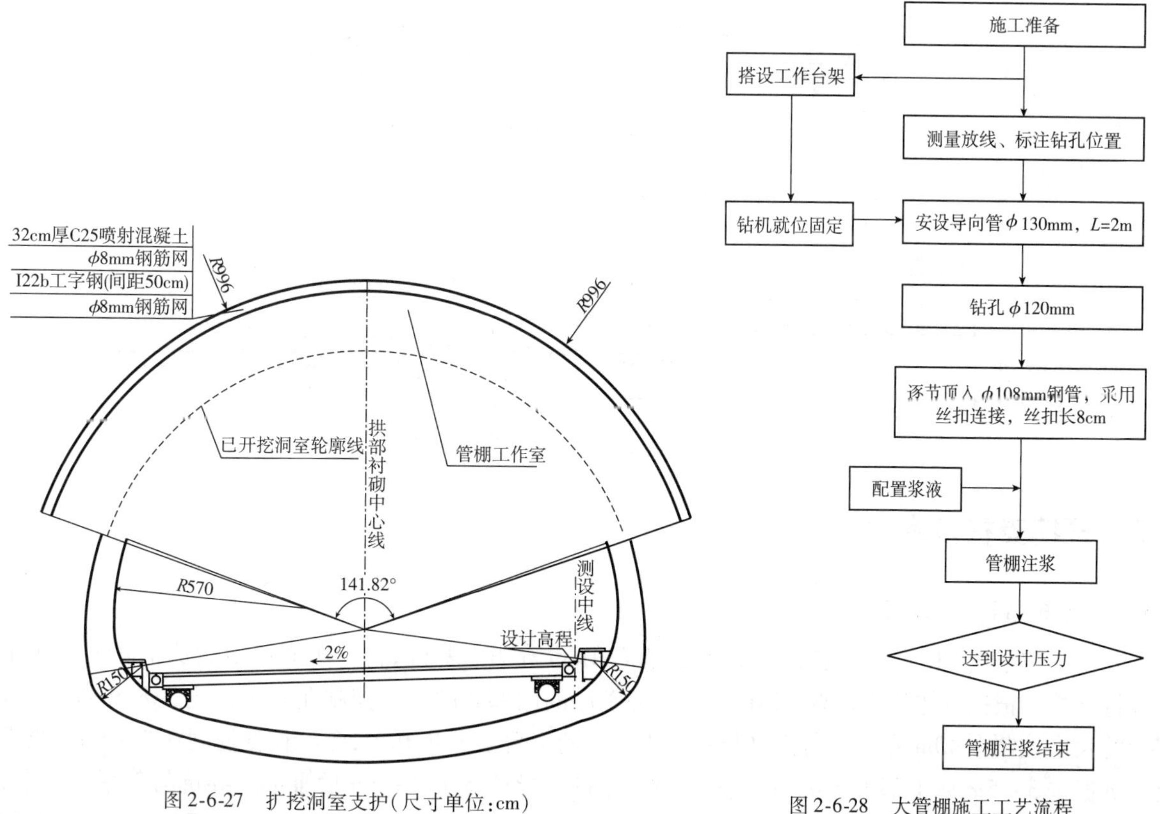

图2-6-27　扩挖洞室支护(尺寸单位：cm)

图2-6-28　大管棚施工工艺流程

4. 管棚设计参数

大管棚设计参数见表2-6-24。

大管棚设计参数 表 2-6-24

序号	参数名称	参数值	备注
1	管棚长度	25m	
2	管棚规格	ϕ = 108mm、δ = 6mm	管棚上钻溢浆孔
3	每节长度	2.5 ~ 3.5m	
4	环向间距	30cm	
5	管棚个数	35 根	
6	注浆终压	2 ~ 3MPa	

5. 风化深槽大管棚施工设计

风化深槽大管棚加固施工开孔布置如图 2-6-29 所示，纵剖面如图 2-6-30 所示。

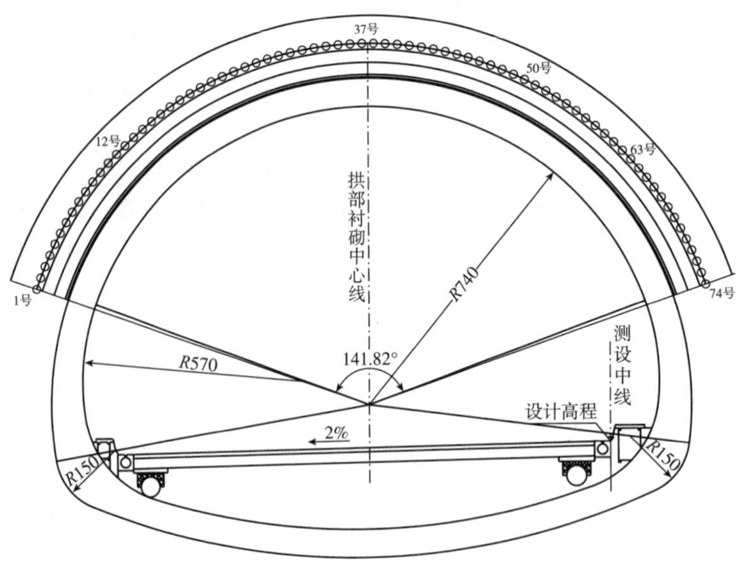

图 2-6-29 大管棚开孔布置（尺寸单位：cm）

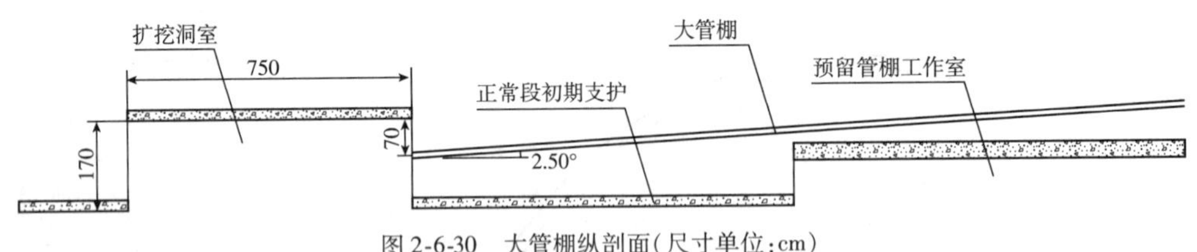

图 2-6-30 大管棚纵剖面（尺寸单位：cm）

6.5 开挖支护技术

6.5.1 行车隧道 CRD 工法

开挖支护采用 CRD 工法进行，CRD 工法施工，以台阶法为基础，将行车隧道断面从中间分为 4 个部位进行开挖。根据具体施工需要，CRD 工法相邻工序的两部间的步长控制在 10m 以内，CRD1 部和 CRD4 部间的长度控制在 40m 左右。每部又分别分为上下两个台阶分步开挖，台阶长度控制在 3 ~ 5m。当Ⅰ部上导坑掘进 3 ~ 5m 后Ⅰ部下导坑与其平行作业；Ⅰ部下导坑掘进 3 ~ 5m 后Ⅲ部上导坑与其平行作业；当Ⅲ部上导坑掘进 3 ~ 5m 后Ⅱ部上导坑随之施工；Ⅱ部上导坑掘进 5 ~ 7m 后随之施工Ⅱ部下导坑；Ⅱ部下导坑掘进 3 ~ 5m 后随之施工Ⅳ部上导坑，Ⅳ部上导坑掘进 3 ~ 5m 后进行掘进Ⅳ部下导坑。随后各部正常施工时平行作业，各部位严格控制台阶长度。开挖进尺严格控制在 0.5 ~ 1.0m。开挖、支护过程中量测紧跟、及时反馈，以调整支护参数，并保证各部位能够及时地封闭成环。如遇到较软弱围岩地质段，开挖面土体极其不稳定，有外涌或外涌的趋势。开挖时，预留核心部分土体以保证开挖面的稳定性，减小施工风险，保证施工安全。

开挖采用小型挖掘机进行，人工风镐配合修整成形，必要时进行弱爆破，防止对岩体造成大的扰动。

CRD工法出渣：Ⅰ、Ⅲ部采用小型挖掘机配合皮带机将土石方输送到Ⅱ、Ⅳ部出渣车运到洞外；Ⅱ、Ⅳ部使用XL4200直臂挖掘机或PC120挖掘机直接挖渣装车运出洞外。

1. 施工工序

风化深槽段CRD工法施工工序如图2-6-31所示。

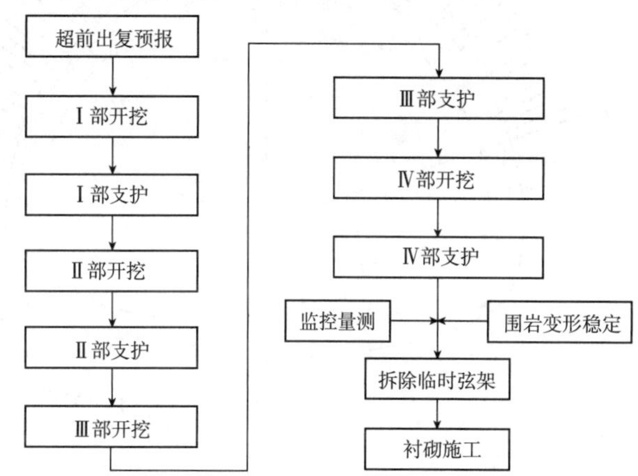

图2-6-31 CRD工法施工流程

2. 主要技术措施

(1)初支参数采取锚、网、喷、拱联合支护结构型式：主拱架钢支撑采用I22，临时支撑采用I20，间距50cm，设双层ϕ8mm@ =20cm钢筋网，Φ22mm连接钢筋，直径ϕ50mm×4mm、长3.5m锁脚注浆钢花管，主体C25喷混凝土厚度32cm，临时支撑30cm厚。

(2)预留变形量采用6cm。严格做好监控量测工作。

对喷混凝土背后采取回填注浆措施。同时进行局部径向注浆堵水，采用4m长、ϕ42mm注浆钢花管，按照环纵向间距为2×2m，若初期支护表面有渗漏水注浆管间距可适当调整。注浆材料为普通水泥单液浆，水灰比为1:1~1:1.5，注浆压力为0.5MPa。

6.5.2 行车隧道台阶法

主要采用的是正台阶法开挖，将每个结构面分为上下两个台阶，台阶长度一般控制在1~1.5倍的洞径，行车隧道各部位开挖台阶长度控制在3~5m。

行车隧道台阶法应用主要是在CD工法和CRD工法的各部开挖中。如行车隧道采用CRD工法开挖，CRD各部分为上下两个台阶分步开挖，台阶长度3~5m。台阶法开挖其适用性强，灵活多变，在软弱围岩、第四纪沉积地层都要用台阶法开挖。方便与其他工法间转变，也可与CD、CRD、侧壁导坑等多种工法结合使用。而且台阶法开挖有利于开挖面的稳定，上台阶开挖支护后，下台阶开挖较为安全。但是，台阶法上下台阶开挖过程中会互相干扰。

1. 超前探孔

根据先探后挖的原则，在每个循环开挖前施做短距离超前探孔，每循环施工3~5个，超前探孔孔深5m，探明到开挖轮廓线外2m。超前探孔布置如图2-6-32所示。

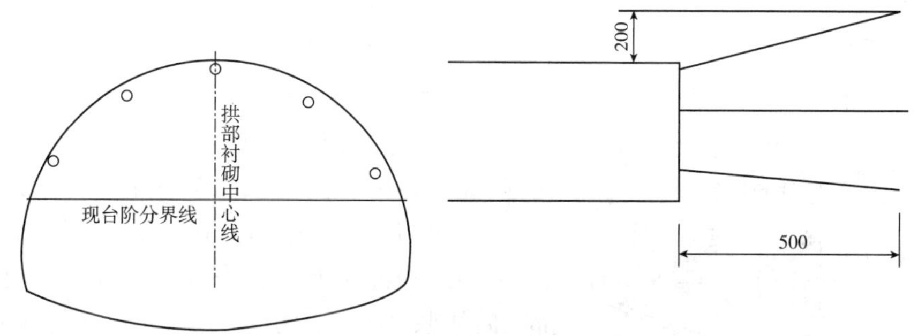

图2-6-32 台阶法超前探孔布置(尺寸单位:cm)

2. 超前支护

由于存在局部注浆盲区，而且大管棚距离开挖轮廓线有一定的距离。为减少因局部爆破造成的超挖，确保开挖过程安全，在开挖过程中设置超前小导管。小导管采用 ϕ42mm 无缝钢管、长度为 3m，外插角 10°，环向间距 30cm（每循环 52 根），纵向间距为 1m。超前小导管布置如图 2-6-33 所示。

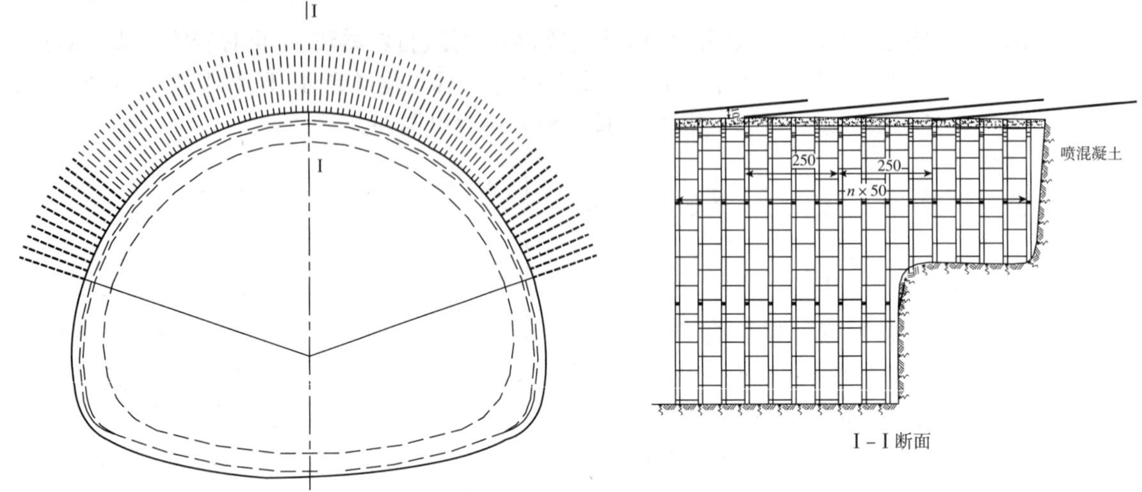

图 2-6-33　台阶法超前小导管布置

3. 开挖支护

上台阶先行开挖通过，同时进行第一循环下台阶施工，下台阶施工采用左右分幅错开作业。

具体操作为将整个断面分为三台阶施工，其中上半断面分为 2 个台阶进行施工。第一台阶先行开挖，在施工 5～8m 后，第二台阶两侧边腿紧跟，为保证第一台阶的稳定，防止两侧拱脚同时悬空，因此第二台阶两侧边腿必须错开 3～5m 施工。其中第二台阶与第三台阶分界高度即为 CRD 工法临时仰拱高度处，施工初期支护时拱架预留临时支撑接头，在围岩较差时台阶法可转化为 CD 法或 CRD 法。台阶法开挖步序如图 2-6-34 所示，台阶法高度如图 2-6-35 所示。

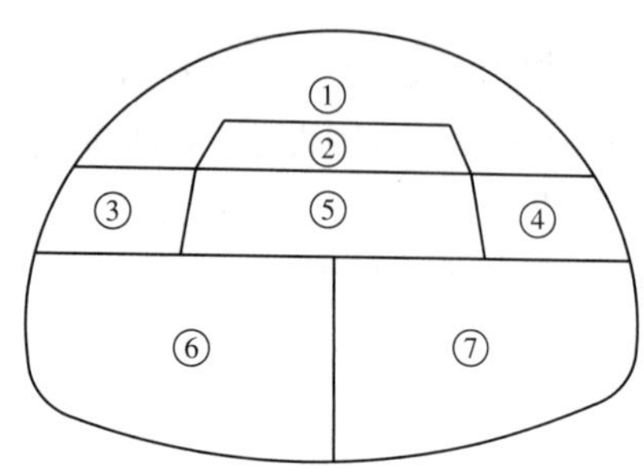

①
②
⑤ ④ ③
⑦ ⑥

图 2-6-34　台阶法开挖步序

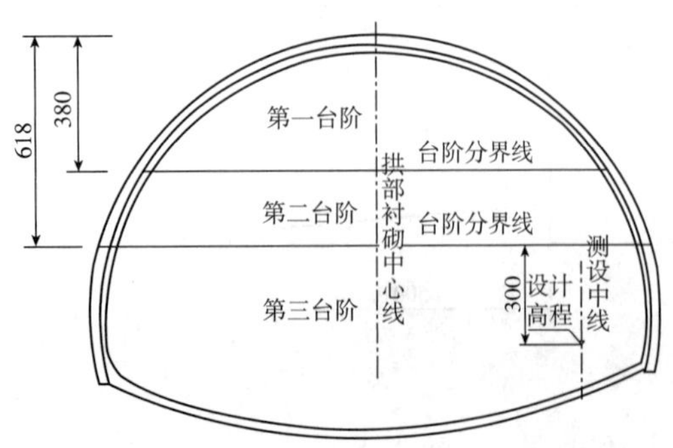

图 2-6-35　台阶法开挖高度（尺寸单位：cm）

4. 行车隧道台阶法开挖初期支护参数

（1）初支参数采取锚、网、喷、拱联合支护结构型式：主拱架钢支撑采用 I22，间距 50cm，设双层 ϕ8mm@ ＝20cm 钢筋网，ϕ22m 连接钢筋，ϕ42mm×4mm、长 3.5m 锁脚注浆钢花管（如图 2-6-36 所示），C25 喷混凝土厚度 32cm。

（2）预留变形量采用 12cm。严格做好监控量测工作。

（3）对喷混凝土背后采取回填注浆措施。同时进行局部径向注浆堵水，采用 4m 长、ϕ42mm 的注浆钢花管，按照环纵向间距为 2×2m，若初期支护表面有渗漏水注浆管间距可适当调整，注浆材料为普通水泥单液浆，水灰比为 1∶1～1∶1.5，为注浆压力为 0.5MPa，如图 2-6-37 所示。

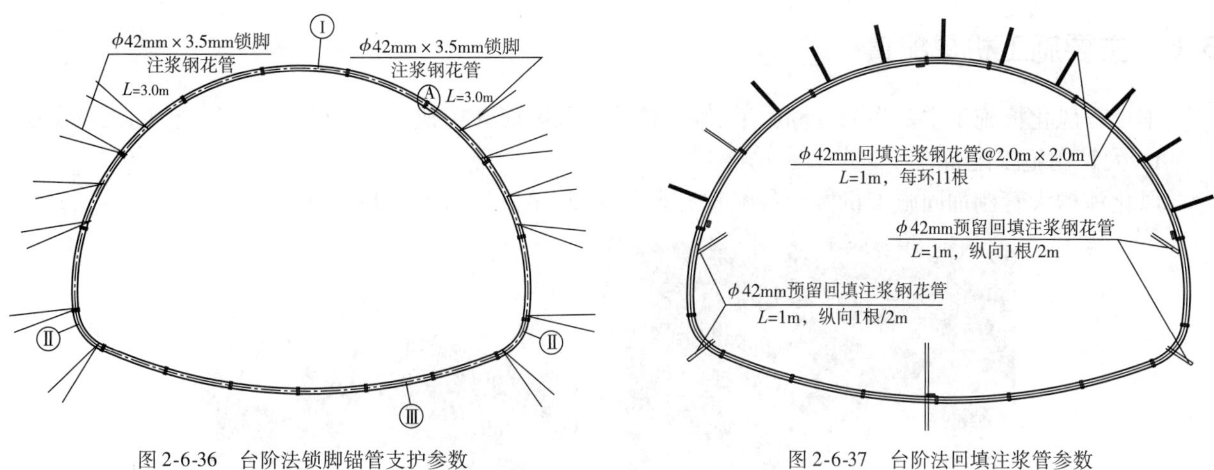

图2-6-36　台阶法锁脚锚管支护参数　　　图2-6-37　台阶法回填注浆管参数

6.5.3　服务隧道台阶法

1. 施工工序

服务隧道风化深槽段采用台阶法进行开挖，如图2-6-38所示。开挖顺序为①→②→③→④。先机械开挖上台阶左右环形部分土体，人工风镐配合修整成型后进行初期支护，保留上台阶核心土；再将下台阶左、右边腿处机械开挖到设计轮廓线进行支护，保留上台阶核心土，左、右边腿的开挖也不能同时进行，需错开一定距离，用以保证上台阶已支护部分的稳定；最后再进行核心土及仰拱开挖和初支封闭。上台阶开挖面到仰拱封闭一般不能超过10m。施工流程如图2-6-39所示。

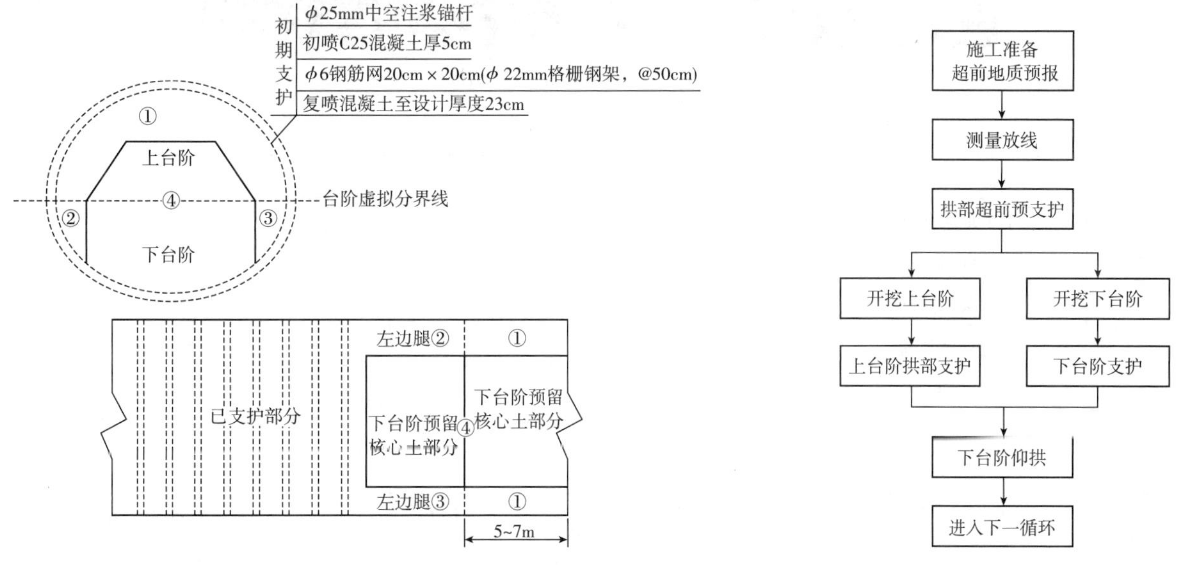

图2-6-38　服务隧道台阶法施工方法示意　　　图2-6-39　服务隧道台阶法开挖流程

2. 主要技术措施

(1)初支参数采取锚、网、喷、拱联合支护结构形式：钢支撑采用I18工字钢拱架，间距50cm，设双层φ6mm@＝20cm钢筋网，φ22mm连接钢筋，φ42mm×3.5m、长3m锁脚注浆钢花管，C25喷混凝土厚度30cm。

(2)预留变形量采用3cm。

(3)对喷混凝土背后采取回填注浆措施。同时进行局部径向注浆堵水，采用1m长、φ42mm注浆钢花管，按照环纵向间距为2×2m，若初期支护表面有渗漏水注浆管间距可适当调整，注浆材料为普通水泥单液浆，水灰比为1∶1～1∶1.5，注浆压力为0.5MPa。

6.6 主要施工机具配置

本工程风化槽施工主要为大管棚施工、帷幕注浆以及断面开挖施工等，其施工需要专业的机械设备。

1. 大管棚施工配备

风化深槽大管棚加固施工机械设备配套见表 2-6-25，钻机如图 2-6-40 所示。

图 2-6-40 管棚钻机及地质钻机

大管棚施工设备配套 表 2-6-25

序号	机械名称	型 号	单位	数量	备 注
1	水平地质钻机	ZDY1500	套	2	
2	双液注浆泵	KBY50/70	套	2	
3	水泥浆搅拌机	自购	台	2	容量≥300L
4	自搅拌储浆桶	自制	个	1	储存水泥浆
5	储浆桶	自制	个	4	储存水玻璃
6	清水桶	自制	个	2	容量≥100L
7	混合器	T 形	个	1	储存水泥浆
8	高压注浆管		m	100	与注浆泵配套购置
9	防震压力表		个	4	与注浆泵配套购置
10	钻杆	ϕ63.5mm	m	50	每台钻机
11	冲击器	CIR120	个	6	
12	冲击钻头	ϕ120mm		4	
13	取芯钻头	ϕ135mm	个	4	
14	岩芯管	ϕ135mm	m	10	

2. 注浆设备配备

钻孔设备选择 2 台意大利产卡萨 C6 钻机（或日本矿研钻机）。卡萨 C6 钻机是专门用于隧道钻孔的。该款钻机功率大、定位快、操作简单、钻进速度快，可钻孔也可注浆，集多种功能于一身。它是保证注浆质量和按时完工的主要硬件措施。注浆设备配套见表 2-6-26。

注浆设备配套 表2-6-26

序 号	机械名称	型 号	数 量	单 位
1	双液注浆泵	KBY－80/70	6	台
2	水泥浆搅拌机		6	台
3	自搅拌式储浆桶		3	个
4	储水玻璃桶		2	个
5	清水桶		2	个
6	混合器	T形	4	个
7	麻丝		若干	

3. 开挖机械配置

风化深槽行车隧道CRD工法开挖施工机械设备配套见表2-6-27。

风化深槽CRD工法开挖机械设备配置 表2-6-27

序号	名 称	规格型号	单位	数量	备 注
1	装载机	WA380	台	2	
2	挖掘机	MX337	台	2	
3	挖掘机	C－60	台	1	
4	自卸汽车	≥15t	台	5	
5	电焊机	BX400	台	4	
6	风钻	YT28	台	18	
7	风镐	GT150	台	5	
8	污水泵	WQ50-25-36-5.5	台	3	
9	注浆机	KBY-50/70	台	2	
10	搅拌桶	300L	台	4	
11	喷浆机	PC-60	台	3	
12	门吊	15T	台	1	

6.7 工程实例

6.7.1 服务隧道F1风化槽施工

1. 工程地质与水文地质条件

(1)工程地质条件。根据设计地质资料和水平地质探孔情况,服务隧道F1风化槽岩性以W_3强风化花岗岩为主,夹强风化二长岩岩脉;强风化花岗闪长岩以褐黄色为主,杂少量白斑,岩石风化严重,呈硬塑砂质黏性土状,并含有中粗砂;强风化二长岩脉因高岭土矿物含量较高,具有弱膨胀潜势,含少量风化残块。

服务洞F1风化槽,覆盖层36.0～53.7m,最大水深18m。设计拱顶最大静水压力0.68MPa,设计勘探纵向长度为109m。地勘报告提供的全强风化花岗岩力学参数见表2-6-28。

隧道所穿越的岩土体力学指标 表2-6-28

地层代号	岩土名称	工程特性	容许承载力 $[\sigma_0]$	压缩模量 E_s	重力密度 γ	动弹性模量 E_d	静弹性模量 E	计算摩擦角 ϕ
			(kPa)	(MPa)	(kN/m^3)	(GPa)	(GPa)	(°)
W_4	全风化带	中等压缩性,承载力较高	220	9.0	18	0.7	0.1	25
W_3	强风化带		300	10.0	19	2.4	1	30

(2)水文地质条件。F1 风化深槽海域地下水总体上富水性弱,渗透性较差,为弱或微含水层。该段地下水主要受海水的垂直入渗补给,全强风化地层渗透系数见表 2-6-29。

F1 风化槽渗透系数参数 表 2-6-29

工程位置		岩性	渗透系数均值($\times10^{-5}$cm/s)			渗透系数建议值	
			室内测试	压水试验	抽水试验	m/d	$\times10^{-5}$cm/s
海域	F1	全风化岩层	29.4	13.8	8.2	0.015	17.1
		强风化岩层	30.1	12.7	—	0.019	21.4

根据水平超前地质探孔实测,F1 风化槽最大水压力为 0.3~0.5MPa,单孔最大涌水量为 50m^3/h。

2. 钻孔注浆施工方案

服务洞 F1 风化槽第一循环注浆采用全断面注浆加固和堵水。注浆加固范围为掌子面内及隧道开挖轮廓线外 4m,隧道纵向加固长度为 22m(不含止浆墙);设计钻孔 106 个,检查孔 15 个,其中取芯孔 5 个,此外另增加了 6 个补充注浆孔。服务隧道 F1 风化槽第一循环钻孔注浆布置如图 2-6-41 所示,全断面注浆参数见表 2-6-30 所示。

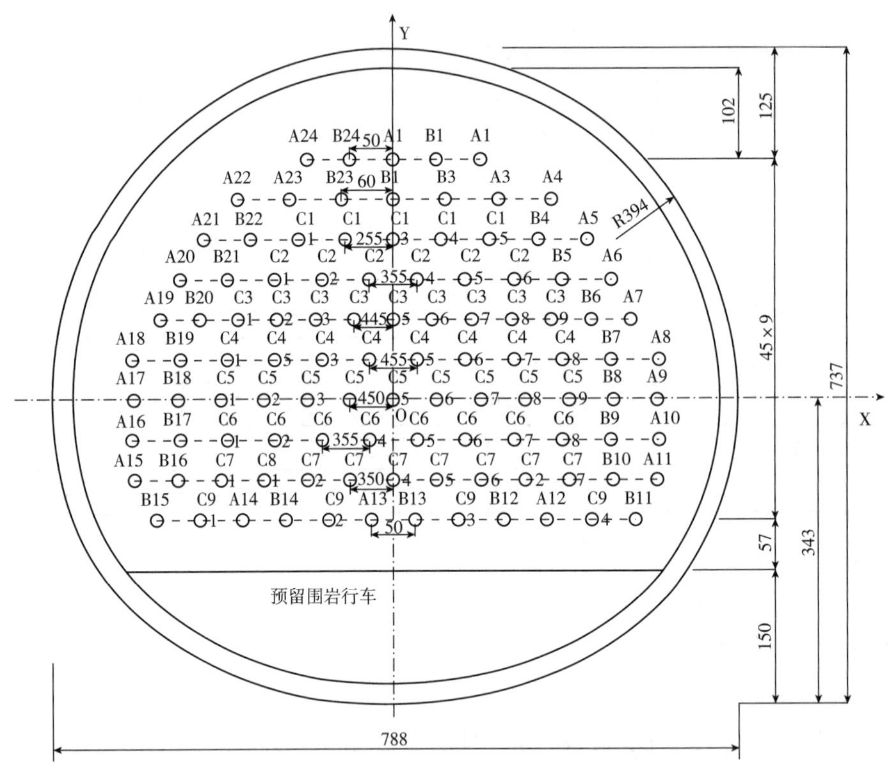

图 2-6-41 服务隧道 F1 风化槽第一循环注浆开孔布置(尺寸单位:cm)

注 浆 参 数 表 2-6-30

序号	参数名称	参数值	备注
1	纵向注浆加固长度	25m	
2	径向加固范围	开挖面及开挖轮廓线外 4m	
3	浆液扩散半径	1.5m	
4	注浆压力	3.0~4.0MPa	
5	注浆孔直径	90mm	
6	注浆速度	5~110L/min	

续上表

序号	参数名称	参数值	备　注
7	终孔间距	2.2m	
8	注浆方式	前进式分段注浆	分段长度5m
9	注浆孔数量	共106个	
10	孔口管	L=2.0m,直径121mm,壁厚5mm	

3. 注浆施工情况

本次钻孔注浆分两个阶段进行:第一阶段,从2007年3月15日~4月20日,施作下部注浆孔,共51个孔;第二阶段自2007年4月21日至5月15日,共完成55个,从5月16日开始进行注浆效果检查和补充注浆,5月25日结束全部注浆任务,本次注浆施工历时70天。从钻孔注浆情况来看,由于地层风化严重,软弱破碎和含水量大,前期施工的大部分孔成孔困难,钻孔过程中涌水、涌泥比较严重,注浆量较大,注浆压力上升慢,钻孔之间串浆比较严重;随着注浆的进行,地层得到逐步改良,空隙率和含水量逐步减小,后期施工的大部分注浆孔进浆量逐渐减小,注浆压力上升较快,串浆现象减少。钻孔及注浆情况如图2-6-42和图2-6-43所示。

图2-6-42　F1钻孔情况

图2-6-43　F1注浆情况

4. 大管棚施工

注浆结束后,为确保开挖安全,自2007年6月1~10日,在服务隧道周边共施工ϕ108mm大管棚35根,每根长度18m,环向间距30cm。为了给下一循环全断面预注浆创造条件,大管棚角度比较大,一般控制在16°左右。大管棚横断面和纵断面布置分别如图2-6-44、图2-6-45所示。为了避免断面扩挖带来的风险,未进行管棚工作室的施工,直接进行了大管棚的施工。

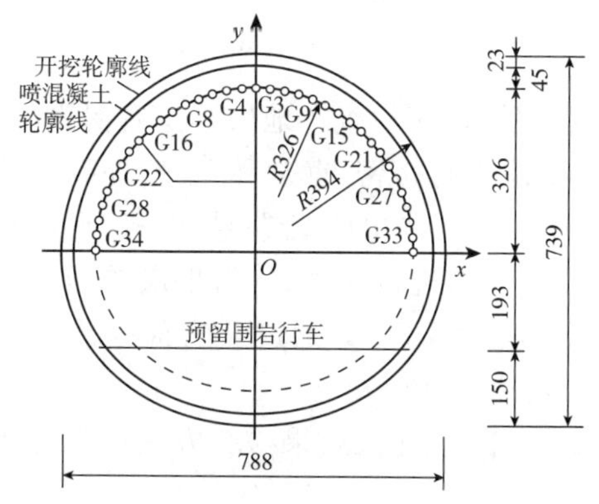

图2-6-44　大管棚横断面布置(尺寸单位:cm)

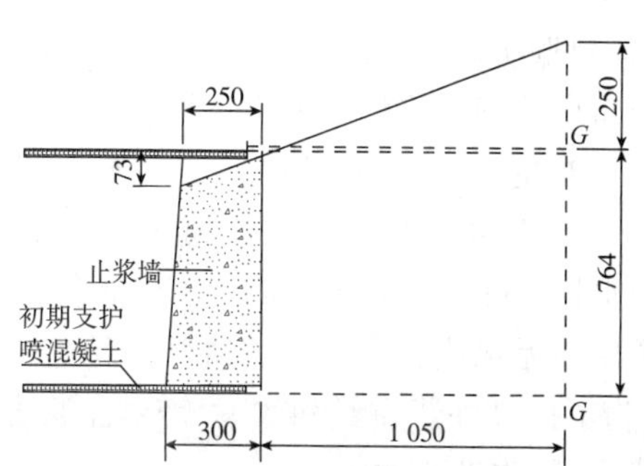

图2-6-45　大管棚布置纵断面(尺寸单位:cm)

5. 注浆效果检验与评价

注浆效果检查主要采用钻检查孔法。根据注浆状况,选择注浆范围内可能存在薄弱环节的注浆部位布设检查孔,检查孔数量为注浆孔数量的5% ~10%。对检查孔进行钻孔检查,测定涌水量。根据检查孔涌水量、取芯率和强度来决定是否需补充注浆。如果检查孔每延米涌水量大于0.15 L/min,或局部孔涌水量大于3L/min时,需进行补充孔注浆,直到达到设计要求为止。本次注浆检查孔数量为15个,其中取芯孔5个,钻孔的取芯率达到了70%左右。大部分孔的涌水量达到了设计要求,另外对于不合要求的部位进行了补充注浆,共增加了6个补充注浆孔。检查孔取芯情况如图2-6-46所示。

图2-6-46 服务洞检查孔取芯

6. 开挖情况

从开挖揭示的情况看,注浆段内,0.00~5.5m比较干燥,无水,地层内含浆脉较多,注浆效果较好;开挖至5.5m时,掌子面拱顶偏左部位有少量滴水,中部出现湿痕,进入含水交界面;开挖至11m时,开挖面基本能自稳,但掌子面左上侧出现较大渗水,流量达到0.6m^3/h。为了保证隧道开挖的施工安全,做到万无一失,封闭掌子面,进行小导管补充注浆后,继续开挖,最后顺利开挖至18m。开挖结果证明,全断面帷幕注浆的堵水效果比较明显,注浆效果是值得肯定的。开挖面注浆效果如图2-6-47所示。

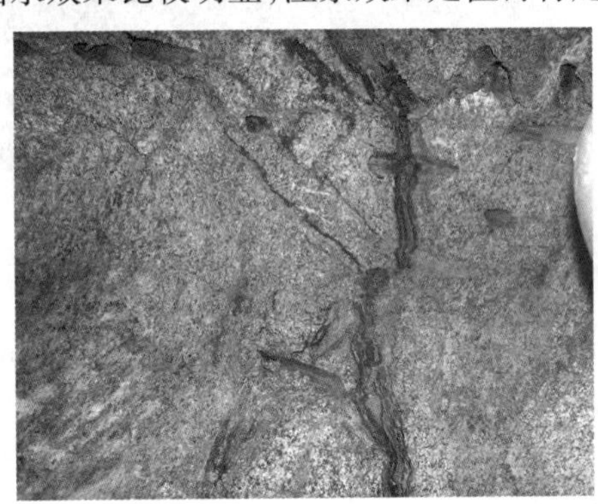

图2-6-47 服务隧道F1风化槽第一循环开挖面注浆效果

7. 经验总结

(1)通过服务隧道F1风化槽第一循环全断面帷幕注浆、探孔取芯检查和地层开挖后揭露的状态,证明了全断面超前预注浆技术的可行性。通过注浆使浆液对地层进行挤密、劈裂和填充,提高了地层的承载能力。浆液在地层中劈裂填充形成的较大的浆脉及结石体,跟地层中的砂土黏结在一起形成承载力较高的混合体,可以把水堵在开挖轮廓线以外较远位置。对隧道围岩进行加固,使得地层的涌水量从注浆前单孔涌水量50m^3/h降至注浆后单孔涌水量0.6m^3/h,堵水率达98.8%。通过开挖面局部和补充注浆,基本使隧道在无水或渗水很小的情况下开挖,有效地保证了隧道的开挖安全。

(2)为了提高注浆质量和效率,需对注浆方案、材料、参数、工艺、注浆效果检验方法认真思考、研究,及时总结,不断改进和优化。

(3)海水对注浆材料的影响很大,主要表现在:凝结时间增长,强度降低。因此,对厦门东通道风化槽内的海水情况下的注浆材料继续研究,选择性能优良的耐腐蚀注浆材料是需要进一步研究和解决的问题。

(4)该循环注浆方式以前进式为主。该工艺的特点是重复扫孔,反复注浆。一方面工效低,速度慢,钻注成本高,另一方面,注浆段初始端重复钻注次数较多,注浆效果较好。而注浆段末端,钻注次数相对较少,注浆效果相对较差,因此注浆工艺需要进一步研究,应进一步完善钻杆后退式注浆和钢管孔底注浆工艺,从而进一步提高注浆质量和效率。

6.7.2 左洞 F1 风化深槽施工

1. 地质条件

(1)工程地质条件。F1 风化槽岩性以 W_4 和 W_3 全、强风化花岗岩为主,夹强风化二长岩岩脉:强风化花岗闪长岩以褐黄色为主,杂少量白斑,岩石风化严重,呈硬塑砂质黏性土状,并含有中粗砂和粉细砂;强风化二长岩脉因高岭土矿物含量较高,具有弱膨胀潜势,含少量风化残块。隧道纵断面如图 2-6-48 所示。

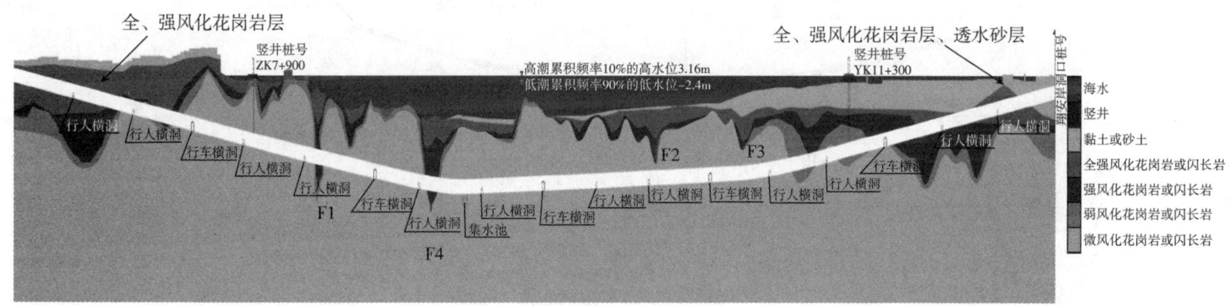

图 2-6-48 隧道纵断面

主洞 F1 风化槽,覆盖层 36.9m,最大水深 10m,设计拱顶最大静水压力为 0.68MPa,设计勘探纵向长度为 70m。地勘报告提供的全强风化花岗岩力学参数见表 2-6-31。

F1 风化槽岩土物理、力学指标 表 2-6-31

地层代号	岩土名称	工 程 特 性	容许承载力 $[\sigma_0]$(kPa)	压缩模量 E_s(MPa)	重度 γ(kN/m^3)	动弹模量 E_d(GPa)	静弹模量 E(GPa)	计算摩擦角 ϕ(°)
W_4	全风化带	中等压缩性,承载力较高	220	9.0	18	0.7	0.1	25°
W_3	强风化带	中等压缩性,承载力较高	300	10.0	19	2.4	1.0	30°

(2)水文地质条件。F1 风化深槽海域地下水总体上富水性弱,渗透性较差,为弱或微含水层。但全、强风化岩接触面处,节理裂隙发育,地层的透水性很大,地下水和海水的连通性极其强。该段地下水主要受海水的垂直入渗补给,全、强风化地层渗透系数见表 2-6-32。

F1 风化槽渗透系数参数 表 2-6-32

工 程 位 置	岩 性	渗透系数均值($\times10^{-5}$cm/s)			渗透系数建议值	
		室内测试	室内测试	室内测试		$\times10^{-5}$cm/s
海域 F1 风化槽	全风化岩层	29.4	13.8	8.2		17.1
	强风化岩层	30.1	12.7	—		21.4

洞内超前钻探实测,F1 风化槽最大水压力为 0.3 ~ 0.5MPa,单孔最大涌水量为 50m^3/h。

2. 注浆方案

主洞 F1 风化槽采用全断面注浆加固和堵水,注浆加固范围为掌子面内及隧道开挖轮廓线外 5m,隧道纵向加固长度为 23m(含止浆岩盘)。共钻孔 195 个,检查孔 28 个(其中取芯孔 7 个),此外另增加了 10 个补充注浆孔。注浆孔布置如图 2-6-49 和图 2-6-50 所示。

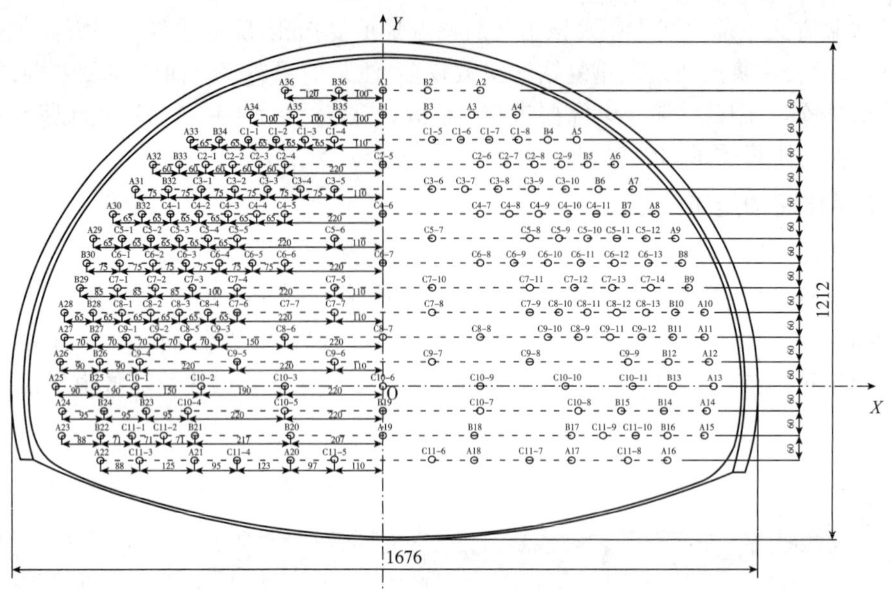

图 2-6-49　F1 风化槽注浆开孔布置横断面(尺寸单位:cm)

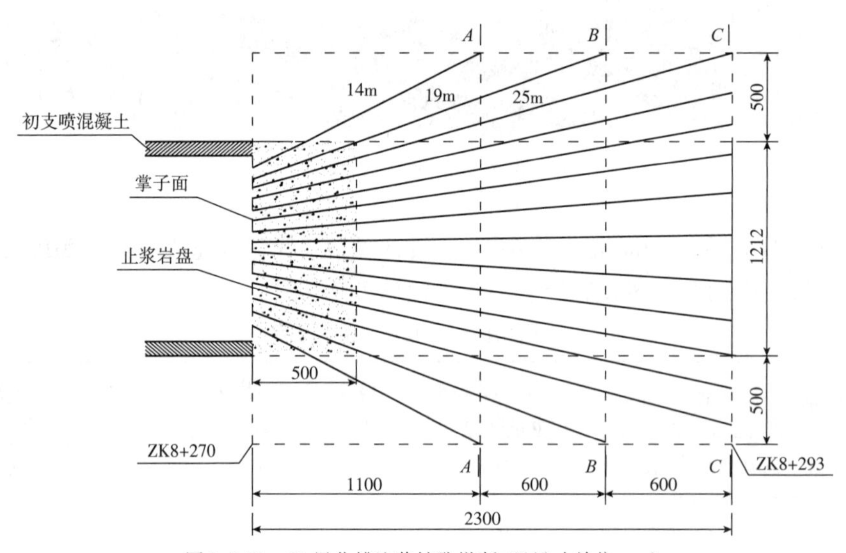

图 2-6-50　F1 风化槽注浆钻孔纵断面(尺寸单位:cm)

3. 注浆参数

注浆参数见表 2-6-33。

注 浆 参 数　　表 2-6-33

序号	参 数 名 称	参　数　值
1	纵向注浆加固长度(m)	23
2	径向加固范围	开挖面及开挖轮廓线外 5m
3	浆液扩散半径(m)	1.5 ~ 2.0m
4	注浆终压	3.0 ~ 4.0MPa
5	注浆孔直径	90mm
6	注浆速度(L/min)	5 ~ 110
7	终孔间距	2.0 ~ 2.5m
8	注浆方式	前进式、后退式、钢管孔底注浆
9	注浆孔数量	共 195 个孔

4. 注浆材料

注浆材料以超细水泥单液浆为主，以超细水泥－水玻璃双液浆及普通水泥－水玻璃双液浆为辅。浆液配比参数见表2-6-34：

浆液配比参数 表2-6-34

序号	名称	浆液配比		
		水灰比	水泥：水玻璃	水玻璃浓度
1	超细水泥单液浆	$W:C=(0.8\sim1):1$		
2	超细水泥-水玻璃双液浆	$W:C=(0.8\sim1):1$	$C:S=1:(1\sim0.3)$	30～40Be
3	普通水泥-水玻璃双液浆	$W:C=(0.6\sim1):1$	$C:S=1:(1\sim0.6)$	30～40Be

5. 钻孔注浆施工工艺

主要采用了前进式注浆、孔口密封钻杆后退式注浆、钢管孔底注浆三种工艺加固地层和进行堵水，注浆后在隧道周边施作了大管棚。前进式注浆时，每段注浆时浆液均从孔口流向孔底，如钻孔过程中出现塌孔，浆液往往流不到孔底，影响钻孔后部注浆效果，此时可通过钻杆后退式注浆和钢管孔底注浆将浆液送到孔底，使浆液从孔底向孔口流动；通过在孔口安装止浆装置，提高注浆压力，使浆液向地层薄弱部位扩散，以改善钻孔底部和中部的注浆效果。通过这三种工艺的综合应用，可以互相补充，大大改善注浆效果。

(1)前进式分段注浆。主要采用安装孔口管分段前进方式进行，首先钻直径较大的孔，安装孔口管和止水装置，然后钻3～5m退出钻杆，进行注浆，注浆完成后再钻下一段，重新在孔口开始注浆，如此往复，直到完成该孔所有段的注浆。

(2)孔口止浆钻杆后退式注浆。首先钻直径较大的孔，安装孔口管和止水装置，然后钻杆向前钻进。钻到设计孔深后，在孔口安装上排砂和浆液密封系统，并将钻杆后的水便接头拆下，换成注浆装置，进行注浆。注浆过程中边旋转，边后退，根据地层吸浆情况，决定后退速度和注浆速度，防止浆液粘住钻杆和卡钻，如图2-6-51所示。

(3)钢管孔底注浆。所有孔注浆结束后，将隧道开挖轮廓线外的第一圈孔重新钻开，在整个钻孔长度内放入无缝钢管，除管头可以出浆外，钢管全长无孔。开始注浆时，孔口安装止浆装置进行止浆，浆液通过无缝钢管注入孔底，在较大压力作用下，浆液通过注浆管外壁和钻孔壁之间的空隙返回孔口。随着注浆压力升高，一部分浆液进入土体，起到补充注浆作用，并保证钻孔全长范围内都有浆液。隧道周边安装的钢管和土体形成了水泥柱，起到了棚架作用，从而改善注浆效果，提高地层的稳定性。钢管孔底注浆一方面起到补充注浆作用，另一方面起到了管棚作用，如图2-6-52所示。

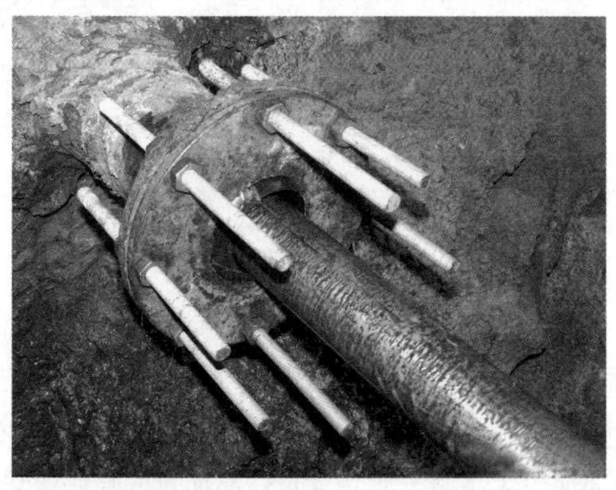

图2-6-51 孔口止浆钻杆后退式注浆

图2-6-52 钢管孔底注浆

6. 大管棚施工

为了防止隧道开挖过程中坍塌，在上半断面注浆结束后，施作了大管棚。大管棚直径为108mm、壁厚

5mm 的无缝钢管，长度 25m，间距 30cm，外插角 3°，共计 74 根。

7. 钻孔注浆机械设备配套

左线 F1 风化槽第一循环注浆上半断面主要配备了 4 台 ZDY1900 系列坑道钻机，5 台注浆泵；下半断面钻孔改用 2 台卡萨（CASAGRANDE）C6 全液压履带多功能钻机。

8. 注浆效果检验与评价

注浆效果检查主要采用钻检查孔法。根据注浆情况，选择注浆范围内可能存在薄弱环节的注浆部位布设检查孔。对重要区段的注浆，检查孔数量一般应达到注浆孔数量的 10% 左右。对检查孔进行钻孔检查，测定涌水量。根据检查孔涌水量、取芯率和岩芯强度来决定是否需补充注浆。根据设计要求，如果检查孔每延米涌水量大于 0.15L/(m · min)或局部孔涌水量大于 3L/min 时，需进行补充孔注浆。本次注浆检查孔数量为 29 个，其中取芯孔 7 个，检查孔的取芯率平均达到了 70% 左右，大部分孔的涌水量达到了设计要求；另外对于不合要求的部位进行了补充注浆，共增加了 10 个补充注浆孔重新进行效果检查，直到满足要求为至。注浆前后地层物理、力学参数对比见表 2-6-35。

注浆前后岩土物理、力学指标对比　　表 2-6-35

物理力学指标	含水率（%）	湿密度（g/cm^3）	压缩系数（MPa）	压缩模量（MPa）	抗压强度（MPa）	压缩指数	回弹指数	黏聚力（kPa）
注浆前	24.3	1.84	0.47	3.7		0.125	0.012	43.3
注浆后	10～20	2.13	0.30	4.9	胶结体 50.7	0.088	0.007	51.3

总体来看：由于开挖面左侧中上部地层为全、强风化的花岗岩并且夹有粉细砂，水量较大，钻孔过程中坍孔严重，因此注浆十分困难。距离掌子面 18m 以前，岩芯中含有较多的水泥浆块，岩芯比较完整，基本无水，注浆加固效果较好；18m 以后，浆液胶结情况稍差，水量较大，进行了补充注浆，其他部位注浆加固效果较好，基本无水，达到了设计和开挖要求。取芯情况和开挖面浆液扩散情况如图 2-6-53 和图 2-6-54 所示。本循环实际开挖长度为 18m，平均每天开挖 1.0m，围岩稳定情况良好，未发生涌水、突泥，施工比较安全和顺利。

图 2-6-53　检查孔岩芯

图 2-6-54　开挖面浆液扩散情况

6.7.3　左洞 F4 风化深槽施工

1. 地质条件

F4 风化槽及其影响带设计地质情况为：以 W_3 全强风化花岗岩为主，围岩级别为Ⅳ～Ⅴ级，主要组成为弱风化花岗闪长岩、强风化花岗闪长岩、强风化二长岩岩脉。其中强风化二长岩脉因高岭土矿物含量较高，具有弱膨胀潜势，其他全、强风化岩不具膨胀性，但不排除局部地段因高岭土矿物含量较高而具弱膨胀潜势。

为探明左线隧道 F4 风化槽的地质及水文情况，以便准确指导施工。在其中正向施做钻孔 3 个，探孔长度 42m，其中 1 号探孔为取芯孔；反向施作探孔为 2 个，探孔长度 45m，均为冲击探孔。水平探孔布置如图 2-6-55 所示。

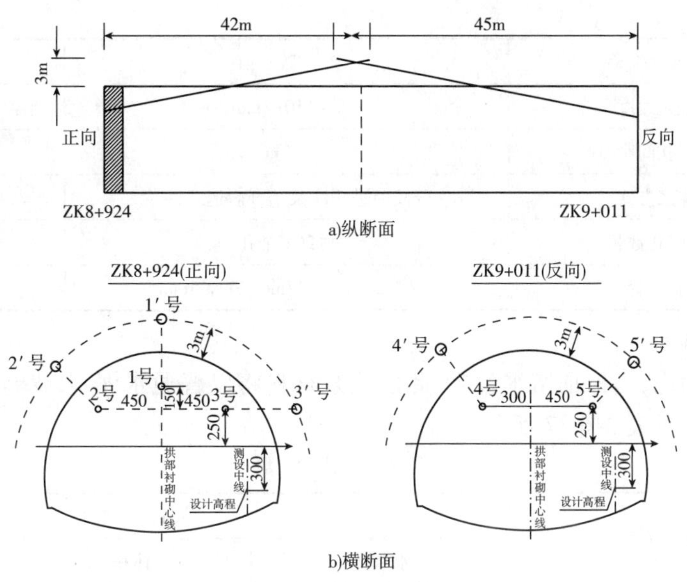

图 2-6-55　左线隧道 F4 段水平探孔布置示意(尺寸单位:cm)

2. 钻孔布置

左线隧道 F4 风化槽第二循环采用周边注浆加固和堵水,注浆加固范围为隧道开挖轮廓线外 5m,隧道纵向加固长度为 40m,设计钻孔 204 个,检查孔 20 个,其中取芯孔 2 个,按照 10% 布置。注浆孔布置如图 2-6-56 所示。

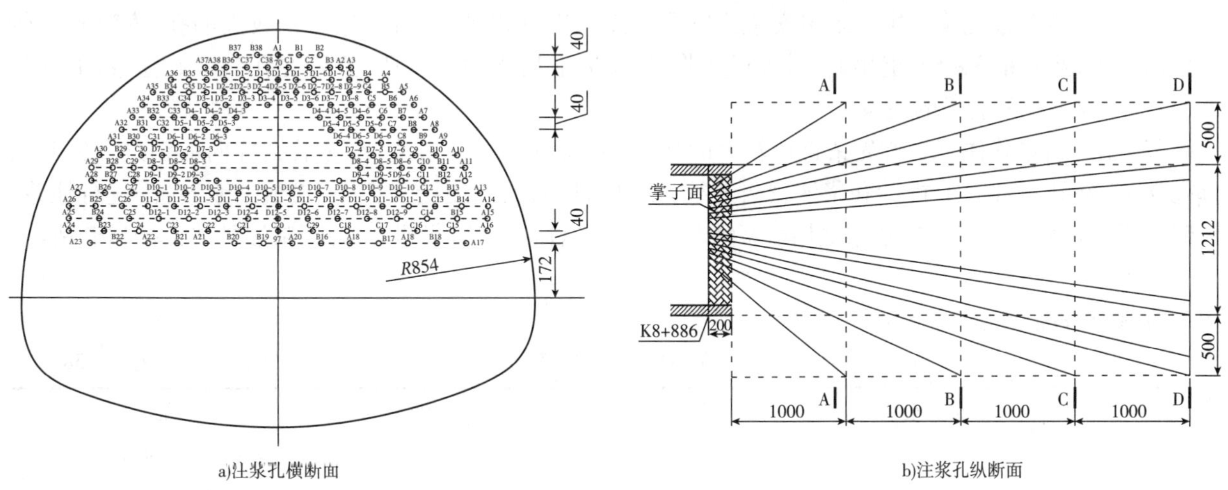

图 2-6-56　左线隧道 F4 第二循环注浆钻孔布置(尺寸单位:cm)

3. 帷幕注浆参数

周边注浆参数见表 2-6-36。

周边注浆参数　　表 2-6-36

序号	参数名称	参数值	备注
1	纵向注浆加固长度	40m	
2	径向加固范围	开挖轮廓线外 5m	
3	浆液扩散半径	1.5m	
4	注浆压力	2.0~4.0MPa	
5	注浆孔直径	90mm	

续上表

序号	参数名称	参数值	备注
6	注浆速度	5～110L/min	
7	终孔间距	2.2m	
8	注浆方式	分段前进式注浆结合后退式注浆	分段长度3～5m
9	注浆孔数量	共204个孔	
10	孔口管	$L=2$m，$\phi=127$mm，壁厚5mm	

4. 帷幕注浆浆液配比

本次注浆以堵水为主，为保证堵水效果，此次注浆材料将以普通水泥-水玻璃双液浆为主，普通水泥单液浆为辅。浆液配比见表2-6-37所示。

浆液配比参数　　表2-6-37

序号	名称	配比参数		
		水灰比	体积比	水玻璃浓度
1	普通水泥单液浆	$W:C=(0.8\sim1.3):1$		
2	普通水泥-水玻璃双液浆	$W:C=(0.8\sim1.2):1$	$C:S=1:(1\sim0.3)$	35Be

5. 钻孔注浆施工工艺

主要采用了前进式注浆、孔口密封钻杆后退式注浆两种工艺加固地层和进行堵水，注浆后在隧道周边施作了大管棚。

(1)前进式分段注浆。主要采用安装孔口管分段前进方式进行，首先钻直径较大的孔，安装孔口管和止水装置，然后钻3～5m退出钻杆，进行注浆，注浆完成后再钻下一段，重新在孔口开始注浆，如此往复，直到完成该孔所有段的注浆。

(2)钻杆后退式注浆。首先钻直径较大的孔，安装孔口管和止水装置，然后钻杆向前钻进。钻到设计孔深后，在孔口安装上排砂和浆液密封系统，并将钻杆后的水便接头拆下，换成注浆装置，进行注浆。注浆过程中边旋转，边后退，根据地层吸浆情况，决定后退速度和注浆速度，防止浆液黏住钻杆和卡钻。

6. 机械设备配套

机械设备配套见表2-6-38。

机械设备配套　　表2-6-38

序号	机械名称	型号	单位	数量	主要性能参数
1	多功能地质钻机	意大利卡萨C6	台	2	额定扭矩：13500N·m
					最大给进力：1800kN
					最大起拔力：1800kN
2	双液注浆泵	KBY系列	套	3	最大压力：7MPa
					最大流量：50～80L/min
3	水泥浆搅拌机	ZSKYS-ZJ2	台	4	最大容量：300L

7. 钻孔注浆工程量

本次超前加固施工时间为2009年1月5日至2009年2月10日。完成注浆孔204个，检查孔20个，共224个，平均每孔每延米注浆量为0.56m^3。

8. 检查孔情况分析

注浆效果检查主要采用钻检查孔法。根据注浆情况，选择注浆范围内可能存在薄弱环节的注浆部位布设检查孔，对重要区段的注浆，检查孔数量一般应达到注浆孔数量的10%左右。对检查孔进行钻孔检查，测定涌水量。根据检查孔涌水量、取芯率和岩芯强度来决定是否需补充注浆。根据设计要求，如果检查孔每延米涌水量大于 0.15L/(m·min) 或局部孔涌水量大于 3L/min 时，需进行补充孔注浆。本次注浆检查孔数量为 20 个，其中取芯孔 1 个。检查孔布置如图 2-6-57 所示。检查孔取芯情况如图 2-6-58 所示。

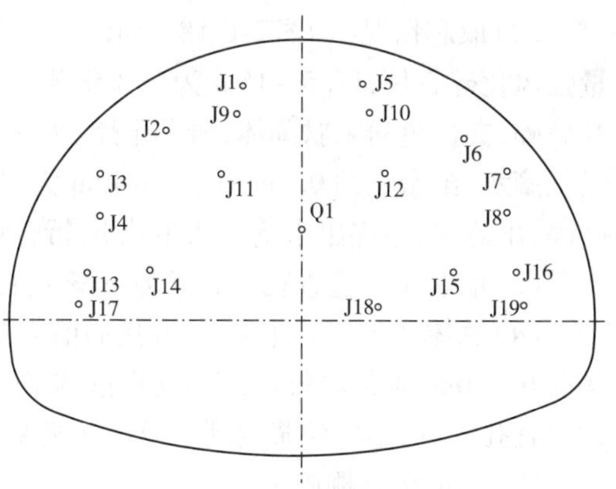

图 2-6-57 检查孔布置

检查孔出水量情况如下：

J1 = 0.26m^3/h：其中 0 ~ 21m 无水，21 ~ 40m 水量为 0.26m^3/h，折合 0.11L/(m·min)；

J2 = 0.28m^3/h：其中 0 ~ 19m 无水，19 ~ 40m 水量为 0.28m^3/h，折合 0.12L/(m·min)；

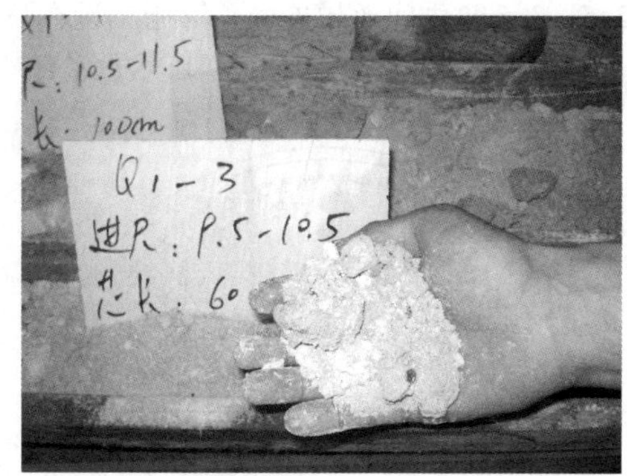

图 2-6-58 Q1 取芯检查孔地质情况

J3 = 0.35m^3/h：其中 0 ~ 23m 无水，23 ~ 38m 水量为 0.35m^3/h，折合 0.15L/(m·min)；

J4 = 0.40m^3/h：其中 0 ~ 20m 无水，20 ~ 41m 水量为 0.50m^3/h，折合 0.21L/(m·min)；

J5 = 0.15m^3/h：其中 0 ~ 23m 无水，23 ~ 38m 水量为 0.15m^3/h，折合 0.06L/(m·min)；

J6 = 0.20m^3/h：其中 0 ~ 22m 无水，22 ~ 38m 水量为 0.20m^3/h，折合 0.08L/(m·min)；

J7 = 0.24m^3/h：其中 0 ~ 19m 无水，19 ~ 40m 水量为 0.24m^3/h，折合 0.09L/(m·min)；

J8 = 0.21m^3/h：其中 0 ~ 20m 无水，20 ~ 40m 水量为 0.21m^3/h，折合 0.08L/(m·min)；

J9 = 0.14m^3/h：其中 0 ~ 24m 无水，24 ~ 40m 水量为 0.14m^3/h，折合 0.06L/(m·min)；

J10 = 0.29m^3/h：其中 0 ~ 22m 无水，22 ~ 40m 水量为 0.29m^3/h，折合 0.12L/(m·min)；

J11 = 0.65m^3/h：其中 0 ~ 24m 无水，24 ~ 40m 水量为 0.65m^3/h，折合 0.27L/(m·min)；

J12 = 0.32m^3/h：其中 0 ~ 23m 无水，23 ~ 42m 水量为 0.32m^3/h，折合 0.13L/(m·min)；

J13 = 0.15m^3/h：其中 0 ~ 21m 无水，21 ~ 40m 水量为 0.15m^3/h，折合 0.06L/(m·min)；

J14 = 0.17m^3/h：其中 0 ~ 19m 无水，19 ~ 40m 水量为 0.17m^3/h，折合 0.07L/(m·min)；

J15 = 0.24m^3/h：其中 0 ~ 19m 无水，19 ~ 42m 水量为 0.24m^3/h，折合 0.10L/(m·min)；

J16 = 0.30m^3/h：其中 0 ~ 15m 无水，15 ~ 38m 水量为 0.30m^3/h，折合 0.13L/(m·min)；

J17 = 0.22m^3/h：其中 0 ~ 22m 无水，22 ~ 38m 水量为 0.22m^3/h，折合 0.09L/(m·min)；

J18 = 0.26mm^3/h：其中 0 ~ 20m 无水，20 ~ 39m 水量为 0.26m^3/h，折合 0.11L/(m·min)；

J19 = 0.30m^3/h：其中 0 ~ 18m 无水，18 ~ 40m 水量为 0.30m^3/h，折合 0.13L/(m·min)；

Q1 = 0.4m^3/h：其中 0 ~ 18m 无水，18 ~ 40m 水量为 0.4m^3/h，折合 0.17L/(m·min)。

9. 注浆效果评价

(1) 钻孔出水量。通过检查孔钻孔情况看，左侧出水量较大，最大出水量为 0.27L/(m·min)；右侧出水量较小，最大出水量为 0.13L/(m·min)。

(2)取芯情况(如图 2-6-58 所示)。0 ~7m 为全风化花岗岩,呈沙土状;7 ~11. 5m 为干粉质砂土夹少量强风化碎石块;11. 5 ~15m 为全风化黄泥、湿润,并夹强风化碎石块;15 ~18m 为全风化花岗岩,岩石极其破碎,夹白色粉末状固体,岩芯干燥、无水;18 ~23m 为全风化花岗岩,以粗砂为主,含少量黄泥,探孔呈线状滴水,出水量约 0. 1m³/h;23 ~40m 为强风化花岗岩和弱风化花岗岩交错分布,裂隙极其发育,芯样破碎,出清水,最终出水量为 0. 4m³/h,折合 0. 17L/(m · min)。

(3)取芯率。检查孔取芯率为 76% 左右。

(4)总体评价。总体来看:开挖面前方左侧地质条件稍差,右侧相对较好,芯样中含水泥浆块。尤其是前 6 ~20m,含浆块较多,注浆加固效果较好,对开挖安全比较有利;20m 以后主要是封堵裂隙止水。经过检查孔检查,本次注浆达到了设计注浆要求。

10. 超前大管棚施工

(1)大管棚设计。左线隧道 F4 风化槽第二循环大管棚采用 $L=40m$、$\phi=108mm$、$\delta=6mm$ 无缝钢管,节长为 2. 5 ~3. 5m,中间丝扣连接。管棚布设在隧道拱腰以上沿开挖轮廓线布设,管棚环向间距 25cm,共计 89 根,外插角 2. 3°,如图 2-6-59 所示。

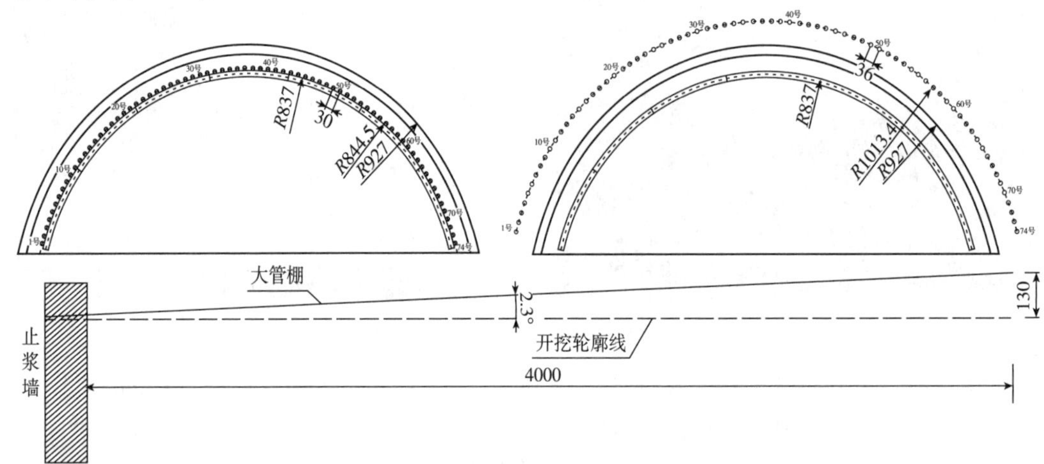

图 2-6-59 大管棚设计(尺寸单位:cm)

在每 50cm 管棚上钻设 ϕ8mm 溢浆孔 4 个,外加贴片加工成 TSS 管,梅花形布孔。最先装入的一节管棚前端做成尖锥形,以利于下管。孔口管采用 ϕ121mm ×5mm 热轧无缝钢管,$L=2.0m$。

管棚布设完成后,对管棚进行全孔一次性注浆。注浆材料为普通水泥单液浆或普通水泥-水玻璃双液浆,浆液配比为 $W:C=(0.6\sim0.8):1$,注浆终压 2 ~3MPa。

(2)超前大管棚参数表。大管棚参数见表 2-6-39。

大管棚参数 表 2-6-39

序号	参数名称	参数值	备注
1	管棚长度	40m	
2	管棚规格	$\phi=108mm$、$\delta=6mm$	管棚上钻 ϕ8mm 溢浆孔
3	每节长度	2. 5 ~3. 5m	
4	环向间距	25cm	
5	管棚个数	89 根	
6	注浆终压	2 ~3MPa	

6. 7. 4 海底风化深槽注浆施工统计

厦门翔安隧道风化槽施工实际情况统计,见表 2-6-40。

厦门翔安海底隧道风化深槽施工实际情况统计

表 2-6-40

风化槽编号	围岩级别	线别及标段	循环	长　度	注浆类型	注浆孔数（个）	注浆孔深度（cm）	注浆数量（m^3）	注浆压力（MPa）（终压）	注浆起止时间	开挖起止时间
F1	V 级围岩	左线隧道 A1 标	第一循环	ZK8 +270 ~ ZK8 +295（25m）	全断面帷幕注浆	215	5 457.9	2 145.7	3.5	2007.2.12 ~ 2007.10.27 8 个月	2007.10.27 ~ 2007.11.28 1 个月
			第二循环	ZK8 +295 ~ ZK8 +330（35m）	半断面（上、下台阶）帷幕注浆	161	4 813	2 067.8	3.5	2007.12.4 ~ 2007.12.31 1 个月	2008.11.2 ~ 2008.12.8 1 个月
						81	2 215	998.3	3.5	2008.5.2 ~ 2008.6.19 1.5 个月	2008.6.20 ~ 2008.8.14 2 个月
		服务隧道 A1 标	第一循环	NK8 +301 ~ NK8 +319（18m）	全断面帷幕注浆	128	2 722.5	1 476.8	3.5	2007.3.2 ~ 2007.6.15 3.5 个月	2007.6.16 ~ 2007.7.14 1 个月
			第二循环	NK8 +316 ~ NK8 +350（34m）	全断面帷幕注浆	99	2 070	888.5	3.5	2007.7.22 ~ 2007.10.4 2.5 个月	2007.10.5 ~ 2007.12.20 2.5 个月
			第三循环	NK8 +350 ~ NK8 +385（35m）	周边帷幕注浆	53	1 325	358.2	3.5	2007.11.6 ~ 2007.12.1 1 个月	2007.12.2 ~ 2007.12.15 0.5 个月
		右线隧道 A2 标	第一循环	YK8 +327 ~ YK8 +352（25m）	上台阶全断面注浆（Ⅰ、Ⅲ部）	184	4 600	1 613.62	3.5	2007.5.22 ~ 2007.7.11 1.5 个月	2007.7.12 ~ 2007.10.04 3 个月
			第二循环	YK8 +343 ~ YK8 +378（30m）（Ⅰ、Ⅲ部）	全断面帷幕注浆	146	4 380	2 527.04	3.5	2007.10.21 ~ 2007.12.1 1.5 个月	2008.1.17 ~ 2008.3.17 2 个月
				YK8 +344.6 ~ YK8 +347.6（30m）（Ⅱ、Ⅳ部）		91	273	1 816.36	3.5	2007.12.31 ~ 2008.1.14 0.5 个月	2008.5.17 ~ 2008.7.19 2 个月
			第三循环	YK8 +376 ~ YK8 +416（30m）（Ⅰ、Ⅲ部）	上台阶全断面帷幕注浆	216	6 480	4 735.84	3.5	2008.3.21 ~ 2008.5.10 1.5 个月	2008.6.19 ~ 2008.11.1 3.5 个月
			第四循环	YK8 +413 ~ YK8 +460（47m）（Ⅰ、Ⅲ部）	上台阶全断面帷幕注浆	216	1 0152	5 667.85	3.5	2008.9.18 ~ 2008.1.19 2 个月	2008.12.2 ~ 2009.1.18 1.5 个月

续上表

风化槽编号	围岩级别	线别及标段	循环	长　　度	注浆类型	注浆孔数（个）	注浆孔深度（cm）	注浆数量（m^3）	注浆压力（MPa）（终压）	注浆起止时间	开挖起止时间
F2	Ⅳ～Ⅴ级	右线隧道 A4 标	第一循环	YK10 +255 ~ YK10 +205（50m）	周边帷幕注浆	52	2 600	127.4	1.0	2008.12.12 ~ 2009.1.9 0.5 个月	2008.12.12 ~ 2009.1.9 0.5 个月
		服务隧道 A1 标	第一循环	YK10 +161 ~ NK10 +201（40m）	周边帷幕注浆						
F3	Ⅳ～Ⅴ级	左线隧道 A3 标	第一循环	ZK10 +703 ~ ZK10 +673（30m）	上半断面全断面帷幕注浆	83	1 920	1 031.2	3	2008.8.12 ~ 2008.12.5 3.5 个月	2008.1.26 ~ 2008.2.26 1 个月
			第二循环	ZK10 +674 ~ ZK10 +654（20m）	上半断面周边帷幕注浆	34	6 040	682.94	3	2009.10.6 ~ 2009.1.10 5d	2009.1.11 ~ 2009.2.16 35d
		服务隧道 A3 标	第一循环	NK10 +708 ~ NK10 +668（40m）	全断面周边帷幕注浆	57	1 708	923.4	3	2008.7.22 ~ 2008.11.1 3 个月	2008.10.12 ~ 2008.11.25 1.5 个月
			第二循环	NK10 +673 ~ NK10 +643（30m）	全断面周边帷幕注浆	57	1 284	1 476.9	3	2008.12.2 ~ 2008.12.13 11d	2009.1.11 ~ 2009.2.3 23d
			第三循环	NK10 +648 ~ NK10 +608（40m）	上半断面周边帷幕注浆	39	1 206	1 009.1	3	2009.12.4 ~ 2009.12.8 4d	2009.2.9 ~ 2009.3.25 1.5 个月
		右线隧道 A4 标	第一循环	YK10 +690 ~ YK10 +655（35m）	全断面帷幕注浆	65	1 961.1	973.91	1.5	2008.5.6 ~ 2008.6.7 1 个月	2008.6.10 ~ 2008.7.9 29d
			第二循环	YK10 +660 ~ YK10 +620（40m）	全断面帷幕注浆	43	1 787.1	754.24	1.5	2008.7.16 ~ 2008.7.25 9d	2008.7.30 ~ 2008.8.21 22d
			第三循环	YK10 +625 ~ YK10 +588（37m）	小导管注浆	104	364	138.1	1.0	2008.8.29 ~ 2008.9.17 18d	2008.8.29 ~ 2008.9.17 18d

续上表

风化槽编号	围岩级别	线别及标段	循环	长　度	注浆类型	注浆孔数（个）	注浆孔深度（cm）	注浆数量（m^3）	注浆压力（MPa）（终压）	注浆起止时间	开挖起止时间
F4	V级围岩	左线隧道A1标	第一循环	ZK8+836~ZK8+926（40m）	全断面帷幕注浆	255	9 253	4 439.7	4	2008.8.20~2008.12.01 3.5个月	2008.2.02~2009.1.04 1个月
			第二循环	ZK8+924~ZK8+964（40m）	周边帷幕注浆	224	7 810	3 904.3	4	2009.1.10~2009.2.12 1个月	2009.2.12~2009.3.05 1个月
			第三循环	ZK8+961~ZK8+001（40m）	周边帷幕注浆	224	7 892	3 685.3	4	2009.2.11~2009.3.03 1个月	2009.3.02~2009.3.23 20d
		服务隧道A1标	第一循环	NK8+908~NK8+945（37m）	全断面帷幕注浆	87	2 732.6	1 279.9	3.5	2008.3.20~2008.4.21 1个月	2008.4.22~2008.6.04 1.5个月
			第二循环	NK8+945~NK8+989（44m）	全断面帷幕注浆	78	2 250	1 109.8	3.5	2008.6.05~2008.7.02 1个月	2008.7.02~2008.8.03 1个月
		右线隧道A2标	第一循环	YK8+921~YK8+937.5（16.5m）	全断面周边帷幕注浆	26	338	202.8	2.5~3.5	2008.8.12~2008.8.25 12d	2008.9.01~2008.9.20 19d
按风化槽施工段Ⅰ	Ⅳ级	左线A1标	第一循环	ZK8+427~ZK8+457（30m）	周边帷幕注浆	114	2 885	1 163.3	3.5	2008.4.14~2008.6.01 1.5个月	2008.6.02~2008.7.08 1个月
按风化槽施工段Ⅱ	V级	左线隧道A3标	第一循环	ZK10+994~ZK11+024（30m）	上半断面周边帷幕注浆	64	1 578	1 686.9	3	2008.2.5~2008.2.16 11d	2008.2.26~2009.1.24 1个月
			第二循环	ZK11+019~ZK11+052（33m）	上半断面周边帷幕注浆	74	2 151	1 290.6	3	2009.2.2~2009.2.9 7d	2009.2.12~2009.3.9 1个月
			第三循环	ZK11+117~ZK11+087（30m）	上半断面全断面帷幕注浆	83	2 172	1 309.1	3	2008.2.29~2009.1.7 9d	2009.1.8~2009.1.30 22d
			第四循环	ZK11+092~ZK11+052（40m）	上半断面周边帷幕注浆	90	2 985	1 791	3	2009.2.4~2009.2.9 5d	2009.2.10~2009.3.11 1个月

【本章主要编写人员】：李治国　惠建永　房建华　梁海青　罗　丹　李德祺　张顶立　胡文涛　黄明琪　魏英华　陈兆勇　路军富

第7章 海底隧道通风竖井与斜井施工技术

7.1 概述

7.1.1 通风竖井

厦门东通道(翔安隧道)工程左右线各设置一个通风竖井(如图2-7-1所示),其主要功能是对左右线行车隧道进行送排风,同时兼作左右线行车隧道紧急情况下的排烟通道。翔安端通风竖井中心桩号为YK11+300,位于海域浅滩段,距右洞口1310m,距海堤930m。竖井断面为圆形,净空直径8.3m,竖井井深约52m,竖井处平均水深2~3m。设计采用围堰筑岛方式修建,即在竖井位置先围筑人工岛,作为竖井的施工平台,人工岛建成后也是城市景观的一部分,供市民观光休闲,同时展示翔安隧道的建设成果。厦门端竖井位于浅海区域,平均水深在2~3m左右,距厦门端洞口1.235km,设置于左线隧道ZK7+900上方,左偏6.07m。厦门端竖井顶面高程5.5m,井底路面设计高程-40.12m,竖井井深约46m。竖井的地质条件总体较差,全风化层以上地段由上而下表层为7m左右的淤泥,下层为8m左右的粗砂,其下是1.5m左右全风化黑云母花岗岩,底层为强~弱风化黑云母花岗岩(如图2-7-2所示)。

图2-7-1 竖井平面布置示意

总体来说翔安端竖井地质情况较厦门端竖井地质情况复杂,以下主要以翔安竖井为例进行总结。

7.1.2 斜井

1. 斜井概况

翔安隧道行车右线共长6.05km,其中A2标段长3141m,不良地质地段有905m的陆域浅埋段和F1、F4海底风化深槽(囊),Ⅳ、Ⅴ级围岩长度为1402.5m,占整个标段的44.7%。A2标段只有一个掘进工作面,面对如此长的不良地质地段,如果不增加工作面,工期将不能保证。2006年4月,经设计、业主、监理、施工单位共同商定,在A2标段中间增加一施工斜井(如图2-7-3所示)。

斜井平面上以曲线形式进入海底与主洞相交,于YK8+150处进入主洞施工,斜井长498m,其中暗挖段长418m,明洞段长80m。

采用无轨运输出渣方案,斜井纵坡按12%设计,每隔80m设一会车道。

斜井横断面主要考虑斜井本身施工的设备需要以及主洞施工时的通过能力两个条件,横断面按城门洞形设计,设计净宽5.5m,净高5.7m。并根据不同围岩条件采用不同锚喷支护型式,局部设钢拱架加强,洞口设置雨棚和横向截水沟。

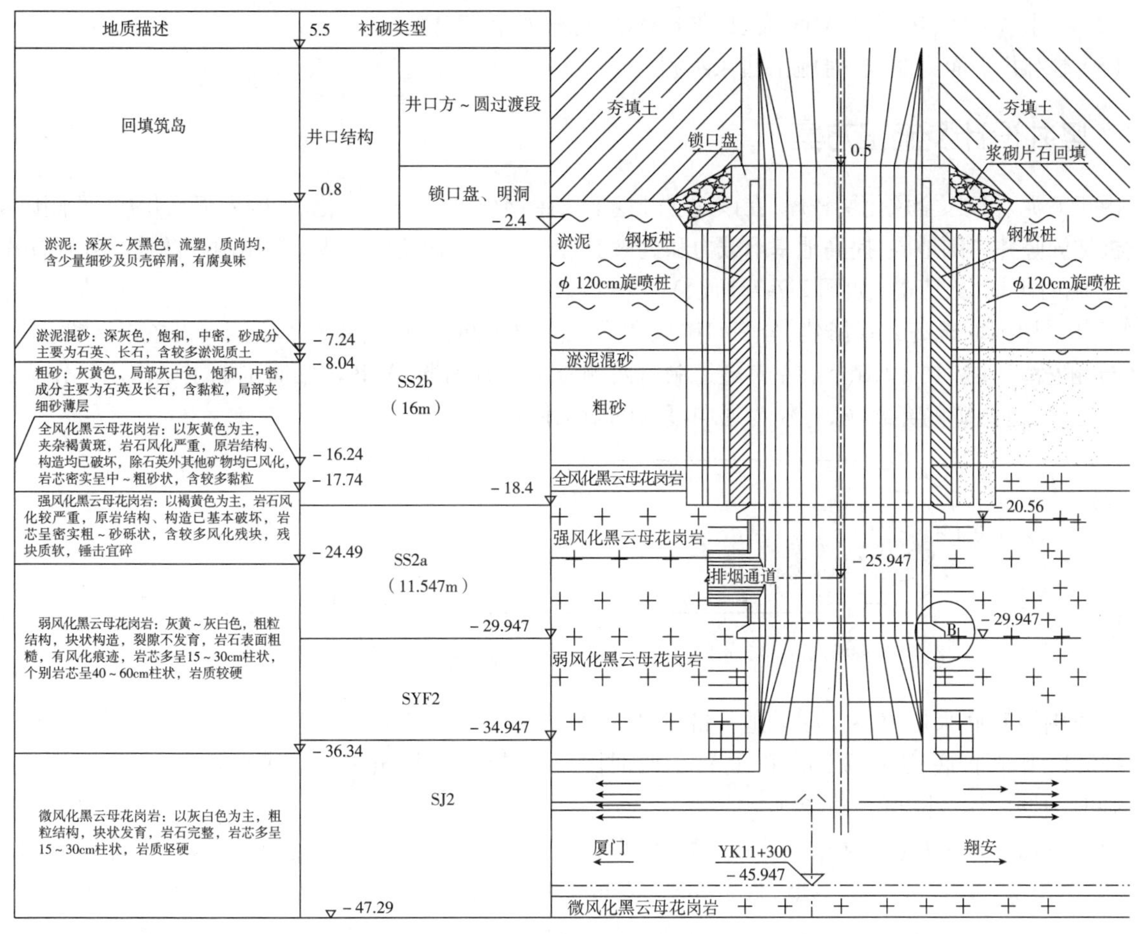

图2-7-2 翔安端竖井立面示意

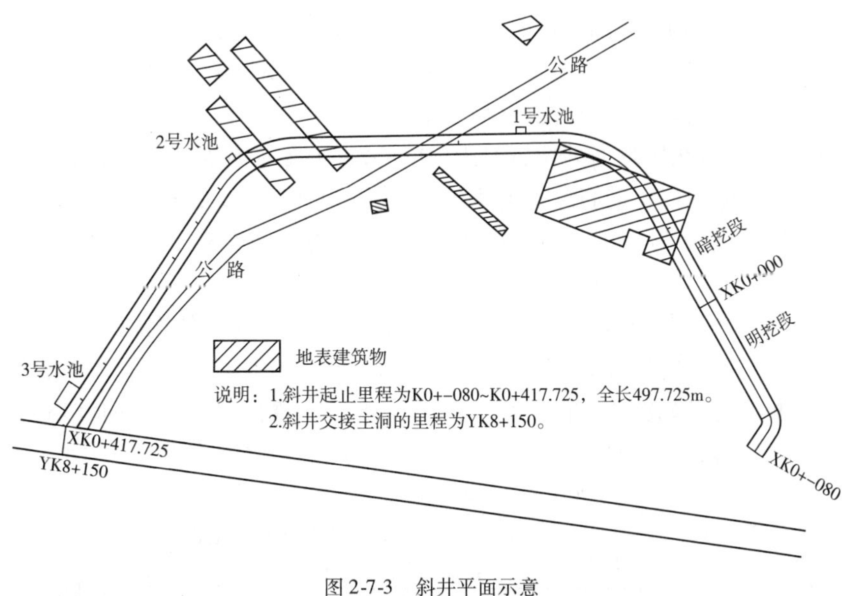

图2-7-3 斜井平面示意

2. 斜井主要特点及难点

(1)地质情况复杂。

①斜井洞口所处地表覆盖层较薄，围岩多为Ⅴ级。

②斜井土石交界段处，围岩含水量大，土体呈流塑状，没有自稳能力，洞顶上有厂房等地表建筑物。

(2)斜井纵坡大,按12%设计,施工排水困难,行车安全隐患大。

(3)本斜井平面为曲线,对施工通风不利。

7.2 竖井设计及施工方案

由于淤泥、粗砂、全风化层较厚,在该地层开挖前采用钢板桩穿透全风化层,嵌入强风化层,外侧以高压旋喷桩加固竖井周围地层,提高地基承载力和抗渗能力,上覆软弱地层中,结构采用两次模筑混凝土方式。

1. 临时围堰、人工岛(如图2-7-4所示)

竖井采用围堰筑岛方式修建,分临时围堰和永久围堰两部分,在竖井人工岛四周设置永久性围堰,人工岛与翔安海堤之间的海滩上沿左右隧道洞身两侧修筑临时围堰,A、B段临时围堰主要作用是作为路基工程挖方、隧道洞碴的弃碴场,并作为通向竖井的施工便道。

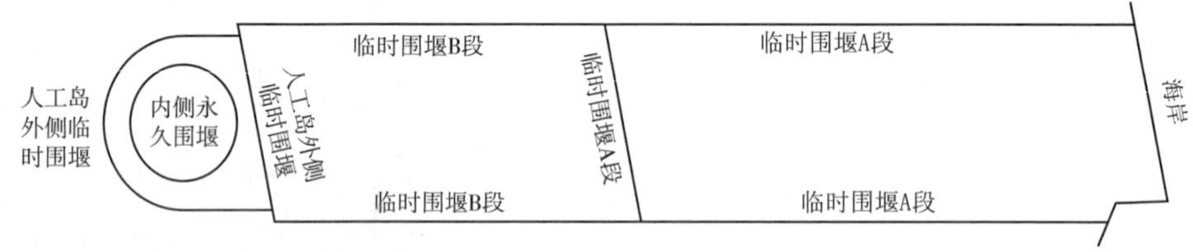

图2-7-4 竖井临时围堰平面布置

临时围堰基底采用10~100kg抛石挤淤处理,抛石整平后其上填筑充砂土工织物袋,围堰外侧采用200~300kg抛石护底,围堰顶部高程3.5m。临时围堰修筑好后,抽出围堰内海水并铺设一层50cm厚砂层。临时围堰内作为隧道弃碴场地。

永久围堰采用弧形挡墙护岸结构形式。弧形挡墙下部采用M20砂浆砌块石和勾缝,外侧表面采用45cm厚M20浆砌条石和勾缝,挡墙底宽5m。顶部高1.55m,为现浇C25混凝土,顶宽2m。混凝土压顶与浆砌块石间采用预埋钢筋连接,为防止钢筋锈蚀,钢筋表面采用环氧涂层处理,在压顶混凝土与浆砌块石挡墙连接处,尤应注意钢筋防锈。

挡墙外侧上部为防浪的圆弧形,高潮位时,弧形挡墙形成反射浪花,具有很强的观赏性。中部为直线与圆弧连接,底部坡度放缓,增加整体稳定性,减少波浪作用力。为减小墙体所受土压力,墙后抛块石棱体并设置混合倒滤层,抛石棱体与倒滤层之间铺设二片石。

由于翔安岸地质较差,永久围堰所处位置有近10m深的淤泥及淤泥混砂层,因此弧形挡墙采用承台桩基础。挡墙底部设置1m厚C25钢筋混凝土承台,承台每10m一段,之间设置2cm沉降缝并采用沥青木丝板填塞。基桩采用截面为40cm×40cm的C30锤入预应力钢筋混凝土预制桩,桩长18m。每10m承台布设18根基桩。

围堰总体施工顺序:按照"从里到外、先纵后横"的施工原则,分3段依次施工。第一段为临时围堰A段(如图2-7-5所示),第二段为临时围堰B段(如图2-7-6所示),第三段为永久围堰外侧临时围堰段。各施工段施工先从两侧围堰开始施工,施工至设计高程,再施工横向围堰。横向围堰施工应从纵向围堰两侧向中心推进,留出龙口段。龙口段利用退潮时及时封闭,尽量做到围堰内不积水,或少积水。

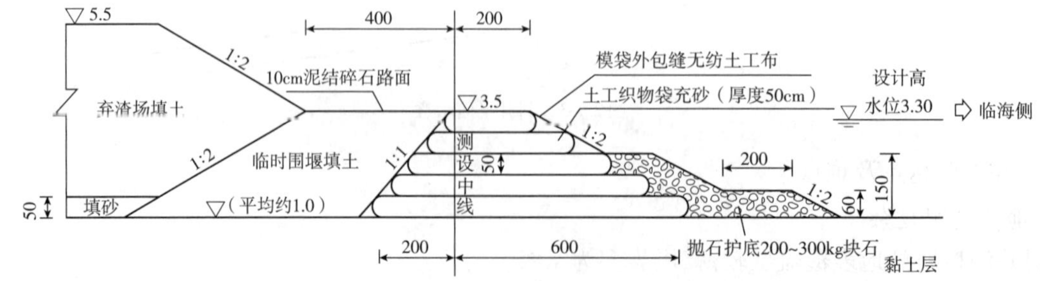

图2-7-5 临时围堰A护岸断面(尺寸单位:cm,高程单位:m)

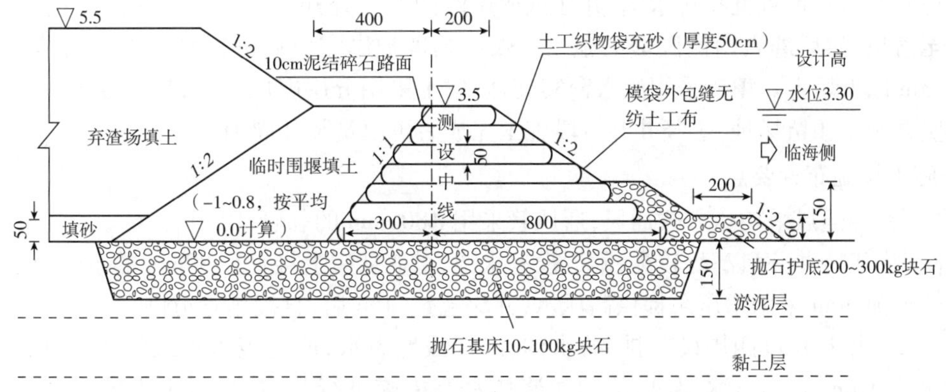

图 2-7-6 临时围堰 B 断面图(尺寸单位:cm,高程单位:m)

2. 围护结构

由于淤泥、粗砂、全风化层较厚,原设计在该地层开挖前采用钢板桩穿透全风化层,嵌入强风化层,外侧以高压旋喷桩加固竖井周围地层,提高地基承载力和抗渗能力。

3. 开挖和初期支护

井壁初期支护根据循环进度和井壁围岩情况,采用开挖一段、立钢架一段、喷混凝土成型一段,局部有水地段采用中空锚杆注浆堵水。

7.3 施工技术

7.3.1 竖井施工技术

一、临时围堰和人工岛施工

1. 临时围堰施工流程和要点

(1)施工前认真进行施工区域的地表勘察,选择合适的航道以便于船的行驶。

(2)机械配备必须满足现场施工的需要,海上施工受到潮汐的影响很大,应时刻注意保证机械的运行正常,避免涨潮时机械受损。同时,详细了解当地的潮汐变化情况,结合潮汐表观察每天的实际涨、落潮时间,以及高程变化情况,并做好记录,以确保在施工砂袋围堰时能把握住退潮时间,提高施工进度及安全。

(3)堆码砂袋构筑人工围堰外层。

①抛石挤淤筑基。抛石基床和抛石护底施工应严格按照设计施工,确保上部砂袋围堰的安全;临时围堰基底采用抛石挤淤换填基床,按150cm深计算,抛石选用10~100kg块石。基床抛石应根据《重力式码头设计与施工规范》(JTS 167-2—2009)中的要求进行夯实整平。基床整平时,块石间不平整部分可用二片石填充,二片石不平整部分可用碎石填充,但碎石厚度不应大于5cm。

②基底清理。

③装砂袋要点:砂质符合设计要求,每1m^{3}取砂样检验;袋中砂砾均匀密实;砂袋封口牢固、完好无损。

④堆码砂袋:砂袋堆码纵横向均不得有贯通接缝,相邻层必须打接堆码;必须筑成由下向上堆码,不得两层一起堆码,两层袋体要有24h以上的充填时间。

⑤围堰内侧填土分层压实度必须达到85%以上,以保证围堰整体的耐久性。

⑥护岸后底层填50cm厚砂层。

2. 人工岛

外侧围堰完成后即可在无水条件下进行内侧黏土围堰的施工。内侧围堰土方采用自卸汽车运输,施工顺序由陆地向海域方向逐步推进,按照施工质量控制标准分层碾压。为了将少量的水及时输干,在黏土围堰施工前先在设计位置处挖排水沟,并在远海岸端的低洼处开挖2个集水井,并用水泵及时将围堰内积水抽排至海里,然后进入内侧围堰的施工。弧形挡墙护岸完成后进行竖井人工岛填筑:高程3.3m以下填砂,3.3m以上填土。填砂采用灌水密实处理,填土采用分层碾压处理,压实度不小于85%。人工岛填筑须为竖井施工预留场地,等竖井井口段施工完成后再填筑竖井周围。

3. 竖井施工设施布置要点

(1)通风。井内通风采用压入式通风,通风管采用ϕ800mm的软管。

(2)供水。由于竖井井口高程较高,附近没有水源,采取从岸上接直径80mm的水管至井口储水池的方法。竖井开挖前30m采用增压泵提供高压水,井深超过30m后,直接用管道供水。

(3)防排水。竖井井口四周设置排、截水沟,以拦截地表水,使地表水不致流入竖井内。竖井施工通过涌水量大于10m^3/d的含水层时,采用注浆堵水等措施进行封堵,从根本上消除井筒淋水对竖井工程进度、质量、作业条件等方面的影响。井内少量涌水用潜水泵抽排到地面。同时为了防止意外水患,配置一台吊泵作为辅助措施,在井内涌水较大时,采取在井内挖集水坑的方法,利用高扬程吊泵抽排水至地面。

(4)照明。井内每隔20m设置一盏Ddc2590/127型井巷施工隔爆照明灯,工作面采用20~30W/m^2防溅式探照灯,以确保竖井施工安全、顺利进行。

(5)通信、信号。采用KJTX-SX-1型井筒通信和信号装置进行工程联络和提升系统指挥。必要时可采用对讲机联络。

二、围护结构施工

1. 钢板桩

钢板桩采用卢森堡进口的AZ46型,沿竖井周边环行布置,长度为16m。钢板桩锁口采用聚氨酯密封剂的RoXan系统止水。

(1)工艺流程,如图2-7-7所示。

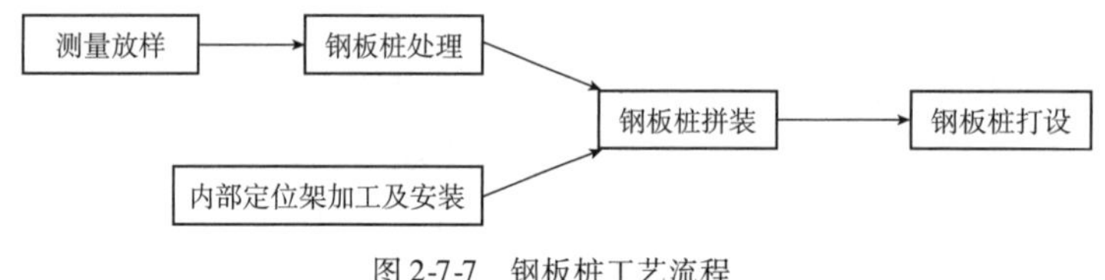

图2-7-7 钢板桩工艺流程

(2)施工要点,如图2-7-8所示。

①为防止由于淤泥质基础较软,施工时将已施工邻桩带入,采取相应的措施,即在施打当桩的连接锁口上涂以黄油等润滑剂减少阻力。同时每块钢板桩施工前在内部焊接数根ϕ25mm的钢筋,保证每块桩的宽度在施工过程中的偏差不超过3cm,保证钢板桩能够顺利合拢。

图2-7-8 钢板桩施工

②为保证钢板桩施工中减少变形,采用内部加钢支撑拱架定位的方法,以保证钢板桩施工不向竖井内部变形。

③钢板桩拼装:先在竖井定位架周围地面将每片钢板桩的位置给定出来,将经过竖井中心近似同一条直线上的对立两片钢板桩和定位架焊接在一起。

④钢板桩纠偏:钢板桩在淤泥质地段挤进过程中,如受到淤泥中块石或其他不明障碍物等侧向挤压作用力大小不同而发生偏斜时,可在发生偏斜位置将钢板桩往上拔1.0~2.0m,再往下锤击。如此上下往复振拔数次,可使大的块石等障碍物被振碎或使其发生位移,让钢板桩的位置得到纠正,减少钢板桩的倾斜度。

⑤钢板桩施工中的重点是保证钢板桩的垂直度以及桩与桩之间的搭接头处理。桩的垂直度的好坏直接影响钢板桩的顺利搭接，因此务必要控制好桩的垂直度。采用2台成90°交角的经纬仪随时观测、控制桩的垂直度。

2. 高压旋喷桩

高压旋喷注浆是通过采用高压水、高压气对土体进行切割，利用浆液置换土体或部分土体，从而形成注浆固结体，以达到改良地层的目的。竖井高压旋喷桩施工布置在钢板桩的外侧，环行布置，桩径为120cm，桩间距为88cm，深度为16m，嵌入全强风化层2m以上。

(1)工艺流程，如图2-7-9所示。

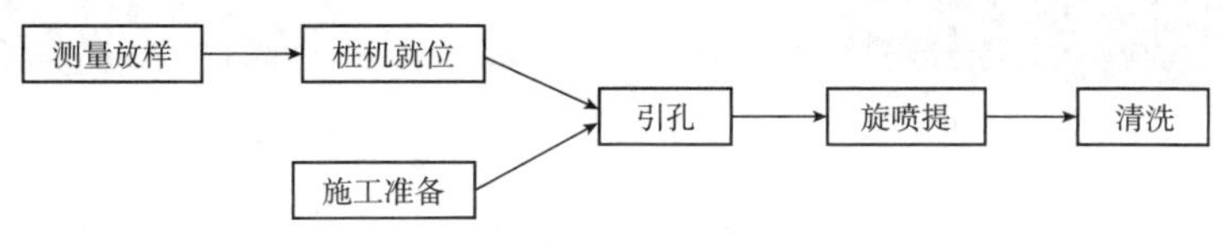

图2-7-9 高压旋喷桩工艺流程

(2)施工要点，如图2-7-10所示。

①桩机就位的孔位偏差应≤2cm，成孔的孔位偏差应≤5cm，垂直度偏差应≤0.5%。

②旋喷施工中会有大量的泥浆被置换出来，因此应修建较大规模的泥浆池，并应将沉淀泥浆外运，以保证施喷工作的顺利进行。

③喷射管下至设计深度，按设计要求进行高压风、高压水和浆液的输送。待浆液冒出孔口，返浆比重不小于1.3g/cm^{3}后，按设计的提升速度、旋转速度，自下而上开始喷射、旋转、提升，到设计的终喷高度停喷，并提出喷射管。

图2-7-10 高压旋喷桩施工

④旋喷桩施工参数：

a. 水灰比($W:C$)：现场按$W:C=0.8:1$进行浆液配比，水泥采用P·32.5R普通硅酸盐水泥。

b. 旋喷注浆参数：水压30~31MPa；气压0.5~0.7MPa，风量1.8m^3/min；水灰比0.8:1；水泥浆压3.5MPa；水泥浆量85~90L/min，提升速度10cm/min，转速10r/min；水泥用量800kg/m。

⑤确保注浆纵向连续性。在旋喷施工中，因换管、停电、机械事故等各种原因造成旋喷中断时，再进行继续旋喷，应将喷射管下插到原喷射位置以下1m，以保证旋喷注浆纵向的连续性。

⑥在旋喷过程中，当孔口不返浆时，应查明原因，确定是因施工周围管道漏浆引起，还是注浆材料不合适造成。当不返浆是由于周围管道漏浆引起，应停止旋喷，采取管道维修或回填浆等措施。若是由于注浆材料引起，应采取静喷或加大浆液稠度，多次反复直至返浆。

⑦检查返浆中水泥含量。在旋喷过程中，当返出的泥浆中水泥含量大于20%时，应及时调整旋喷参数，避免造成旋喷扩散半径达不到设计值，同时造成浪费。

3. 翔安端竖井涌砂后处理措施

设计在全风化层以上采用钢板桩结合单排高压旋喷桩进行防护，桩底高程均为-18.4m。截至翔安端竖井开挖到-15.7m涌砂发生前，进行了以下工作：施工准备阶段(围堰和外围加固)、竖井锁口盘和方~圆过渡段施工阶段、淤泥层开挖，施工过程较为顺利。2006年6月9日竖井开挖至-15.7m时，于凌晨1时和中午11:40时，竖井于同一位置发生两次涌砂突水，最大涌砂约60m^3/min。现场采用砂袋反压，控制险情进一步扩大，人员、设备撤离，竖井暂停开挖，如图2-7-11、图2-7-12所示。

竖井涌砂发生后，在竖井的周围进行补充勘查两孔，通过补勘资料，揭示砂层最低高程为-19.5m。

设计地质柱状图和补勘地质柱状图(如图 2-7-13 所示)比较如下：

图 2-7-11　第一次涌砂后采用砂袋反压

图 2-7-12　第二次涌砂

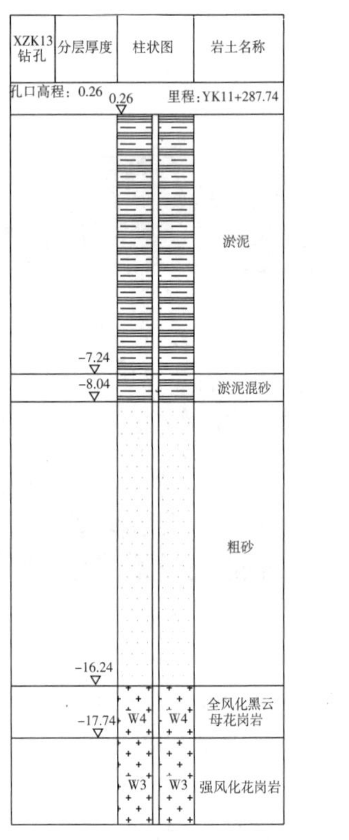

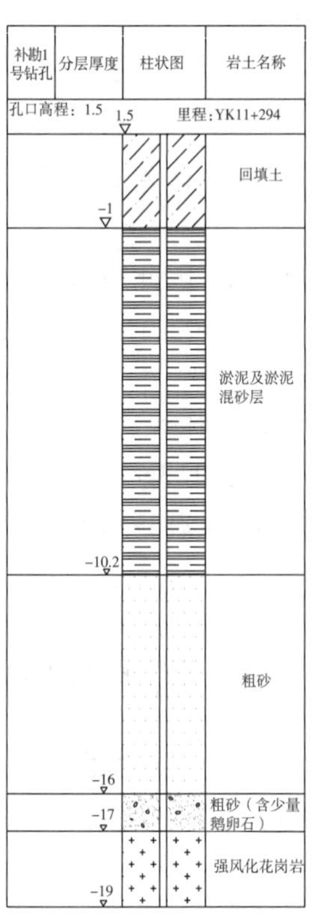

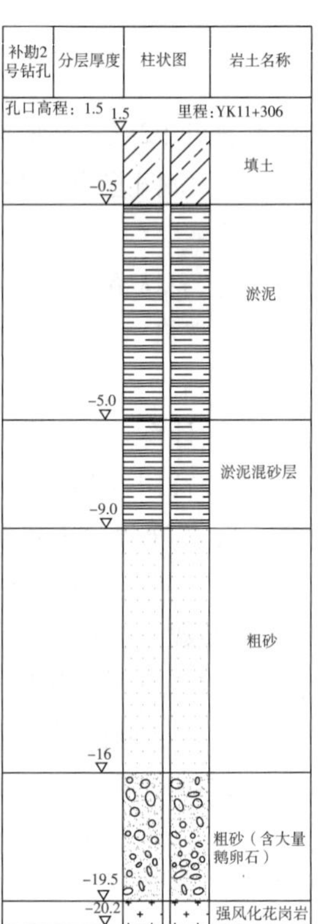

图 2-7-13　设计地质柱状图和补勘地质柱状图

(1)竖井涌砂原因分析。根据设计地质资料及涌砂后补勘地质对比分析,竖井涌砂原因主要是对竖井复杂的地质情况认识不够,砂层底高程较设计要低(原设计砂层底高程在 -16.24m,而补勘揭示砂层底高程为 -19.5m),导致原设计外围加固(钢板桩及高压旋喷桩)措施失效。在钢板桩施工中,由于下部砂层含有少量直径约 10 ~ 15cm 卵石,导致部分钢板桩无法打至设计高程,尽管施工过程中想了很多办法,比如采用特制桩帽进行施工。27 根钢板桩的终了底高程在 -15.8 ~ -18.4m 之间,这是导致竖井涌砂的直接原因,另一方面旋喷桩在动海水环境下成桩效果差也是导致竖井围护失效的原因之一。

(2)涌砂后处理措施。

①新增高压旋喷桩加固。涌砂发生后,经有关各方研究决定,在竖井周围再增加两排高压旋喷桩。设计参数:旋喷桩设计为 138 根,桩顶高程设计为 -0.7m,桩底必须深入全风化层 3m 以上,桩间距为 0.8 ~0.87m,旋喷半径为 0.6m,水灰比 0.8∶1,水泥用量 800kg/m;旋喷提升速度:砂层段 5cm/min,淤泥段 8cm/min;转速 10r/min。旋喷完成后从取芯情况来看,淤泥及淤泥混砂层芯样胶结较好,砂层芯样呈散

体状或碎块状,干强度低,砂层总体上外圈成桩效果较内圈好,渗透系数为 10^{-5}cm/s 级,没有达到预期效果。

②竖井内全断面 TSS 管超前预注浆,如图 2-7-14、图 2-7-15 所示。注浆管采用 ϕ42mmTSS 无缝钢管,长度 4.5 ~6.5m,在离头部 2m 的范围内打眼,内径为 6mm,外径为 10mm,外贴塑料贴片,防止砂进入导管内;小导管采用环行布置,外圈间距为 0.5m,内圈间距为 0.8 ~0.9m;采用水泥水玻璃双液浆,水泥浆和水玻璃设计配比为(1∶1)0.15;注浆压力 1 ~2MPa;每循环注浆加固 6m。

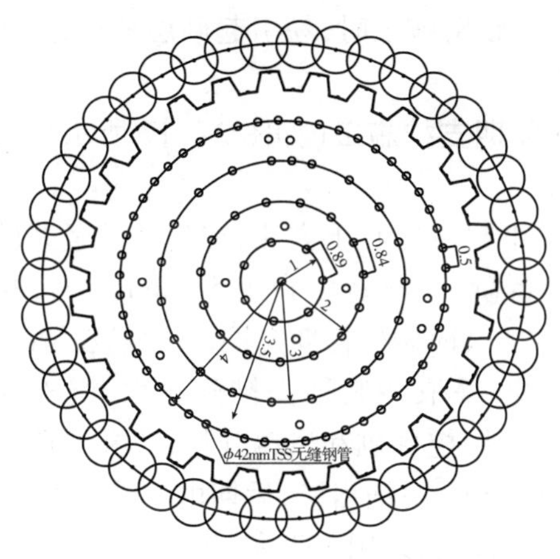

图 2-7-14 竖井内注浆平面布置(尺寸单位:m)

图 2-7-15 竖井内 TSS 管注浆

注浆完成后取芯检测注浆效果,发现 3.6m 以上有水泥浆固结体(基本由纯水泥固结成团,很少有砂粒),3.6 ~6.5m 为原状砂。从取芯结果来看,井内注浆未达到预期的效果,不能进行开挖,必须要另外想办法解决止水问题。

③切合桩。为保证竖井施工安全及质量,确保竖井开挖施工安全,原计划采用钻孔咬合桩围护,单桩桩径为 120cm,咬合 20cm,桩底进入强风化花岗岩 2m,桩顶高程 -2.4m,采用泥浆护壁成孔。钻孔咬合桩的排列方式为一根素混凝土桩(A 桩)与一根钢筋混凝土桩(B 桩)间隔布置,A 桩采用水下缓凝混凝土,B 桩采用水下普通混凝土。在实际施工过程中,当 A 桩完成灌注混凝土后 72h,B 桩开始进行钻孔,回旋钻机无法施工,只有采用冲击钻,但是冲击钻机在成孔过程中对 A 桩混凝土造成破坏,很大程度上影响了咬合的质量,起不到止水的效果。经过技术研究决定,采取桩相切挤密的办法施工,桩位布置如图 2-7-16 所示。钻孔桩施工完成后,经过取芯检查达到效果,同意恢复开挖。开挖前,竖井内再进行 TSS 管周边注浆加固,用时 13d 竖井顺利穿越 H -14.5 ~H -27.5 涌水砂层段,进入强风化花岗岩层施工。

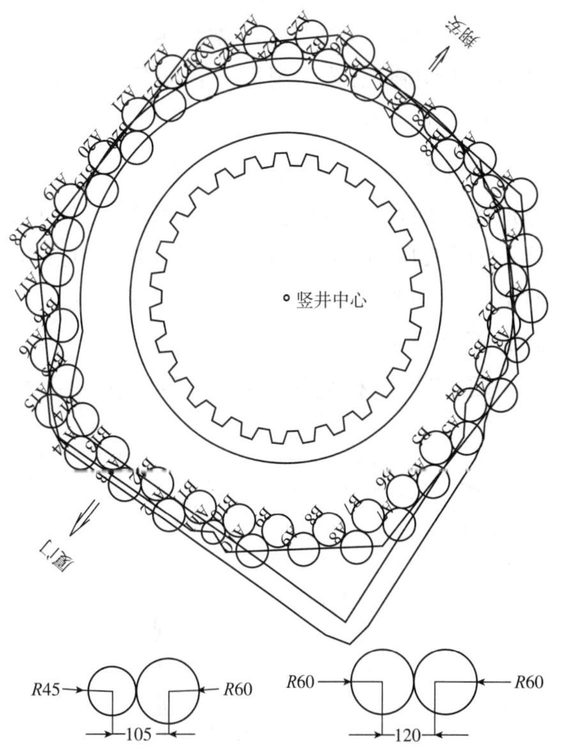

图 2-7-16 竖井钻孔切合桩示意(尺寸单位:cm)

④经验总结。由于竖井围护钢板桩未打入到设计地层,导致发生了涌砂事故,可以说钢板桩整体效果是失败的,究其原因,其缺陷主要有以下几点:

a. 设计和现场实际地质情况有较大出入,前期设计勘察孔取芯位置距离竖井位置太远(约 20m),芯样在砂层底部无鹅卵石，而从竖井最后开挖情况来看，砂层底标高起伏较大，开挖出来的鹅卵石直径最大达24cm，这是导致钢板桩无法打透砂砾层的直接原因。因此建议施工前在施工位置附近至少取芯4个，以彻底摸清地质情况，为施工方案的确定提供准确的地质情况。

b. 钢板桩结构设计存在一定缺陷，环形钢板桩插打施工技术性要求高，必须对钢板桩的轴向、法向倾斜度严格加以控制。否则，不但会增加合拢的难度，而且会损坏钢板桩，影响打桩速度，甚至影响工程的防渗效果。

c. 在施工地层中的地下水位受海水影响，钢板桩在饱含水砂层施工时，易引起砂层液化，造成桩底移动，相邻钢板桩锁口缝隙变小，卡死后无法施工到设计高程。

三、开挖和初期支护施工（如图2-7-17所示）

1. 竖井开挖

竖井开挖采用预留核心土方法，首先开挖竖井的断面外围，形成环行台阶，台阶宽度在1.5～2m左右，高度为0.5m。每次开挖后及时做好初期支护，观察渗水情况，如渗水量大，停止开挖，采取注浆加固措施止水，洞外要准备50m^{3}应急砂袋。采用挖掘机和风镐开挖，竖井在前期配合汽车起重机提升2.0m^{3}吊桶出渣，后期由于受井深限制，超过汽车起重机起重能力，改用35T龙门吊提升渣斗出渣，自卸车运至弃渣场。严格控制进尺，该段每循环进尺为0.5m。开挖过程中在井底角落挖一积水坑用高扬程水泵集中抽排水，一台水泵备用。竖井开挖完成后不施做二衬，直接辅助正洞施工，待正洞贯通后自下而上施作。

图2-7-17 竖井开挖及初期支护施工

2. 初期支护

竖井初期支护采用锚、网、喷联合支护。根据循环进度和井壁围岩情况，对开挖后围岩比较破碎地段及时喷锚网支护。采用I20b工字钢，间距为50cm，纵向连接筋采用ϕ22mm螺纹钢双面焊接；采用双层ϕ6mm钢筋网片，网格间距20cm×20cm，TSS管必须同工字钢焊接。喷射混凝土采用湿喷工艺，锚杆采用风钻钻眼、人工安装。钢筋网与锚杆连接用细铁丝绑扎在一起，使钢筋网在喷射时不易晃动。

四、二次衬砌施工（如图2-7-18、图2-7-19所示）

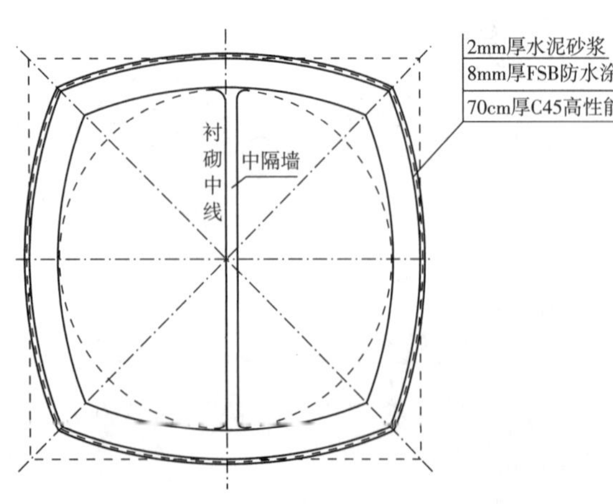

图2-7-18 竖井圆～方过渡段施工

图2-7-19 竖井与正洞接头部位二衬施工

1. 井身二次衬砌

井身段模筑混凝土待井身开挖至井底设计高程后，采用型钢支架组合钢模板自下而上施工，混凝土采用商品混凝土,插入式捣固器配合附着式捣固器振捣。组合钢模板采用 2015 模板,每次浇筑高度 4.5m,主模用 I14 工字钢加工成 4 个扇形排架,排架之间用螺栓连接,排架在井内搭设 ϕ50mm 钢管支架固定,支架兼作施工脚手架及工作平台。待通过竖井正洞段完成施工后,利用满堂支架、组合钢模进行中隔壁施工。

竖井井身二次衬砌为钢筋混凝土结构,先绑扎外层钢筋再绑扎内层钢筋。衬砌厚度为 40cm,为 C50 纯混凝土。该段特殊之处应予以注意:竖井井身衬砌与排烟通道相交处,该处需进行加固衬砌。

2. 圆 ~ 方过渡段(如图 2-7-18、图 2-7-19 所示)

圆 ~ 方过渡段为衬砌断面处于变化状态,衬砌厚度为 70cm,C50 钢筋混凝土,主筋采用 ϕ25mm@20cm 钢筋网,箍筋 ϕ8mm 梅花形间隔布置。同时该段还包括十字加强中隔墙。竖井中隔墙正常段为 25cm 厚 C50 钢筋混凝土;竖井中隔墙正常段采用 ϕ12mm@ 20cm 钢筋网,箍筋 ϕ8mm 梅花形间隔布置。两个方向中隔板相互交叉施工时应注意做好连接;与隧道轴线方向垂直的中隔板在该段有两种型号。

3. 壁座

在竖井井身段设有 A、B 两处壁座,可以在开挖到该高程时单独进行二次衬砌,注意做好与井身段二衬的防水板预留与搭接。

7.3.2 斜井施工技术

1. 斜井洞口段施工

斜井洞口采用大管棚施工。斜井洞口段埋深极浅,土质松软,为确保施工安全,洞口段采用大管棚超前支护。管棚直径为 80mm,长 18m,环向间距 50cm,见表 2-7-1。

大管棚在现场加工制作,采用管棚钻机施钻,按设计钻完一孔后,立即推进钢管,采用专用高压注浆泵注浆。

洞口大管棚支护设计参数 表 2-7-1

钢管规格	ϕ80mm 热轧无缝钢管,壁厚 4mm,节长 3m、6m
管距	环向间距 50cm
倾角	仰角 1°(不包括路线纵坡),方向:与路线中线平行
施工误差	径向不大于 10cm
其他要求	隧道纵向同一横断面内的接头数不大于 50%,相邻钢管的接头至少须错开 1m
灌注浆液	纯水泥浆液
注浆参数	水泥浆水灰比 1:1 ~ 1:1.5;注浆压力:0.7 ~ 1.0MPa
注浆要求	注浆前先进行注浆现场试验,注浆参数通过现场试验按实际情况确定

大管棚施工要点:

(1)在大管棚施工前,进行套拱施工,预埋管棚导向管,注意控制好导向管方向、角度。

(2)钻机钻孔前,进行钻机定位:移动钻机至钻孔部位,调整钻孔高度,钻机立轴方向必须准确控制,以保证孔口的孔向正确,并随时监控钻进的角度和方向。

(3)钻孔、下管:经测试钻杆方向和角度满足设计要求后方可开钻。钻进过程中要始终注意钻杆角度的变化,并保证钻机不移位。每钻进 5m 要复核钻孔的角度是否正确,以确保钻孔方向。钻进中应经常采用测斜仪量测钢管钻进的偏斜度,发现偏斜超过设计要求,及时纠正。管棚按设计位置施工,打完一孔后立即将钢管推入。

(4)下管前预先按设计对每个钻孔的管子进行配管和编号,以保证相邻两根管棚的接头不在同一断面上。

(5)注浆前需对管口外侧进行密封处理。长管棚注浆按劈裂注浆进行,注浆采用自内向外分段注浆。每打设1根完成后,即连接注浆装置进行注浆。注浆前先进行注浆现场试验,注浆参数通过现场试验按实际情况确定。

2. 斜井浅埋段施工

浅埋段按上下台阶法施工,超前小导管、钢拱架、网喷支护,施工要点有:

(1)洞口浅埋段采用挖掘机开挖,以最大限度地减少对周边岩体的扰动,控制超欠挖,快速跟进初期支护,以提高初期支护和岩体的共同承载能力。

(2)采用上下台阶法开挖方法,先施工上导坑,进行初期支护,下导坑与上导坑间距为6m,左右边墙交错施工。上下导坑开挖时,要注意保留核心土,等初期支护作完后再挖除。

(3)施工时要注意时间效应,尽量缩短初期支护时间,挖掘机开挖完后立即进行初喷混凝土施工,立工字钢拱架,进行挂网锚喷支护。

(4)钢架安装前分批按设计图检查验收加工质量,不合格禁用。清除底脚处浮渣,超挖处加设混凝土垫块。按设计焊连定位钢管,安装纵向连接筋,段间连接安设垫片拧紧螺栓,确保安装质量。

(5)严格控制中线及高程。拱架与岩面间安设鞍形混凝土垫块,确保岩面与拱架密贴。确保初喷质量,钢架在初喷5cm后架立。拱脚必须支立在基岩上不准悬空,若悬空必须用钢楔或混凝土块、片石塞紧。拱架安装后必须保证垂直度,不能发生扭曲变形。

(6)喷射混凝土施工要点:喷射混凝土采用干潮喷工艺施工,喷射混凝土在拌和站利用强制搅拌机拌制,运输车运输。

①材料要求。骨料最大粒径10mm,砂率60%~70%;减水剂0.5%左右(水泥用量,根据需要添加);速凝剂8%(水泥用量,根据速凝剂品种用试验方法确定)。

在根据强度确定水灰比后,喷射混凝土配合比设计重点应放在混凝土和易性上,保证坍落度控制在8~15cm,并且具有良好的黏聚性。

选用普通硅酸盐水泥,用水采用对混凝土无腐蚀的饮用水,pH值不小于4、硫酸盐含量(以SO_4^{2-}计)不超过1%的清水(按质量计)。在喷射混凝土的用水中,含有的有机物和无机物以不损害混凝土的质量为准。施工前试验按《锚杆喷射混凝土支护技术规范》(GB 50086—2001)的规定进行。

混凝土拌和料停放时间不大于30min,喷射混凝土的初凝时间不小于5min,终凝时间不大于10min。

施工前在监理工程师在场的情况下,为每种不同材料和配合比的喷射混凝土至少制作3块试验大板。经各种龄期养护后,按规定加工成试件,送交监理工程师检查认可后,进行各龄期的抗压强度、抗弯强度、抗渗等级、弯曲韧性等试验。

②受喷面处理。按规范要求全面清理待喷射的基面,用喷气法清理岩土表面。喷射前认真检查隧道断面,对欠挖部分及所有开裂、破碎、出水点、崩解破损岩土进行清理和处理,清除浮土和墙角虚渣。

③喷射工艺。喷射混凝土采用潮喷工艺,严格按设计配合比进行拌和,配合比及搅拌的均匀性每班检查不少于2次。混合料在运输、存放过程中,严防雨淋、滴水及大块石等杂物混入,装入喷射机前过筛。

喷射作业应分段、分片由下而上、先墙后拱顺序进行,每段长度不宜超过6m。

喷射作业时,喷嘴垂直受喷面做反复缓慢螺旋形运动,螺旋直径约20~30cm,同时与受喷面保持一定的距离,一般可取0.6~1.0m。若受喷面被钢筋网或格栅钢架覆盖时,可将喷头稍加倾斜,但不小于70°,以保证混凝土喷射密实,保证钢支撑背面填满混凝土,黏结良好。

喷射混凝土作业紧跟开挖面,下次爆破距喷射混凝土作业完成时间的间隔不得小于4h。

严格执行喷射机操作规程:连续向喷射机供料;保持喷射机工作风压稳定;完成或因故中断喷射作业

时，将喷射机和输料管内的积料清除干净。

喷射混凝土的回弹率控制不大于20%。

④喷射混凝土养生。新喷射的混凝土按规定洒水养护。当干斑点首先出现在喷混凝土层表面时，利用水枪每4h喷水1次，保持混凝土湿润，养护时间至少7d。

⑤有水地段喷射混凝土。有水地段喷射混凝土采取下列措施：

洞壁设置泄水孔，边排水边喷混凝土。同时增加水泥用量，改变配合比，喷混凝土由远而近逐渐向涌水点逼近，然后在涌水点安设导管，将水引出，再向导管附近喷混凝土。

当岩面普遍渗水，可先喷砂浆，并加大速凝剂掺量，保证初喷后，再按原配比施工。当局部出水量较大时，采用埋管、凿槽、树枝状排水盲沟措施，将水引导疏出后，再喷混凝土。

喷射混凝土局部凹凸不平尺寸大于下述要求时，进行处理。

边墙：$D/L=1/6$；

拱部：$D/L=1/8$，

式中，L为喷射混凝土相邻两凸面间的距离；D为喷射混凝土两凸面凹进的深度。

(7)超前小导管的施工要点。

①布孔：根据小导管的施工设计和开挖断面的中线，沿拱顶外轮廓线中心高程和支距进行布孔放样，并以插钎作为标记控制小导管的间距。

②成孔：首先架设方向架，确定打孔方向、位置和仰角。采用风枪打眼成孔，钻孔方向要求顺直，不得弯曲和塌孔等。钢管与隧道轴线平行以15°仰角打入拱部围岩，钢管环向间距40cm。

③插管：安设小导管时要求对准管孔的方向和角度，必要时使液压或风动推进器将导管推入，并力求导管尾端在同一剖面且外露长度以30cm为宜。

④封口：喷混凝土5~8cm厚度，对管尾周围加强封闭。

⑤每打完一排小导管注浆后，开挖拱部及施作径向系统锚杆、钢筋网、喷射混凝土并架设钢拱架，初期支护。完成后，在设计位置再打下一排钢管并注浆，每排之间搭接长度须大于1.0m。

3. 土石交界段施工

斜井在土石交界段，围岩含水量极大，土体呈流塑状，没有自稳能力。该段洞顶有厂房等地表建筑物，为减小地表沉降，确保斜井施工安全，该段采取全断面帷幕注浆施工方法。

施工要点：

(1)进行止浆墙施工。全断面帷幕注浆施工质量的好坏，止浆墙的牢固性十分重要，只有止墙牢固了，注浆压力才能上的去，才能达到预期的注浆效果。因此，止浆墙一般采用混凝土墙或足够厚度的网喷混凝土墙。

(2)超前帷幕注浆施工：

①注浆材料。采用普通水泥-水玻璃双液浆、超细水泥-水玻璃双液浆两种配合施工，可以达到较好的注浆效果。

普通水泥-水玻璃双液浆 $W:C=1:1\sim1.5$、$C:S=1:1\sim0.9$；

超细水泥-水玻璃双液浆 $W:C=2:1\sim1.5$、$C:S=1:1\sim0.9$；

水玻璃浓度为38.8Be。

②注浆施工。注浆前用锚固剂把管口与掌子面之间的缝隙堵死，防止注浆时漏浆。

在管口安装三通闸阀，与注浆机连接。

注浆顺序为先下后上，先外圈后内圈，左右交错施工。如先打1号孔，打完1号孔钻机挪到36号孔处打孔，同时在1号孔注浆，如此反复交错进行。

各孔首先采用水泥-水玻璃双液浆注浆，待压力达到2MPa后采用超细水泥-水玻璃浆液注浆。如果注浆压力一直达不到2MPa就仍采用水泥-水玻璃双液浆注浆注浆。缓凝剂用磷酸氢二钠，掺量不大于3%。注浆压力采用中压，一般1~3MPa。注浆参数见表2-7-2。

注浆参数 表 2-7-2

序号	参数名称	参数值
1	注浆管间距	1、2 圈 40cm、3 圈 64cm、4 圈 93cm
2	注浆段长	6m
3	浆液扩散半径	0.2m
4	注浆速度	40 ~ 60L/min
5	注浆终压	2.5MPa
6	止浆墙	C25 喷射混凝土厚 60cm

注浆结束标准及效果检查如下：

a. 单孔注浆结束标准：注浆过程中，压力逐渐上升，流量逐渐下降，当注浆压力达到设计终压，流量小于 5L/min 时，即可结束该孔注浆。

b. 一循环段注浆结束标准：设计的所有注浆孔均达到注浆结束标准，无漏注现象；按总注浆孔的 5% ~ 10% 打检查孔，检查孔无流砂，水量小于 0.15L/(m · min)。

③开挖。每循环注浆完成，待浆液达到一定强度后，开始开挖掘进，每次开挖 0.6m，作初期支护，每 6m 留 1m 作为下一循环止浆段，进行下一循环帷幕注浆。

在开挖过程中如发现有局部地段注浆效果不好，则应停止开挖，补打 ϕ42mm 小导管重新注浆，即采用长短管结合的注浆方法注浆。

4. Ⅱ级围岩地段施工

斜井Ⅱ级围岩段预计有 293m，开挖采用钻爆法施工。YT28 风动凿岩机钻孔、人工装药爆破。采用装渣机出渣，自卸车运输。

采用光面爆破法，将超挖量控制在 10cm 以内，平均超挖控制在 5cm 左右。

光面爆破施工要点：

(1) 钻爆设计。

①钻爆设计的原则：

a. 减少炸药用量，提高炸药的爆破效果。

b. 采用光面爆破法，尽量减小对围岩的破坏，控制好开挖轮廓。

c. 在保证安全的情况下，提高隧洞掘进速度，缩短工程工期。

②爆破器材的选定。

a. 炸药：根据岩石强度不同选用不同爆速的炸药，有水地段及周边眼用乳化炸药，其余均用 2 号岩石硝铵炸药。

b. 雷管：采用塑料导爆管非电起爆。

③炮眼布置。采用斜眼掏槽，爆破炮眼布置如图 2-7-20 所示。

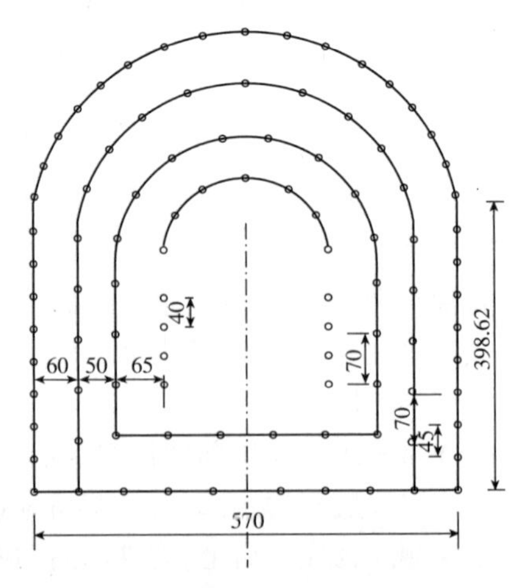

图 2-7-20 爆破炮眼布置(尺寸单位:cm)

④爆破参数的选定。先用工程类比法初选爆破参数，再在洞外路堑边坡上做单段爆破漏斗试验及三眼爆破成缝试验，通过现场的试验确定有关爆破参数。Ⅱ类围岩爆破参数见表 2-7-3。

⑤周边眼的装药结构：采用间隔装药结构，装药后将炮泥堵塞在与炸药相接的部份，实践证明，这种堵塞方法比堵在眼口的爆破效果好。

Ⅱ级围岩全断面开挖爆破参数 表2-7-3

毫秒雷管段号	炮孔名称	孔深(m)	孔数(个)	单孔装药量(kg)	段装药量(kg)	附注
1	掏槽孔	2.7	8	2.0	16	开挖断面:32.84m^2 炮孔数:97个 总装药量:103.8kg 设计进尺:2.2m 单位耗药量:1.44kg/m^3 单位面积炮孔数:2.95个/m^2 炮孔利用率:0.88
3	辅助孔	2.5	27	1.4	37.8	
5	辅助孔	2.5	19	1.2	22.8	
9	底孔	2.5	10	1.4	14	
7	光爆孔	2.5	33	0.4	13.2	
	合计		97		103.8	

(2)爆破作业。

①测量放线。用全占仪、钢尺准确绘出开挖轮廓线、周边眼及掏槽眼的位置。中线桩距开挖面的埋设距离不超过50m,临时水准点的设置不超100m。每次测量放线时,对上次爆破效果检查1次,并及时将结果反馈给技术主管和爆破人员。技术人员将测量数据输入计算机处理后,及时修正爆破参数,以达到最佳爆破效果。

②钻孔:

a. 采用YT28风动凿岩机钻孔。

b. 炮眼位置及数量严格按照光爆设计图施作,特别是周边眼和掏槽的位置、间距及个数,未经主管工程师的许可不得随意改动。

c. 准确定位凿岩机钻杆,钻孔位置误差不大于5cm。

d. 同类炮眼钻进深度要达到设计要求,眼底保持在一个铅垂面上。

③装药爆破:

a. 成立光面爆破小组,实行定人、定位、定标准、定段别的岗位责任制,不准乱装药。

b. 装药前,仔细检查炮孔的位置、深度、角度是否符合设计要求,有不正确者采取补救措施或废弃重钻。同时认真进行清孔,将所有炮孔中的残渣积水排除干净,用高压风吹净尘沫。

c. 装药时严格按照设计的装药结构和装药量施作。

d. 掏槽眼和辅助跟采用连续装药,周边眼采用间隔装药,底部装加强药卷。

e. 用炮泥堵塞密实,堵塞长度不小于最小抵抗线。

f. 严格按设计的联接网络实施起爆,注意异爆索的连接方向和联接点的牢固性。

(3)出渣运输。采用无轨运输的方式组织施工,50装渣机装渣,自卸车运输。

5. 与正洞交叉口段施工

斜井与主洞呈128°15′29.35″交于YK8+150,掘进到行车右线时,先按斜井断面拐进主洞,继续往前掘进150m,再返回来在交叉口处往隧道进出口两个方向扩挖至主洞设计断面,形成两个工作面正常掘进。主洞按预留光爆层法爆破施工。

交叉口段因临空面大,较不稳定,需要加强支护。主洞YK8+140~YK8+160段按2m×2m梅花形布置ϕ22mm、$L=3.5$m系统锚杆,C25喷射混凝土厚10cm。斜井靠近主洞段5m按2m×2m梅花形布置ϕ22mm、L=3m系统锚杆,C25喷射混凝土厚10cm。

6. 截排水

(1)洞口防排水。由于斜井纵坡为倒坡,为避免洞外雨水流入洞内,在洞口设置截水沟,截流进洞口处集水池,并设泵站将雨水排出。

(2)斜井洞内排水布置。根据本工程特点,设置水仓、集水坑、净化池,通过管道利用泵站抽排涌水与施工用水至净化池,净化达标后排放。

施工时每 10m 设置 1 个临时施工集水坑，每 80m 设置斜井永久集水坑。斜井排水布置如图 2-7-21 所示。

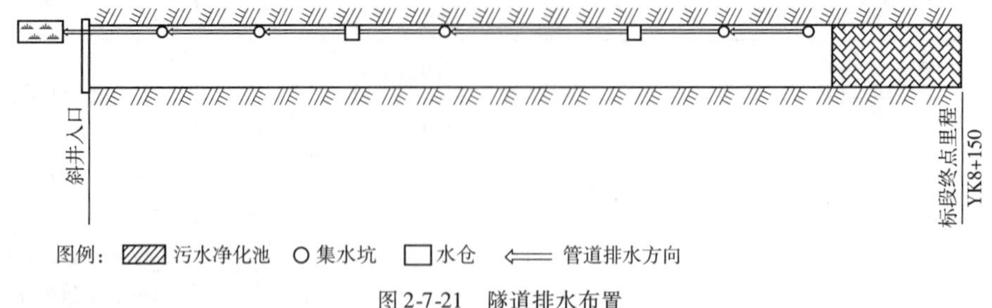

图 2-7-21　隧道排水布置

(3)突发涌水处理。突水情况下应急排水方案：启用备用排水管的同时，将高压风水管切断，将其改为临时排水管路，并启动备用多级水泵。

7. 斜井通风排烟

由于本斜井是曲线形状，洞内通风排烟将是制约隧道施工进度的一个主要问题，施工对策是尽量使用排烟量小的机械设备，减少有害气体的排放；合理选择通风设备，采用压入式通风，制定科学的通风方案，严格通风管理，使洞内空气保持新鲜(如图 2-7-22 所示)。

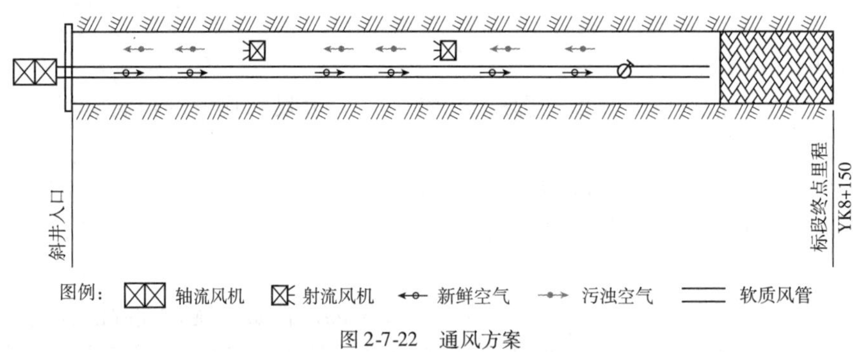

图 2-7-22　通风方案

8. 机械管理

因斜井坡度较大，为确保车辆运输安全，施工管理中要注意以下几个要点：

(1)斜井内车辆行驶速度不得超过 15km/h。接近洞口与井底时，不得超过 5km/h。

(2)运输车辆必须经常检修，特别是刹车装置，要确保正常。

(3)道路保证平整清洁，确保运输车辆的正常通行。

(4)照明设施必须供电充足，保证斜井内工作环境正常。

(5)曲线平顺，并在内侧加宽，保证车辆运行畅通。

7.4　施工机械

本隧道在五通端及翔安端均设立一个通风竖井，竖井施工出渣采用门式起重机出渣。在设计门式起重机(如图 2-7-23 所示)除了考虑该竖井开挖出渣作业处，更应该考虑通过竖井增开工作面开挖作业的施工出渣能力，以确保施工日期。其机械设备配置见表 2-7-4。

隧道施工机械设备配套数量(一个竖井)　　　表 2-7-4

类　别	名　称	规格及型号	单位	数量	备　注
竖井施工机械设备	门式起重机	35T60m^3/h	台	1	
	装载机	WA380 - 3	台	1	
	自卸汽车	北方奔驰	台	3	

图 2-7-23　门式起重机

【本章主要编写人员】：唐和青　刘　源　王　标　何小龙　李治军
陈　斌　叶小兵　黄建勇　朱招庚

第8章　海底隧道防排水系统与施工通风技术

8.1　海底隧道防排水系统

翔安隧道海域段总长4200m，地下水压力大（近70m水头、与海水连通），在施工过程中会带来涌水、塌方等风险，并对混凝土及钢筋有腐蚀，所以防排水施工是翔安隧道工程成败的关键。施工中采取“以堵为主，限量排放”的原则，通过采用多种探测手段，分别采取有效的防水措施，二次衬砌前达到初期支护表面仅有潮湿和个别渗水点；二次衬砌后达到“不滴、不漏、不渗”的要求。

为了保证海底隧道达到一级防水要求，坚持“建设防水系统工程、建立完善防水体系、严格全过程防水工艺”的防排水施工理念，将防水原则、防水设计、材料选择、防水施工工艺、防水施工管理等纳入防水体系中。

8.1.1　结构自防水

1. 配合比设计

混凝土能否防水，配合比设计和原材料选取至关重要。根据混凝土的抗渗等级要求，经过反复科研试验，厦门海底隧道初期支护和二次衬砌混凝土选用如下配合比（见表2-8-1）。

防水混凝土配合比　　　　表2-8-1

	水泥	水	砂	碎石	粉煤灰	矿渣粉	减水剂	速凝剂
初期支护C25配合比	420kg	185kg	930kg	750kg	60kg	—	2.7kg	15kg
二次衬砌C50配合比	254kg	155kg	713kg	1020kg	78kg	156kg	3.91kg	—
原材料情况	P·Ⅱ.42.5	饮用水	中粗	5～25mm	Ⅰ级	S95磨细	X414	无碱

2. 结构自防水混凝土施工

首先要保证进场原材料必须符合设计及规范要求，其次是施工配合比要求计量必须准确。混凝土时采用强制式拌合机拌和，自动配料机进行配料以确保混凝土施工配合比的准确性和混凝土拌和的均匀性。

喷射混凝土施工应采用操作熟练的喷射手，应严格控制喷头的风压、水量大小和喷头距受喷面的距离。速凝剂原则上选用液态速凝剂，以便准确控制混凝土掺量。喷射混凝土施工一次性喷射厚度不得超过10cm，以确保混凝土喷射密实，无空洞。在施工过程中应注意后喷混凝土与先喷混凝土接茬面的处理和钢筋保护层厚度控制等问题。

二次衬砌混凝土应采用混凝土罐车运输，模板台车+混凝土输送泵进行浇筑。浇筑时自模板窗口左右对称同时灌筑，由下向上对称分层，由墙后拱灌筑。倾落自由高度不超过2.0m，以防止混凝土离析。采用插入式振动器和附着式振捣器相结合的振捣模式，确保混凝土施工的密实度。混凝土施工应严格控制混凝土拆模时间，拆模后应及时洒水养护，养护时间不得小于21d。

混凝土施工过程中应严格控制钢筋保护层厚度和预埋件部位混凝土施工振捣问题，要求必须派专人施工，专人检查。封顶混凝土浇筑应确保混凝土浇筑饱满、密实不留空洞。

8.1.2　防水板

1. 分区防水

分区防水是近年来在衬砌防水工程中广泛应用的一项新技术，是通过背贴止水带将衬砌夹层防水分成若干区域，防止可能出现的因漏水发生窜流现象的一种防水新技术。采用分区防水形式，充分保证防水板的防水效果。因为在有压水状态下的隧道中,单层防水系统对现场防水板的保护要求非常严格。由于施工现场狭小、作业条件差、工序相互交叉干扰等原因可能会使安装好的防水板遭受到破坏,一旦有一处被破坏漏水造成"窜水",会使整个隧道结构遭受地下水的侵害,并且修补困难、费用高、效果差。

因此防水设计中,用分舱的方法将整个隧道的防水分成小区。采用背贴式止水带与防水板热风密实焊接进行分区,并在中间设置防渗肋条,将防水面积控制在150m^{2}内。背贴式止水带安装在施工缝(或伸缩缝)的位置上,既可分区防水,又能可保护施工缝处的防水板。这样,一旦某个区域发生防水板破坏而漏水,不会"窜水"而影响其他区域。同时在每个区域内预先设置注浆管,可针对漏水的区域进行注浆修补,效果好、修补费用低。

主洞每10m为一防水分区,在二衬施工缝处设背贴式止水带,将渗流或窜流水隔开,并在10m中间设防渗肋条。背贴式止水带、防渗肋条均焊接在防水板上,每一防水分区在左右边墙下部设注浆管控制盘。每个控制盘带5根注浆管,并连接于注浆盘。要求注浆盘用胶带临时封粘于防水板上,以防浇筑二衬混凝土时砂浆堵塞注浆管。分区防水如图2-8-1所示。

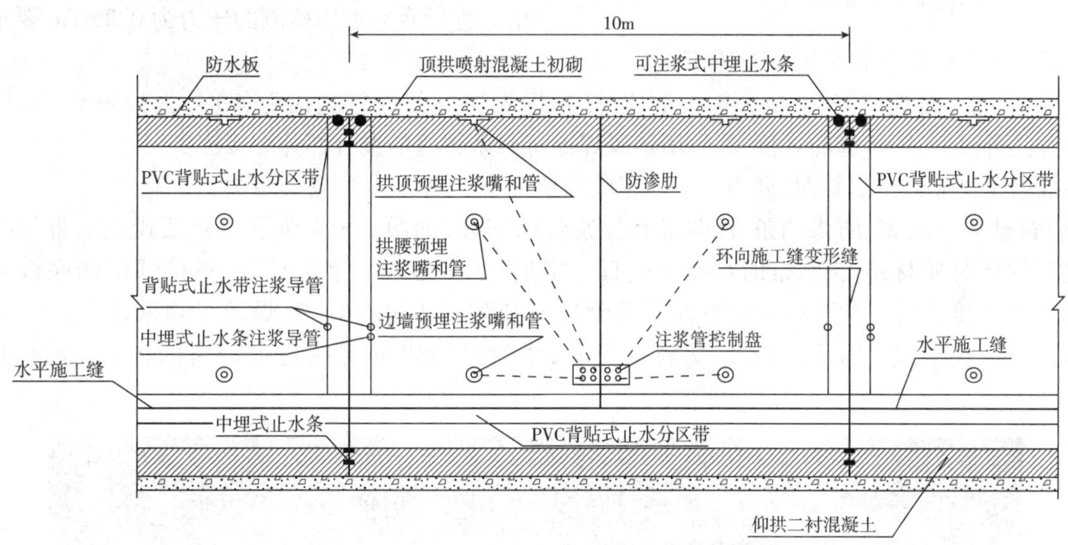

图2-8-1 分区防水示意

翔安隧道防水板为ECB、PVC各1/2。

2. ECB防水板施工

ECB防水板即为乙烯沥青共混防水板。

(1)施工准备和施工机械设备。在进行防水板铺设施工之前,先准备好双焊缝自动热合焊接机、自行式止水带焊接机、热风枪焊缝检漏器、射钉枪(或冲击钻)、手锤、剪刀、电源线、照明灯具等工器具及设备。清除初期支护表面外露的锚杆、导管和尖锐物。

施工材料及机械设备如图2-8-2所示。

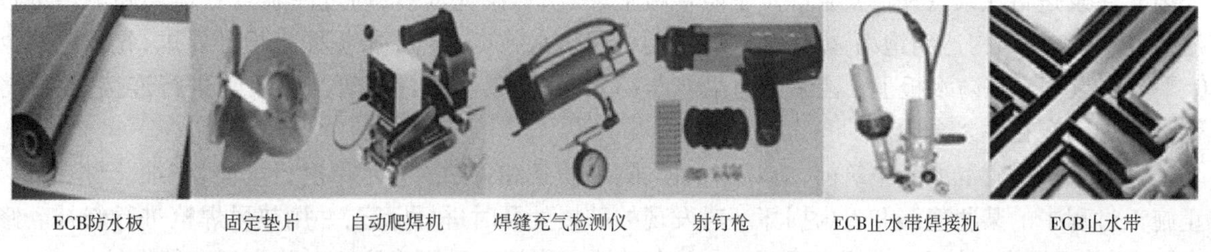

图2-8-2 ECB防水板、止水带及相关施工设备

(2)施工技术要求。基面清理完毕后铺设土工布(400g/m^2),在铺设土工布和塑料焊接垫片时,将焊垫片以梅花形状进行铺设。焊垫片间距在侧墙部位为600~800mm,在顶拱部位为400~600mm,土工布

之间搭接为 30～50mm。塑料焊接垫片尽量选择在基面凹陷处位置进行铺设。

图 2-8-3　防水板施工效果

土工布施工完毕后铺设 2mm 厚 ECB 防水板，如图 2-8-3 所示。在铺设防水板时，应注意防水板平面的纵向与隧道的纵向相垂直。防水板铺设时应保持一定松弛度，且防水板与塑料焊接垫片焊接面积不应小于垫片可焊接面积的 1/3。防水板搭接为 120mm，在使用双焊缝自动热合焊接机之前，先将焊接机设定在 300～350℃之间，然后根据防水板熔接情况对焊接机的速度进行调整，直到焊缝的熔接达到最佳效果。

防水板焊接施工完毕后在防水板搭接的双焊缝中间所形成的气带，用检漏器进行焊缝气压检测，如有泄压，应查出泄漏点及时用热风焊枪进行修补，直至检测合格。进行真空加压检测的压力为 0.2MPa，要求稳压时间不低于 5min，最小不得低于 0.16MPa。

防水板的纵向焊缝与横向焊缝重合时，首先将先焊好的焊缝边沿缝修剪，去掉重合边，长度约 100mm，再进行另一条焊缝的焊接，然后用热风焊枪将两条焊缝的重合部分焊接密实。

在铺设土工布及防水板时，要为下一施工段预留不小于 500mm 的搭接余量。

(3)背贴式止水带、防渗肋条、注浆盘和注浆管的安装，如图 2-8-4 所示。背贴式止水带与防水板必须是采用同材质材料，止水带的对接形式有一字形、丁字形和十字形接头，对接部位的底板和齿间接缝用热风焊枪焊好。背贴式止水带底板两侧边沿与防水板进行焊接，焊接时须采用自行式止水带焊接机进行。注浆花管采用 ϕ8mm 塑料空气管，用封口胶带固定在止水带齿间内，每条止水带放 2 条。

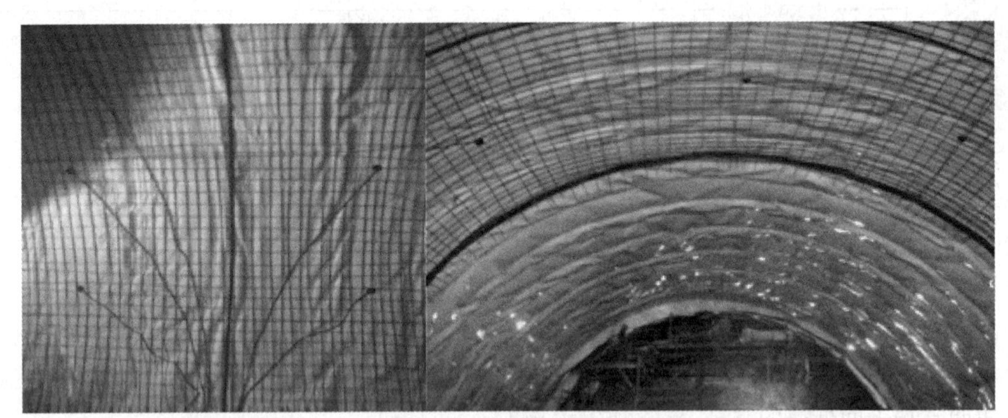

图 2-8-4　背贴式止水带、防渗肋条、注浆盘和注浆管施工效果

填充注浆是将注浆盘和注浆管固定于防水板上，二次衬砌完成后，通过注浆管对顶拱和侧拱进行填充注浆，以使二衬结构达到饱满，提高结构质量的一种防水施工工艺。根据图纸设计要求，先将注浆盘以 120°平分三点固定在防水板上。注浆盘边沿应与防水板贴实，再将注浆管与注浆盘进行连接，然后将注浆管另一端固定在注浆盒内。

在进行二次衬砌混凝土浇筑前，应对防水板、隔水肋条和背贴式止水带进行全面、仔细、严格的检查，防止施工过程中的某些遗漏和人为损坏。对发现的破损处及时进行标记，并用热风焊枪进行修补。修补时，补丁要剪成圆角，补丁直径不小于 20cm，并在后续工序施工过程中注意对防水板进行保护。

3. PVC 防水板施工

翔安隧道也采用 2mm 厚 PVC 防水板，其施工工艺与 ECB 防水板基本类似，不做赘述。

8.1.3　施工缝和沉降缝防水

1. 施工缝防水处理

施工中要保证止水带与混凝土牢固结合，除混凝土的水灰比和水泥用量要严格控制外，接触止水带的混凝土不应出现粗骨料集中和漏振现象。在支设模板、固定止水带及浇筑混凝土时不得将止水带破坏。施工缝在拱、墙部都采用三道防水措施：外层设带注浆管背贴式 ECB 止水带，中间设置带注浆管膨胀橡胶止水条，内侧预留 2.5cm×3.8cm 槽。

施工缝在仰拱处采用 2 道防水措施：中间设置膨胀橡胶止水条（不带注浆管），内侧预留 4cm×4cm 槽，内填水泥基结晶渗透主动式防水材料，如图 2-8-5、图 2-8-6 所示。

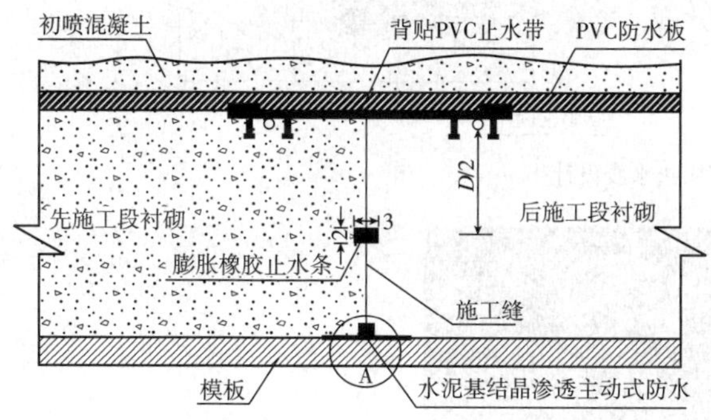

图 2-8-5　施工缝处理示意一（尺寸单位：cm）

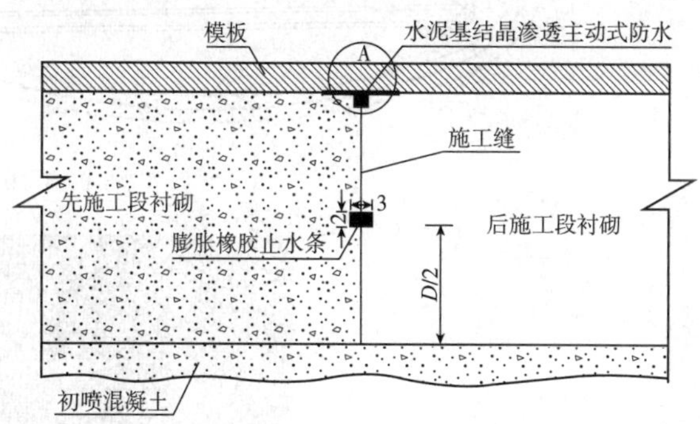

图 2-8-6　施工缝处理示意二（尺寸单位：cm）

2. 变形缝防水措施

变形缝部位防水层要求连续铺设，并要采取以下措施进行加强防水处理：在变形缝部位的模筑混凝土外侧设置背贴止水带；在变形缝部位设置 ECB 止水带。变形缝内侧采用聚氨酯密封胶防水。结构施工时，在拱顶和侧墙变形缝两侧的混凝土表面预留凹槽，凹槽内设置镀锌钢板注浆盒，便于渗漏水时将水直接排到道床的排水沟内。

隧道沉降缝采用外贴带注浆管背贴式止水带，中间设置 ECB 止水带，内壁加设聚氨酯密封胶填充材料的三层防水方式，如图 2-8-7、图 2-8-8 所示。

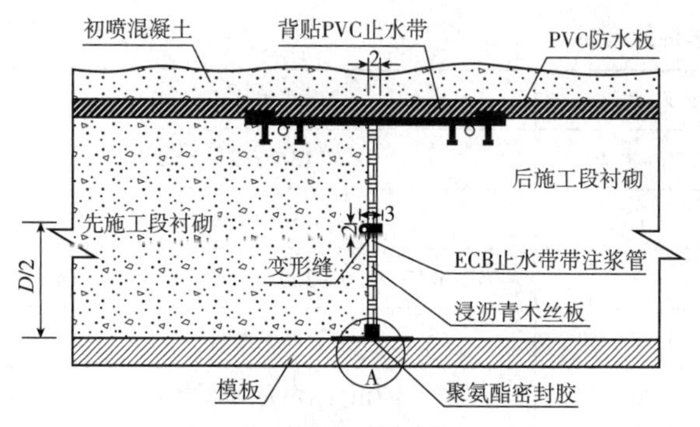

图 2-8-7　沉降缝处理示意一（尺寸单位：cm）

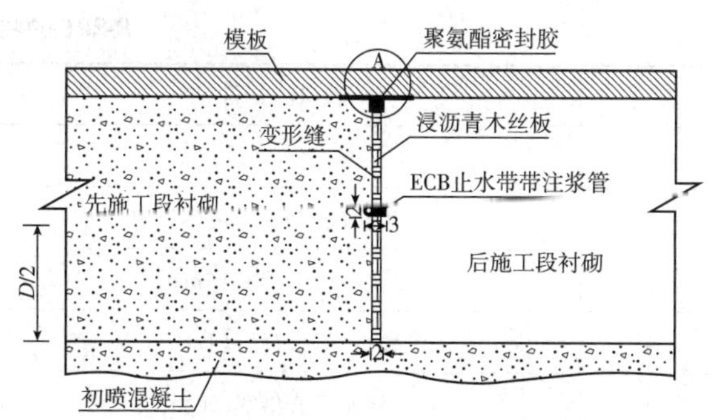

图 2-8-8　沉降缝处理示意二（尺寸单位：cm）

3. P-201 止水胶防水

隧道防水中施工缝防水处理是防水工程中的薄弱环节，为加强隧道施工缝防水，确保隧道达到Ⅰ级防水要求，在特殊地段（砂层段、风化槽）施工缝处理中采用新材料 P-201 遇水膨胀止水胶处理（如图 2-8-9 所示），作为施工缝防渗漏的重要措施之一。P-201 是一种遇水膨胀、单组分、弹性密封胶。它以聚氨酯的预聚体为基础、含有特殊接枝的尿烷，具有橡胶的弹性止水和遇水后自身的体积膨胀止水的双重密封止水机理。使用时，挤出后粘贴在施工缝表面，经过一定时间后固化成型，具有遇水膨胀性能，如图 2-8-10 所示。P-201 的物理力学性能指标详见表 2-8-2。

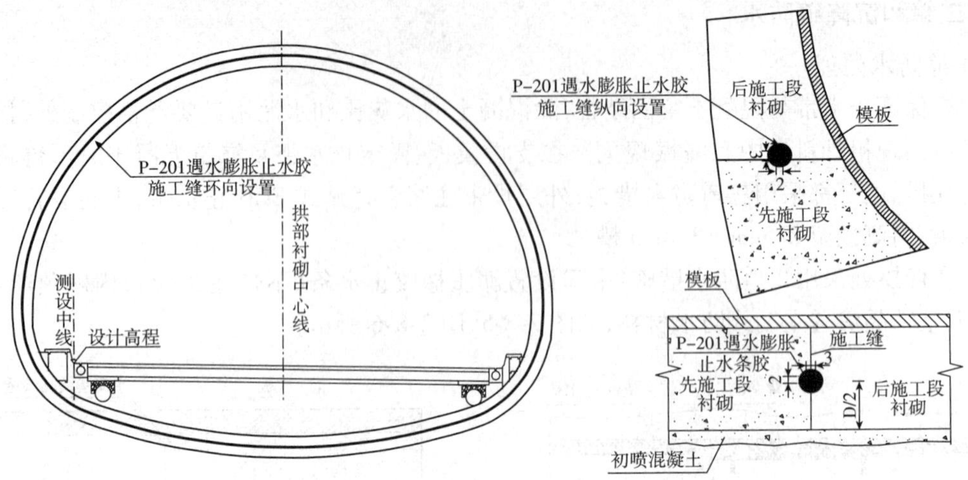

图 2-8-9 P-201 遇水膨胀止水胶设计

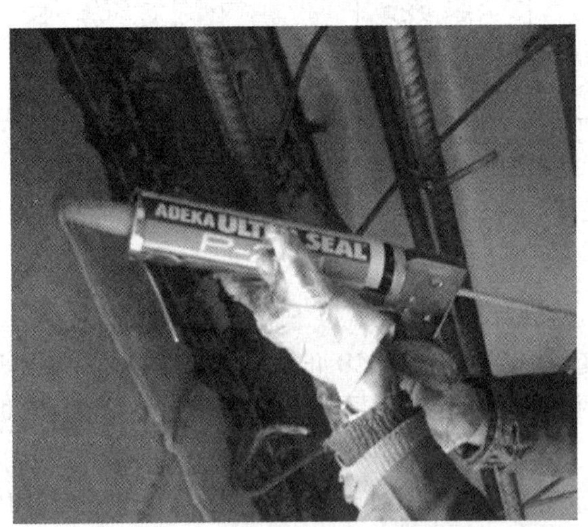

图 2-8-10 P-201 遇水膨胀止水胶施工效果

P-201 的物理力学性能指标 表 2-8-2

序号	检 测 项 目	技 术 指 标	试验方法或条件
1	密度(g/cm^3)	1. 20 ~ 1. 40	GB/T 13477. 2—2002
2	可挤性(25 ±2℃)(s)	<12	JIS A 5758
3	下垂度(50 ±2℃)(mm)	≤3	GB/T 13477. 6—2002,实验条件:50℃ ×4h
4	黏度(25 ±2℃)(PaS)	95 ~ 225	E 型黏度计
5	吸水膨胀倍率(%)	≥200	GB/T 18173. 3 附录 A
6	表干时间(h)	≤24	GB/T 13477. 5—2002
7	固含量(%)	≥85	GB/T 2793
8	断裂延伸率(%)	≥500	GB/T 528—1998
9	与砂浆面的正向黏接强度(MPa)	1. 55	试样尺寸:长 × 宽 × 高 = 50mm × 12mm × 12mm
10	7d 吸水膨胀倍率占最终膨胀倍率的百分比(%)	39. 3	23℃,蒸馏水,试样断面:宽 × 高 = 20mm × 10mm
11	抗水压能力(MPa)	≥1. 5	试样断面:宽 × 高 = 20mm × 10mm
12	耐久性(伸长变化率到达 50% 的时间(20℃))(a)	≥100	JIS K 6251

8.1.4　注浆堵水

1. 超前预注浆堵水

隧道开挖之前采用预注浆(超前小管棚、超前小导管、帷幕注浆等)在隧道洞室四周形成注浆堵水圈,封闭基岩中输水裂隙和涌水空间,尽可能地将隧道开挖断面周围的涌水或渗水封堵于结构外;隧道开挖后根据超前注浆后地下水渗透量的大小,通过调整衬砌初期支护中的环向系统注浆锚杆对地层进行注浆堵水,进一步封闭地下水流径通道,减少地下水的渗入量。

2. 初期支护背后补偿注浆堵水

初期支护施工完毕后、防水板施工前要及时对初期支护进行补偿注浆施工。注浆管采用 ϕ42mm 热轧无缝钢管,钢管长度为 70cm,纵环向间距为 2m×2m,有渗漏水部位可根据实际情况进行加密,确保注浆完成后不渗不漏。

注浆材料采用普通水泥单液浆,水灰比 0.8∶1~1∶1,注浆压力控制在 1.0~1.5MPa。当单孔进浆量小于 10L/min 时,可结束该孔注浆。若有渗水,加密注浆管继续注浆,在渗漏水严重部位需要反复多次注浆,注浆结束后要求初期支护达到不渗不露。

3. 分区防水预留注浆管后注浆堵水

二次衬砌混凝土施工后,如纵向施工缝出现渗漏,则利用带注浆管的背贴式止水带注浆止水。如环向施工缝出现渗漏水时,先利用带注浆管的背贴式止水带注浆止水,待一段时间后,如还是出现渗漏水,则利用带注浆管的中埋式止水条注浆止水,表面再采用水泥结晶材料封堵。如混凝土表面出现湿渍,则先将该分区四周环向及纵向施工缝注浆管的背贴式止水带注浆,然后才采用防水板的分区注浆设备注浆。注浆参数如下:

注浆压力:0.2~0.3MPa。

水灰比:0.75∶1,天然钠基膨润土防水粉掺量为水泥用量的 10%,水泥采用 R42.5 普通硅酸盐水泥。

凝结时间:初凝为 315min,终凝为 580min,结石率 99%。

注浆分 2 次进行,间隔时间为 4h,为同一注浆管注浆。

8.1.5　排水系统

采用防、排结合防水,防水板外设置无纺土工布和环向透水管,使衬砌背后的渗水由纵横盲管通过泄水孔排入隧道侧沟中。隧道环向排水管采用 ϕ5cm 软式透水管,纵向间距为 10m;纵向、横向排水管采用内径 11cm 的 HDPE 波纹管;纵向排水管上打孔,打孔大小 3×30mm,环向范围 270mm,外裹一层无纺土工布,以防止砂土(混凝土)流入管内。施工时应保证侧式及纵、横向排水管不被压碎和堵塞,以确保排水系统畅通。纵向、横向及环向排水管采用四通连接。隧道排水系统结构如图 2-8-11 所示。

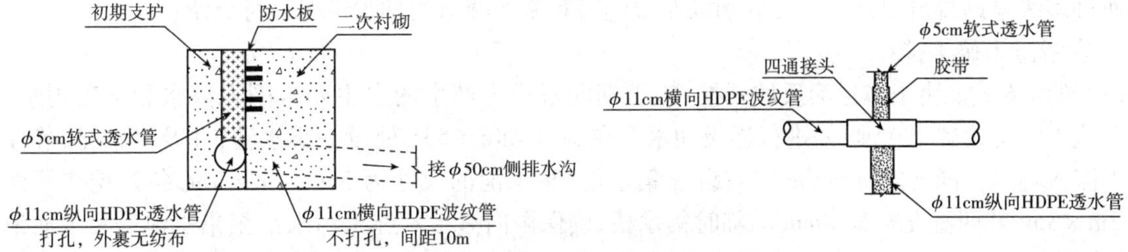

图 2-8-11　排水系统结构

8.2　海底施工排水技术

对海底隧道施工会造成影响的水,首先为大气降雨造成的地表水,二是地下水渗流,三是开挖面打眼用水、混凝土养护、清洗施工机械及文明施工等洞内作业产生的水。

对大气降雨造成的地表水主要在洞口设置截排水沟、集水池等防排措施；因反坡施工，施工过程中污水无法自然排除，洞内排水主要通过横向截水沟引至集水坑逐级接力抽排洞口集水池（必要时地下渗流水还可通过洞内真空降水引至集水坑抽排），经净化后再排至市政污水管网。

8.2.1　洞口段排水

详见本书第二篇第3章的3.5.1明洞施工要点中关于洞口截排水的处理的内容。

8.2.2　洞内排水

本隧道排水设计，结合施工和运营综合考虑，在排导段衬砌土工布后每10m加铺 ϕ5cm 软式透水管，并将软式透水管与主洞两侧设的 ϕ110mmHDPE 透水管连接并接入路面下的 ϕ50cm 侧排水沟内，在仰拱浇筑的施工缝和沉降缝处设置 ϕ110mmHDPE 排水管，将可能的渗水排入路面下的侧排水沟内，如图2-8-12所示。

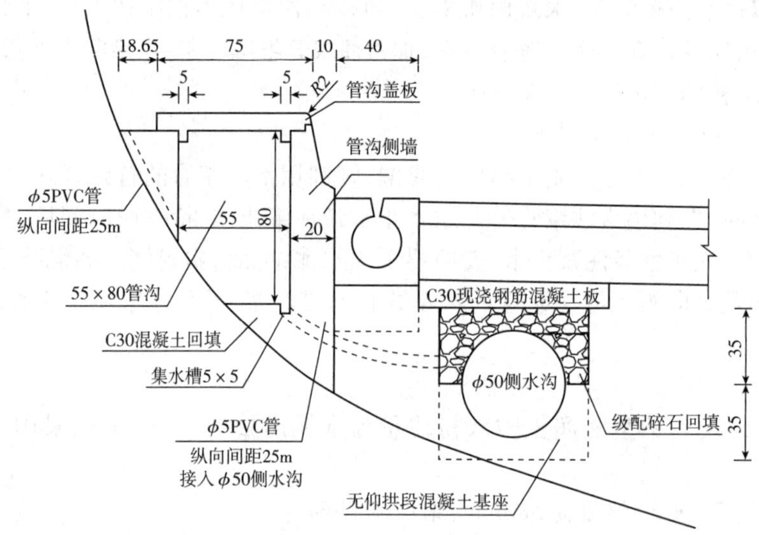

图2-8-12　洞内排水施工示意（尺寸单位：cm）

运营期间隧道内的主要水来源为清洗用水和消防用水，通过路面两侧的排水边沟汇入洞内最底处设置的废水池。通过水泵抽入洞口集水池，最后汇入城市污水系统，在隧道海底最低高程处设一集水通道和排水泵房，其容量按服务隧道所通 ϕ1000mm 供水管破裂（2000m长管中水流出）或检修时需要存储的水容积量考虑，即3000m^3，该容量也满足隧道渗水、清洁用水、消防流水等其他意外水量。该水量首先抽排到洞口集水池，再由洞口集水池泵排出洞外。

施工期间隧道内产生的水主要为围岩渗水和施工用水。厦门海底隧道是V形纵坡，洞内所有的水都必须通过多级泵站排出洞外。下面分别以左线隧道和服务隧道的排水情况进行介绍：

1. 左线隧道施工排水

（1）排水方式。由于隧道为反坡开挖，施工期间隧道内产生的水主要为围岩渗水和施工用水，故根据实际施工情况设置集水池，并进行逐级抽水。在洞口ZK6+535处设一集水池，并及时抽排，确保洞外集水不流入隧道。隧道内每500m左右设一集水池，集水池的尺寸为5m×4m×3m，各开挖掌子面处设3m×2m×3m，其两侧设置宽40cm的临时集水槽，确保洞内渗水及施工污水汇至集水池。集水池池壁采用20cm厚C25混凝土结构，已施作衬砌段池壁内配 ϕ10mm 钢筋网片（仰拱填充混凝土浇筑时预留）。未施作衬砌段或无仰拱段设临时集水池均不进行配筋。集水坑内集水由抽水机通过排水管道抽排至上级集水坑或洞外集水池。每级根据水量大小及高程选择抽水泵。

（2）排水设备配置计算。根据设计文件提供的资料，行车隧道各段中最大涌水量为ZK8+973～ZK10+660段，最大涌水量为2526.75m^3/d。

$$2526.75\text{m}^3/\text{d} \div 24\text{h} = 105\text{m}^3/\text{h}$$

厦门端最大坡度为 -2.86%，最大高差为 500m×2.86% = 14.3m。选择抽水量大于 $110m^3/h$，扬程不小于 20m 的水泵。每 500m 一个集水池，洞内共 6 个集水池。考虑最不利情况，每处集水井配置 2 台排污泵，于每处集水井备用 1 台。

翔安端隧道反坡坡率为 -2.9%，相邻集水池之间高差为 14.5m，考虑 30% 的富余量，采用扬程为 20m 的抽水机逐级排水。取排水管出水口水流速 $v = 8m/s$，隧道设计总最大渗水量 $Q = 2527m^3/d = 0.03m^3/s$，根据流量公式 $Q = v\pi R^2$ 算得排水钢管直径 $\phi = 119mm$，取 $\phi = 150mm$。排水设备的配备详见表 2-8-3：

行车隧道施工临时排水设备配置　　表 2-8-3

序号	名　称	功率(kW)	排量(m^3/h)	单位	数量	里　程	备　注
1	抽水机	15	60	台	3	ZK12 +485	洞口
2	抽水机	15	60	台	3	ZK11 +985	通过砂层
3	抽水机	15	60	台	5	ZK11 +485	通过砂层
4	抽水机	15	60	台	3	ZK10 +985	
5	抽水机	12	25	台	2	ZK10 +485	
6	抽水机	12	25	台	2	ZK9 +985	
	合计				18		

(3)排水方案。确定施工排水方式后配置机械设备满足施工安全要求，并完善排水管路的布置。施工期间的临时排水平面布置，如图 2-8-13 所示。

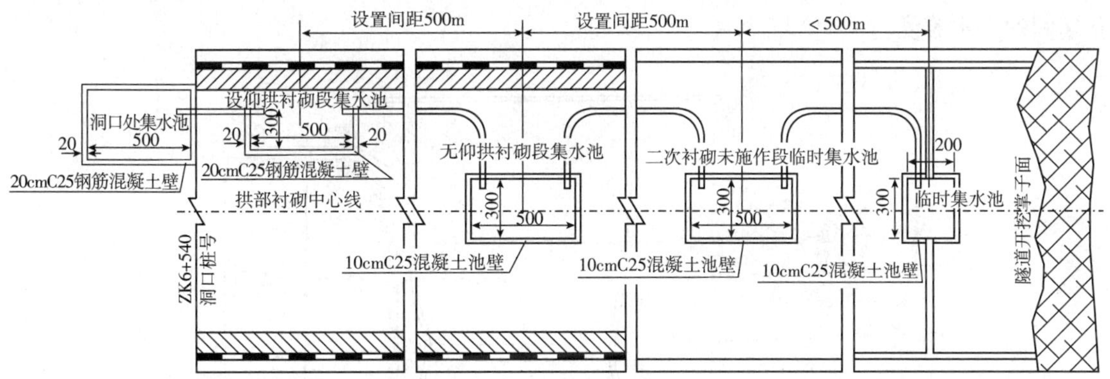

图 2-8-13　施工期间的临时排水平面布置(尺寸单位:cm)

2. 右线隧道施工排水

根据右线的实际施工情况，考虑最大汇水量为 $4000m^3/d$，在洞内每 300m 设置一个集水池，大小为 10m×6m×2.5m，水池设计布置如图 2-8-14 所示，配置 75kW 抽水泵 4 台，其中 1 台备用。排水系统必须配备备用发电机。

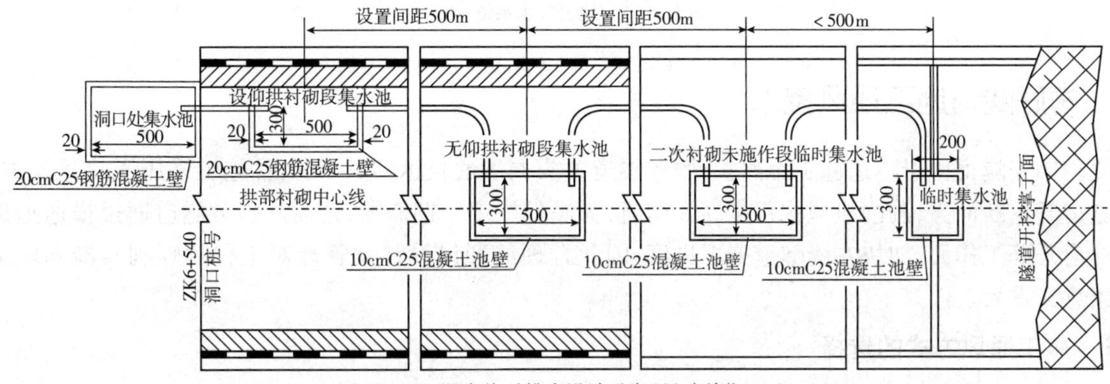

图 2-8-14　洞内临时排水设计示意(尺寸单位:cm)

3. 服务隧道施工排水

翔安端服务隧道有3个特点:纵断面为反坡、服务隧道每隔500m左右设行人或行车横通道与行车隧道连接、行车隧道每隔500m左右设一级施工临时泵站进行施工排水,确定服务隧道充分利用行车隧道施工临时排水系统进行施工排水。

(1)服务隧道洞口~标段起始里程NK9+700施工排水。考虑服务隧道开挖超前行车隧道开挖时,在掌子面后50m左右设移动式泵站。后方泵站设置在行人或行车横洞内,掌子面泵站随开挖面不断向前移动。

泵站采用$5m^3$钢板集水箱并配20m扬程的移动式抽水机。施工排水顺序为:掌子面集水坑(潜水泵)→前方移动泵站(掌子面后约50m)→后方移动泵站(行车或行人横洞内)→逐级接力抽排→洞外污水处理池。

(2)排水设备选型:服务隧道设计最大总渗水量$Q=6943m^3/d$。

$6943m^3/d \div 24h/d = 290m^3/h$,排水高差为$500m \times 2.91\% = 14.55m$。

每级泵站选用扬程≥20m,排水能力为$150m^3/h$的水泵2台,备用1台,两级泵站共计6台。

4. 施工技术措施

(1)抽水设备配置时充分考虑备用,同时配置双回路电源,防止出现停电掌子面被淹现象发生。

(2)专人负责抽水设备和抽水管路的养护和维修。

8.2.3 地表排水

地表排水系统(如图2-8-15所示)考虑永久和临时相结合进行设计,完善地表排水系统,以缓解施工和运营期间的排水难度。

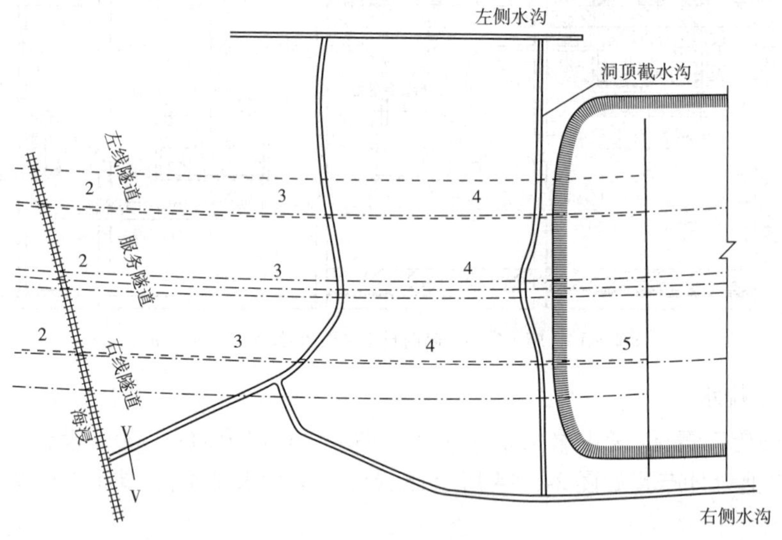

图2-8-15　地表排水系统示意

8.3 海底隧道施工通风技术

厦门翔安隧道由于隧道施工距离长,服务隧道独头掘进最长达到3.1km,且施工采用无轨运输方式,左线隧道开挖断面大,洞内机械化程度高。同时,为满足施工工期需要,还需从服务隧道通过横通道进入左线隧道开辟工作面,加快左线隧道施工进度,因此合理的通风设计及管理对工程的顺利实施和职工身体健康意义重大。

8.3.1 施工通风方式的选择

行车隧道和服务隧道同时掘进,且每隔一定距离由行人或行车横洞连通,因此施工通风采用平行双洞射流巷道式通风技术。施工前期各独头作业面的通风均采用压入式,风机安放在新鲜风流中,在横通道通过服务隧道开挖至行车隧道增开工作面的情况下,采用混合式通风。

1. 厦门端施工通风方式

厦门端施工中5个阶段采用的通风方案如下:

第一阶段:在1号行车横洞开挖前,服务隧道及左线主隧道的施工,其作业面均采用压入式通风方式,风机布置在洞口,新鲜空气分别压入左线和服务隧道作业面,左线隧道和服务隧道采用独立的通风系统,如图2-8-16所示。

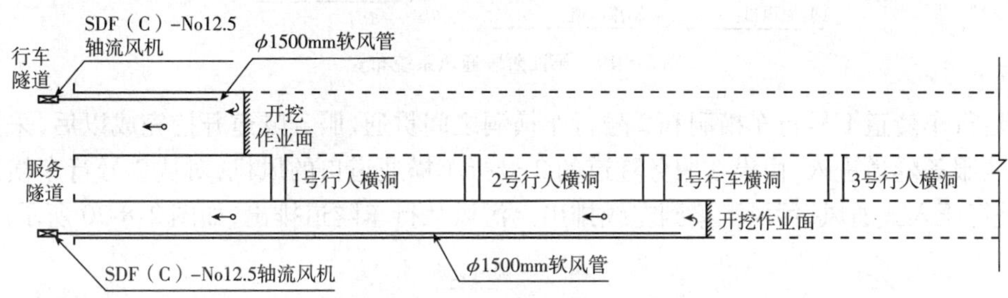

图2-8-16 第一阶段通风系统布置

第二阶段:在1号行车横洞开挖至行车隧道增开工作面的情况下,行车隧道增开作业面采用压入式通风方式,风机布置在服务隧道洞口,新鲜空气分别压入左线和服务隧道作业面,左线隧道和服务隧道采用独立的通风系统,如图2-8-17所示。

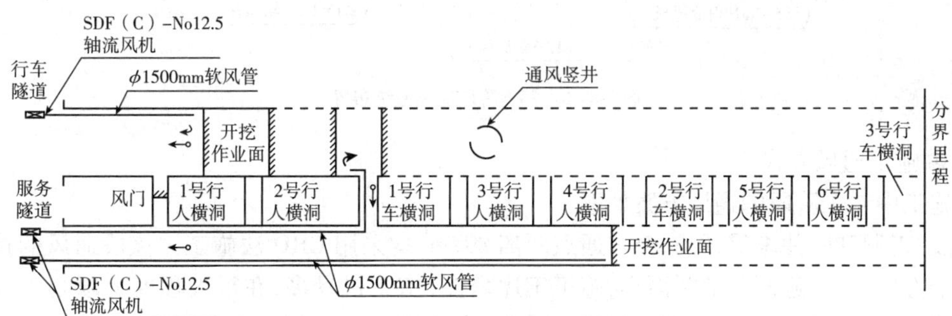

图2-8-17 第二阶段通风系统布置

第三阶段:在2号行车横洞开挖至行车隧道增开工作面的情况下,行车隧道增开作业面采用压入式通风方式,风机布置在服务隧道洞口,新鲜空气分别压入左线和服务隧道作业面,左线隧道和服务隧道采用独立的通风系统,如图2-8-18所示。

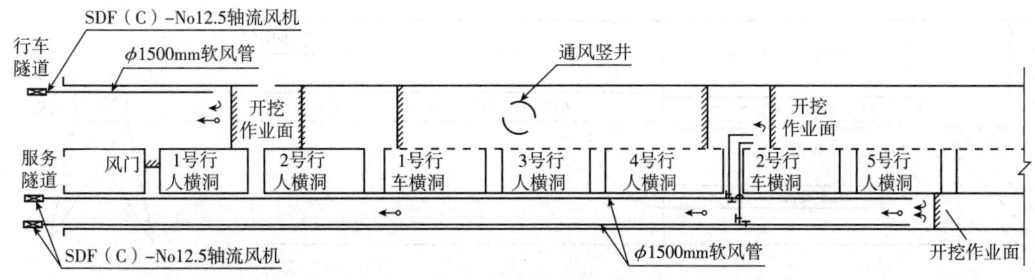

图2-8-18 第三阶段通风系统布置

第四阶段:自1号行车横洞增开的行车隧道工作面与行车隧道洞口贯通以后,采用混和式通风,新鲜空气从服务隧道进入,由设在服务隧道的1号行车横通道口的风机,对从2号行车横洞新开辟的左线工作面进行压入式通风,污风经1号行车横通道从行车隧道排出。如图2-8-19所示。

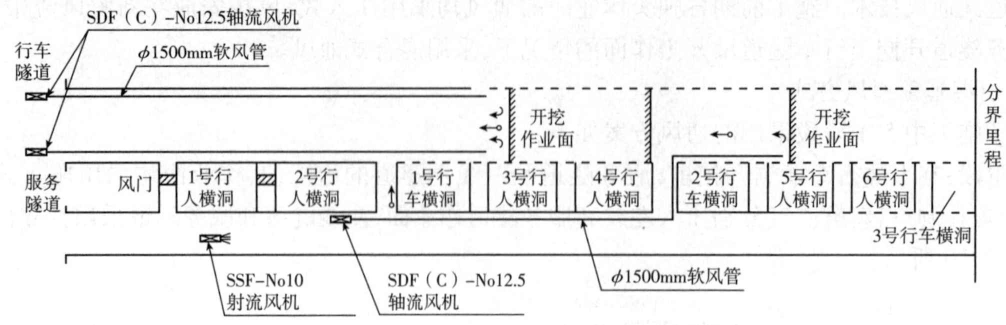

图 2-8-19　第四阶段通风系统布置

第五阶段：行车隧道 1 号行车横洞和 2 号行车横洞之间贯通、服务隧道开挖完成以后，采用混和式通风，新鲜空气从服务隧道进入，由设在服务隧道的 2 号行车横通道口的风机，对从 2 号行车横洞新开辟的左线工作面进行压入式通风，污风汇集到左线排出。污风从行车隧道排出，如图 2-8-20 所示。

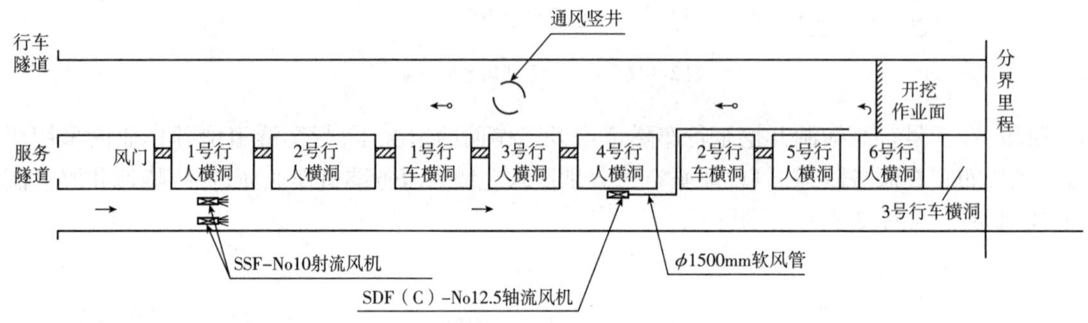

图 2-8-20　第五阶段通风系统布置

2. 翔安端施工通风方式

翔安端施工中 4 个阶段的通风方案如下：

第一阶段：正洞和竖井未贯通前，至贯通点距离 897m，均采用 CRD 法施工。该段通风的技术难点主要表现在两个方面：一是隧洞各部断面小，施工工序繁多，施工机具多，在很大程度上限制了风机和通风筒的尺寸，即限制了通风量；二是各部之间施工干扰大，通风相互之间有影响，风流紊乱。为了保证相应的掘进速度，对通风时间有严格的限制，所以具有很大的技术难度。

利用水平“Y”形风筒将风量分解至Ⅰ、Ⅲ部，再采用“Y”形风筒将风量分解至Ⅱ、Ⅳ部，如图 2-8-21、图 2-8-22 所示。

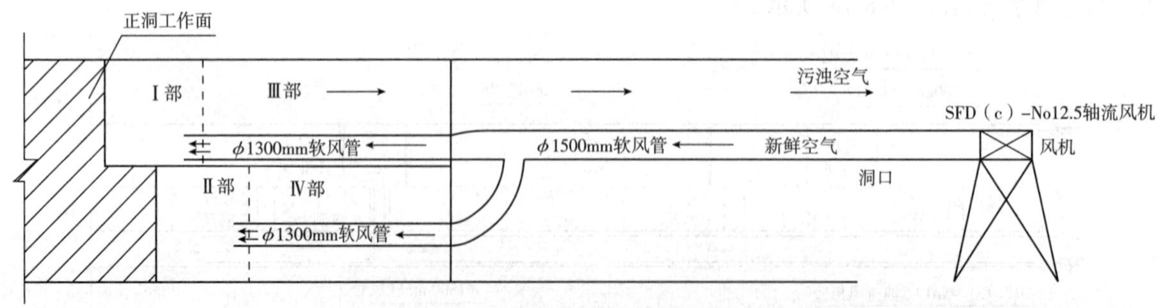

图 2-8-21　第一阶段通风系统布置立面

通风技术：距正洞口 30m 处安装通风机 2 台，在 CRD 临时支护拆除及二衬段采用直径 $\phi = 1500$mm 软风管，分叉到Ⅰ、Ⅲ部后采用直径 $\phi = 1300$mm 软风管，Ⅰ、Ⅲ部再分叉到Ⅱ、Ⅳ部时采用直径 $\phi = 1300$mm 软风管进行压入式通风。

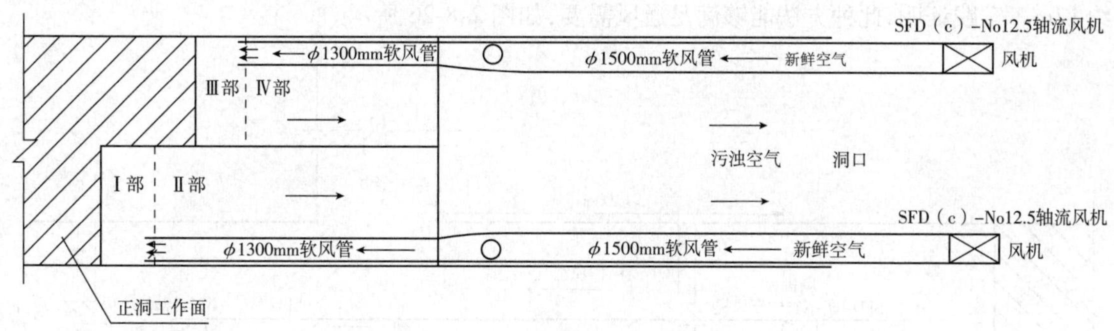

图 2-8-22 第一阶段通风系统布置平面

第二阶段：竖井辅助正洞主要采用上下台阶法施工，向翔安方向施工 273m，向厦门方向施工 330m，均为石方开挖，需要进行爆破作业。

通风技术：在距竖井口 30m 处安装轴流风机 1 台，用直径 $\phi=1500$mm 软风管沿竖井井壁下放，在井底利用三通将风量向两个方向进行分解，采用直径 $\phi=1300$mm 的软风管进行压入式通风（如图 2-8-23所示）。

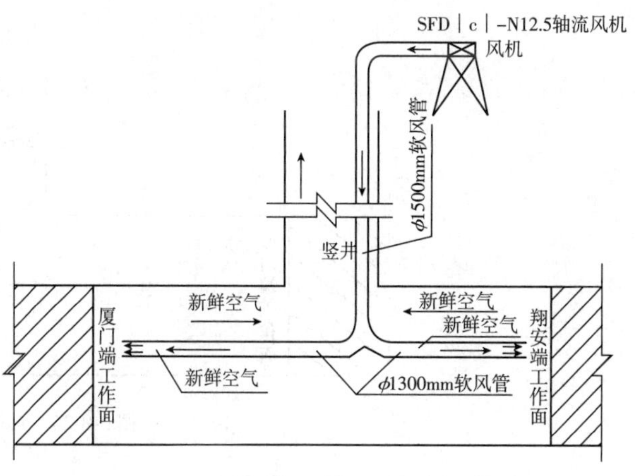

图 2-8-23 第二阶段通风系统布置立面

第三阶段：穿越 F3 风化槽时，设计要求距风化槽约 100m 处安装一道防水闸门，预防且以便发生重大突水、坍塌工程事故时应急。防水闸门面积只有 16m^2，这将造成掌子面内的污浊空气在闸门处聚集，洞内空气质量下降。针对这一问题，采用混合式通风方式。掌子面通风主要采用混合式通风。轴流风机安装在竖井口，用直径 $\phi=1500$mm 软风管将新鲜空气送向掌子面，再在防水闸门内安装 2 台射流风机，用直径 $\phi=1300$mm 软风管将聚集的污浊空气送向竖井口排出（如图 2-8-24 所示）。

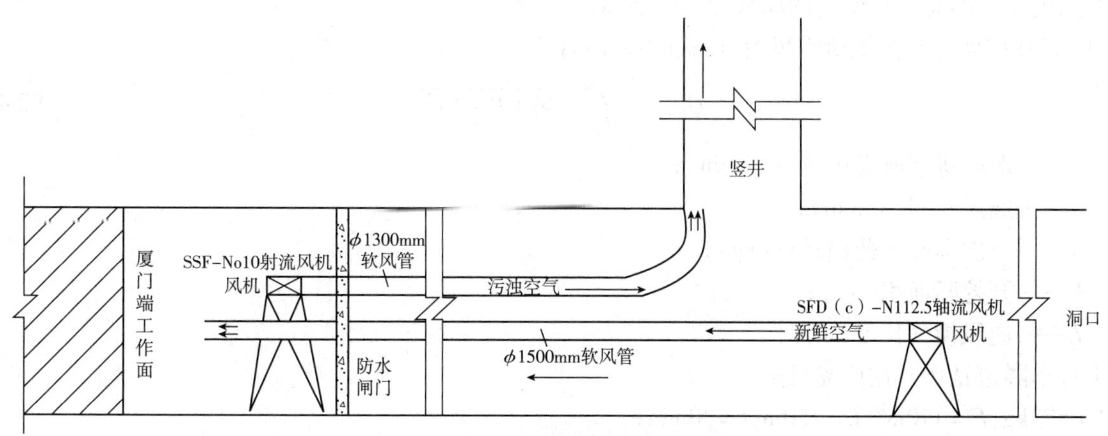

图 2-8-24 第三阶段通风系统布置立面

第四阶段：穿越风化槽后，将防水闸门拆除后，洞内的通风情况会得到好转，但由于掌子面不断向前，到达 1000m 以后，污浊空气就会再次在距掌子面约 150m 处聚集。为了解决此类通风问题，采用串联结构通风，在污浊空气聚集处安装射流风机，利用直径 $\phi=1300$mm 软风管将污浊空气送至竖井口，将其排出。随着掌子面不断向前开挖，射流风机要阶段性向前移（如图 2-8-25 所示）。

自然通风系统：正洞和竖井贯通后，利用竖井自然通风的有利条件，正洞通风取消。正洞口和竖井口高差约 17m。实践证明，此种方法能够满足通风需要，如图 2-8-26 所示。

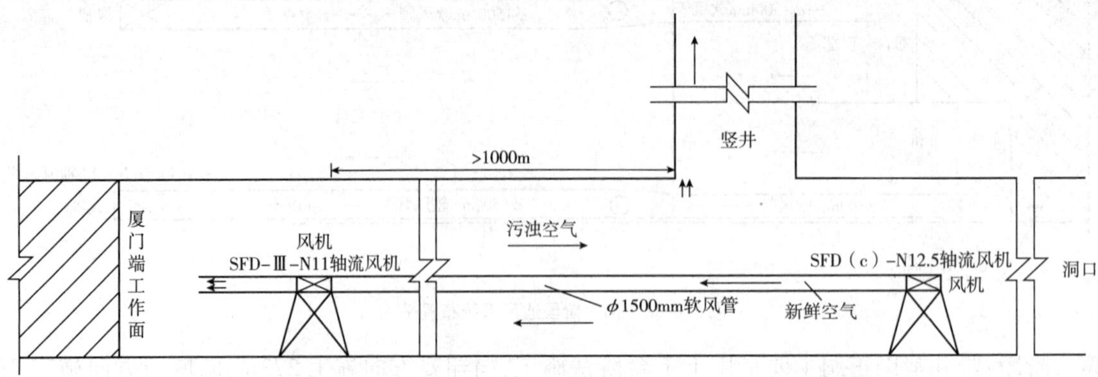

图 2-8-25　第四阶段通风系统布置立面

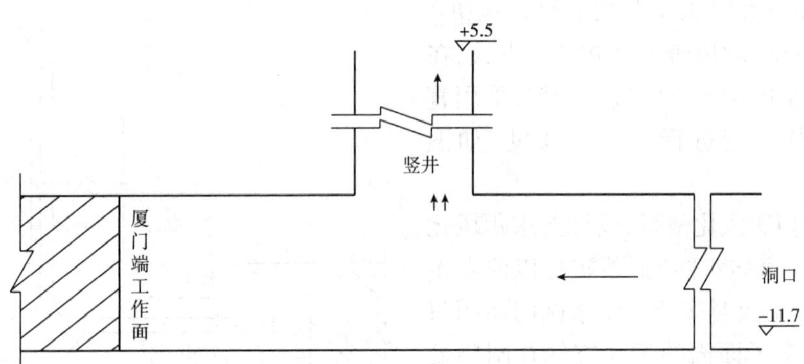

图 2-8-26　自然通风系统立面

8.3.2　通风设备的选择和配置

1. 风量计算

钻爆开挖作业面所需风量分别按一次爆破最大炸药消耗量、洞内内燃机械总功率分别计算，取其大者加上洞内作业的总人数所需的风量为洞内所需总风量。

（1）以开挖面爆破排烟所需风量，按式（2-8-1）计算。

$$Q_0 = \frac{7.18}{t}\sqrt[3]{A(F \cdot L)^2} \tag{2-8-1}$$

式中：Q_0——爆破排烟所需风量（m^3/min）；

t——通风时间（30min）；

A——一次爆破炸药消耗量（kg）；

F——开挖断面积（m^2）；

L——通风换气长度（m）。

①行车隧道钻爆开挖所需风量：

$A = 873kg, F = 170m^2, L = 150m, t = 30min$,

$$Q_0 = \frac{7.18}{t}\sqrt[3]{A(F \cdot L)^2} = 1982m^3/min。$$

②服务隧道钻爆开挖所需风量：

$A = 171kg, F = 48m^2, L = 150m, t = 30min$,

$$Q_0 = \frac{7.18}{t}\sqrt[3]{A(F \cdot L)^2} = 495m^3/min。$$

（2）按内燃机械作业所需风量计算时，满足供风量不小于 $3m^3/(min \cdot kW)$，并按式（2-8-2）计算：

$$Q_1 = (H_s \cdot \alpha_s + H_D \cdot \alpha_D + H_E \cdot \alpha_E) \cdot q \tag{2-8-2}$$

式中：Q_1——内燃机械作业所需风量（m^3/min）；

H_s——装渣机械总功率（kW）；

α_s——装渣机械的工作效率；

H_D——运输类汽车总功率（kW）；

α_D——运输类汽车的工作效率；

H_E——其他类机械总功率（kW）；

α_E——其他类机械的工作效率；

q——内燃机械单位功率供风量[$m^3/(min \cdot kW)$]。

①行车隧道所需风量：内燃机械作业总功率为882kW，内燃机械的工作效率取1。

$$Q_1 = (H_s \cdot \alpha_s + H_D \cdot \alpha_D + H_E \cdot \alpha_E) \cdot q = 2646m^3/min$$

②服务隧道所需风量：内燃机械作业总功率为636kW，内燃机械的工作效率取1。

$$Q_1 = (H_s \cdot \alpha_s + H_D \cdot \alpha_D + H_E \cdot \alpha_E) \cdot q = 1908m^3/min$$

（3）按洞内同时作业的人数计算。

行车隧道所需风量 $Q'_1 = 47$ 人 $\times 3m^3/($人$\cdot min) = 141m^3/min$；

服务隧道所需风量 $Q'_1 = 33$ 人 $\times 3m^3/($人$\cdot min) = 99m^3/min$。

由以上可知：

①行车隧道钻爆开挖工作面所需风量为 $Q + Q'_1 = 2787m^3/min$；

②服务隧道钻爆开挖工作面所需风量为 $Q_1 + Q'_1 = 2007m^3/min$。

2. 通风设备选择

行车隧道钻爆开挖作业面所需风量为2787m³/min，服务隧道钻爆开挖作业面所需风量为2007m³/min。根据通风管路送风的长度，考虑风管的漏风，对照风机的性能曲线，通风设备的选择见表2-8-4：

主要通风设备表（厦门端） 表2-8-4

设备名称	型 号	技术参数				数量	备用
		速度（r/min）	风压（Pa）	风量（m³/min）	功率（kW）		
轴流风机	SDF（C）－No12.5	高速	1378～5355	1550～2912	110	4台	1台
射流风机	SSF－No10	风量：1592.8m³/min 功率：30kW				3台	1台
拉链式软风管	Φ1500mm	平均百m漏风率0.02 摩阻系数0.02				6000m	

通风机采用1台220kW SDF（C）-NO12.5风机，通过竖井引入隧道，对掌子面压入式供风，风管管径为150cm。洞内距离掌子面200m位置采用一台轴流风机抽取洞内污浊空气，用风管直接接到竖井，形成空气流对流。

8.3.3 施工通风布置（如图2-8-27所示）

8.3.4 施工通风管理

（1）施工通风管理水平的高低是影响通风质量的关键因素之一。以往不少隧道施工通风不好，除了通风系统布局不合理、风机风管不匹配等技术原因外，主要问题是通风管理不善，管道通风阻力大，开挖工作面得不到足够的新鲜风流，沿途污浊空气不能及时排出洞外。

（2）以“合理布局，优化匹配，防漏降阻，严格管理、确保效果”20字方针，作为施工通风管理的指导原则，强化通风管理。

（3）建立以岗位责任制和奖惩制为核心的通风管理制度和组建专业通风三人小组，三人小组管理、检查和维修，严格按照通风管理规程及操作细则组织实施。定期根据通风质量给通风三人小组兑现奖惩办法。

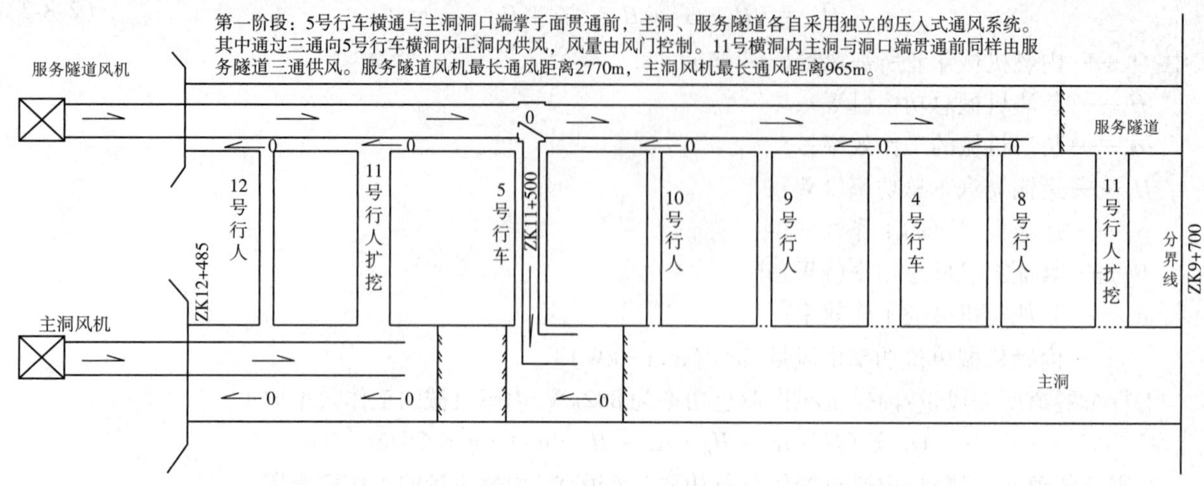

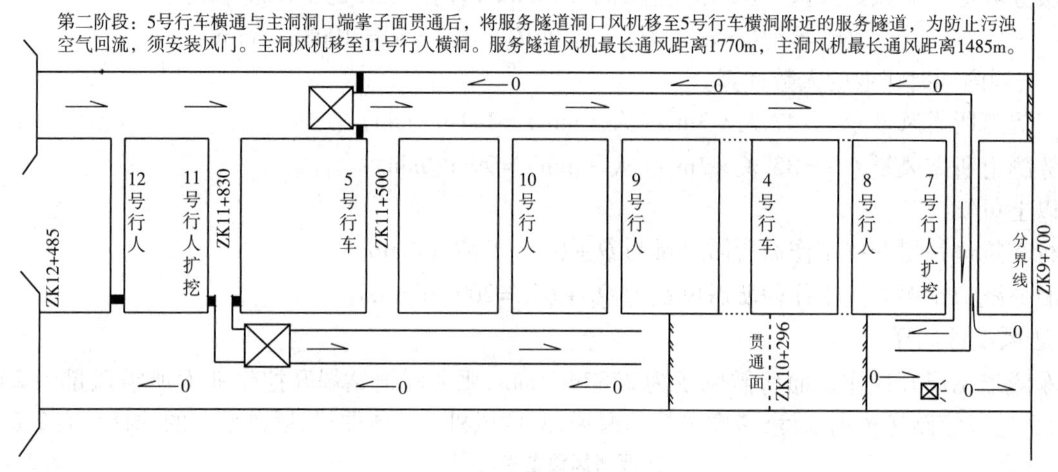

图 2-8-27 翔安端通风布置

(4)防漏降阻措施。

a. 以长代短：风管节长由以往的 20 ~ 30m 加长至 30 ~ 50m，减少接头数量，即减少漏风量。

b. 以大代小：在净空允许的条件下，尽量采用大直径风管。

(5)截弯取直：通风管安装前，先按 5m 间距埋设吊挂锚杆，并在杆上标出吊线位置，再将 ϕ8mm 盘条吊挂线拉直、拉紧并焊固在锚杆上，而后在吊挂线上挂风管。这样可使风管安装到达平、直、稳、紧，不弯曲、无褶皱，减少通风阻力。加强风管的检查、维修，发现破损及时粘补。

8.3.5 施工通风的要求

(1)车行及人行横洞及时贯通。

(2)不用的车行及人行横洞及时封闭。

(3)服务隧道出渣运输车应尽量通过横通道从行车隧道驶出洞外，严禁车辆从服务隧道洞口与轴流风机之间穿过，以保证轴流风机始终处在新鲜风流中。

8.3.6 防尘办法和措施

(1)施工中，作业环境每立方米空气中的粉尘允许含量为：含 10% 以上游离二氧化硅(SiO_2)的粉尘不超过 2mg/m^3；含 10% 以下游离二氧化硅(SiO_2)的粉尘不超过 4mg/m^3。

(2)降尘方法：采用水幕降尘器降尘。水幕降尘器喷水颗粒细，产雾量大，能够封锁整个隧道断面，除降尘外还可以吸收易溶于水的有害气体(SO_2、NH_3等)。

(3)另外采用隧道干式除尘机除尘，用于喷混凝土和装渣时的除尘。

(4)降尘措施

①隧道掘进和出渣期间,粉尘测定仪在隧道开挖面附近测定粉尘含量。

②钻眼采用湿式凿岩,凿岩机在钻眼时先送水后送风,禁止采用干式凿岩。

③放炮后进行喷雾、洒水、找顶、清帮。

④出渣前用水淋湿全部石渣和附近岩壁。

⑤洞内施工人员佩带防尘面罩。

⑥通过调整隧道供风的风速以排除粉尘。试验测定:当风速达到1.5~3.0m/s时,作业地点的粉尘可降到最小。

8.3.7 隧道通风效果

根据右线A4标的施工情况,对两种风机经多次测试,其风量和风压均达到设计要求。由测定结果,计算百米漏风率为0.98%,全断面平均风阻系数为0.005N·s^2/m^8,效果相当满意。距洞口不同距离布置测点,经多次测试,洞内最小风速0.23~0.49m/s之间,符合隧道施工通风规范要求。隧道内新鲜风基本能保证施工生产需要。

采用抽、压混合接力式通风,污浊空气不污染全洞,爆破工作面排烟迅速,绝大部分洞身始终空气新鲜。

在降低漏风率上狠下功夫,选用高强、耐久的PVC增强纤维布材料风管,新颖拉链式接头;管理上定岗定责,破损及时修补,使管道始终在良好的状态下工作。自始至终通风管漏风率一直低于1.2%,达到了0.98%的最高水平。

如何降低管道系统的阻力,是提高通风距离的关键之一。

(1)首先选择表面光洁度较高的PVC增强纤维布风管,且使接头平滑。

(2)其次安装和使用管理中始终使风管平、直、稳、紧,无弯曲、不褶皱。

通过以上多方面的努力,通风系统在良好状态下工作时,平均风阻系数为0.005N·s^2/m^8,效果十分显著。通风效果和洞内空气质量实测结果表明,在无轨运输模式下,爆破后30min粉尘浓度接近规定标准,有害气体浓度均低于规定标准。

【本章主要编写人员】:李阳刚 刘成峰 张 松 李德祺 叶小兵 王 江 苏宏伟 熊爱国 朱招庚 路军富

第9章　海底隧道衬砌施工技术

9.1　概述

此隧道采用复合式衬砌结构。初期支护的喷射混凝土厚度为8～30cm，二次衬砌采用C50钢筋混凝土或素混凝土，厚度为50～80cm。

考虑到隧道衬砌开裂的普遍性和较高的水化热温升，厚度为50～80cm的二次衬砌混凝土应按大体积混凝土考虑。混凝土在水泥水化热的作用下，将产生较高的水化热温升，形成不均匀、非稳定温度场，产生非均匀的温度变形，温度变形在围岩、老混凝土和自身的约束之下将产生较大的温度应力，容易导致混凝土开裂。

9.2　海底隧道二衬混凝土耐久性设计及对策

9.2.1　混凝土耐久性设计

海底隧道所处的位置、运行特点以及隧道环境条件，使隧道外壁处于陆域或海域地下水中，二衬混凝土极有可能受到地下水或海水中各种不利离子的侵入；隧道内部环境可能是高温、高湿、酸性气体及氯盐含量高的环境条件。这对于钢筋混凝土来说，是较恶劣的腐蚀环境，会减少结构的安全程度和使用寿命。考虑这些环境条件及其海底隧道特殊性，故在海底隧道二衬混凝土设计中必须要考虑其耐久性。翔安隧道设计基准周期为100年，因此对二衬混凝土耐久性要求较高。施工要求结构设计混凝土强度等级不得小于C50，抗渗等级达到P12、90d，氯离子扩散系数应小于$2.0\times10^{-12}m^2/s$。

9.2.2　温度标准及温控措施设计

一、混凝土配合组成与性能

初步计算中用到的水泥水化热和混凝土配合比、热学性能、强度、弹性模量等根据南京水利科学研究院的《厦门东通道海底隧道衬砌高性能混凝土试验研究报告》结果。其余参数参考有关工程资料经验选取。

3种混凝土的配合比见表2-9-1。

3种混凝土的配合比　　表2-9-1

编号	粉煤灰（%）	矿渣粉（%）	水胶比	砂率（%）	水（kg/m^3）	水泥（kg/m^3）	粉煤灰（kg/m^3）	矿渣粉（kg/m^3）	砂（kg/m^3）	碎石（kg/m^3）
2F	30	0	0.36	40	164	319	137	0	696	1044
2FK	15	30	0.36	40	164	251	68	137	700	1049
2K	0	60	0.36	40	165	183	0	275	701	1052

3种混凝土的主要力学参数见表2-9-2。

3种混凝土的主要力学参数　　表2-9-2

编号	抗压强度（MPa）				轴心抗压强度（MPa）	轴心抗压弹模（GPa）	轴心抗拉强度（MPa）		轴心抗拉弹模（GPa）		极限拉伸值（10^{-6}）	
	3d	7d	28d	90d	28d	28d	3d	28d	3d	28d	3d	28d
2F	28.2	40.4	51.5	59.6	40.3	30.3	2.66	2.93	29.3	36.4	94	106
2FK	29.9	45.4	63.7	67.0	49.3	31.1	3.05	3.06	31.0	34.5	110	122
2K	26.4	47.9	62.8	75.6	52.4	31.7	2.73	3.22	30.8	34.0	110	113

表2-9-3为试验室提供的现场混凝土的力学参数。可以看出,现场结果与室内试验有一定区别,特别是抗拉强度增加较多。为和现场监测结果比较,采用表2-9-3中的抗折强度。为便于应用,将抗折强度换算成抗拉强度,并以式(2-9-1)进行换算。

$$Rl(\tau) = 4.75(1 - e^{-0.276\tau^{1.0}}) \tag{2-9-1}$$

式中:Rl——混凝土的抗拉强度(MPa);

τ——混凝土的养护龄期(d)。

现场混凝土的主要力学参数 表2-9-3

抗压强度(MPa)					抗折强度(MPa)				轴心抗压弹模(×10⁴MPa)		
1.5d	2.0d	2.83d	6.83d	28.0d	2.83d	4.83d	6.83d	28.0d	4.83d	6.83d	28.0d
14.5	20.2	23.4	33.1	53.8	2.90	4.09	4.38	6.01	3.01	3.42	3.73

混凝土不同龄期的绝热温升见表2-9-4。

混凝土不同龄期的绝热温升(单位:℃) 表2-9-4

编号	0.5d	1d	2d	3d	4d	5d	7d	14d	28d
2F	17.9	36.2	50.8	54.2	54.5	54.5	54.5	54.5	54.5
2FK	14.3	29.4	48.6	50.9	51.1	51.2	51.2	51.2	51.2
2K	11.1	27.9	45.5	47.5	47.8	47.9	47.9	47.9	47.9

表2-9-5中的导热系数、导温系数、比热和线膨胀系数根据混凝土研究报告而取值。其中,导温系数②系根据混凝土材料的配合组成及原材料品种计算而得。混凝土的泊松比系数取为0.167。

混凝土的热学参数 表2-9-5

编号	线膨胀系数 (10^{-6}/℃)	导热系数 [kJ/(m·h·℃)]	导温系数① (m^2/h)	导温系数② (m^2/h)	30℃比热 [kJ/(kg·℃)]
2F	10.2	8.54	0.003688	0.004088	1.0561
2FK	11.2	8.84	0.003219	0.004079	1.0526
2K	12.4	8.86	0.03188	0.004062	1.0436

二、温度控制计算

1. 3种混凝土的比较计算

影响混凝土温度和温度应力的因素十分复杂,结构的形状和尺寸、外界温度和湿度、施工条件、温控程序、原材料变化等都会引起温度和温度应力的变化。在某些因素尚未确定的情况下,先根据已有条件作初步比较计算,即针对洞口段的衬砌混凝土对3种初步选定的配合比作计算,依据计算结果提出初步的温控标准和温度控制措施,以指导二次衬砌混凝土的温度控制。

(1)计算方法。计算温度时,由于衬砌混凝土厚度与段长相比较很小,可简化为平面问题计算;考虑到围岩的影响以及应力计算的方便,仍采用三维有限元法计算,将温度场和应力场纳入一个统一的网格和程序计算。计算过程中取水化热热温升Q为时间τ的函数。

分别用表2-9-5中的导温系数①和导温系数②对3种混凝土进行计算,根据先浇混凝土的实测结果,采用导温系数②的结果更接近实测。下文仅介绍后者的计算结果。

计算应力时,考虑了混凝土弹性模量E随时间而变化,取E为时间τ的函数。同时,也考虑了混凝土的徐变效应,结果中得到的应力为徐变应力。

(2)计算结果。

①温度特征值。表2-9-6列出了3种混凝土的温度特征值。表中的结果说明,最高温度在52.46~55.63℃之间,最高平均温度在48.62~51.36℃之间,最高温升在22.46~25.63℃之间,内表温差在15.54~17.06℃之间。

温度特征值　　表 2-9-6

编号	特征项目	浇筑温度(℃)	最高温度(℃)	最高平均温度(℃)	最高温升(℃)	内表温差(℃)
2F	特征值	30.0	55.63	51.36	25.63	17.06
	龄期(d)		1.2	1.2	1.2	1.2
2FK	特征值	30.0	53.05	49.10	23.05	15.87
	龄期(d)		1.6	1.4	1.6	1.6
2K	特征值	30.0	52.46	48.62	22.46	15.54
	龄期(d)		1.4	1.4	1.4	1.4

比较表 2-9-3 中的绝热温升可知:混凝土绝热温升越高,温度特征值也就越大,即各温度特征值以 2F 最大,2FK 其次,2K 最小;各温度特征值产生的龄期相近,在 1.2 ~ 1.6d 之间。

②应力特征值。表 2-9-7 列出了各种混凝土的表面和内部的最大拉应力。总的说来,表面拉应力和内部拉应力都以 2K 最大,2FK 其次,2F 最小。表面最大拉应力产生的龄期较早,在 1.4 ~ 1.6d 之间,内部的最大拉应力产生的龄期为 6d。

温度应力特征值　　表 2-9-7

编号	表面		内部	
	最大拉应力(MPa)	产生龄期(d)	最大拉应力(MPa)	产生龄期(d)
2F	0.48	1.4	1.57	6.0
2FK	1.14	1.6	1.57	6.0
2K	1.20	1.4	1.68	6.0

③最大拉应力与抗裂安全度。由于二次衬砌混凝土较薄,散热较快,最大温度应力都发生在早龄期,且此间的混凝土强度较低,前 8d 应是温度裂缝发生的危险期。为说明衬砌混凝土的抗裂安全度,将早龄期的最大温度拉应力及混凝土相应的抗拉强度列入表 2-9-8。表中的抗拉强度值根据表 2-9-2 中 3d 和 28d 的轴心抗拉强度值拟合曲线查得,由于实测点太少,拟合值难免有偏差。

温度应力与抗拉强度　　表 2-9-8

龄期(d)		1.0	1.2	1.4	1.6	2.0	4.0	6.0	16.0
2F	最大拉应力(MPa)	0.21	0.43	0.48	0.33	0.69	1.49	1.57	1.44
	抗拉强度(MPa)	0.61	0.82	1.02	1.23	1.64	2.68	2.71	2.84
	安全系数	2.98	1.90	2.14	3.78	2.38	1.79	1.73	1.97
2FK	最大拉应力(MPa)	0.35	0.84	1.09	1.14	0.54	1.47	1.57	1.45
	抗拉强度(MPa)	0.70	0.94	1.17	1.41	1.88	3.05	3.05	3.06
	安全系数	1.99	1.11	1.07	1.23	3.50	2.08	1.94	2.11
2K	最大拉应力(MPa)	0.39	0.94	1.20	1.12	0.44	1.59	1.68	1.55
	抗拉强度(MPa)	0.63	0.84	1.05	1.26	1.68	2.78	2.86	3.10
	安全系数	1.60	0.90	0.88	1.12	3.81	1.75	1.70	2.00

由表 2-9-8 的结果看出,对于不同的混凝土,最大拉应力以 2F 最小,2FK 其次,2K 最大;安全系数则以 2F 最大,2FK 其次,2K 最小。2K 的安全系数在 1.2 ~ 1.4d 龄期内小于 1,此间混凝土产生裂缝的可能性较大。

④结果分析。从温度和应力的计算结果可知,混凝土绝热温升越高,温度特征值也就越大;但温度应力却不一定最大,因为温度应力除温度因素的影响外,还受混凝土力学性能和热学性能的影响。

a. 3种混凝土中,2K的线膨胀系数最大,导温系数最小;2F的线膨胀系数最小,导温系数最大;2FK居两者之间。

b. 2FK和2K混凝土3d前的弹性模量较大,2F混凝土前3d的弹性模量较小。

c. 2K混凝土前3d的抗拉强度相对较小(和2F相近)。

由于上述原因,就不难理解为什么2K混凝土温度应力最大、安全系数最小。

(3)结论。

①二次衬砌混凝土厚度不大,加之水化热温升速度快(2d的温升已达绝热温升的95%),以致表面最大拉应力出现在2d之内;但混凝土前2d的抗拉强度低,稍有疏忽,即易产生表面裂缝,所以应特别重视前2d的温度控制。

②从减少温度应力和防裂效果看,3种混凝土中,以单掺粉煤灰方案(2F)最好,掺粉煤灰和矿渣粉的复掺方案(2FK)其次,单掺矿渣粉(2K)方案第三。在制定温控措施时,若采用单掺矿渣粉的方案,则更要加强温控,即采用更多、更严格的温控措施。

③对于不同的混凝土,温度控制标准也不一样。绝热温升和内表温差小,防裂效果不一定最好。温度控制标准应根据温度和应力的计算结果确定。

三、仿真计算

温度与温度应力计算结果的准确性除了需要选择恰当的计算方法外,混凝土的热学和力学性能对计算结果有较大影响。热学参数受现场环境和混凝土原材料的影响颇大,特别是水化热温升与混凝土的自身温度密切相关。往常通过室内试验测得的热学参数有一定的局限性,室内混凝土立方体非绝热温升试验的边界条件也与现场有较大出入。通过现场试验段的监测结果获取参数则可避免以上不足,可得到更真实的结果。其中热学参数经反演分析得到,力学参数通过现场取样试验和无应力计实测结果得到(力学参数的数学表达式也由反分析得到)。利用反演分析所得的参数用于仿真计算,可得到与实测温度与应力更加吻合的结果。

针对海底隧道浇筑二次衬砌混凝土是一个长期的反复循环施工过程,运用前期的温控监测结果,通过反演分析的方法来推算混凝土的热学参数,其值将更接近于真实值;再用于温度场和温度应力的计算,其结果将更真实可靠。由此而制订的温控标准和温度控制措施会更适用、更合理,用于指导后续工程的施工也就更切合实际。

热学参数的反演分析即利用温度场的实测结果和部分已知参数及关系式反求另外所需的参数。混凝土的热学参数主要有绝热温升θ,导热系数λ,表面放热系数β、比热c和线膨胀系数α。其中,绝热温升θ对温度场计算的影响最大,表面放热系数β和导热系数λ的影响其次,线膨胀系数α容易从无应力计测值中反演分析求得,比热c容易从室内试验或通过公式较准确地求得。所以,热学参数的反演分析着重于求解θ、β和λ。

力学参数的反演分析即利用现场取样的实测结果反求其关系式。这里主要是反推混凝土的弹性模量E和抗拉强度Rl的数学表达式。

1. 反演分析的原理和方法

混凝土的热传导方程为

$$\frac{\partial T}{\partial \tau} = \alpha\left(\frac{\partial^2 T}{\partial x^2} + \frac{\partial^2 T}{\partial y^2} + \frac{\partial^2 T}{\partial z^2}\right) + \frac{\partial \theta}{\partial \tau} \tag{2-9-2}$$

混凝土与空气接触时采用第三类边界条件,即

$$-\lambda\frac{\partial T}{\partial n} = \beta(T - T_a) \tag{2-9-3}$$

式中,$\lambda = c\rho a$,其中c——比热;ρ——密度;a——导温系数。

采用下面的指数式来描述混凝土绝热温升$\theta(\tau)$和龄期τ的关系:

$$\theta(\tau) = \theta_0(1 - e^{-d\tau e}) \tag{2-9-4}$$

以上3式中,θ_0,d,e,λ,β是5个待定系数,可以通过反演分析的方法来推算。考虑到温度场中的各温度值是用数值方法求得,对目标函数不易作微分计算,所以采用单纯形法来优化目标函数,单纯形法的主要优点在于求解过程中不需要求出目标函数的微分,所以该方法普遍适用于基于上述数值方法的优化问题。具体步骤如下:

(1)给定5个参数的初值。在五维参数空间中在该初始值附近构造一个六点单纯形。

(2)对当前单纯形的每一定点,将给定的参数代入式(2-9-2)~式(2-9-4),并通过数值解法对式(2-9-2)和式(2-9-3)式求解,求得各测点各时刻的温度值T_{ij}。

(3)求目标函数值$F = \sum_{i=1}^{m}\sum_{j=1}^{n}\omega_{ij}(T_{ij} - T_{ij}^0)^2$,式中$i$为测点,$j$为时刻,$T_{ij}^0$为温度实测值,$\omega_{ij}$为权值,$m$为温度测点数,$n$为测次数。

(4)考察当前单纯形各顶点目标函数值F的大小,用单纯形法调整定点位置,即参数θ_0,d,e,λ,β的值,然后重复进行步骤(2)~(4)的迭代运算,直到目标函数达到收敛要求为止,并输出最终求得的5个参数值。

力学参数的反演分析比较简单,假设弹性模量E和抗拉强度Rl的数学表达式分别为:

$$E = E_0(1 - e^{-a_1\tau^{b_1}}) \tag{2-9-5}$$

$$Rl = Rl_0(1 - e^{-a_2\tau^{b_2}}) \tag{2-9-6}$$

通过弹性模量和抗拉强度实测值和上述反演分析原理确定参数E_0,a_1,b_1和Rl_0,a_2,b_2即可。

2. 计算结果

采用三维有限元法计算,将温度场和应力场纳入一个统一的网格和程序计算,得出以下结论。

(1)热学参数受现场环境和混凝土原材料的影响颇大,完全应用室内试验测值来计算温度场误差在所难免,必将影响到计算结果的准确性。通过反演分析的方法来推算混凝土的热学参数,其值将更接近于真实值,用于温度场和温度应力的计算,结果会更准确、更可靠。

(2)通过反演分析得到的热学参数与室内试验值有一定区别,特别是前2d绝热温升θ和导热系数λ,试验值都偏小较多。

(3)反演分析得到的热学参数和力学参数用于温度场和应力场的仿真计算,结果和实测的温度和应力吻合得相当好,说明本文采用的反演分析法和温度与应力的仿真计算方法是正确的,可用于以后相关工程温度与应力的计算分析。

(4)根据仿真计算的温度场与应力结果以及该段两次温控监测的实测结果,制定的温控标准和温控措施,对于该段二次衬砌混凝土,针对性更强,必定更适用、更合理、更有效。

四、温控监测

温控监测就是在混凝土中埋入一定数量的测温仪器和测应变的仪器,检验不同时期的温度特性和温差标准,验证温控计算结果和温度控制措施的效果;同时,通过混凝土的应变测值进一步计算温度应力和收缩应力,判断混凝土的应力状态和抗裂能力,预料产生裂缝的可能性。再者,温控监测也是制订温控标准和温控措施的主要依据,通过温控监测还可及时掌握温控信息,便于调整和改进温控措施,作到信息化施工,为后续工程的温控技术积累经验;此外,温控监测还可为热学参数反演分析提供实测结果,便于仿真计算。

1. 仪器的观测

混凝土入仓后即由专人观测,观测人员经过专门培训,具有观测经验,可避免观测中的人为误差。观测频次先密后疏,以确保温度和应变的连续性并测得最大值和最小值。混凝土入仓之前,至少观测1次,检查仪器埋入后有无损坏,并观测仓内温度。正式观测从仪器被埋入开始,观测频次稍有区别,但最少不低于以下测次:前3d每4h测1次,3~7d每6h测1次,7~14d每8h测1次,14~20d每天测2次,20~30d每天测1次,30~60d每2d测1次。总的观测时间为45~60d。

2. 温度监测结果

(1)温度特征值。表2-9-9列出了各监测断面110～200cm高度内(服务洞NK6+547例外)混凝土的温度特征值,代表衬砌厚度在58～80cm范围内的温度特征值。可以看出,温度特征值有以下规律:除明洞外,衬砌厚度越厚,温度特征值就越高;浇筑温度越高,温度特征值就越高;明洞温度特征值明显低于洞内。但是,左洞ZK6+795和右洞YK7+335除以上规律外,在衬砌厚度相近的层次中,它们的温度特征值仍明显偏高,估计是该批次的水泥水化热偏高。

温度特征值 表2-9-9

部 位	所在高度(cm)	衬砌厚度(cm)	浇筑温度(℃)	最高温度(℃)	最高平均温度(℃)	最高温升(℃)	内表温差(℃)
NK6+547	420	60	19.5	33.1	31.6	13.6	7.6
ZK6+545	150	80	23.6	45.7	42.2	22.1	6.9
ZK6+675	160	62	27.5	52.5	49.7	25.0	12.1
ZK6+795	200	58	30.6	60.3	58.1	29.7	13.1
YK7+335	180	65	29.0	63.4	60.7	34.4	16.0
ZK7+525	135	79	27.3	55.7	53.6	28.4	15.5
ZK7+830	110	70	29.5	56.1	53.5	26.6	12.4
ZK7+840	150	60	28.3	48.7	47.9	19.8	10.7

(2)温度变化规律。各监测断面的温度变化规律基本相同,现以各监测断面第1层中点的温度变化曲线来说明。

图2-9-1为不同监测断面第1层中点的温度变化曲线,图中的T1～T8分别表示表2-9-9中从上到下各个断面中点的温度。可以看出,虽然各断面的最高温度相差很大,但它们的温度变化规律都基本相同,除明洞外,最终的稳定温度和开始稳定的时间也相近。它们的温度变化规律是:混凝土浇筑后4h后温度很快上升,约1.3d达到最高温度,随即又迅速降温,5d以后,降温速度变缓,15d以后,温度逐步趋于稳定。不同的是,明洞的温度明显低于洞内温度,5d后即受气温影响而波动。温度大小除受混凝土衬砌厚度和外界气温的影响外,估计各断面混凝土的绝热温升也有区别。

图2-9-2为左洞ZK7+830断面第2层各温度测点(T6～T10)的温度变化曲线,代表了不同厚度测点的温度变化规律。由图看出,各点温度随时间的变化规律与图2-9-1洞内测点的温度变化规律相同,只是温度值的大小各不相同。5个测温点中,以中心测点T8的温度最高,邻近中心点的T7和T9其次,外边界点T10第三,内边界点T6温度最低。说明距表面越近,温度也就越低,但外表面的温度高于内表面。

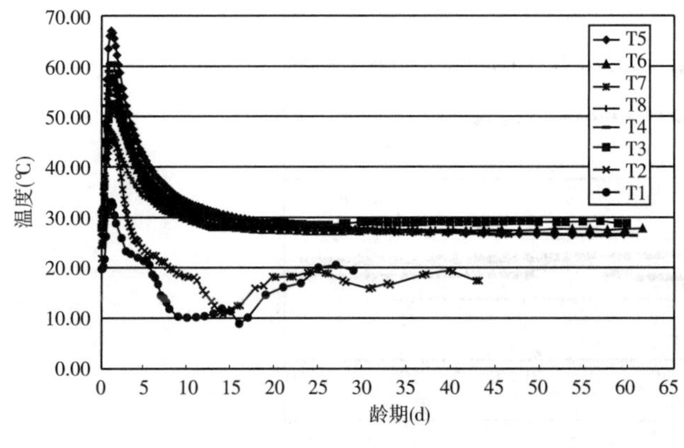

图2-9-1 各监测断面第1层中点的温度变化曲线

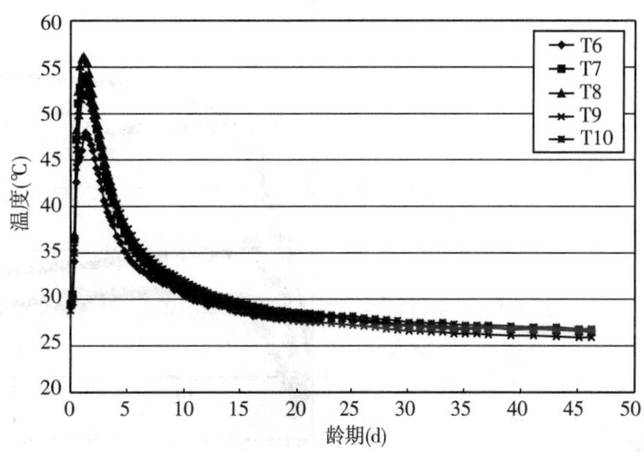

图2-9-2 不同厚度测点的温度变化曲线

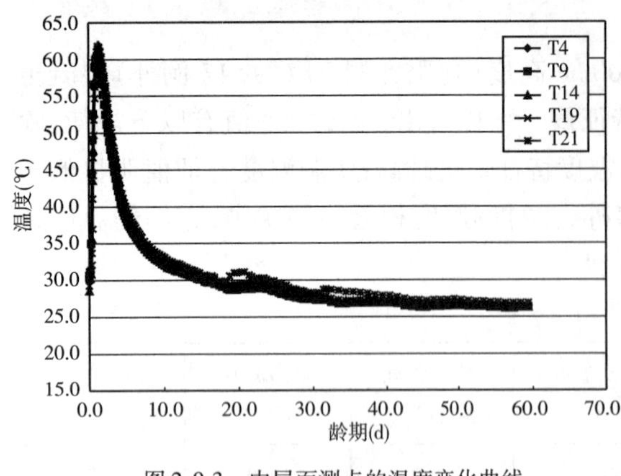

图 2-9-3　中层面测点的温度变化曲线

图 2-9-3 为左洞 6 + 795 断面不同高度中层面测点的温度变化曲线。可以看出，图中的温度变化规律仍与前述规律相同，同时各点的温度值也相当一致。说明混凝土衬砌厚度相近的情况下，不同高度中层面测点的温度值和变化规律都是十分一致的。

3. 应力监测结果

应力是根据混凝土中埋设应变计的实测应变、温度、无应力计测值、混凝土的物理力学参数以及徐变性能等计算而得。

（1）应力特征值。表 2-9-10 列出了不同监测断面的应力特征值。表中，ZK6 + 545、ZK6 + 675、YK7 + 335 和 ZK7 + 525 断面的最大拉应力为早龄期的拉应力极大值，也就是最可能产生裂缝的危险拉应力；ZK6 + 545、ZK6 + 675 断面的危险拉应力都发生在与空气接触的表面，其余都发生在中层面上。其中，有 3 个断面的拉应力已经非常接近混凝土的抗拉强度，对应龄期发生在 2 ~ 6d 龄期之内。

应 力 特 征 值　　表 2-9-10

序号	部　位	最大拉应力（MPa）	产生高度（cm）	产生龄期（d）	混凝土抗拉强度（MPa）	安全系数
2	ZK6 + 545	2. 24	150	2. 00	2. 28	1. 02
3	ZK6 + 675	1. 34	160	2. 00	2. 28	1. 70
4	ZK6 + 795	4. 18	80	18. 73	4. 72	1. 13
5	YK7 + 335	3. 48	60	4. 77	3. 48	1. 0
6	ZK7 + 525	3. 84	45	5. 82	3. 80	0. 99
7	ZK7 + 830	4. 13	60	41. 15	4. 75	1. 15

注：混凝土抗拉强度根据式（2-9-1）计算得出。

（2）应力变化规律。所有结果表明：沿洞断面切线方向的应力都远小于沿洞轴线方向的应力，故在应力监测中以测洞轴线方向的应力为主。以下的应力结果中，若无特别说明，皆指沿洞轴线方向的应力。

①不同高度测点的应力变化。图 2-9-4 为 ZK6 + 795 断面位于衬砌厚度中层面上不同高度测点的应力变化曲线。图中，σ_i（i = 3、6、12）表示测点的应力，*Rl* 为混凝土抗拉强度曲线，根据式（2-9-1）计算而得，意在反应各层混凝土的抗裂安全度。由图看出，3 点应力的变化规律非常一致，开始为很小的压应力，1. 5d 后变为拉应力，拉应力较快增大，先后于 5 ~ 7d 达到最大值，10d 后趋于稳定。所不同的是应力值的大小，即应力随高度而减小，说明距边基础越近，拉应力就越大。所以，下文侧重于介绍第一层测点的应力结果。

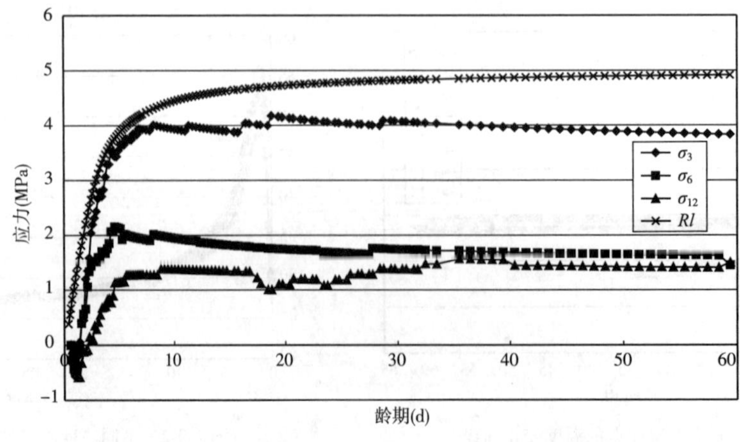

图 2-9-4　ZK6 + 795 断面中层面上测点的应力变化曲线

②最大应力点的应力变化。图2-9-5为各个断面最大应力点的应力变化曲线，图中的σ_i（$i=3\sim7$，对应于表2-9-10中的序号），分别表示表2-9-10中ZK6+545以下各个断面中最大应力点（第一层中点）的应力。图中的σ_3、σ_4和σ_7代表了最大应力小于混凝土抗拉强度的曲线。早期为拉应力，并很快上升，10d内达到最大值，以后保持稳定。σ_5和σ_6代表了最大应力靠近混凝土抗拉强度的曲线。早期拉应力以更快的速度上升，5~6d达到最大值，它们在3.5~5.8d内几乎与抗拉强度曲线重合，此后迅速下降，12d后保持稳定，此现象表明附近已产生微裂缝。

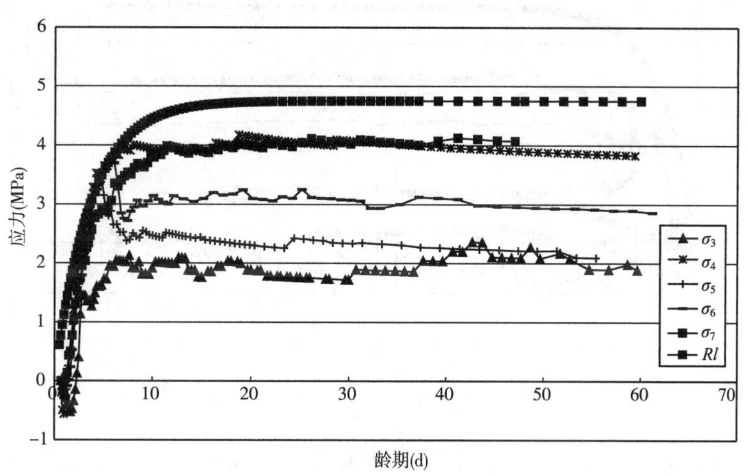

图2-9-5 最大应力点的应力变化曲线

③内表面点的应力变化。图2-9-6为不同断面内表面测点的应力变化曲线，图中的σ_{in}（$i=3\sim7$，对应于表2-9-10中的序号），分别表示表2-9-10中ZK6+545以下各个断面中内表面测点的应力。应力变化可分为两类σ_{3n}，σ_{4n}和σ_{5n}属第一类，它们离洞口较近，离施工面也较近，受气温的影响较大，表现出较大的波动性。刚开始即为拉应力，并很快上升，4d左右达到最大值，此后迅速下降，5~6d后下降速率变缓，经过一段时间的波动后趋于稳定。σ_{6n}和σ_{7n}属第二类，它们离洞口和施工面都较远，气温比较稳定。它们一开始即为压应力，并缓慢下降，25d后保持稳定。总的说来，内表面的应力不大，且大多为压应力。

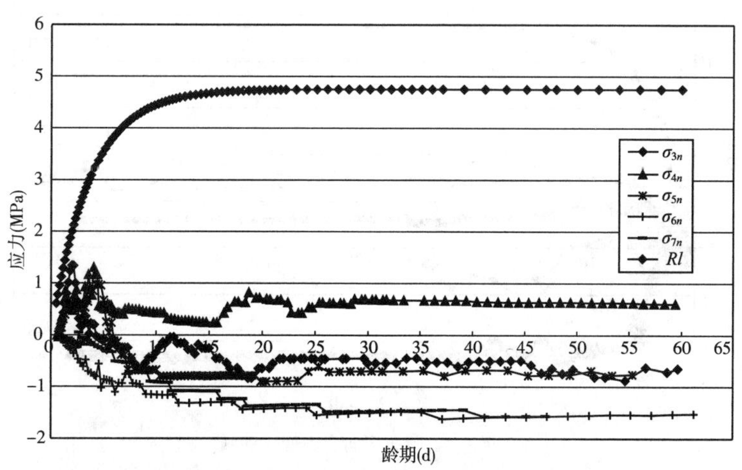

图2-9-6 各断面内表面点的应力变化曲线

④外表面点的应力变化。图2-9-7为不同断面外表面测点的应力变化曲线，图中的σ_{iw}（$i=2\sim7$，对应于表2-9-10中的序号），分别表示表2-9-10中各个断面外表面测点的应力。其中，σ_{4w}和σ_{7w}代表断面应力较大但仍处安全的情况，早期即为拉应力，并较快上升，约20d达到最大值，以后保持稳定。σ_{5w}和σ_{6w}代表了断面最大应力已靠近混凝土抗拉强度的曲线，早期拉应力以更快的速度上升，5~6d达到最大

值，此后迅速下降，20d 后保持稳定。变化规律与图 2-9-7 中的 σ_5 和 σ_6 完全相同，正好说明临界应力已导致断面附近产生微裂缝。σ_{3w}代表了外表面测点高度较高（5.5m）时的应力变化，说明测点较高时，初始为压应力，约 8d 后变为拉应力，拉、压应力都很小。σ_{2w}代表了明洞外表面测点的应力变化，由于外表面暴露于大气之中，应力受气温的影响而波动较大，主要为压应力，数值也不大。

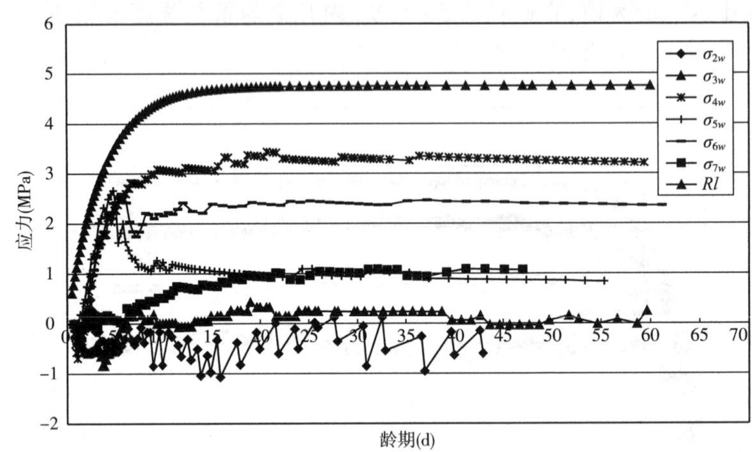

图 2-9-7 各断面外表面点的应力变化曲线

⑤各断面切向应力变化。图 2-9-8 为 4 个断面沿洞断面切线方向应力变化曲线，图中的 σ_{iq}（$i=2\sim5$，对应于表 2-9-10 中的序号），分别表示表 2-9-10 中前 4 个断面沿洞断面切线方向应力。其中，σ_{4qz}和σ_{5qz}分别表示 ZK6 +675 和 ZK6 +795 中层面上的切向应力，初始为不大的压应力，1.6d 后变为拉应力，5 ~ 10d拉应力达到最大值，此后趋于稳定。σ_{3q}和 σ_{4q}分别表示 ZK6 +795 和 YK7 +335 断面内表面上的切向应力，其变化刚好和中面上相反，初始为拉应力，并较快上升，约 1.5d 后迅速下降，约 2.5d 后变为压应力，15d 左右压应力达到最大值，此后趋于稳定。σ_{2q}表示左明洞 ZK6 +545 断面外表面上的切向应力，其变化和 σ_{3q}相似（但应力值较大），初始为拉应力，并较快上升，2d 达到最大值，并接近混凝土的抗拉强度，以后迅速下降，约 12d 后变为压应力，并随气温波动。

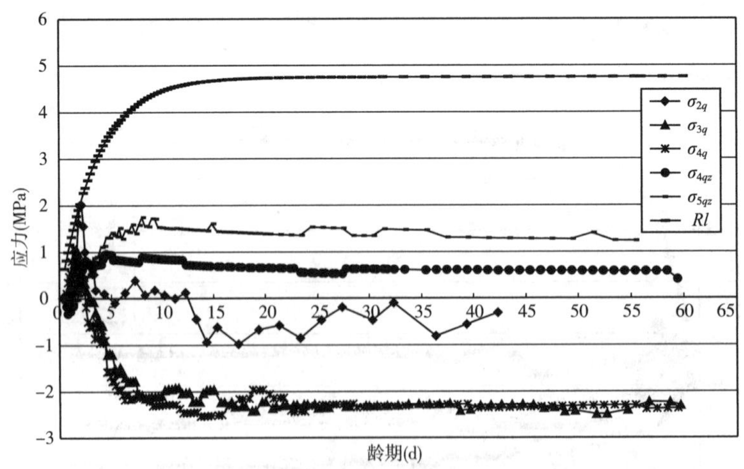

图 2-9-8 各断面切向应力变化曲线

（3）二次衬砌的应力特性。总结各个断面的应力结果，虽有一定差异，但更具有共同的特性和规律：

①最大拉应力都产生在第一层，表明距边基础越近的部位拉应力越大。

②二次衬砌厚度越厚，拉应力就越大。

③拉应力沿衬砌厚度的分布是：对洞内衬砌而言，中层面最大，外表面其次，内表面最小；对于明洞而

言,则可能是外表面最大。

④对洞内衬砌而言,沿衬砌断面切线方向的应力都远小于沿洞轴线方向的应力,轴向应力是导致温度裂缝产生的主要应力。

⑤各点应力都在10d龄期内急速变化,并在一定龄期后趋于一稳定值。

⑥ 2～7d龄期的最大拉应力最可能接近、达到甚至超过混凝土的抗拉强度,所以,2～7d是二次衬砌产生裂缝的危险期。

4. 监测结果分析

最容易导致裂缝的危险拉应力一般都发生在3～6d。这是因为,3～6d为内部温度骤降期,在上下层约束和自身约束的影响下,内部拉应力骤然增大。另一方面,混凝土早龄期的抗拉强度相对较小,衬砌混凝土在此期间抗裂安全度也就较小。所以,应特别重视7d以内的温度控制,稍有疏忽大意即可导致裂缝发生。

根据拉应力的分部规律:距边基础越近的部位拉应力越大,说明边基础对二次衬砌的约束应力是产生温度应力的重要原因之一。自左ZK6+675断面后,二次衬砌与边基础的间歇期一般都在2个月以上,上下层约束必定很大。为减少约束应力就应减少二者间的浇筑间歇期。

温度应力的另一规律是:二次衬砌厚度越厚,拉应力就越大。这是因为衬砌越厚温升就越高,内外温差和上下层温差也就越大,约束应力和自生应力都会同时增大。ZK6+795断面之后的4个监测断面都明显超挖,二次衬砌的实际厚度已大大超过设计厚度。所以,减少超挖,特别是减少近边基部位的超挖,减薄衬砌厚度,是削减温度应力的另一有效措施。

拉应力沿衬砌厚度的分布是:中层面最大,外表面其次,内表面最小;沿洞轴线方向的应力远大于断面切线方向的应力。所以,如果二次衬砌产生裂缝,首先是从下部的中层面开始,裂缝的方向为竖向。右洞YK7+335断面第一层的σ_5和左洞ZK7+525断面第一层的σ_6(图2-9-5)都是在达到或超过混凝土抗拉强度后急速下降,说明附近已有微裂缝产生。如果以后混凝土收缩较大或者洞内温度突然下降,引起较大的表面应力,即可能使裂缝贯穿。所以,应充分重视混凝土的养护措施。

检查右洞YK7+335和左洞ZK7+525断面附近的二次衬砌,个别段已发现裂缝,证实上述监测结果和分析是正确的、合乎实际的。

左洞ZK7+840代表由第一层到第三层逐层变厚的衬砌类型,虽未测应力,从表2-9-6可知,它的温度特征值明显低于其他断面。说明该类衬砌对于减小温升和温差,防止温度裂缝是有利的。

从温控监测结果和上述分析可知,温度特征值中,右洞YK7+335断面的温度特征全部超过温控标准,左洞YK7+525断面第一层的最高温升和内表温差略微超过温控标准。应力特征值中,恰好右洞YK7+335和左洞ZK7+525断面第一层的拉应力达到或差略微超过混凝土抗拉强度(估计已产生微裂缝)。再综合其他断面的监测结果,说明以前温控标准是正确的、恰当的。但针对超挖的情况,有必要对超挖的二次衬砌制订相应的温控标准和温控措施。

5. 温度和应力偏大的原因

图2-9-9表明,右洞YK7+335断面的温度偏高,表2-9-10表明,右洞YK7+335和左洞ZK7+525断面的应力偏大。根据上节的分析和温控措施的执行情况可总结出产生的原因如下:

(1)由于边墙(特别是下部)超挖,使二次衬砌的厚度显著增大,并大大超过原设计50～60cm的厚度,因而使温度特征值超标。

(2)右洞YK7+335的温度特征值显著超过其他断面的温度特征值,左洞ZK6+795的温度特征值也有所偏高。除混凝土衬砌较厚的原因外,更主要的原因可能是该批次的水泥水化热偏高。因为左洞ZK7+525和ZK7+830断面的第二层还稍厚于右洞YK7+335的第二层,但温度特征值却比YK7+335断面低许多。

(3)二次衬砌与边基础的间歇期太长,一般都在2个月以上,增大了上下层温差和约束应力。

(4)执行温控措施不够严格。如右洞YK7+335和左洞ZK7+525断面的浇筑温度分别是29.0℃和

27.3℃,而浇筑混凝土前气温分别是26.9℃和24.8℃,浇筑温度分别高于气温2.1℃和2.5℃,均高于2.0℃的温控标准。又如,右洞YK7+335以后的4个断面混凝土都未养护,增加了收缩应力。另外,为了浇筑进度,脱模和拆模的时间也太快,不利于早期保温。

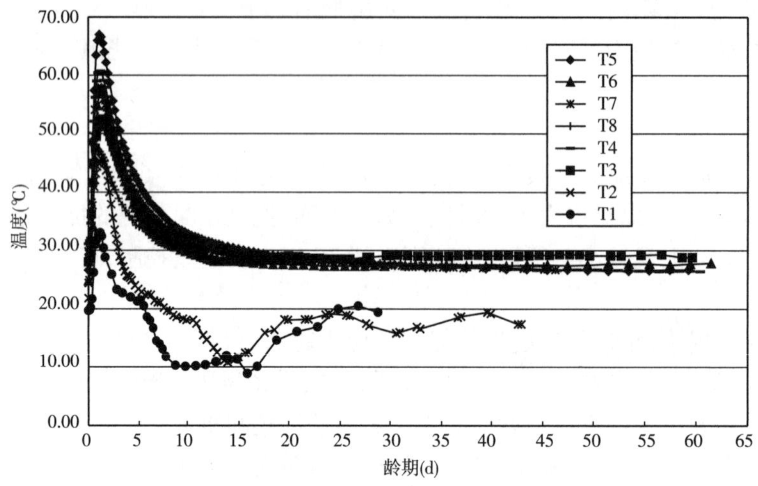

图2-9-9 各监测断面第1层中点的温度变化曲线

图2-9-10为左洞ZK7+830断面第2层各温度测点(T6~T10)的温度变化曲线,代表了不同厚度测点的温度变化规律。由图看出,各点温度随时间的变化规律与图2-9-1洞内测点的温度变化规律相同,只是温度值的大小各不相同。5个测温点中,以中心测点T8的温度最高,邻近中心点的T7和T9其次,外边界点T10第三,内边界点T6温度最低。说明距表面越近,温度也就越低,但外表面的温度高于内表面。

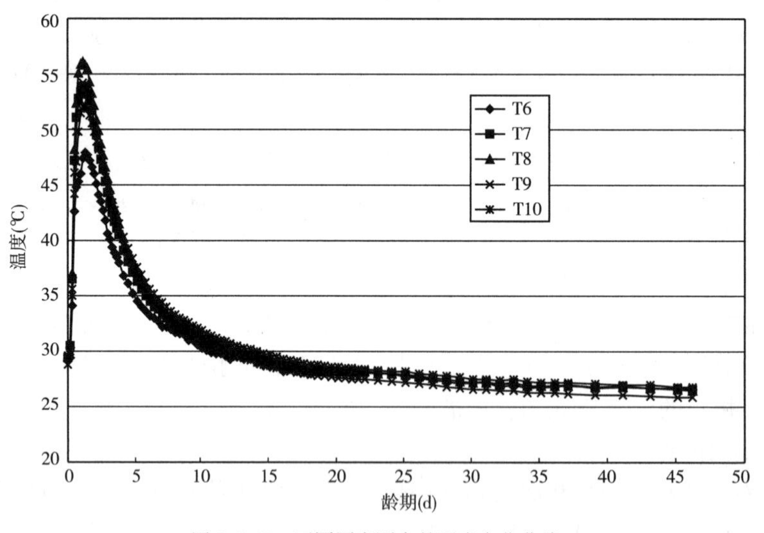

图2-9-10 不同厚度测点的温度变化曲线

图2-9-11为左洞ZK6+795断面不同高度中层面测点的温度变化曲线。可以看出,图中的温度变化规律仍与前述规律相同,同时,各点的温度值也相当一致。说明混凝土衬砌厚度相近的情况下,不同高度中层面测点的温度值和变化规律都是十分一致的。

五、监测与计算结果比较

1. 监测与计算结果的比较

衬砌混凝土的厚度和环境温度都直接影响监测结果,比较计算是针对洞口段的衬砌而作,为具可比性,仅以左洞ZK6+675断面的温度和应力与比较计算中的2FK结果作比较。

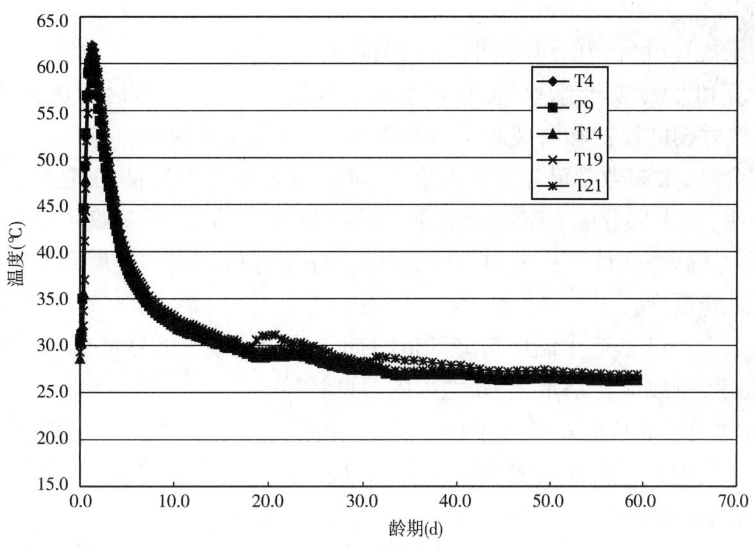

图2-9-11 中层面测点的温度变化曲线

表2-9-11为温度特征值的比较,表2-9-12为温度应力特征值的比较。结果表明,不管是温度特征值、应力特征值,还是产生龄期,计算和实测结果都比较接近,实测应力较大可能是因为衬砌超过设计和外温差异所致。尚需说明的是,表2-9-12中的内部实测应力为早龄期的极大值,实际最大拉应力为2.36MPa,产生龄期为42.6d。因为计算的龄期较短,也因为后期应力的少量增长是由外温的变化引起,所以选择早龄期的极大值进行比较更合适。

温度特征值比较 表2-9-11

分类	特征项目	最高温度(℃)	最高平均温度(℃)	最高温升(℃)	内表温差(℃)
计算	特征值	53.05	49.10	23.05	15.87
	龄期(d)	1.6	1.4	1.6	1.6
实测	特征值	52.5	49.7	25.0	12.1
	龄期(d)	1.3	1.3	1.3	2.0

温度应力特征值比较 表2-9-12

分类	表面		内部	
	最大拉应力(MPa)	产生龄期(d)	最大拉应力(MPa)	产生龄期(d)
计算	1.14	1.6	1.57	6.0
实测	1.34	2.0	2.05	6.31

2. 监测与仿真计算结果的比较

仿真计算通过反演分析的方法来推算混凝土的热学参数,再模拟二次衬砌混凝土在施工过程中的实际情况对温度场和应力场作计算分析。仿真计算中的结果已证明,采用反演分析所得的计算结果(温度、应力和变化规律)和实测结果吻合得相当好。

实测结果证明,通过反分析的方法来推算混凝土的热学参数,其值更接近于真实值,用于温度场和温度应力的计算,结果更准确、更可靠。

六、结论

(1)经比较后3种混凝土的计算结果与实测结果相近,用于正确选择混凝土、制订二次衬砌初步的温控标准和温度控制措施是适宜的。

(2)仿真计算通过反演分析的方法来推算混凝土的热学参数和力学参数,模拟实际施工过程作分析计算,计算结果和实测结果相当吻合,表明分析计算方法的正确性和适用性,并可更正确、更合理地指导后续工程的温度控制。

(3)所有监测结果规律性好,和计算结果相互印证,可信度高。

(4)根据初步计算和监测结果制订的温控标准和温控措施,并通过以后的仿真计算和监测结果得以改进和完善,对于二次衬砌的温控和防裂起了重要作用,应继续坚持执行。

(5)除个别衬砌段外,大多数都满足温控标准,表明温度控制的效果良好,达到了防裂目的。

(6)监测结果表明,绝大部分应力都小于混凝土的抗拉强度,但右洞 YK7 + 335 和左洞 YK7 + 525 断面第一层的温度和应力偏大,估计已产生内部微裂缝,应注意保持洞内的湿度和温度,防止混凝土收缩和温度突然下降,以免裂缝贯穿。

(7)混凝土浇筑后 2 ~ 6d 是产生温度裂缝的危险期。此间混凝土的强度低,拉应力上升快,稍有疏忽大意即可导致裂缝发生,所以应特别重视 7d 之内的温度控制。

(8)45d 后,所有的温度和应力都已处于稳定状态,以后再发生温度裂缝的可能性已不大。

(9)二次衬砌产生裂缝的危险部位是在边墙下部,最大拉应力为水平方向(沿洞轴向)。应特别重视边墙下部 200cm 以内的温度控制。

(10)二次衬砌的厚度大,衬砌与边基础的间歇期太长,是温度和应力偏大的主要原因,应尽量避免超挖,缩短二次衬砌与边基础的间歇期。

(11)水泥水化热偏高,温控措施执行不够严格是温度和应力偏大的另一原因。后继衬砌应注意抽查水泥的水化热,加强表面保温和养护。

(12)总结以前的温控经验,针对后续Ⅰ、Ⅱ类围岩超挖较多、二次衬砌混凝土超厚的状况,需要进一步修订温控标准和温控措施(见对策)。

9.2.3 主要对策

二衬混凝土耐久性的影响因素主要体现在配合比优化设计、施工温控与防裂、抗渗性能、防腐性能以及钢筋保护层厚度等几方面。

一、配合比设计

本工程配合比设计要满足以下条件:

(1)强度要求:混凝土强度等级不得小于 C50,为保证施工进度要求,衬砌混凝土 3d 强度不得低于 21MPa。

(2)耐久性要求:抗渗等级达到 P12、90d 氯离子扩散系数应小于 $2.0 \times 10^{-2} m^2/s$,抗氯离子渗透性能 $< 1200C$。

为达到以上要求,在配合比设计上和原材料的选材上应以耐久性作为主要指标,以低水胶比、低用水量和混凝土密实度高为前提。配比设计时,应有重点地保证耐久性、工作性、适用性、强度、体积稳定性、经济性。

依据配合比设计原则,保证各项指标,必须选用优质原材料。除水泥、水、集料外,还必须掺加足够数量的矿物细粉掺合料和高效减水剂,且在设计过程中注意 3 大技术关键:

(1)合理使用各种外加剂的技术,包括外加剂的选用,各种外加剂间的复合,外加剂的最佳掺量。如何达到与水泥间的相容性良好,以及混凝土坍落度经时损失小的要求,可先确定不同的组合,通过与水泥的相容性对比试验,进行优选;因此相容性对比试验很关键。

(2)合理使用掺合料的技术,包括掺合料的选用,各种掺合料间的复合,掺合料的掺量。可先确定不同的方案,通过流动性、抗裂性、强度与耐久性对比试验,进行优选;其中流动性与抗裂性对比试验最关键。

(3)卓有成效地控制混凝土开裂和防裂的技术,包括原材料选用,水化热控制,配合比参数(水胶比、用水量)的控制,施工中温度的控制,养护措施的保证等,也是先确定几种方案,通过抗裂性对比试验进行优选。

通过大量配合比中原材料不同的组合,配制的配合比,使该二衬混凝土不但工作性能满足现场施工,强度达到设计要求;而且在尽可能低的水灰比下,提高混凝土的密实程度,降低混凝土的内部孔隙,提高混凝土的耐久性能。所以在配合比设计时,选择采用掺加外掺料,采取了3种不同的掺配方法,分别配制。3种配合比见表2-9-1。

通过试验测得3种配合比的主要力学参数见表2-9-13。

混凝土配合比主要力学参数 表2-9-13

编号	抗压强度(MPa)				轴心抗压强度(MPa)	轴心抗压弹模(GPa)	轴心抗拉强度(MPa)		轴心抗拉弹模(GPa)		极限拉伸值	
	3d	7d	28d	90d	28d	28d	3d	28d	3d	28d	3d	28d
2F	28.2	40.4	51.5	59.6	40.3	30.3	2.66	2.93	29.3	36.4	94	106
2FK	29.9	45.4	63.7	67.0	49.3	31.1	3.05	3.06	31.0	34.5	110	122
2K	26.4	47.9	62.8	75.7	52.4	31.7	2.73	3.22	30.8	34.0	110	113

通过以上3种不同的配合比强度结果和材料用量,从早期抗压强度、28d强度、抗拉弹模、经济性等多方面比较,最终选定海底隧道二衬混凝土配合比。该二衬混凝土各种材料规格及每方用量见表2-9-14:

混凝土材料规格 表2-9-14

材料	水胶比	砂率	水泥	水	细集料	粗集料	减水剂	粉煤灰	矿渣粉
材料规格	—	—	P. Ⅱ42.5	饮用水	M_x=2.6~2.8 中河砂	5~25mm 反击破碎石	意大利马贝—X414	1级	S95磨细矿渣粉
用量	0.32	41%	254	155	713	1020	3.91	78	156

该配合比3d抗压强度为28.6MPa,28d强度为61.7MPa,28d抗渗等级达到P12,90d氯离子扩散系数为$1.2418\times10^{-12}m^2/s$,均满足设计要求。

二、二次衬砌施工温控与混凝土防裂技术

考虑到隧道衬砌开裂的普遍性和较高的水化热温升,厚度为50~80cm的二次衬砌混凝土宜按大体积混凝土考虑。大体积混凝土在水化热的作用下,将产生较高的水化热温升,形成不均匀非稳定温度场,产生非均匀温度变形,温度变形在围岩和自身的约束之下将产生较大的温度应力,极易导致混凝土开裂。

影响混凝土温度和温度应力的因素十分复杂,结构的形状和尺寸、外界温度和湿度、施工条件、温控程序、原材料变化等都会引起温度和温度应力的变化。混凝土浇筑后的温度与水泥的水化热温升、浇筑温度、浇筑进度、外界气温、表面保护等多种因素有关。

为保证工程质量、减轻或避免温度裂缝,必须进行温度控制,采取合理的温控措施。对此进行了计算模拟、仿真计算及现场温度检测,得出了较为合理的温度标准和温控措施。

1. 温控标准和温控措施

1)温控标准

(1)混凝土的内表温差应小于16℃。

(2)混凝土的浇筑温度应小于$T+2$℃(T为浇筑地点当天及前一天的平均气温),混凝土最高温升不超过26℃。

2)温控措施

根据二次衬砌混凝土的温度与温度应力特性,温控措施应侧重于以下4方面:降低混凝土的水化热

温升;降低混凝土的浇筑温度和升温期的环境温度;减小边基础的约束;特别加强前7d的温度控制。为此,应执行以下温控措施:

(1)前期的温控监测表明,双掺粉煤炭和矿渣粉的配合比(2FK)满足温控要求,应继续使用,并保持配合比的稳定性,不要轻易变动。

(2)保持原材料的稳定性,特别是水泥的稳定性,水泥的水化热不能超过相关文献试验所采用水泥的水化热。

(3)缩短二次衬砌与边基础之间的浇筑间歇期,二者间歇期宜小于30d。

(4)应尽量选择外部气温较低的日期施工;当厦门市最高日气温高于施工处气温时,混凝土的浇筑时间必须安排在22点至次日10点之间。对于超厚衬砌,则不管洞外气温如何,都必须安排在22点至次日10点之间浇筑混凝土。

(5)降低入仓温度,使混凝土的浇筑温度满足规定的温度控制标准。

①水泥和矿粉提前6d入罐,让其自然冷却,确保拌和前的温度不高于50℃。

②采用搭凉棚、堆高骨料和底层取料等方法降低骨料温度。

③拌合混凝土前5h开始用凉水喷淋石料。

④加冰屑拌和混凝土。

⑤加快运输速度,减少混凝土在运输中的温度回升。

其中,③~⑤条平时可根据气温情况酌情选择执行,当厦门市最高日气温高于施工处气温时,则须严格执行。

(6)控制最高温升,混凝土浇筑后2d内为升温期,为加速散热,此间应保持浇筑段的空气流通,避免大型机械或其他发热机具在附近产生热量。

(7)表面保温。为减少内表温差,应利用模板保温,保温时间从混凝土浇完开始,至3~4d结束。脱模时间应在混凝土终凝(15h左右)之后,拆模时间应在3d龄期(混凝土强度达到21MPa)之后。对于超厚衬砌,应在拆模之后在距边基250cm高度的范围内悬挂无纺布保温,保温期为10d。

(8)混凝土养生。采用喷水雾的方法进行混凝土养生,使混凝土表面在21d之内始终保持湿润状态。

(9)保证施工质量,要求振捣均匀,满足混凝土施工规范的相关要求,提高混凝土的均匀性和抗裂性。

(10)进行温度监控,随时检测浇筑段的气温和入仓温度,对于超厚衬砌最好抽测温度。当温度超标时,应及时调整和改进温控措施。

3)温控监测

(1)为及时掌握温控信息,检验施工质量和温控效果;为制订、调整和完善温控标准与温控措施,进行温控监测。

(2)温度监测是在混凝土中埋入一定数量的测温仪器,测量混凝土不同部位温度变化过程,检验不同时期的温度特性和温差标准。

(3)应变监测是在混凝土内埋入应变计,测量混凝土的应变和温度应力,判断混凝土应力状态和抗裂能力,预料产生裂缝的可能性。

(4)监测仪器的布点应按照突出重点、兼顾全面的原则,使获取的监测资料能满足温控监测的要求。

(5)二次衬砌的温控监测断面应根据不同的衬砌类型选择,监测断面应具有代表性并选在它所代表类型的初浇段,以便根据监测结果提出此类洞段的温控标准和温控措施。监测断面的选择应符合表2-9-15的要求。

(6)监测仪器的埋设。仪器的埋没参照《混凝土大坝安全监测技术规范》(DL/T 5178—2003)执行,由具有埋设技术和经验的专业人员操作。

(7)观测。混凝土入仓后即由专人观测,观测人员应经过专门培训,具有一定的观测经验和水平。观测频次先密后疏,以确保温度和应变曲线的连续性并能测得最大值和最小值。

翔安隧道监测断面的选择 表2-9-15

衬砌类型	围岩级别	二次衬砌	监测类型	断面数量	备注
S5b	Ⅴ(陆域)	55cm 厚钢筋混凝土	主要监测	3	每种配合比1个断面
S5d	Ⅴ(海域)	70cm 厚钢筋混凝土	主要监测	1	
S4b	Ⅳ(海域)	60cm 厚钢筋混凝土	辅助监测	1	
S2b	Ⅱ(海域)	60cm 厚素混凝土	主要监测	1	
S1	Ⅰ(海域)	50cm 厚素混凝土	辅助监测	1	

注:主要监测断面同时布置温度计和应变计,辅助监测断面仅布置温度计。

4)温控监测实例

以行车右线隧道 YK7 + 150 温控监测为例(如图 2-9-12 所示)。

测得洞内环境温度为 27℃,围岩温度为 28℃时,混凝土的浇筑温度为 30℃。衬砌模板为钢模,通过埋设温度计和应变片等辅助观测仪器,得到以下观测曲线及二衬混凝土参数,详见图 2-9-13、图 2-9-14 和表 2-9-16 ~ 表 2-9-18:

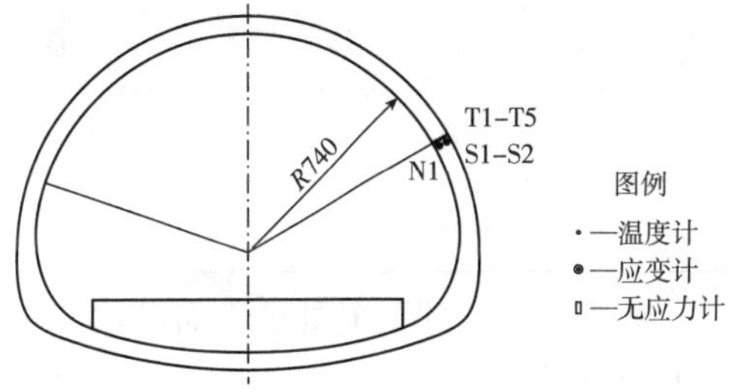

图 2-9-12 监测仪器布置图(尺寸单位:cm)

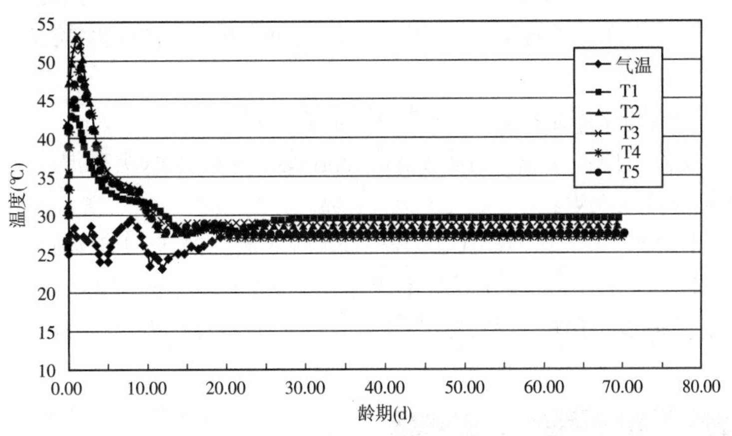

图 2-9-13 温度随龄期变化

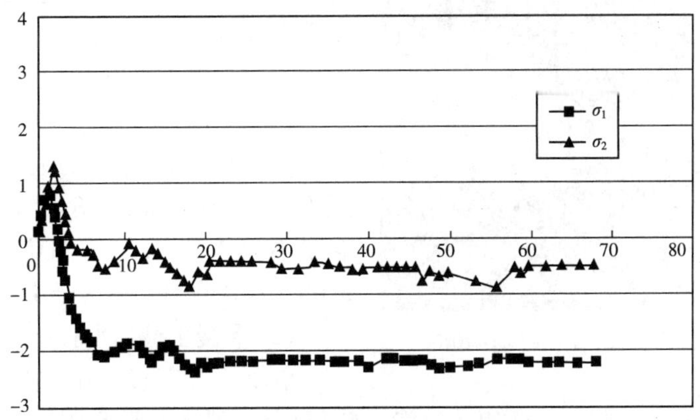

图 2-9-14 应力变化曲线

海底隧道二衬混凝土不同龄期的绝热温升值 表2-9-16

龄期(d)	0.5	1	2	3	4	5	7	14	28
绝热温升(%)	14.3	29.4	48.6	50.9	51.1	51.2	51.2	51.2	51.2

海底隧道二衬混凝土不同龄期的温度特征值　　表 2-9-17

特征项目	浇筑温度(℃)	最高温度(℃)	最高平均温度(℃)	最高温升(℃)	内表温差(℃)
温度特征值	30.0	53.05	49.10	23.05	15.87
龄期(d)		1.6	1.4	1.6	1.6

表 2-9-16、表 2-9-17 表明,温度特征值产生的龄期在 1.2 ~ 1.6d 之间。

海底隧道二衬混凝土不同龄期的温度应力特征值　　表 2-9-18

特 征 项 目	监测断面[1]最大拉应力(MPa)		监测断面[2]最大拉应力(MPa)	
	表面	内部	表面	内部
温度应力特征值	1.42	1.73	1.14	1.57
龄期(d)	1.6	6.0	1.6	6.0

表 2-9-18 表明,混凝土表面最大拉应力产生的龄期较早,在 1.4 ~ 1.6d 之间,内部的最大拉应力产生的龄期为 6 ~ 8d。

由于温度和应力的峰值均出现在早龄期(前 3d),此时混凝土的抗拉强度小且不稳定,是产生裂缝的危险期,稍有疏忽大意即可导致裂缝的发生。所以,应特别重视早龄期的温度控制。

5)主要应对措施

针对以上研究结果,在混凝土施工中,特别注意采取以下措施:

(1)在混凝土拌制过程中加入冰块,以降低混凝土温度。为防止冰块在混凝土中溶化形成水泡,要将冰块碾成粉沫后再加入混凝土中。

(2)控制混凝土拆模时间,一般在混凝土浇注完 15h 后才能拆模,防止拆模过早形成开裂。

(3)加强对混凝土的养护工作,一般在混凝土浇注完成后,连续养护 21d。

6)效果检查。通过采用以上措施,翔安隧道行车右线二衬混凝土施工后经检查,没有裂纹产生(如图 2-9-15 所示)。

图 2-9-15　翔安隧道行车右线二衬混凝土施工后情况

2. 二衬混凝土抗渗性能

翔安隧道二衬混凝土的抗渗系数必须达到 P12,为提高混凝土的抗渗性能,必须降低混凝土内部毛细管孔隙,使之不连续,才能具有较好的水密性。施工中采取了以下措施:

(1)采用强度等级不低于 42.5MPa 的水泥。

(2)加强粗细集料的级配控制,粗集料的最大粒径不宜大于 40mm,其含泥量不得大于 1.0%,泥块含量不得大于 0.5%;细集料的含泥量不得大于 3.0%,泥块含量不得大于 1.0%。

(3)混凝土最大水胶比 0.36。

混凝土施工过程中,按照每 $500m^3$ 混凝土抽检一组抗渗试件,对二衬混凝土已进行 37 组的抗渗试验,至今达到抗渗要求且无一试件渗水。实验表明,采用上表中由各种材料组成的二衬混凝土配合比,能够满足设计要求。

3. 二衬混凝土防腐蚀性能

(1)海底隧道二衬混凝土腐蚀破坏机理。根据厦门海底隧道支护结构所处的腐蚀环境条件,支护结构在环境作用下可能发生的腐蚀破坏类型及造成的因素有图 2-9-16 中所示的几种。

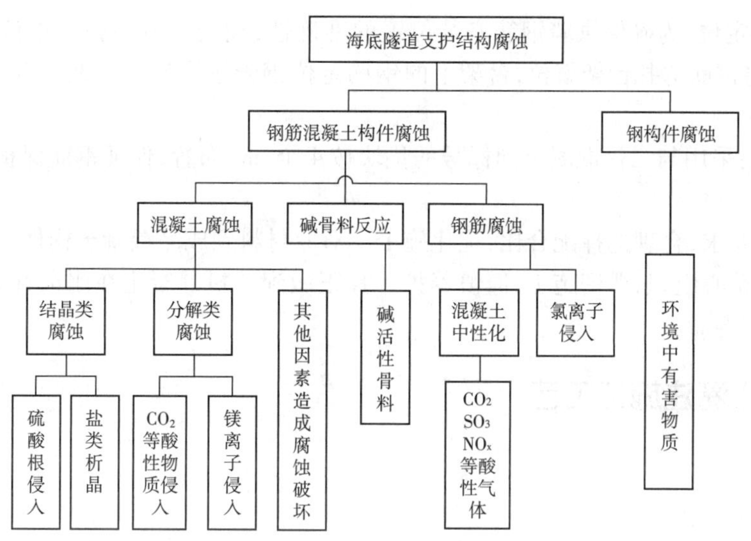

图 2-9-16　海底隧道支护结构腐蚀类型及因素

在腐蚀环境中，混凝土的破坏，是由于介质中有害离子渗入混凝土中，在混凝土内部结晶或与混凝土某些组成反应生成膨胀或无胶凝性的产物导致的，伴随着混凝土与环境介质的物理或化学反应，混凝土强度、重量、体积、吸水率等性能将发生改变，总之，提高混凝土的抗腐蚀能力，就要最大可能的消除碱骨料反应造成的破坏，降低混凝土内部孔隙，减少外界有害离子侵蚀进入混凝土内部，降低钢筋的腐蚀机会。二衬混凝土之所以使用低水胶比且掺加粉煤灰和矿渣粉的配合比，就是为减少混凝土内部孔隙通道，提高混凝土抗氯子的渗透能力，从而有效延长结构的使用寿命。

（2）采取措施。

①采用普通硅酸盐水泥、粉煤灰、矿渣粉三种掺合料的高性能混凝土，并加强对混凝土原材料的质量控制，提高其本身的抗盐水腐蚀能力以及保护钢筋的能力，延长衬砌的使用寿命。

②在混凝土浇筑施工过程中，加强振捣，保证混凝土密实度，减少气泡。

③采用先进的二衬大模板台车，提高混凝土浇筑速度，保证混凝土施工的连续性，防止出现施工冷缝。

4. 钢筋保护层

由表 2-9-19 可见：保护层厚度对钢筋混凝土使用寿命有显著影响。所以，施工时必须严格控制施工质量，保证设计的保护层厚度。

设计配合比使用寿命预估结果　　表 2-9-19

配比种类	普通型		掺粉煤灰		掺粉煤灰及矿渣粉		掺矿渣粉	
保护层厚度(cm)	5.5	6.5	5.5	6.5	5.5	6.5	5.5	6.5
预估年限(a)	7	77	92	193	116	244	121	272

翔安隧道设计的钢筋保护层厚度为 6.5cm，经试验验证，足以满足隧道使用 100 年的要求。在隧道二衬钢筋的施工中，为确保钢筋保护层厚度，采取了以下措施：

（1）首先加强测量工作，保证隧道开挖及初期支护断面尺寸，保证钢筋的安装空间。

（2）仰拱钢筋的定位：采用大型仰拱栈桥，保证仰拱钢筋施工的工作空间。在设计位置上安装定位筋，确保定位筋的位置正确，然后再在定位筋上绑扎仰拱钢筋（如图 2-9-17 所示）：

图 2-9-17　仰拱钢筋的定位

（3）拱墙钢筋的定位：为确保拱墙钢筋安装位置的准确性，翔安隧道各施工单位均自行设计加工了钢筋绑扎台架。先将钢筋绑扎台架就位，台架上的钢筋定位钢管按设计位置调整到位，然后在定位钢管上绑扎钢筋。

（4）混凝土垫块：采用与二衬混凝土同标号的垫块按 4 个/m^2 布置，保证钢筋保护层的厚度达到设计要求。

总之，根据设计要求，合理选择配合比，优化施工。对原材料到成品混凝土构件采取施工前、施工中、施工后的严格控制、精心组织，严密施工、谨慎养护。真正做到二衬混凝土在耐久性方面发挥其优势，保证结构的安全和使用寿命。

9.3 二衬混凝土灌注施工工艺

9.3.1 施工准备

1. 二衬混凝土施工工艺

二衬混凝土施工工艺流程如图 2-9-18 所示：

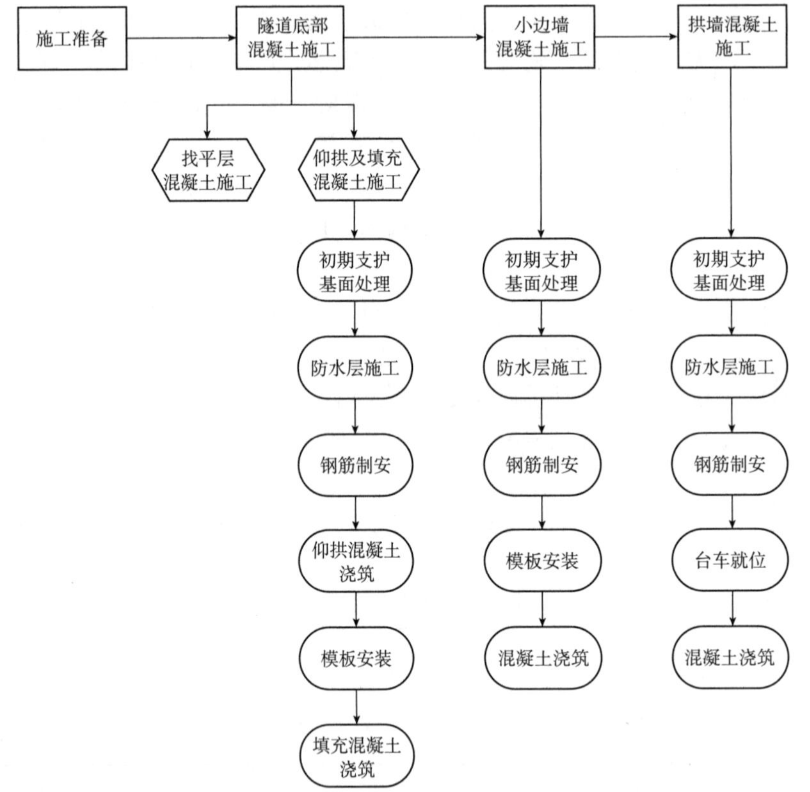

图 2-9-18 二衬混凝土施工工艺流程

2. 隧道二次衬砌施作时机

一般地段：二次衬砌一般要求距离掌子面不超过 200m，各测试项目所显示的围岩和喷锚支护变形已基本稳定，位移速度有明显减缓趋势；已产生的各项位移已达预计位移量的 80% 以上；水平收敛（拱脚附近）小于 0.2mm/d，或拱顶下沉速率小于 0.15mm/d；在满足上述条件后，进行二次衬砌的施作。

特殊地段：自稳性很差的围岩（如洞口段、风化深槽），可能长时间达不到基本稳定条件，当初期支护的混凝土发生大量明显裂缝，而支护能力又难以加强，变形无收敛趋势时，提前施作仰拱及二次衬砌。

在二次衬砌中，采取增设钢筋和提高混凝土强度等级的措施；二次衬砌施作前，铺设防水层并在初期支护变形基本稳定后进行。将喷层或防水层表面的粉尘清除干净，并洒水润湿。

3. 隧道二次衬砌施工准备

(1)在进行二次衬砌之前,要进行初期支护净空断面检查。

(2)进行二衬施工前的“工、料、机”准备。

(3)进行二衬施工的混凝土配合比设计及验证。

9.3.2　隧道底部二衬混凝土施工

隧底二衬混凝土按隧道围岩级别分为找平层混凝土和仰拱及填充混凝土,其中,Ⅰ、Ⅱ级围岩为找平层混凝土,Ⅲ~Ⅴ级围岩为仰拱及填充混凝土。

1. 找平层混凝土施工

隧道Ⅰ、Ⅱ级围岩不设仰拱,隧底经混凝土找平后,直接施工路面混凝土。施工中,可根据实际情况需要考虑分左右幅还是全幅进行混凝土施工。

施工步骤如下:

(1)检查隧底高程和净空尺寸,欠挖部分应及时处理;超挖部分用同级混凝土回填。

(2)测量放样,按设计定出找平层轮廓线。

(3)架立模板,要求模板表面平整光滑,轮廓顺直;支撑牢固,不易变形;模内不得有杂物、虚渣、淤泥及积水。

(4)进行混凝土浇筑施工,要求其表面高程符合图纸规定的基层顶面高程,横坡应与路面横坡一致。

(5)施工中注意安装横向排水管等预埋件。

2. 仰拱及填充混凝土施工

隧道Ⅲ~Ⅴ级围岩设有仰拱及填充,为确保混凝土结构的完整性,均采用全幅一次浇筑的方法进行混凝土施工。在施工安排中,应利用仰拱栈桥,保证运渣车辆和其他车辆的通行并尽快修筑仰拱,以利衬砌结构的整体受力。

施工步骤如下:

(1)清除初期支护仰拱上的淤泥、杂物,清洗后抽除积水。

(2)仰拱栈桥就位。

(3)防水层施工:仰拱的防水层主要有施工缝处的背贴式止水带或双面自粘防水卷材,施工中注意止水带或双面自粘防水卷材安装位置的准确性,并与防水板粘接牢固,不漏水。

(4)钢筋制作和安装:

①钢筋质量检验。钢筋在进场前进行抽检,按《公路工程金属试验规程》(JTJ 055—83)做抗拉、抗剪强度、伸长率及弯曲试验,杜绝不合格品进场。进场的钢筋堆放在钢筋棚内的平台、垫木或其他支撑物上以免引起表面锈蚀。钢筋规格、型号、机械性能、化学成分,可焊性和其他专项必须符合相关技术规范的要求。

②钢筋加工。钢筋在洞外钢筋棚内加工。钢筋在加工前先进行调直和除锈,然后按设计要求下料加工,应尽量用钢筋弯曲机加工钢筋,避免人工弯曲。

③钢筋焊接。在钢筋焊接前,根据要求进行试焊,检验合格后再进行正式施焊。钢筋采用电弧焊时,采用双面焊。钢筋接头采用搭接电弧焊时,两钢筋搭接端部预先折向一侧,使两接合钢筋轴线一致。焊接点与弯曲处的间距大于10倍钢筋直径,接头避开最大应力处。

④钢筋绑扎。钢筋的交叉点用铁丝全部绑扎牢固。钢筋绑扎接头搭接长度及误差符合相关规范和设计要求。各受力钢筋的绑扎接头位置相互错开,从任一绑扎接头中心至1.3倍搭接长度的区段范围内,有绑扎接头的受力钢筋截面面积占受力钢筋总截面面积的百分率,受拉区不超过25%,受压区不超过50%。

⑤钢筋安装。所有钢筋应准确安设,当浇混凝土前,用支承将钢筋牢固地固定。钢筋的垫块间距在纵横向均不得大于1.2m。在钢筋网片间或钢筋网格间,应相互搭接使能保持强度均匀,电连接性良好,

且应在端部及边缘牢固地联结。

⑥钢筋保护层厚度保证措施。根据设计规定，衬砌结构内的主筋外层净保护层厚度为5.5cm，内层净保护层厚度为6.5cm。钢筋保护层厚度严格达到设计要求，是关系到海底隧道衬砌结构耐久性的重要措施。为保证钢筋保护层厚度，施工中要做到以下几个方面：

首先，断面的开挖要规则，尽可能平整，绝不能出现欠挖。其次，初期支护要按设计要求施工，喷混凝土表面要平顺，断面测量要准确，初期支护不能侵入结构轮廓线以内。第三，钢筋加工要准确。严格按设计图纸及施工规范下料加工，是保证钢筋笼结构尺寸的前提。第四，钢筋的安装要牢固，钢筋笼内外保护层都要扩垫混凝土垫块，预制混凝土垫块厚度、强度、设置密度都要严格按要求执行，确保钢筋笼安装稳定、牢固。

最后，在混凝土浇筑过程中要不断检查，钢筋笼不能活动、不能变形，混凝土垫块不能出现跑位和挤碎的现象。

(5)仰拱混凝土浇筑。仰拱混凝土采用泵送施工工艺，插入式振捣器振捣。浇筑仰拱应采用大样板，并由仰拱中心向两侧对称进行，仰拱与边墙衔接处应捣固密实。

混凝土泵输送管连通后，按所用混凝土泵使用说明书的规定进行全面检查，符合要求后方能开机进行空运转；经泵送水检查，确认混凝土泵和输送管中无异物后，采用泵送水泥浆润滑混凝土泵和输送管内壁。润滑用的水泥浆分散布料，不得集中浇筑在同一处；开始泵送时，混凝土泵要处于慢速、匀速并随时可反泵状态。泵送速度，先慢后快，逐步加速，同时观察混凝土泵压力系统的工作情况，待全系统运转顺利后方可按正常速度进行泵送；混凝土泵送连续进行。必须中断时，其中断时间不得超过混凝土从搅拌至浇筑完毕所允许的延续时间。泵送混凝土时，如输送管内吸入了空气，立即反泵吸出混凝土至料斗中，重新搅拌排出空气后再泵送。混凝土泵送过程中，不得把拆下的输送管内的混凝土撒落在未浇筑地方。

当输送管被堵塞时，采取下列方法排除：重复进行反泵和正泵，逐步吸出混凝土至料斗中，重新搅拌后泵送，如超过时限则废弃；用木槌槌击等方法，查明堵塞部位，将混凝土击松后，重复进行反泵正泵，排除堵塞；当上述两种方法无效时，在混凝土卸压后，拆除堵塞部分的输送管，排出混凝土堵塞物后方可接管。

混凝土泵送即将结束前，正确计算尚需用的混凝土数量，并及时告知混凝土拌合站，以减小浪费。

(6)模板安装。仰拱二衬达到规范要求承载条件下，方能在其上立模板，进行填充混凝土施工。注意模板安装要符合设计尺寸要求。

(7)填充混凝土浇筑。混凝土浇筑施工工艺同仰拱混凝土施工。

9.3.3　小边墙混凝土施工

小边墙混凝土施工工艺流程如图2-9-18所示，施工要点如下：

(1)小边墙施工前，应处理好初期支护表面，将突出的钢筋、拱架接头割掉，用砂浆将表面抹平。

(2)在施工缝处安装背贴式止水带或双面自粘防水卷材，注意确保防水材料位置的准确性。

(3)在安装钢筋前，为确保钢筋位置准确，应先按设计位置安装定位筋。

(4)小边墙出露的钢筋头应用无纺布包裹，以免钢筋头刺坏防水板。

9.3.4　拱墙混凝土施工

一、初期支护表面处理(如图2-9-19所示)

(1)清除初期支护表面突出物体，包括钢筋头、拱架接头等，用砂浆抹平。

(2)对初期支护表面不平顺，落差较大的，进行补喷平顺。

(3)对初期支护表面局部有渗漏水的进行拱背回填注浆止水。

二、防水层施工

1. 防水板施工方法

环向一次采用有钉热熔悬挂法铺设施工，纵向搭接。防水板根据设计要求及铺挂段落下料，并焊接成片。

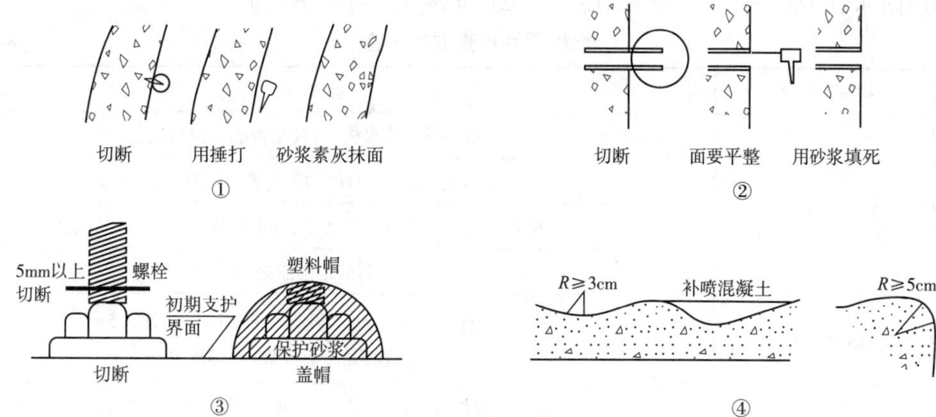

说明:①钢筋网等凸出部分,先切断后用锤铆平抹砂浆素灰;

②有凸出的管道时,用砂浆抹平;

③锚杆有凸出部位时,螺头顶预留5mm切断后,用塑料帽处理;

④表面凹凸不平处补喷混凝土使其表面平整、圆顺。

图2-9-19　初期支护表面处理

2. 防水板施工工艺

(1)施工准备。进行防水板材质检查:防水板材质试验,检查防水板有无断裂、变形、穿孔等缺陷,保证材料符合设计和质量要求。铺挂台车就位,测量恢复隧道拱部中心线及纵向搭接线。测量确定固定垫片位置,并用油漆表示明确。检查施工机械设备、工具是否正常,检查施工方案是否合理、科学。

(2)固定垫片。利用射钉枪固定防水板、固定PVC垫片。

(3)固定防水板。PVC防水板与PVC垫片采用热熔法固定在一起。垫片与防水板固定如图2-9-20所示。

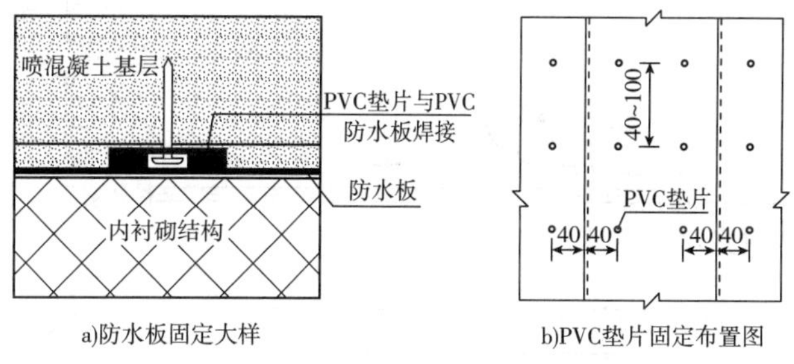

图2-9-20　垫片与防水板固定(尺寸单位:cm)

防水板铺设在初期支护变形基本稳定和二次衬砌灌注前进行,开挖和衬砌作业严禁损坏已铺设的防水板。防水板铺设施做点距爆破面大于150m,距二次衬砌处大于20m。当发现有损坏时,及时进行修补。当喷射面有漏水时,及时进行补注浆。防水板沿环向一次铺设,纵向搭接焊接。

(4)防水板纵向搭接焊接。PVC防水板纵向搭接采用焊接法施工。大面防水板采用双焊缝自动焊接机焊接。细部或修补采用手动焊枪焊接。最佳焊接温度及速度见表2-9-20。

PVC防水板最佳焊接温度和速度　　表2-9-20

序　号	项　目	参　数
1	焊接温度(℃)	130~180
2	焊接速度(m/min)	0.15

焊接接缝如图2-9-21所示。

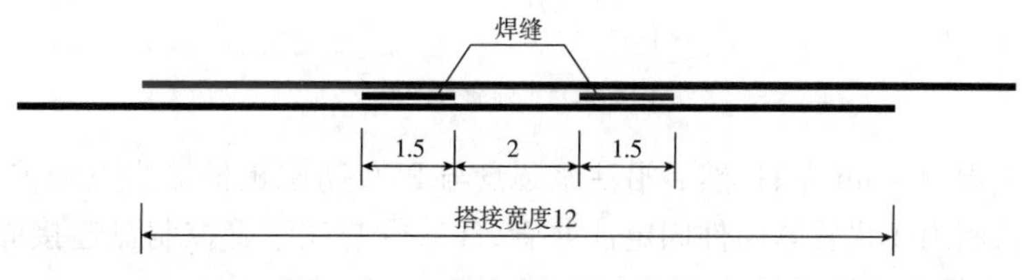

图2-9-21　双焊缝示意(尺寸单位:cm)

质量检查:防水板为隐蔽工程,拟采用表 2-9-21 所列方法检测防水板铺设质量。

水板质量检查方法一览　　表 2-9-21

序号	检查方法	检查内容
1	直观检查	用手托起防水板,看其是否能与混凝土密贴
2		检查防水板是否有划破、扯破、扎破等破损现象
3		检查焊缝宽度是否符合要求,有无漏焊、假焊、烤焦等现象
4		外露的锚固点是否牢固
5	焊缝检查	每铺设 20~30m,剪开焊缝 2~3 处,每处 0.5m 检查其是否有漏焊、假焊现象
6	漏水检查	焊缝采用双焊缝,进行压水(气)试验,检查其有无漏水(气)现象

3. 分区防水施工

(1)分区防水构成。分区防水由 PVC 防水板、防渗肋、PVC 背贴式止水带、注浆嘴和管、注浆管控制盘等组成。

(2)分区防水施工工艺。PVC 防水板铺设完成后,进行防水板表面去污处理,为分区防水施工做准备。恢复隧道拱部中心线,测量定出 PVC 背贴式止水带、防渗肋条、预留注浆盘位置,再次进行 PVC 防水板施工位置表面去污处理,为 PVC 背贴式止水带、防渗肋条、预留注浆盘施工做准备。

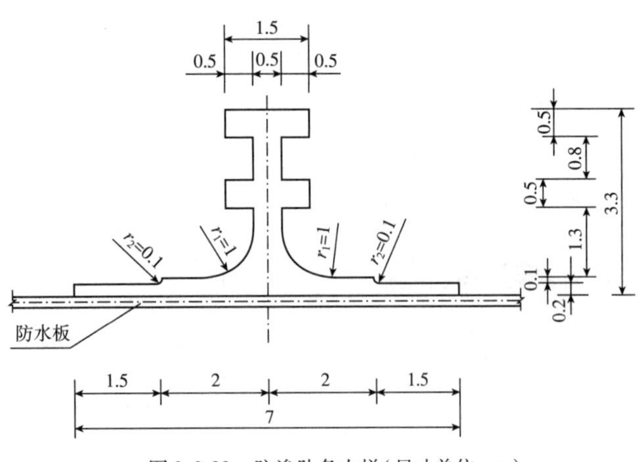

图 2-9-22　防渗肋条大样(尺寸单位:cm)

PVC 背贴式止水带采用双焊缝焊接施工。焊接之前,检查焊机的状态是否正常,根据现场具体条件调整焊机的温度(520~550℃)、压力(600N)和行走速度(1.8~2.2m/min)。先对样品试焊,合格后方可进行正式焊接。

防渗肋条采用专用胶结剂进行粘贴施工防渗肋条大样如图 2-9-22 所示。

注浆盘采用点焊法施工,利用塑料焊机沿注浆圆盘四周进行点焊,焊接完成后,利用防水胶带临时密封注浆圆盘,防止二次衬砌时混凝土浆液进入注浆圆盘及注浆管,堵塞注浆管,降低注浆效果。注浆盘结构如图 2-9-23 所示。

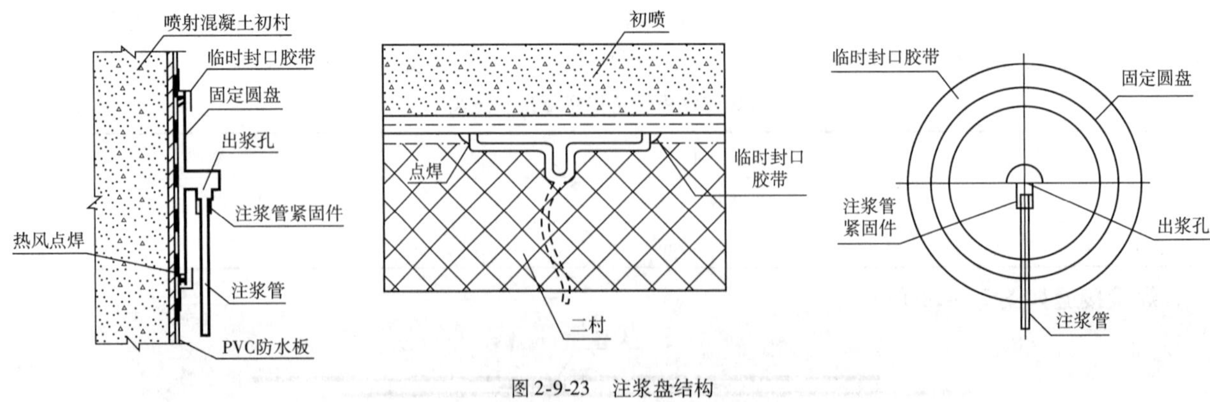

图 2-9-23　注浆盘结构

焊接时,首先预热焊枪 4min 左右,然后沿注浆圆盘与 PVC 防水板搭接边里侧进行点焊固定防水板。注浆圆盘固定完成后,利用注浆管紧固件固定注浆管,注浆管与注浆管控制盘连接固定。严格按照现行规范、标准,对分区防水组件进行质量检查。

4. 施工缝、沉降缝施工

(1)施工缝、沉降缝构成。拱部及边墙沉降缝主要由背贴式止水带、中埋式止水带、浸沥青木丝板及聚氨酯密封胶防水等构成;拱部及边墙施工缝主要由背贴式止水带、膨胀橡胶止水条(带注浆管)及水泥基结晶渗透主动式防水等构成。具体如图 2-9-24 所示。

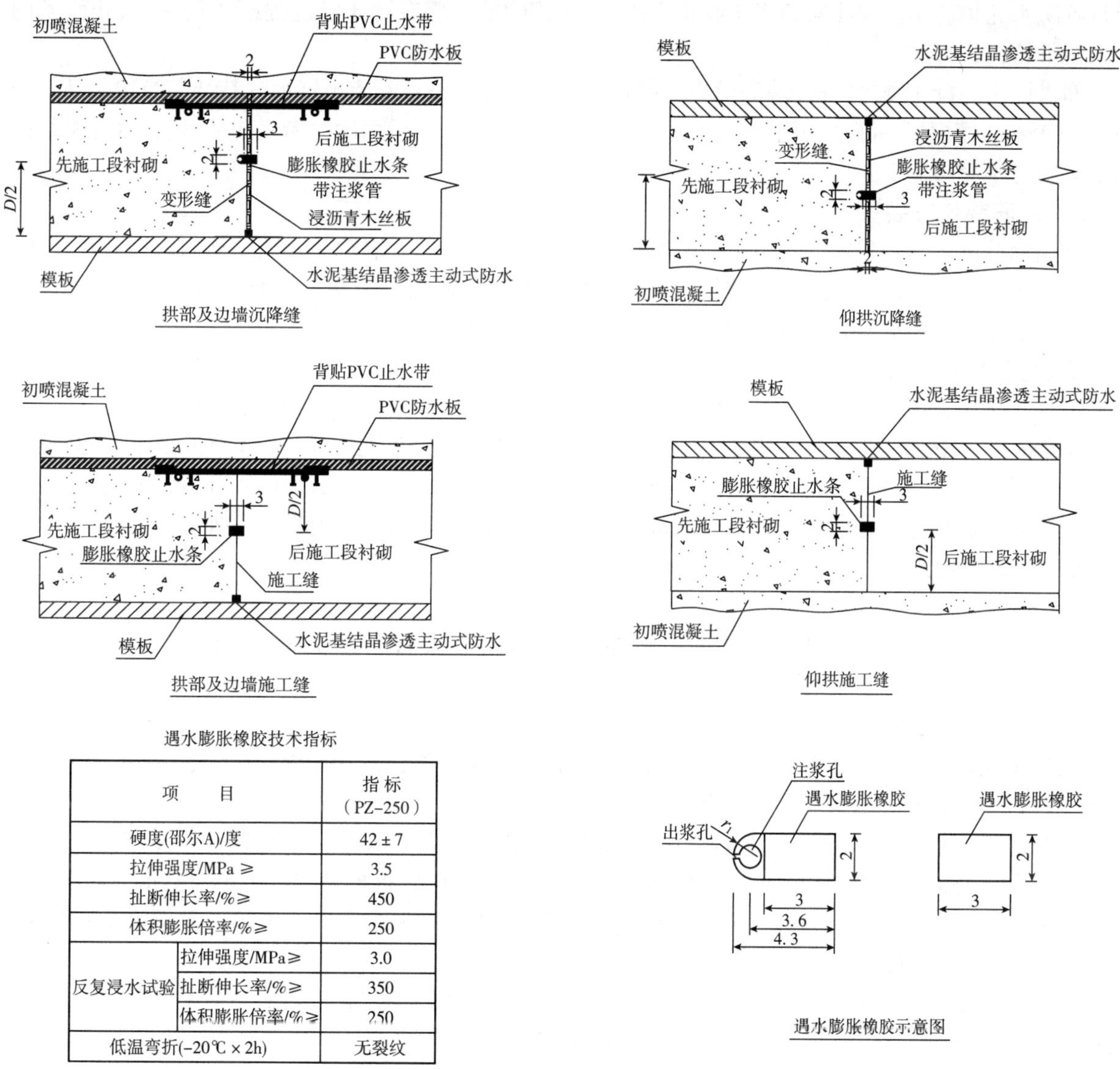

项　　目		指标（PZ-250）
硬度(邵尔A)/度		42 ± 7
拉伸强度/MPa ≥		3.5
扯断伸长率/% ≥		450
体积膨胀倍率/% ≥		250
反复浸水试验	拉伸强度/MPa ≥	3.0
	扯断伸长率/% ≥	350
	体积膨胀倍率/% ≥	250
低温弯折(-20℃ × 2h)		无裂纹

图 2-9-24　施工缝、沉降缝结构(尺寸单位:cm)

仰拱施工缝主要由膨胀橡胶止水条、浸沥青木丝板及水泥基结晶渗透主动式防水等构成;仰拱沉降缝主要由膨胀橡胶止水条、水泥基结晶渗透主动式防水等构成。

(2)施工缝、沉降缝施工。

a. 拱部及边墙施工缝、沉降缝施工如下:

背贴式 PVC 止水带按设计要求及位置铺设,采用双缝焊接施工。

膨胀橡胶止水条采用预埋施工,衬砌时按设计要求预埋膨胀橡胶止水条,利用端头模板(浸沥青木丝板)固定。拱部及边墙施工缝(沉降缝)采用预注浆膨胀橡胶止水条,带注浆嘴的一侧布置于已浇混凝土的一边,止水条的连接采用平行搭接方法。

沉降缝在堵头板上安装浸沥青木丝板,牢固并堵头板密贴。同时端头预留聚氨酯密封胶 25mm × 38mm 槽,为施工聚氨酯密封胶做准备。两段衬起完成后,同时在聚氨酯密封胶 25mm × 38mm 槽内填充聚氨酯密封胶防水材料，填充密实。

b. 仰拱沉降缝、施工缝施工如下：

仰拱沉降缝施工顺序：安装端头模板→固定中埋式止水带→固定浸沥青木丝板及安装预留聚氨酯密封胶 25mm×38mm 槽模板→灌注先施工段衬砌→进入下一道工序。先后两次衬砌完成后，进行聚氨酯密封胶防水充填施工。预注浆膨胀橡胶止水条，带注浆嘴的一侧布置于已浇混凝土的一边，止水条的连接采用平行搭接方法。

仰拱施工缝施工顺序：安装端头模板→固定膨胀橡胶止水条→安装预留水泥基结晶渗透主动式防水 25mm×38mm 槽模板→灌注先施工段衬砌→进入下一道工序。先后两次衬砌完成后，进行水泥基结晶渗透主动式防水充填施工。

三、钢筋制作安装

拱墙钢筋施工基本程序同仰拱及小边墙钢筋施工，不同的是，拱墙钢筋安装要利用钢筋就位台车，先将钢筋台车就位，按设计尺寸调好位置，然后再在台车上安装钢筋。为避免钢筋在台车退出后产生变形影响保护层厚度，在钢筋绑扎时要考虑 1～2cm 的预留变形量。

四、衬砌台车设置

采用 STZ 型激光准直仪导向，全站仪、水准仪控制中线、水平。严格控制轨道中心距，允许误差为 ±1cm；轨面高程比隧道路面中心高 15cm，允许误差为 ±1cm。台车就位后，先调顶模中心高程，然后由顶模支撑梁上横向丝杆调整台车中线符合要求。最后由侧向丝杠电动调节边模张开度，调整到位后放下翻转模和底脚斜撑丝杠加固。现支立挡头板，一定要与防水层密贴，保证混凝土不外露。

五、混凝土浇筑

1. 混凝土的生产和运输

混凝土采用自动计量拌和楼搅拌生产，搅拌运输车运输。要求运输过程中罐车要匀速转动，避免混凝土离析，并保证坍落度不损失。

2. 浇筑前的检查

混凝土浇筑前仔细复查台车模板中线、高程、仓内尺寸是否符合设计要求；台车及挡头模板安装定位是否牢靠；止水带、止水条安装是否符合设计及规范要求。

浇筑前对模板进行除锈刷油时，检查脱模剂是否涂刷均匀、刷油过多。如果刷油过多，在插入式振动器振捣混凝土时油会沿着模板表面上行到衬砌台车顶部聚集起来，拆模后混凝土表面会形成蘑菇云。因此在钢模板刷油后要求施工人员一定用干抹布擦拭干净，防止出现在振捣时由于油上浮聚集在顶部，形成蘑菇云，影响外观质量。

浇筑前仔细检查仓清理是否干净，底脚施工缝（如有）是否处理；输送泵接头是否密闭，机械运转是否正常。为防止拱顶形成空洞，预留压浆孔，二次衬砌完成后压浆。

3. 混凝土的浇筑

混凝土采用水平分层、对称浇筑，控制灌注混凝土的速度和单侧浇筑高度，单侧一次连续浇筑高度不超过 1m。输送软管管口至浇筑面垂直距离使混凝土的自落高度不得超过 2m，控制在 1.5m 以内，以防混凝土离析。严格控制混凝土进入窗口高度；混凝土浇筑连续，相邻两层浇筑时间间隔控制在 2h 之内，捣固选用的振捣器，其频率、振幅、振动速度等参数视混凝土的塌落度及骨料颗径而定；灌注施工采用整环灌注，当混凝土灌至墙拱交界处时，间歇约 1h，以便于边墙混凝土沉实。拱圈封顶时，随拱圈灌注及时捣实。

浇筑时一定控制混凝土下落高度。防止混凝土下落时由于高度太高，造成混凝土溅落在钢模上没有及时擦拭，凝固在钢模上，拆模时出现蜂窝麻面。另外要清理干净钢模表面，不能有任何杂物，避免影响混凝土表面质量。振捣时要保证插入棒的插入深度，严禁振捣棒紧贴钢模板，防止水泥浆上行，形成流眼泪现象，影响表观质量。

当混凝土浇至作业窗下 50cm 时，刮净窗口附近的凝浆，涂刷脱模剂，窗口与面板接缝处粘贴海棉止浆条,以避免漏浆。封顶采用顶模中心封顶器接输送管,按从里向外的顺序逐渐封顶。要控制灌注混凝土速度,观察顶模变形情况。当挡头板上观察孔有浆溢出,即封顶完成。

4. 混凝土的振捣工艺

采用Φ50mm形插入式振捣棒和附着式振捣器联合振捣,对墙脚、拱顶等特殊部位采取特殊措施,使振捣不留死角;墙脚处混凝土较厚,可借助一根钢管将振捣棒挑送到位进行捣固,拱顶混凝土主要是利用附着式振动器振捣,附着式振动器每次振动的时间控制在20~30s。

采用插入式振捣器振捣时,捣固手将上身探入作业窗内,一手扶在边墙上,一手握振动棒,可以防止漏振和保证垂直插入;且距模板不小于10cm,振点间距30cm,模板下部振动时间延长到90s,同时在模板下部内侧用小锤锤击模板,使模板下部汽泡上浮溢出。要注意振捣时间控制,既防漏振,致使混凝土不密实,又防过振,致使混凝土表面出现砂纹。振捣时,振捣器不得接触防水层及模板。

衬砌混凝土浇筑10~20h后进行养护,连续养护21d,每天不少于6次且以混凝土表面湿润为准。

9.4 施工机具

9.4.1 整体液压台车

行车隧道二次混凝土衬砌采用穿行式液压模板台车+混凝土输送车+混凝土输送泵形成混凝土衬砌作业线(如图2-9-25、图2-9-26所示)。

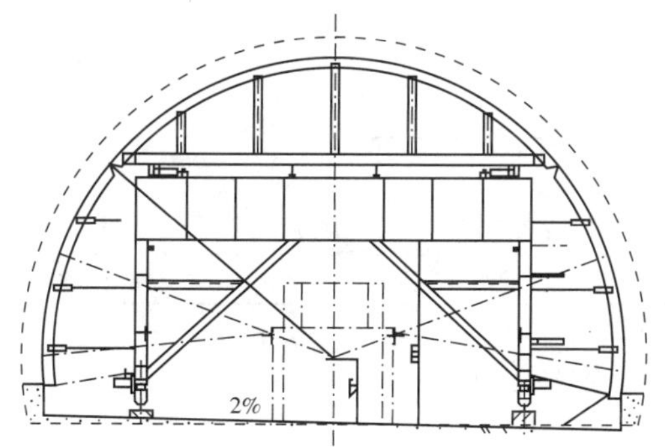

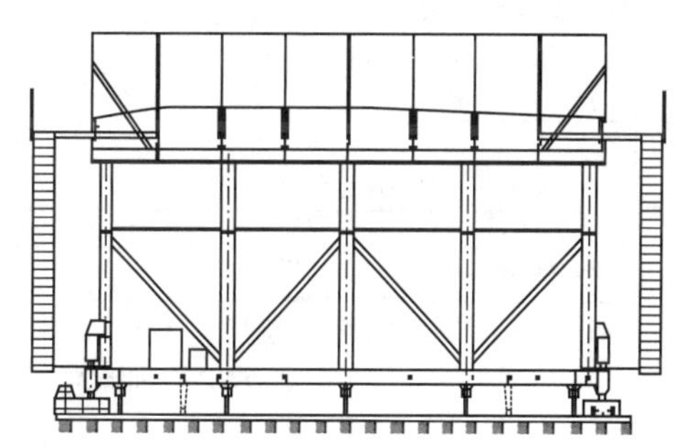

图2-9-25 左线主隧道模板台车示意

为配合台车施工,每个衬砌台车前方均配置一个钢筋安装台车和防水板披挂台车,具体情况如图2-9-27所示。

图2-9-26 整体液压台车效果

图2-9-27 钢筋台车及防水板披挂台车排列

9.4.2 仰拱栈桥

1. 栈桥简介

为提高结构的耐久性,改善结构受力状态,仰拱超前、一次性全幅施工已经成为隧道施工的基本要求。在厦门翔安海底隧道施工过程中，成功地使用了移动式仰拱栈桥，解决了仰拱施工对开挖掘进、初期支护和二次衬砌等多个工序施工的干扰。

目前国内按新奥法理念施工山岭隧道中使用的仰拱栈桥已是一项成熟的经验，但大多是跨度小、载重轻、结构形式简单。而厦门翔安海底隧道跨度大，并且在陆域段广泛分布全强风化岩层，采用 CRD 法或双侧壁导坑法，二次衬砌施工要求必须仰拱超前，一次性全幅灌注。据此，仰拱栈桥须具备以下几项功能：

(1)最大载重量 >50t。

(2)自带动力，自行移动方便、快捷。

(3)净宽度大于 3.5m。

(4)跨度可达 10 ~ 26m，可调整为与二次衬砌台车长度相适应长度。

(5)可作为仰拱、填充混凝土施工的支架与平台。

从栈桥桥面到栈桥底部，高差 2.5m，前端坡道宽 3.5m、长 13m，处于隧道中间。车辆要经过这个狭长的坡道进入侧面的导洞，需要一个转向平台。因此，前端坡道下端至两侧导洞间必须有一个平台，也便于车辆在平台上会车、转向。

2. 栈桥结构

仰拱栈桥的有效跨度为 26m，总长度约 43m(如图 2-9-28 所示：前端坡道 13.0m + 主桥 26.8m + 后端坡道 3m)。栈桥总重量为 56.5t，最大载重量 50t，主要由承重桁架、走行道板、斜坡道、自动移动装置几部分组成(如图 2-9-29 所示)。

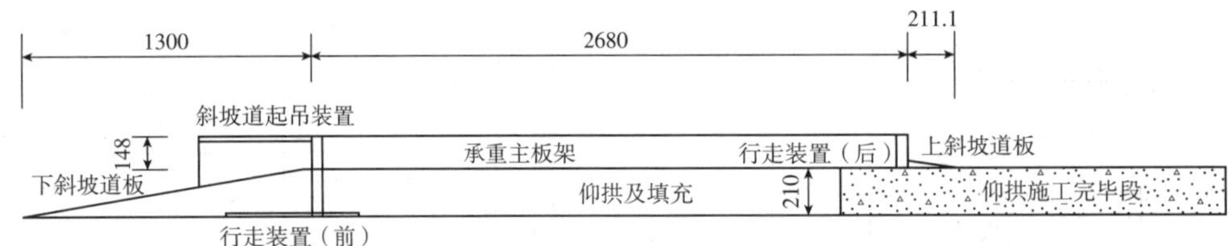

图 2-9-28　仰拱栈桥在隧道中的位置(尺寸单位：cm)

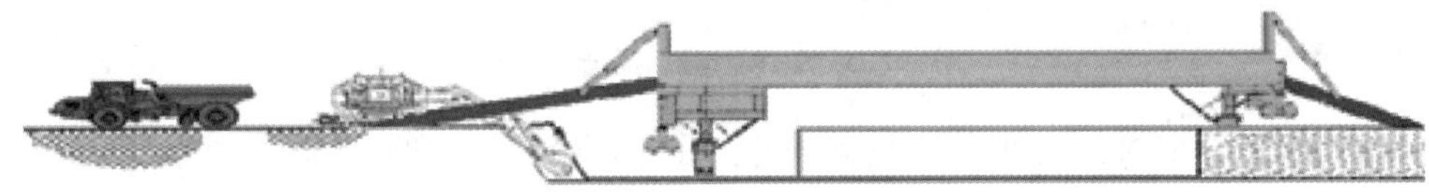

图 2-9-29　仰拱栈桥示意

栈桥的主桁架结构为静定简支下承式珩梁，总长 26.8m、高 1.48m，由 I32a 和 I25a 拼装而成，重 20t。仰拱栈桥施工现场照片如图 2-9-30 所示。

图 2-9-30　仰拱栈桥在施工现场

栈桥的走行装置主要由自动升降支腿、有轨自动行走装置(电动机功率 1.5kW)、行走轮、支承架几部分构成。

3. 栈桥推进(如图2-9-31所示)

栈桥一次推进20m,栈桥前坡道下端平台清除使用大型挖掘机,一次历时10h,推进期间要安排好开挖面的掘进施工,仰拱栈桥推进程序如下:

(1)挖掘机清除栈桥平台。在栈桥推进前须清除栈桥前平台底渣,使初期支护的仰拱顶面露出底部。实际施工时采用PC200以上挖掘机清除,每延米底渣约有8m^3左右,清除20m,约160m^3,历时3h。

(2)起吊前斜坡道。平台的底渣清除完毕,即可起吊斜前坡道。本栈桥采用两根悬臂的支撑梁配手拉葫芦(10T)起吊前端坡道。

(3)清除前端坡道下废渣。前端坡道由于运渣车辆往来,常有洞渣留存,对栈桥推进影响颇大,推进前必须清除。

(4)前后铺设行走钢轨。栈桥前后四轮,后轮铺6m长P43轨,左右各1根,铺于填充顶面;前轮铺于仰拱的的初期支护顶面,长3m。

(5)交替前行。钢轨铺设完毕,开动走行电动机,实现自行。每次移动2.5m,前轮移轨8次、后轮移轨4次就位,整个推进总历时约3h。

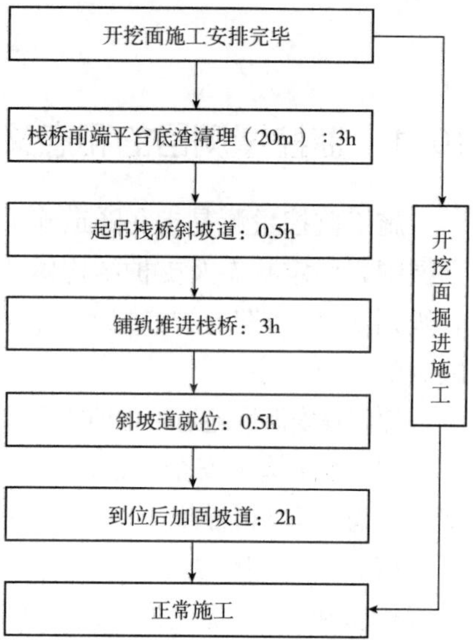

开挖面施工安排完毕

栈桥前端平台底渣清理(20m):3h

起吊栈桥斜坡道:0.5h

铺轨推进栈桥:3h

斜坡道就位:0.5h

到位后加固坡道:2h

正常施工

开挖面掘进施工

图2-9-31 栈桥推进顺序框图

(6)前端着地,栈桥就位。前端坡道要与栈桥平台衔接牢固,才能保证安全。因此,先要计算好前端坡道着地段的长度、高度,然后平整、加固地基,稳妥后放下前端坡道。

仰拱栈桥在厦门翔安海底隧道的施工中起到了极大的作用,它具有载重量大、移动方便等特点,减少了对洞内多项作业的干扰,大大地提高了生产效率,可为类似工程借鉴。

【本章主要编写人员】:陈仲先 梅国兴 叶小兵 王江 苏宏伟 熊爱国 朱招庚 胡文涛 黄明琪 魏英华 陈兆勇

第 10 章　海底隧道施工监测技术

10.1　监控量测目的和意义

施工监控量测是指在隧道施工过程中，对围岩及支护结构体系的相关稳定状态进行监测，以了解和掌握围岩稳定状态及支护结构体系可靠程度，确保隧道施工安全和结构的长期稳定性，为隧道施工中围岩级别变更、初期支护和二次衬砌的参数调整、修正及优化设计提供依据，是实现信息化设计与施工不可缺少的一道工序。

厦门翔安海底隧道工程地质条件复杂、开挖断面大，针对该工程开展施工监控量测工作的目的和意义如下：

(1)确保施工安全。根据监测的围岩及支护结构体系动态信息，及时评价围岩及支护结构体系的稳定性状态，用以指导施工，确保施工安全。

(2)修正及优化设计。通过对监测的围岩及支护结构体系动态信息进行综合分析，其信息反馈结果用以检验和修正、优化施工前的预设计。

(3)弥补理论分析的不足。采用现场实测的结果与理论分析结果进行检验，弥补理论分析的不足，掌握地层和支护结构体系的变位及受力信息，以便采取相应的施工技术措施，比如改变施工方法、确定临时支护的拆除时机及二次衬砌施作时机、调整开挖步序等，以避免出现施工事故。

(4)对工程施工可能产生的环境影响进行全面的监控，判断隧道施工对周围环境(建筑物、地下管线、海洋鱼类)的影响程度，寻求预防的方法。

(5)量测数据和资料是处理工程合同纠纷的重要依据。可以防止承包商采用虚假的资料和数据隐瞒工程质量真相，找到工程质量问题的根源所在，并在业主与承包人索赔纠纷时提供确凿的证据。

(6)积累资料。通过施工监控量测，了解该工程客观条件下所表现出来的一些地下工程施工规律和特点，为今后类似工程或工法本身的发展提供借鉴，以提高地下工程的设计和施工水平；并为厦门翔安海底隧道运营后的养护与维修提供可靠的原始数据。

10.2　监控量测系统组成

由于施工监控量测系统涉及的工程内容和专业范围广泛，对监控量测人员素质要求较高，要完成对整个项目的施工监控量测，就需要建立一个比较完善的监控量测系统，厦门翔安隧道施工监控量测系统由 4 个子系统组成，如图 2-10-1 所示：

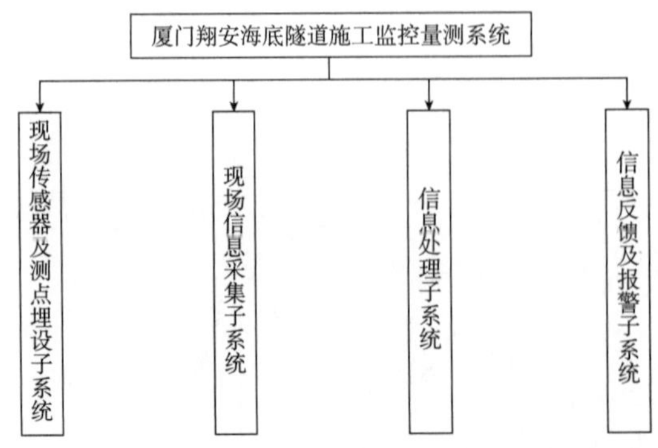

图 2-10-1　厦门翔安隧道施工监控量测系统组成

(1)现场传感器及测点埋设子系统。该子系统是施工监控量测最基本系统,传感器和测点埋设的好坏,会直接影响到量测结果的可靠性,该子系统实施需设计、施工及监理单位等密切配合,相互协作,按规范及监测方案要求及时准确地进行传感器及测点埋设工作。

(2)现场信息采集子系统。为了完成现场数据的准确采集和及时反馈,在项目的实施过程中,除了要求有相应的数据采集设备外,更重要的是要由有经验的土木工程师和专业测量人员组成的联合队伍,能科学、经济而又高质量地完成现场监测任务。

(3)信息处理子系统。从现场得到的数据内容繁多,要建立一个专门的数据库系统对数据按照一定的形式进行合理的存储和处理,使其结果很容易被建设单位、设计单位及监理单位采用和掌握。

(4)信息反馈及报警子系统。该子系统主要根据连续跟踪测量的结果提前预报、提前报警,尽可能地减少事故,并把已发生的事故通过采取控制措施使其所造成的损失降低至最小。

上述四个子系统是互有影响的,其中现场传感器及测点埋设子系统是实施监控量测工作的前提和基础,现场信息采集子系统是实施监控量测工作的一项重要内容,信息处理子系统是实施监控量测工作的一项核心内容,信息反馈及报警子系统是实施监控量测工作的最终目的,现场只有认真完成四个子系统的相关工作,才能有效地发挥施工监控量测的作用。

10.3 监控量测项目及布置

10.3.1 监控量测项目

施工监测项目根据其重要性可分为必测和选测两大类。其中必测项目是为了在设计、施工中确保围岩稳定,并通过判断围岩的稳定性来指导设计、施工的经常性量测项目,这类量测项目通常测试方法简单、费用少、可靠性高,但对监视围岩稳定、指导设计和施工却具有重要的作用。选测项目是对一些有特殊意义和具有代表性的区段进行补充测试,以求更深入地掌握围岩的稳定状态与锚喷支护效果,以便更好地指导未开挖区的设计与施工,这类量测项目测试较为麻烦、量测项目较多、费用较大,一般只根据需要选择其部分项目。

施工监控量测项目的选取一般应根据围岩条件、隧道埋深、工程规模、支护类型和施工方法等因素综合考虑确定。

根据厦门翔安隧道工程实际情况,确定监测项目的选取原则如下:

(1)以地质及支护状况观察、拱顶下沉量、洞周位移收敛量测为主。

(2)为了利用服务隧道量测信息修正主隧道结构参数和施工方法,在服务隧道围岩条件较差地段,进行必要的支护结构内力监测。

(3)在主隧道围岩条件较差、不同施工工法、不同支护类型地段,适当增加支护结构内力监测。

(4)针对海底隧道特点,在主隧道围岩条件较差、渗水性较好的特殊地段(主要为陆域砂层段、海域风化槽段)适当增加围岩压力与两层支护间压力、孔隙水压力监测。

具体监测项目情况见表2-10-1:

厦门翔安海底隧道施工监控量测项目内容 表2-10-1

序号	内 容	常用量测仪器	备 注
1	地质及支护状况观察	现场观察、数码相机、罗盘仪	必测项目
2	拱顶下沉量测	全站仪	必测项目
3	洞周位移收敛量测	全站仪	必测项目
4	初期支护内力量测	钢筋计	选测项目
5	二次衬砌内力量测	混凝土应变计	选测项目
6	围岩压力与两层支护间压力量测	压力盒	选测项目
7	孔隙水压力量测	水压计	选测项目

10.3.2　监控量测断面布置

根据监控量测项目性质的不同，监控量测断面也可相应的分为两种，即一般性监控量测断面和代表性监控量测断面。一般性监控量测断面主要监测必测项目内容，而代表性监控量测断面则主要监测选测项目内容。通常情况下，一般性监控量测断面和代表性监控量测断面均布置在隧道正洞内。

根据中华人民共和国行业标准《公路隧道施工技术规范》（JTJ 042—94），其确定监控量测的断面布置原则如下：

（1）一般性监控量测断面：断面布置间距一般为10～50m，对于洞口段、浅埋地段、特别软弱地层地段应小于20m。

（2）代表性监控量测断面：应视需要而定，或在有代表性的地段选取若干测试断面，凡是地质条件差或重要工程，应从密布置。

《日本新奥法设计施工细则》中，也对一般性监控量测断面的布置给予了说明，具体见表2-10-2：

位移监控量测断面布置间距（单位：m）　　表2-10-2

条件 / 围岩	洞口附近	埋深小于2*B*	施工进展200m前	施工进展200m后
硬岩地层断层破碎带除外	10	10	20	30
软岩地层不产生很大塑性地压	10	10	20	30
软岩产生很大塑性地压	10	10	20	30
土砂	10	10	10～20	20

注：*B*为隧道开挖宽度。

根据上述监控量测断面布置原则，依据厦门翔安海底隧道施工设计地质纵断面图，在充分考虑了围岩级别、隧道埋深、施工方法、预加固措施等因素情况下，进行厦门翔安海底隧道监控量测断面布置。具体如下：

（1）一般性监控量测断面：主要监测拱顶下沉、洞周位移收敛两项内容。为了解整个断面的位移变化情况，拱顶下沉、洞周位移收敛监测项目均布置在同一断面内。根据现场实际情况，监测断面重点布置在Ⅲ、Ⅳ、Ⅴ级围岩及其软硬岩交界处、围岩地质条件变化激烈等地段，其中Ⅲ级围岩地段量测断面间距平均为40m，Ⅳ级围岩地段量测断面间距平均为30m，Ⅴ级围岩地段量测断面间距平均为20m，局部围岩条件差的地段量测断面加密为10m或15m，围岩条件好的地段量测断面加大为50m。

（2）代表性监控量测断面：主要监测初期支护内力、二次衬砌内力、围岩压力与两层支护间压力、孔隙水压力等内力监测内容。为了解整个断面的受力状态，各内力监测项目均布置在同一断面内，同时为了使内力监测与位移监测结果相互对照，满足后期科研需要，内力监测断面也尽量与位移监测断面布置在同一断面内。内力监测断面根据现场围岩地质条件及其需要，重点布置在埋深较大、围岩条件差、风化槽以及渗水性较好的砂层等代表性地段。

翔安隧道施工期监控量测包括施工单位实施的监控量测和业主委托的第三方监控量测两部分。其中第三方监控量测实际完成监测断面数量见表2-10-3：

第三方监控量测实际完成监测断面数量（单位：个）　　表2-10-3

监测项目	左线隧道	服务隧道	右线隧道	合计
初支位移监测（拱顶下沉、洞周收敛）	109	111	114	334
二衬内力监测	24	26	33	83
围岩与初支间接触压力及水压力监测	5	5	5	15
初支与二衬间接触压力及水压力监测	5	5	5	15

10.3.3 监控量测测点布置

1. 拱顶下沉测点布置

隧道拱顶下沉是判断围岩是否稳定的重要标志。拱顶下沉测点原则上布置在隧道拱顶中心线部位,通常设置1个测点,当隧道开挖跨度较大时,为避免拱顶下沉测点在施工中遭遇到破坏,给后期测点补埋带来不便,一般可预留2个备用测点。拱顶下沉测点随着施工工法的不同,其布置形式有所不同,对于分块开挖的施工工法,在每个开挖分块的拱顶部位均要布置拱顶下沉测点。

对于厦门翔安海底隧道而言,其施工工法主要有全断面法、台阶法、CD法、CRD法和双侧壁导坑法,各施工工法的拱顶下沉测点布置示例如图2-10-2所示:

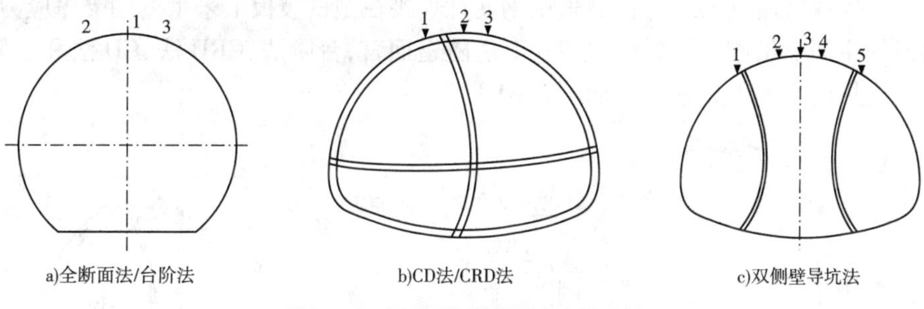

图2-10-2 拱顶下沉量测测点布置示例

2. 洞周位移收敛测点布置

洞周位移收敛能直观反映隧道围岩应力状态变化,可为判断隧道稳定性提供可靠的信息,并根据收敛速度判断隧道围岩的稳定程度,确定二次衬砌合理的支护时机。洞周位移收敛测点原则上应均匀布置在隧道周边侧壁上,并且全部测点均布置在同一垂直平面内,左右对称测点位于同一水平线上。洞周位移收敛测点布置根据施工工法的不同其测点数量及其布置方式有所不同。针对厦门翔安海底隧道而言,台阶法、全断面法、CRD法、CD法和双侧壁导坑法各工法的洞周位移收敛测点具体布置方式如图2-10-3所示:

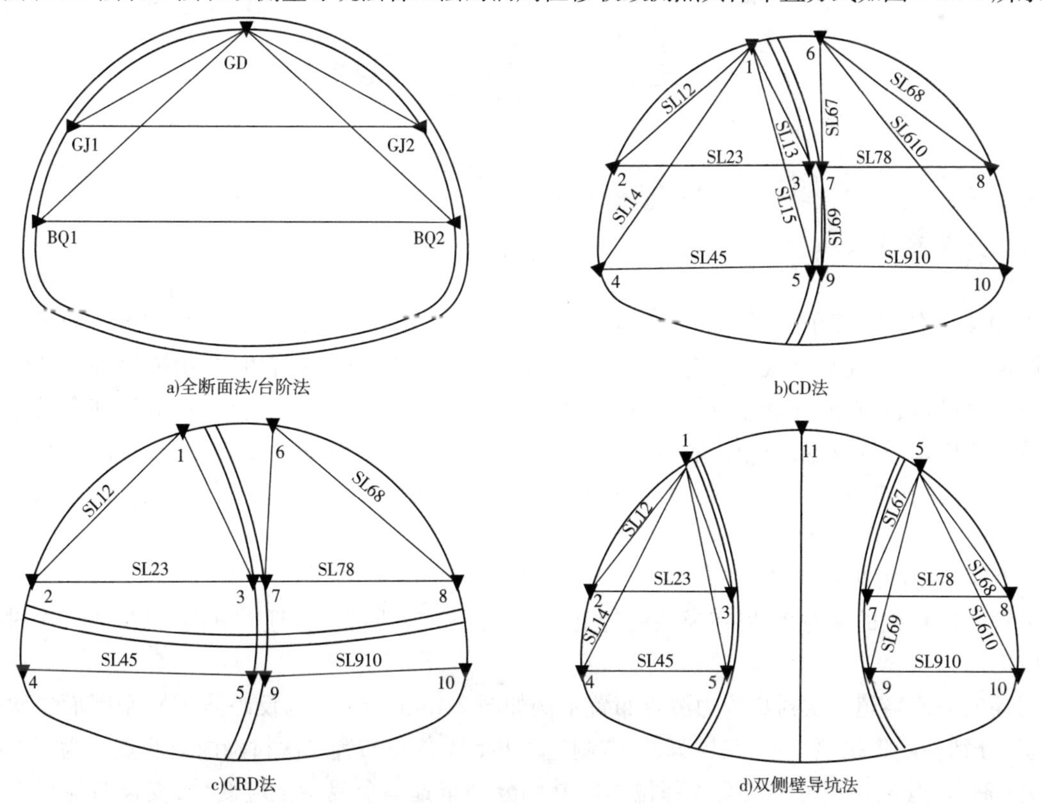

图2-10-3 洞周位移收敛测点与测线布置示例

图 2-10-3 中各测点及测线的布置应根据断面各施工部开挖先后顺序分批进行布置，并以水平测线量测为主，斜测线量测为辅。值得注意的是位于中隔墙临时支撑上的测点，由于受施工部的影响，位移变化规律为左右移动，量测时应引起监控量测人员的注意，以确保临时支护结构的稳定性。另外，监测断面位移测点的数量可根据现场施工情况和对判断围岩及初期支护结构的稳定状态做适当的增减。

3. 初期支护内力测点布置

初期支护内力量测主要是为了了解钢支撑或格栅钢架受力大小，为钢支撑或格栅钢架的选型与设计提供依据；根据钢支撑或格栅钢架的受力状态，判断隧道稳定性，从而评价钢支撑或格栅钢架的支护效果。

初期支护钢支撑或格栅钢架应力量测采用钢筋计焊接在型钢腹板上来量测钢支撑应力，或用钢筋计焊接在格栅钢架的主筋上量测。针对厦门翔安海底隧道而言，台阶法、CRD 法、CD 法和双侧壁导坑法各施工工法的初期支护内力测点布置情况如图 2-10-4 所示：

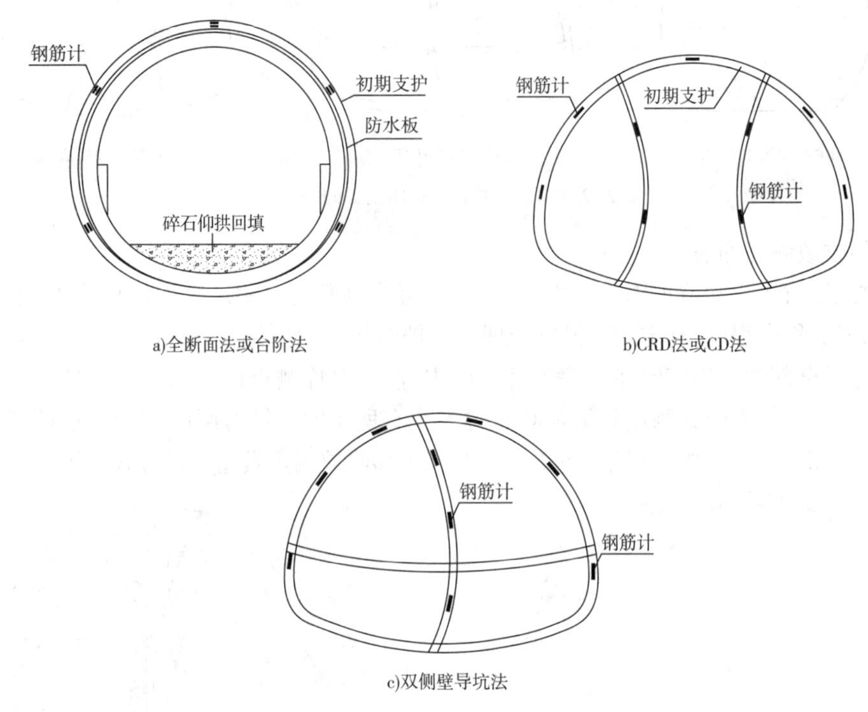

a)全断面法或台阶法　　b)CRD法或CD法

c)双侧壁导坑法

图 2-10-4　初期支护内力测点布置示例

图 2-10-4 中各测点钢筋计的安装应根据断面各施工部开挖先后顺序分批进行布置。为了获得钢支撑或格栅钢架的内力，在每个截面钢支撑或格栅钢架拱顶、左右拱脚、左右边墙、中隔壁等各部位内外侧各布置一个钢筋计，且钢筋计测点应尽量布置在同一榀钢支撑内。安装钢筋计时，应详细记录各钢筋计的编号及其相应埋设的位置，以便读取数据后进行结构内力分析。钢筋计按安装要求埋设后，应测取初读数。另外，监测初期支护内力测点的数量可根据由判断初期支护结构的受力状态的需要做适当的增加。

4. 二次衬砌内力测点布置

为了解二次衬砌的受力特性，在模注混凝土浇筑前，把混凝土应变计埋入其内，以量测二次衬砌不同部位的应力。

厦门翔安海底隧道二次衬砌内力测点布置示例如图 2-10-5 所示。为反映隧道整个断面二次衬砌的受力状态，分别在隧道拱顶、左右侧拱脚、左右侧边墙共 5 个部位布置二次衬砌内力测点。为了获得二次衬砌内力（轴力、弯矩），在每个截面各部位的内外侧分别布置一个混凝土应变计，安设时应详细记录各应变计的编号及其相应的位置，以便测取数据后进行结构内力分析。

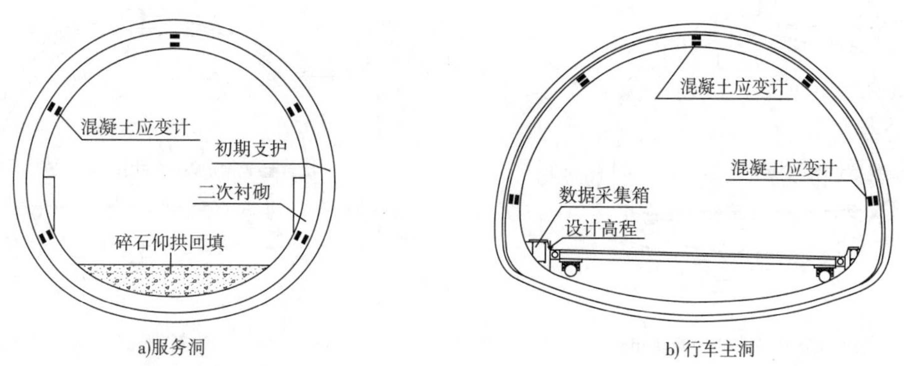

a)服务洞　　b)行车主洞

图2-10-5　二次衬砌内力测点布置示例

5. 围岩压力与两层支护间压力测点布置

为了获得围岩与初期支护之间、初期支护与二次衬砌之间接触压力分布规律，分别在施作初期支护、二次衬砌之前，在围岩与初期支护之间、初期支护与二次衬砌之间安装压力盒。为了解整个断面的接触压力情况，分别在隧道拱顶、左右侧拱腰、左右侧拱脚共5个部位布置接触压力测点，具体布置示例分别如图2-10-6、图2-10-7所示。

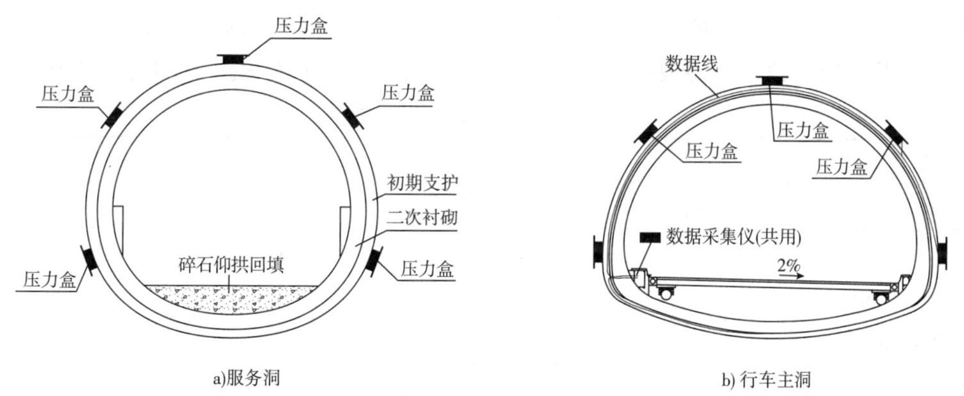

a)服务洞　　b)行车主洞

图2-10-6　围岩与初期支护间接触压力测点布置

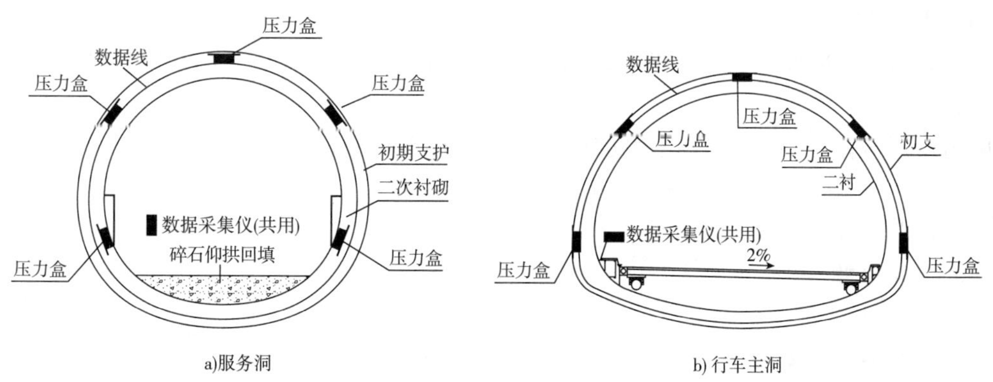

a)服务洞　　b)行车主洞

图2-10-7　两层支护间接触压力测点布置

6. 孔隙水压力测点布置

为了掌握初期支护、二次衬砌背后水压力分布规律，分别在施作初期支护、二次衬砌防水板之前，在围岩与初期支护之间、初期支护与二次衬砌防水板之间安装水压计。为了解整个断面承受的水压力情况，分别在隧道拱顶、左右侧拱脚、仰拱底部共4个部位布置孔隙水压力测点，具体布置分别如图2-10-8、图2-10-9所示：

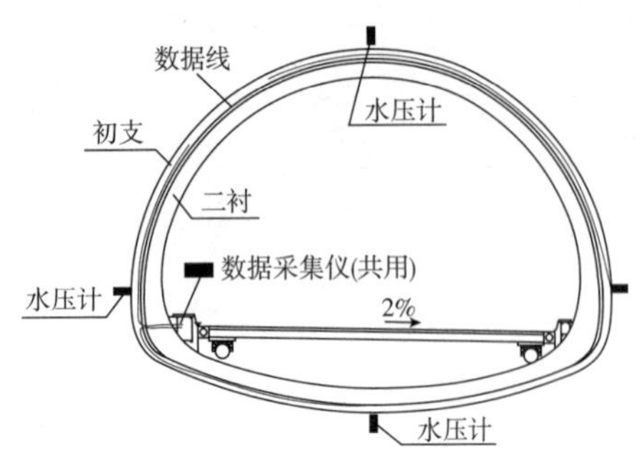

图 2-10-8 初期支护孔隙水压力测点布置

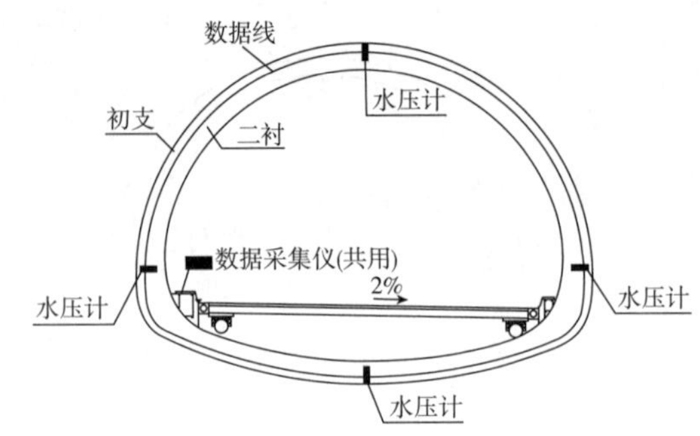

图 2-10-9 二次衬砌孔隙水压力测点布置

10.3.4 监控量测频率

1. 地质及支护状况观察

掌子面的工程地质与水文地质的观察和描述,对于判断隧道围岩稳定性和预测掌子面前方的地质条件是十分重要的;掌子面附近初期支护状态的观察和裂缝的描述,是直接判断围岩、隧道稳定性和支护结构参数合理性的重要手段。因此,地质及支护状况观察应在每个开挖循环后都必须及时进行。

2. 拱顶下沉监测频率

拱顶下沉量测点应设在距开挖面 2m 范围之内,并应在工作面开挖以后 24h 内或下一次开挖之前测取初读数。拱顶下沉量测频率主要根据位移速度及距工作面开挖距离而定,具体见表 2-10-4:

拱顶下沉和净空收敛的量测频率 表 2-10-4

位移速度	距工作面距离	量测频率
10mm/d 以上	0~1D	1~2 次/d
10~5mm/d	1D~2D	1 次/d
5~1mm/d	2D~5D	1 次/2d
1mm/d 以下	5D 以上	1 次/1 周

由位移速度决定的量测频率和由距开挖面的距离决定的量测频率之中,原则上采用频率高的,当位移倾向一定时,亦可不采用上表的数据。

3. 洞周位移收敛监测频率

洞周位移收敛测点应设置在距开挖面 2m 范围之内,并应在工作面开挖以后 24h 内或下一次开挖之前测取初读数。

根据围岩变形规律,变形量在开挖后初期较大,以后逐渐缓慢,最后趋于稳定。根据《公路隧道施工技术规范》(JTJ 042—94)第 9.2.1 条规定,量测频率为:

开挖:1~15d:1~2 次/d;

16~30d:1 次/2d;

31~90d:1 次/周;

91~120d:1 次/2 周;

120d 以上:1 次/月。

另外,根据《公路隧道施工技术规范》(JTJ 042—94)第 9.2.6 条规定,净空收敛量测的测试频率主要根据位移速度及离工作面的距离而定,见表 2-10-4。

与拱顶下沉监测频率相同,由位移速度决定的量测频率和由距开挖面的距离决定的量测频率之中,原则上采用频率高的,当位移倾向一定时,也可不采用表 2-10-4 的数据。

4. 初期支护内力监测频率

测点应按设在距开挖面 1m 范围之内,传感器埋设后便可进行初读数,最初阶段需每天都进行读数,当传感器读数变化异常时,可适当增加读数频率,当传感器读数变化趋于稳定时,可减小读数频率。

5. 二次衬砌内力监测频率

传感器应在指定的监测断面混凝土浇注前埋设完毕,传感器埋设后便可进行初读数,最初阶段需每天进行量测,当传感器读数变化异常时,可适当增加读数频率,当传感器读数变化趋于稳定时,可减小读数频率。

6. 围岩压力与两层支护间压力监测频率

围岩与初期支护间接触压力测点应按设在距开挖面1m范围之内,并应在初期支护喷射混凝土前及时埋设;初期支护与二次衬砌之间接触压力测点应在监测断面浇注二次衬砌混凝土之前及时埋设。传感器埋设后便可进行初读数,最初阶段需每天都进行量测,当传感器读数变化异常时,可适当增加读数频率,当传感器读数变化趋于稳定时,可减小读数频率。

7. 围岩压力与两层支护间压力监测频率

围岩与初期支护间孔隙水压力测点应按设在距开挖面1m范围之内,并应在初期支护喷射混凝土前及时埋设;初期支护与二次衬砌之间孔隙水压力测点应在监测断面实施二次衬砌防水板之前及时埋设。传感器埋设后便可进行初读数,最初阶段需每天都进行量测,当传感器读数变化异常时,可适当增加读数频率,当传感器读数变化趋于稳定时,可减小读数频率。

10.4 监控量测方法

10.4.1 地质及支护状况观察方法

细致的目测观察,对于监视围岩稳定性是既省事又能作用很大的监测方法。它可以获得与围岩稳定性状态有关的直观信息,如预测开挖面前方的地质条件;为判断围岩、隧道的稳定性提供地质依据;根据喷层表面状态及锚杆的工作状态,分析支护结构的可靠程度。对掌子面进行目测,主要了解掌子面的工程地质和水文地质条件。目测观察的内容见表2-10-5:

掌子面目测观察内容 表2-10-5

序号	目测观察内容
1	地质种类和分布状态
2	岩性特征(岩石的颜色、成分、结构、构造)
3	地层时代及产状
4	节理性质、组数、间距、规模,节理裂隙的发育程度和方向性,断面状态特征,充填物的类型和产状
5	断层的性质、产状,破碎带宽度、特征
6	涌水量大小、涌水位置、涌水压力
7	开挖工作面的稳定状态,顶板有无剥落现象

将目测观察到的有关情况和现象,详细记录并绘制成图册:每个监测断面绘制一张隧道开挖工作面素描图,图中包括剖面位置及间距。观察内容见表2-10-6:

初期支护目测观察内容 表2-10-6

序号	目测观察内容
1	初期支护完成后对喷层表面的观察以及裂缝状况的描述和记录
2	有无锚杆被拉脱或垫板陷入围岩内部的现象
3	喷射混凝土是否产生裂缝或剥离,要特别注意喷射混凝土是否发生剪切破坏
4	有无锚杆和喷射混凝土施工质量问题
5	钢拱架有无被压屈现象
6	是否有底鼓现象

每次爆破后和初喷混凝土后,通过肉眼观察,对围岩和隧道稳定性进行评价,看围岩级别是否与设计相符,必要时应拍照存档。

10.4.2 全站仪非接触位移量测

根据量测方式的不同,位移量测可大体分为两大类,即接触量测方法和非接触量测方法。接触量测方法主要采用人工手动方式对隧道周边布置的位移测点进行量测,一般采用精密水准仪对拱顶下沉进行量测,采用收敛计对洞周位移收敛进行量测,该方法只能获取隧道周边各位移测点的相对距离。其量测速度较慢,且对施工具有一定的干扰,特别是对于大断面隧道而言,由于其开挖跨度较大、开挖高度较高,进行人工接触量测实施较为困难。因此,接触量测方法一般只适用于开挖断面较小的隧道位移量测。

非接触量测方法主要采用相应的仪器对隧道周边布置的位移测点进行自动量测,其不仅能获取隧道周边各位移测点的相对距离,还可以获取各位移测点的绝对位移数值。非接触量测方法进行位移量测,不用接触到位移测点,其量测速度较快,省时、省力,测量时可尽量较少对施工的干扰。其量测无论是对于普通隧道还是对于大断面隧道均可适用,因此越来越受到人们的关注。

非接触量测方法根据采用仪器的不同,可分为数值相机非接触量测方法和全站仪非接触量测方法两种。目前,随着高精度全站仪的出现,全站仪非接触量测结果精度不断提高;其非接触量测技术也日趋成熟,并且在国内众多隧道的位移量测中也开始逐渐的应用和推广。厦门翔安海底隧道由于其开挖断面较大,因此在进行洞周位移量测时,主要采用全站仪非接触量测方式进行,下面就全站仪非接触量测现场实施要求进行介绍。

1. 后视点埋设实施要求

后视点是否稳定对设站点的坐标量测精度和测点的坐标量测精度影响甚大,保持其稳定是现场人员值得关注的问题。现对台阶法、全断面法、CRD 法、CD 法和双侧壁法的三维位移量测后视点埋设实施要求进行介绍。

(1)二次衬砌断面与监测断面较近。当二次衬砌离监测断面较近,可将二次衬砌作为稳定的断面,然后将后视点布置在二次衬砌周边,同时应确保后视点的位置与各分部测点之间通视。如果各部中的位移测点与后视点都保持通视,则可共用同一个后视点和三维坐标系。

(2)二次衬砌与监测断面较远。对于台阶法和全断面法施工的隧道,当掌子面距离二次衬砌较远时,后视点可以布设在初期支护左右墙上。为保证后视点的稳定性,后视点所在的位置必须全断面封闭且已经稳定。

对于 CRD 法、CD 法和双侧壁导坑法施工的隧道,随着掌子面的推进,由于受中隔墙的影响,各部监测断面无法共用同一组后视点和相同的三维坐标系,各分部必须布设自己的后视点和建立相应的三维坐标系。当各分部到达监测断面时,为实现该部测点三维位移量测,必须在该部布设后视点和建立三维坐标系。为保证后视点的稳定性,后视点必须布置在该部的边墙上,后视点所在的位置必须全断面封闭且已经稳定。

后视点预埋件安设完毕后,将反射膜片或棱镜固定在预埋件上;为提高量测精度,预埋件尽量与该部导坑轴线约成 90°角。对于三维位移量测,后视点是否稳定是确保量测精度的关键,所以必须避免隧道施工对后视点的扰动。现场后视点布置如图 2-10-10 所示。

2. 测点埋设实施要求

(1)预埋件的安装。当有钢拱架支护时,预埋件埋设在钢拱架上;当无钢拱架支护时,用钻机直接在周壁围岩上钻孔,用锚固剂将预埋件锚固稳定,为避免施工机械碰撞,预埋件上的钢板露出围岩或初期支护面即可。预埋件与隧道轴线夹角约成 45° ~90°角,必须采取一定保护措施防止混凝土直接喷射于预埋件的钢板面。在位移量测过程中,必须防止预埋件在隧道施工时被扰动。例如,挖掘机施工时碰撞,台车移动时碰撞等,禁止预埋件上悬挂施工物品,例如,管子、电缆等。如果被扰动,量测人员会把扰动的位移

图2-10-10 CRDⅠ部后视点布置

误认为测点变形而误判围岩的稳定性，所以对预埋件的保护必须重视。

各工法位移测点预埋件埋设如图2-10-11所示。

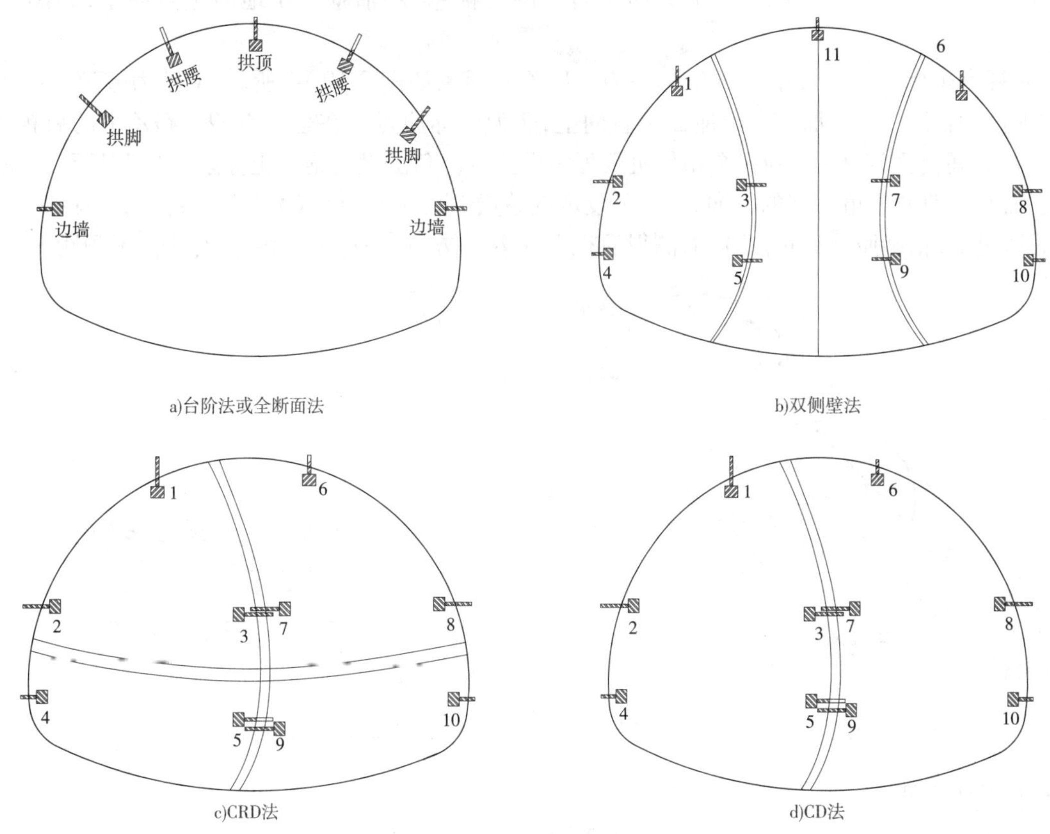

图2-10-11 不同工法预埋件布置

(2)反射膜片安装。初次量测时，将反射膜片贴于清理干净的预埋件钢板上。要特别注意防止喷射混凝土喷射在其表面，采取保护措施。为了保证照准目标，必须有强光源照射灯，由另一量测人员进行照射，调整光线角度，观察反射片表现最亮时即可进行量测。强光照射下的反射片，如图2-10-12所示。

反射膜片安装后，必须保持其位置固定不变，所以量测人员必须与现场施工技术人员进行协调，防止施工人员在施工时对其扰动，例如边墙管线的碰撞和车辆、施工机械等的撞击。

3. 三维坐标系建立和三维坐标获取

(1)三维坐标系建立。当各分部到达监测断面时，为实现该部测点三维位移量测，需建立三维坐标

图 2-10-12　台阶法现场测点布置

系。监控量测人员将全站仪架设于隧道中线附近，仪器精确整平后确定坐标系 $O—XYZ$。由此，X 方向平行于隧道轴线并指向隧道开挖方向，Y 方向垂直于隧道侧壁，Z 轴垂直于地面竖直向上，如图 2-10-13 所示。

(2)后视点坐标确立。设定三维坐标系 $O—XYZ$ 坐标系如图 2-10-14 所示，X 轴为隧道轴线方向，Y 轴垂直于隧道轴线方向，Z 轴垂直于地面竖直向上，O 为坐标原点。在坐标系 $O—XYZ$ 中的后视点 A、B 与被测点 P 之间自由设站 O'，利用全站仪机载程序设置方位角法设定绝对坐标系 $O'—X'Y'Z'$，坐标轴 $O'X'$ 平行于轴 OX，即方位角为零的方向，同时可设定设站点 O' 点的坐标为(X_O'、Y_O'、Z_O')，在保持全站仪位置不变的情况下，精确照准后视点 A、B，测得后视点 A、B 的方位角 α_A、α_B，斜距 D_A、D_B，天顶距 V_A、V_B。

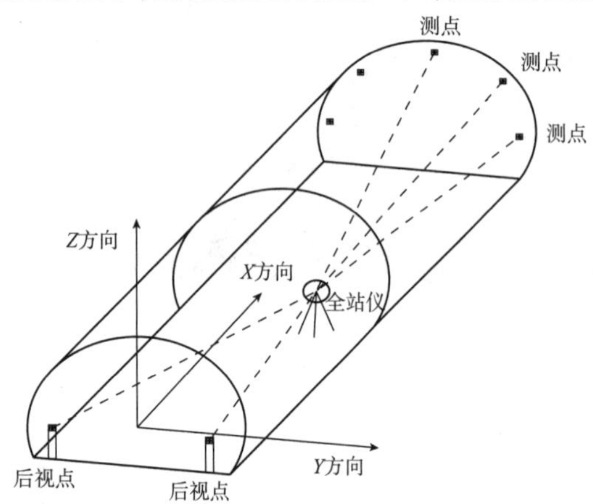

图 2-10-13　全站仪三维坐标系建立示意

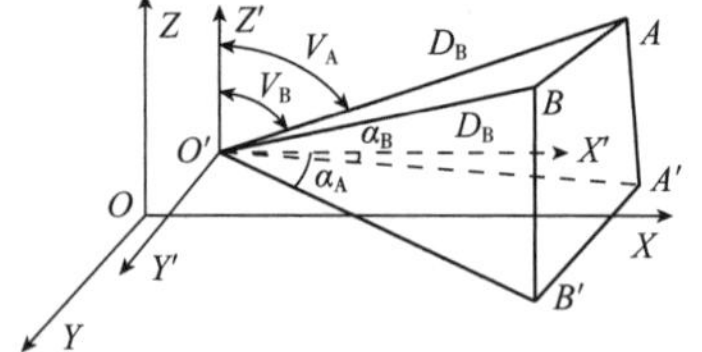

图 2-10-14　后视点三维坐标确定示意

A 点的坐标求解

$$\begin{aligned} X_A &= X_O' + D_A \cdot \sin V_A \cdot \cos\alpha_A \\ Y_A &= Y_O' + D_A \cdot \sin V_A \cdot \sin\alpha_A \\ Z_A &= Z_O' + D_A \cdot \cos V_A \end{aligned} \tag{2-10-1}$$

同理，测得后视点 B 的坐标为

$$\begin{aligned} X_B &= X_O' + D_B \cdot \sin V_B \cdot \cos\alpha_B \\ Y_B &= Y_O' + D_B \cdot \sin V_B \cdot \sin\alpha_B \\ Z_B &= Z_O' + D_B \cdot \cos V_B \end{aligned} \tag{2-10-2}$$

三维坐标系建立后，保持设站点位置不变，采用盘左、盘右观测至少 6 个测回，人工精确照准反射膜片的中心或棱镜的中心，求得后视点坐标。

(3)测点三维坐标的获取。后视点坐标确定后,采用后方交会法自由设站原理进行隧道周壁测点三维位移量测。观测原理如图2-10-15所示,O为设站点;A、B为已知后视点在通过O点的水平面上的投影,P_1、P_2点为被测点在通过O点的水平面上的投影,A、B为已知后视点,并作为坐标的起算点;P_1、P_2为待测点。设D_A、D_B、D_1、D_2为设站点到各观测点的斜距,S_A、S_B、S_1、S_2为相应的水平距离,V_A、V_B、V_1、V_2为各观测点的天顶距,OB、OP_1、OP_2连线方向与OA方向的水平夹角分别为θ,α_1、α_2。A、B的坐标已知,假设分别为(X_A,Y_A),(X_B,Y_B)。

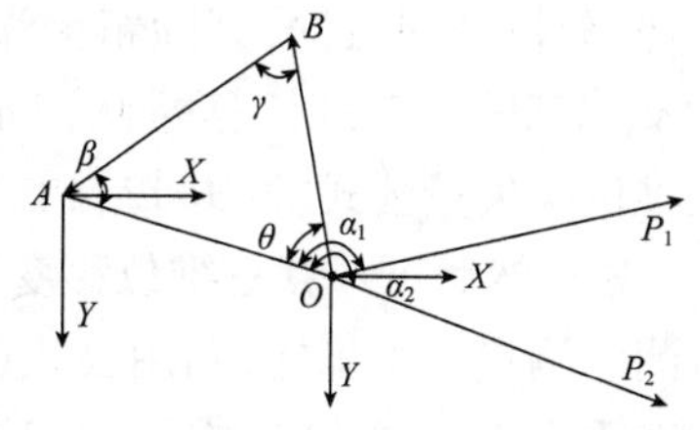

图2-10-15　两点后方交会自由设站原理示意

已知A、B水平面上的坐标为(X_A,Y_A),(X_B,Y_B),则AB的水平距离和方位角分别为:

$$S_{AB}=\sqrt{(X_B-X_A)^2+(Y_B-Y_A)^2} \tag{2-10-3}$$

$$\alpha_{AB}=\arctan\left(\frac{Y_B-Y_A}{X_B-X_A}\right) \tag{2-10-4}$$

α_{AB}为AB线与X轴的夹角,后面所提到的方位角皆指连线与X轴的夹角。

根据正弦定量,在$\triangle OAB$中,$\frac{\sin\theta}{S_{AB}}=\frac{\sin\beta}{S_{OB}}=\frac{sin\gamma}{S_{OA}}$,其中$\theta=H_B-H_A$,$H_B$为$B$点的水平角,$H_A$点的水平角。

可得:

$$\beta=\arcsin\frac{S_{OB}\times\sin\theta}{S_{AB}},\gamma=\arcsin\frac{S_{OA}\times\sin\theta}{S_{AB}} \tag{2-10-5}$$

则边AO的方位角为

$$\alpha_{AO}=\alpha_{AB}+\beta \tag{2-10-6}$$

由此可知,O点的坐标为

$$\begin{aligned}X_O&=X_A+S_{AO}\cos\alpha_{AO}\\Y_O&=Y_A+S_{AO}\sin\alpha_{AO}\end{aligned} \tag{2-10-7}$$

点P_1、P_2坐标分别为

$$\left.\begin{aligned}X_1&=X_O+S_{O1}\cos(\alpha_{OA}+\alpha_1)\\Y_1&=Y_O+S_{O1}\sin(\alpha_{OA}+\alpha_1)\end{aligned}\right.,\text{式中 }\alpha_1=H_1-H_A \tag{2-10-8}$$

$$\left.\begin{aligned}X_2&=X_O+S_{O2}\cos(\alpha_{OA}+\alpha_2)\\Y_2&=Y_O+S_{O2}\sin(\alpha_{OA}+\alpha_2)\end{aligned}\right.,\text{式中 }\alpha_2=H_2-H_A \tag{2-10-9}$$

H_1为照准P_1点时,全站仪上显示的水平方位角;H_2为照准P_2点时,全站仪上显示的水平角。

假设A,B点竖直方向的坐标为Z_A、Z_B,

O点竖直方向的坐标为

$$\begin{aligned}Z_O&=Z_A-S_{OA}\times\cos V_A\\Z_O&=Z_B-S_{OB}\times\cos V_B\end{aligned} \tag{2-10-10}$$

则测点P_1、P_2,Z方向坐标为

$$\begin{aligned}Z_1&=Z_O+S_{O1}\times\cos V_1\\Z_2&=Z_O+S_{O2}\times\cos V_2\end{aligned} \tag{2-10-11}$$

设站点应靠近隧道中线附近,设站完毕后,确保设站点位置不变,对前方测点进行观测,获得测点三维坐标,如图2-10-16所示。

4. 数据记录和处理

量测完毕后,将数据导入存储卡中,用读卡器与计算机相连,用EXCEL程序将文本文档转化为Excel

表格文档，分析处理数据，剔除粗大误差后，将测点的三维坐标 x、y、z 值填入三维位移量测记录卡中，见表2-10-11。利用三维位移矢量公式(2-10-12)，计算测点的三维位移量 Δx、Δy、Δz，然后可计算三维位移变化速率 v_X，v_Y，v_Z，同时根据量测的测点三维坐标，利用公式(2-10-13)计算测点之间的相对距离 D_{ij}。再以公式(2-10-14)计算测线的收敛值 ΔD_{ij}，以及收敛变化速率 v_{Dij}，根据数据处理的结果判断围岩和支护结构的稳定性。如果遇到位移异常情况，立即向监理单位和施工单位出险情报告，加强观测，提出相应的施工对策。

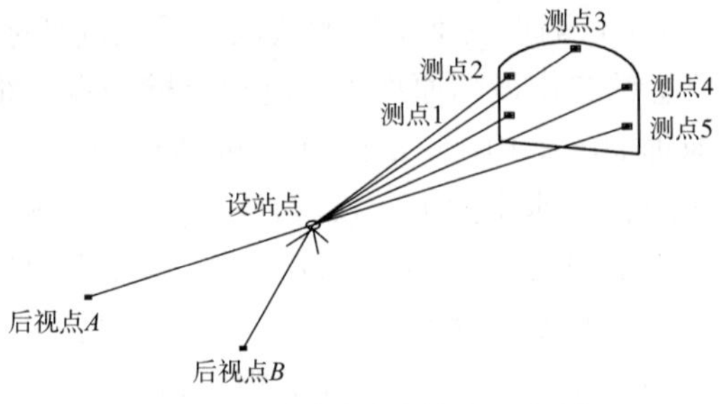

图2-10-16　后方交会自由设站观测示意

非接触三维位移矢量记录卡，见表2-10-11，相对位移收敛记录卡，见表2-10-12。

(1)三维矢量位移求解。通过全站仪两点后方交会自由设站原理求得测点的三维坐标 x、y、z，根据每期观测的各测点的三维坐标值，计算可得某一测点的三维位移值，

$$
\begin{aligned}
\Delta x_{k,k-1} &= x_i^{\ k} - x_i^{\ k-1} \\
\Delta y_{k,k-1} &= y_i^{\ k} - y_i^{\ k-1} \\
\Delta z_{k,k-1} &= z_i^{\ k} - z_i^{\ k-1}
\end{aligned}
\tag{2-10-12}
$$

式中，k 表示观测期数，i 代表测点编号；Δx 为测点在 X 轴方向的位移；即沿着隧道轴线方向的变化值；Δy 为测点在 Y 轴方向的位移，即垂直于隧道轴线方向的位移值；Δz 表示隧道测点的竖直位移，如果测点在隧道拱顶处，表示拱顶下沉值。

(2)测线收敛求解。由第 k 期量测的测点三维坐标值 x、y、z 求得第 k 期的测线长度为

$$D_{ij}^{\ (k)} = \sqrt{(x_i - x_j)^2 + (y_i - y_j)^2 + (z_i - z_j)^2} \tag{2-10-13}$$

i，j 分别代表测点号，k 表示观察期数。

由此可得测线收敛值 $\Delta D_{k-1,k}$ 为

$$\Delta D_{k-1,k} = D_{ij}^{\ (k)} - D_{ij}^{\ (k-1)} \tag{2-10-14}$$

根据计算得到的隧道测点的三维位移值和收敛量测值，来判断围岩和支护结构的稳定性，为信息施工提供参考真实、可靠的参考依据。

5. 全站仪非接触量测误差控制

隧道位移非接触量测误差控制技术主要包括：

(1)隧道内环境控制。隧道内粉尘浓度应控制在 2mg/m^3 以下。减小粉尘浓度，可提高可视距离。

(2)反射膜片安装要求

①反射膜片尺寸推荐采用40mm×40mm。条件允许情况下，尽量增加反射膜片的尺寸，以提高照准精度。

②反射膜片应保持与全站仪视准轴垂直。安设预埋件时，预埋件应尽量保持与隧道轴线垂直，这可保证全站仪量测时，能精确照准反射膜片的中心，精确读取数值。在条件允许的情况下，可以用棱镜作为后视点以提高量测精度。

(3)测站设置要求

①测站距反射膜片的距离 D 应控制在50～100m。

②测站所测天顶距应控制在45°。

③同一测试断面设站次数可控制在2次。由于隧道施工条件影响，为提高工作效率，设站次数为2站即可。

④转站次数不能超过3次。当后视点与监测断面较远而无法进行量测时，在条件允许的情况下应在监测断面附近另设后视点。当无法设后视点时。可进行转站量测，但转站次数不能超过

3次。

(4)测量要求。

①采用人工照准。由于隧道内灰尘大,量测环境差,自动搜索很难精确照准测点中心。

②测回数控制在3个左右。由于量测精度随测回数的增加而提高,在条件允许的情况下应增加测回数,但并非越多越好,一般3个测回即可满足要求。

(5)后视点要求。后视点不能被扰动,定期校核后视点坐标或重新建立坐标系获得后视点坐标。在条件允许的情况下,可以用棱镜作为后视点以提高量测精度。

(6)设备要求。全站仪的量测精度应为测距精度1mm+1ppm,测角精度1''。

10.4.3 初期支护内力量测方法

初期支护内力数值主要采用便携式读数仪进行测取,对测取的读数数值进行相关公式计算,即可获得初期支护内力大小。

10.4.4 二次衬砌内力量测方法

二次衬砌内力数值主要采用对应该传感器配置的便携式读数仪进行测取,对测取的读数数值进行相关公式计算,即可获得二次衬砌内力大小。

10.4.5 围岩压力与两层支护间压力量测方法

接触压力数值主要采用对应该传感器配置的便携式读数仪进行测取,对测取的读数数值进行相关公式计算,即可获得相应接触压力大小。

10.4.6 孔隙水压力量测方法

水压计数据线用PVC管保护并固定于初期支护面上,于拱脚处从防水板下缘引出,所有的数据线均由一侧引出。在初期支护挖一个沟槽,将水压计放入其中,使其探头可以直接与水接触。在水压计四周填上干沙将水压计固定,再用水泥砂浆将沟槽封住以防水压计掉落。用于回填的细砂要求干净、无污染。

孔隙水压力数值主要采用对应该传感器配置的便携式读数仪进行测取,对测取的读数数值进行相关公式计算,即可获得孔隙水压力大小。

10.5 监控量测数据采集

10.5.1 地质及支护状况观察记录

对掌子面进行目测观察,记录内容见表2-10-7:

掌子面地质状况记录 表2-10-7

编号: ××××隧道

<table>
<tr><td colspan="4">掌子面里程</td><td colspan="5"></td><td colspan="3">埋深(m)</td><td colspan="8"></td></tr>
<tr><td rowspan="2">地层岩性</td><td colspan="3" rowspan="2"></td><td colspan="2" rowspan="2">围岩级别</td><td colspan="2">设计</td><td></td><td colspan="3" rowspan="2">饱和极限抗压强度 R_b(MPa)</td><td>极硬岩</td><td>硬岩</td><td>较软岩</td><td>软岩</td><td>极软岩</td><td colspan="2">取样编号</td><td>试验编号</td></tr>
<tr><td colspan="2">实际施工</td><td></td><td>>60</td><td>30–60</td><td>15–30</td><td>5–15</td><td><5</td><td colspan="2"></td><td></td></tr>
<tr><td rowspan="5">掌子面上围岩岩体结构特征</td><td>层理</td><td>产状</td><td></td><td colspan="3">单层厚度(m)</td><td colspan="3"></td><td>层面特征</td><td></td><td colspan="4">与隧轴夹角</td><td colspan="4"></td></tr>
<tr><td rowspan="3">节理裂隙</td><td>组次</td><td>产状</td><td>间距(m)</td><td colspan="2">长度(m)</td><td colspan="3">缝宽(mm)</td><td>充填物</td><td>与隧轴夹角</td><td colspan="8" rowspan="3">结构面与隧道轴线关系图</td></tr>
<tr><td>1</td><td></td><td></td><td colspan="2"></td><td colspan="3"></td><td></td><td></td></tr>
<tr><td>2</td><td></td><td></td><td colspan="2"></td><td colspan="3"></td><td></td><td></td></tr>
<tr><td>断层</td><td>产状</td><td></td><td colspan="3">破碎带宽度(m)</td><td colspan="3"></td><td>破碎带特征</td><td></td><td colspan="2">与隧轴夹角</td><td colspan="2"></td><td colspan="2">纵波速度(m/s)</td><td colspan="2"></td></tr>
</table>

续上表

侧壁围岩岩体结构特征	左侧壁								右侧壁							
	层理	产状		单层厚度(m)		层面特征	与隧轴夹角		层理	产状		单层厚度(m)		层面特征		与隧轴夹角
	节理裂隙	组次	产状	间距(m)	长度(m)	缝宽(mm)	充填物	与隧轴夹角	节理裂隙	组次	产状	间距(m)	长度(m)	缝宽(mm)	充填物	与隧轴夹角
		1								1						
		2								2						
	断层	产状		破碎带宽度(m)	破碎带特征		与隧轴夹角		断层	产状		破碎带宽度(m)	破碎带特征		与隧轴夹角	
地下水	涌水位置		涌水量[L/(10m·min)]	无水	滴水	线状	股状	含泥砂情况	侵蚀类型	取水样编号	试验编号					
				<10	10–25	25–125	>125									
稳定性	洞周	稳定	拱部掉块	边墙掉块	拱部坍塌	边墙坍塌	坍方>10m³	坍方<10m³								
	掌子面	稳定	拱部坍塌	掌子面挤出	开挖后至掉块或坍塌的时间											

侧壁素描		掌子面素描	工程措施及有关参数
左侧壁	右侧壁	掌子面	
施工方签字 年 月 日		监理签字 年 月 日	

初期支护目测观察,记录内容见表2-10-8。

初期支护目测观察记录内容 表2-10-8

序号	目测观察内容	目测观察结果	备注
1	初期支护完成后对喷层表面的观察以及裂缝状况的描述和记录		
2	有无锚杆被拉脱或垫板陷入围岩内部的现象		
3	喷射混凝土是否产生裂缝或剥离,要特别注意喷射混凝土是否发生剪切破坏		
4	有无锚杆和喷射混凝土施工质量问题		
5	钢拱架有无被压屈现象		
6	是否有底鼓现象		

测读者: 复核者:

将目测观察到的有关情况和现象,详细记录并绘制成图册,每个监测断面绘制一张隧道开挖工作面素描图,图中包括剖面位置及间距。每次爆破后和初喷混凝土后,通过肉眼观察,对围岩和隧道稳定性进行评价,必要时应拍照。

10.5.2 位移量测数据记录

1. 接触量测数据记录

隧道拱顶下沉量测记录可参见表2-10-9:

拱顶下沉测量记录 表2-10-9

桩号					施工方法		施工部位			埋设日期					
测线编号	量测时间				观测值				温度修正值	修正后测点高程	相对初次下沉值(Δu)	相对上次下沉值	时间间隔	下沉速率	备注
	年	月	日	时	温度(℃)	第一次(mm)	第二次(mm)	平均值(mm)	(℃)	(m)	(mm)	(mm)	(d)	(mm/d)	

测读者: 计算者: 复核者:

隧道净空收敛量测记录可参见表2-10-10：

隧道净空收敛测量记录 表2-10-10

桩号					施工方法			施工部位		埋设日期					
测线编号	量测时间				观测值				温度修正值	修正后测点高程	相对初次下沉值(Δu)	相对上次下沉值	时间间隔	下沉速率	备注
	年	月	日	时	温度	第一次	第二次	平均值							
					(℃)	(mm)	(mm)	(mm)	(℃)	(mm)	(mm)	(mm)	(d)	(mm/d)	

测读者： 计算者： 复核者：

2. 非接触量测数据记录

非接触量测三维位移和收敛量测记录见表2-10-11和表2-10-12。

隧道三维位移量测数据记录 表2-10-11

隧道三维位移量测数据记录表																	
工程名称				合同段				施工单位				监理单位					
断面里程			围岩级别		覆盖层厚度		偏压状况		后视点坐标			X_A	Y_A	Z_A	X_B	Y_B	Z_B
断面埋设时间			初测时间		施工方法		支护形式										
量测日期	时间	时间间隔	累计量测时间	测点绝对三维坐标			绝对三维坐标变化量(mm)			三维坐标变化量累计值(mm)			三维变化速率(mm/d)			距掌子面距离(m)	掌子面围岩级别
年月	时分	(d)	(d)	测点编号			测点编号			测点编号			测点编号				
				X	Y	Z	ΔX	ΔY	ΔZ	ΣΔX	ΣΔY	ΣΔZ	V_X	V_Y	V_Z		

量测人员： 审核员： 监测单位盖章：

监理单位盖章： 时间： 年 月 日

隧道相对位移量测记录卡 表2-10-12

隧道相对(收敛)位移量测记录卡												
工程名称				合同段			施工单位			监理单位		
断面里程		围岩级别		覆盖层厚度			偏压状况					
断面埋设时间		初测时间		施工方法			支护形式					
量测日期	时间	时间间隔	累计量测时间	测点绝对三维坐标(m)			测线长度(mm)	测线长度变化量(mm)	测线长度变化量累计值(mm)	测线长度变化速率(mm/d)	距掌子面距离(m)	掌子面围岩级别
年 月	时分	(d)	(d)	测点编号			测线编号	测线编号	测线编号	测点编号		
				X	Y	Z	D_{ij}	ΔD_{ij}	$\Sigma \Delta D_{ij}$	V_{Dij}		

量测人员： 审核员： 监测单位盖章：

监理单位盖章：

10.5.3 初期支护内力数据记录

初期支护内力量测记录可参见表2-10-13：

初期支护内力量测记录 表2-10-13

日　期	传感器位置			传感器位置		
	传感器编号			传感器编号		
	初读数	频率(Hz)	应力(MPa)	初读数	频率(Hz)	应力(MPa)
	应力(MPa)			应力(MPa)		

测读者： 计算者： 复核者：

10.5.4 二次衬砌支护内力数据记录

二次衬砌内力量测记录可参见表2-10-14：

二次衬砌内力量测记录 表2-10-14

日　期	传感器位置			传感器位置		
	传感器编号			传感器编号		
	传感器初读数	频率(Hz)	应力(MPa)	传感器初读数	频率(Hz)	应力(MPa)
	应力(MPa)			应力(MPa)		

测读者： 计算者： 复核者：

10.5.5 围岩压力与两层支护间压力数据记录

围岩压力与两层支护间压力量测记录可参见表2-10-15：

围岩压力与两层支护间压力量测记录 表2-10-15

日　期	传感器位置			传感器位置		
	传感器编号			传感器编号		
	初读数	频率(Hz)	应力(MPa)	初读数	频率(Hz)	应力(MPa)
	应力(MPa)			应力(MPa)		

测读者： 计算者： 复核者：

10.5.6 孔隙水压力数据记录

孔隙水压力量测记录可参见表2-10-16：

孔隙水压力量测记录 表2-10-16

日　期	传感器位置			传感器位置		
	传感器编号			传感器编号		
	初读数	频率(Hz)	应力(MPa)	初读数	频率(Hz)	应力(MPa)
	应力(MPa)			应力(MPa)		

测读者： 计算者： 复核者：

10.6 监控量测数据分析及信息反馈

10.6.1 监控量测数据分析处理

施工监控量测采用的仪器设备种类繁多,需人工读数、记录,每次观测后应立即对原始观测数据进行校核和整理,包括原始观测值的检验、物理量的计算、填表制图,异常值的剔除、初步分析和整编等,并将检验过的数据输入计算机的数据库管理系统。

1. 量测数据的整理

为使量测数据在隧道施工过程中起到安全施工、合理安排施工程序、修正设计参数的作用,除了收集现场监测第一手资料外,还必须进行观测资料的整理,变形量的计算、内力计算,编制变形量、内力成果表,以及对某些测点绘制时态曲线。主要包括洞周收敛位移、拱部下沉位移与时间的关系曲线、初期支护内力与时间的关系曲线、二次衬砌内力与时间的关系曲线、水压或接触压力与时间的关系曲线等。这些是评价围岩稳定和隧道结构稳定的主要依据。

2. 位移量测数据分析

绘制位移时程曲线图和距离位移曲线图,如图2-10-17所示。如果位移的变化随时间(或距掌子面距离)而渐趋稳定,说明围岩处于稳定状态,支护系统是有效、可靠的,如图2-10-17中的正常曲线。图2-10-17中的反常曲线中,出现了反弯点,这说明位移出现反常的急骤增长现象,表明围岩和支护已呈不稳定状态,应加密监视,并适当加强支护,必要时应立即停止开挖并进行施工处理。

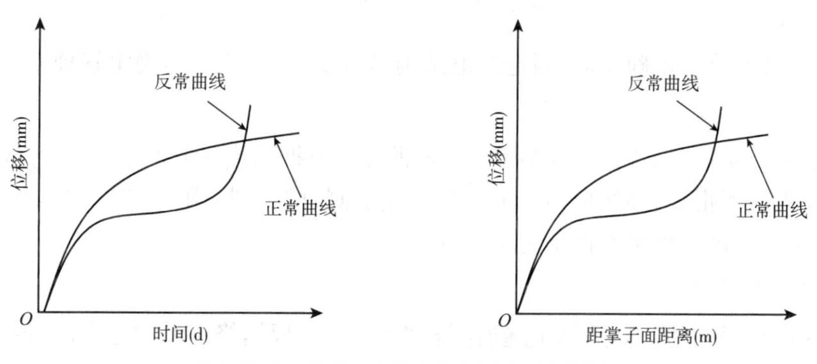

图2-10-17 时间-位移曲线和距离-位移曲线

根据量测获得的位移与时间曲线,通过回归分析,即能得出总位移量、最大位移速度以及最大位移加速度等。但要衡量围岩的稳定性,除了量测值以外,还必须有判断围岩稳定性的准则。

3. 初期支护内力量测数据分析

绘制初期支护钢支撑应力—时间曲线散点图和钢支撑应力—距离曲线散点图,根据量测获得的钢支撑应力与时间曲线,通过回归分析,即能预测出钢支撑总应力值,从而判定钢支撑的安全性。

4. 二次衬砌内力量测数据分析

为了获得二次衬砌内力,在每个截面的内外侧各布置一个混凝土应变计,从而获得二次衬砌内外侧混凝土的应力。根据二次衬砌内力,即可计算出二次衬砌安全系数,将该安全系数与控制基准进行比较,即可判定二次衬砌的安全性。

5. 围岩压力与两层支护间压力量测数据分析

绘制围岩压力与两层支护间压力—时间曲线散点图和围岩压力—距离曲线散点图,根据量测获得的接触压力与时间曲线,通过回归分析,即能预测出初期支护与二次衬砌所承受的最终接触压力值,从而判定初期支护及二次衬砌的安全性。

6. 孔隙水压力量测数据分析

绘制初期支护、二次衬砌孔隙水压力—时间曲线散点图和初期支护孔隙水压力—距离曲线散点图，根据量测获得的孔隙水压力与时间曲线，通过回归分析，即能预测出初期支护与二次衬砌所承受的最终孔隙水压力值，从而判定初期支护及二次衬砌的安全性。

10.6.2　监控量测信息反馈及工程对策

一、量测数据反馈流程

量测数据反馈流程如图 2-10-18 所示：

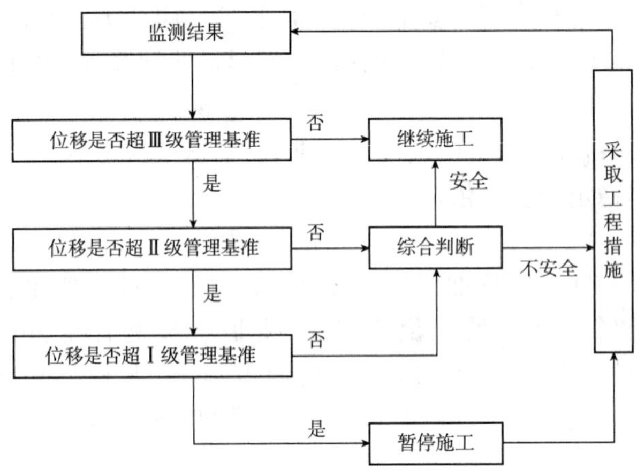

图 2-10-18　量测数据反馈管理程序框图

由此可见，要使量测数据正确反馈，判定隧道结构是否安全，首先必须确定管理基准。

二、量测数据反馈方法

为确保监测结果的质量，加快信息反馈速度，全部监测数据均由计算机管理。每次监测必须有监测结果，及时上报日、周监测报表，并按期向有关单位提交监测月报，同时附上相应的测点位移、内力时态曲线图，对当月的施工情况进行评价并提出施工建议。

1. 掌子面地质信息反馈

通过掌子面观察获得的地质信息修正隧道围岩级别，然后根据修正后的隧道围岩级别变更隧道支护结构参数和隧道施工方法，具体流程如图 2-10-19 所示。

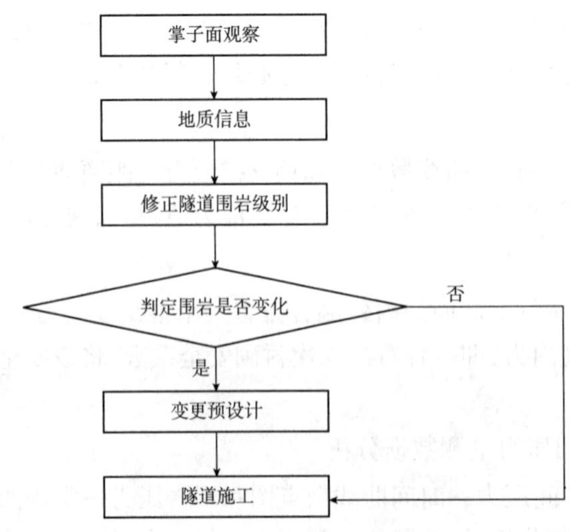

图 2-10-19　掌子面地质信息反馈

2. 结构变异信息反馈

通过观察初期支护的变异，如开裂、屈服、底部鼓起等，来判断海底隧道的安全性。主要观察已施工区段初期支护的各种异常现象，根据这些异常现象对海底隧道稳定性进行评价，然后根据评价结果进行设计的修正。结构变异信息反馈具体流程如图2-10-20所示。

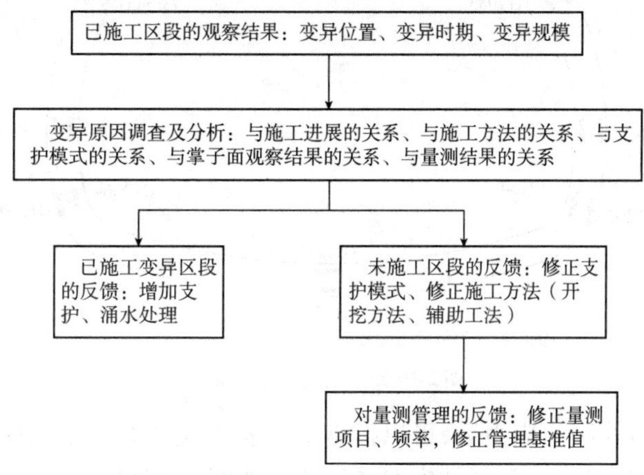

图2-10-20 结构变异信息反馈

3. 位移信息反馈

位移信息反馈能够确切地预报隧道结构的破坏。一般根据量测数据，绘制出隧道净空位移监控曲线，而后根据设计确定的监控基准，判定隧道的稳定性及可能发生的异常现象。具体流程如图2-10-21所示。

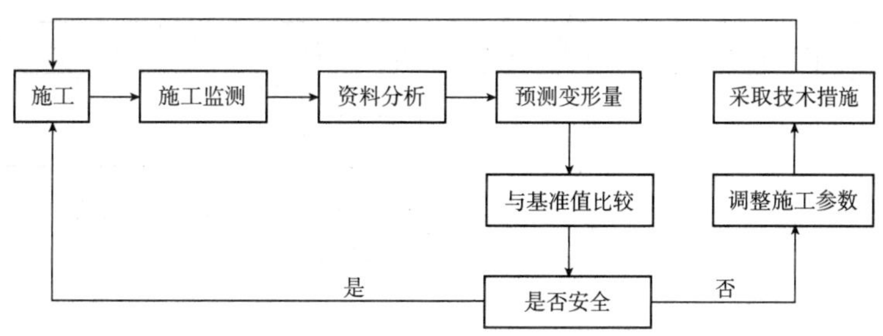

图2-10-21 位移信息反馈流程

4. 初期支护内力信息反馈

初期支护内力量测主要是钢支撑和格栅拱架应力量测，一般对内缘和外缘应力进行量测，在获得了钢支撑和格栅拱架内缘和外缘的应力后，可以按钢材的容许应力对已施工区段钢支撑支护的安全性进行评判。具体流程如图2-10-22所示：

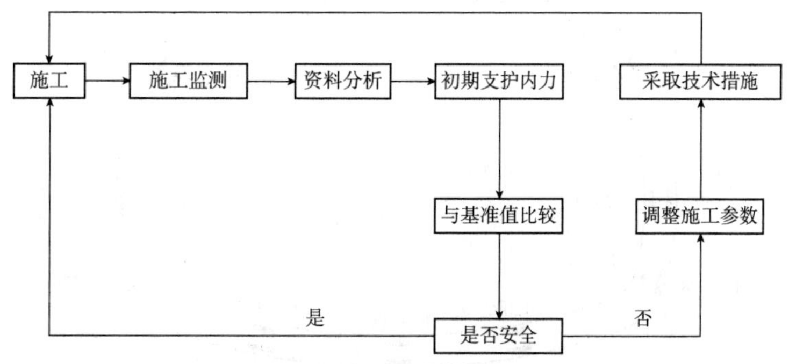

图2-10-22 初期支护内力信息反馈

在钢支撑的量测截面，一般对内缘和外缘应力进行量测，如图2-10-23所示。

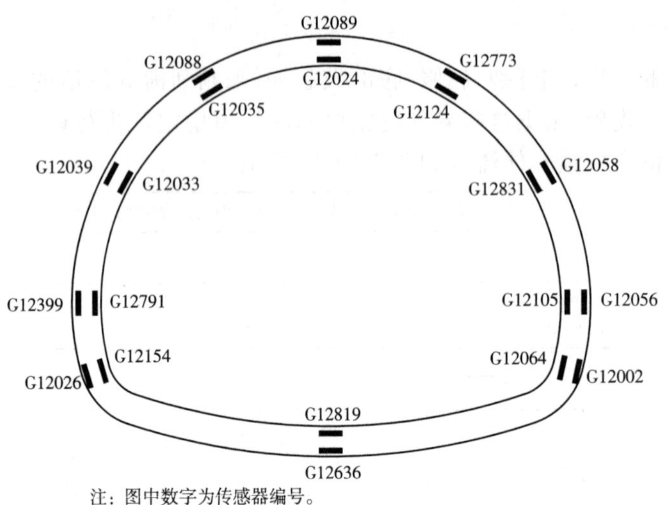

注：图中数字为传感器编号。

图 2-10-23 钢支撑应力量测

在获得了钢支撑内缘和外缘的应力后，可以按钢材的容许应力对已施工区段钢支撑支护的安全性进行评判，翔安海底隧道初期支护工字钢型号为 Q345，屈服强度为 345MPa。

5. 二次衬砌内力反馈

在二次衬砌内力量测，一般对内侧和外侧应力进行量测，在获得了二次衬砌内侧和外侧的应力后，可以计算出二次衬砌内力，并计算出安全系数，将该安全系数与管理基准进行比较，即可判定隧道二次衬砌的安全性。具体流程如图 2-10-24 所示：

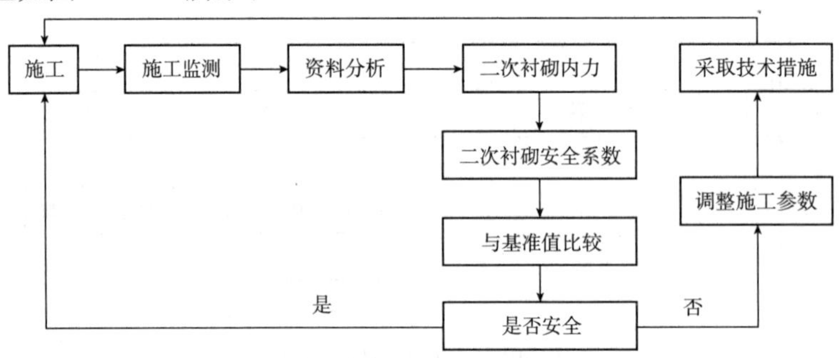

图 2-10-24 二次衬砌内力反馈

长期监测系统应力时，一般对内侧和外侧应力进行量测，如图 2-10-25 所示。

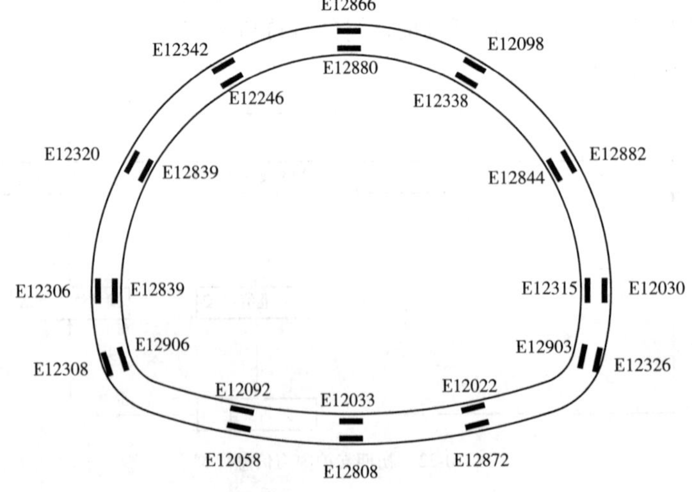

注：图中数字为传感器编号。

图 2-10-25 二次衬砌应力量测

在获得了二次衬砌内侧和外侧的应力后，可以按下列公式计算出二次衬砌内力：

$$N = \frac{1}{2}(\sigma_1 + \sigma_2)A \tag{2-10-15}$$

$$M = \frac{1}{2}(\sigma_1 - \sigma_2)\frac{I}{y} \tag{2-10-16}$$

式中：A——计算截面积(m^2)；

I——计算惯性矩；

y——测点距截面形心距离(m)；

σ_1——计算截面外侧应力(N/m^2)；

σ_2——计算截面内侧应力(N/m^2)；

N——计算截面轴力(N)；

M——计算截面弯矩(N·m)。

依据《公路隧道设计规范》(JTG D70—2004)可以计算出安全系数K，见式(2-10-17)和式(2-10-18)：

(1)混凝土矩形截面中心及偏心受压构件，受压控制时：

$$KN \leqslant \varphi \alpha R_a bh \tag{2-10-17}$$

式中：R_a——混凝土的抗压极限强度；

K——安全系数；

N——轴向力(MN)；

b——截面的宽度(m)；

h——截面的厚度(m)；

φ——构件的纵向弯曲系数；

α——轴向力的偏心影响系数。

(2)混凝土矩形截面中心及偏心受压构件，受拉控制时：

$$KN \leqslant \varphi \frac{1.75R_l bh}{\frac{6e_0}{h} - 1} \tag{2-10-18}$$

式中：R_l——混凝土的抗拉极限强度；

K——安全系数；

N——轴向力(MN)；

b——截面的宽度(m)；

h——截面的厚度(m)；

φ——构件的纵向弯曲系数；

e_0——截面偏心矩(m)。

将该安全系数与控制基准进行比较，即可判定二次衬砌的安全性。

当 $e_0 \leqslant 0.2h$ 时，系抗压强度控制承载力，按式(2-10-17)进行求解；当 $e_0 > 0.2h$ 时，系抗拉强度控制承载能力，按式(2-10-18)进行求解。

翔安隧道衬砌有初期支护和二次衬砌，二次衬砌中衬砌类型有素混凝土和钢筋混凝土，所以支护结构安全状态应根据表2-10-17判定。

衬砌结构安全判定基准　　表2-10-17

衬砌类型	荷载组合 / 破坏原因	永久荷载+基本可变荷载	永久荷载+基本可变荷载+其他可变荷载
素混凝土	混凝土达到抗压极限强度	2.4	2.0
	混凝土达到抗拉极限强度	3.6	3.0

续上表

衬砌类型	荷载组合 / 破坏原因	永久荷载＋基本可变荷载	永久荷载＋基本可变荷载＋其他可变荷载
钢筋混凝土	钢筋达到计算强度或混凝土达到抗压或抗剪极限强度	2.0	1.7
	混凝土达到抗拉极限强度	2.4	2.0

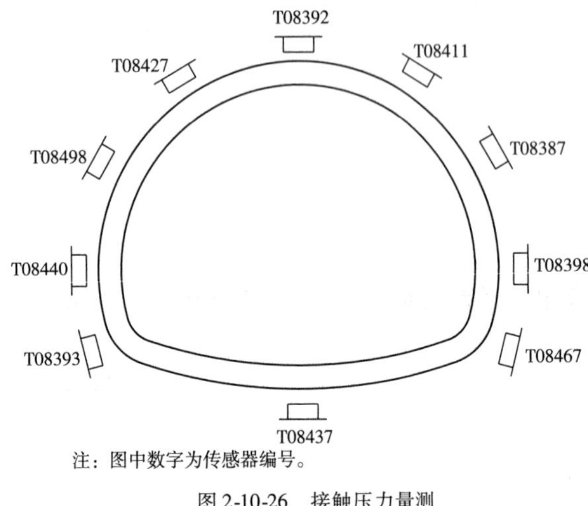

注：图中数字为传感器编号。

图 2-10-26 接触压力量测

6. 接触压力反馈模式

本次量测了初期支护与围岩之间的接触压力和初期支护与二次衬砌之间的接触压力，如图 2-10-26 所示。

量测获得接触压力后，假定测点之间接触压力是线性分布，则可以获得钢支撑背后和二次衬砌背后的接触压力。根据这种接触压力，采用荷载—结构模型（在计算中，应加入水压力），可以计算出钢支撑和二次衬砌内力。由此可以根据式（2-10-15）和式（2-10-16）计算出二次衬砌安全系数，将该安全系数与表2-10-17进行比较，即可判定二次衬砌的安全性。根据式（2-10-17）和式（2-10-18）计算出钢支撑应力，按钢材的容许应力对钢支撑的安全性进行评判。

7. 安全措施

在上述反馈表明隧道稳定性出现问题时，应对隧道设计进行变更，一般变更包括以下几个方面：

①断面的早期闭合；②开挖进尺的变更；③开挖分部尺寸的变更；④开挖分部方法的变更；⑤支护结构的变更；⑥辅助工法的追加；⑦开挖断面的变更等。

从①～⑦变更难度越来越大，代价也越来越高。因此，应根据危险性程度确定变更内容。具体处理措施见表 2-10-18。

处 理 措 施 表 2-10-18

施工中的现象		处理措施 A	处理措施 B
开挖面及其附近	正面变得不稳定	(1)缩短一次掘进进尺； (2)开挖时保留核心土； (3)向正面喷混凝土； (4)用插板或小导管	(1)缩小开挖断面； (2)打正面打锚杆； (3)改善围岩状况
	开挖面顶部掉块增多	(1)缩短开挖时间及提早喷射； (2)用插板和小导管； (3)缩短一次描进长度； (4)开挖面分郭施工	(1)加钢支撑； (2)改善围岩状况
	开挖面出现涌水或者涌水量增加	(1)使喷混凝土及早硬化； (2)喷射前做好排水； (3)设小网格的金属网； (4)设排水板	(1)采用排水方法（如排水钻孔、井点降水等）； (2)改善围岩状况
	地基承载力不足，下沉增大	(1)开挖不要损伤底部围岩； (2)加厚底脚处喷混凝土，增大支承面积	(1)增加锚杆； (2)缩短台阶长度，及早闭合； (3)用喷混凝土作临时仰拱； (4)改善围岩状况
	产生底鼓	及早进行仰拱喷射	(1)仰拱部分打锚杆； (2)缩短台阶长度、早闭合

续上表

施工中的现象		处理措施A	处理措施B
喷混凝土	喷混凝土离层或剥离	(1)开挖后尽快进行喷射; (2)加金属网; (3)解除涌水压力; (4)加厚喷层	打锚杆或增强锚杆
	喷混凝土应力增大,产生裂缝和剪切破坏	(1)金属网; (2)在喷混凝土中山设纵向伸缩缝	(1)增强锚杆(如加长); (2)加入钢支撑
锚杆	锚杆轴力增大,垫板松弛或锚杆断裂		(1)增加锚杆(加长); (2)采用承载大的锚杆; (3)视条件,为增加锚杆的变形能力,可在垫板间加入可压缩构件
钢支撑	钢支撑中应力增大,产生屈服	松解接头螺栓,清除喷混凝土,使之可伸缩	(1)增强锚杆; (2)采用可缩式钢支撑,喷混凝土设纵向收缩缝
净空位移	净空位移量增大,位移速度变大	(1)缩短从开挖到支护的时间; (2)提早打锚杆; (3)缩短台阶及仰拱的一次开挖长度; (4)当喷层有裂缝时,应设纵向伸缩缝	(1)增加锚杆; (2)缩短台阶长度,提早闭合时间; (3)视条件,为增加锚杆的变形能力,可在垫板间加入可压缩构件; (4)采用超短台阶法或临时仰拱

采用的处理措施,要与量测或观察的方法结合,并根据围岩条件、施工方法、变形状况而定,才会获得更好的效果。

10.6.3　三维绝对位移控制基准

一、隧道三维绝对位移控制指标确定

对现场位移监测断面进行非接触三维绝对位移监测试验,分析分部开挖(CRD法)隧道围岩绝对位移分布规律。

1. 分部开挖(CRD法)绝对位移变化规律

以厦门翔安海底隧道CRD法施工为例,非接触三维绝对位移量测各测点三维位移时程曲线,如图2-10-27～图2-10-34所示。

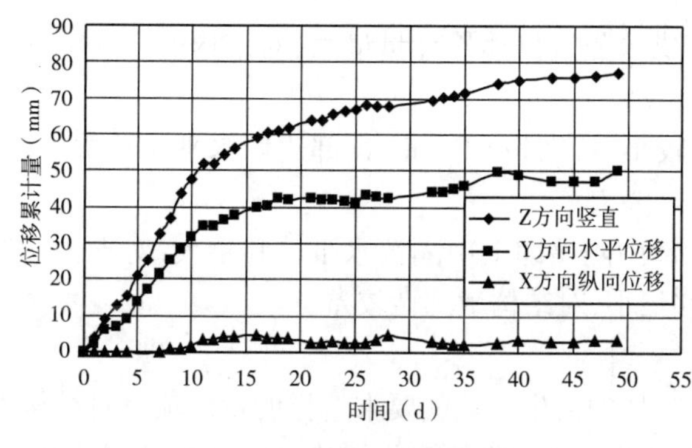

图2-10-27　CRDⅠ部拱顶测点

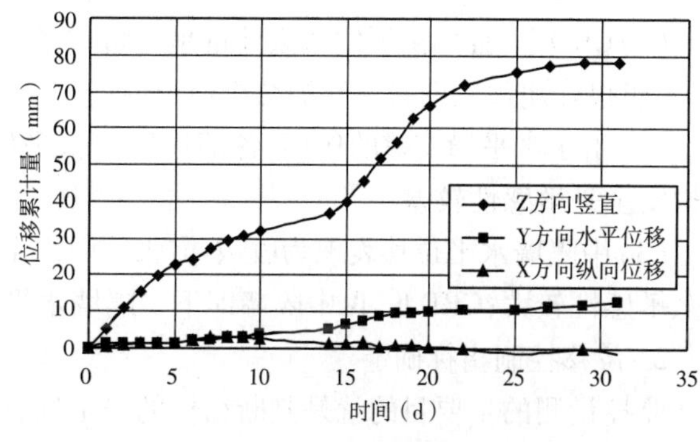

图2-10-28　CRDⅢ部拱顶测点

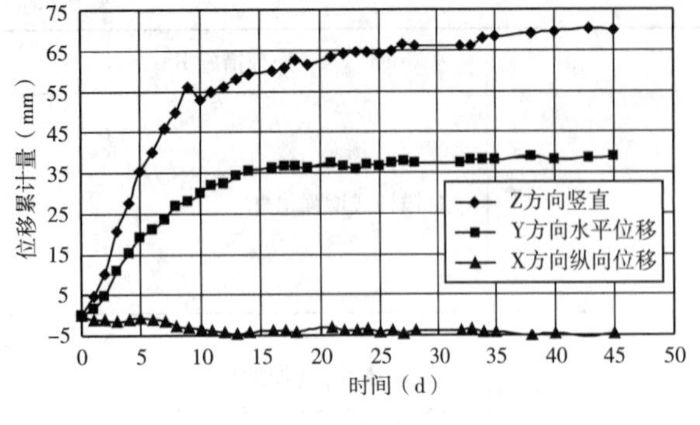

图 2-10-29　CRD Ⅰ部边墙测点

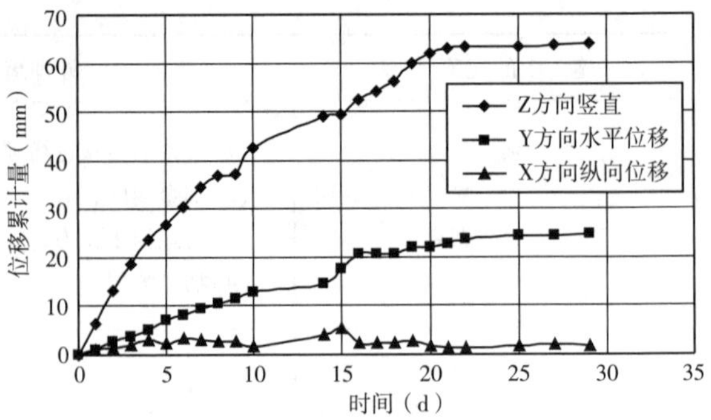

图 2-10-30　CRD Ⅲ部边墙测点

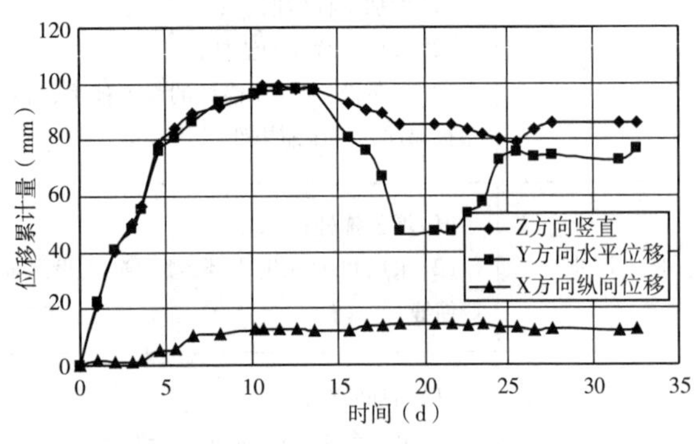

图 2-10-31　CRD Ⅰ部中隔墙测点

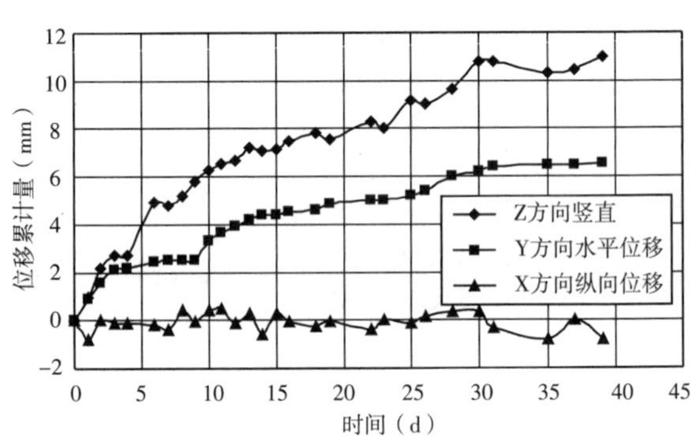

图 2-10-32　CRD Ⅱ部边墙测点

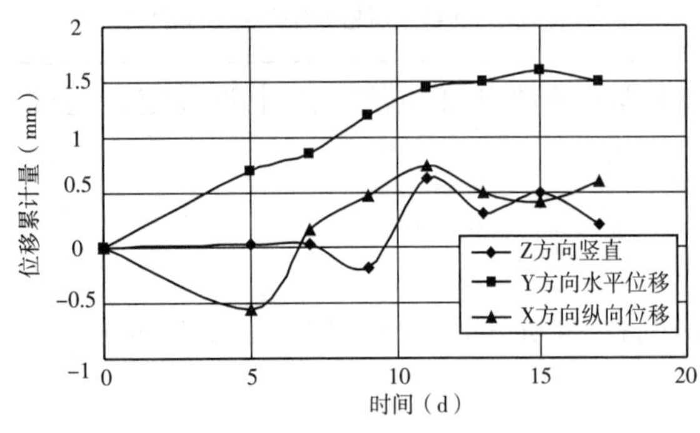

图 2-10-33　CRD Ⅳ部边墙测点

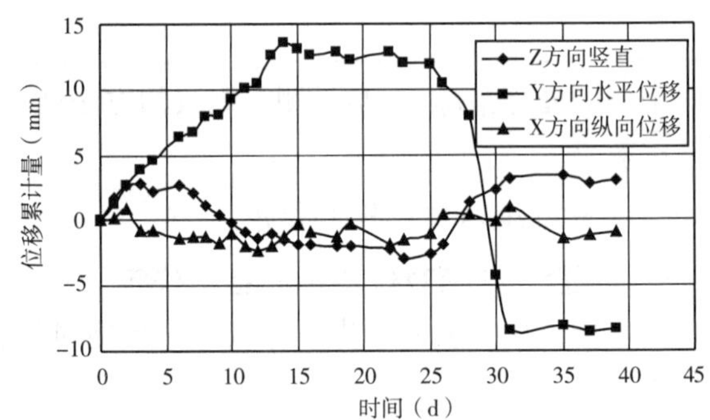

图 2-10-34　CRD Ⅱ部中隔墙测点

由图 2-10-27 ~ 图 2-10-34 可知：

（1）CRD Ⅰ、Ⅲ部拱顶位移累计量呈台阶式增长，其拱顶竖直位移累计量最大，对结构安全的敏感性较大，能很好地预测围岩—支护结构稳定性。

（2）由于水平横支撑的作用，各部边墙的水平位移较小，特别是 CRD Ⅱ、Ⅳ部边墙水平位移最小，对结构安全是敏感性较差。

（3）中隔墙水平位移表现为收敛-扩张。CRD Ⅰ、Ⅲ部中隔墙即上中隔墙水平位移最大，对支护结构安全敏感性较大；CRD Ⅱ、Ⅳ中隔墙即下中隔墙水平位移最小，对结构敏感性较差。

2. 位移控制指标确定

监控量测的主要目的就是判断结构的安全性，预测险情的发生。这就要求选择的量测项目对结构安全要有一定的敏感性，一方面通过一段时间监测数据的积累可以预测其变化趋势；另一方面监测数据应该在险情发生前能表现出明显的异常，从而帮助判断险情的发生。

通过对围岩-支护结构三维绝对位移变化规律分析，选择对隧道结构安全反应敏感部位的绝对位移作为控制指标，见表2-10-19。

绝对位移控制指标 表2-10-19

工　法	竖直位移	水平位移
台阶法或全断面法	拱顶	边墙
分部开挖(CRD法)	拱顶(CRDⅠ、CRDⅢ)	中隔墙

二、分段非线性拟合技术

由于分部开挖围岩变形随时间成台阶状增长，一次整体回归的相关系数和预测的最终值无法满足预测精度要求，提出采用分段非线性拟合。根据围岩变形曲线的特点，将实际量测的围岩变形曲线分段并分别进行拟合，构造的拟合函数更加与现场量测的实际曲线吻合，预测精度更高。

1. 回归函数的构建

图2-10-35为分部开挖的洞周壁围岩变形曲线。设曲线上第 i 个位移反弯点处的时刻为 t_i，以 t_i 时刻为分界点将曲线分为前后两段。不同的分部开挖方法其反弯点的个数不同，令第一个位移反弯点处时刻为 t_1，则第 $n-1$ 个位移反弯点处的时刻为 t_{n-1}，t_n 为围岩位移曲线最终时刻。根据反弯点的个数将曲线分为 n 段，令第一阶段为 $(0,t_1)$，则第 n 阶段为 (t_{n-1},t_n)，位移反弯点 t_i 时刻对应的位移既为第 i 阶段的最终位移又为 $i+1$ 阶段的起始位移，所以分段拟合时必须确保前后拟合函数的连续性。由于每一段的变形曲线与全断面法的变形曲线相似，所以在传统指数函数、对数函数位移拟合函数的基础上进行构建，以满足拟合函数的要求。

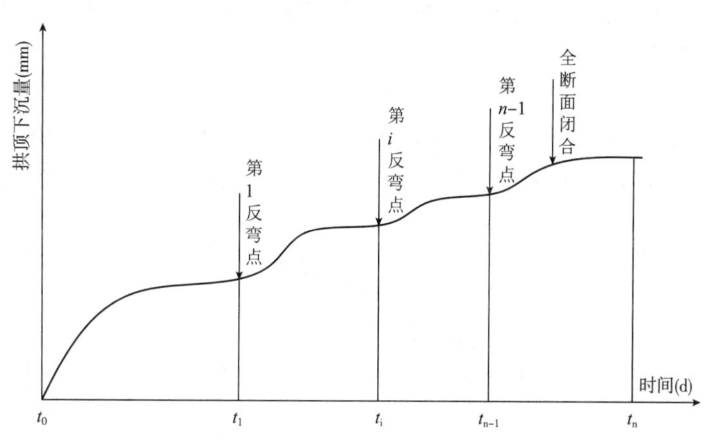

图2-10-35 分部开挖围岩变形曲线

第一阶段 $(0,t_1)$ 量测时间段：

围岩位移拟合函数可参考《锚杆喷射混凝土支护技术规范》(GB 50086—2001)中几种非线性函数回归模型。采用回归分析时，测试数据散点分布规律可采用下列函数式之一：

①对数函数，例如：

$$u^{(1)}(t)=a\cdot\lg(1+t) \tag{2-10-19}$$

$$u^{(1)}(t)=a+b/\lg(1+t) \tag{2-10-20}$$

②指数函数，例如：

$$u^{(1)}(t)=ae^{-b/t} \tag{2-10-21}$$

$$u^{(1)}(t)=a(1-e^{-bt}) \tag{2-10-22}$$

③双曲函数，例如：

$$u^{(1)}(t)=t/a+bt \tag{2-10-23}$$

$$u^{(1)}(t)=a\left[1-\frac{1}{(1+bt)^2}\right] \tag{2-10-24}$$

第 $i+1$ 阶段即 (t_i, t_{i+1}) 变形时间段：

围岩位移变形拟合函数可采用以下几种：

①指数函数

$$u^{(i+1)}(t) = u^{(i)}(t_i) + a \cdot (1 - e^{-b \cdot (t-t_i)}) (i = 1, 2, 3 \cdots) \tag{2-10-25}$$

或

$$\begin{cases} u^{(i+1)}(t) = u^{(i)}(t_i) + a \cdot e^{-b/(t-t_i)} & t > t_i \\ u^{(i+1)}(t) = u^{(i)}(t_i) & t = t_i \end{cases} \tag{2-10-26}$$

②对数函数

$$u^{(i+1)}(t) = u^{(i)}(t_i) + a \cdot Ln(t - t_i + 1) \tag{2-10-27}$$

式(10-15)～式(10-23)中，$u^{(i)}(t_i)$ 为第 i 阶段的拟合函数 t_i 时刻的位移值，当 $t = t_i$ 时，此时对应的位移值为第 i 阶段拟合曲线的末值，同时也为 $i+1$ 阶段的初值。

式中：a、b——回归常数；

t——量测时间(d)；

u——位移累计值(mm)。

分段拟合函数 $u(t)$ 确定后，由于它们通常为指数函数、对数函数或双曲函数，它们都属于非线性拟合函数，这将导致求非线性方程组：$\frac{\partial u}{\partial a} = 0$、$\frac{\partial u}{\partial b} = 0$，所以属于非线性最小二乘拟合问题。对于非线性最小二乘问题，为了避免求解非线性方程组，通常是寻求各种可能的转化将其化为线性问题来处理；但并不是都能容易地找到合适的转化，通常用迭代法来处理这类问题，既避免了求解非线性方程组，又能对任意非线性最小二乘问题进行求解。

2. 分段非线性拟合应用

对于 CRD 法的围岩变形规律，开挖顺序为 CRD Ⅰ—CRD Ⅲ—CRD Ⅱ—CRD Ⅳ，对 CRD Ⅰ 部拱顶下沉数据采用分段指数函数进行拟合，分 4 个阶段进行拟合，其拟合结果如图 2-10-36 所示，见表2-10-20。

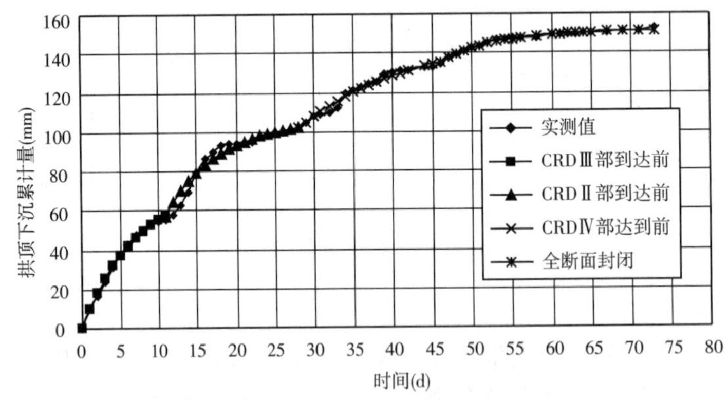

图 2-10-36 CRD Ⅰ 部拱顶下沉分段拟合曲线

CRD Ⅰ 部拱顶下沉分段拟合结果 表 2-10-20

时 间 段	函 数 模 型	拟 合 函 数	相关系数 R
$t \leqslant t_1 = 11$	$U^1 = a(1 - e^{-bt})$	$u = 70.317(1 - e^{-0.152t})$	0.99
$t_1 \leqslant t \leqslant t_2 = 28$	$U^2 = u^1(t_1) + a(1 - e^{-b(t - t_1)})$	$u = 57.08 + 48.507(1 - e^{-0.153(t-11)})$	0.95
$t_2 \leqslant t \leqslant t_3 = 46$	$U^3 = u^2(t_2) + a(1 - e^{-b(t - t_2)})$	$u = 101.98 + 46.768(1 - e^{-0.07(t-28)})$	0.98
$t_3 \leqslant t$	$U^4 = u^3(t_3) + a(1 - e_3^{-b(t-t)})$	$u = 135.43 + 15.924(1 - e^{-0.149(t-46)})$	0.98

综上所述,对分部开挖(台阶法、CRD 法、CD 法和双侧壁导坑法)的围岩位移累积量采用分段非线性拟合,能更加精确位移预测最终值。

三、三车道公路隧道位移控制基准

本次主要建立了 V 级围岩三车道公路隧道 CRD 法绝对位移控制基准。隧道埋深小于 40m,其研究结果适用于类似工程的信息化施工中,为设计与施工提供有效的参考依据。

通过对现场 86 个位移监测断面进行统计分析,各分部开挖顺序为 CRD Ⅰ - Ⅲ - Ⅱ - Ⅳ。其中围岩支护结构变形正常最终趋于稳定的断面有 62 个,而围岩支护结构变形异常并通过加固措施后最终稳定的断面有 24 个。

1. CRD Ⅰ 部拱顶位移允许值

(1)变形正常断面统计分析。对 62 个位移监控量测断面的 CRD Ⅰ 部拱顶下沉进行统计分析,其分析结果见表 2-10-21。

CRD Ⅰ 部断面拱顶位移分部情况 表 2-10-21

拱顶位移值范围(mm)	<150	150~200	200~250	>250
断面数量(个)	42	17	3	0
占总断面数量比例(%)	67.7	27.4	4.9	0
裂缝断面数量(个)	0	7	3	0
所占比例(%)	0	42.2	100	0

由表 2-10-21 分析可知:

①拱顶累计量小于 150mm 的断面数量占总断面的 67.7%,150~200mm 的断面数量 27.4%,拱顶累计量大于 200mm 的断面数量比例仅为 4.9%。

②CRD Ⅰ 部拱顶位移小于 150mm 时,出现裂缝断面的个数为 0;拱顶位移量位于 150~200mm 之间时,出现裂缝的断面个数为 7 个,约占此位移区间断面总个数的 42.2%;当拱顶位移量位于 200~250mm 之间时,出现裂缝的断面为 3 个,此位移区间的断面均产生裂缝。

(2)变形异常断面分析。对 24 个变形异常或出现过险情的监测断面进行统计分析,异常断面险情发生时的位移、最终稳定时刻的位移和位移异常反弯点处的位移值,如图 2-10-37 所示。

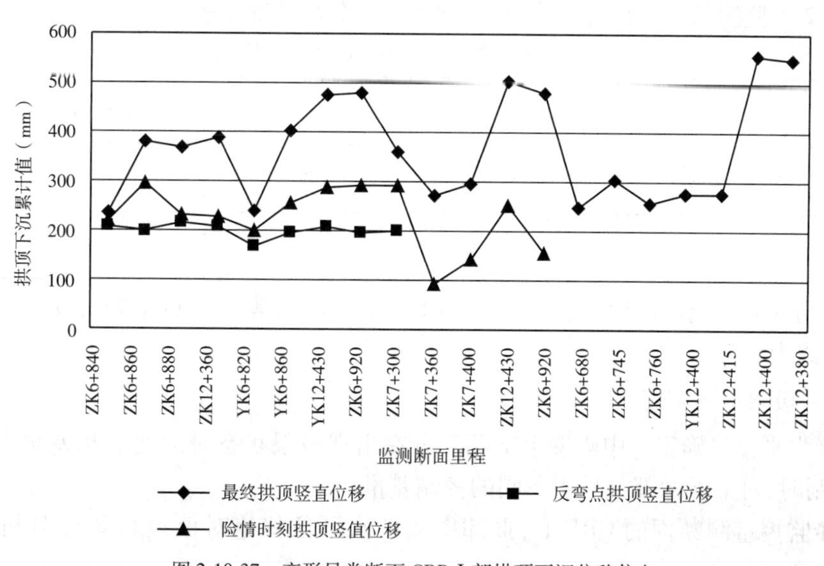

图 2-10-37 变形异常断面 CRD Ⅰ 部拱顶下沉位移信息

根据图2-10-37可知：

①出现位移异常反弯点时的拱顶下沉位移量约在200mm左右。

②第一次出现险情时的拱顶下沉位移量几乎均在200～300mm。

由此可知，当CRDⅠ部拱顶下沉量达到200mm时，围岩－支护变形处于极限状态。如果变形继续发展，围岩－支护结构将会进入失稳状态，造成险情发生。

综上所述，CRDⅠ部拱顶位移量150mm为允许位移值，拱顶下沉位移量200mm为极限位移值。

2. CRDⅢ部拱顶位移允许值

对现场62个位移监控量测断面的CRDⅢ部拱顶下沉进行统计分析，其分析结果见表2-10-22。

CRDⅢ部断面位移量分部情况 表2-10-22

拱顶位移值(mm)	<100	100～130	130～150	>150
断面数量(个)	49	9	2	2
所占比例(%)	79	14.6	3.2	3.2

由表2-10-22分析可知：

①CRDⅢ部拱顶位移量小于100mm的断面数量约占位移监测断面总个数的79%。

②CRDⅢ部拱顶位移量位于100～130mm的断面数量约占位移监测断面总个数的14.5%。

③CRDⅢ部拱顶位移量大于130mm的断面数量有4个，约占位移监测断面总个数的6.4%。

综上所述，CRDⅢ部拱顶位移量小于130mm的断面比例约占93.6%，所以位移量值130mm为CRDⅢ部拱顶下沉位移允许量。

3. CRDⅠ、Ⅲ部拱顶位移比值系数确定

为确定CRDⅠ部拱顶最终累计值U_1和CRDⅢ部拱顶最终累计值U_3之间的关系，现引入比值系数λ。

$$\lambda = \frac{U_3}{U_1} \tag{2-10-28}$$

通过对现场62个监测断面进行统计分析，λ比值系数分部情况见表2-10-23。

CRDⅠ、Ⅲ部拱顶下沉位移比值分部情况 表2-10-23

λ	0.2～0.4	0.4～0.5	0.5～0.9	0.9～1	>1
断面个数(个)	9	5	42	4	2
断面比例(%)	14.5	8.1	67.8	6.5	3.1

由表2-10-23分析可知，比例系数λ位于0.5～1之间的断面数量比例为74.3%，所占比例较大。由此可知，λ的取值约为0.5～1。

4. 中隔墙水平极限位移确定

(1)上中隔墙水平位移确定。中隔壁上下两部分在出现极限状态时的变形相差很大，故在考虑对中隔壁进行位移控制时，对上下两部分采用不同的控制基准。

对62个位移监控量测断面的CRDⅠ、Ⅲ部中隔墙水平位移绝对值进行统计分析，其分析结果见表2-10-24。

CRD Ⅰ、Ⅲ部中隔墙水平位移量分部情况　　表 2-10-24

上中隔墙位移值范围(mm)	<100	100 ~ 120	>120
断面数量(个)	50	7	5
占总断面数量比例(%)	80.6	11.2	8.2
异常断面数量(个)	0	3	5
所占比例(%)	0	42.3	100

由表 2-10-24 分析可知：

①上中隔墙水平位移量小于 100mm 的断面数量占总断面的 80.6%，100 ~ 120mm 的断面数量占 11.2%，大于 120mm 的断面数量比例仅为 4.9%。

②上中隔墙水平位移量小于 100mm 时，出现变形异常断面的个数为 0；水平位移量位于 100 ~ 120mm 时，出现变形异常的断面个数为 3 个，约占此位移区间断面总个数的 42.3%；水平位移量大于 120mm 时，出现变形异常的断面为 5 个，此位移区间的断面均变形异常。

(2)下中隔墙水平位移确定。对 62 个位移监控量测断面的 CRD Ⅱ、Ⅳ部中隔墙水平位移绝对值进行统计分析，其分析结果见表 2-10-25。

CRD Ⅱ、Ⅳ部中隔墙水平位移量分部情况　　表 2-10-25

下中隔墙位移值范围(mm)	<10	10 ~ 15	>15
断面数量(个)	55	5	2
占总断面数量比例(%)	88.7	8.1	3.2

由表 2-10-25 分析可知：

①下中隔墙水平位移量小于 10mm 的断面数量占总断面的 88.7%，10 ~ 15mm 的断面数量占 8.1%，大于 15mm 的断面数量比例仅为 3.2%。

②下中隔墙水平位移量小于 15mm 的断面比例约占 96.8%，所以下中隔墙水平位移允许量可确定为 15mm。

综上所述，当上中隔墙水平位移大于 100mm 时，支护结构进入不稳定状态，容易发生险情，故上中隔壁的容许最大变形量定为 100mm。由于下部中隔墙变形较小，下部中隔壁的容许最大变形量定为 15mm。

综上所述，对于三车道公路隧道 CRD 法施工的位移控制基准，以 CRD Ⅰ、Ⅲ部的拱顶下沉量为主，其容许位移量见表 2-10-26。

三车道公路隧道 CRD 法施工位移控制基准　　表 2-10-26

围岩级别	埋深(m)	开挖方法	拱顶下沉量(mm)		水平位移量(mm)	
			CRD Ⅰ	CRD Ⅲ	中隔墙上	中隔墙下
Ⅴ级	<40	CRD 法	200	130	100	15

10.6.4　施工监控量测安全管理基准

由于隧道施工阶段围岩及支护结构稳定性受岩体性质、隧道断面尺寸和形状、覆盖层厚度和施工方法等诸多复杂因素的影响，现场工程技术人员对围岩及支护结构安全性进行精确的分析比较困难。目前隧道施工阶段安全性判定基准主要有容许极限位移量、位移变化速率、位移加速度和变形速率比值判别等基准。

对于大断面海底隧道施工方法和支护体系的复杂性，仅仅采用某一个指标对围岩及支护结构的安全性进行判断具有一定的困难。有时隧道周边位移超出位移控制基准值，但支护结构没有产生破坏；有时变形速率很大，但隧道周边位移还远小于控制基准值，也未发生结构破坏；有时隧道工程（特别是浅埋隧道）位移尚未达到位移控制基准值，但支护结构已经失稳。为此，在施工安全管理基准中，除了给出定量指标外，还应该增加定性指标。

根据隧道－支护结构失稳破坏规律，采用定量与定性综合分析方法，判定隧道初期支护安全性，从而提出公路隧道施工阶段安全管理基准。

本次提出周边位移、变形速率、变形加速度 3 参数定量指标和支护结构裂缝状态、地下水状态 2 参数定性指标，通过定量和定性综合分析，确定大断面海底隧道 5 参数施工阶段安全判定基准，为正确判定围岩－支护结构的危险等级，有效地预防坍方事故的发生，提拱判定依据。

1. 判定指标确定

（1）定量指标

①周边位移。隧道稳定性判别，可根据隧道施工实测位移 U 与隧道极限位移 U_0 之间建立判别准则，即 $U<U_0$ 时，隧道稳定；$U>U_0$ 时，隧道不稳定。

为确保施工安全，对于绝对位移管理基准，采用表 2-10-27 中的位移管理原则，将隧道围岩支护结构安全性分为 4 个等级，见表 2-10-28。

隧道变形管理等级　　表 2-10-27

管理等级	管理位移
Ⅰ	$U>2/3U_0$
Ⅱ	$1/3U_0 \leqslant U \leqslant 2/3U_0$
Ⅲ	$U<1/3U_0$

公路隧道位移安全管理基准　　表 2-10-28

危险等级	管理位移	管理等级
不稳定	$U>U_0$	Ⅰ
险情	$2/3U_0<U \leqslant U_0$	
异常	$1/3U_0 \leqslant U \leqslant 2/3U_0$	Ⅱ
正常	$U<1/3U_0$	Ⅲ

②围岩变形速度。围岩变形速度是指隧道周壁单位时刻位移变化量。

$$v_n=\frac{\Delta u}{\Delta t}=\frac{u_n-u_i}{t_n-t_i} \tag{2-10-29}$$

式中：v_n——t_n 时刻围岩变形速度（mm/d）；

t_n,t_i——量测时间（d）；

u_n,u_i——t_n,t_i 时刻位移累计值（mm）。

围岩容许变形速度 v 需要根据当前围岩位移累计值 U 和位移控制基准 U_0 以及由当前围岩位移累计值变化到位移控制基准的时间 t 来确定，见式（2-10-30）。

$$U+t\cdot v>U_0 \tag{2-10-30}$$

假定某时刻围岩位移累计值为 U，围岩变形速度为 v，此断面位移控制基准值为 U_0。在施工现场，当监测断面被发现变形异常时，往往需要采取加固措施，在材料和加固方案确定的情况下，采取加固措施需要的时间一般为 3～5d，为确保安全，取 5d 计算。

$$U+5\cdot v>U_0 \tag{2-10-31}$$

根据表2-10-28和上述要求，在不同的绝对位移管理区间下，变形速度大小控制如下：

a. 累计位移在Ⅰ级管理等级时，变形速度大小控制。

此时管理位移，$U>\frac{2}{3}U_0$。

当$U+5\cdot v>U_0$时，隧道处于不稳定状态，此时变形速度为

$$v>\frac{U_0-U}{5} \tag{2-10-32}$$

b. 累计位移在Ⅱ级管理等级时，变形速度大小控制。

此时管理位移，$\frac{2}{3}U_0\geqslant U\geqslant\frac{1}{3}U_0$。

a）当$U+5\cdot v>U_0$时，隧道处于不稳定状态，此时变形速度为

$$v>\frac{U_0-U}{5} \tag{2-10-33}$$

b）当$U+5\cdot v>\frac{2}{3}U_0$时，隧道可能发生险情，此时变形速度为

$$v>\frac{2}{15}U_0-\frac{1}{5}U \tag{2-10-34}$$

c. 累计位移在Ⅲ级管理等级时，变形速度大小控制。

此时管理位移，$U<\frac{1}{3}U_0$。

a）当$U+5\cdot v>U_0$时，隧道处于不稳定状态，此时变形速度为

$$v>\frac{U_0-U}{5} \tag{2-10-35}$$

b）当$U+5\cdot v>\frac{2}{3}U_0$时，隧道可能发生险情，此时变形速度为

$$v>\frac{2}{15}U_0-\frac{1}{5}U \tag{2-10-36}$$

c）当$U+5\cdot v\geqslant\frac{1}{3}U_0$时，隧道可能发生变形异常，此时变形速度为

$$v\geqslant\frac{1}{15}U_0-\frac{1}{5}U \tag{2-10-37}$$

d）当$U+5v<\frac{1}{3}U_0$时，隧道变形正常，此时变形速度为

$$v<\frac{1}{15}U_0-\frac{1}{5}U \tag{2-10-38}$$

③围岩变形加速度。围岩变形加速度是指隧道周壁单位时刻变形速度变化量。

$$a_n=\frac{\Delta v}{\Delta t}=\frac{v_n-v_i}{t_n-t_i} \tag{2-10-39}$$

式中：a_n——t_n时刻围岩变形加速度（mm/d^2）；

t_n,t_i——量测时间（d）；

v_n,v_i——t_n,t_i时刻变形速度（mm/d）。

根据围岩变形规律，变形加速度大于零，围岩加速变形；变形加速度小于零，围岩减速变形。

在围岩不失稳的情况下，只有在开挖工作面通过量测断面前与通过后的极短时间内变形是加速的。另外在已掘进的地段，量测断面附近再次受到施工扰动时，也会出现短时间的加速，但只要扰动停止，变形就变为减速。以上两种情况下的加速属于正常加速，其他情况属于异常加速，异常加速是围岩失稳的

征兆。如果异常加速连续发展，表明围岩与支护体系处于失稳的征兆很明显了，这时需采用紧急处理措施。

当变形加速度 $a>0$ 时，维持判定危险等级不变；当变形加速度 $a<0$ 时，可在原有绝对位移控制基准和变形速度允许值确定的危险等级的基础上降低一个等级。

（2）定性指标

①支护结构裂缝状态。隧道失稳破坏时，隧道初期支护会产生不同程度的裂缝，主要有环向裂缝、横向裂缝和斜向裂缝，其中横向和纵向裂缝对隧道整体结构的承载能力和稳定性影响较大。当监测断面出现裂缝时，应及时分析裂缝的形式和产生裂缝的原因，观察裂缝的发展状态，必要时应加强支护，确保围岩的稳定性。其裂缝状态主要有：

a. 裂缝形式：环向裂缝、横向裂缝和斜向裂缝，其中横向和纵向裂缝对隧道结构的承载能力和稳定性影响较大。

b. 裂缝特性：裂缝长度、裂缝宽度、裂缝数量。

c. 裂缝发展状态：裂缝停止发展，裂缝继续发展。

当支护结构无裂缝产生或裂缝停止发展，判定危险等级可降低一级；当支护结构产生裂缝且裂缝继续发展，维持判定危险等级不变。

②地下水状态。地下水的存在及活动使它在隧道周围产生力学的、物理的和化学的作用，这些作用总是不利于洞室稳定的。根据出水状态可将地下水定性的分为 3 个级别：

a. 潮湿或点滴状出水。

b. 水压或水量较小，线状出水。

c. 水压或水量较大，股状出水。

当无地下水存在时，判定危险等级可降低一级；当存在地形水时，维持判定危险等级不变。

综上所述，公路隧道施工阶段隧道安全性判定是通过定量和定性综合判定其安全性，判定流程如图 2-10-38 所示。

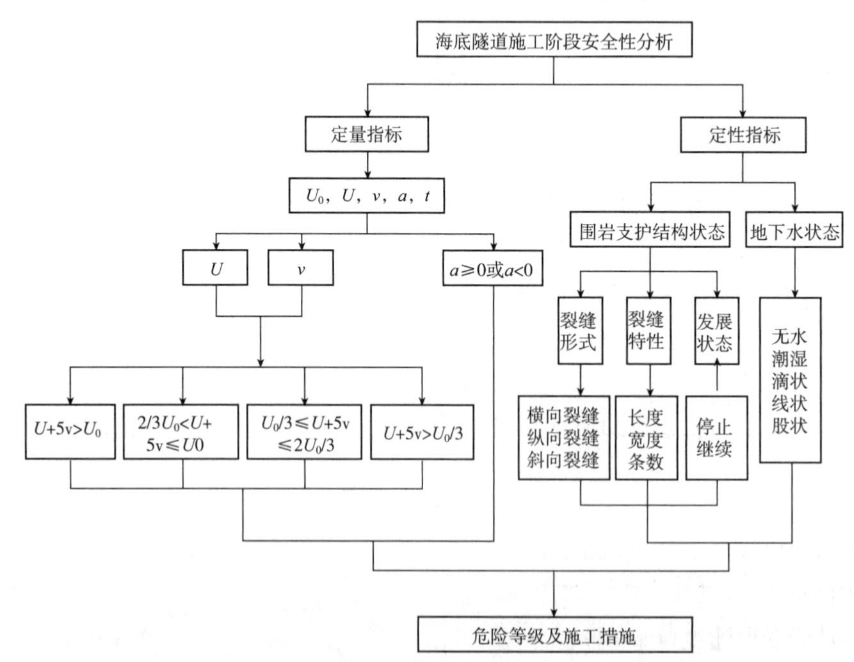

图 2-10-38　公路隧道施工阶段隧道安全性判定流程

2. 公路隧道施工阶段安全管理基准

根据定量和定性指标，综合确定公路隧道施工阶段安全管理基准，见表 2-10-29。

公路隧道施工阶段安全管理基准

表 2-10-29

判定指标					危险等级	施工措施
位移控制基准	变形速率(mm/d)	变形加速度(mm/d^2)	初期支护状态	地下水状态		
$U>2U_0/3$	$v>\frac{U_0-U}{5}$	$a>0$	有裂缝产生且继续发展	存在地下水	不稳定	发送失稳报告,立即停止施工,快速采取工程对策阻止围岩变形,加强监控量测,分析围岩运动状态,加强支护
		$a<0$			险情	发送险情报告,立即停止施工,采取工程对策,加强监测,分析原因,加强支护
	$v\leqslant\frac{U_0-U}{5}$	$a>0$	有裂缝产生且继续发展	存在地下水	险情	发送险情报告,立即停止施工,采取工程对策,加强监测,分析原因,加强支护
		$a<0$	无裂缝	无地下水	异常	发送异常报告,停止施工,加强监测,分析原因,确定采取工程措施
$U_0/3\leqslant U\leqslant 2U_0/3$	$v>\frac{U_0-U}{5}$	$a>0$	有裂缝产生且继续发展	存在地下水	不稳定	发送失稳报告,立即停止施工,快速采取工程对策阻止围岩变形,加强监控量测,分析围岩运动状态,加强支护
		$a<0$			险情	发送险情报告,立即停止施工,采取工程对策,加强监测,分析原因,加强支护
	$\frac{U_0-U}{5}\geqslant v>\frac{2}{15}U_0-\frac{1}{5}U$	$a>0$	有裂缝产生且继续发展	存在地下水	险情	发送险情报告,立即停止施工,采取工程对策,加强监测,分析原因,加强支护
		$a<0$	无裂缝	无地下水	异常	发送异常报告,停止施工,加强监测,分析原因,确定采取工程措施
	$v\leqslant\frac{2}{15}U_0-\frac{1}{5}U$	$a>0$	无裂缝	无地下水	异常	发送异常报告,停止施工,加强监测,分析原因,确定采取工程措施
		$a<0$	无裂缝	无地下水	正常	正常施工,正常监测

续上表

判定指标					危险等级	施工措施
位移控制基准	变形速率(mm/d)	变形加速度(mm/d^2)	初期支护状态	地下水状态		
$U<U_0/3$	$v>\frac{U_0-U}{5}$	$a>0$	有裂缝产生且继续发展	存在地下水	不稳定	发送失稳报告,立即停止施工,快速采取工程对策阻止围岩变形,加强监控量测,分析围岩运动状态,加强支护
		$a<0$	有裂缝产生且继续发展	存在地下水	险情	发送险情报告,立即停止施工,采取工程对策,加强监测,分析原因,加强支护
	$\frac{U_0-U}{5}\geqslant v>\frac{2}{15}U_0-\frac{1}{5}U$	$a>0$	有裂缝产生且继续发展	存在地下水	险情	发送险情报告,立即停止施工,采取工程对策,加强监测,分析原因,加强支护
		$a<0$	无裂缝	无地下水	异常	发送异常报告,停止施工,加强监测,分析原因,确定采取工程措施
	$\frac{2}{15}U_0-\frac{1}{5}U\geqslant v\geqslant\frac{1}{15}U_0-\frac{1}{5}U$	$a>0$	无裂缝	无地下水	异常	发送异常报告,停止施工,加强监测,分析原因,确定采取工程措施
		$a<0$	无裂缝	无地下水	正常	正常施工,正常监测
	$v<\frac{1}{15}U_0-\frac{1}{5}U$	$a>0$	无裂缝	无地下水	异常	发送异常报告,停止施工,加强监测,分析原因,确定采取工程措施
		$a<0$	无裂缝	无地下水	正常	正常施工,正常监测

注:U—实测隧道周边位移值,拱顶为主要依据;U_0—绝对位移控制基准值;v—实测隧道周边围岩变形速率,以拱顶处变形速率作为主要依据。

3. 异常、险情和失稳报告编写

当位移监测断面安全性判定为失稳时,监控量测小组应及时提交围岩变形失稳报告,通知业主、施工和监理单位等有关单位进行现场专家诊断,分析围岩—初期支护结构处于失稳的原因,必要时停止施工,采取有效的措施增强支护结构的安全性,编写异常报告、险情报告和失稳报告应包括如下内容:

(1)断面概况:施工方法、开挖时间、位移或应力测点埋设情况(埋深位置、埋设时间)、变形初测时间、位移监测结果等,需要时可用示意图说明。

(2)数据分析:断面拱顶位移、变形速率、变形加速度时程曲线图,对其数据进行详细分析;边墙位移、变形速率、变形加速度时程曲线图,对其监测数据进行详细分析。

(3)围岩支护状态描述:定性描述监测断面位置处及其附近裂缝和地下水状态,描述裂缝的位置、数量、宽度、长度及其发展状态,地下水状态等情况。

(4)根据公路隧道施工阶段安全管理基准,对围岩支护结构进行危险等级初步分析。

(5)初步建议以及采取的施工措施。

(6)附图:支护结构异常变形状态图、支护结构裂缝状态图等。

10.6.5　施工阶段工程安全性判定案例分析

现以厦门东通道海底隧道位移监测断面 ZK11 +640 变形异常断面的安全性判定进行分析。

1. 位移断面监测概况

本断面为 CRD 法开挖,开挖顺序Ⅰ－Ⅲ－Ⅱ－Ⅳ,围岩级别土质Ⅴ级。位移监测点布置情况,如图 2-10-39所示。

2. 监测数据分析

CRDⅠ、CRDⅢ部拱顶下沉位移、变形速率及变形加速度时程曲线如图 2-10-40 ~ 图 2-10-42 所示。

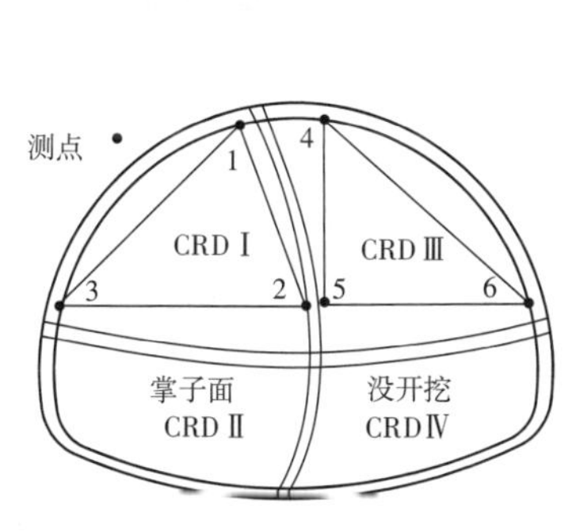

图 2-10-39　线隧道 ZK11 +640 测点布置

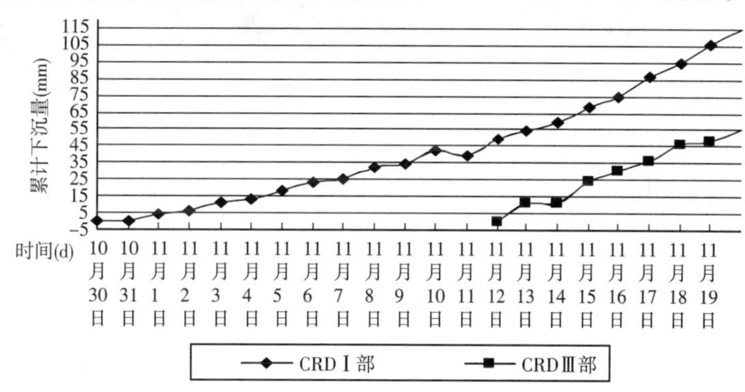

图 2-10-40　CRDⅠ、Ⅲ部拱顶下沉时程曲线

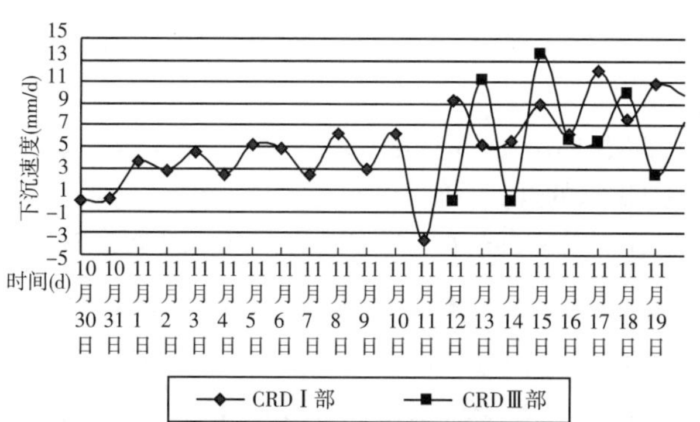

图 2-10-41　Ⅰ、Ⅲ部拱顶下沉速率时程曲线

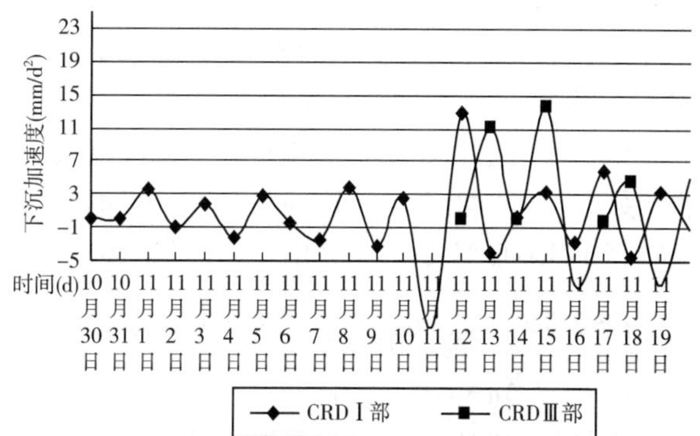

图 2-10-42　CRDⅠ、Ⅲ部拱顶下沉加速度时程曲线

由图2-10-40～图2-10-42分析可知：

(1)至11月19日CRDⅠ部拱顶下沉累计量已达106.33mm，CRDⅢ部拱顶下沉累积量已达46.3mm。

(2)11月19日，CRDⅠ拱顶下沉速率为11.2mm/d，CRDⅢ部拱顶下沉速率为2.7mm/d。

(3)CRDⅠ部拱顶下沉加速度 a 为 $3.2mm/d^2$，有加速发展趋势；CRDⅢ部拱顶下沉加速度 a 为 $-7.5mm/d^2$，变形减速。

3. 围岩及支护结构状态描述

(1)此段围岩条件较差，10月28日CRDⅠ部掌子面施工时，边墙出现内缩现象，影响范围约8m。

(2)11月12日至19日，此断面拱顶下沉监测数据变化异常。经现场调查发现，CRDⅠ部ZK11+635～650段边墙出现不同程度的纵向裂缝、斜向裂缝和环向裂缝，纵向裂缝和斜向裂缝宽度约1～4mm，环向裂缝宽度约1～20mm。墙和拱顶都有混凝土剥落现象，且裂缝处有滴水现象，如图2-10-43所示。

(3)CRDⅡ部掌子面里程已到达此断面里程。

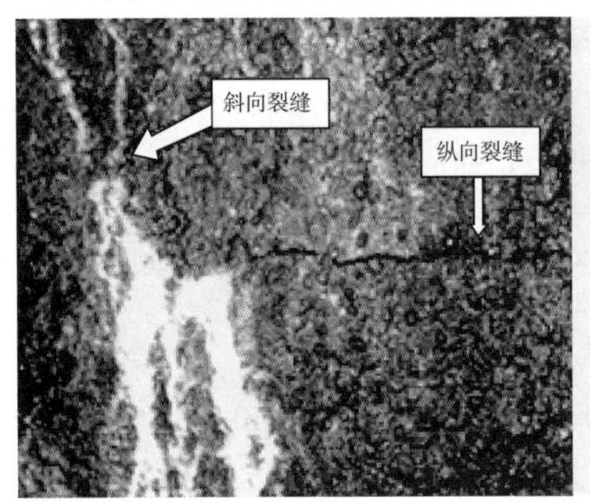

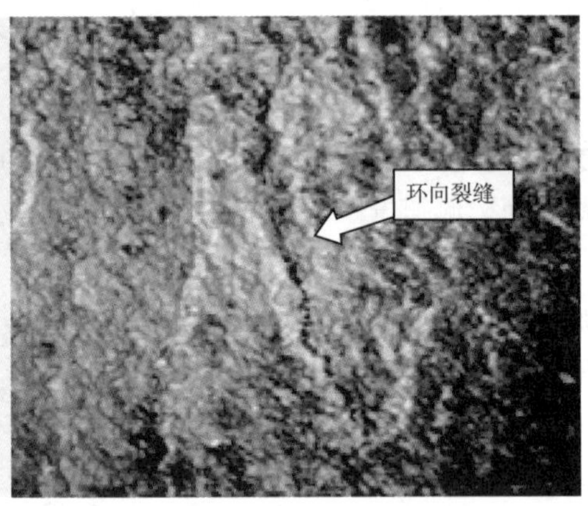

图2-10-43 CRDⅠ部边墙裂缝

4. 安全性判定

(1)CRDⅠ部安全性分析。由位移监控量测结果可知，$U_0=200mm$，$U=106.3mm$，$1/3U_0 \leqslant U \leqslant 2/3U_0$；

$\dfrac{U_0-U}{5}=18.7mm$，$\dfrac{2}{15}U_0-\dfrac{1}{5}U=5.4mm$；

$v=11.2mm/d$，$\dfrac{2}{15}U_0<v\leqslant\dfrac{U_0-U}{5}$；

$a=3.2mm/d^2$，$a>0$。

支护结构变异状态：纵向裂缝和斜向裂缝宽度约为1～4mm，环向裂缝宽度约为1～20mm；地下状态：支护结构裂缝处有滴水状。

依据海底隧道施工阶段安全判定基准，见表2-10-29，确定CRDⅠ部将会出现险情，立即发送险情报告，采取有效的加固措施；同时加强监控量测和对初期支护状态的观察，确保隧道施工安全。

(2)CRDⅢ部安全性分析。由位移监控量测结果可知，$U_0=130mm$，$U=46.3mm$，$1/3U_0\leqslant U\leqslant 2/3U_0$。

$v=2.7mm/d$，$v\leqslant\dfrac{2}{15}U_0-\dfrac{1}{5}U=8.7mm$；

$a=-7.5mm/d^2$，$a<0$。

支护结构变异状态：无裂缝产生；地下水状态：无。依据海底隧道施工阶段安全判定基准，见表2-10-29，确定CRDⅢ部围岩支护结构变形正常，可正常施工、正常监测。

根据厦门翔安海底隧道现场位移监测断面量测信息，通过正确判定围岩－支护结构的危险等级，及时发送相应的险情(异常)报告,并采取合理的工程措施,有效地预防坍方的发生,减少了现场工程事故,真正实现了公路隧道的安全优质施工。

厦门翔安隧道监控量测组共发送异常报告 57 份,险情报告 7 份,见表 2-10-30。

厦门东通道海底隧道监控量测异常报告统计　表 2-10-30

	围岩级别	施工方法	异常报告	险情报告
左线	土质(Ⅴ级)	CRD 法	32	4
右线			25	3

10.7　监控量测工作制度和质量保证措施

要保证监测工程的质量,除了需要有先进的监测仪器设备及富有经验的工程技术人员外,更重要的还应通过建立明确的责任制和检查校核制度来予以保证。为确保量测数据的真实性、可靠性和连续性,特制定以下工作制度和各项质量保证措施:

(1)监测工程设计要保证基本资料完备,数据可靠,设计文件和图纸符合有关规定;对监测工程的实施,提出严格的技术要求和规定。

(2)制定切实可行的监测实施方案和相应的测点埋设保护措施,并将其纳入工程的施工进度控制计划中,在监测工作中严格执行。

(3)仪器在安装埋设的全过程中,必须对仪器、监测元器件和设备工艺等进行连续性的检验,以保证它们的质量的稳定性,并作安装记录。

(4)所有量测设备、元器件等在使用前均应经过检校率定,合格后方可使用。量测仪器采用专人使用、专人保养、专人检校的管理制度。

(5)成立专业化的量测小组,对于不同的量测项目,人员要相对固定,以确保数据资料的连续性。各监测项目在监测过程中必须严格遵守相应的实施细则。量测数据均要经现场检查,发现导常及时进行重测,建立室内两级复核制,经技术负责人签字后方可上报业主。

(6)所有量测数据均采用计算机进行管理,由专人负责。

(7)在工程监测过程中,实时对监测结果进行整理,按业主的要求以周报的形式送达有关各方。工程结束时,提交完整的监测总结报告。

【本章主要编写人员】:王明年　路军富　魏龙海　刘大刚　郭　春

第11章　海底隧道突发事件处理技术

11.1　突发事件风险特点及认识

11.1.1　翔安隧道风险的特点

翔安隧道是中国大陆第一条采用钻爆法施工的海底隧道，其地质情况复杂，有陆域浅埋段、海域全强风化段、土石分界段、富水砂层段、海底风化深槽段、多条透水较大的岩脉、穿越厦门环岛路及民居区（五通端）等众多不良地质地段。该工程除了具有一般隧道的施工风险外，又有其特殊性。翔安隧道施工风险特点如下：

（1）避不开险情地段。隧道选址过程中多次比选勘探，在4条比较方案中选择了区域性地质构造影响最小，通过不良地质体长度最短，给洞室开挖风险最小的隧道地址，但怎么也避不开F1、F2、F3及F4四条风化深槽。

（2）洞室头顶汪洋大海，一旦引发透水，将有无尽的海水补给。

（3）险情事件的突发性。海水和地下水可能在洞室开挖的过程中引发突水事故，酿成灭顶之灾。

（4）施工难度大，地下水压大，洞内排水难，纵向倒人字坡需要逐级分段抽排。

（5）设计中难免遗留不良地质体的预告，特别是海域段。海上地勘的难度大，难免在设计文件中有遗漏不良地质体的描述，这就要在施工开挖前超前地质探测预报工作必须实施。

11.1.2　翔安隧道突发险情事件的内容及分布

翔安隧道施工难度大、标准高、技术新、风险大等特点，施工中遵循“严格管理、严格工艺、严格纪律”的三严制度，确保隧道施工质量和施工安全，本项目对不同地段发生风险的机理分析认识如下：

隧道所穿地层端洞口陆地及浅滩约有1730m处于全强风化地段，并处于地下水位以下。由于岩体强度小，地基承载力低（翔安端洞口陆地超浅埋或浅埋段段约为70～200kPa），隧道开挖后难以形成自然承载拱。施工过程中曾经出现地表下沉量急剧增大，地表开裂等变异，以及因工作面不稳造成隧道结构整体位移而发生坍塌的现象，而给陆域段造成建筑物下沉及道路沉陷等风险。

翔安端有600多m长需要穿越富水砂层施工。砂层富水性强，渗透性好，为良好的含水层且直接受海水补给，具有承压性；砂层厚度为1.2～13.5m，砂层底面起伏较大。其他地段虽处在砂层以下，但隧道顶板上全风化花岗岩顶板薄，隔水能力差，在渗透压力作用和隧道开挖过程中的空间（时空）效应影响下，隧道围岩会发生渗透破坏；严重时承压水击穿隔水层，使隧道周边和前方被地下水击破造成突水，如不及时封堵将造成灾难性后果。

海域段风化深槽及岩脉地段全断面帷幕注浆或周边帷幕注浆加固达不到预期的效果，在掘进时造成开挖面与海水的贯通，从而会引起严重的突发性突水事故，也会造成灾难性后果。

水下爆破震动将有可能加速节理裂隙及岩层结合恶化，甚至造成海床的开裂变形，从而引发突水。

翔安岸竖井位于浅海域。由于淤泥、粗砂、全强风化层较厚，虽然开挖前采用钢板桩、高压旋喷桩加固竖井周围地层，提高地基承载力及抗渗能力，开挖中亦会存在涌水突泥风险。

根据翔安隧道所处的地理环境、地质条件、水文地质条件，对施工过程中存在的风险进行了分析，具体见表2-11-1：

翔安隧道风险项目一览　　表 2-11-1

序号	施工风险项目	潜在损失	危　险
1	海域风化槽施工风险突涌水风险	直接经济损失、社会信誉损失	坍塌、涌水、涌泥、工人伤亡,甚至工程报废
2	陆域段下穿地表建(构)筑物及道路施工风险	间接经济损失、周边环境影响损失、信誉损失	建筑物受损、道路沉陷
3	隧道全强风化段大范围坍方风险	直接经济损失、社会信誉损失	坍塌、涌水工人伤亡、工期延误
4	排水能力小于涌水量风险	直接经济损失	水淹隧道,工期延误
5	水下爆破震动加速节理裂隙及岩层结合恶化,影响稳定和施工安全风险	直接经济损失	坍塌、涌水、涌泥
6	不良地质未探明风险	直接经济损失	坍塌、涌水、涌泥
7	翔安端长距离的软弱围岩涌沙、涌泥坍塌风险	直接经济损失、社会信誉损失	坍塌、涌水、涌泥
8	翔安端海域潮间带富水砂层段的坍塌、透水风险	直接经济损失、社会信誉损失	坍塌、涌水、涌泥
9	竖井施工透水淹井坍塌的风险	直接经济损失、社会信誉损失	坍塌、涌水
10	雨季暴雨、台风季节造成雨水倒灌洞室的风险	直接经济损失	水淹隧道,工期延误

11.2　突发险性事件处理的原则与程序

11.2.1　突发险性事件处理的原则

1. 遇水即堵的原则

在施工或钻探过程中,发现流水量超过标准范围的,立即进行堵水,具体情况如下:

施作超前水平钻探时发生喷水、喷泥,立即关闭防突装置的开关,并探清突水、突泥的具体里程、位置、突水来源、突水(泥)性质,探明后进行顶水注浆,并防止突水绕流。注浆后进行钻孔检查注浆效果,确保施工安全。

在开挖过程中准备速凝止水注浆材料(如马丽散等)和专用注浆机,开挖发生局部突水、突泥及时进行注浆堵水、固结,避免影响面扩大。

发生大的突水、涌水,人员和机械要迅速撤离,立即启用防水闸门,把海水封堵在前方而不涌进后方洞身,避免造成灾难性后果。

2. 遇塌即封的原则

在隧道施工中,塌方是常见的突发性险性事件,其发生有各种原因。由于海底隧道的特殊性,如果局部坍塌不及时封堵,可能继续坍塌,甚至引起冒顶或形成管涌,诱发突水灾害。因施工塌方引起的冒顶会打开涌水通道,而发生涌水对海底隧道施工来说是致命的。因此,在塌方发生时应立即启动应急预案,采取一切可能的措施,及时对塌方部位进行封堵加固。封堵方法可采用堆渣、码砌砂袋、挂网锚喷、塌腔回填注浆以及施做混凝土止浆墙等方法,以免更大灾难性后果的发生。

3. 快速反应的原则

当发生险性突发事件时,应按安全预案的程序立即启动应急预案。各工作队、班组按各自的职责分工,快速、有序到达现场,按照抢险预案要求进行抢险,力争快速把险性突发事件的危害性降低至可控的状态。

4. 联动协调的原则

由于本工程分别由 4 家施工单位按五通端及翔安端负责施工,一荣俱荣,一损俱损,在施工中虽有分工,但在抢险中应团结协助,不分彼此,共同抢险,人员、物资、机械设备等各项资源应充分调动起来,全力投入抢险。

11.2.2 突发险性事件处理的程序

突发险性事件按以下程序进行处理，具体如图 2-11-1 所示：

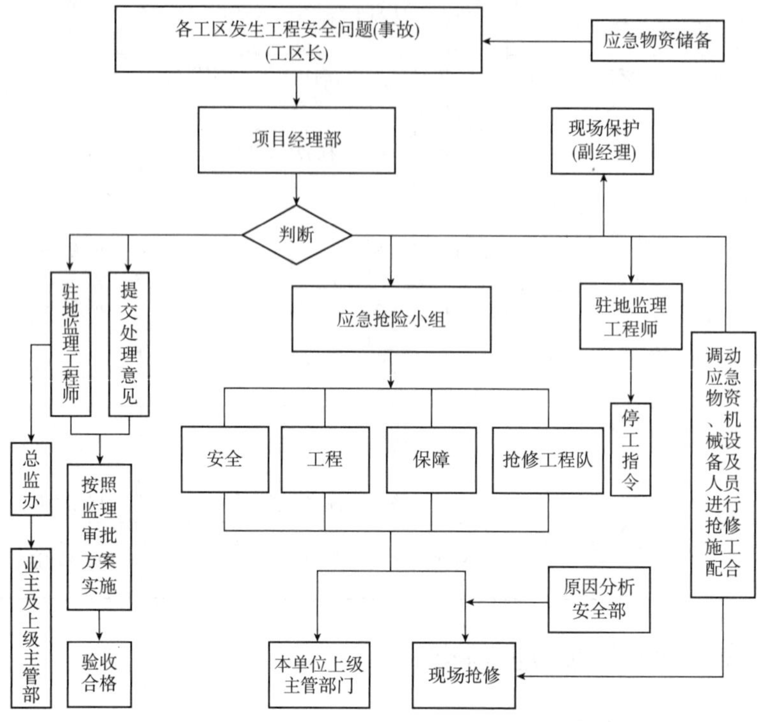

图 2-11-1　突发险情事件处理程序

11.3 典型突发险性事件的处理

11.3.1 翔安隧道施工险情事件统计

由于翔安隧道地质条件复杂，而且目前国内施工单位尚没有修建大跨度海底隧道的工程经验，在隧道建设期间发生了一些险情事件，具体统计见表 2-11-2 ~ 表 2-11-5：

翔安隧道 A1 标施工突发险情统计　　表 2-11-2

施工日期	施工桩号	耗时(d)	险情及处理措施
一、左线隧道塌方抢险处理			
2008.4.18 ~ 4.30	左线隧道 ZK8 +431 处破碎围岩段	13	立设止浆墙封闭掌子面及塌腔，并对塌腔进行回填灌浆及回填注浆。然后对前方围岩进行加固注浆处理后开挖
二、服务隧道塌方处理			
2007.3.2 ~ 3.11	NK7 +271 ~ NK7 +281	10	锚网喷封闭塌方断面和掌子面，后方采用 ϕ150mm 钢管横撑及方木三角支撑排架 5I14 工字钢护拱临时加固。然后再采用径向注浆加固立设拱架段围岩土体，采用小导管注浆加固掌子面土体。最后对塌腔注浆回填
2007.5.10 ~ 5.15	NK7 +318 ~ NK7 +328 土石交界段	6	采用钢管抗滑桩及喷射混凝土封闭掌子面，稳定核心土体，并立设方木排架进行临时加强支护，然后采用径向注浆及超前小导管注浆加固围岩
2007.8.20 ~ 9.6	NK7 +330 ~ NK7 +350 土石交界段	17	网喷封闭掌子面，并立设方木对撑加强支护。然后进行超前及径向注浆加固。在开挖时增加临时仰拱
2007.9.9 ~ 9.21	NK7 +350 ~ NK7 +356 土石交界段	13	喷混凝土封闭断裂错台，立设三角对撑加固拱顶及左侧初支，减缓其向右挤压趋势。然后再喷混凝土封闭左侧塌腔，埋注浆管，注浆回填空洞。最后采用临时护拱加强初支

翔安隧道 A2 标施工突发险情统计　　表 2-11-3

施工日期	施工桩号	原　　因	险情及处理措施
2007.5.1	YK8 + 327，接近 F1 风化槽时断面采用小导洞超前开挖，在导洞爆破后出渣时掌子面发生坍塌	(1)超前水平探孔未探到 YK8 + 327 灰绿色的花岗岩不良地质(提前进入 F1 地质)，未能作出相对应的开挖支护方案； (2)不良地质岩体为灰绿色的花岗岩，节理破碎，夹有少量强风化花岗岩；表面看起来较完整，其实内部岩块之间极为松散，不可预见，未能及时防护； (3)不良地质出现在导洞上方，处于易坍塌的部位； (4)开挖爆破对岩体有扰动	初期采用喷混凝土支护、挂网喷混凝土支护仍没有有效地控制岩体的继续塌落，最后使用浇筑混凝土挡土墙后期注浆回填的措施控制了这次坍塌
2008.7.25	在 I 部 YK8 + 392 ~ YK8 + 393.5 上台阶准备立钢拱架时中隔墙后侧管棚钢管突然被压弯、折断，导致 I 部 YK8 + 387 ~ YK8 + 395 中隔墙后侧坍塌	(1)拱顶石质覆盖层较薄，顶部为全风化花岗岩； (2) Ⅰ、Ⅲ部土石交界处正好在中隔墙处，帷幕注浆效果较好，但渗水不大； (3)管棚管穿过拱顶一孤石，或许爆破时的震动使石质松动，掌子面在立拱架时孤石带动 3 根管棚管塌落，顶部为全风化花岗岩，导致大面积坍塌	初期采用喷混凝土支护、挂网喷混凝土支护仍没有有效地控制岩体的继续塌落，最后使用浇筑混凝土挡土墙后期注浆回填的措施控制了这次坍塌
2009.1.9	YK8 + 996 F4 风化槽上台阶全断面开挖爆破后，靠近拱顶左侧 3m 处出现了大面积的坍塌，超前小导管严重变形，坍塌深度达 5m	地质情况复杂，岩体破碎，掌子面围岩自稳能力差	(1)向塌腔填塞 ϕ42mm 壁厚 3.5mm，L = 6m 热轧无缝钢管； (2)喷射混凝土堵左侧塌腔口； (3)浇注混凝土挡墙； (4)安装注浆管进行注浆回填塌腔和加固土体
2009.1.23	YK8 + 998 掌子面拱顶靠左 3m 处出现掉块现象，持续了 1h 后出现一个大的塌腔	地质情况复杂，岩体破碎，掌子面围岩自稳能力差	(1)向塌腔填塞 ϕ42mm 壁厚 3.5mm，L = 6m 热轧无缝钢管； (2)喷射混凝土封堵左侧塌腔口，形成喷射混凝土挡墙； (3)安装注浆管进行注浆回填塌腔和加固土体

翔安隧道 A3 标施工突发险情统计　　表 2-11-4

施工日期	施工桩号	耗时(d)	险情及处理措施
一、左线隧道塌方抢险处理			
2006.2.28 ~ 4.6	Ⅰ部 ZK12 + 413 ~ ZK12 + 405	39	坍塌冒顶
2006.5.2 ~ 5.17	Ⅰ、Ⅲ部 ZK12 + 395 ~ ZK12 + 170	15	Ⅰ、Ⅲ部临时仰拱和中隔壁加固
2007.2.19	Ⅰ部 ZK12 + 056 ~ ZK12 + 055	1	拱部坍塌，喷射混凝土处理 27.5m^3
2007.3.9	Ⅰ部 ZK12 + 041 ~ ZK12 + 040.5	1	拱部坍塌，灌喷混凝土处理 15.5m^3
2007.3.20	Ⅲ部 ZK12 + 027.5 ~ ZK12 + 025.5	1	拱部坍塌，喷混凝土处理 31.5m^3
2007.3.27	Ⅲ部 ZK12 + 010 ~ ZK12 + 009.5	1	拱部坍塌，灌喷混凝土处理 14m^3
2007.4.19	Ⅲ部 ZK11 + 964.5 ~ ZK11 + 963.5	1	拱部坍塌，灌喷混凝土处理 23.5m^3
2007.5.10	Ⅰ部 ZK11 + 915 ~ ZK11 + 913.5	1	坍塌严重，喷混凝土、注浆填充处理
2007.5.30	Ⅲ部 ZK11 + 913 ~ ZK11 + 912	1	拱部坍塌，灌喷混凝土处理 24m^3
2007.6.18	Ⅰ部 ZK11 + 872.5 ~ ZK11 + 872	1	拱部坍塌，灌喷混凝土处理 13.5m^3
2007.7.18	Ⅰ部 ZK11 + 828 ~ ZK11 + 827.5	1	拱部坍塌，喷射混凝土处理 9.5m^3
2007.10.27	CRD-Ⅰ部 ZK11 + 647、ZK11 + 649	1	初支开裂下沉，喷锚、工字钢加固

续上表

施工日期	施工桩号	耗时(d)	险情及处理措施
2008.4.14~5.6	ZK11+401~ZK11+393上台阶	23	出现险情,塌方处理
2008.2.13~11.24	ZK10+700	104	塌方处理
二、服务隧道塌方处理			
2006.3.24~5.7	NK12+359.5~NK12+350	45	围岩渗水淤泥,封闭掌子面注浆处理
2006.7.1~7.5	NK12+282.5~NK12+274.5	5	封闭掌子面,注浆加固处理
2009.3	F3风化槽第三循环塌方	15	封闭掌子面注浆

翔安隧道A4标施工突发险情统计 表2-11-5

序号	日 期	地 点	事故类型	备 注
1	2006.5.1	YK12+391.5Ⅰ部	跨塌	
2	2006.8.12	YK12+332.5Ⅲ部	跨塌	
3	2006.12.2	YK12+174Ⅰ部	跨塌	
4	2007.1.23	YK12+089.5Ⅰ部	跨塌	
5	2007.2.21	YK12+078Ⅰ部	涌砂	
6	2007.3.11	YK12+064Ⅰ部	跨塌	
7	2007.4.13	YK12+020.5Ⅰ部	跨塌	
8	2007.7.18	YK11+856Ⅰ部	跨塌	
9	2007.7.1	YK11+383.5	拱部塌方	
10	2007.1.11	YK12+109.5Ⅰ部	跨塌	
11	2007.3.22	YK12+053Ⅰ部	跨塌	
12	2007.3.11	YK12+101Ⅳ部	跨塌	
13	2007.3.26	YK12+073Ⅲ部	跨塌	
14	2007.5.10	YK11+966Ⅰ部	跨塌	
15	2007.5.21	YK11+954.5Ⅰ部	跨塌	
16	2007.6.8	YK11+919Ⅰ部	跨塌	
17	2007.7.23	YK11+852Ⅰ部	跨塌	
18	2007.3.24	YK12+069Ⅱ部	跨塌	
19	2007.5.25	YK11+982Ⅲ部	跨塌	
20	2007.6.6	YK11+945Ⅱ部	跨塌	
21	2007.5.8	YK12+016Ⅲ部	跨塌	
22	2007.9.25	YK11+738Ⅰ部	跨塌	
23	2007.9.4	YK11+782Ⅰ部	跨塌	
24	2006.6.9	竖井涌砂	涌砂	

下面对其中的几个比较典型的突发事件发生的原因及处理措施等进行详细介绍。

11.3.2 右线行车隧道F1险性事件的处理

YK8+325.8施作了3个探孔,探得F1风化槽起始于YK8+343,采用中导洞先行、扩挖跟进的开挖方式。2007 年 5 月 F1 风化深槽坍塌发生，在 YK8 +327 开挖中导洞时产生险情，此时扩挖成型段掌子面里程为 YK8 +325.8。

1. 发生坍塌段地质情况及坍塌险情发生经过(如图 2-11-2、图 2-11-3 所示)

由于设计文件提供的 YK8 +316 ~ YK8 +324 为Ⅳ级围岩，YK8 +324 ~ YK8 +460 为风化槽区段的信息，故采用中导洞开挖至 YK8 +325.5 时停止掘进。对 F1 风化槽进行水平探测，探得 F1 风化槽起始于 YK8 +343，随后继续采用中导洞开挖的方式向前掘进，中导洞钻炮眼时未出现异样。开挖至 YK8 +327 掌子面大部分为弱风化花岗闪长岩，岩石完整；导洞左上方出现 2m × 1.5m 左右的灰绿色的花岗岩，节理破碎，夹有少量强风化花岗岩，岩块之间松散，无水但局部掉块。处理危石无异常情况，在出渣过程中导洞左上方不断掉块，且有 3 块石体大小有 $1m^3$，形成大面积坍塌。

图 2-11-2 中导洞开挖坍塌现场

图 2-11-3 节理破碎的灰绿色花岗岩

2. 坍塌原因分析

①探孔了解前方地质有局限性，施作的 3 个超前水平探孔未探到 YK8 +327 灰绿色的花岗岩不良地质，未能作出相对应的开挖支护方案。

②不良地质岩体为灰绿色的花岗岩，节理破碎，夹有少量强风化花岗岩，表面看起来较完整，其实内部岩块之间极为松散，不可预见，未能及时防护。

③不良地质出现在导洞上方，处于易坍塌的部位；开挖爆破对岩体有所扰动。

3. 坍塌处理方案措施

①初期喷射混凝土支护，未能有效防止再掉块；再次施作长 6.0m、ϕ42mm 钢管组成钢管网架，挂 ϕ8mm 网片，喷射混凝土支护，有初步防坍塌成效；但突然有大石块(大小有 $1m^3$)从塌孔中滚出，破坏了原有的支护体系，塌穴扩大，未能有效控制坍塌。

②立模板浇筑混凝土挡墙封挡整个掌子面，使塌落体聚堆自稳，控制再坍塌；具体情况如图 2-11-4 所示。

图 2-11-4 现浇混凝土挡墙封闭掌子面

③对坍塌部位回填注浆处理,回填注浆加固(如图 2-11-5 所示)。

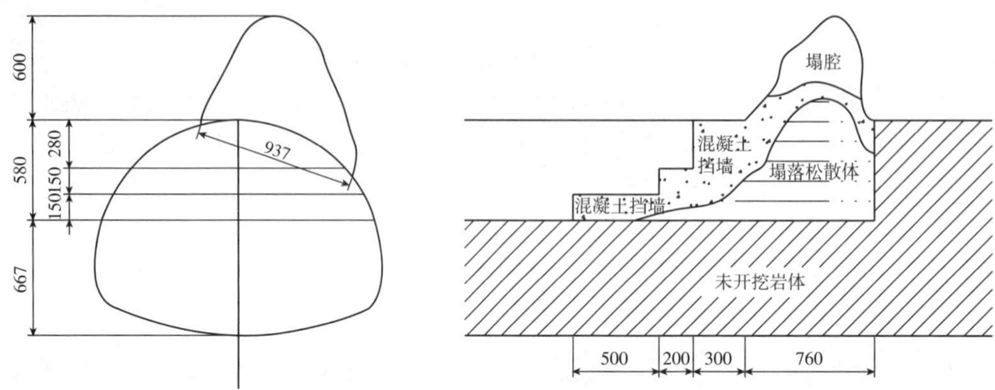

图 2-11-5　回填注浆加固示意(尺寸单位:cm)

④开挖。在超前小导管的支护下,采用台阶法(预留核心土)开挖,开挖进尺每循环控制在 0.5m,开挖时采用弱爆破技术,以防止前期注浆开裂再次发生滑塌。

4. 坍塌险情处理效果

混凝土挡墙有效地控制了坍塌。回填注浆填充了塌腔,加固了土体。再开挖时在超前小导管的超前支护作用下,很好地控制了掉块,开挖支护顺利展开。

11.3.3　左线隧道土石交界处险性事件的处理

ZK7 +275 ~ ZK7 +285 段围岩地质软弱富水,CRD Ⅰ部在初支尚未闭合时,发生了坍塌事故,塌腔深达数米,延伸 5m 多。

1. 发生坍塌段地质情况

土石交界段围岩软硬变化主要体现在隧道围岩一边为软弱围岩、另一边为硬岩,从而导致施工中同一里程段需要采用两种或多种开挖方法;工序复杂,且半软半硬的围岩地质会产生不均匀沉降。

土石交界段极其富水主要是因为土石交界面多为汇水点,地下水极其发育。在地下水的影响下土质遇水即崩解塌垮,并呈流塑状堆塑(如图 2-11-6 所示)。

图 2-11-6　行车隧道土石交界地质情况

2. 坍塌险情发生经过

事故发生后工作人员迅速采取措施,先对塌腔壁进行喷混凝土加固及锚网喷封闭核心土体,减小塌腔继续向四周扩大的趋势。采用方木、Φ108mm 钢管、工字钢等迅速加固原有周边支护,然后以型钢及小导管、网片等利用原有支护作为持力点快速将塌腔进行棚护,并喷射 C25 混凝土封闭塌腔。喷射混凝土时,在塌腔内部预留几根 6m 长小导管,当喷射混凝土达到一定强度后对塌腔进行回填灌浆;同时对核心土体进行注浆加固。最后再安设小导管进行掌子面周边加固注浆。

3. 坍塌原因分析

土石交界面的实际开挖过程中，土质围岩绝大多数都是呈流塑性泥状，极易坍塌失稳，常伴有突泥、涌水等不良地质现象发生。

4. 坍塌处理方案措施

(1)锚网喷 C25 喷射混凝土加固塌腔四壁及封闭核心土。

采用 C25 喷射混凝土对塌腔壁进行初喷加固，减缓坍塌速度；采用 C25 喷射混凝土喷锚网封闭核心土，喷射混凝土厚度为 10 ~ 20cm，上厚下薄。与此同时，用小导管及网片将塌腔进行棚护。将小导管一端架设于原有的初期支护刚拱架上，另一端架设在塌腔壁上，尽可能将小导管密布，然后铺上网片，喷混凝土。使塌腔下方为一个钢筋混凝土保护壳体，并在靠近中隔墙位置预留一个 30cm 左右见方的孔洞。

(2)安装支撑、加固后方。在 I 部及中隔墙开裂位置安装三角支撑，如图 2-11-7 所示。

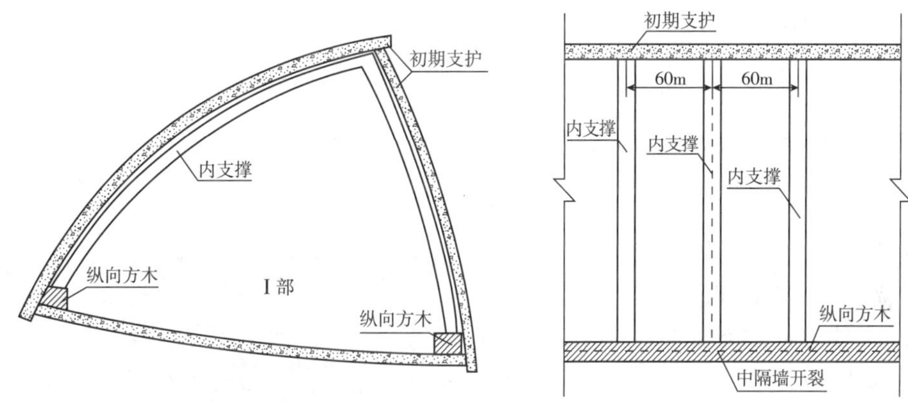

图 2-11-7　中隔墙开裂位置安装三角内支撑示意(尺寸单位：cm)

在拱开裂位置后退 5m，采用 I20b 工钢在该段喷射混凝土内表面作三角内支撑进行后方加固，钢支撑的底脚落在纵向方木上。内支撑相邻间距为 60 ~ 100cm，纵向采用 Φ22mm、L = 1.2m@1m 连接钢筋进行焊接。内支撑与初期支护的间隙用木塞塞紧。同时，在塌方体后方立设 I18b 工字钢护拱支撑作为临时加强支护措施。具体如图 2-11-8 所示。

图 2-11-8　临时支撑加固

(3)塌腔喷混凝土回填及回填灌浆。对靠中隔墙约 30cm 孔洞喷射混凝土尽量填满，以减少注浆工作量。预留几根 6m 长的注浆小导管，待喷混凝土封闭孔洞后再对塌腔进行回填灌浆，灌满为止。

(4)安设超前注浆小导管并注浆。从 ZK7 + 285 断面裂缝后退 50cm(ZK7 + 284.5)钻设第一环超前注浆小导管，再后退 1m(ZK7 + 283.5)钻设第 2 环注浆小导管，掌子面内侧距拱架 1m(ZK7 + 286)设第三排小导管。

超前小导管采用 ϕ42mm、L = 6m@ 40cm 的钢花管，外露长度为 30cm。第一、二排小导管外插角为 30°左右，第三排小导管外插角为 10°左右。施工中采用纯水泥浆液注浆，水灰比为 1∶1 ~ 1∶2，注浆压力 1.0 ~ 1.5MPa。具体如图 2-11-9 所示：

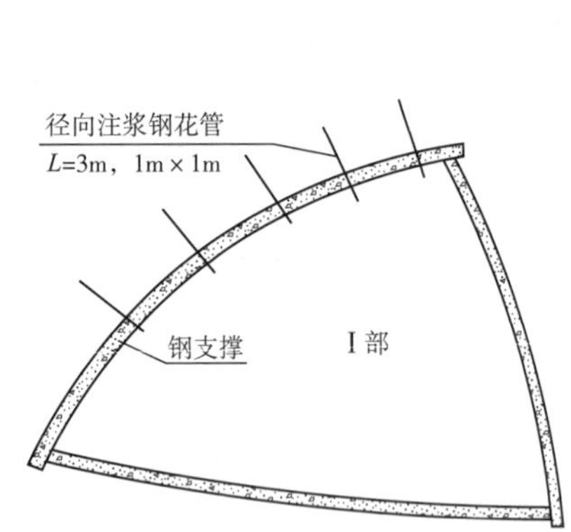

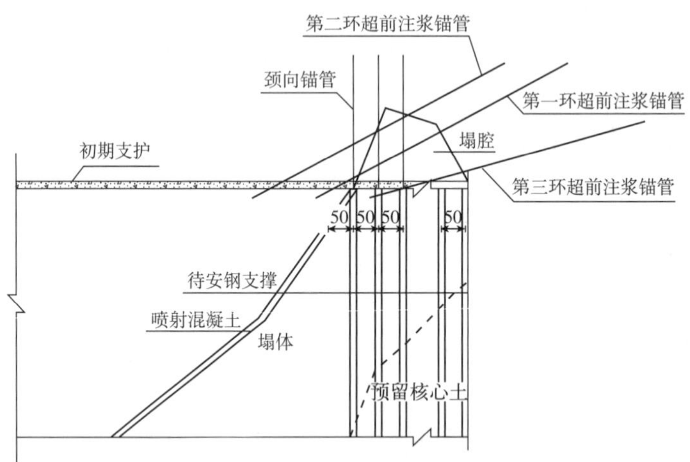

图 2-11-9　塌方段施工示意

(5)径向注浆加固及夯管加固(如图 2-11-10 所示)。径向注浆锚管，锚管采用 ϕ42mm、L = 3m，间距 1m×1m 的钢花管，外露长度为 30cm，采用纯水泥浆液注浆，水灰比为 1∶1 ~ 1∶1.2，注浆压力 0.5 ~ 1.5MPa。针对土层结构主要为强风化花岗岩，土体稳定性差，渗水、坍塌均比较严重，为更好地控制变形，故采用非开挖夯管法施工，ϕ127mm 管棚进行拱部加固。

(6)重新开挖。注浆加固完成后，恢复开挖(采用 CRD 法)重新立拱并做好与中隔墙拱架的连接。在开挖过程中加强此段的量测工作，如变形量较大，则需对此段进行加固处理。

图 2-11-10　注浆加固及夯管示意

5. 坍塌险情处理效果

通过对喷射混凝土封闭掌子面、支撑加固、注浆加固(径向注浆)、夯管预支护等加固措施，选择短进尺的 CRD 工法顺利通过土石交界段塌方的地段。

11.3.4　左线隧道 F3 险性事件的处理

行车隧道左线隧道于 ZK10 + 760 进行 TSP 超前地质预报揭示；前方围岩较为完整，局部小破碎带有少量出水。采用台阶法开挖，2008 年 8 月开挖至 ZK10 + 703 处时，左侧拱腰围岩为强风化花岗岩，出渣过程中发生掉块，继而发展成向前向上的塌腔，同时有小股水流出。

1. 发生坍塌段水文地质情况

设计资料揭示本段地质情况如下：弱微风化岩面起伏较大，整体上岩体较完整，局部高角度密闭型裂隙发育，常见辉绿岩脉与花岗岩熔胶结。从纵断面地质来看 ZK10 + 660 ~ ZK10 + 683 段受 F3 风化深槽影响，ZK10 + 683 - ZK10 + 700 有辉绿岩脉侵入。

海域地下水：分为松散岩类孔隙水、裂隙水、基岩裂隙水三种，总体上富水性弱、渗透性差，为弱或微含水层，海域地下水主要受海水的垂直入渗补给。

2. 险情发生及抢险经过

(1)险情发生及封堵措施。ZK10 +703 右侧掌子面拱顶下 1.3m 处在出渣时出现滑塌并向小里程和顶部发展。当即采用装载机往塌方体下部堆渣后码砌砂袋对掌子面进行封堵处理。但在码砌砂袋过程中又出现 3 块 $1m^3$ 大的塌方体,改为采取往塌腔抛扔钢筋网片卷和钢筋片,再喷射混凝土对塌腔口进行封堵,随后封口外围进行砂袋码砌。

码砌完砂袋后立即对塌腔体先注双液浆进行堵水,然后往塌腔中泵送混凝土或砂浆进行填充,控制塌腔的发展和水流的下渗,并施做止水混凝土墙,具体情况如图 2-11-11 所示。

图 2-11-11　封闭塌腔

(2)注浆封堵。在混凝土挡墙施作完毕后对塌腔进行注浆止水加固,钻注浆孔穿透挡墙时,孔内出水扬程最大达到 12m,在泄水 4h 后水流变小后开始注浆;塌腔钻孔出水如图 2-11-12 所示。

图 2-11-12　塌腔内出水

3. 坍塌原因分析

该处原设计勘探资料揭示围岩地质条件较好,只有一条辉绿岩脉侵入限界,拱顶覆盖层厚度达到

9m，与服务隧道进入风化槽里程（ZK10 + 708）距离较近。虽然前一循环掌子面围岩为Ⅱ级围岩（弱风化花岗岩），但实际钻探揭示 F3 风化深槽已侵入了洞身 9.58m。爆破后拱腰地质软弱，有出水，且未及时采取有效的处置措施。

4. 后续施工方案及方法

（1）探测前方围岩情况。在继续对塌腔堵水后，对行车隧道左线隧道进行了超前钻探取芯，如图 2-11-13 所示，查清掌子面前方围岩的工程地质和水文地质情况，以及拱顶底板的地质条件。钻探过程中出水量不大，但围岩整体性较差，节理裂隙发育，部分区段出现全风化泥质夹层。超前水平探孔揭示 F3 风化槽已进入洞身，决定采用上半断面帷幕注浆进行加固堵水，同时施作大管棚超前预支护，并选择合适的开挖方法。

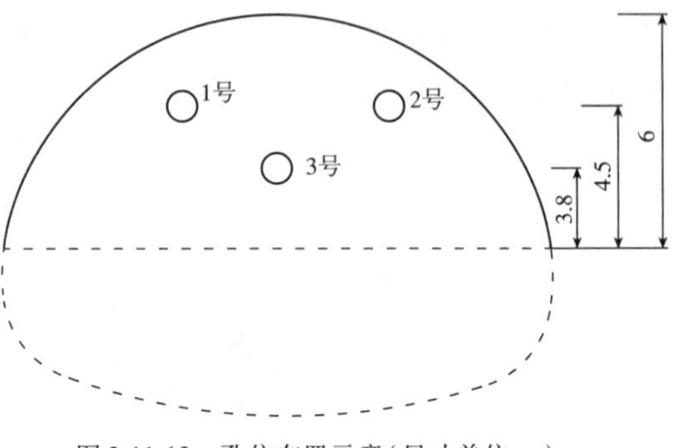

图 2-11-13 孔位布置示意（尺寸单位：m）

（2）采用过风化槽的施工方案。

①上半断面帷幕注浆加固堵水。已对 ZK10 + 703 ~ ZK10 + 673 段两进行上半断面帷幕注浆加固，纵向加固长度 30m。注浆孔纵断面布置具体如图 2-11-14、图 2-11-15 所示。

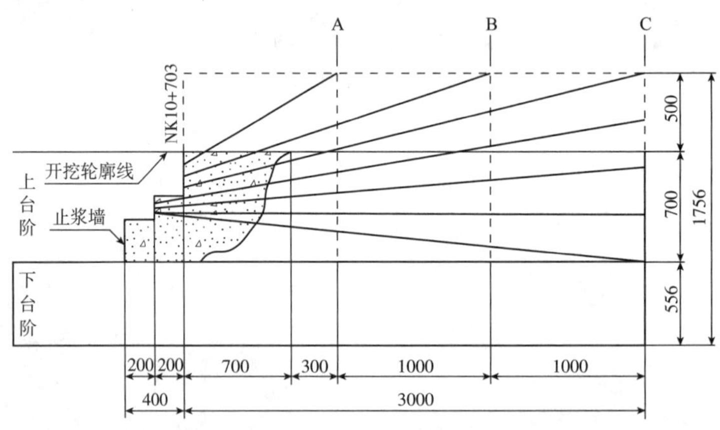

图 2-11-14 帷幕注浆纵断面（尺寸单位：cm）

②大管棚超前支护。采用风枪钻探（钻探 4 个孔）和地质雷达探测相结合的方法，探明顶板厚度均大于 5m，而靠近服务侧Ⅱ级围岩厚度只有 1.5m，故在施做大管棚时不进行管棚工作室的扩挖，直接在掌子面施做大管棚。钻探布置如图 2-11-16 所示：

图 2-11-15 帷幕注浆孔位布置示意

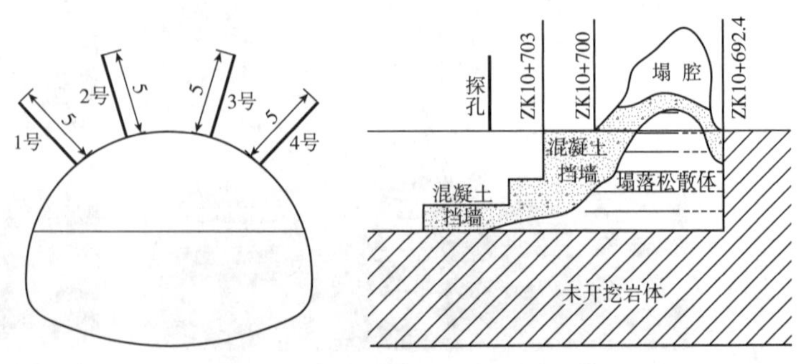

图 2-11-16 探孔孔位布置（尺寸单位：m）

在距离开挖限界向内 50cm 处施作大管棚，在破除止浆墙后开始立钢架与管棚连接在一起并锚喷加固，开挖结束以后割除侵限的管节，如图 2-11-17、图 2-11-18 所示。

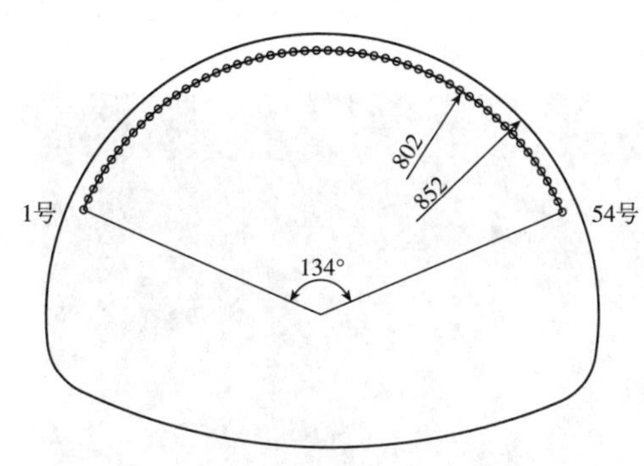

图2-11-17 超前大管棚开孔位置(尺寸单位:cm)

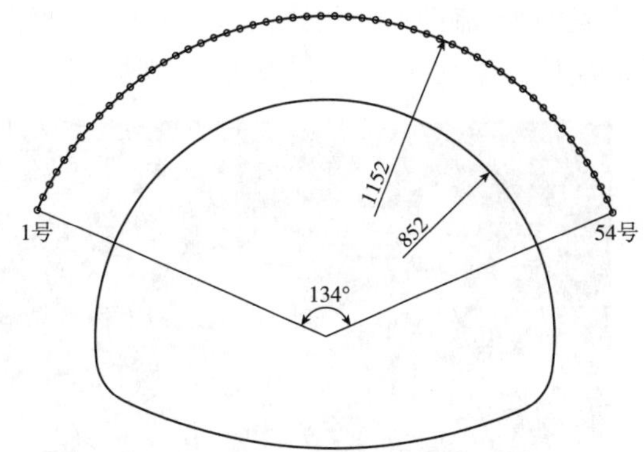

图2-11-18 超前大管棚终孔位置(尺寸单位:cm)

③开挖。在双层超前小导管预注浆止水加固,采用三台阶法开挖,施工中严格遵"短进尺、弱爆破"的施工原则,每循环开挖进尺为0.5~1m。每循环开挖前钻3个5m深的探孔,短距离探明前方水文地质状况。在开挖过程加强监控量测,对特殊地段进行加密监测。

5. 坍塌险情处理效果

坍塌发生后立即采用堆积渣体→码砌砂袋(同时挂网喷射混凝土)进行封堵塌腔口,并施做混凝土挡土墙进行封堵加固,有效地控制险情的进一步;对腔体进行注浆堵水并填充加固,防止腔体向上发展。后续施工在全断面帷幕注浆+超前大管棚+超前小导管支护措施下,选择合理的三台阶开挖确保顺利通过。

11.3.5 服务隧道涌水险性事件的处理

2006年10月,服务隧道采用上下台阶法掘进至NK12+088.5,施做喷混凝土初期支护时,拱顶中心线偏左0.4m处出水。喷射混凝土过程中水量骤然增大,进而引发涌水、流砂和地表出现陷坑等险性事件的发生。

1. 发生坍塌段地质情况

坍塌地段范围内地层主要为第四系人工填筑层、海相沉积层淤泥、冲洪积黏土、粗砂(粗砾砂)、下伏燕山早期全强风化黑云母花岗岩,其中洞身穿越透水粗砂(粗砾砂)层。根据地质勘测得知,服务隧道右侧在NK12+798~NK12+080里程段开挖作业面洞身及顶板以上3~7m为富水砂层,砂层厚度为2~6.4m;服务隧道左侧在NK12+781~NK12+087里程段开挖作业面洞身及顶板以上1~8m为砂层,砂层厚度为2~8.45m等。另外,据后来服务隧道继续向前开挖揭示地层看,隧道开挖限界内有多条竖向岩脉侵入。

2. 险情发生及抢险经过(如图2-11-19~图2-11-22所示)

在NK12+088.5处施做喷混凝土初期支护时,拱顶中心线偏左0.4m处出水。为探测地下水情况,在其周围补打6个探孔,未见流水。继续喷射混凝土,观察出水情况。喷射混凝土过程中水量骤然增大,

图2-11-19 洞内外险情示意一

进而引发涌水、流砂；继而引发 NK12 +088 ~ NK12 +078 地表出现陷坑，纵向长度（隧道轴向）10m、宽度为 7m，陷坑深度约 5m。险情发生后，现场施工采取了如下措施：

图 2-11-20 洞内外险情示意二

图 2-11-21 抢险经过一

图 2-11-22 抢险经过二

（1）砂袋封堵。发生险情后，施工人员首先用砂袋封堵掌子面，并进行排水。后由于涌水量持续增大，影响到码砌砂袋的作业，又增加架设一道排水管路，并继续在掌子面附近大量使用砂袋进行封堵，用喷射混凝土进行封闭。

（2）施作拦水坝及混凝土挡水墙。由于涌水量持续增大，为确保后洞身安全，在 NK12 +120.0 ~ NK12 +185 段施作拦水坝，同时在 NK12 +201 ~ NK12 +204 分 2 次施作 3m 厚 C30 混凝土止水墙。墙顶预埋泄水管，墙体底部埋设排水管并安装闸阀，作为日后排水及应急排水通道。

3. 坍塌原因分析

通过分析，认为此次突水的原因如下：

（1）空间效应，隧道开挖前方 1 ~ 1.5 倍洞径范围内洞顶土体扰动，下沉开裂。

(2)隧道洞身富水砂层与隧道顶部之间的隔水层较薄,隔水层被水压击穿后形成涌水。

(3)竖向二长岩脉的导水作用。

(4)服务洞掘进进入富水砂层底部区段后只是施作了小导管超前支护(未严格注浆),就盲目快速开挖,忽视了富水砂层地下水的0.23MPa水压。

(5)在海域段施工没有遇水即堵的经验教训。2006年10月10日凌晨刚开挖后,掌子面左上方就出现渗流水,上午呈线状水流出,未重视,没有及时封堵。到下午3点,地下水已成股状水射流,逐渐形成了管涌。

4. 处理方案和处置方法

(1)由于掌子面积水较深,抢险物资运抵该处困难,人员在深水处无法作业。紧急情况下,在距离掌子面120m处水没淹没的地方施作3m厚的混凝土止水墙,将水封于120m洞内;并在止水墙仰坡设泄水管和水压计,测量洞内水压力。

(2)洞顶地表塌陷区回填碎石。由于涌入海水的长时间浸泡,服务隧道掌子面突水的上方即NK12+088~NK12+078段洞顶地表突然发生塌陷,塌陷区为沿隧道轴向长10.0m、宽7.0m,陷坑深5m。为堵塞管涌通道,对塌方区用黏土回填(如图2-11-23所示),加大该段监控量测频率。

图2-11-23 回填碎石土

(3)对止水墙后30m初期支护进行加固补强。NK12+204~+234加固补强方法:紧贴初期支护表面架立工字钢I20b成环钢架,20b工字钢外侧挂网喷12cm混凝土补强;并对原初期支护背后进行低压充填压浆。

(4)掌子面附近地表打孔灌混凝土。为防止掌子面坍体向洞内滑移及封堵涌水管道,对NK12+089.76~NK12+146.65段施作Φ200mm钻孔,安装输送管道从地表泵送灌入C25混凝土(如图2-11-24所示)。

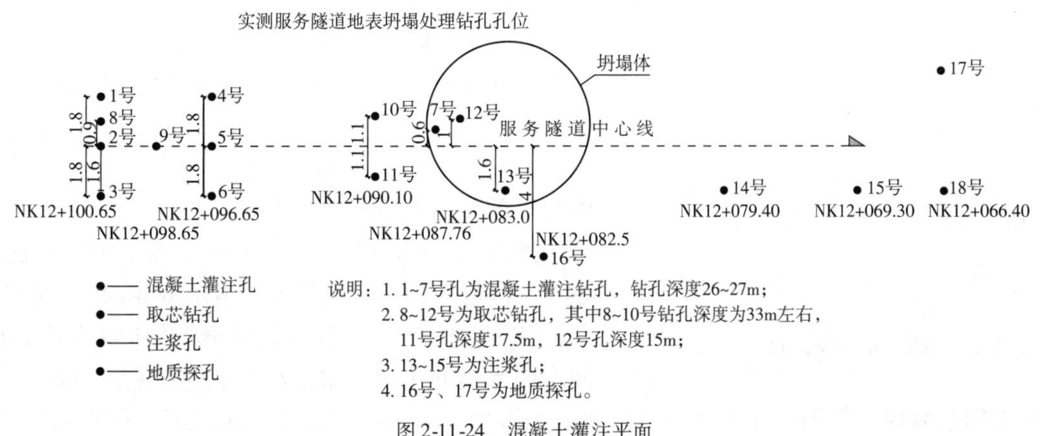

图2-11-24 混凝土灌注平面

(5)塌体注浆加固(洞顶部分),如图2-11-25所示。为封堵塌穴四周的砂、土水向塌穴挤压涌流,而进入洞内。先在塌穴周围和小里程NK12+069、NK12+073、NK12+077和大里程NK12+096进行注浆,然后在NK12+085~NK12+088里程段进行钻孔注浆加固。

图2-11-25 地表泵送混凝土及注浆

(6)高压旋喷加固塌体,如图2-11-26所示。为后续顺利通过塌体段,在服务隧道地表NK12+088~NK12+066,长22m、横向宽16m范围施作三重管旋喷桩(共计桩体399根)加固,由大里程至小里程依次施作。旋喷深度:洞体开挖范围内的桩体底部侵入隧道开挖区1m。

图2-11-26 旋喷桩加固

(7)地质雷达对透水地段地质情况探测。使用地质雷达对服务洞NK12+088~NK12+078段进行地表覆盖层勘探。探测该段有无空洞和松散区情况。检测线布置如图2-11-27所示。在地质雷达图像上,起点、中线和终点为2个连续标记;中间标记分别为5m一个。

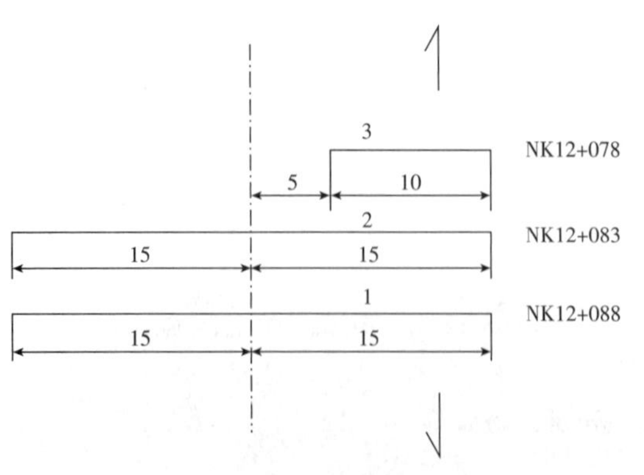

图2-11-27 测线1雷达图像(尺寸单位:m)

厦门东通道服务洞NK12+088~NK12+078段各测线探测结论如下:

测线1:NK12+088处2~5m深度范围内存在松散区,在这一深度范围内含水量大。本条测线探测深度16m。

测线2:NK12+083处2~16m深度范围内的中线左右侧各5m范围内,存在不同程度的松散区,在这一深度范围内含水量大。本条测线探测深度16m。

测线3:NK12+078处2~5m深度范围内存在松散区,在这一深度范围内含水量大。本条测线探测深度16m。

(8)抽水减压试验。坍体旋喷及压浆作业完成后,自洞内挡水墙处缓慢放水,放水速度控制在50m^3/h以内,水位控制线为挡水墙顶以下3m(即下降的水位到达距拱顶3m时停止放水),并利用设在止水墙后的透明水位观测管观察水位变化情况。如果隧道涌水不大于1.5m^3/h,表明坍体固结止水效果明显,可以继续缓慢抽水直至抽干。

(9)初期支护注浆加固。由于此次突水洞内长时间被水浸泡,需对NK12+235~NK12+088里程段进行注浆加固,注浆管布置及注浆加固如图2-11-28、图2-11-29所示。

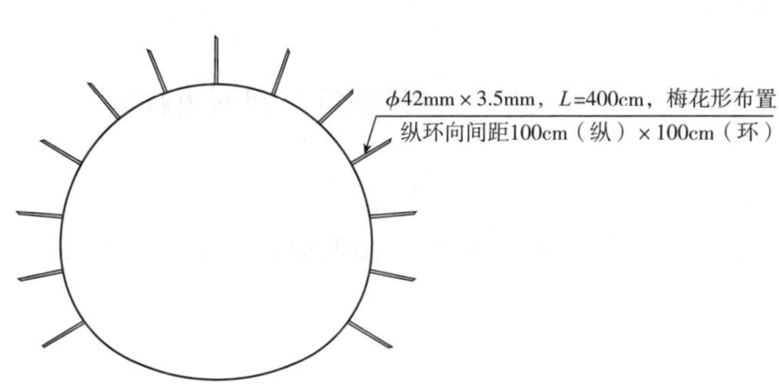

图2-11-28 服务隧道拱墙部注浆管布置截面示意

图2-11-29 初期支护注浆加固

(10)施作地下连续墙和减压井。为了截断海水对富水砂层的水源补给,沿左右线隧道外侧15m处分别设置地下纵横连续墙(墙基镶嵌于砂层下部的隔水层W_4全风化花岗岩中4~5m)。其次在隧道开挖轮廓线外侧沿纵向施作4排地表疏干减压井,减压井分为深井、浅井、观察井。

(11)复工开挖。鉴于该地段曾出现涌水情况及地表出现的大面积变形,故超前支护采用长短结合小导管施工。开挖采用上下台阶预留核心土开挖,开挖前均按要求施做3个5m长的水平超前探孔,在每循环作业均需对掌子面进行注浆和喷射混凝土进行加固,防止开挖过程中滑塌;同时每榀钢架增设八榀锁脚钢管控制下沉。开挖通过塌方区段后应及时进行初期支护补偿注浆加固。

5. 坍塌险情处理效果

服务隧道砂层涌水处理历时4个月,洞内被海水浸泡的初期支护经过加强注浆、补偿注浆后,处于稳定状态。在采取了施作地下连续墙、井点降水、超前探水等措施后继续开挖。后续作业险情可控,作业顺利。

11.4 险性事件处理经验小结

11.4.1 小结

1. 对隧道施工在每个阶段重大危险源要事先进行预分析、评估

根据水文地质条件,对每个阶段隧道施工的风险进行评估,并做好抢险预案,一旦出现险情,立即启动救援预案,确保施工安全。

2. 认真做好应急抢险预案的演练

对风险进行预分析、评估后,制定的抢险预案,一定要进行事前演练,在演练过程发现问题,及时修正、优化抢险预案,保证应急预案在突发事件来临时做到万无一失。

3. 建立健全领导值班制度

各施工单位成立以项目经理任组长、项目副经理和总工程师任副组长、各部室负责人与施工队队长为组员的安全施工领导小组,负责安全管理、安全措施的制定、实施、监督、检查。每天必须有领导干部不间断在掌子面值班,技术人员要盯在施工现场,指导施工,对施工人员严格执行技术交底制度,发现异常情况及时通知其他项目领导和监理、业主的相关人员。

4. 在距离掌子面50m范围内备齐各类应急物资

在施工时做到防患于未然,在距离掌子面50m范围内按抢险预案的要求准备抢险应急物资:方木、

沙袋、工字钢、钢拱架、水泥、水玻璃、钢管、网片、小导管、麻绳;准备好相应的应急设备:混凝土泵、注浆泵。

5. 长短结合探测前方水文地质状况

在TSP超前地质预报和多功能地质钻机探明前方水文地质状况的基础上,在每循环进行短距离探测,在爆破前利用风枪钻3个5m深的探孔(行车隧道施钻5个探孔)。现场技术员全程监控,在遇到软弱围岩或者水流较大时,及时汇报并动态调整支护参数。

6. 加强监控量测

施工中严格遵循《公路隧道施工技术规范》(JTJ 042—94)对必测项目(拱顶沉降和周边收敛)进行监测。

7. 加强安全教育,提高应急能力

对所有员工加强安全教育,提高安全意识,并经常进行抢险救灾应急演练,确保遇到突发事故情况下能有条不紊。

11.4.2 体会

1. 探明地质选择合适的开挖工法可防止塌方的发生

从以上几件事故的发生看出,需在提前探明掌子面前方地质情况下,对不良地质地段做到充分认知,并制定安全可行的开挖施工方案和预控方案,是保证隧道的施工安全首要条件。

2. 严格执行防塌预案是应对海底塌方的有效办法

当发生险性事件时,施工单位均能做到快速、有序地按照抢险流程预案进行抢险工作:采用堆渣→砂袋封堵塌腔及腔口→挂网喷射混凝土→混凝土挡墙→注浆或泵送混凝土回填;处理效果有效和安全,防止了险性事件的扩大。

3. 严格执行“见水即堵、遇塌即封”的原则

重视开挖过程中的渗水、出水现象,海底隧道与一般隧道施工最大的不同之处在于补给水源是无限的,对隧道出水的处理理念,应为“见水即堵”,其核心主要是注浆堵水、限量排放、回填注浆堵水、井点降水等综合治理技术措施,降低险性事件的发生。

4. 帷幕注浆及超前大管棚加固是顺利穿越塌区的保证

对塌区进行注浆堵水和帷幕加固等综合治理技术措施把已经破坏的加固区新形成,同时采用大管棚和超前小导管进行超前支护可防止开挖过程中的再次发生坍塌和变形,确保开挖顺利地通过塌区。

【本章主要编写人员】:孙 斌 郭永平 叶 宇 张 宁 惠建永 叶小兵 孟维孝

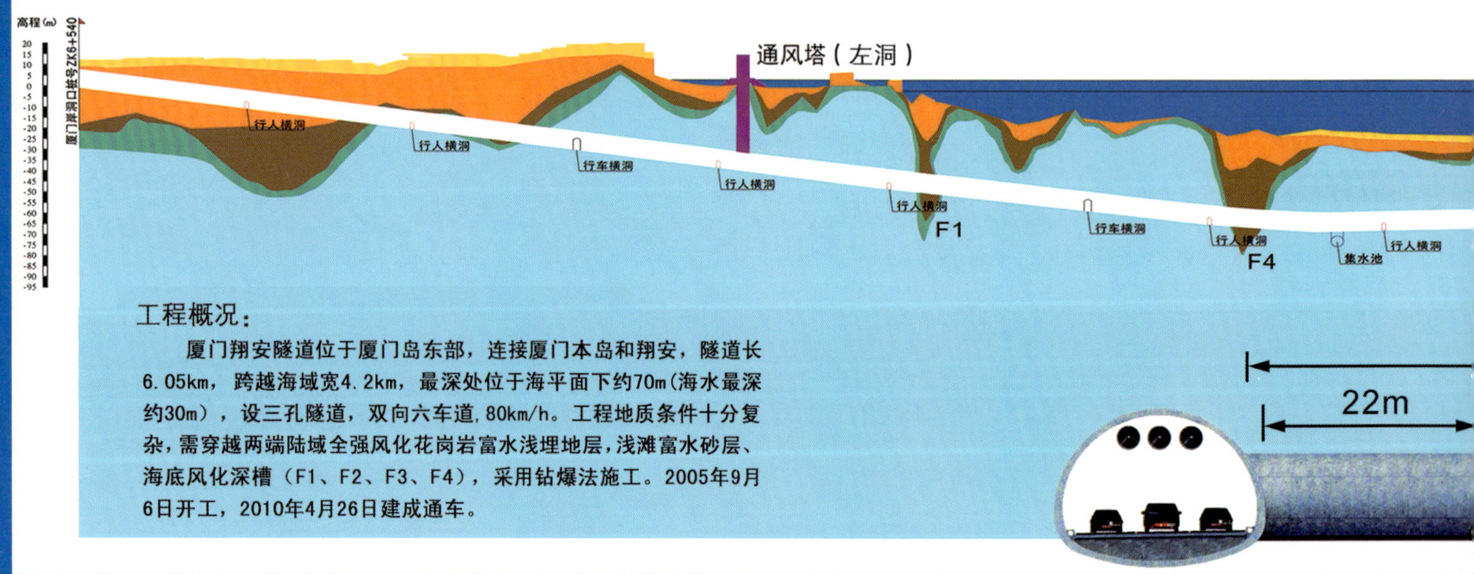

▲CRD工法

▲双侧壁导坑法

▲风化槽全断面帷幕注浆

厦门翔安海底隧